国家出版基金项目
NATIONAL PUBLICATION FOUNDATION

“一带一路”国家（地区）发展报告丛书
A Series of Reports on the Development of Belt and Road Participating Countries (Regions)

赵新力 ◇ 主编

“一带一路”之“六路”发展报告

Report on the Development of “Six Roads” Under the Belt and Road Initiative

赵新力　刘建飞　李闽榕 ◎ 著
Zhao Xinli, Liu Jianfei, Li Minrong

廣東旅游出版社
GUANGDONG TRAVEL & TOURISM PRESS
悦读书·悦旅行·悦享人生
SPM 南方传媒
SOUTHERN PUBLISHING & MEDIA
广东人民出版社
中国·广州

图书在版编目（CIP）数据

"一带一路"之"六路"发展报告 / 赵新力，刘建飞，李闽榕著 . — 广州：广东旅游出版社：广东人民出版社，2022.12
（"一带一路"国家（地区）发展报告丛书 / 赵新力主编）
ISBN 978-7-5570-2899-2

Ⅰ.①一… Ⅱ.①赵… ②刘… ③李… Ⅲ.①"一带一路"—国际合作—研究报告 Ⅳ.① F125

中国版本图书馆 CIP 数据核字（2022）第 211194 号

出 版 人：刘志松　肖风华
策划编辑：彭　超　王庆芳
责任编辑：彭　超　王庆芳　宁紫含
封面设计：邓传志
责任校对：李瑞苑
责任技编：冼志良

"一带一路"之"六路"发展报告
"YIDAIYILU" ZHI "LIULU" FAZHAN BAOGAO

广东旅游出版社出版发行
（广州市荔湾区沙面北街 71 号首层、二层）
邮　　编：510130
电　　话：020-87347732（总编室）020-87348887（销售热线）
投稿邮箱：2026542779@qq.com
印　　刷：广州汉鼎印务有限公司
地　　址：广州市黄埔区南岗骏丰路117号202
开　　本：787毫米×1092毫米　16开
字　　数：365 千字
印　　张：24
版　　次：2022 年 12 月第 1 版
印　　次：2022 年 12 月第 1 次
定　　价：128.00元

"丝路创新力智库"^① 报告

2021 年国家出版基金资助项目

国家科技部专业技术二级研究员专项经费部分支持

国家社科基金《"一带一路"倡议实施中的科技创新开放合作重点与难点研究》

（项目编号：18BGJ075）阶段成果

① "丝路创新力智库"源于中智科学技术评价研究中心、国际欧亚科学院中国科学中心、同济大学软件学院、重庆大学自动化学院和广东琴智科技研究院有限公司共同发起建立的"粤港澳大湾区院士专家服务中心（横琴）"。

编委会

编著人员名单

主　　编：赵新力　　　刘建飞　　　李闽榕

副 主 编：刘拥军　　　王鹏举

执行编辑：文中发　　　徐思文

编写组其他人员（按姓氏拼音排序）：

董全超　　　封晓茹　　　郝俊宇　　　胡永青　　　刘润达

李文静　　　李志伟　　　马云飞　　　马宗文　　　吴钰晗

辛秉清　　　肖　轶　　　徐子岳　　　于　莎　　　杨　烨

翻　　译：

李志强　　　郑　薇　　　陈禹衡　　　戴　乐　　　夏欢欢

主要编撰者简介

赵新力，男，1961年生，辽宁沈阳人，航空宇航工学博士，系统工程博士后，国际欧亚科学院院士，清华大学中国科技政策研究中心资深顾问，中智科学技术评价研究中心主任，博士生导师，国务院特殊津贴获得者。主持完成"863"计划、自科基金、社科基金、攻关、标准化等国家级课题数十项，省部级课题数十项，获得省部级奖励多项。发表中、英、俄语种论文200多篇、著作40多部。曾在北京航空航天大学、沈阳飞机工业集团、美国洛克希德飞机公司、清华大学、原国家科委、澳门中联办、中国科技信息研究所、中共中央党校、中国科技交流中心及中国常驻联合国代表团等学习或工作，先后担任过东北大学、天津大学、澳门科技大学、北京大学和哈尔滨工业大学兼职或客座教授。金砖国家智库合作中方理事会理事，丝路创新力智库负责人，国家科普服务标准化委员会副主任，国家金砖国家新工业革命伙伴关系创新基地专家委员会委员，中国科学技术部原二级专技，中国科学技术交流中心原三级职员。

刘建飞，男，1959年生，河北保定人，国际关系博士。中共中央党校（国家行政学院）教授、博士生导师，国际战略研究院原院长，国务院特殊津贴获得者。中国国际关系学会副会长、中华美国学会副会长、中国亚洲太平洋学会副会长、习近平外交思想研究中心首批特约专家、国家社会科学基金评审专家。主要研究领域为国际战略、大国外交、中国外交、中美关系。在中国外交战略布局、中国外部环境、中国领导人战略思想、世界格局与秩序、中美关系发展态势、中美关系中的意识形态因素、美国全球战略、美国推进民主战略、美国推广"普世价值"战略、人类命运共同体思想等方面有研究专长。曾主持国家社科基金重大专项"国家治理与全球治理"等国家级科研项目多项，出版个人专著10多部，发表学术论文200多篇，另为多家报刊撰写国际评论文章400多篇。

李闽榕，男，1955年生，山西安泽人，经济学博士。原福建省新闻出版广电局党组书记，现为中智科学技术评价研究中心理事长，福建师范大学教授、博士生导师，金砖国家智库合作中方理事会理事。主要从事宏观经济学、区域经济竞争力等研究，已出版著作《中国省域经济综合竞争力研究报告（1998~2004）》等20多部（含合著），并在《人民日报》《求是》《管理世界》等国家级报刊上发表学术论文200多篇。科研成果曾获福建省科技进步一等奖、福建省第七届至第十届社会科学优秀成果一等奖、福建省第六届社会科学优秀成果二等奖等10多项省部级奖励（含合作），并有20多篇论文和主持完成的研究报告荣获其他省部级奖励。

序

2013年，习近平主席在访问哈萨克斯坦和印度尼西亚期间，先后提出共建"丝绸之路经济带"和"21世纪海上丝绸之路"的重大倡议。2015年，国家发改委、外交部和商务部联合发布了《推动共建丝绸之路经济带和21世纪海上丝绸之路的愿景与行动》，标志着"一带一路"倡议正式实施。"一带一路"倡议提出后，"一带一路"理念不仅得到国际社会的高度关注，更得到许多国家民众的广泛支持，越来越多的国家主动参与到"一带一路"建设中来。截至2021年1月底，中国同来自亚洲、非洲、欧洲、拉丁美洲及大洋洲等171个国家和国际组织签署了205份共建"一带一路"合作文件，"一带一路"建设取得了积极成效，在引领全球开放合作、促进全球共同繁荣发展上发挥着举足轻重的作用。

2016年6月，习近平主席在乌兹别克斯坦最高会议立法院发表了《携手共创丝绸之路新辉煌》重要演讲，提出要"着力深化环保合作，践行绿色发展理念，加大生态环境保护力度，携手打造'绿色丝绸之路'"。2017年5月，"一带一路"国际合作高峰论坛上，习近平主席进一步提出了要将"一带一路"建成"和平之路、繁荣之路、开放之路、创新之路、文明之路"的行动纲领。2018年9月，在中非合作论坛北京峰会开幕式上，习近平主席再一次提出"实施绿色发展行动"重要主张，强调"中国愿同非洲一道，倡导绿色、低碳、循环、可持续的发展方式"。至此，"和平之路、繁荣之路、开放之路、绿色之路、创新之路、文明之路"成为"一带一路"倡议的重要理念，也成为"一带一路"建设的重要内容。

"一带一路"是通向和平之路。丝绸之路的精神核心是"和平合作、开放包容、互学互鉴、互利共赢"。和平在丝绸之路精神核心中居于首要位置。共同发展，促进世界和平，是世界人民的共同愿望。习近平主席倡导的世界和平，践行互利共赢精神，不仅是中国，也是世界人民的共同福祉。"和平之路"建设需要"一带一路"各国尊重彼此主权、尊严、领土完整，尊重彼此发展道路和社会制度，尊重彼此核心利益和重大关切，要求"一带一路"各国树立共同、综合、可持续的安全观，构建以合作共赢为核心的新型国际关系。

"一带一路"是通向繁荣之路。"一带一路"不是中国一家的"独奏曲"，而是世界各国共同参与的"交响乐"，是世界各国共同受益的国际公共产品。改革开放40多年来，中国在装备制造、改善民生、科技创新等领域积累了丰富的经验。通过共建"一带一路"，中国的优势产能、先进的适用技术、基础设施建设能力、广阔的市场空间等将为参与共建的发展中国家的产业、外贸、科技创新发展提供切实可行的经验借鉴，为参与共建的各国经济发展注入新活力，实现共同繁荣。

"一带一路"是通向开放之路。开放共建是"一带一路"鲜明的标志。习近平主席在庆祝改革开放40周年大会上指出，"要以共建'一带一路'为重点，同各方一道打造国际合作新平台，为世界共同发展增添新动力。""一带一路"建设面向世界，旨在引领全球开放合作，推动全球经济向着开放包容的方向发展。"一带一路"建设强调开放合作，是面向发展中国家和发达国家的开放合作之路，以开放合作推动各国繁荣发展，推动构建人类命运共同体。

"一带一路"是通向绿色之路。2017年5月，习近平主席在"一带一路"国际合作高峰论坛上明确指出，"要践行绿色发展新理念，倡导绿色、低碳、循环、可持续的生产生活方式，加强生态环保合作，建设生态文明，共同实现2030年可持续发展目标。""一带一路"参与国以广大发展中国家和新兴经济体为主，经济发展水平较低，发展方式粗放，既是自然资源集中生产和消费地区，又是生态环境脆弱地区，面临着经济发展方式转变和资源环境束缚的双重压力。将绿色发展理念融入"一带一路"建设，既是广大发展中国家和新兴经济体实现经济和环境可持续发展的共同需求，又为落实2030年可持续发展目标注入新动能。

"一带一路"是通向创新之路。习近平主席指出，"一带一路"建设本身就是一个创举，搞好"一带一路"建设更要向创新要动力。在"一带一路"国际合作高峰论坛上，习近平主席宣布启动了"一带一路"科技创新行动计划，重点在科技人文交流、共建联合实验室、科技园区合作、技术转移等方面与"一带一路"参与国开展合作。加强"创新之路"建设要全面充分发挥科技创新合作在"一带一路"中的支撑引领作用，深化科技人文交流，全面提升中国科技创新合作层次和水平，打造"一带一路"创新共同体。

　　"一带一路"是通向文明之路。"一带一路"是超越文明隔阂、摒弃文化冲突、推动文明互鉴和文化交融的文明之路。"一带一路"参与国经济发展程度不同，社会历史文化发展迥异。只有坚持"文明之路"建设，深化文化合作与交流，才能实现文明交流互鉴，增进中国和参和各国理解及互信，把"一带一路"建设得更富生机和吸引力。

　　我们应该从多层次、多领域推动"一带一路"建设行稳致远，努力把"一带一路"建设成为"和平之路、繁荣之路、开放之路、绿色之路、创新之路、文明之路"。本报告将综合评价分析"一带一路"倡议之"六路"建设发展，为"一带一路"建设提供决策支撑。

张晓林

中智科学技术评价研究中心学术委员会主任委员

《求是》杂志社原总编辑

2021年6月

前言

推动“一带一路”发展，共建和平、繁荣、开放、绿色、创新、文明之路

2013年，习近平主席在访问哈萨克斯坦和印度尼西亚期间，先后提出共建“丝绸之路经济带”和“21世纪海上丝绸之路”的重大倡议，得到国际社会的广泛关注和积极响应。“一带一路”倡议依托中国与有关国家既有的双多边机制，借助既有的、行之有效的区域合作平台，传承古代经贸文化交流历史符号体系，高举和平发展的旗帜，积极发展与沿线国家的经济合作伙伴关系，共同打造政治互信、经济融合、文化包容的利益共同体、命运共同体和责任共同体。倡议实施以来，有关各方本着“共商共建共享”的原则，积极致力推动参与国发展、改善参与国民生，“一带一路”已经从经济合作迈向推动构建人类命运共同体的重要平台。

2017年5月，习近平主席在首届“一带一路”国际合作高峰论坛上，提出要将“一带一路”建成“和平之路、繁荣之路、开放之路、创新之路、文明之路”（“五路”）的行动纲领。2018年9月，习近平主席在中非合作论坛北京峰会开幕式上，再次提出“实施绿色发展行动”重要主张，强调“中国愿同非洲一道，倡导绿色、低碳、循环、可持续的发展方式”。至此，“和平之路、繁荣之路、开放之路、绿色之路、创新之路、文明之路”（“六路”）成为“一带一路”倡议的重要理念，也成为“一带一路”建设的重要内容。

“六路”建设涉及政治秩序、经济增长、国际交往、生态环境、科技创新、社会文化发展等多个层次和多个领域，丰富了共商共建共享“一带一路”的具体内容。在国际形势发生重大转变的当下，加强“六路”建设，是推进国际和地区和平稳定、探索共同繁荣新机制、增进国际交往、推动可持续绿色发展、加强创新与开放合作、加强文明交流与互利的重要机制，也是建设和实现人类命运共同体的重要路径。

鉴于“六路”建设对“一带一路”共建事业的重要性，了解和分析“一带一路”参与国和平、繁荣、开放、绿色、创新、文明“六路”的发展程度显得尤为重要。为系统

和及时地评估、跟踪"一带一路"参与国的"六路"发展水平，适时、量化地评价"六路"建设进程，本报告根据和平之路、繁荣之路、开放之路、绿色之路、创新之路、文明之路的内涵，构建了"六路"发展指标评价体系，根据2000年以来的数据从六个视角，运用大量数据图表，对"一带一路"发展进行了全方位的测度分析。在此基础上，本报告对"六路"建设展开全局性思考，提出多体系交叉融合型"一带一路"构想总体布局，对进一步推动"一带一路"参与国进一步深化合作发展提出了建议。本报告对"一带一路"倡议之"六路"建设发展的综合评价分析，为"一带一路"建设提供决策支撑。

我们有充分的理由相信，"一带一路"的未来会在和平、繁荣、开放、绿色、创新、文明"六路"上齐头并进、结出丰硕的果实。共商共建共享理念下的"六路"建设，将为"一带一路"参与国家实现和平合作、共同繁荣、开放包容、持续发展、创新合作、互利共赢提供强有力的支撑。

本报告的编制出版工作受新冠疫情影响较大，加之疫情期间多国指标统计数据出现缺漏、失真，且疫情前后数据之间的显著差异可能导致中长期评价系统性偏差，因此我们将"六路"指标评价数据的时间截止于疫情爆发之前，其他"一带一路"共建成果则尽量取新。希望疫情结束后，对"六路"发展进行更全面的评价，并深入分析疫情的影响。

第一章　"六路"建设综合评价

一、快速发展的"一带一路"

"一带一路"倡议提出8年、实施6年来，"一带一路"合作发展理念已经得到广泛认同，合作建设方兴未艾。中国在推动"一带一路"参与国经济务实发展、增进参与国之间合作交流等方面做出了较大贡献，合作与发展取得了良好成效。

截至2021年2月，包括中国在内，共有147个国家和地区签署了共建"一带一路"合作文件[①]。共建"一带一路"的国家与地区已涵盖全世界（见表1-1、图1-1），涉及大中华、伊斯兰、斯拉夫等多种文化，大多数为发展中国家。各参与国普遍与各自的发展计划积极对接，涉及基础设施、产业园区、科技、文化、信息建设的方方面面。

表1-1　"一带一路"参与国分布

洲别	亚洲	欧洲	非洲	拉丁美洲	大洋洲
国家数	44	27	46	19	11

---

① 中国一带一路网. 国际合作-各国概况[R/OL]. 北京，中国一带一路网，https://www.yidaiyilu.gov.cn/info/iList.jsp?cat_id=10037[2021-3-8]).

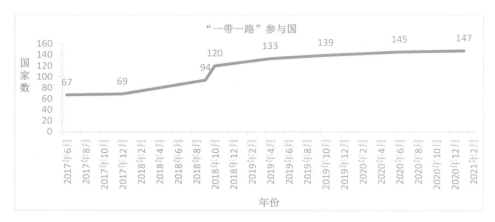

图1-1 "一带一路"参与国历年数量变化图（单位：个）

支撑各类建设的资金源于亚洲基础设施投资银行（亚投行）[①]等多双边和相关国家各类银行等金融机构。截至2021年2月，亚投行的成员数量从最初的57个创始成员增至103个，亚投行成员分布于六大洲，成为仅次于世界银行的全球第二大多边开发机构（见表1-2、图1-2）。

表1-2 2020年亚投行成员分布

	亚洲和大洋洲区域成员	亚洲和大洋洲区域之外成员	亚洲和大洋洲准成员	亚洲和大洋洲区域之外准成员
成员数（个）	46	39	4	14

图1-2 亚投行成员及准成员历年数量变化图（单位：个）

---

① 亚洲基础设施投资银行（Asian Infrastructure Investment Bank，简称亚投行，AIIB）

"一带一路"签约参与国面积之和为7700多万平方千米，占全球各国国土总面积的57%以上，人口超过47亿，占全球人口总数的63%以上，经济总量近40万亿美元，占全球经济总量的45%以上；加上亚投行中尚未明确签署官方协议的18个"一带一路"共建"部分参与国"，使得"一带一路"参与国家国土面积超过1亿平方千米，占全球83%以上，人口合计近70亿，占全球人口总数的90%以上，经济总量超过64万亿美元，占全球经济总量的70%以上。

（一）"一带一路"得到了国际组织的高度认可和积极推动

早在2016年11月，第71届联合国大会在关于阿富汗问题决议（A/RES/71/9）中写入"一带一路"倡议，呼吁国际社会为"一带一路"建设提供安全环境，得到193个会员国的一致赞同。2017年3月，联合国安理会又通过第2344号决议，呼吁国际社会通过"一带一路"建设等加强区域经济合作。2016年G20杭州峰会、APEC会议、金砖国家峰会、东盟与中日韩(10+3)领导人会议等的主题都与"一带一路"理念相吻合。

（二）"一带一路"建设进度和成果超过预期

"一带一路"建设从无到有、由点及面，进度和成果超出预期。截至2021年2月，中国已同147个国家和30多个国际组织签署了共建"一带一路"合作协议，同多个国家开展国际产能合作。

1. 非金融类直接投资快速增长

"一带一路"倡议于2013年秋季提出后，2014年中国对"一带一路"参与国的非金融类直接投资就迅速地从2013年的100亿美元左右增加到了125.4亿美元；2015年继续增加到148.2亿美元，同比增长18.2%；在2016年和2017年稍有回落后，2018年超过了150亿美元，达156.4亿美元；2020年更是高达177.9亿美元。截至2022年8月底，中国对"一带一路"签约参与过国家非金融类直接投资超过

1400亿美元。

2020年，尽管受到新冠肺炎疫情的不利影响，但中国对"一带一路"参与国的非金融类直接投资不仅没有减少，反而比2019年增长18.3%，中国对"一带一路"参与国的投资占对外投资总额的比重也由2019年的13.6%上升到了2020年的16.2%。[①]

2. 贸易成果显著

倡议提出以来，中国不断提升贸易投资自由化和便利化水平，持续推进更高水平对外开放，推动形成世界经济新格局。自"一带一路"倡议提出至2022年8月，我国与"一带一路"参与国货物贸易额累计约12万亿美元，已累计与32个共建国家和地区签署经认证的经营者（AEO）互认协议，贸易投资自由化便利化水平持续提升。截至2021年末，中国在46个国家建立境外经贸合作区，累计投资507亿美元，上缴东道国税费66亿美元，为当地创造39.2万个就业岗位。

3. 重大项目进展顺利

中老铁路全线开通运营，为服务两国民众便捷高效出行、促进中老经济走廊建设发挥积极作用。中泰铁路一期工程进展迅速，雅万高铁成功建成并投入试验运行，匈塞铁路塞尔维亚境内贝诺段顺利通车，巴基斯坦拉合尔橙线项目运营通车。以亚投行、丝路基金为代表的金融合作不断深入，一批有影响力的标志性项目逐步落地。

4. 中欧班列逆势增长

截至2022年7月底，中欧班列累计开行超过5.7万列，运送货物530万标箱，重箱率达98.3%，货值累计近3000亿美元；运输网络持续拓展，已铺画82条运输线路，通达欧洲24个国家196个城市。在全球疫情蔓延的2020年，中欧班列持续

---

① 胡必亮．乘风破浪，克"疫"而上——"一带一路"走向可持续发展[J]．光明日报，2021-02-28(08)．

保持逆势增长和安全稳定畅通运行,全年开行12406列,同比增长50%,运送货物113.5万标箱,综合重箱率达98.4%,同比提高4.6%;其中,运输防疫物资939万件、7.6万吨。

5. 健康丝绸之路取得新突破

新冠肺炎疫情发生以来,中国秉持人类命运共同体理念,向"一带一路"沿线国家提供力所能及的物资和技术援助。2020年,中国向150多个国家和9个国际组织提供抗疫援助,派出26支医疗专家组,向全世界提供2000多亿只口罩、20亿件防护服、8亿份测试剂盒,出口27.1万台呼吸机。截至2022年9月,中国向包括众多"一带一路"参与国在内的120多个国家和国际组织提供22亿剂疫苗。

(三)科技合作正在"一带一路"建设中发挥积极作用

中国科技部等编制了《推进"一带一路"建设科技创新合作专项规划》,与84个"一带一路"参与国签署了政府间科技合作协议,启动了中国-东盟、中国-南亚、中国-阿拉伯等一系列科技伙伴计划,发起成立"'一带一路'技术转移协作网络",实施了面向"一带一路"参与国地区的青年科学家来华计划。2013~2020年,科技部支持与"一带一路"国家开展科技合作项目1000多项,累计投入超过63亿元人民币;培训"一带一路"国家技术人员5000多人次;启动了"中巴(基斯坦)棉花生物技术联合实验室""中斯(里兰卡)特色植物资源研发实验室""中蒙孵化器""中国-南非矿产资源开发利用联合研究中心""中国印尼港口建设和灾害防治联合研究中心""中国克罗地亚生态保护国际联合研究中心"等"一带一路"科技合作平台建设。我国主导发起的"一带一路"国际科学组织联盟,成员单位已达到67家。截至2022年年中,中国已与17个国家签署"数字丝绸之路"合作谅解备忘录,与23个国家建立"丝路电商"双边合作机制。在科技园区合作方面,中国已经同埃及、印尼、伊朗、以色列、蒙古国、南非、泰国、巴基斯坦等国家启动或探讨建立国家级科技园区合作关系。

二、实现联合国可持续发展目标的重要倡议

"一带一路"之所以获得如此巨大的反响，正因其契合了联合国可持续发展目标（Sustainable Development Goals——SDGs）。

2015年9月，联合国193个会员国通过了《变革我们的世界：2030年可持续发展议程》，提出了可持续发展目标（SDGs）[①]。这一目标致力于通过协同行动消除贫困，保护地球并确保人类享有和平与繁荣。2030年可持续发展议程，包括17个目标、169个二级目标和230多个指标，从通过善治实现经济发展、社会包容和环境的可持续改善等3个维度为人类社会的可持续发展设定了宏伟目标，具有权威性和广泛认同度[②]。

构建人类命运共同体符合当代世界经济发展需要和人类文明进步的大方向。为了应对人类共同面临的各种挑战，追求世界和平繁荣发展的美好愿景，世界各国应努力携手构建持久和平、普遍安全、共同繁荣、开放包容、清洁美丽的世界。共建"一带一路"倡议符合构建人类命运共同体的理念，并已经成为构建人类命运共同体的重要实践平台。联合国秘书长古特雷斯曾经指出，共建"一带一路"倡议与联合国新可持续发展目标相同，都是向世界提供的公共产品[③]。共建"一带一路"不

[①] 具体包括：1.在世界各地消除一切形式的贫困（No poverty）；2.消除饥饿，实现粮食安全、改善营养和促进可持续农业（Zero Hunger）；3.确保健康的生活方式、促进各年龄段人群的福祉（Good Health and Well-being）；4.确保包容、公平的优质教育，促进全民享有终身学习机会（Quality Education）；5.实现性别平等，赋予妇女、女童平等权益（Gender Equality）；6.人人享有清洁饮水及用水是我们所希望生活的世界的一个重要组成部分（Clean Water and Sanitation）；7.确保人人获得可负担、可靠和可持续的现代能源（Affordable and Clean Energy）；8.促进持久、包容、可持续的经济增长，实现充分和生产性就业，确保人人有体面工作（Decent Work and Economic Growth）；9.建设有风险抵御能力的基础设施、促进包容的可持续工业，并推动创新（Industry，Innovation and Infrastructure）；10.减少国家内部和国家之间的不平等（Reduced Inequalities）；11.建设包容、安全、有风险抵御能力和可持续的城市及人类住区（Sustainable cities and communities）；12.确保可持续消费和生产模式（Sustainable Consumption and Production）；13.采取紧急行动应对气候变化及其影响（Climate Action）；14.保护和可持续利用海洋及海洋资源以促进可持续发展（Life Under Water）；15.保护、恢复和促进可持续利用陆地生态系统、可持续森林管理、防治荒漠化、制止和扭转土地退化现象、遏制生物多样性的丧失（Life on Land）；16.促进有利于可持续发展的和平和包容社会，在各层级建立有效、负责和包容的机构（Institutions，good governance）；17.加强执行手段、重振可持续发展全球伙伴关系（Partnerships for the goals）。

[②] 薛澜，翁凌飞. 关于中国"一带一路"倡议推动联合国《2030年可持续发展议程》的思考[J]. 中国科学院院刊，2018，33（1）：40-47.

[③] 推进"一带一路"建设工作领导小组办公室. 共建"一带一路"倡议：进展、贡献与展望[R]. 北京：推进"一带一路"建设工作领导小组办公室，2019.

仅可以促进经济贸易往来和人员交流,而且能够增进不同国家、文明之间的了解,减少沟通障碍和文化隔阂,最终实现和平、和谐与繁荣。从发展目标、覆盖范围和实现途径等方面分析,"一带一路"倡议与2030年可持续发展议程理念相通、方向一致,许多机构和专家学者就加强二者对接提出了一系列建议。

从发展目标看,共建"一带一路"目标指向人类共同的未来。"一带一路"倡议跨越不同地域、不同发展阶段、不同文明,是一个开放包容的平台,是各方共同打造的全球公共产品。坚持最大程度的非竞争性与非排他性,顺应了国际社会对全球治理体系公正性、平等性、开放性、包容性的追求,与可持续发展议程的核心理念是相通的。比较发现,通过"一带一路"倡议相关愿景、路径与SDG2030具体目标进行比对,二者高度一致的有9项,较为一致的6项,基本一致的有2项,体现了高度一致性(见表1-3)。

表1-3 "一带一路"倡议相关愿景、路径与SDG2030具体目标对比

"一带一路"相关愿景、路径	SDG2030具体目标	差异较大	有一定差异	基本一致	较为一致	高度一致
设施联通、贸易畅通;和平之路、繁荣之路、文明之路	1.No poverty	×	×	×	×	●
设施联通、贸易畅通;繁荣之路	2.Zero Hunger	×	×	×	●	×
设施联通、民心相通;绿色之路	3.Good Health and Well-being	×	×	×	●	×
设施联通;创新之路	4.Quality Education	×	×	×	×	●
设施联通;文明之路	5.Gender Equality	×	×	●	×	×
设施联通;绿色之路、创新之路	6.Clean Water and Sanitation	×	×	×	×	●
设施联通;绿色之路、创新之路	7.Affordable and Clean Energy	×	×	×	×	●
设施联通、贸易畅通;繁荣之路、创新之路	8.Decent Work and Economic Growth	×	×	×	×	●
设施联通、贸易畅通;创新之路、繁荣之路、开放之路	9.Industry, Innovation and Infrastructure	×	×	×	×	●
民心相通;繁荣之路、开放之路	10.Reduced Inequalities	×	×	●	×	×
设施联通;繁荣之路、绿色之路、创新之路	11.Sustainable cities and communities	×	×	×	×	●
设施联通;繁荣之路、绿色之路、创新之路	12.Sustainable Consumption and Production	×	×	×	×	●
设施联通;绿色之路、创新之路	13.Climate Action	×	×	×	×	●

续上表

"一带一路"相关愿景、路径	SDG2030具体目标	差异较大	有一定差异	基本一致	较为一致	高度一致
资金融通；绿色之路、文明之路	*14.Life Under Water*	×	×	×	●	×
资金融通；绿色之路、文明之路	*15.Life on Land*	×	×	×	●	×
资金融通；廉洁之路、开放之路、文明之路	*16.Institutions,good governance*	×	×	×	●	×
政策沟通、贸易畅通、资金融通、民心相通；和平之路、开放之路	*17.Partnerships for the goals*	×	×	×	●	×

从覆盖范围看，"一带一路"参与国是实现联合国可持续发展目标的主力军和主要受益者。联合国鼓励各会员国将实现 SDG2030 与各国国情相结合来制定具体的国别指标。过去20年，中国在脱贫攻坚、卫生、教育等多个领域取得了举世瞩目的成就，为其他发展中国家落实SDGs做出了示范。共建"一带一路"国家已由亚欧延伸至非洲、拉丁美洲、南太平洋等区域。到2021年1月，共有44个亚洲国家、27个欧洲国家、46个非洲国家、19个拉美国家和11个大洋洲国家以不同方式参与了"一带一路"倡议。按照世界银行的收入界定，其中95%以上的国家属于中低收入国家，也是落实SDG2030目标的主体。

从发展机遇看，当前全球科技创新进入空前密集活跃时期。数字经济蓬勃发展，各国利益更加紧密相连。人工智能、纳米技术、量子信息等领域不断孕育新的突破，新一轮科技革命和产业变革正在重构全球创新版图、重塑全球经济结构，并深度影响全球治理模式变革。共建"一带一路"为大部分处于工业化初中级阶段的国家平等合理融入全球产业链和价值链提供了新契机，通过推动形成普惠发展、共享发展的产业链、供应链、服务链、价值链为相关国家可持续增长提供了可能，也为这些国家从新的视角统筹解决社会、经济和环境三个维度的发展问题，实现SDG2030目标提供了新机遇。

从实现途径看，"一带一路"建设是实现联合国可持续发展目标的重要抓手。中国将创新、协调、绿色、开放和共享的理念贯穿于共建"一带一路"倡议，提出着力改善发展条件、创造发展机会、增强发展动力、共享发展成果，推动实现全球治理、全球安全、全球发展联动。在资源投入方面，共建"一带一路"倡议为发展中国家基础设施建设需求和资金缺口提供了重要补充。在发展动力方面,无论是"一带一路"倡议的实现还是SDG2030目标的实现,都必须依靠创新这一根本实现路径。中国在2016年担任二十国集团主席国期间,推动各方在创新发展方面提出了一系列新理念和倡议,并且多次强调通过科技创新实现对SDG2030目标的支持,相关内容既与"一带一路"倡议的许多理念契合,又为实现2030年可持续发展议程提供重要的推动力量和具体的路径,这些理念和倡议已得到广泛认同。

(一)SDGs第1项

在世界各地消除一切形式的贫困。消除贫困,是人类自古以来的共同理想。1990年以来,全球极端贫困率下降了一半。成绩虽然显著,但在发展中地区有12亿人仍然生活在每天1.25美元贫困线以下,千百万人每日收入勉强高于这个水平,还有许多人有返贫的风险。贫困不仅是缺乏收入和资源导致难以维持生计,还表现为饥饿和营养不良、无法充分获得教育和其他基本公共服务等。人类社会发展一直囿于贫困及其衍生出来的饥饿、疾病、社会冲突等系列难题。即使是在科技发达、商品丰盈、社会进步的今天,消除贫困仍然是世界各国特别是广大发展中国家面临的十分重要而艰难的任务。

2021年2月,中国脱贫攻坚战取得了全面胜利,现行标准下9899万农村贫困人口全部脱贫,832个贫困县全部摘帽,12.8万个贫困村全部出列,区域性整体贫困得到解决,完成了消除绝对贫困的艰巨任务。

联合国秘书长古特雷斯表示,精准扶贫方略是帮助贫困人口、实现2030年可持续发展议程设定的宏伟目标的唯一途径,中国的经验可以为其他"一带一路"发展中国家提供有益借鉴。

(二)SDGs第10项

减少国家内部和国家之间的不平等。虽然国际社会在帮助人们摆脱贫困方面已经取得长足进步，但是，不平等现象依然存在，卫生教育服务和其他生产性资产的分配差异巨大，减少国家内部和国家之间的不平等的目标面临着巨大的挑战。根据全球慈善组织乐施会（Oxfam）在2020年1月的世界经济论坛中披露的报告，2019年底，全世界最富有的26人财富高达1.4兆美元，相当于全球最贫穷的38亿人拥有的财富。为减少收入不均，各项政策的制定，在具有普适性的同时，需兼顾贫困和边缘化群体的需求。同时需要在产业均衡发展方面多做工作。"一带一路"推进了参与国资源有效整合，在一个更大空间内，促进了产业更加合理地布局。互联互通实现以后，陆上"天堑变通途"，将有助于消弭南北发展的差距、东西方发展的差距、沿海和内陆发展的差距、农村和城市发展的差距。

（三）解决区域发展不平衡的难题

传统全球化由海而生，沿海地区、海洋国家先发展起来，而内陆国家则比较落后，形成了较大的贫富差距及地区悬殊。后金融危机时代，世界经济增长动力不足，发展更加不平衡。"一带一路"就是要打破陆地从属于海洋等一系列不合理、不平衡效应，在现有国际合作机制基础上共商共建，统筹兼顾，标本兼治，打造更加开放、均衡、包容和普惠的合作架构，赋予全球化新的内涵。

中国政府始终同合作伙伴一道，秉持共商、共建、共享、开放、绿色、廉洁、高标准、惠民生、可持续的原则，推动"一带一路"国际合作，为各国人民带来实实在在的好处。

三、"六路"的提出

2013年，习近平主席在出访中亚和东南亚期间，先后提出共建"丝绸之路经济带"和"21世纪海上丝绸之路"的重大倡议。2015年，国家发改委、外交部和商务部联合发布了《推动共建丝绸之路经济带和21世纪海上丝绸之路的愿景与行动》，同年年底，亚洲基础设施投资银行成立，标志着"一带一路"倡议开始实施。自"一带一路"倡议提出以来，"一带一路"建设得到国际社会高度关注和积极响应，"一带一路"理念也得到越来越多国家和人民的广泛支持，"一带一路"建设取得积极成效。2017年5月，在"一带一路"国际合作高峰论坛上，习近平主席提出要将"一带一路"建成和平之路、繁荣之路、开放之路、创新之路、文明之路。

早在2016年6月，习近平主席在乌兹别克斯坦最高会议立法院发表演讲时曾提出"携手打造绿色、健康、智力、和平的丝绸之路"。2018年9月，在中非合作论坛北京峰会开幕式上，习近平主席又进一步提出"携手打造和谐共生的命运共同体"和"实施绿色发展行动"，强调"中国愿同非洲一道，倡导绿色、低碳、循环、可持续的发展方式"和"中国愿同非洲加强在应对气候变化、应用清洁能源、防控荒漠化和水土流失、保护野生动植物等生态环保领域交流合作，让中国和非洲都成为人与自然和睦相处的美好家园"。至此，"绿色之路"概念再次应运而生。加强中国与"一带一路"参与国在生态环保领域交流与合作，对于实现"一带一路"参与国健康、可持续发展具有重要意义。"绿色之路"建设是当前应对全球气候变化的必然要求，更是"一带一路"建设中必不可少的部分。

至此，"和平之路、繁荣之路、开放之路、绿色之路、创新之路、文明之路"思想自成体系，并作为"一带一路"建设的根本指导、规则和标准。本报告将从和平之路、繁荣之路、开放之路、绿色之路、创新之路、文明之路6个维度，选择相应指标构建"六路"发展指数，采用定性和定量结合的方法对"一带一路"建设进行综合分析评价。

四、现有研究基础

自"一带一路"倡议提出以来，对"一带一路"建设的研究成为中国学术界热点，如刘卫东在2015年分析了"一带一路"建设的科学内涵；孙楚仁等在2017年研究了"一带一路"参与国贸易的增长问题。

关于"一带一路"建设的评价方面，厉伟等在2016年对"一带一路"参与省、自治区、直辖市投入产出的创新效率进行了评价和比较分析；杨道玲等在2016年从信息通信基础和信息通信应用两个维度，构建了信息基础设施发展水平指数，对参与"一带一路"合作的64个国家的信息基础设施发展水平进行了测评；胡键在2017年从国际社会学体系出发，分析了"一带一路"核心国家的创新力状况，并探究了国家创新力对于推进"一带一路"的政策意义；董洁等在2017年测度了23个"一带一路"参与国的R&D效率；李文辉等在2018年构建了两阶段效率评价指标体系，评价了"一带一路"参与高校科技创新效率；夏彩云等在2017年以2009～2015年"一带一路"参与省市高技术产业R&D活动为研究对象，对R&D效率进行了测度分析。

从2017年习近平主席提出将"一带一路"建设成和平、繁荣、开放、创新、文明之路开始，赵新力研究团队就进行了相应的指标体系研究和测度分析，2018年又增加了绿色之路的相关研究和测度分析，2019年发布了2份智库报告、发表了8篇文章，系统展示了研究成果和测度分析结果。为系统和及时地评估和跟踪"一带一路"参与国"六路"发展水平，适时、量化地评价建设进程，本报告在深入研究"六路"发展内涵的基础上，创新性地构建了"六路"发展评价指标体系（和平指数、繁荣指数、开放指数、绿色指数、创新指数、文明指数），对"一带一路"参与国2000～2019年"六路"发展指数进行了测度和分析，并对下一步继续推动"一带一路"参与国合作发展提出了建议。

五、"六路"发展水平评价指标体系

"六路"发展水平评价指标体系从和平之路、繁荣之路、开放之路、绿色之路、创新之路、文明之路这6个方面分别构建和平指数、繁荣指数、开放指数、绿色指数、创新指数和文明指数6个一级指标。

（一）"六路"指数概念

1.和平指数

"和平之路"是增进理解与信任，全方位交流合作的和平友谊之路。本报告从国内冲突、外部冲突、难民及流离失所者情况、社会治安和军备情况5个方面构造和平指数。

2. 繁荣指数

"繁荣之路"是释放各国发展潜力，实现经济大融合、发展大联动、成果大共享的共同繁荣之路。本报告从产业、金融和设施联通3个方面构造繁荣指数。

3. 开放指数

"开放之路"是维护和发展开放型世界经济，共同创造有利于开放发展的环境，推动构建公正、合理、透明的国际经贸投资规则体系，促进生产要素有序流动、资源高效配置、市场深度融合的开放合作之路。本报告从贸易开放度、金融开放度、文化开放度、社会开放度4个方面构造开放指数。

4. 绿色指数

绿色发展是世界各国可持续发展的必然要求。加强绿色之路建设，要求中国和参与国积极开展在应对气候变化、海洋合作、荒漠化治理、污染防治等多个领域合作交流。"绿色之路"从可再生能源使用、碳排放、化肥使用量、森林覆盖率4个方面构造绿色指数。

5. 创新指数

创新是推动发展的重要力量。对于"一带一路"建设而言，创新是提高参与国社会生产力和综合国力的技术支撑，是"一带一路"建设开放合作之路的重要内容，是"一带一路"建设创新发展、文明繁荣之路的重要驱动力量。本报告从创新环境、创新投入、创新产出、创新持续4个方面构造创新指数。

6. 文明指数

"一带一路"建设要以文明交流超越文明隔阂、文明互鉴超越文明冲突、文明共存超越文明优越，推动各国相互理解、相互尊重、相互信任。"文明之路"

就是要深化文明交流、互鉴、共存，推动各国相互理解、相互尊重、相互信任。本报告从健康卫生、教育、性别平等和文化遗产4个方面构造文明指数。

（二）综合评价指标体系

1.指标选取

基于上文分析，本报告构建"六路"综合评价指标体系。具体如下：

表1-4　"六路"综合评价指标体系

序号	一级指标	二级指标	单位
1	和平指数	国内冲突数	次
		外部冲突数	次
		难民及流离失所者数	人
		每10万人凶杀案发生次数	次/10万人
		军费支出占GDP比值	%
2	繁荣指数	国内生产总值GDP	美元
		国内上市公司数	个
		铁路总长度	千米
3	开放指数	进出口贸易总额占GDP比值	%
		资本流入流出总额占GDP比值	%
		国际入境游客数占人口比值	%
		上网人数占人口比值	%
4	绿色指数	可再生能源使用占比	%
		单位GDP碳排放量	kg/单位GDP
		化肥消费量	kg/ha
		森林覆盖率	%
5	创新指数	每千人新注册企业数	个/千人
		研发经费投入占GDP比重	%
		专利申请量	个
		政府教育支出占GDP的比重	%
6	文明指数	婴儿死亡率	%
		平均受教育年限	年
		性别不平等指数	—
		世界文化遗产数目	个

注：以上数据均来自世界银行、联合国教科文组织、联合国开发计划署、国际电信联盟、联合国难民组织、斯德哥尔摩国际和平研究所等国际组织公布的数据

2.指数算法

采用指数算法，将某一二级指标记为：

$B_{ijx}(1\leqslant i\leqslant n, 1\leqslant j\leqslant m, 1\leqslant x\leqslant y)$（$i,j,x$皆为正整数）

其中n为该二级指标总数量，i表示当前二级指标；m表示该二级指标涉及的国家总数，j表示当前国家；y表示该二级指标涉及的总年头数，x表示年份。对该二级指标中n个国家，将2000年以来的数据进行归一化处理。具体公式如下：

$$B_{ijx}=\frac{(b_{ijx}-b_{i\min})}{(b_{i\max}-b_{i\min})}\times 100$$

其中，b_{ijx}表示当前国家，当前年份的数值，$b_{i\min}$表示该指标所有国家、所有年份的最小值，$b_{i\max}$表示该指标所有国家、所有年份的最大值。

计算一级评价指数关键一步为二级指标权重系数的选择，本文采取均等权重系数的方式，即对上述n个二级指数求平均值，则为一级指数，指数的变化范围在0—100之间。则第x年，第j个国家的某个一级指数为：

$$F_{j\mathrm{x}}=\left(\sum_{1}^{n}B_{ijx}\right)/n$$

出于排版精练和表达明晰的需要，本报告在多数情况下指标得分列入表格时仅保留小数点后一位有效数字，比较“一带一路”参与国得分均值与世界得分均值时保留小数点后两位有效数字。

（三）研究对象

截至2021年2月，共有147个国家加入“一带一路”倡议。考虑到国际数据更新时滞问题，本报告将147个国家作为主要研究对象，同时也研究了亚投行成员国中暂时没有正式加入"一带一路"倡议的18个国家。每一指标对应的具体国别数据，根据各国统计方面有效数据为准。具体如下。

1. 亚洲44国

● 东亚3国：中国、蒙古、韩国；

● 东南亚11国：新加坡、马来西亚、印度尼西亚、缅甸、泰国、老挝、柬埔寨、越南、文莱、菲律宾、东帝汶；

● 西亚18国：伊朗、伊拉克、土耳其、叙利亚、约旦、黎巴嫩、以色列、巴勒斯坦、沙特阿拉伯、也门、阿曼、阿拉伯联合酋长国、卡塔尔、科威特、巴林、格鲁吉亚、阿塞拜疆、亚美尼亚；

● 南亚7国：巴基斯坦、孟加拉国、阿富汗、斯里兰卡、马尔代夫、尼泊尔、不丹；

● 中亚5国：哈萨克斯坦、乌兹别克斯坦、土库曼斯坦、塔吉克斯坦、吉尔吉斯斯坦。

2. 欧洲27国

● 原独联体4国：俄罗斯、乌克兰、白俄罗斯、摩尔多瓦；

● 中东欧17国：波兰、立陶宛、爱沙尼亚、拉脱维亚、捷克、斯洛伐克、匈牙利、斯洛文尼亚、克罗地亚、黑山、波黑、塞尔维亚、阿尔巴尼亚、罗马尼亚、保加利亚、北马其顿、卢森堡；

● 欧洲其他6国：葡萄牙、希腊、奥地利、意大利、马耳他、塞浦路斯。

3. 非洲46国

多哥、冈比亚、乌干达、佛得角、布隆迪、坦桑尼亚、津巴布韦、刚果（布）、乍得、尼日利亚、肯尼亚、安哥拉、纳米比亚、加蓬、莫桑比克、赞比亚、加纳、塞舌尔、南苏丹、喀麦隆、塞拉利昂、科特迪瓦、阿尔及利亚、吉布提、毛里塔尼亚、几内亚、索马里、卢旺达、塞内加尔、埃及、突尼斯、利比亚、马达加斯加、摩洛哥、埃塞俄比亚、苏丹、南非、科摩罗、莱索托、马里、利比里亚、尼日尔、贝宁、赤道几内亚、刚果（金）、博茨瓦纳。

4.拉丁美洲19国

萨尔瓦多、多米尼加共和国、格林纳达、哥斯达黎加、多米尼克、安提瓜和巴布达、特立尼和多巴哥、巴拿马、古巴、智利、苏里南、委内瑞拉、玻利维亚、乌拉圭、圭亚那、秘鲁、牙买加、巴巴多斯、厄瓜多尔。

5.大洋洲11国

斐济、萨摩亚、纽埃、巴布亚新几内亚、新西兰、基里巴斯、瓦努阿图、库克群岛、密克罗尼西亚联邦、所罗门群岛、汤加。

6.亚投行成员中暂时没有正式加入"一带一路"倡议的18国

- 亚洲和大洋洲区域成员：澳大利亚、印度；
- 亚洲和大洋洲之外成员：比利时、加拿大、丹麦、芬兰、法国、德国、冰岛、爱尔兰、荷兰、挪威、西班牙、瑞典、瑞士、英国；
- 亚洲和大洋洲之外准成员：阿根廷、巴西。

六、"六路"指数综合评价分析

基于上文所构建的综合评价指标，本报告对"一带一路"中的"六路"指数进行了测算与分析，具体结果如下。

（一）"六路"综合发展指数

2000～2018年，"一带一路"参与国"六路"综合发展指数和全球平均值都呈上升态势。2013年"一带一路"倡议提出后，"一带一路"参与国"六路"综合发展指数上升得更快。这说明"一带一路"建设对参与国在和平、繁荣、开放、绿色、创新、文明上发挥了积极的作用。"一带一路"参与国综合发展指数仍然落后于全球平均值的主要原因是以美国为首的很多发达国家没有加入"一带一路"阵营。而这些国家在人均GDP、国民受教育程度、科技创新能力、配置全球资源能力等方面普遍强于"一带一路"国家。

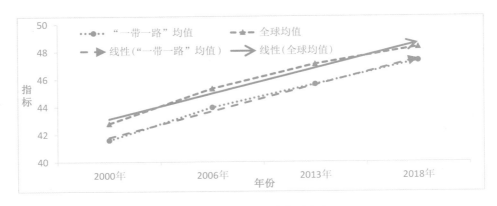

图1-3 "六路"综合评价指数

（二）"六路"指数的一级指标分析

1. "和平之路"建设发展评价

"和平之路"的建设前提是构建以合作共赢为核心的新型国际关系。纵观当今全球和平环境，丝绸之路参与地区中出现了诸多冲突动荡地带。为了遏制这种状况，全球范围内需树立共同、综合、合作、可持续的安全观，营造共建共享的安全格局。图1-4所示，2000年以来，"一带一路"参与国的和平指数和世界平均和平指数的变化态势基本一致。2013年，"一带一路"国家和平指数为95.39，略高于世界平均和平指数（94.89）。在"一带一路"倡议提出两年后，2015年和平指数均开始稳步上升。其中，"一带一路"国家平均和平指数由2015年的94.57上升到2016年的95.27。在"一带一路"倡议提出两年即2015年之后"一带一路"参与国和世界平均和平指数均逐步上升，"一带一路"国家平均和平指数由2015年的94.57上升到2018年的94.83，且"一带一路"参与国和平指数平均值要明显高于世界平均水平。这说明,尽管受叙利亚战争、ISIS极端组织等诸多因素影响,使得"一带一路"参与国和平指数在2013~2015年有所下降,但随着"一带一路"建设的持续稳步推进,"一带一路"参与国"和平之路"建设向着积极的方面发展,2016年和平指数迅速回升,2017年、2018年基本持平。

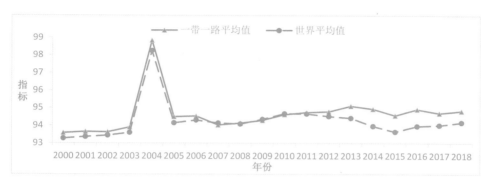

图1-4　"一带一路"参与国和平指数与世界比较

2."繁荣之路"建设发展评价

"繁荣之路"指数包括了产业、金融、基础设施等多项指标,反映了国家或地区经济、金融和基础设施的基本情况,其中产业是经济发展根基,金融是经济发展血液,基础设施是设施联通的基础。"繁荣之路"指数越高,说明国家或地区越繁荣,反之亦然。如图1-5所示,"一带一路"参与国中发展中国家居多,繁荣指数低于世界平均水平,2000~2013年的14年间,"一带一路"参与国繁荣指数平均值从26.19增长到了30.12,增幅15.0%,略低于世界繁荣指数的增幅15.5%。"一带一路"倡议提出后,2013~2019年的7年间,"一带一路"参与国的繁荣指数增幅6.5%,略高于世界繁荣指数的增幅6.1%;2015~2019年间,全球繁荣指数稳步上升,"一带一路"参与国繁荣指数增幅6.7%,高于世界繁荣指数增幅6.3%。这表明,尽管"一带一路"参与国繁荣指数平均值低于世界平均水平,但仍然保持着良好的增长势头,特别是2015年亚投行开始运作以来,"一带一路"建设在促进参与国共同繁荣上发挥出更为重要的作用。

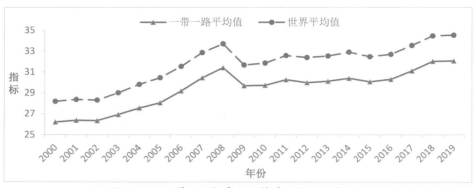

图1-5 "一带一路"参与国繁荣指数与世界比较

3. "开放之路"指数

"开放之路"建设，就是要创造有利于开放合作发展的外部环境，推动构建公正、合理、透明的国际经贸投资规则体系，推动开放型经济的发展。如图1-6所示，2000年以来，"一带一路"参与国开放指数呈持续上升趋势，与世界平均值基本一致。受全球金融危机影响，2008～2016年"一带一路"开放指数有所波动。2013年，"一带一路"参与国开放指数平均值为16.0，世界平均水平为17.1。2019年，"一带一路"参与国平均值19.7，增幅23.8%；世界平均值20.8，增幅21.9%。从具体指标来看，2013～2019年以来，"一带一路"参与国金融开放指数（资本流入流出占GDP比重）、贸易开放指数（进出口贸易占GDP比重）高于世界平均水平，文化开放指数（参与国国际游客流入数量）略低于世界平均水平，"一带一路"参与国开放指数平均值低于世界平均值的原因主要是2013年后，世界上网人数占人口比重平均值快速增长，且该比重明显高于参与国平均水平。换句话说，"一带一路"参与国信息通信基础设施的落后，导致参与国社会开放指数落后，总体拉低了参与国开放指数得分。

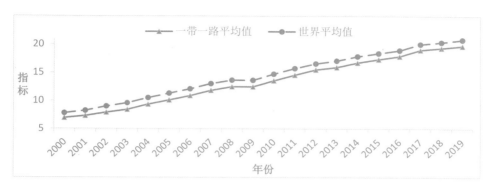

图1-6 "一带一路"参与国开放指数与世界比较

4."绿色之路"指数

"绿色之路"是继习近平主席在"一带一路"国际合作高峰论坛后又一个重要的概念，倡导绿色、低碳、循环和可持续的发展方式。加强"一带一路"绿色之路建设对于实现中国同参与国可持续发展具有重要的意义。如图1-7所示，2000~2016年，"一带一路"参与国绿色指数平均值呈现上升趋势。2016年，参与国绿色指数为62.9，较2000年增长率为2.0%，与同期世界平均值增长率相同（2.0%）。"一带一路"参与国绝大部分为发展中国家，区域上处于内陆较多，既有森林覆盖广泛的区域，也有沙漠遍布的不毛之地，总体来看，农业经济居多，工业化、城镇化尚未完全展开。参与国之间差别很大，一些工业化水平较低的参与国大量使用生物能源，另一些沙漠国家或油气资源丰富的参与国则高度依赖化石能源；一些工业化水平较低的参与国尚未大规模使用化肥，另一些工业化程度较高的参与国高度依赖化肥；一些参与国为发展现代农业、工业和拓展城镇用地不断开发森林，另一些参与国与众多非"一带一路"的发达国家一样致力于恢复森林生态。发展经济是工业化水平较低国家的当务之急，它们有着从粗放型向集约型转变的迫切需求，其工业化和城镇化使绿色指数的总体降低，与非"一带一路"发达国家推动绿色发展的效果相叠加，造成"一带一路"参与国绿色指数平均值持续低于世界平均值。因此，如何在发展经济的同时，尽力保持并改进生态环境，保持绿色指数继续高企，这是广大"一带一路"参与国需要高度重视的问题。

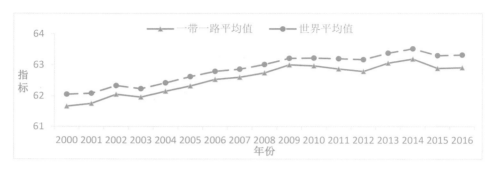

图1-7 "一带一路"参与国绿色指数与世界比较

5.创新之路

对于"一带一路"参与国来说，只有依靠创新才能在新的世界竞争格局中谋求新的经济发展方式，抢占科技和产业发展的制高点。习近平主席在"一带一路"高峰论坛上提出，要坚持创新驱动发展，要促进科技同产业、科技同金融深度融合，优化创新环境，集聚创新资源，要为互联网时代的各国青年打造创业空间、创业工场，实现2030年可持续发展目标。如图1-8所示，2006年以来，"一带一路"参与国创新指数波动上升，2018年参与国创新指数平均水平从17.0上升为20.9，增幅22.9%；世界创新指数的平均水平从19.5上升到23.1，增幅为18.4%。其中，2015年亚投行落地后，"一带一路"参与国创行指数平均值从18.8上升为20.9，升幅11.0%；世界平均值从21.0上升为23.1，升幅9.6%。尽管参与国创新指数平均值低于世界平均水平，但创新指数增长率高于世界平均水平，"一带一路"参与国创新指数平均值与世界平均水平之间的差别在逐年减少。这说明，"一带一路"参与国在"创新之路"建设上具有较大潜力。

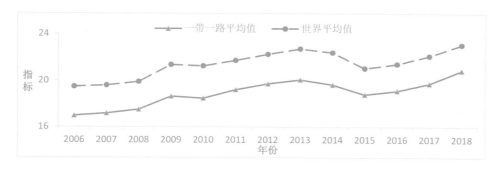

图1-8 "一带一路"参与国创新指数与世界比较

6. "文明之路"指数

"文明之路"是"六路"的重要方面。一个文明的国度，必定拥有全面发展的社会。在健康卫生、文化交流、性别平等、教育等领域，都应当为塑造完整的文明人提供社会服务。如图1-9所示，2000～2019年，"一带一路"参与国文明指数平均值保持波动上涨的趋势，特别是2013年"一带一路"倡议提出后，参与国"文明之路"指数逐年增长。2019年，参与国"文明之路"指数53.7，较2000年增幅21.3%，略低于世界平均的增幅（23.8%）。2013～2019年，参与国平均值增幅8.6%，与世界平均值的增幅（8.8%）非常接近，说明"一带一路"倡议提出后，参与国文明指数增速已基本赶上世界水平。本报告认为，"一带一路"参与国历史悠久，拥有璀璨的文化，很多国家都是曾经丝绸之路重要节点国，文化独特、历史悠久，因而具有巨大的文明挖掘和发展潜力。

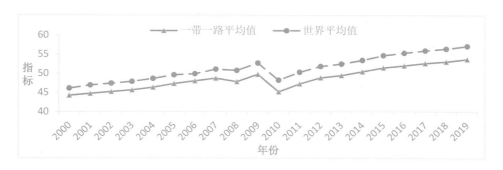

图1-9 "一带一路"参与国文明指数与世界比较

七、本章小结

　　本章在深入研究"六路"发展内涵的基础上，提出并构建了"六路"发展评价指标体系，并对"一带一路"参与国2000~2019年"六路"发展指数进行了测度和分析，与世界平均水平进行了比较。本报告发现，2000~2019年，"一带一路"参与国"六路"指数均呈上升态势，特别是2013年"一带一路"倡议提出后，"六路"指数出现较快上升。分项来看，2013年以来，参与国在"和平之路"建设上的和平指数及其增长率方面都超过世界平均水平；在"繁荣之路""开放之路""绿色之路""创新之路""文明之路"建设上的繁荣指数、开放指数、绿色指数、创新指数和文明指数平均值均低于世界平均水平，但是呈现上升趋势。

第二章 和平之路

一、本章综述

"和平之路"是繁荣之路、开放之路、绿色之路、创新之路、文明之路的基础和前提。中国国家主席习近平提出将"一带一路"建成和平之路，希望"一带一路"参与国之间没有战争，没有暴力，没有敌视，政府之间友好协作，国际事务普遍稳定。古丝绸之路，和时兴，战时衰。前车之鉴，后事之师。现代"丝绸之路"，更是要构建以合作共赢为核心的新型国际关系，打造对话不对抗、结伴不结盟的伙伴关系。外围的和平，营造出国际间的高质量营商环境，更需要各国内部的和平协同，才能使"一带一路"参与国从普遍到个体共同走向繁荣、开放、绿色、创新、文明之路。

"一带一路"承载了人类和平的美好梦想，寄予了全世界和平共存的崇高意义，构成了当今世界和平的"新纽带"。为衡量我国倡导的"一带一路"建设对参与国的和平发展所产生的影响，针对参与国的国内冲突、外部冲突、难民及流离失所者情况、社会治安和军备情况5个方面全面进行分析，进而判断一个国家的和平稳定状况。针对"一带一路"参与国进行了相关指数信息收集，根据相应指标数据的可获得性、完备性、代表性进行梳理，本章主要统计45个"一带一路"参与国。

为评估和跟踪"一带一路"参与国"和平之路"的发展水平，本章构建了"和平之路"指标体系。本章将对国内冲突、外部冲突、难民及流离失所者情况、社会治安和军备情况五个方面分别进行评价，以国内冲突指数、外部冲突指数、难民指数、凶案指数和军费指数评价“一带一路”参与国和平之路的发展和变化。根据“一带一路”参与国相应指标数据的可获得性、完备性、代表性，选取“国内冲突数”作为国内冲突指数的原始指标，“外部冲突数”作为外部冲突指数的原始指标，选取“难民及流离失所者数”作为难民指数的原始指标，选取“每10万人凶杀案发生次数”作为凶案指数的原始指标，选取“军费支出占GDP比值”作为军费指数的原始指标。

虽然目前尚无法全方位衡量“一带一路”参与国的国内冲突、外部冲突、难民及流离失所者情况、社会治安和军备情况水平，但本章选取的指标一定程度上仍能够凸显“一带一路”参与国在该指数某一重要方面的特征。将一级指数和平指数记为P，二级指数即国内冲突指数、外部冲突指数、难民指数、凶案指数和军费指数分别记为P_1、P_2、P_3、P_4、P_5，原始指标“国内冲突数”“外部冲突数”“难民及流离失所者数”“每10万人凶杀案发生次数”和“军费支出占GDP比值”分别记为p_1、p_2、p_3、p_4、p_5。将上述原始指标的数据进行归一化处理，得到五个二级指数，五个二级指数按照等权重加权平均，即可得到和平指数。具体公式如下：

$$P_{ijx}=\frac{(P_{ijx}-P_{i\min})}{(P_{i\max}-P_{i\min})}\times 100$$

其中，i表示当前二级指标（i=1,2,3,4,5），j表示当前国家，x表示年份。P_{ijx}表示当前国家在当前年份的数值，$P_{i\min}$表示该原始指标所有参与国、所有年份的最小值，$P_{i\max}$表示该原始指标所有参与国、所有年份的最大值。

个别国家个别年份的原始指标数据缺失的情况不可避免，对于数据缺失少于一半年份的国别采取内插法补齐，对于数据缺失超过一半年份的国家，则该国的该项指标不进行统计。具体每个指标的缺省情况见相应图表的标注。

二、国内冲突指数

（一）国内冲突指数的含义

国内冲突指数指以某个国家一年内发生冲突的数量、国内因组织性犯罪死亡数量和有组织犯罪的程度等指标为参照，综合分析计算得出的一项数据，本文统计了从2000年至2018年"一带一路"参与国发生国内冲突的数量，以这19年内所有参与国中发生的最大冲突数量作为基数100，依次换算出各个国家的初始国内冲突指数，由此计算国内冲突指数得分，公式为：

$$国内冲突指数=100-初始国内冲突指数$$

国内冲突指数数值越高，国内冲突频次越少。其中国内冲突数量原始数据来源均源于官方统计的数据，如Uppsala Conflict Data Program（UCDP），Battle-Related Deaths Dataset, Non-State Conflict Dataset and One-sided Violence Dataset。

国内冲突指数旨在反映"一带一路"参与各国的和平程度、对内政策的有效性和人民对国家的期待程度。如果一个国家的当权者不能处理好国家内部问题，在构建和谐稳定社会过程中未起到主导作用，那么持续的社会不稳定和内乱会让这个国家的人民饱受煎熬，逐渐丧失对国家的信心和期待，从而降低国家公信力。

一个国家的和平与其经济繁荣有着一定的关联，国内冲突指数可以从一方面反映这个国家的发展状况，对检视与促进地区的和平起到至关重要的作用。

（二）"一带一路"参与国的国内冲突指数

基于有统计数据且具有完备性、代表性的45个"一带一路"参与国的"国内冲突数量"数据，根据前述计算方法得到各国国内冲突指数。数值越大，冲突越少。我们对2000年、2006年、2013年、2018年4个年份的各国冲突指数做了统计，并进行了排名，排名范围限于有统计数据的"一带一路"45个参与国。这4个年份各国的国内冲突指数及其排名见表2-1，按0%～25%、25%～50%、50%～75%、75%～100%四分法将各国排序分成了4个区间（见表2-2至表2-6）。

表2-1 "一带一路"参与国国内冲突指数及其排名（45国）

	2000年		2006年		2013年		2018年	
	指数	排名	指数	排名	指数	排名	指数	排名
阿尔巴尼亚	100.0	1	100.0	1	100.0	1	100.0	1
阿尔及利亚	95.0	44	95.0	41	95.0	41	100.0	1
阿塞拜疆	100.0	1	100.0	1	100.0	1	100.0	1
白俄罗斯	100.0	1	100.0	1	100.0	1	100.0	1
波黑	100.0	1	100.0	1	100.0	1	100.0	1
保加利亚	100.0	1	100.0	1	100.0	1	100.0	1
柬埔寨	100.0	1	100.0	1	100.0	1	100.0	1
中国	100.0	1	100.0	1	100.0	1	100.0	1
克罗地亚	100.0	1	100.0	1	100.0	1	100.0	1
塞浦路斯	100.0	1	100.0	1	100.0	1	100.0	1
厄瓜多尔	100.0	1	100.0	1	100.0	1	100.0	1
埃及	100.0	1	100.0	1	95.0	41	100.0	1
爱沙尼亚	100.0	1	100.0	1	100.0	1	100.0	1
格鲁吉亚	100.0	1	100.0	1	100.0	1	100.0	1
希腊	100.0	1	100.0	1	100.0	1	100.0	1
匈牙利	100.0	1	100.0	1	100.0	1	100.0	1
伊拉克	90.0	45	100.0	1	95.0	41	95.0	40
以色列	100.0	1	95.0	41	100.0	1	100.0	1
意大利	100.0	1	100.0	1	100.0	1	100.0	1
约旦	100.0	1	100.0	1	100.0	1	100.0	1
哈萨克斯坦	100.0	1	100.0	1	100.0	1	100.0	1
科威特	100.0	1	100.0	1	100.0	1	100.0	1
吉尔吉斯斯坦	100.0	1	100.0	1	100.0	1	100.0	1
拉脱维亚	100.0	1	100.0	1	100.0	1	100.0	1
立陶宛	100.0	1	100.0	1	100.0	1	100.0	1
马来西亚	100.0	1	100.0	1	100.0	1	100.0	1
摩尔多瓦	100.0	1	90.0	45	65.0	45	40.0	45
蒙古	100.0	1	100.0	1	100.0	1	100.0	1
黑山	100.0	1	100.0	1	100.0	1	100.0	1
荷兰	100.0	1	100.0	1	100.0	1	100.0	1
巴基斯坦	100.0	1	100.0	1	95.0	41	90.0	44
菲律宾	100.0	1	95.0	41	100.0	1	95.0	40
波兰	100.0	1	100.0	1	100.0	1	100.0	1

续上表

	2000年		2006年		2013年		2018年	
	指数	排名	指数	排名	指数	排名	指数	排名
卡塔尔	100.0	1	100.0	1	100.0	1	100.0	1
罗马尼亚	100.0	1	100.0	1	100.0	1	100.0	1
俄罗斯	100.0	1	100.0	1	100.0	1	95.0	40
沙特阿拉伯	100.0	1	100.0	1	100.0	1	100.0	1
塞尔维亚	100.0	1	100.0	1	100.0	1	100.0	1
新加坡	100.0	1	100.0	1	100.0	1	100.0	1
斯洛文尼亚	100.0	1	100.0	1	100.0	1	100.0	1
斯里兰卡	100.0	1	95.0	41	100.0	1	100.0	1
泰国	100.0	1	100.0	1	100.0	1	100.0	1
土耳其	100.0	1	100.0	1	100.0	1	95.0	40
乌克兰	100.0	1	100.0	1	100.0	1	100.0	1
越南	100.0	1	100.0	1	100.0	1	100.0	1
上述国家平均值	99.5		98.7		99.2		97.8	
世界平均值	98.0		98.8		97.6		96.3	

表2-2　"一带一路"参与国国内冲突指数排名与分区（45国）

	排名	2000年	2006年	2013年	2018年
第一区间	1	阿尔巴尼亚	阿尔巴尼亚	阿尔巴尼亚	阿尔巴尼亚
	2	阿塞拜疆	阿塞拜疆	阿塞拜疆	阿塞拜疆
	3	白俄罗斯	白俄罗斯	白俄罗斯	白俄罗斯
	4	波黑	波黑	波黑	波黑
	5	保加利亚	保加利亚	保加利亚	保加利亚
	6	柬埔寨	柬埔寨	柬埔寨	柬埔寨
	7	中国	中国	中国	中国
	8	克罗地亚	克罗地亚	克罗地亚	克罗地亚
	9	塞浦路斯	塞浦路斯	塞浦路斯	塞浦路斯
	10	厄瓜多尔	厄瓜多尔	厄瓜多尔	厄瓜多尔
	11	埃及	埃及	爱沙尼亚	爱沙尼亚
	12	爱沙尼亚	爱沙尼亚	格鲁吉亚	格鲁吉亚
第二区间	13	格鲁吉亚	格鲁吉亚	希腊	希腊
	14	希腊	希腊	匈牙利	匈牙利
	15	匈牙利	匈牙利	意大利	意大利
	16	以色列	意大利	约旦	约旦
	17	意大利	约旦	哈萨克斯坦	哈萨克斯坦
	18	约旦	哈萨克斯坦	科威特	科威特
	19	哈萨克斯坦	科威特	吉尔吉斯斯坦	吉尔吉斯斯坦
	20	科威特	吉尔吉斯斯坦	拉脱维亚	拉脱维亚
	21	吉尔吉斯斯坦	拉脱维亚	立陶宛	立陶宛
	22	拉脱维亚	立陶宛	马来西亚	马来西亚
	23	立陶宛	马来西亚	蒙古	蒙古

续上表

	排名	2000年	2006年	2013年	2018年
第三区间	24	马来西亚	蒙古	黑山	黑山
	25	摩尔多瓦	黑山	荷兰	荷兰
	26	蒙古	荷兰	波兰	波兰
	27	黑山	巴基斯坦	卡塔尔	卡塔尔
	28	荷兰	波兰	罗马尼亚	罗马尼亚
	29	巴基斯坦	卡塔尔	俄罗斯	沙特阿拉伯
	30	菲律宾	罗马尼亚	沙特阿拉伯	塞尔维亚
	31	波兰	俄罗斯	塞尔维亚	新加坡
	32	卡塔尔	沙特阿拉伯	新加坡	斯洛文尼亚
	33	罗马尼亚	塞尔维亚	斯洛文尼亚	泰国
	34	俄罗斯	新加坡	泰国	乌克兰
	35	沙特阿拉伯	斯洛文尼亚	土耳其	越南
第四区间	36	塞尔维亚	泰国	乌克兰	以色列
	37	新加坡	土耳其	越南	斯里兰卡
	38	斯洛文尼亚	乌克兰	以色列	埃及
	39	斯里兰卡	越南	菲律宾	阿尔及利亚
	40	泰国	伊拉克	斯里兰卡	俄罗斯
	41	土耳其	以色列	埃及	土耳其
	42	乌克兰	菲律宾	巴基斯坦	菲律宾
	43	越南	斯里兰卡	伊拉克	伊拉克
	44	阿尔及利亚	阿尔及利亚	阿尔及利亚	巴基斯坦
	45	伊拉克	摩尔多瓦	摩尔多瓦	摩尔多瓦

表2-3 国内冲突指数第一区间的参与国指数变化情况

年份\国家	阿尔巴尼亚	白俄罗斯	波黑	保加利亚	柬埔寨	中国	克罗地亚	塞浦路斯	厄瓜多尔	爱沙尼亚	格鲁吉亚
2000	100.0	100.0	100.0	100.0	100.0	100.0	100.0	100.0	100.0	100.0	100.0
2001	100.0	100.0	100.0	100.0	100.0	100.0	100.0	100.0	95.0	100.0	100.0
2002	100.0	100.0	100.0	100.0	100.0	100.0	100.0	100.0	95.0	100.0	100.0
2003	100.0	100.0	100.0	100.0	100.0	100.0	100.0	100.0	95.0	100.0	100.0
2004	100.0	100.0	100.0	100.0	100.0	100.0	100.0	100.0	100.0	100.0	100.0
2005	100.0	100.0	100.0	100.0	100.0	100.0	100.0	100.0	100.0	100.0	100.0
2006	100.0	100.0	100.0	100.0	100.0	100.0	100.0	100.0	100.0	100.0	100.0
2007	100.0	100.0	100.0	100.0	100.0	100.0	100.0	100.0	100.0	100.0	100.0
2008	100.0	100.0	100.0	100.0	100.0	100.0	100.0	100.0	100.0	100.0	100.0
2009	100.0	100.0	100.0	100.0	100.0	100.0	100.0	100.0	100.0	100.0	100.0
2010	100.0	100.0	100.0	100.0	100.0	100.0	100.0	100.0	100.0	100.0	100.0
2011	100.0	100.0	100.0	100.0	100.0	100.0	100.0	100.0	100.0	100.0	100.0
2012	100.0	100.0	100.0	100.0	100.0	100.0	100.0	100.0	100.0	100.0	100.0
2013	100.0	100.0	100.0	100.0	100.0	100.0	100.0	100.0	100.0	100.0	100.0
2014	100.0	100.0	100.0	100.0	100.0	100.0	100.0	100.0	100.0	100.0	100.0
2015	100.0	100.0	100.0	100.0	100.0	100.0	100.0	100.0	100.0	100.0	100.0

续上表

国家\年份	阿尔巴尼亚	白俄罗斯	波黑	保加利亚	柬埔寨	中国	克罗地亚	塞浦路斯	厄瓜多尔	爱沙尼亚	格鲁吉亚
2016	100.0	100.0	100.0	100.0	100.0	100.0	100.0	100.0	100.0	100.0	100.0
2017	100.0	100.0	100.0	100.0	100.0	100.0	100.0	100.0	100.0	100.0	100.0
2018	100.0	100.0	100.0	100.0	100.0	100.0	100.0	100.0	100.0	100.0	100.0
平均值	100.0	100.0	100.0	100.0	100.0	100.0	100.0	100.0	99.2	100.0	100.0

表2-4 国内冲突指数第二区间的参与国指数变化情况

国家\年份	希腊	匈牙利	意大利	约旦	哈萨克斯坦	科威特	吉尔吉斯斯坦	拉脱维亚	立陶宛	马来西亚	蒙古
2000	100.0	100.0	100.0	100.0	100.0	100.0	100.0	100.0	100.0	100.0	100.0
2001	100.0	100.0	100.0	100.0	100.0	100.0	100.0	100.0	100.0	95.0	100.0
2002	100.0	100.0	100.0	100.0	100.0	100.0	100.0	100.0	100.0	95.0	100.0
2003	100.0	100.0	100.0	100.0	100.0	100.0	100.0	100.0	100.0	95.0	100.0
2004	100.0	100.0	100.0	100.0	100.0	100.0	100.0	100.0	100.0	100.0	100.0
2005	100.0	100.0	100.0	100.0	100.0	100.0	100.0	100.0	100.0	100.0	100.0
2006	100.0	100.0	100.0	100.0	100.0	100.0	100.0	100.0	100.0	100.0	100.0
2007	100.0	100.0	100.0	100.0	100.0	100.0	100.0	100.0	100.0	100.0	100.0
2008	100.0	100.0	100.0	100.0	100.0	100.0	100.0	100.0	100.0	100.0	100.0
2009	100.0	100.0	100.0	100.0	100.0	100.0	100.0	100.0	100.0	100.0	100.0
2010	100.0	100.0	100.0	100.0	100.0	100.0	95.0	100.0	100.0	100.0	100.0
2011	100.0	100.0	100.0	100.0	100.0	100.0	100.0	100.0	100.0	100.0	100.0
2012	100.0	100.0	100.0	100.0	100.0	100.0	100.0	100.0	100.0	100.0	100.0
2013	100.0	100.0	100.0	100.0	100.0	100.0	100.0	100.0	100.0	100.0	100.0
2014	100.0	100.0	100.0	100.0	100.0	100.0	100.0	100.0	100.0	100.0	100.0
2015	100.0	100.0	100.0	100.0	100.0	100.0	100.0	100.0	100.0	100.0	100.0
2016	100.0	100.0	100.0	100.0	100.0	100.0	100.0	100.0	100.0	100.0	100.0
2017	100.0	100.0	100.0	100.0	100.0	100.0	100.0	100.0	100.0	100.0	100.0
2018	100.0	100.0	100.0	100.0	100.0	100.0	100.0	100.0	100.0	100.0	100.0
平均值	100.0	100.0	100.0	100.0	100.0	100.0	99.7	100.0	100.0	99.2	100.0

表2-5 国内冲突指数第三区间的参与国指数变化情况

国家\年份	黑山	荷兰	波兰	卡塔尔	罗马尼亚	沙特阿拉伯	塞尔维亚	新加坡	斯洛文尼亚	泰国	乌克兰	越南
2000	100.0	100.0	100.0	100.0	100.0	100.0	100.0	100.0	100.0	100.0	100.0	100.0
2001	100.0	100.0	100.0	100.0	100.0	100.0	100.0	100.0	100.0	100.0	100.0	100.0
2002	100.0	100.0	100.0	100.0	100.0	100.0	100.0	100.0	100.0	100.0	100.0	100.0
2003	100.0	100.0	100.0	100.0	100.0	100.0	100.0	100.0	100.0	100.0	100.0	100.0

续上表

国家\年份	黑山	荷兰	波兰	卡塔尔	罗马尼亚	沙特阿拉伯	塞尔维亚	新加坡	斯洛文尼亚	泰国	乌克兰	越南
2004	100.0	100.0	100.0	100.0	100.0	100.0	100.0	100.0	100.0	100.0	100.0	100.0
2005	100.0	100.0	100.0	100.0	100.0	100.0	100.0	100.0	100.0	100.0	100.0	100.0
2006	100.0	100.0	100.0	100.0	100.0	100.0	100.0	100.0	100.0	100.0	100.0	100.0
2007	100.0	100.0	100.0	100.0	100.0	100.0	100.0	100.0	100.0	100.0	100.0	100.0
2008	100.0	100.0	100.0	100.0	100.0	100.0	100.0	100.0	100.0	100.0	100.0	100.0
2009	100.0	100.0	100.0	100.0	100.0	100.0	100.0	100.0	100.0	100.0	100.0	100.0
2010	100.0	100.0	100.0	100.0	100.0	100.0	100.0	100.0	100.0	100.0	100.0	100.0
2011	100.0	100.0	100.0	100.0	100.0	100.0	100.0	100.0	100.0	100.0	100.0	100.0
2012	100.0	100.0	100.0	100.0	100.0	100.0	100.0	100.0	100.0	100.0	100.0	100.0
2013	100.0	100.0	100.0	100.0	100.0	100.0	100.0	100.0	100.0	100.0	100.0	100.0
2014	100.0	100.0	100.0	100.0	100.0	100.0	100.0	100.0	100.0	100.0	95.0	100.0
2015	100.0	100.0	100.0	100.0	100.0	100.0	100.0	100.0	100.0	100.0	100.0	100.0
2016	100.0	100.0	100.0	100.0	100.0	100.0	100.0	100.0	100.0	100.0	100.0	100.0
2017	100.0	100.0	100.0	100.0	100.0	100.0	100.0	100.0	100.0	100.0	100.0	100.0
2018	100.0	100.0	100.0	100.0	100.0	100.0	100.0	100.0	100.0	100.0	100.0	100.0
平均值	100.0	100.0	100.0	100.0	100.0	100.0	100.0	100.0	100.0	100.0	99.7	100.0

表2-6 国内冲突指数第四区间的参与国指数变化情况

国家\年份	以色列	斯里兰卡	埃及	阿尔及利亚	俄罗斯	土耳其	菲律宾	伊拉克	巴基斯坦	摩尔多瓦
2000	100.0	100.0	100.0	95.0	100.0	100.0	100.0	90.0	100.0	100.0
2001	100.0	100.0	100.0	95.0	100.0	100.0	100.0	100.0	100.0	100.0
2002	100.0	100.0	100.0	95.0	100.0	100.0	100.0	100.0	100.0	100.0
2003	100.0	100.0	100.0	95.0	100.0	100.0	100.0	95.0	100.0	100.0
2004	100.0	95.0	100.0	95.0	100.0	100.0	100.0	95.0	100.0	85.0
2005	100.0	95.0	100.0	95.0	100.0	100.0	100.0	100.0	100.0	95.0
2006	100.0	95.0	100.0	95.0	100.0	100.0	100.0	100.0	100.0	95.0
2007	95.0	100.0	100.0	100.0	100.0	100.0	100.0	90.0	85.0	90.0
2008	100.0	100.0	100.0	95.0	100.0	100.0	100.0	100.0	70.0	80.0
2009	100.0	100.0	100.0	100.0	100.0	100.0	95.0	100.0	75.0	85.0
2010	100.0	100.0	100.0	100.0	100.0	100.0	100.0	100.0	80.0	65.0
2011	100.0	100.0	95.0	100.0	100.0	100.0	95.0	100.0	80.0	60.0
2012	100.0	100.0	95.0	90.0	100.0	100.0	100.0	100.0	80.0	65.0
2013	100.0	100.0	95.0	95.0	100.0	100.0	100.0	95.0	95.0	65.0
2014	100.0	100.0	100.0	100.0	100.0	100.0	100.0	95.0	95.0	50.0
2015	100.0	100.0	100.0	100.0	100.0	100.0	100.0	95.0	95.0	40.0
2016	100.0	100.0	100.0	100.0	100.0	100.0	100.0	100.0	100.0	60.0

国家 年份	以色列	斯里兰卡	埃及	阿尔及利亚	俄罗斯	土耳其	菲律宾	伊拉克	巴基斯坦	摩尔多瓦
2017	100.0	100.0	95.0	100.0	100.0	95.0	95.0	90.0	80.0	60.0
2018	100.0	100.0	100.0	100.0	95.0	95.0	95.0	95.0	90.0	40.0
平均值	99.7	99.2	99.0	97.1	99.7	99.5	99.0	96.8	90.8	75.5

从国别来看,有完整数据的45国选取的4个年份中,国内冲突指数4年都在100的共35个国家,占77.8%。内部没有冲突,给经济建设、社会进步带来了良好的发展机遇。国内冲突指数平均值最小的是摩尔多瓦,从2000年的100.0,到2006年的90.0,2013年的65.0,2018年的40.0,下降非常显著。这个1992年独立的国家,多文化、多民族融合难度较大,文化冲突导致分离主义一直存在。巴基斯坦也需要在内部和谐稳定上下功夫,该国2000年和2006年国内冲突指数为100.0,到2013年降为95.0,2018年为90.0,主要因为贫富悬殊、塔利班活动等,导致国内冲突时有发生。

国内冲突指数平均值排名处在第一区间的国家,均保持稳定或上升趋势。处在第二区间的国家中,匈牙利、意大利、哈萨克斯坦、吉尔吉斯斯坦、立陶宛等国均呈上升趋势。处在第四区间的国家中,较引人注目的是伊拉克,国内冲突指数相对较低,且从选取年份的统计数据看,基本排位靠后。其次是以色列。持续的内部冲突,给这些国家的经济建设及民生带来巨大的不利影响。

中国自改革开放以来,一直秉持和平发展理念,潜心发展经济,关注民生,重视民生,保障民生,改善民生,坚持人民代表大会制度,让中国各民族、各阶层都有自己的代表参与国家事务的协商和决策,从而赢得了民心,实现了各民族团结发展的长久局面。

(三)"一带一路"参与国国内冲突指数与世界平均水平的比较

整体来看,"一带一路"参与国国内环境相对和平稳定,"一带一路"参与国的国内冲突指数平均值和世界平均值的变化趋势基本一致(见图2-1)。2000

年"一带一路"参与国国内冲突指数平均值为99.5，世界同期平均值为98.0；2018年"一带一路"参与国国内冲突指数平均值降到97.8，世界同期平均值为96.3；总体呈下降趋势，2016年后，降幅较大。这一趋势与"一带一路"倡议的提出和亚投行的成立相呼应。2013年"一带一路"倡议提出后，2015年亚投行成立并开始运行。在"一带一路"共建项目和亚投行资金支持下，"一带一路"参与国的注意力开始转向基础设施投资与建设。2014～2016年期间，"一带一路"参与国国内冲突急剧减少；2016年开始，"一带一路"参与国国内冲突指数平均值迅速下降，2017～2018年呈继续下探趋势。

动乱影响建设，冲突阻碍发展。由于贫富差距、文化差异、利益纷争等因素，很多"一带一路"参与国的内部都不太平。各国尚需进一步致力于凝聚民生，形成合力，把自己的国家建设成为繁荣富强的国家。

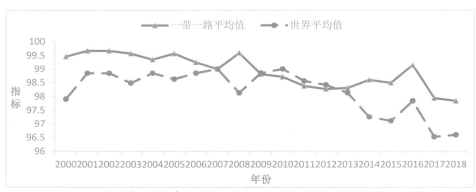

图2-1 "一带一路"参与国国内冲突指数平均值与世界平均值的比较

三、外部冲突指数

（一）外部冲突指数的含义

外部冲突指数指以某个国家一年内与其他国家发生冲突的数目、国际上有组织冲突死亡的人数、世界各国军费支出和是否卷入国际战争等指标为参照，综合分析计算得出的一项数据。本文统计了从2000年至2018年期间，"一带一路"参与国发生外部冲突的数目，从这19年内所有国家中发生的最大冲突数量作为基数100，依次换算出各个国家的初始外部冲突指数，由此计算外部冲突指数得分，公式为：外部冲突指数=100−初始外部冲突指数。外部冲突指数数值越大，外部冲突越少。本文外部冲突数量原始数据来源均源于官方统计的数据，如UCDP，Battle-Related Deaths Dataset。

外部冲突指数旨在反映世界各国的政治不稳定程度和军事化程度。战争是外部冲突最为激烈的形态。一旦一个国家陷入国家间的战争，那么带来的危害更加恶劣。战争不仅给人民带来伤亡，让平民流离失所，更会严重影响这个国家的发展，经济停滞不前，社会倒退，国际影响力急剧下降。

（二）"一带一路"参与国的外部冲突指数

基于数据较为完整的45个"一带一路"参与国的"外部冲突数"数据，根据前述计算方法得到参与各国外部冲突指数。我们同样对2000年、2006年、2013年、2018年4个年份的各国外部冲突指数做了统计，并进行了排名。这4个年份各国的外部冲突指数及其排名见表2-7，依然按0%～25%、25%～50%、50%～75%、75%～100%四分法将各国排序分成了4个区间（见表2-8）。

通过与世界外部冲突指数平均值比较来看，外部冲突指数世界平均值4个选取年份无明显变化，数值在97和98之间，而"一带一路"参与国平均值高于世界平均值。通过对"一带一路"参与国4年平均值数据（98.2，97.8，98.0，97.6）做标准差计算，为0.16；而世界4年平均值数据（97.8，97.8，97.3，97.6）的标准差值为0.21。这说明，世界外部冲突指数波动大于"一带一路"参与国外部冲突指数波动。

从国别来看，有完整数据的45个"一带一路"参与国在选取的4个年份中，外部冲突指数全为100的共30个国家，表明无外部冲突的国家数约占比67%。没有外部冲突，给国内建设、国际经贸往来营造了良好的外部环境。外部冲突指数最小的，2000年为菲律宾、伊拉克和阿尔及利亚；2006年为菲律宾，其次为以色列和伊拉克；2013年为巴基斯坦和菲律宾；2018年为巴基斯坦，其次为菲律宾。在统计的45国中，菲律宾外部冲突较为持续，并无减缓的态势。以色列、巴基斯坦等外部冲突也一直不断，排名稳定靠后。

如表2-9至表2-12，从排名区间来看，外部冲突指数平均值排名处在第一区间即前25%的国家，阿塞拜疆、白俄罗斯、波黑、保加利亚、柬埔寨、中国、克罗地亚、塞浦路斯、厄瓜多尔、爱沙尼亚等稳居前列，这些国家一直保持着较好的外部关系，没有主动挑起的外部战争，也没有卷入国际争斗，军费开支占GDP相对较小。背后的原因，有的是因为聚焦国内建设，努力营造一个友好和平的外部环境；有的是自身实力不够强大，无力介入国际争端，力求中立自保等，不一而足。无论如何，和平的外部环境，总是国与国之间的福祉。而外部冲突指数排名较为靠后的有菲律宾、巴基斯坦、伊拉克、以色列等，或因为族群矛盾，或因为政治分歧，或因为利益争端，导致这些国家外部冲突时有发生，国际社会组织应适当介入，敦促这些国家以非暴力的方式取代暴力的方式进行国际间沟通，互信互谅，包容共存，和平发展。

表2-7 "一带一路"参与国外部冲突指数及其排名（45国）

	2000年		2006年		2013年		2018年	
	指数	排名	指数	排名	指数	排名	指数	排名
阿尔巴尼亚	100.0	1	90.9	41	95.5	35	100.0	1
阿尔及利亚	90.9	43	95.5	36	95.5	35	95.5	36
阿塞拜疆	100.0	1	100.0	1	100.0	1	100.0	1
埃及	100.0	1	100.0	1	95.5	35	90.9	41
爱沙尼亚	100.0	1	100.0	1	100.0	1	100.0	1
巴基斯坦	95.5	38	90.9	41	81.8	45	81.8	44
白俄罗斯	100.0	1	100.0	1	100.0	1	100.0	1
保加利亚	100.0	1	100.0	1	100.0	1	100.0	1
波黑	100.0	1	100.0	1	100.0	1	100.0	1
波兰	100.0	1	100.0	1	100.0	1	100.0	1
俄罗斯	95.5	38	95.5	1	95.5	35	95.5	36
厄瓜多尔	100.0	1	100.0	1	100.0	1	100.0	1
菲律宾	90.9	43	86.4	44	90.9	43	81.8	44
格鲁吉亚	100.0	1	100.0	1	100.0	1	100.0	1
哈萨克斯坦	100.0	1	100.0	1	100.0	1	100.0	1
荷兰	100.0	1	100.0	1	100.0	1	100.0	1
黑山	100.0	1	100.0	1	100.0	1	100.0	1

续上表

	2000年		2006年		2013年		2018年	
	指数	排名	指数	排名	指数	排名	指数	排名
吉尔吉斯斯坦	100.0	1	100.0	1	100.0	1	100.0	1
柬埔寨	100.0	1	100.0	1	100.0	1	100.0	1
卡塔尔	100.0	1	100.0	1	100.0	1	100.0	1
科威特	100.0	1	100.0	1	100.0	1	100.0	1
克罗地亚	100.0	1	100.0	1	100.0	1	100.0	1
拉脱维亚	100.0	1	100.0	1	100.0	1	100.0	1
立陶宛	100.0	1	100.0	1	100.0	1	100.0	1
罗马尼亚	100.0	1	100.0	1	100.0	1	100.0	1
马来西亚	100.0	1	100.0	1	95.5	35	100.0	1
蒙古	100.0	1	100.0	1	100.0	1	100.0	1
摩尔多瓦	100.0	1	100.0	1	100.0	1	100.0	1
塞尔维亚	100.0	1	100.0	1	100.0	1	100.0	1
塞浦路斯	100.0	1	100.0	1	100.0	1	100.0	1
沙特阿拉伯	100.0	1	100.0	1	100.0	1	95.5	36
斯里兰卡	95.5	38	90.9	1	100.0	1	100.0	1
斯洛文尼亚	100.0	1	100.0	1	100.0	1	100.0	1
泰国	100.0	1	95.5	36	95.5	35	100.0	1
土耳其	95.5	38	95.5	36	95.5	35	95.5	36
乌克兰	100.0	1	100.0	1	100.0	1	90.9	41
希腊	100.0	1	100.0	1	100.0	1	100.0	1
新加坡	100.0	1	100.0	1	100.0	1	100.0	1
匈牙利	100.0	1	100.0	1	100.0	1	100.0	1
伊拉克	90.9	43	95.5	36	90.9	43	86.4	43
以色列	95.5	38	86.4	44	100.0	1	95.5	36
意大利	100.0	1	100.0	1	100.0	1	100.0	1
约旦	100.0	1	100.0	1	95.5	35	100.0	1
越南	100.0	1	100.0	1	100.0	1	100.0	1
中国	100.0	1	100.0	1	100.0	1	100.0	1
上述国家平均值	98.0		97.8		98.0		97.6	
世界平均值	97.8		97.8		97.3		97.6	

表2-8　"一带一路"参与国外部冲突指数排名与分区（45国）

	排名	2000年	2006年	2013年	2018年
第一区间	1	阿尔巴尼亚	阿塞拜疆	阿塞拜疆	阿塞拜疆
	2	阿塞拜疆	白俄罗斯	白俄罗斯	白俄罗斯
	3	白俄罗斯	波黑	波黑	波黑
	4	波黑	保加利亚	保加利亚	保加利亚
	5	保加利亚	柬埔寨	柬埔寨	柬埔寨
	6	柬埔寨	中国	中国	中国
	7	中国	克罗地亚	克罗地亚	克罗地亚

续上表

	排名	2000年	2006年	2013年	2018年
第一区间	8	克罗地亚	塞浦路斯	塞浦路斯	塞浦路斯
	9	塞浦路斯	厄瓜多尔	厄瓜多尔	厄瓜多尔
	10	厄瓜多尔	埃及	爱沙尼亚	爱沙尼亚
	11	埃及	爱沙尼亚	格鲁吉亚	格鲁吉亚
	12	爱沙尼亚	格鲁吉亚	希腊	希腊
第二区间	13	格鲁吉亚	希腊	匈牙利	匈牙利
	14	希腊	匈牙利	意大利	意大利
	15	匈牙利	意大利	哈萨克斯坦	哈萨克斯坦
	16	意大利	约旦	科威特	科威特
	17	约旦	哈萨克斯坦	吉尔吉斯斯坦	吉尔吉斯斯坦
	18	哈萨克斯坦	科威特	拉脱维亚	拉脱维亚
	19	科威特	吉尔吉斯斯坦	立陶宛	立陶宛
	20	吉尔吉斯斯坦	拉脱维亚	摩尔多瓦	摩尔多瓦
	21	拉脱维亚	立陶宛	蒙古	蒙古
	22	立陶宛	马来西亚	黑山	黑山
	23	马来西亚	摩尔多瓦	荷兰	荷兰
第三区间	24	摩尔多瓦	蒙古	波兰	波兰
	25	蒙古	黑山	卡塔尔	卡塔尔
	26	黑山	荷兰	罗马尼亚	罗马尼亚
	27	荷兰	波兰	沙特阿拉伯	塞尔维亚
	28	波兰	卡塔尔	塞尔维亚	新加坡
	29	卡塔尔	罗马尼亚	新加坡	斯洛文尼亚
	30	罗马尼亚	沙特阿拉伯	斯洛文尼亚	越南
	31	沙特阿拉伯	塞尔维亚	乌克兰	斯里兰卡
	32	塞尔维亚	新加坡	越南	约旦
	33	新加坡	斯洛文尼亚	斯里兰卡	马来西亚
	34	斯洛文尼亚	乌克兰	以色列	泰国
	35	泰国	越南	埃及	阿尔巴尼亚
第四区间	36	乌克兰	泰国	约旦	沙特阿拉伯
	37	越南	俄罗斯	马来西亚	以色列
	38	以色列	土耳其	泰国	俄罗斯
	39	巴基斯坦	阿尔及利亚	俄罗斯	土耳其
	40	俄罗斯	伊拉克	土耳其	阿尔及利亚
	41	斯里兰卡	阿尔巴尼亚	阿尔及利亚	乌克兰
	42	土耳其	巴基斯坦	阿尔巴尼亚	埃及
	43	阿尔及利亚	斯里兰卡	伊拉克	伊拉克
	44	伊拉克	以色列	菲律宾	菲律宾
	45	菲律宾	菲律宾	巴基斯坦	巴基斯坦

表2-9　外部冲突指数第一区间的参与国指数变化情况

国家 年份	阿塞拜疆	白俄罗斯	波黑	保加利亚	柬埔寨	中国	克罗地亚	塞浦路斯	厄瓜多尔	爱沙尼亚	格鲁吉亚	希腊
2000	100.0	100.0	100.0	100.0	100.0	100.0	100.0	100.0	100.0	100.0	100.0	100.0
2001	100.0	100.0	100.0	100.0	100.0	100.0	100.0	100.0	100.0	100.0	100.0	100.0
2002	100.0	100.0	100.0	100.0	100.0	100.0	100.0	100.0	100.0	100.0	100.0	100.0
2003	100.0	100.0	100.0	100.0	100.0	100.0	100.0	100.0	100.0	100.0	100.0	100.0
2004	100.0	100.0	100.0	100.0	100.0	100.0	100.0	100.0	100.0	100.0	95.5	100.0
2005	95.5	100.0	100.0	100.0	100.0	100.0	95.5	100.0	100.0	100.0	100.0	100.0
2006	100.0	100.0	100.0	100.0	100.0	100.0	100.0	100.0	100.0	100.0	100.0	100.0
2007	100.0	100.0	100.0	100.0	100.0	100.0	100.0	100.0	100.0	100.0	100.0	100.0
2008	95.5	100.0	100.0	100.0	100.0	95.5	100.0	100.0	95.5	100.0	95.5	100.0
2009	100.0	100.0	100.0	100.0	100.0	95.5	100.0	100.0	100.0	100.0	100.0	100.0
2010	100.0	100.0	100.0	100.0	100.0	100.0	100.0	100.0	100.0	100.0	100.0	100.0
2011	100.0	100.0	100.0	100.0	95.5	100.0	100.0	100.0	100.0	100.0	100.0	100.0
2012	95.5	100.0	100.0	100.0	100.0	100.0	100.0	100.0	100.0	100.0	100.0	100.0
2013	100.0	100.0	100.0	100.0	100.0	100.0	100.0	100.0	100.0	100.0	100.0	100.0
2014	95.5	100.0	100.0	100.0	100.0	100.0	100.0	100.0	100.0	100.0	100.0	100.0
2015	95.5	100.0	100.0	100.0	100.0	100.0	100.0	100.0	100.0	100.0	100.0	100.0
2016	95.5	100.0	100.0	100.0	100.0	100.0	100.0	100.0	100.0	100.0	100.0	100.0
2017	95.5	100.0	100.0	100.0	100.0	100.0	100.0	100.0	100.0	100.0	100.0	100.0
2018	100.0	100.0	100.0	100.0	100.0	100.0	100.0	100.0	100.0	100.0	100.0	100.0
平均值	98.3	100.0	100.0	100.0	99.8	99.5	99.8	100.0	99.8	100.0	99.5	100.0

表2-10　外部冲突指数第二区间的参与国指数变化情况

国家 年份	匈牙利	意大利	哈萨克斯坦	科威特	吉尔吉斯斯坦	拉脱维亚	立陶宛	摩尔多瓦	蒙古	黑山	荷兰
2000	100.0	100.0	100.0	100.0	100.0	100.0	100.0	100.0	100.0	100.0	100.0
2001	100.0	95.5	100.0	100.0	100.0	100.0	100.0	100.0	100.0	100.0	100.0
2002	100.0	95.5	100.0	100.0	100.0	100.0	95.5	100.0	100.0	100.0	100.0
2003	100.0	95.5	100.0	100.0	100.0	100.0	95.5	100.0	100.0	100.0	100.0
2004	100.0	95.5	100.0	95.5	100.0	100.0	100.0	100.0	100.0	100.0	100.0
2005	100.0	95.5	100.0	95.5	100.0	100.0	100.0	100.0	100.0	100.0	100.0
2006	100.0	100.0	100.0	100.0	100.0	100.0	100.0	100.0	100.0	100.0	100.0
2007	100.0	100.0	100.0	100.0	100.0	100.0	100.0	100.0	100.0	100.0	100.0
2008	100.0	100.0	100.0	100.0	100.0	100.0	100.0	100.0	100.0	100.0	100.0
2009	100.0	100.0	100.0	100.0	100.0	100.0	100.0	100.0	100.0	100.0	100.0
2010	100.0	100.0	100.0	100.0	95.5	100.0	100.0	100.0	100.0	100.0	100.0
2011	100.0	100.0	100.0	100.0	100.0	100.0	100.0	100.0	100.0	100.0	100.0
2012	100.0	100.0	100.0	100.0	100.0	100.0	100.0	100.0	100.0	100.0	100.0

续上表

国家 年份	匈牙利	意大利	哈萨克斯坦	科威特	吉尔吉斯斯坦	拉脱维亚	立陶宛	摩尔多瓦	蒙古	黑山	荷兰
2013	100.0	100.0	100.0	100.0	100.0	100.0	100.0	100.0	100.0	100.0	100.0
2014	100.0	100.0	100.0	100.0	100.0	100.0	100.0	100.0	100.0	100.0	100.0
2015	100.0	100.0	100.0	100.0	100.0	100.0	100.0	100.0	100.0	100.0	100.0
2016	100.0	100.0	100.0	100.0	100.0	100.0	100.0	100.0	100.0	100.0	100.0
2017	100.0	100.0	100.0	100.0	100.0	100.0	100.0	100.0	100.0	100.0	100.0
2018	100.0	100.0	100.0	100.0	100.0	100.0	100.0	100.0	100.0	100.0	100.0
平均值	100.0	98.8	100.0	99.5	99.8	100.0	99.5	100.0	100.0	100.0	100.0

表2-11 外部冲突指数第三区间的参与国指数变化情况

国家 年份	波兰	卡塔尔	罗马尼亚	塞尔维亚	新加坡	斯洛文尼亚	越南	斯里兰卡	约旦	马来西亚	泰国	阿尔巴尼亚
2000	100.0	100.0	100.0	100.0	100.0	100.0	100.0	95.5	100.0	100.0	100.0	100.0
2001	95.5	100.0	100.0	100.0	100.0	100.0	100.0	95.5	100.0	100.0	100.0	100.0
2002	95.5	100.0	95.5	100.0	100.0	100.0	100.0	100.0	95.5	100.0	100.0	100.0
2003	95.5	100.0	95.5	100.0	100.0	100.0	100.0	95.5	100.0	100.0	95.5	100.0
2004	100.0	100.0	100.0	100.0	100.0	100.0	100.0	95.5	100.0	100.0	95.5	95.5
2005	95.5	100.0	95.5	100.0	100.0	100.0	100.0	90.9	100.0	100.0	95.5	95.5
2006	100.0	100.0	100.0	100.0	100.0	100.0	100.0	90.9	100.0	100.0	95.5	90.9
2007	100.0	100.0	100.0	100.0	100.0	100.0	100.0	95.5	100.0	100.0	95.5	90.9
2008	100.0	100.0	95.5	100.0	100.0	100.0	100.0	95.5	100.0	100.0	95.5	90.9
2009	100.0	100.0	100.0	100.0	100.0	100.0	100.0	95.5	100.0	100.0	95.5	95.5
2010	100.0	100.0	100.0	100.0	100.0	100.0	100.0	100.0	100.0	100.0	95.5	95.5
2011	100.0	100.0	100.0	100.0	100.0	100.0	100.0	100.0	95.5	100.0	95.5	95.5
2012	100.0	100.0	100.0	100.0	100.0	100.0	100.0	100.0	95.5	100.0	95.5	95.5
2013	100.0	100.0	100.0	100.0	100.0	100.0	100.0	100.0	95.5	95.5	95.5	95.5
2014	100.0	100.0	100.0	100.0	100.0	100.0	100.0	100.0	100.0	100.0	95.5	95.5
2015	100.0	100.0	100.0	100.0	100.0	100.0	100.0	100.0	100.0	100.0	95.5	100.0
2016	100.0	100.0	100.0	100.0	100.0	100.0	100.0	100.0	95.5	100.0	95.5	100.0
2017	100.0	100.0	100.0	100.0	100.0	100.0	100.0	100.0	100.0	95.5	100.0	100.0
2018	100.0	100.0	100.0	100.0	100.0	100.0	100.0	100.0	100.0	100.0	100.0	100.0
平均值	99.1	100.0	99.1	100.0	100.0	100.0	100.0	97.4	98.8	99.5	96.7	96.7

表2-12　外部冲突指数第四区间的参与国指数变化情况

国家 年份	沙特阿拉伯	以色列	俄罗斯	土耳其	阿尔及利亚	乌克兰	埃及	伊拉克	菲律宾	巴基斯坦
2000	100.0	95.5	95.5	95.5	90.9	100.0	100.0	90.9	90.9	95.5
2001	100.0	95.5	95.5	90.9	90.9	100.0	100.0	100.0	90.9	95.5
2002	100.0	95.5	95.5	90.9	90.9	100.0	100.0	95.5	90.9	90.9
2003	100.0	95.5	95.5	95.5	90.9	100.0	100.0	95.5	90.9	90.9
2004	100.0	95.5	95.5	95.5	95.5	100.0	100.0	90.9	90.9	95.5
2005	100.0	95.5	95.5	90.9	95.5	100.0	100.0	95.5	90.9	95.5
2006	100.0	86.4	95.5	95.5	95.5	100.0	100.0	95.5	86.4	90.9
2007	100.0	90.9	90.9	95.5	95.5	100.0	100.0	86.4	90.9	72.7
2008	100.0	95.5	95.5	95.5	95.5	100.0	100.0	95.5	90.9	59.1
2009	100.0	95.5	95.5	95.5	95.5	100.0	100.0	95.5	86.4	68.2
2010	100.0	95.5	95.5	95.5	95.5	100.0	100.0	95.5	90.9	77.3
2011	100.0	95.5	95.5	95.5	95.5	100.0	95.5	95.5	86.4	68.2
2012	100.0	95.5	95.5	95.5	90.9	100.0	95.5	95.5	90.9	68.2
2013	100.0	100.0	95.5	95.5	95.5	100.0	95.5	90.9	90.9	81.8
2014	100.0	95.5	95.5	100.0	95.5	77.3	95.5	90.9	90.9	81.8
2015	100.0	100.0	86.4	90.9	90.9	95.5	95.5	90.9	90.9	68.2
2016	100.0	100.0	86.4	86.4	95.5	95.5	95.5	95.5	90.9	68.2
2017	95.5	100.0	95.5	90.9	95.5	90.9	86.4	90.9	86.4	72.7
2018	95.5	95.5	95.5	95.5	95.5	90.9	90.9	86.4	81.8	81.8
平均值	99.5	95.7	94.3	94.0	94.0	97.4	97.4	93.3	89.5	80.2

（三）“一带一路”参与国外部冲突指数与世界平均水平的比较

“一带一路”参与国外部冲突数的变化与其占世界总冲突数的比例变化趋势成正相关。如图2-2所示，2000～2008年，世界外部冲突指数与“一带一路”参与国外部冲突指数均呈波动下降趋势；2009～2010年，两种外部冲突指数平均值快速反弹；2011～2018年，外部冲突世界平均值出现较大波动，“一带一路”参与国平均值小幅波动。2013年“一带一路”倡议提出后，“一带一路”参与国外部冲突指数呈下降趋势，且无大的波动和反复。同期，世界外部冲突指数平均值大幅下降，显示世界其他地方并不平安，国际摩擦较多。2014～2018年间，“一带一路”参与国平均值显著高于世界平均值，更体现出“一带一路”倡议与“合作文件”签署所产生的正外部性。

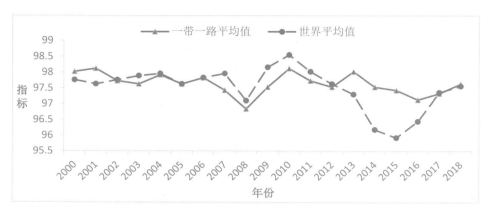

图2-2 "一带一路"参与国外部冲突指数平均值与世界平均值的比较

四、难民指数

（一）难民指数的含义

广义来说，难民是指由于天灾或人祸而生活无着落、流离失所、需要离开原居地的人。难民是人口迁移的特殊形式，因天灾、战祸、阶级压迫和民族压迫、宗教和种族歧视、国界变更等，导致大批人口被迫离开家园，流落他乡，形成强制性的迁移。而难民指数指以某个国家一年内的人口被迫离开家乡流亡他处和流离失所者等指标为参照，综合分析计算得出的一项数据。

本文统计了从2000～2018年"一带一路"参与国因各种因素所产生的难民的数目，以这19年内所有国家中产生的最大难民数作为基数，依次换算出各个国家的初始难民指数，由此计算难民指数得分，公式为：

$$难民指数=100-初始难民数$$

难民指数数值越大，难民占比越低。其中难民数量数据均源于官方统计的数据，如Office of the United Nations High Commissioner for Refugees

(UNHCR)，Mid-Year Trends，Internal Displacement Monitoring Centre (IDMC)。

除了自然灾害、环境灾难，国内冲突和外部冲突是导致大量难民产生的根本原因，即使冲突结束，仍需要很长一段时间消化由冲突产生的难民和流离失所者。难民数量的急剧上升不但给周边国家带来压力，也给世界出了一道难题。难民指数则直接反映了一个国家的社会和谐稳定程度，可以作为衡量该国和平的指标之一。

（二）"一带一路"参与国的难民指数

根据联合国的定义，难民是指由于"有充分理由害怕因种族、宗教、国籍、特定社会团体的成员资格或政治见解而受到迫害"而逃离本国的人。事实上，因战争或大规模武装冲突导致的无家可归流离失所的人群也属于难民。

几个世纪以来，难民一直是人类移民中逐渐被接受的一部分，但19世纪民族国家和固定边界的发展使得各国避开难民，难民真正成为国际上"无家可归"的人。在过去，面对宗教或种族迫害，受害群体往往会迁往一个更宽容的地区；近年来，政治迫害成了难民外移的主要原因。真正导致难民数量激增的一定是战争或大规模武装冲突。国际上对待难民的基本原则是一旦难民的祖国条件稳定，就遣返他们。

基于数据较为完整的45个"一带一路"参与国的"难民人数"数据，根据前述计算方法得到参与各国难民指数。我们同样对2000年、2006年、2013年、2018年4个年份的各国难民指数做了统计，并进行了排名，划分了4个层级区间。这4个年份各国的难民指数及其排名见表2-13，4个区间排序见表2-14。

单从选取的4个年份数据看，"一带一路"参与国难民指数并无明显变化。相比2000年和2006年，2013年及2018年难民指数平均值略有升高，难民状况有所改善。同期世界难民指数从4个年份平均值数据上看略有下降，见表2-15至表2-18。

从国别来看，有完整统计数据的45个"一带一路"参与国，在选取的4个年份中，指数排名第一的和排名末尾的离差很小。4个年份指数都为100的国家有塞浦路斯、希腊、意大利、立陶宛、荷兰、卡塔尔、新加坡、泰国等，几乎没有难民。从难民指数排名区间划分上看，伊拉克、巴基斯坦、越南难民指数排名靠后。

中国始终坚持改革开放，发展经济，改善民生，政治上实行人民代表大会制度，实行广泛的政治协商制度；对待众多的少数民族，一律实行民族平等团结、宗教自由、民族区域自治等民族政策，尊重少数民族习俗和传统，支持和帮助发展少数民族教育事业，任用民族干部，经济上兴边富民；对外关系上，一贯坚持"五项基本原则"不动摇。正是这些公共政策设计与制度安排，以及经济上促发展、保民生的不懈努力，外部多年的和平共处无战事，中国的难民数量极少。中国对待世界难民问题也勇于担当。联合国难民署2017年的数据显示，世界上共有181个国家和地区收容了难民，中国接收难民排名第17位。

表2-13 "一带一路"参与国难民指数及其排名（45国）

	2000年		2006年		2013年		2018年	
	指数	排名	指数	排名	指数	排名	指数	排名
阿尔巴尼亚	99.8	35	99.8	33	99.8	33	99.8	35
阿尔及利亚	100.0	1	100.0	1	100.0	1	100.0	1
阿塞拜疆	99.9	22	99.9	22	99.9	22	99.9	23
埃及	100.0	1	100.0	1	100.0	1	100.0	1
爱沙尼亚	99.6	42	99.5	42	99.5	43	99.6	43
巴基斯坦	100.0	1	100.0	1	100.0	1	100.0	1
白俄罗斯	99.9	22	99.9	22	99.9	22	99.9	23
保加利亚	99.9	22	99.9	22	99.9	22	99.9	23
波黑	99.9	22	99.8	33	99.8	33	99.8	35
波兰	100.0	1	100.0	1	100.0	1	100.0	1
俄罗斯	100.0	1	100.0	1	100.0	1	100.0	1
厄瓜多尔	100.0	1	100.0	1	100.0	1	100.0	1
菲律宾	100.0	1	100.0	1	100.0	1	100.0	1
格鲁吉亚	99.9	22	99.8	33	99.8	33	99.9	23
哈萨克斯坦	100.0	1	100.0	1	100.0	1	100.0	1
荷兰	100.0	1	100.0	1	100.0	1	100.0	1
黑山	99.1	44	99.0	45	99.0	45	99.2	45
吉尔吉斯斯坦	99.9	22	99.9	22	99.9	22	99.9	23
柬埔寨	100.0	1	100.0	1	100.0	1	100.0	1

	2000年		2006年		2013年		2018年	
	指数	排名	指数	排名	指数	排名	指数	排名
卡塔尔	99.0	45	99.4	43	99.7	40	99.8	35
科威特	99.7	40	99.7	38	99.8	33	99.9	23
克罗地亚	99.9	22	99.9	22	99.9	22	99.9	23
拉脱维亚	99.8	35	99.7	38	99.7	40	99.7	42
立陶宛	99.8	35	99.8	33	99.8	33	99.8	35
罗马尼亚	100.0	1	100.0	1	100.0	1	100.0	1
马来西亚	100.0	1	100.0	1	100.0	1	100.0	1
蒙古	99.8	35	99.7	38	99.8	33	99.8	35
摩尔多瓦	99.8	35	99.8	33	99.8	33	99.8	35
塞尔维亚	99.9	22	99.9	22	99.9	22	99.9	23
塞浦路斯	99.4	43	99.4	43	99.5	43	99.6	44
沙特阿拉伯	100.0	1	100.0	1	100.0	1	100.0	1
斯里兰卡	100.0	1	100.0	1	100.0	1	100.0	1
斯洛文尼亚	99.7	40	99.7	38	99.7	40	99.8	35
泰国	100.0	1	100.0	1	100.0	1	100.0	1
土耳其	100.0	1	100.0	1	100.0	1	100.0	1
乌克兰	100.0	1	100.0	1	100.0	1	100.0	1
希腊	99.9	22	99.9	22	99.9	22	100.0	1
新加坡	99.9	22	99.9	22	99.9	22	99.9	23
匈牙利	99.9	22	99.9	22	99.9	22	99.9	23
伊拉克	100.0	1	100.0	1	100.0	1	100.0	1
以色列	99.9	22	99.9	22	99.9	22	99.9	23
意大利	100.0	1	100.0	1	100.0	1	100.0	1
约旦	99.9	22	99.9	22	99.9	22	99.9	23
越南	100.0	1	100.0	1	100.0	1	100.0	1
中国	100.0	1	100.0	1	100.0	1	100.0	1
上述国家平均值	99.87		99.87		99.88		99.90	
世界平均值	99.88		99.88		99.90		99.91	

表2-14　"一带一路"参与国难民指数区间（45国）

	2000年	2006年	2013年	2018年
第一区间	阿尔及利亚	阿尔及利亚	阿尔及利亚	阿尔及利亚
	埃及	埃及	埃及	埃及
	巴基斯坦	巴基斯坦	巴基斯坦	巴基斯坦
	波兰	波兰	波兰	波兰
	俄罗斯	俄罗斯	俄罗斯	俄罗斯
	厄瓜多尔	厄瓜多尔	厄瓜多尔	厄瓜多尔
	菲律宾	菲律宾	菲律宾	菲律宾

	2000年	2006年	2013年	2018年
第一区间	哈萨克斯坦	哈萨克斯坦	哈萨克斯坦	哈萨克斯坦
	荷兰	荷兰	荷兰	荷兰
	柬埔寨	柬埔寨	柬埔寨	柬埔寨
	罗马尼亚	罗马尼亚	罗马尼亚	罗马尼亚
	马来西亚	马来西亚	马来西亚	马来西亚
第二区间	沙特阿拉伯	沙特阿拉伯	沙特阿拉伯	沙特阿拉伯
	斯里兰卡	斯里兰卡	斯里兰卡	斯里兰卡
	泰国	泰国	泰国	泰国
	土耳其	土耳其	土耳其	土耳其
	乌克兰	乌克兰	乌克兰	乌克兰
	伊拉克	伊拉克	伊拉克	伊拉克
	意大利	意大利	意大利	意大利
	越南	越南	越南	越南
	中国	中国	中国	中国
	阿塞拜疆	阿塞拜疆	阿塞拜疆	希腊
	白俄罗斯	白俄罗斯	白俄罗斯	阿塞拜疆
第三区间	保加利亚	保加利亚	保加利亚	白俄罗斯
	吉尔吉斯斯坦	吉尔吉斯斯坦	吉尔吉斯斯坦	保加利亚
	克罗地亚	克罗地亚	克罗地亚	吉尔吉斯斯坦
	塞尔维亚	塞尔维亚	塞尔维亚	克罗地亚
	希腊	希腊	希腊	塞尔维亚
	新加坡	新加坡	新加坡	新加坡
	匈牙利	匈牙利	匈牙利	匈牙利
	以色列	以色列	以色列	以色列
	约旦	约旦	约旦	约旦
	波黑	波黑	波黑	格鲁吉亚
	格鲁吉亚	格鲁吉亚	格鲁吉亚	科威特
第四区间	阿尔巴尼亚	阿尔巴尼亚	阿尔巴尼亚	波黑
	立陶宛	立陶宛	立陶宛	阿尔巴尼亚
	摩尔多瓦	摩尔多瓦	摩尔多瓦	立陶宛
	拉脱维亚	拉脱维亚	蒙古	摩尔多瓦
	蒙古	蒙古	科威特	蒙古
	科威特	科威特	拉脱维亚	斯洛文尼亚
	斯洛文尼亚	斯洛文尼亚	斯洛文尼亚	卡塔尔
	爱沙尼亚	爱沙尼亚	卡塔尔	拉脱维亚
	塞浦路斯	塞浦路斯	爱沙尼亚	爱沙尼亚
	黑山	卡塔尔	塞浦路斯	塞浦路斯
	卡塔尔	黑山	黑山	黑山

表2-15 难民指数第一区间的参与国指数变化情况

国家 年份	塞浦路斯	斯洛文尼亚	卡塔尔	荷兰	新加坡	立陶宛	意大利	希腊	拉脱维亚	泰国	爱沙尼亚	以色列
2000	100.0	100.0	100.0	100.0	100.0	100.0	100.0	100.0	100.0	100.0	100.0	100.0
2001	100.0	100.0	100.0	100.0	100.0	100.0	100.0	100.0	100.0	100.0	100.0	100.0
2002	100.0	100.0	100.0	100.0	100.0	100.0	100.0	100.0	100.0	100.0	100.0	100.0
2003	100.0	100.0	100.0	100.0	100.0	100.0	100.0	100.0	100.0	100.0	100.0	100.0
2004	100.0	100.0	100.0	100.0	100.0	100.0	100.0	100.0	100.0	100.0	100.0	100.0
2005	100.0	100.0	100.0	100.0	100.0	100.0	100.0	100.0	100.0	100.0	100.0	100.0
2006	100.0	100.0	100.0	100.0	100.0	100.0	100.0	100.0	100.0	100.0	100.0	100.0
2007	100.0	100.0	100.0	100.0	100.0	100.0	100.0	100.0	100.0	100.0	100.0	100.0
2008	100.0	100.0	100.0	100.0	100.0	100.0	100.0	100.0	100.0	100.0	100.0	100.0
2009	100.0	100.0	100.0	100.0	100.0	100.0	100.0	100.0	100.0	100.0	100.0	100.0
2010	100.0	100.0	100.0	100.0	100.0	100.0	100.0	100.0	100.0	100.0	100.0	100.0
2011	100.0	100.0	100.0	100.0	100.0	100.0	100.0	100.0	100.0	100.0	100.0	100.0
2012	100.0	100.0	100.0	100.0	100.0	100.0	100.0	100.0	100.0	100.0	100.0	100.0
2013	100.0	100.0	100.0	100.0	100.0	100.0	100.0	100.0	100.0	100.0	100.0	100.0
2014	100.0	100.0	100.0	100.0	100.0	100.0	100.0	100.0	100.0	100.0	100.0	100.0
2015	100.0	100.0	100.0	100.0	100.0	100.0	100.0	100.0	100.0	100.0	100.0	100.0
2016	100.0	100.0	100.0	100.0	100.0	100.0	100.0	100.0	100.0	100.0	100.0	100.0
2017	100.0	100.0	100.0	100.0	100.0	100.0	100.0	100.0	100.0	100.0	100.0	100.0
2018	100.0	100.0	100.0	100.0	100.0	100.0	100.0	100.0	100.0	100.0	100.0	100.0
平均值	100.0	100.0	100.0	100.0	100.0	100.0	100.0	100.0	100.0	100.0	100.0	100.0

表2-16 难民指数第二区间的参与国指数变化情况

国家 年份	沙特阿拉伯	斯里兰卡	泰国	土耳其	乌克兰	伊拉克	意大利	越南	中国	希腊	阿塞拜疆
2000	100.0	100.0	100.0	100.0	100.0	100.0	100.0	100.0	100.0	99.9	99.9
2001	100.0	100.0	100.0	100.0	100.0	100.0	100.0	100.0	100.0	99.9	99.9
2002	100.0	100.0	100.0	100.0	100.0	100.0	100.0	100.0	100.0	99.9	99.9
2003	100.0	100.0	100.0	100.0	100.0	100.0	100.0	100.0	100.0	99.9	99.9
2004	100.0	100.0	100.0	100.0	100.0	100.0	100.0	100.0	100.0	99.9	99.9
2005	100.0	100.0	100.0	100.0	100.0	100.0	100.0	100.0	100.0	99.9	99.9
2006	100.0	100.0	100.0	100.0	100.0	100.0	100.0	100.0	100.0	99.9	99.9
2007	100.0	100.0	100.0	100.0	100.0	100.0	100.0	100.0	100.0	99.9	99.9
2008	100.0	100.0	100.0	100.0	100.0	100.0	100.0	100.0	100.0	99.9	99.9
2009	100.0	100.0	100.0	100.0	100.0	100.0	100.0	100.0	100.0	99.9	99.9
2010	100.0	100.0	100.0	100.0	100.0	100.0	100.0	100.0	100.0	99.9	99.9
2011	100.0	100.0	100.0	100.0	100.0	100.0	100.0	100.0	100.0	99.9	99.9

续上表

国家 年份	沙特阿拉伯	斯里兰卡	泰国	土耳其	乌克兰	伊拉克	意大利	越南	中国	希腊	阿塞拜疆
2012	100.0	100.0	100.0	100.0	100.0	100.0	100.0	100.0	100.0	99.9	99.9
2013	100.0	100.0	100.0	100.0	100.0	100.0	100.0	100.0	100.0	99.9	99.9
2014	100.0	100.0	100.0	100.0	100.0	100.0	100.0	100.0	100.0	99.9	99.9
2015	100.0	100.0	100.0	100.0	100.0	100.0	100.0	100.0	100.0	99.9	99.9
2016	100.0	100.0	100.0	100.0	100.0	100.0	100.0	100.0	100.0	99.9	99.9
2017	100.0	100.0	100.0	100.0	100.0	100.0	100.0	100.0	100.0	99.9	99.9
2018	100.0	100.0	100.0	100.0	100.0	100.0	100.0	100.0	100.0	100.0	99.9
平均值	100.0	100.0	100.0	100.0	100.0	100.0	100.0	100.0	100.0	99.9	99.9

表2-17　难民指数第三区间的参与国指数变化情况

国家 年份	白俄罗斯	保加利亚	吉尔吉斯斯坦	克罗地亚	塞尔维亚	新加坡	匈牙利	以色列	约旦	格鲁吉亚	科威特	白俄罗斯
2000	99.9	99.9	99.9	99.9	99.9	99.9	99.9	99.9	99.9	99.9	99.7	99.9
2001	99.9	99.9	99.9	99.9	99.9	99.9	99.9	99.9	99.9	99.8	99.7	99.9
2002	99.9	99.9	99.9	99.9	99.9	99.8	99.9	99.9	99.9	99.8	99.7	99.9
2003	99.9	99.9	99.9	99.9	99.9	99.8	99.9	99.9	99.9	99.8	99.7	99.9
2004	99.9	99.9	99.9	99.9	99.9	99.8	99.9	99.9	99.9	99.8	99.7	99.9
2005	99.9	99.9	99.9	99.9	99.9	99.9	99.9	99.9	99.9	99.8	99.7	99.9
2006	99.9	99.9	99.9	99.9	99.9	99.9	99.9	99.9	99.9	99.8	99.7	99.9
2007	99.9	99.9	99.9	99.9	99.9	99.9	99.9	99.9	99.9	99.8	99.8	99.9
2008	99.9	99.9	99.9	99.9	99.9	99.9	99.9	99.9	99.9	99.8	99.8	99.9
2009	99.9	99.9	99.9	99.9	99.9	99.9	99.9	99.9	99.9	99.8	99.8	99.9
2010	99.9	99.9	99.9	99.9	99.9	99.9	99.9	99.9	99.9	99.8	99.8	99.9
2011	99.9	99.9	99.9	99.9	99.9	99.9	99.9	99.9	99.9	99.8	99.8	99.9
2012	99.9	99.9	99.9	99.9	99.9	99.9	99.9	99.9	99.9	99.8	99.8	99.9
2013	99.9	99.9	99.9	99.9	99.9	99.9	99.9	99.9	99.9	99.8	99.8	99.9
2014	99.9	99.9	99.9	99.9	99.9	99.9	99.9	99.9	99.9	99.8	99.8	99.9
2015	99.9	99.9	99.9	99.9	99.9	99.9	99.9	99.9	99.9	99.8	99.8	99.9
2016	99.9	99.9	99.9	99.9	99.9	99.9	99.9	99.9	99.9	99.8	99.8	99.9
2017	99.9	99.9	99.9	99.9	99.9	99.9	99.9	99.9	99.9	99.8	99.8	99.9
2018	99.9	99.9	99.9	99.9	99.9	99.9	99.9	99.9	99.9	99.9	99.9	99.9
平均值	99.9	99.9	99.9	99.9	99.9	99.9	99.9	99.9	99.9	99.8	99.8	99.9

表2-18　难民指数第四区间的参与国指数变化情况

年份＼国家	波黑	阿尔巴尼亚	立陶宛	摩尔多瓦	蒙古	斯洛文尼亚	卡塔尔	拉脱维亚	爱沙尼亚	塞浦路斯	黑山
2000	99.9	99.8	99.8	99.8	99.8	99.7	99.0	99.8	99.6	99.4	99.1
2001	99.8	99.8	99.8	99.8	99.7	99.7	99.0	99.7	99.6	99.4	99.0
2002	99.8	99.8	99.8	99.8	99.7	99.7	99.0	99.7	99.5	99.3	99.0
2003	99.8	99.8	99.8	99.8	99.7	99.7	99.1	99.7	99.5	99.4	99.0
2004	99.8	99.8	99.8	99.8	99.7	99.7	99.2	99.7	99.5	99.4	99.0
2005	99.8	99.8	99.8	99.8	99.8	99.7	99.3	99.7	99.5	99.4	99.0
2006	99.8	99.8	99.8	99.8	99.7	99.7	99.4	99.7	99.5	99.4	99.0
2007	99.8	99.8	99.8	99.8	99.8	99.7	99.5	99.7	99.5	99.4	99.0
2008	99.8	99.8	99.8	99.8	99.8	99.7	99.6	99.7	99.5	99.4	99.0
2009	99.8	99.8	99.8	99.8	99.8	99.7	99.6	99.7	99.5	99.4	99.0
2010	99.8	99.8	99.8	99.8	99.8	99.7	99.7	99.7	99.5	99.4	99.0
2011	99.8	99.8	99.8	99.8	99.8	99.7	99.7	99.7	99.5	99.4	99.0
2012	99.8	99.8	99.8	99.8	99.8	99.7	99.7	99.7	99.5	99.4	99.0
2013	99.8	99.8	99.8	99.8	99.8	99.7	99.7	99.7	99.5	99.5	99.0
2014	99.8	99.8	99.8	99.8	99.8	99.7	99.7	99.7	99.5	99.5	99.0
2015	99.8	99.8	99.8	99.8	99.8	99.7	99.8	99.7	99.5	99.5	99.0
2016	99.8	99.8	99.8	99.8	99.8	99.7	99.8	99.7	99.5	99.5	99.0
2017	99.8	99.8	99.8	99.8	99.8	99.7	99.8	99.7	99.5	99.5	99.0
2018	99.8	99.8	99.8	99.8	99.8	99.8	99.8	99.7	99.6	99.6	99.2
平均值	99.8	99.8	99.8	99.8	99.8	99.7	99.5	99.7	99.5	99.4	99.0

（三）“一带一路”参与国难民指数与世界平均水平的比较

根据联合国难民组织（UNHCR）提供的《统计年鉴》中关于难民及境内流离失所者数量的数据，内外部冲突较多的国家，难民指数也相对较低。大部分的难民来源于少部分冲突剧烈的国家，如叙利亚、缅甸、黎巴嫩及阿富汗等国家。在2013年前和2013年后，难民指数都有明显的增长。国内冲突和外部冲突是导致大量难民产生的根本原因，即使冲突结束，仍需要很长一段时间消化由冲突导致的难民和流离失所者。

如图2-3，“一带一路”参与国难民指数与世界难民指数平均值2000年至2018年期间走势趋同，基本粘合，在99.85与99.91之间波动，且波动幅度不大。总体而言，“一带一路”参与国难民指数和世界难民指数平均值呈上扬趋势，

"一带一路"参与国难民指数平均值在2013年后持续上升，2017至2018年间升幅明显。这说明，"一带一路"参与国生存环境有了较大改善，内外冲突大幅减少，难民占比在逐渐减少。

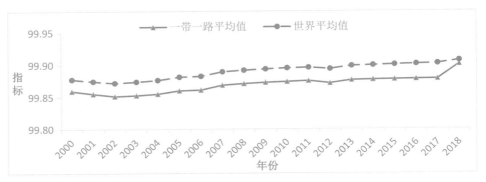

图2-3 "一带一路"参与国难民指数平均值与世界平均值的比较

五、凶案指数

（一）凶案指数的含义

凶案数是指每年每10万人的谋杀案数，统计数据从2000年开始。不同国家的法律对"杀人"的定义不一样。谋杀案在不同国家的定义可能会或可能不会包括攻击导致的死亡、杀婴、协助自杀或安乐死。医疗水平能影响某些暴力攻击的结果，从而改变谋杀率的统计结果，所以杀人率不一定必然表明社会暴力的总体水平。出于政治原因某些谋杀也可能不会进行统计。

本文统计了从2000年至2018年多国的凶案数，换算得出各国的初始凶案指数，由此计算凶案指数得分，公式为：

$$凶案指数=100-初始凶案指数$$

凶案指数主要用来反映社会治安状况。凶案数值越大，凶杀越少，社会治安越好。其数据来源于United Nations Office on Drugs and Crime (UNODC)，Surveys on Crime Trends and the Operations of Criminal Justice Systems (CTS)。

（二）"一带一路"参与国的凶案指数

基于"一带一路"参与国中数据齐全的45个国家，按前述方法，选取4个年份，分别对凶案指数平均值进行统计与排名，结果如表2-19、表2-20所示。

从表2-19来看，"一带一路"参与国2000年凶案指数平均值为91.8，2006年为94.0，2013年为95.7，2018年为96.4，总体呈上升趋势，社会治安逐年好转。世界凶案指数2000年、2006年、2013年、2018年平均值分别为91.5、92.8、94.0、95.4，整体趋势上行，但总体平均值低于"一带一路"参与国平均值。

从表2-21至表2-24来看，2000～2018年凶案指数平均值靠前的"一带一路"参与国分别是新加坡、荷兰、斯洛文尼亚、意大利、沙特阿拉伯、塞浦路斯、希腊、波兰、中国、阿尔及利亚、克罗地亚、越南等。这些国家总体比较和谐，社会矛盾并不突出，社会治理井然有序。2000～2018年凶案指数平均值排名靠后的分别是伊拉克、俄罗斯、摩尔多瓦、厄瓜多尔、蒙古、哈萨克斯坦、菲律宾、立陶宛、吉尔吉斯斯坦等。这些国家凶案相对较多，社会矛盾相对明显，社会治理能力需要努力提升。

2013年"一带一路"倡议被提出后，随着人民生活水平的提高和物质生活的逐步改善，大多数国家凶案数量均有一定程度的下降。值得注意的是，伊拉克的凶案指数波动最大，4个样本年份数值标准差达到38.4，第二名和第三名分别为摩尔多瓦10.7，俄罗斯10.3。伊拉克2000年凶案数量达到峰值，而后社会矛盾逐年缓和，2018年凶案指数基本和世界平均值相当。摩尔多瓦社会治安则有变坏趋势，且逐年恶化，悬殊较大。俄罗斯也在温和向好。

表2-19 "一带一路"参与国凶案指数及其排名（45国）

	2000年		2006年		2013年		2018年	
	指数	排名	指数	排名	指数	排名	指数	排名
阿尔巴尼亚	95.1	26	96.4	26	94.9	35	97.3	28
阿尔及利亚	97.4	15	99.0	6	98.5	12	97.9	20
阿塞拜疆	96.7	23	97.5	21	97.3	25	97.4	24
埃及	99.9	1	99.2	4	96.0	28	93.7	39
爱沙尼亚	87.9	37	92.0	32	95.4	33	97.6	23
巴基斯坦	92.6	31	92.4	31	91.4	39	95.4	33
白俄罗斯	87.8	38	90.9	36	95.9	30	97.2	30
保加利亚	95.1	26	97.2	23	98.3	15	98.5	13
波黑	97.0	21	98.0	15	98.6	11	98.6	11
波兰	97.4	15	98.6	10	99.2	4	99.2	8
俄罗斯	66.5	44	76.7	44	84.7	44	90.3	44
厄瓜多尔	82.8	41	79.8	43	86.9	43	93.2	40
菲律宾	91.2	32	91.6	33	88.9	41	92.3	42
格鲁吉亚	93.5	30	91.4	35	96.4	27	97.4	24
哈萨克斯坦	81.4	42	86.8	41	92.3	37	95.3	34
荷兰	98.8	6	99.1	5	99.2	4	99.4	5
黑山	96.1	24	97.0	24	98.2	16	97.4	24
吉尔吉斯斯坦	89.7	34	90.3	37	95.8	31	97.4	24
柬埔寨	94.5	29	96.1	27	98.4	13	100.0	1
卡塔尔	99.8	2	99.5	2	99.6	2	94.6	37
科威特	98.3	11	97.7	19	98.0	21	98.2	18
克罗地亚	97.3	17	98.2	14	98.8	9	99.4	5
拉脱维亚	88.1	36	93.1	29	96.0	28	94.8	36
立陶宛	87.4	39	89.7	38	92.1	38	94.6	37
罗马尼亚	97.1	20	97.6	20	98.0	21	98.5	13
马来西亚	97.2	18	97.4	22	97.7	23	97.9	20
蒙古	77.9	43	84.4	42	91.4	39	92.7	41
摩尔多瓦	87.1	40	88.5	39	76.9	45	65.3	45
塞尔维亚	97.2	18	98.0	15	98.2	16	98.6	11
塞浦路斯	99.1	3	98.4	12	98.8	9	98.5	13
沙特阿拉伯	99.1	3	98.9	7	98.9	8	98.2	18
斯里兰卡	94.8	28	87.7	40	96.6	26	97.2	30
斯洛文尼亚	97.9	12	99.4	3	99.4	3	99.5	3
泰国	90.3	33	91.6	34	95.0	34	97.3	28
土耳其	95.3	25	94.6	28	95.5	32	97.0	32
乌克兰	89.3	35	92.6	30	93.3	36	91.9	43
希腊	98.8	6	98.9	7	98.4	13	99.0	9
新加坡	98.9	5	99.6	1	99.7	1	99.8	2
匈牙利	97.7	13	98.0	15	98.2	16	98.3	17

续上表

	2000年		2006年		2013年		2018年	
	指数	排名	指数	排名	指数	排名	指数	排名
伊拉克	10.4	45	64.4	45	88.0	42	95.3	34
以色列	97.0	21	96.9	25	98.2	16	98.4	16
意大利	98.4	10	98.8	9	99.1	6	99.4	5
约旦	98.7	8	97.9	18	97.7	23	98.7	10
越南	98.6	9	98.6	10	98.2	16	97.8	22
中国	97.6	14	98.4	12	99.1	6	99.5	3
上述国家平均值	91.8		94.0		95.7		96.4	
世界平均值	91.5		92.8		94.0		95.4	

表2-20 "一带一路"参与国凶案指数排名与分区（45国）

	排名	2000年	2006年	2013年	2018年
第一区间	1	埃及	新加坡	新加坡	柬埔寨
	2	卡塔尔	卡塔尔	卡塔尔	新加坡
	3	塞浦路斯	斯洛文尼亚	斯洛文尼亚	斯洛文尼亚
	4	沙特阿拉伯	埃及	荷兰	中国
	5	新加坡	荷兰	波兰	荷兰
	6	希腊	阿尔及利亚	中国	意大利
	7	荷兰	希腊	意大利	克罗地亚
	8	约旦	沙特阿拉伯	沙特阿拉伯	波兰
	9	越南	意大利	塞浦路斯	希腊
	10	意大利	越南	克罗地亚	约旦
	11	科威特	波兰	波黑	波黑
	12	斯洛文尼亚	中国	阿尔及利亚	塞尔维亚
第二区间	13	匈牙利	塞浦路斯	希腊	塞浦路斯
	14	中国	克罗地亚	柬埔寨	保加利亚
	15	阿尔及利亚	塞尔维亚	保加利亚	罗马尼亚
	16	波兰	匈牙利	匈牙利	以色列
	17	克罗地亚	波黑	塞尔维亚	匈牙利
	18	马来西亚	约旦	黑山	沙特阿拉伯
	19	塞尔维亚	科威特	以色列	科威特
	20	罗马尼亚	罗马尼亚	越南	阿尔及利亚
	21	波黑	阿塞拜疆	罗马尼亚	马来西亚
	22	以色列	马来西亚	科威特	越南
	23	阿塞拜疆	保加利亚	约旦	爱沙尼亚

续上表

	排名	2000年	2006年	2013年	2018年
第三区间	24	黑山	黑山	马来西亚	黑山
	25	土耳其	以色列	阿塞拜疆	阿塞拜疆
	26	阿尔巴尼亚	阿尔巴尼亚	斯里兰卡	格鲁吉亚
	27	保加利亚	柬埔寨	格鲁吉亚	吉尔吉斯斯坦
	28	斯里兰卡	土耳其	埃及	泰国
	29	柬埔寨	拉脱维亚	拉脱维亚	阿尔巴尼亚
	30	格鲁吉亚	乌克兰	白俄罗斯	斯里兰卡
	31	巴基斯坦	巴基斯坦	吉尔吉斯斯坦	白俄罗斯
	32	菲律宾	爱沙尼亚	土耳其	土耳其
	33	泰国	菲律宾	爱沙尼亚	巴基斯坦
	34	吉尔吉斯斯坦	泰国	泰国	哈萨克斯坦
	35	乌克兰	格鲁吉亚	阿尔巴尼亚	伊拉克
第四区间	36	拉脱维亚	白俄罗斯	乌克兰	拉脱维亚
	37	爱沙尼亚	吉尔吉斯斯坦	哈萨克斯坦	立陶宛
	38	白俄罗斯	立陶宛	立陶宛	卡塔尔
	39	立陶宛	摩尔多瓦	蒙古	埃及
	40	摩尔多瓦	斯里兰卡	巴基斯坦	厄瓜多尔
	41	厄瓜多尔	哈萨克斯坦	菲律宾	蒙古
	42	哈萨克斯坦	蒙古	伊拉克	菲律宾
	43	蒙古	厄瓜多尔	厄瓜多尔	乌克兰
	44	俄罗斯	俄罗斯	俄罗斯	俄罗斯
	45	伊拉克	伊拉克	摩尔多瓦	摩尔多瓦

表2-21 凶案指数第一区间的参与国指数变化情况

年份＼国家	柬埔寨	新加坡	斯洛文尼亚	中国	荷兰	意大利	克罗地亚	波兰	希腊	约旦	波黑	塞尔维亚
2000	94.5	98.9	97.9	97.6	98.8	98.4	97.3	97.4	98.8	98.7	97.0	97.2
2001	96.1	99.1	98.4	97.7	98.2	98.3	97.9	97.7	98.6	98.6	97.4	97.0
2002	96.0	99.1	97.9	97.7	98.6	98.8	98.0	97.8	99.1	98.5	97.2	97.6
2003	95.4	99.4	98.8	97.8	98.6	98.6	98.2	98.0	98.7	98.4	97.8	97.8
2004	95.4	99.5	98.4	97.8	98.7	98.6	97.8	98.1	98.9	98.3	97.9	97.9
2005	96.1	99.5	98.9	98.2	98.8	98.8	98.3	98.4	98.7	98.6	98.2	98.2
2006	96.1	99.6	99.4	98.4	99.1	98.8	98.2	98.6	98.9	97.9	98.0	98.0
2007	96.1	99.6	98.7	98.6	99.0	98.8	98.4	98.4	98.7	97.8	98.0	97.8
2008	97.1	99.4	99.5	98.7	99.0	98.8	98.2	98.7	98.5	97.7	98.1	98.2
2009	97.1	99.6	99.3	98.8	99.0	98.9	98.7	98.5	98.4	98.1	97.9	98.1
2010	97.3	99.6	99.2	98.9	99.0	99.0	98.4	98.7	98.2	97.9	98.3	98.4
2011	97.9	99.7	99.1	99.0	99.0	99.0	98.7	98.7	98.1	97.6	98.5	98.3

续上表

年份＼国家	柬埔寨	新加坡	斯洛文尼亚	中国	荷兰	意大利	克罗地亚	波兰	希腊	约旦	波黑	塞尔维亚
2012	98.1	99.8	99.3	99.1	99.0	99.0	98.7	98.9	98.3	97.3	98.1	98.6
2013	98.4	99.7	99.4	99.1	99.2	99.1	98.8	99.2	98.4	97.7	98.6	98.2
2014	98.7	99.8	99.2	99.2	99.2	99.1	99.1	99.2	98.9	97.8	98.5	98.5
2015	99.0	99.8	98.6	99.2	99.3	99.1	99.0	99.2	99.1	98.2	98.3	98.7
2016	99.3	99.7	99.5	99.4	99.4	99.2	98.9	99.2	99.1	98.4	98.5	98.4
2017	99.6	99.8	99.0	99.4	99.1	99.4	98.8	99.1	99.1	98.4	98.5	98.8
2018	100.0	99.8	99.5	99.5	99.4	99.4	99.4	99.2	99.0	98.7	98.6	98.6
平均值	97.3	99.5	98.9	98.6	99.0	98.9	98.5	98.6	98.7	98.1	98.1	98.1

表2-22　凶案指数第二区间的参与国指数变化情况

年份＼国家	塞浦路斯	保加利亚	罗马尼亚	以色列	匈牙利	沙特阿拉伯	科威特	阿尔及利亚	马来西亚	越南	爱沙尼亚
2000	99.1	95.1	97.1	97.0	97.7	99.1	98.3	97.4	97.2	98.6	87.9
2001	99.2	95.4	96.3	96.3	97.1	98.8	97.8	97.7	97.4	98.6	88.4
2002	99.8	96.3	96.5	96.0	97.7	98.5	98.8	97.9	97.3	98.5	87.8
2003	97.9	96.3	97.0	96.4	97.4	98.8	97.6	97.7	97.4	98.5	87.3
2004	98.2	96.3	97.2	96.9	97.6	98.5	97.7	98.4	97.7	98.6	92.1
2005	97.8	97.0	97.5	97.1	98.1	98.6	97.7	99.4	97.3	98.6	90.1
2006	98.4	97.2	97.6	96.9	98.0	98.9	97.7	99.0	97.4	98.6	92.0
2007	98.6	97.3	97.7	97.9	98.2	98.8	97.3	99.1	97.2	98.4	91.8
2008	99.1	97.3	97.4	97.8	97.9	98.8	98.4	99.0	97.4	98.6	92.6
2009	98.0	97.7	97.8	98.0	98.4	98.8	98.0	99.1	97.6	98.4	93.8
2010	99.2	97.7	97.7	97.7	98.4	98.8	97.7	99.2	97.8	98.3	93.8
2011	99.1	98.0	98.1	97.7	98.3	98.9	97.9	99.1	97.6	98.3	94.2
2012	97.7	97.8	97.8	98.0	98.6	98.5	97.9	98.4	97.7	98.2	94.4
2013	98.8	98.3	98.0	98.2	98.2	98.9	98.0	98.5	97.7	98.4	95.4
2014	98.9	98.1	98.3	98.3	98.3	99.0	98.1	98.3	97.7	98.1	96.3
2015	98.5	97.9	98.3	98.4	97.3	98.3	98.1	98.4	97.8	98.0	96.3
2016	98.8	98.8	98.3	98.5	97.6	98.4	98.1	98.2	97.8	98.0	97.1
2017	99.4	98.3	98.5	98.3	97.1	98.5	98.2	98.0	97.8	97.9	97.4
2018	98.5	98.5	98.5	98.4	98.3	98.2	98.2	97.9	97.9	97.8	97.6
平均值	98.7	97.3	97.7	97.6	97.9	98.7	98.0	98.5	97.6	98.3	93.0

表2-23 凶案指数第三区间的参与国指数变化情况

年份\国家	黑山	阿塞拜疆	格鲁吉亚	吉尔吉斯斯坦	泰国	阿尔巴尼亚	斯里兰卡	白俄罗斯	土耳其	巴基斯坦	哈萨克斯坦	伊拉克
2000	96.1	96.7	93.5	89.7	90.3	95.1	94.8	87.8	95.3	92.5	81.4	10.4
2001	96.2	96.8	92.8	90.8	90.6	91.7	94.0	88.2	95.2	92.2	82.8	17.9
2002	94.8	97.0	91.8	90.3	91.6	91.8	93.2	88.0	95.0	92.5	84.4	25.3
2003	97.2	97.5	92.2	90.1	88.2	96.5	91.9	89.3	94.9	92.5	84.4	33.2
2004	97.1	97.2	92.2	90.2	92.3	95.3	91.6	90.0	94.9	92.3	83.7	40.7
2005	97.0	97.4	89.3	90.3	91.4	94.1	92.6	89.8	94.3	92.6	86.1	59.4
2006	97.0	97.5	91.4	90.3	91.6	96.4	87.7	90.9	94.6	92.4	86.8	64.4
2007	97.8	97.7	91.1	90.3	92.1	95.9	90.1	92.0	93.9	92.2	87.5	21.1
2008	95.5	97.8	92.8	90.4	92.9	96.3	88.1	93.3	94.5	91.2	86.5	80.7
2009	96.0	97.9	94.2	90.8	93.4	96.6	93.5	94.1	93.9	91.1	86.9	89.6
2010	97.2	97.5	94.8	76.6	93.5	94.8	95.6	94.0	95.0	90.8	89.8	89.3
2011	96.0	97.5	95.3	89.5	94.2	94.2	95.8	95.4	95.1	90.5	89.8	89.8
2012	96.8	97.5	95.8	93.7	94.2	93.6	96.1	95.8	94.9	90.7	91.1	89.9
2013	98.2	97.3	96.4	95.8	94.9	94.9	96.6	95.9	95.5	91.4	92.2	88.0
2014	96.3	97.1	96.9	95.7	95.4	95.2	96.8	95.8	96.1	92.0	93.9	95.3
2015	96.8	97.3	97.9	94.0	95.9	97.3	97.3	95.9	96.7	94.3	94.3	95.3
2016	94.7	97.6	98.9	94.8	96.3	96.8	97.1	96.1	96.1	95.1	94.1	95.3
2017	97.2	97.7	98.2	95.2	97.0	97.7	97.3	97.1	96.4	95.3	94.0	95.3
2018	97.4	97.4	97.4	97.4	97.3	97.3	97.2	97.2	97.0	95.4	95.3	95.3
平均值	96.6	97.4	94.4	91.4	93.3	95.3	94.1	93.0	95.2	92.5	88.7	67.2

表2-24 凶案指数第四区间的参与国指数变化情况

年份\国家	拉脱维亚	立陶宛	卡塔尔	埃及	厄瓜多尔	蒙古	菲律宾	乌克兰	俄罗斯	摩尔多瓦
2000	88.1	87.4	99.8	99.9	82.8	77.9	91.2	89.3	66.5	87.1
2001	89.0	87.9	99.1	99.8	84.8	79.2	91.4	88.1	65.0	87.8
2002	89.1	89.9	98.4	99.6	82.8	80.5	90.4	89.3	63.6	88.2
2003	89.5	86.8	97.7	99.3	82.8	83.5	90.8	91.0	73.4	88.4
2004	90.5	87.9	99.2	99.5	79.1	84.1	91.1	91.3	74.5	89.4
2005	93.3	86.8	94.3	99.2	81.8	81.3	91.2	92.4	75.6	88.8
2006	93.1	89.7	99.5	99.2	79.8	84.4	91.6	92.5	76.7	88.2
2007	94.9	89.9	99.2	99.0	81.1	86.6	92.4	93.3	77.8	90.4
2008	94.6	89.0	99.1	98.6	78.7	90.4	92.4	93.7	78.9	85.0
2009	94.0	90.6	99.5	98.7	78.8	90.3	91.8	94.4	80.0	79.1
2010	96.1	91.7	91.8	97.4	79.2	89.6	88.7	94.9	81.0	73.1
2011	96.1	91.9	99.8	96.2	81.7	88.6	89.1	94.4	82.1	72.0
2012	94.4	92.1	99.7	96.5	85.3	91.6	89.5	94.0	83.5	73.7
2013	96.0	92.1	99.6	96.0	86.9	91.4	88.9	93.3	84.7	76.9

续上表

国家\年份	拉脱维亚	立陶宛	卡塔尔	埃及	厄瓜多尔	蒙古	菲律宾	乌克兰	俄罗斯	摩尔多瓦
2014	95.5	93.6	99.6	95.6	90.3	91.1	88.3	92.5	85.6	80.2
2015	95.2	92.9	90.4	95.1	92.3	91.4	88.8	92.6	86.6	79.8
2016	95.9	93.7	95.5	94.6	93.1	92.9	86.9	92.6	87.1	76.3
2017	95.1	94.7	95.0	94.2	93.1	92.8	90.0	92.7	89.2	69.4
2018	94.8	94.6	94.6	93.7	93.1	92.7	92.3	91.9	90.3	65.3
平均值	93.4	90.7	97.5	97.5	84.6	87.4	90.4	92.3	79.1	81.0

（三）"一带一路"参与国凶案指数与世界平均水平的比较

凶案指数反映的是社会综合治理水平。如图2-4所示，"一带一路"参与国的凶案指数平均值与世界凶案指数平均值均呈上升趋势，且"一带一路"参与国平均值高于世界平均值，这说明"一带一路"参与国社会治安情况好于世界平均水平。"一带一路"参与国凶案数量增幅明显低于世界平均水平。2013年以后较2013年前，"一带一路"参与国凶案指数稳定增长，参与国凶案数量明显降低。"一带一路"参与国凶案数量增幅明显低于世界平均水平。在"一带一路"参与国经济社会并不十分发达的情况下，仍能保持较好的社会治安水平，体现出"一带一路"倡议对于参与国社会治安情况间接的改善作用。

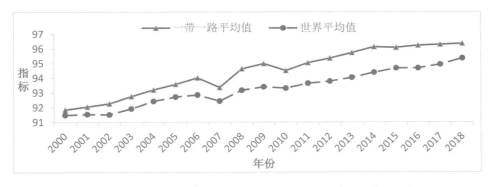

图2-4　"一带一路"参与国凶案指数平均值与世界平均值的比较

六、军费指数

（一）军费指数的含义

军费指数是以军费支出占GDP比例（Military expenditure as a percentage of GDP）这一数据作为源指标，以所统计期间所有国家中军费支出占GDP比例的最大值作为基数100，依次将源指标进行换算得出的指标，能够反映一个国家的国防开支水平。指数越大，军费开支占比越少。本文统计了从2000年至2018年"一带一路"参与国的军费开支情况。源指标数据来源于斯德哥尔摩国际和平研究所(SIPRI)。

军费又称国防开支，是一国维护国家主权、获取外部安全环境、达成国家目标而进行的所有有关防务行为的支出，包括国家防务中的所有物资支出和人力资源支出的总和。

根据中国国家统计局的定义，军费是指国家预算用于国防建设和保卫国家安全的支出，包括国防费、国防科研事业费、民兵建设以及专项工程支出等。

国防属于纯公共物品，各国国防经费均来自国家财政。《中华人民共和国国防法》中明确规定，我国军费的经费全部来自国家财政，中央承担绝大部分军费，地方只承担少量军费。

军费主要用于人员生活、训练维持以及军事装备研发和采购。虽然不同国家对于军费的划分方式略有差异，但一般而言，军费主要包括国家防务的所有物资和人力资源支出、通过武装力量维护国家主权的活动支出、国内秩序维护支出以及与其他国家签署的国际协议中所承诺的有关军事活动义务支出。

根据国防部发布的《2010年中国的国防》白皮书，我国军费构成中人员生活费、训练维持费和装备费均占三分之一左右。

军费是国防工业发展的基础，是一国国防政策的数字化反映，其"量"和"质"需顺应未来国防工业发展趋势。

军费的"量"：代表军费的绝对规模，合理的"量"是以满足国家安全需要为基础，与国家经济增长和财政支出水平相适应的军费水平，既符合国防建设需求，又不给国家经济建设带来不利影响。

军费的"质"：代表军费的分配结构，体现军费的效益，既包含各军种间的分配，也包含各个支出项目间的分配。军事装备费在军费的占比大小体现国防政策对国防工业的支持力度，各类武器装备研发和采购支出在装备费的占比需顺应国防工业发展趋势。

（二）"一带一路"参与国的军费指数

基于数据相对齐全的"一带一路"参与国中的45个，选取2000年、2006年、2013年、2018年作为节点代表，按照前述计算方法，进行军费指数统计与排名，结果见表2-25、表2-26。

和其他指数多年保持大致相似排名不同，军费指数波动较大。在4个样本年中，变动幅度排名前十的分别是卡塔尔、乌克兰、菲律宾、沙特阿拉伯、泰国、新加坡、塞尔维亚、黑山、越南、约旦。其中，卡塔尔、沙特阿拉伯、新加坡、科威特得分持续增长。4个样本年中，塞浦路斯、卡塔尔仅有1年次进入得分排名前十，摩尔多瓦、荷兰全部进入前十。

相对于逐年增加的GDP总额，中国的军费指数在19年间并无明显变化，军费支出低于世界平均值。中国一贯坚持"和平共处五项原则"，坚持和平崛起，以实际行动向世界传递友好合作讯息，维护良好的国际关系，保持经济持续增长，社会和平稳定，人民安居乐业，必要的军费支出是为了保证有和平发展的环境。

表2-25 "一带一路"参与国军费指数及其排名（45国）

	2000年		2006年		2013年		2018年	
	指数	排名	指数	排名	指数	排名	指数	排名
阿尔巴尼亚	77.8	25	82.7	17	87.0	10	88.2	12
阿尔及利亚	75.9	27	72.0	36	71.6	36	68.3	39
阿塞拜疆	73.0	30	77.9	24	80.4	22	80.6	20
埃及	83.0	18	72.8	34	79.3	26	76.0	26

续上表

	2000年		2006年		2013年		2018年	
	指数	排名	指数	排名	指数	排名	指数	排名
爱沙尼亚	80.4	20	79.5	22	83.2	16	79.8	22
巴基斯坦	68.5	35	75.4	29	70.8	38	70.3	36
白俄罗斯	85.4	14	83.9	14	79.9	23	76.1	25
保加利亚	75.0	28	76.6	27	79.9	23	74.3	29
波黑	67.1	37	73.6	33	73.4	31	72.8	32
波兰	85.1	15	82.1	19	88.6	7	87.4	14
俄罗斯	74.9	29	77.2	26	73.5	30	75.6	27
厄瓜多尔	77.0	26	78.9	23	78.0	28	74.6	28
菲律宾	87.4	5	88.0	4	72.8	34	68.6	38
格鲁吉亚	83.6	17	77.8	25	82.1	19	81.8	18
哈萨克斯坦	90.9	1	82.0	20	87.0	10	84.9	17
荷兰	86.4	8	88.1	3	87.9	9	88.5	10
黑山	70.8	32	67.8	39	77.8	29	81.7	19
吉尔吉斯斯坦	85.6	13	87.1	6	89.4	5	91.2	5
柬埔寨	80.0	22	81.5	21	79.6	25	78.9	23
卡塔尔	62.7	40	71.5	37	83.1	17	94.2	1
科威特	34.9	44	40.6	44	45.6	44	46.3	44
克罗地亚	68.6	34	74.6	30	78.1	27	76.5	24
拉脱维亚	78.5	24	83.0	16	71.6	36	72.8	32
立陶宛	87.8	3	87.2	5	85.4	12	91.6	4
罗马尼亚	79.4	23	84.3	13	84.2	15	86.0	16
马来西亚	85.8	11	84.4	12	89.8	3	90.5	6
蒙古	84.3	16	86.6	7	91.4	1	92.6	2
摩尔多瓦	87.4	5	91.1	1	90.9	2	91.9	3
塞尔维亚	67.2	36	73.9	32	81.6	21	80.0	21
塞浦路斯	86.7	7	85.3	9	85.2	13	87.0	15
沙特阿拉伯	20.4	45	27.4	45	34.9	45	38.3	45
斯里兰卡	67.0	38	71.3	38	73.1	33	72.9	31
斯洛文尼亚	88.6	2	83.3	15	88.1	8	89.7	7
泰国	87.8	3	74.3	31	81.9	20	89.6	8
土耳其	72.0	31	72.1	35	70.7	39	69.9	37
乌克兰	80.3	21	82.3	18	73.2	32	59.3	42
希腊	70.5	33	76.5	28	68.2	40	71.1	35
新加坡	57.8	41	64.6	40	71.7	35	72.2	34
匈牙利	80.6	19	85.2	10	89.7	4	88.4	11
伊拉克	66.8	39	64.2	41	61.9	41	62.1	40
以色列	54.5	42	56.5	43	55.7	43	53.7	43
意大利	86.2	9	84.6	11	85.2	13	87.5	13
约旦	47.8	43	58.9	42	57.2	42	59.9	41
越南	86.0	10	88.6	2	82.6	18	74.2	30

续上表

	2000年		2006年		2013年		2018年	
	指数	排名	指数	排名	指数	排名	指数	排名
中国	85.8	11	86.3	8	89.0	6	89.5	9
上述国家平均值	75.2		76.5		77.6		77.5	
世界平均值	74.5		75.8		77.0		77.9	

表2-26 "一带一路"参与国军费指数排名与分区（45国）

	排名	2000年	2006年	2013年	2018年
第一区间	1	摩尔多瓦	摩尔多瓦	摩尔多瓦	卡塔尔
	2	格鲁吉亚	蒙古	卡塔尔	摩尔多瓦
	3	哈萨克斯坦	哈萨克斯坦	立陶宛	蒙古
	4	拉脱维亚	柬埔寨	蒙古	菲律宾
	5	斯洛文尼亚	立陶宛	拉脱维亚	波黑
	6	立陶宛	泰国	匈牙利	哈萨克斯坦
	7	阿尔巴尼亚	匈牙利	斯洛文尼亚	马来西亚
	8	白俄罗斯	菲律宾	哈萨克斯坦	斯洛文尼亚
	9	爱沙尼亚	波黑	波黑	匈牙利
	10	荷兰	爱沙尼亚	荷兰	阿尔巴尼亚
	11	厄瓜多尔	荷兰	菲律宾	白俄罗斯
	12	伊拉克	意大利	罗马尼亚	荷兰
第二区间	13	匈牙利	斯洛文尼亚	白俄罗斯	埃及
	14	泰国	阿尔巴尼亚	泰国	意大利
	15	菲律宾	吉尔吉斯斯坦	意大利	泰国
	16	马来西亚	克罗地亚	阿尔巴尼亚	黑山
	17	意大利	白俄罗斯	黑山	保加利亚
	18	越南	拉脱维亚	保加利亚	克罗地亚
	19	波兰	卡塔尔	马来西亚	吉尔吉斯斯坦
	20	吉尔吉斯斯坦	罗马尼亚	乌克兰	塞尔维亚
	21	中国	乌克兰	柬埔寨	塞浦路斯
	22	黑山	伊拉克	埃及	罗马尼亚
	23	蒙古	塞浦路斯	塞浦路斯	中国

	排名	2000年	2006年	2013年	2018年
	24	乌克兰	波兰	吉尔吉斯斯坦	斯里兰卡
	25	柬埔寨	越南	克罗地亚	爱沙尼亚
	26	阿塞拜疆	中国	波兰	立陶宛
	27	罗马尼亚	马来西亚	中国	格鲁吉亚
	28	埃及	厄瓜多尔	爱沙尼亚	波兰
第三区间	29	保加利亚	保加利亚	塞尔维亚	拉脱维亚
	30	塞浦路斯	塞尔维亚	土耳其	柬埔寨
	31	波黑	黑山	斯里兰卡	厄瓜多尔
	32	克罗地亚	土耳其	越南	土耳其
	33	俄罗斯	埃及	希腊	越南
	34	阿尔及利亚	阿尔及利亚	格鲁吉亚	希腊
	35	希腊	希腊	厄瓜多尔	伊拉克
	36	卡塔尔	斯里兰卡	新加坡	新加坡
	37	土耳其	俄罗斯	科威特	乌克兰
	38	巴基斯坦	阿塞拜疆	伊拉克	阿塞拜疆
	39	新加坡	科威特	巴基斯坦	俄罗斯
第四区间	40	斯里兰卡	巴基斯坦	俄罗斯	巴基斯坦
	41	塞尔维亚	新加坡	约旦	约旦
	42	约旦	约旦	阿塞拜疆	科威特
	43	以色列	格鲁吉亚	阿尔及利亚	以色列
	44	科威特	以色列	以色列	阿尔及利亚
	45	沙特阿拉伯	沙特阿拉伯	沙特阿拉伯	沙特阿拉伯

表2-27　军费指数第一区间的参与国指数变化情况

国家 年份	卡塔尔	蒙古	摩尔多瓦	立陶宛	吉尔吉斯斯坦	马来西亚	斯洛文尼亚	泰国	中国	荷兰	匈牙利	阿尔巴尼亚
2000	62.7	84.3	87.4	87.8	85.6	85.8	88.6	87.8	85.8	86.2	80.6	77.8
2001	66.5	87.6	89.0	89.8	88.1	84.3	90.2	86.4	85.2	87.8	78.3	79.8
2002	65.5	87.8	86.8	90.7	86.9	83.3	88.8	83.3	85.3	89.9	78.9	82.9
2003	67.7	87.5	87.9	90.2	86.2	80.4	87.7	80.2	85.7	90.2	80.1	82.2
2004	69.8	88.6	88.7	89.4	85.3	82.9	86.3	81.1	85.9	90.3	81.8	80.3
2005	72.3	85.9	89.6	87.9	86.4	80.6	84.2	77.4	85.4	89.8	84.2	83.4
2006	71.5	86.6	91.1	87.2	87.1	84.4	83.3	74.3	86.3	88.4	85.2	82.7
2007	73.2	88.1	89.3	89.1	87.5	85.3	84.8	78.9	86.2	86.5	85.6	84.6
2008	74.9	88.9	88.4	89.9	88.8	85.7	85.6	77.8	85.9	85.3	86.1	84.8
2009	76.6	89.2	89.7	90.7	88.3	85.2	87.9	80.1	85.4	88.9	86.7	85.1
2010	79.7	90.4	89.2	91.1	87.3	89.3	88.3	79.3	85.8	88.3	87.8	84.4
2011	82.0	89.4	88.3	90.4	87.8	88.4	89.7	80.8	86.6	88.7	88.9	84.8
2012	83.6	90.3	89.8	88.3	87.1	88.6	89.2	79.7	87.7	89.1	89.2	86.2

续上表

国家 年份	卡塔尔	蒙古	摩尔多瓦	立陶宛	吉尔吉斯斯坦	马来西亚	斯洛文尼亚	泰国	中国	荷兰	匈牙利	阿尔巴尼亚
2013	83.1	91.4	90.9	85.4	89.4	89.8	88.1	81.9	89.0	88.2	89.7	87.0
2014	85.1	91.8	90.1	86.8	89.2	89.2	89.8	82.7	88.5	90.0	89.3	86.4
2015	86.8	90.8	89.2	88.9	90.3	88.8	90.7	85.9	88.3	90.8	88.4	85.7
2016	91.0	91.7	90.5	90.1	90.8	89.3	91.9	87.8	88.4	92.2	89.1	86.8
2017	93.2	92.0	90.9	91.2	92.1	91.7	90.4	88.2	88.5	91.6	87.3	87.3
2018	94.2	92.6	91.9	91.6	91.2	90.5	89.7	89.6	89.5	88.6	88.4	88.2
平均值	77.9	89.2	89.4	89.3	88.2	86.5	88.2	82.3	86.8	89.0	85.6	84.2

表2-28　军费指数第二区间的参与国指数变化情况

国家 年份	意大利	波兰	塞浦路斯	罗马尼亚	哈萨克斯坦	格鲁吉亚	黑山	阿塞拜疆	塞尔维亚	爱沙尼亚	柬埔寨
2000	86.2	85.1	86.7	79.4	90.9	83.6	70.8	73.0	67.2	80.4	80.0
2001	86.7	84.6	85.4	79.1	88.8	83.5	71.6	73.2	69.6	81.2	79.9
2002	87.0	85.0	84.3	80.2	88.1	82.3	73.2	74.7	71.7	82.0	79.1
2003	87.3	83.8	83.7	80.8	86.7	81.7	72.7	73.9	73.8	81.7	79.2
2004	86.7	83.3	83.2	81.6	85.4	80.2	70.9	76.1	72.9	80.6	80.4
2005	85.9	83.2	84.4	82.7	83.5	79.1	69.5	77.3	73.3	79.4	81.9
2006	84.6	82.1	85.3	84.3	82.0	77.8	67.8	77.9	73.9	79.5	81.5
2007	86.6	84.2	84.7	85.1	80.9	47.4	71.8	78.8	73.1	80.8	82.7
2008	87.8	85.7	84.0	84.4	81.4	60.6	73.6	79.2	74.3	81.2	83.6
2009	88.0	86.1	82.8	84.2	82.3	65.2	74.9	78.3	75.8	81.9	82.3
2010	88.3	86.3	83.6	84.7	84.1	70.9	76.2	77.2	77.8	82.2	81.2
2011	87.4	86.9	84.4	83.8	85.2	75.8	77.3	79.1	79.1	81.3	80.7
2012	86.5	88.2	85.1	83.3	85.7	77.4	78.1	78.4	80.7	82.1	80.2
2013	85.2	88.6	85.2	84.2	87.0	82.1	77.8	80.4	81.6	83.2	79.6
2014	85.8	88.4	84.8	84.8	86.5	80.8	78.6	79.7	80.4	81.9	80.1
2015	86.7	87.1	85.5	85.2	87.3	83.2	78.9	78.4	79.3	80.6	79.2
2016	87.8	85.8	84.9	85.4	85.6	83.6	79.3	79.3	80.6	81.8	79.8
2017	88.1	86.1	86.1	86.7	86.4	82.7	80.2	80.2	81.5	81.3	80.3
2018	87.5	87.4	87.0	86.0	84.9	81.8	81.7	80.6	80.0	79.8	78.9
平均值	86.8	85.7	84.8	83.5	85.4	76.8	75.0	77.7	76.1	81.2	80.6

表2-29　军费指数第三区间的参与国指数变化情况

年份＼国家	克罗地亚	白俄罗斯	埃及	俄罗斯	厄瓜多尔	保加利亚	越南	斯里兰卡	波黑	拉脱维亚	新加坡
2000	68.6	85.4	83.0	74.9	77.0	75.0	86.0	67.0	67.1	78.5	57.8
2001	69.7	86.0	82.2	75.7	77.8	77.8	86.3	68.2	68.7	79.7	60.3
2002	70.4	86.3	80.9	75.2	77.1	78.9	85.7	69.3	70.3	80.3	62.7
2003	72.1	86.7	80.1	74.9	76.3	78.3	84.4	68.3	71.8	81.2	62.8
2004	72.8	86.1	78.4	75.3	75.4	77.4	85.2	68.4	72.6	80.7	63.6
2005	73.3	85.2	75.6	76.4	77.9	77.6	86.9	70.1	73.4	82.1	64.1
2006	74.6	83.9	72.8	77.2	78.9	76.6	88.6	71.3	73.6	83.0	64.6
2007	75.6	84.2	72.3	76.6	80.7	77.1	88.1	71.1	72.2	81.3	66.4
2008	75.9	84.6	73.6	76.1	79.6	77.9	86.3	71.9	71.3	79.2	67.9
2009	76.2	83.3	74.9	75.3	77.2	78.3	84.8	72.8	70.1	77.4	68.8
2010	76.8	82.1	75.2	74.4	77.4	78.2	83.2	72.2	70.9	76.1	70.1
2011	77.3	81.3	76.3	73.8	77.1	78.7	83.9	71.3	72.0	74.4	70.9
2012	77.2	80.6	78.1	74.0	78.2	79.6	83.1	72.4	72.3	72.6	71.2
2013	78.1	79.9	79.3	73.5	78.0	79.9	82.6	73.1	73.4	71.6	71.7
2014	76.4	80.1	77.4	74.7	78.9	78.4	82.0	71.8	72.2	72.8	71.3
2015	76.7	78.3	77.2	74.3	79.6	77.2	80.4	71.7	71.8	71.7	71.1
2016	77.6	79.0	76.8	74.8	78.3	76.1	78.3	72.6	72.7	73.2	71.9
2017	77.2	77.4	77.6	75.1	76.2	75.3	75.6	73.7	73.2	73.4	71.6
2018	76.5	76.1	76.0	75.6	74.6	74.3	74.2	72.9	72.8	72.8	72.2
平均值	74.9	82.4	77.2	75.1	77.7	77.5	83.5	71.1	71.7	76.9	67.4

表2-30　军费指数第四区间的参与国指数变化情况

年份＼国家	希腊	巴基斯坦	土耳其	菲律宾	阿尔及利亚	伊拉克	约旦	乌克兰	以色列	科威特	沙特阿拉伯
2000	70.5	68.5	72.0	87.4	75.9	66.8	47.8	80.3	54.5	34.9	20.4
2001	71.7	70.6	72.8	88.9	75.3	67.8	48.9	81.3	55.1	35.8	19.3
2002	72.8	69.4	71.7	88.6	74.4	67.2	51.3	80.2	56.2	37.7	21.7
2003	74.6	70.7	71.1	88.3	75.1	66.3	54.6	80.4	56.0	39.5	24.6
2004	74.9	72.6	70.4	89.5	74.2	67.0	56.7	80.8	56.7	40.7	28.8
2005	75.8	74.2	71.6	89.8	73.4	65.7	57.5	81.2	56.3	39.8	28.2
2006	76.5	75.4	72.1	88.0	72.0	64.2	58.9	82.3	56.5	40.6	27.4
2007	75.6	74.3	72.6	85.4	71.5	63.4	55.4	81.1	55.8	42.7	30.1
2008	75.1	74.0	72.8	83.2	71.1	62.2	54.2	79.7	55.4	41.4	32.8
2009	74.3	75.1	71.3	81.3	70.6	61.3	55.1	77.2	55.6	40.3	31.0
2010	72.9	74.2	72.7	78.3	71.8	60.4	56.3	76.3	55.1	41.6	32.3
2011	70.8	73.2	72.2	75.4	72.7	60.9	58.7	75.1	56.7	43.8	34.2
2012	69.7	71.7	71.5	73.7	72.0	61.5	57.8	74.3	56.8	44.4	32.4
2013	68.2	70.8	70.7	72.8	71.6	61.9	57.2	73.2	55.7	45.6	34.9

续上表

国家 年份	希腊	巴基斯坦	土耳其	菲律宾	阿尔及利亚	伊拉克	约旦	乌克兰	以色列	科威特	沙特阿拉伯
2014	69.0	71.5	70.3	72.2	71.2	62.7	58.0	64.7	55.2	43.2	34.1
2015	70.2	72.8	69.8	71.4	70.3	62.1	58.1	61.4	54.6	41.7	34.7
2016	70.7	73.0	71.2	71.7	69.1	63.6	59.2	59.8	55.9	45.6	36.0
2017	71.3	71.8	70.6	70.4	68.4	61.4	58.3	56.5	55.3	47.5	35.4
2018	71.1	70.3	69.9	68.6	68.3	62.1	59.9	59.3	53.7	46.3	38.3
平均值	72.4	72.3	71.4	80.3	72.0	63.6	56.0	74.0	55.6	41.7	30.3

（三）"一带一路"参与国军费指数与世界水平的比较

如图2-5，45个"一带一路"参与国军费指数平均值同世界军费平指数平均值运行趋势一致，均总体呈持续上升趋势。两者增长速度、幅度大致相当，但"一带一路"参与国的军费指数平均值显著高于世界军费指数平均值。这是因为"一带一路"参与国大多为发展中国家，经济体量较小，建设和发展才是首位，军费支出占财政支出比例较低；且"一带一路"国家人口众多，人均军费相对更低。

"一带一路"倡议提出之后，2014年东欧、中东等区域局部国际冲突升级，部分国家军事开支上升，2014年、2015年军费指数有所下降。"一带一路"共享共建等世界和平力量的增强，推动2016年军费指数回升。2016年后，发端西半球的逆全球化浪潮兴起，国际对抗加剧，2017年、2018年军费指数平均得分相应呈下降趋势。

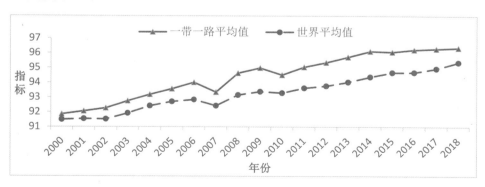

图2-5 "一带一路"参与国军费指数平均值与世界平均值的比较

七、和平指数

（一）和平指数的总体含义

"和平指数"这一评价指标是综合国内冲突、外部冲突、难民及流离失所者情况、社会治安和军备情况5个方面全面判断一个国家的和平稳定状况，分别统计"一带一路"各参与国"国内冲突数""外部冲突数""难民及流离失所者数""每10万人凶杀案发生次数"和"军费支出占GDP比值"5个指标，并对其进行综合评价得到"和平指数"这一指标。

计算一级评价指数关键一步为二级指标权重系数的选择，本文采取均等权重系数的方式，即对上述n个二级指数求平均值，用100减去这个数，得出和平指数，指数的变化范围在0~100之间。则第x年，第j个国家的和平指数为：

$$F_{jx} = 100 - \left(\sum_{1}^{n} E_{ijx} \right) / n$$

建设和平之路的前提是构建以合作共赢为核心的新型国际关系。纵观当今全球环境，丝绸之路参与地区中出现了诸多冲突动荡地带，为了遏制这种状况，全球范围内需树立共同、综合、合作、可持续的安全观，营造共建共享的安全格局。

（二）"一带一路"参与国的和平指数

基于"一带一路"参与国中有相对完整数据的45个国家的"国内冲突数""外部冲突数""难民及流离失所者数""每10万人凶杀案发生次数"和"军费支出占GDP比值"5个方面数据，取2000年、2006年、2013年、2018年4个年份，按上述方法计算出和平指数，并进行排名，然后再分为4个区间，结果如表2-31、表2-32所示。

从排名看，2000年和2018年相比，名次提升幅度最大的是波黑，进步29位，其次是卡塔尔进步25位，塞尔维亚进步22位，蒙古进步21位，克罗地亚进步16位，斯里兰卡进步15位，保加利亚进步14位，哈萨克斯坦进步14位。2000年到2018年间，名次降幅最大的是摩尔多瓦，下降38位；格鲁吉亚下降21位，越南下降19位，埃及下降19位，拉脱维亚下降16位。

从区间来看，卡塔尔、斯洛文尼亚、匈牙利、意大利等国家和平指数较高，排位稳定靠前。而伊拉克、以色列等和平指数排名靠后。

从波动看，对2000年、2006年、2013年、2018年4个年份数据进行标准差计算，波动大的依次是摩尔多瓦（7.4）、伊拉克（7.2）、斯里兰卡（3.4）、格鲁吉亚（3.2）、塞尔维亚（2.7）等。

表2-31　"一带一路"参与国和平指数及其排名（45国）

	2000年		2006年		2013年		2018年	
	指数	排名	指数	排名	指数	排名	指数	排名
阿尔巴尼亚	97.1	5	95.1	28	95.9	27	97.7	8
阿尔及利亚	91.5	36	93.9	34	90.5	40	90.4	40
阿塞拜疆	95.1	22	93.5	35	92.6	37	94.0	33
埃及	96.1	12	95.9	18	94.8	33	95.0	31
爱沙尼亚	95.5	18	96.3	12	96.2	24	96.6	21
巴基斯坦	91.3	37	91.2	39	88.3	43	87.0	43
白俄罗斯	95.5	18	95.6	24	97.2	13	97.6	10
保加利亚	95.0	25	96.3	12	97.5	9	97.5	11
波黑	93.4	32	96.0	17	98.0	5	98.4	2
波兰	96.7	9	96.8	7	97.2	13	96.8	20
俄罗斯	87.3	43	89.4	42	90.0	41	90.4	40
厄瓜多尔	94.4	29	92.9	36	93.1	36	95.1	30
菲律宾	93.9	30	92.5	38	94.1	35	92.5	36
格鲁吉亚	97.7	2	90.4	40	95.1	31	96.4	23
哈萨克斯坦	95.1	22	95.9	18	96.8	18	97.7	8
荷兰	97.6	3	97.7	2	98.1	4	98.0	5
黑山	95.4	21	95.1	28	97.5	9	97.3	15
吉尔吉斯斯坦	95.1	22	95.6	24	96.7	19	97.1	17
柬埔寨	95.5	18	97.5	4	97.2	13	96.6	21

	2000年		2006年		2013年		2018年	
	指数	排名	指数	排名	指数	排名	指数	排名
卡塔尔	94.7	26	97.3	6	99.0	1	98.9	1
科威特	88.9	42	94.2	32	94.7	34	91.9	37
克罗地亚	93.9	30	96.1	15	97.1	16	97.4	12
拉脱维亚	96.3	11	96.1	15	97.8	6	95.9	26
立陶宛	95.7	15	96.2	14	97.3	12	95.9	26
罗马尼亚	95.6	16	96.8	7	97.7	7	97	18
马来西亚	97.0	7	96.5	10	96.3	22	98.1	4
蒙古	92.6	34	95.4	27	97.0	17	97.4	12
摩尔多瓦	96.8	8	95.0	30	87.9	44	80.5	45
塞尔维亚	91.3	37	95.9	18	96.6	20	97.2	16
塞浦路斯	95.6	16	96.8	7	97.4	11	97	18
沙特阿拉伯	84.0	44	88.0	43	86.3	45	84.5	44
斯里兰卡	90.1	40	90.1	41	95.7	28	96.2	25
斯洛文尼亚	97.9	1	97.6	3	98.3	2	98.4	2
泰国	95.8	14	95.7	21	96.0	26	97.4	12
土耳其	92.5	35	94.3	31	95.1	31	93.5	34
乌克兰	94.6	27	95.7	21	96.3	22	91.5	38
希腊	94.6	27	95.6	24	96.2	24	95.8	28
新加坡	93.0	33	94.0	33	95.3	29	95.3	29
匈牙利	97.3	4	97.8	1	98.2	3	97.9	6
伊拉克	74.4	45	87.6	44	88.6	42	89.9	42
以色列	89.0	41	86.6	45	91.3	39	90.8	39
意大利	97.1	5	97.5	4	97.7	7	97.9	6
约旦	90.4	39	92.6	37	92.2	38	92.7	35
越南	95.9	13	95.7	21	95.2	30	94.7	32
中国	96.4	10	96.4	11	96.4	21	96.4	23
上述国家平均值	93.8		94.6		95.2		94.9	
世界平均值	93.3		94.3		94.4		94.2	

表2-32 "一带一路"参与国和平指数排名与分区（45国）

	排名	2000年	2006年	2013年	2018年
第一区间	1	斯洛文尼亚	匈牙利	卡塔尔	卡塔尔
	2	格鲁吉亚	荷兰	斯洛文尼亚	斯洛文尼亚
	3	荷兰	斯洛文尼亚	匈牙利	波黑
	4	匈牙利	柬埔寨	荷兰	马来西亚
	5	阿尔巴尼亚	意大利	波黑	荷兰
	6	意大利	卡塔尔	拉脱维亚	匈牙利
	7	马来西亚	波兰	意大利	意大利
	8	摩尔多瓦	塞浦路斯	罗马尼亚	阿尔巴尼亚

续上表

	排名	2000年	2006年	2013年	2018年
第一区间	9	波兰	罗马尼亚	保加利亚	哈萨克斯坦
	10	中国	马来西亚	黑山	白俄罗斯
	11	拉脱维亚	中国	塞浦路斯	保加利亚
	12	埃及	爱沙尼亚	立陶宛	泰国
第二区间	13	越南	保加利亚	柬埔寨	蒙古
	15	立陶宛	克罗地亚	波兰	黑山
	16	罗马尼亚	拉脱维亚	克罗地亚	塞尔维亚
	17	塞浦路斯	波黑	蒙古	吉尔吉斯斯坦
	18	白俄罗斯	埃及	哈萨克斯坦	塞浦路斯
	19	爱沙尼亚	塞尔维亚	吉尔吉斯斯坦	罗马尼亚
	20	柬埔寨	哈萨克斯坦	塞尔维亚	波兰
	21	黑山	越南	中国	柬埔寨
	22	吉尔吉斯斯坦	乌克兰	马来西亚	爱沙尼亚
	23	哈萨克斯坦	泰国	乌克兰	格鲁吉亚
第三区间	24	阿塞拜疆	白俄罗斯	爱沙尼亚	中国
	25	保加利亚	希腊	希腊	斯里兰卡
	26	卡塔尔	吉尔吉斯斯坦	泰国	立陶宛
	27	乌克兰	蒙古	阿尔巴尼亚	拉脱维亚
	28	希腊	黑山	斯里兰卡	希腊
	29	厄瓜多尔	阿尔巴尼亚	新加坡	新加坡
	30	克罗地亚	摩尔多瓦	越南	厄瓜多尔
	31	菲律宾	土耳其	格鲁吉亚	埃及
	32	波黑	科威特	土耳其	越南
	33	新加坡	新加坡	埃及	阿塞拜疆
	34	蒙古	阿尔及利亚	科威特	土耳其
	35	土耳其	阿塞拜疆	菲律宾	约旦
第四区间	36	阿尔及利亚	厄瓜多尔	厄瓜多尔	菲律宾
	37	巴基斯坦	约旦	阿塞拜疆	科威特
	38	塞尔维亚	菲律宾	约旦	乌克兰
	39	约旦	巴基斯坦	以色列	以色列
	40	斯里兰卡	格鲁吉亚	阿尔及利亚	阿尔及利亚
	41	以色列	斯里兰卡	俄罗斯	俄罗斯
	42	科威特	俄罗斯	伊拉克	伊拉克
	43	俄罗斯	沙特阿拉伯	巴基斯坦	巴基斯坦
	44	沙特阿拉伯	伊拉克	摩尔多瓦	沙特阿拉伯
	45	伊拉克	以色列	沙特阿拉伯	摩尔多瓦

表2-33　和平指数第一区间的参与国指数变化情况

国家\年份	卡塔尔	斯洛文尼亚	波黑	马来西亚	荷兰	匈牙利	意大利	阿尔巴尼亚	哈萨克斯坦	白俄罗斯	保加利亚	泰国
2000	94.7	97.9	93.4	97.0	97.6	97.3	97.1	97.1	95.1	95.5	95.0	95.8
2001	94.1	97.7	93.6	96.4	97.5	97.1	96.3	96.4	95.0	95.5	94.7	95.9
2002	93.8	97.5	92.4	96.1	97.6	97.1	96.3	96.4	95.4	95.5	95.0	96.2
2003	94.5	97.6	94.4	95.5	97.5	97.0	96.2	97.3	95.3	95.9	95.2	94.7
2004	100.0	100.0	97.5	100.0	100.0	100.0	100.0	100.0	100.0	100.0	100.0	100.0
2005	95.9	97.6	96.9	96.2	97.7	97.5	96.4	95.8	95.7	95.7	96.0	95.7
2006	97.3	97.5	96.0	96.5	97.7	97.8	97.5	95.1	95.9	95.6	96.3	95.6
2007	96.9	97.6	97.5	96.4	97.8	97.7	97.6	94.6	95.5	95.9	96.1	95.4
2008	96.8	97.7	97.6	96.6	97.8	97.8	97.5	94.4	95.6	96.5	96.3	95.2
2009	96.9	97.5	97.3	96.6	97.7	98.0	97.4	96.1	95.7	96.7	96.9	95.0
2010	96.1	97.4	97.6	97.3	97.8	98.1	97.5	95.7	96.4	96.8	97.1	95.5
2011	98.3	97.9	97.8	97.2	97.9	98.1	97.6	95.6	96.5	97.2	97.6	95.5
2012	98.7	98.1	96.4	97.4	98.0	98.2.	97.6	95.6	96.6	97.3	97.5	95.8
2013	99.0	98.3	98.0	96.3	98.1	98.2	97.7	95.9	96.8	97.2	97.5	96.0
2014	99.4	98.4	98.1	97.4	98.1	98.4	97.9	96.1	97.2	97.2	97.7	96.1
2015	97.9	98.3	98.1	97.3	98.2	98.1	98.0	97.7	97.2	97.2	97.7	96.1
2016	99.1	98.4	98.2	97.4	98.1	98.0	97.8	97.7	97.4	97.3	97.9	95.9
2017	99.0	98.3	98.4	97.0	98.1	97.8	97.8	97.8	97.5	97.7	97.8	97.0
2018	98.9	98.4	98.4	98.1	98.2	97.9	97.9	97.7	97.7	97.6	97.5	97.4
平均值	97.2	98.0	96.7	97.0	98.0	97.9	97.5	96.5	96.4	96.8	96.8	96.0

表2-34　和平指数第二区间的参与国指数变化情况

国家\年份	蒙古	克罗地亚	黑山	塞尔维亚	吉尔吉斯斯坦	塞浦路斯	罗马尼亚	波兰	柬埔寨	爱沙尼亚	格鲁吉亚
2000	92.6	93.9	95.4	91.3	95.1	95.6	95.6	96.7	95.5	95.5	97.7
2001	93.2	94.7	95.3	92.9	96.0	95.1	95.6	95.8	96.5	95.4	97.4
2002	93.4	94.7	95.0	92.2	95.6	96.8	94.9	95.7	96.8	95.0	96.8
2003	94.4	95.6	95.1	93.9	95.5	96.6	95.3	95.8	96.8	94.8	96.8
2004	100.0	98.3	98.6	99.3	100.0	100.0	100.0	100.0	99.8	100.0	99.9
2005	94.7	95.7	94.9	95.6	95.6	96.5	95.6	95.8	97.5	95.8	92.8
2006	95.4	96.1	95.1	95.9	95.6	96.8	96.8	96.8	97.5	96.3	90.4
2007	95.7	96.9	96.9	95.7	96.1	97.2	97.3	96.7	97.8	95.9	84.4
2008	96.8	96.6	96.3	95.9	96.3	97.4	96.4	97.1	98.2	95.9	84.8
2009	97.1	96.8	96.4	95.8	96.0	96.9	97.6	97.0	97.4	96.1	90.4
2010	96.8	96.9	96.7	96.0	91.0	97.1	97.6	97.0	97.2	96.2	93.1
2011	96.4	96.9	96.6	96.2	95.8	97.2	97.7	97.0	96.4	96.3	94.2
2012	96.9	96.2	96.0	96.3	96.3	97.1	97.7	97.1	97.2	96.0	94.4
2013	97.0	97.1	97.5	96.6	96.7	97.3	97.7	97.2	97.2	96.2	95.1

续上表

年份\国家	蒙古	克罗地亚	黑山	塞尔维亚	吉尔吉斯斯坦	塞浦路斯	罗马尼亚	波兰	柬埔寨	爱沙尼亚	格鲁吉亚
2014	96.9	96.9	97.0	96.6	96.6	97.5	97.6	9731	97.2	96.4	95.6
2015	97.0	97.0	97.3	96.9	96.2	97.2	97.5	96.6	97.1	96.2	96.3
2016	97.3	97.3	96.8	96.9	96.4	97.6	97.5	96.9	97.0	96.3	96.5
2017	97.4	97.2	97.4	96.9	96.6	97.5	97.1	97.0	96.7	96.5	96.5
2018	97.4	97.4	97.3	97.2	97.1	97.0	97.0	96.8	96.6	96.5	96.4
平均值	96.1	96.4	96.4	95.7	96.0	97.1	97.0	603.9	97.2	96.2	94.2

表2-35 和平指数第三区间的参与国指数变化情况

年份\国家	中国	斯里兰卡	立陶宛	拉脱维亚	希腊	新加坡	厄瓜多尔	埃及	越南	阿塞拜疆	土耳其	约旦
2000	96.3	90.1	95.7	96.3	94.6	93.0	94.4	96.1	95.9	95.1	92.5	90.3
2001	96.1	91.1	95.5	96.2	94.8	92.6	93.6	95.5	95.8	95.1	91.7	90.9
2002	95.9	93.2	95.2	95.5	95.2	92.4	92.9	95.0	95.7	95.2	90.9	90.6
2003	96.1	92.8	94.8	95.5	96.0	92.6	92.1	95.1	95.4	95.0	93.0	90.7
2004	99.4	97.9	100.0	100.0	100.0	100.0	100.0	100.0	98.1	98.6	98.2	100.0
2005	96.3	91.4	95.6	96.2	95.5	93.5	92.9	95.8	96.0	94.4	92.9	92.5
2006	96.4	90.1	96.2	96.0	95.6	94.0	92.9	95.9	95.7	93.5	94.3	92.6
2007	96.4	91.8	96.3	96.6	95.7	94.5	92.4	96.2	95.2	95.2	93.9	90.5
2008	95.5	90.7	96.1	96.5	95.2	94.1	90.8	96.4	95.5	93.7	94.1	90.3
2009	94.2	91.9	96.5	96.7	94.8	94.0	91.1	96.7	95.3	94.5	93.7	89.7
2010	96.4	94.6	97.0	97.6	95.5	94.8	91.3	96.5	95.2	95.3	94.3	90.7
2011	96.5	94.7	97.2	97.6	95.9	95.2	91.7	94.6	95.7	92.4	94.6	90.3
2012	96.7	95.6	97.3	97.5	96.0	95.3	92.6	94.9	95.1	90.7	94.9	94.4
2013	96.4	95.7	97.3	97.8	96.1	95.3	93.1	94.8	95.2	92.6	95.1	92.2
2014	96.3	95.4	97.4	97.7	96.3	95.3	93.9	95.6	95.1	91.7	96.2	93.1
2015	96.3	95.3	96.9	97.5	96.1	95.3	94.5	95.5	95.0	90.3	94.6	93.2
2016	96.3	95.9	96.5	97.0	96.0	95.2	94.9	95.5	94.9	93.0	93.2	91.9
2017	96.4	95.9	96.4	96.6	96.0	95.2	95.1	92.9	94.8	92.9	93.2	92.4
2018	96.4	96.2	95.9	95.8	95.8	95.3	95.1	95.0	94.7	94.0	93.5	92.7
平均值	96.3	93.7	96.5	96.9	95.8	94.6	93.4	95.7	95.5	93.9	93.9	92.1

表2-36 和平指数第四区间的参与国指数变化情况

年份\国家	菲律宾	科威特	乌克兰	以色列	阿尔及利亚	俄罗斯	伊拉克	巴基斯坦	沙特阿拉伯	摩尔多瓦
2000	93.9	88.9	94.6	89.0	91.5	87.3	74.4	91.3	84.0	96.8
2001	94.6	88.0	94.7	88.6	91.0	86.6	79.6	91.7	82.6	96.9
2002	95.4	88.6	94.6	88.4	91.2	85.9	80.4	90.5	85.1	97.0
2003	95.3	89.7	94.9	88.6	91.8	88.1	80.4	90.5	86.7	97.0

续上表

国家 年份	菲律宾	科威特	乌克兰	以色列	阿尔及利亚	俄罗斯	伊拉克	巴基斯坦	沙特阿拉伯	摩尔多瓦
2004	100.0	100.0	99.9	98.5	95.3	98.3	91.0	98.4	100.0	100.0
2005	95.2	92.1	95.4	89.1	93.7	88.9	86.8	91.7	88.1	96.2
2006	94.9	94.2	95.7	87.6	93.9	89.4	87.5	91.2	88.0	96.0
2007	94.8	94.1	95.7	87.2	94.5	88.8	69.2	84.6	87.0	95.3
2008	94.1	95.2	96.0	89.0	93.3	89.8	86.0	78.8	88.7	92.1
2009	92.9	93.6	95.9	89.5	93.1	88.9	87.3	81.9	85.3	92.1
2010	93.1	93.9	96.0	89.7	93.6	89.6	87.8	84.4	86.9	87.1
2011	93.6	94.3	96.5	89.9	92.4	90.0	89.3	82.7	88.9	85.9
2012	93.7	94.5	96.3	90.2	89.1	90.1	92.6	82.5	88.3	87.2
2013	93.5	94.7	96.3	91.3	90.5	90.0	88.6	88.3	86.3	87.9
2014	93.5	94.2	88.9	90.1	90.4	89.8	90.7	87.5	83.8	85.5
2015	93.0	92.1	91.8	91.4	88.4	87.1	87.3	85.3	79.7	83.4
2016	93.1	90.9	92.2	91.5	89.1	86.3	94.9	86.9	84.9	86.6
2017	93.6	91.2	92.0	91.4	89.7	90.4	88.4	83.6	83.4	85.4
2018	92.2	91.9	91.5	90.8	90.4	90.4	89.9	87.0	84.5	80.5
平均值	94.2	92.7	94.7	90.1	91.7	89.2	85.9	87.3	86.4	91.0

（三）“一带一路”参与国和平指数与世界平均水平的比较

数据显示，“一带一路”参与国和平指数平均值在所选取的4个年份均高于世界和平指数平均值。一般认为，“一带一路”参与国经济不发达，贫穷落后，社会不稳定，治安混乱，冲突不断。事实上，“一带一路”参与国热爱和平，有发展经济、追求美好生活的基础。

如图2–6和表2–31所示，2000年以来，“一带一路”参与国的和平指数平均值和世界平均和平指数的变化态势基本一致，但“一带一路”参与国平均和平指数要高于世界和平指数平均值，尤其是2012年后，“一带一路”参与国和平指数显著高于世界平均值。但因为叙利亚战争、ISIS极端组织等诸多原因，使得“一带一路”参与国和平指数在2013～2015年有所下降，但2016年开始迅速回升。其中，有国内冲突的“一带一路”参与国中，7个国家国内冲突次数在2013年后明显降低，占比87.5%。有外部冲突的“一带一路”参与国中，19个国家外部冲突次数在2013年后明显降低，占比63.3%。但我们应该看到，“一带一路”参与国平均难民数量由2015年的11.4万到2016年的12.6万，增幅10.4%。在"一带一路"倡议的影响下，相信各国通过各自的努力，以及互相沟通与协作，一定能创造出更加美好的可以持续地和平发展的环境。

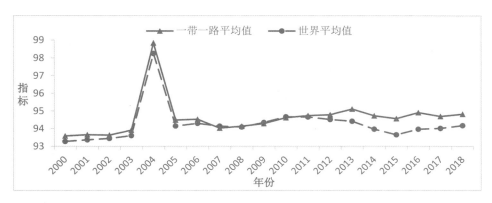

图2-6　"一带一路"参与国和平指数平均值与世界平均值的比较

八、本章小结

2013年，习近平主席先后提出共建"丝绸之路经济带"和"21世纪海上丝绸之路"的重大倡议。随着《丝绸之路经济带和21世纪海上丝绸之路建设战略规划》（2014）和《推动共建丝绸之路经济带和21世纪海上丝绸之路的愿景与行动》（2015）的发布，以及亚洲基础设施投资银行（简称"亚投行"）的成立，"一带一路"倡议开始实施，"一带一路"倡议得到国际社会高度关注和响应，"一带一路"理念得到越来越多国家和人民的拥护与支持。2018年9月召开的2018年中非合作论坛北京峰会上，习近平主席提出将"一带一路"建成和平之路、繁荣之路、开放之路、绿色之路、创新之路、文明之路。

"和平"，这个居于首位反复出现的核心词，是"一带一路"的基调和底色。国内冲突、外部冲突、难民及流离失所者情况、社会治安和军备情况均在不同程度上体现了国家的安定与否，故本章从以上5个方面来评价"一带一路"参与国的和平现状。和平指数即为上述5个方面的综合反映。

整体来看，"一带一路"参与国的和平指数与世界平均和平指数的变化态势基本一致，"一带一路"参与国平均和平指数上升速度明显快于世界。在"一带一路"倡议的影响下，各国通过各自的努力和互相的沟通协作，对"一带一路"参与国和平环境产生了积极作用。

和平有利于发展，发展促进和平，以共同发展，促世界和平；世界和平，是进一步发展的必要条件。"一带一路"承载了人类和平的美好梦想，寄予了全世界和平共存的崇高意义，构成了当今世界和平的"新纽带"。"一带一路"参与国应推动建设相互尊重、公平正义、合作共赢的新型国际关系，为构建人类命运共同体打下坚实基础。建立参与国冲突协调机制，充分发挥地区大国作用，有效管控冲突；加强国内安全治理，加强本国民族交流，减少国内冲突；在保证各国自身安全的前提下，以逐步降低本国军费占GDP比例带动其他国家一起降低本国军费占GDP比例。加强反恐、安全等方面的信息共享，联合打击恐怖主义；积极参与国际和地区热点问题的解决进程，积极应对各类全球性挑战，维护国际与地区和平稳定。

和平共处，命运与共。建设和平之路的前提是构建以合作共赢为核心的新型国际关系。纵观当今全球和平环境，"一带一路"参与地区中出现了诸多冲突动荡地带。为了遏制这种状况，全球范围内需树立共同、综合、合作、可持续的安全观，营造共建共享的安全格局。

本章在深入研究"和平之路"发展内涵的基础上，提出了"和平指数"评价指标，并对其进行了测度和分析，与世界平均水平以及中国在"六路"方面的指数进行了比较。本章所有数据是基于目前公开的、权威的数据计算得出相关指数，但由于数据的不断更新和数据源的扩大，评价指标体系也将进行不断改进和完善。

第三章　繁荣之路

一、本章综述

　　"一带一路"倡议提出4年之后，在2017年5月的"一带一路"国际合作高峰论坛开幕式上习近平主席指出要将"一带一路"建成和平之路、繁荣之路、开放之路、创新之路、文明之路，后又在2018年中非合作论坛北京峰会开幕式上补充了绿色之路（以上简称"六路"）。其中，关于"繁荣之路"，他提到："我们要将'一带一路'建成繁荣之路，要聚焦发展这个根本性问题，释放各国发展潜力，实现经济大融合、发展大联动、成果大共享。" 发展是解决一切问题的总钥匙。要将"一带一路"建成繁荣之路，就必须吸取经验，大力发展经济。繁荣之路的建设中，产业是经济之本，金融是现代经济的血液，设施联通是合作发展的脉络。只有集元气、脉络和血液为一体，才能充分盘活"一带一路"大家庭的经济活力。

　　近年来，"一带一路"相关研究的热度居高不下。北京大学王继民等提出了"五通指数"，测算了63个"一带一路"参与国"政策沟通、设施联通、贸易畅通、资金融通、民心相通"（"五通"）的发展水平。刘勇等和顾春光等则重点研究了63个"一带一路"参与国在"五通"当中与贸易投资相关的指标，涉及投资水平、投资设施和投资环境等指数。朱明侠等也同样关注"一带一路"参与国投资便利化水平，从基础设施水平、法制环境、金融与电子商务、劳动力市场4个方面建立了48个参与国的投资便利化测评体系。杨道玲等从信息通信基础和信息通信应用两个维度，构建了信息基础设施发展水平指数，对64个"一带一路"

参与国家的信息基础设施发展水平进行了测评。在第八届国际基础设施投资与建设高峰论坛上，中国对外承包工程商会正式发布了"一带一路"国家基础设施发展指数（2017）和《指数报告（2017）》，评价测算得到了包括"一带一路"参与国和葡语共同体国家在内的71国基础设施发展指数。上述研究大多基于《推动共建丝绸之路经济带和21世纪海上丝绸之路的愿景与行动》中关于参与国互联互通（"五通"）发展进程的评估，而对"六路"的评价尚鲜见报道。并且，随着"一带一路"建设的逐步推进，"一带一路"参与国已不再局限于参与的早期67国（截至2017年5月首届"一带一路"高峰论坛举办），根据"中国一带一路网"报道，截至2020年底，"丝绸之路经济带"和"海上丝绸之路经济带"参与国涉及147个国家和地区，但涉及更多当前"一带一路"参与国的相关指标测评研究尚未见诸文献。

为评估和跟踪"一带一路"参与国"繁荣之路"的发展水平，本章构建了"繁荣之路"指标体系。对应习近平主席在讲话中对"繁荣之路"三个方面的阐述，本章将对产业、金融和设施联通三个方面分别进行评价，以产业指数、金融指数和设施联通指数评价"一带一路"参与国繁荣之路的发展和变化。根据"一带一路"参与国相应指标数据的可获得性、完备性、代表性，选取"国内生产总值（GDP）"作为产业指数的原始指标，"国内上市公司数"作为金融指数的原始指标，选取"铁路总里程数"作为设施联通指数的原始指标。数据均来源于世界银行官方网站数据库。

虽然目前尚无法全方位衡量"一带一路"参与国的产业、金融和设施联通水平，但本章选取的指标在一定程度上仍能凸显"一带一路"参与国在该指数某一重要方面的特征。将一级指数繁荣指数记为P，二级指数产业指数、金融指数和设施联通指数分别记为P_1、P_2、P_3，原始指标"国内生产总值（GDP）""国内上市公司数""铁路总里程数"分别记为p_1、p_2、p_3。将上述原始指标2000～2016年（部分指标更新到2017年）的数据进行归一化处理，得到三个二级指数，这三个二级指数按照等权重加权平均，即可得到繁荣指数。具体公式如下：

$$P_{ijx}=\frac{(P_{ijx}-P_{i\min})}{(P_{i\max}-P_{i\min})}\times 100$$

其中，i表示当前二级指标（i=1,2,3），j表示当前国家，x表示年份。P_{ijx}表示当前国家在当前年份的数值，$P_{i\min}$表示该原始指标所有国家、所有年份的最小值，$P_{i\max}$表示该原始指标所有国家、所有年份的最大值。

个别国家个别年份的原始指标数据缺失的情况不可避免，对于数据缺失少于一半年份的国别采取内插法补齐，对于数据缺失超过一半年份的国别，该国别的该项指标则不进行统计。具体每个指标的缺省情况见相应图表的标注。

二、产业指数

（一）产业指数的含义

产业是经济之本。“一带一路”国家之间开展产业合作，推动各国产业发展规划相互兼容、相互协同、相互促进，才能共同发展，共同繁荣。本章将通过“一带一路”参与国的产业指数在2000～2019年之间的变化，以及与世界平均水平的比较，分析“一带一路”参与国这些年的经济发展面貌，随着“一带一路”倡议的实施，是否产生了显著的变化，以及对未来发展方向和策略进行一些分析及建议。

本章选取“国内生产总值（GDP）”作为产业指数的原始指标，数据来自世界银行公开网站，单位是现价美元。国内生产总值（GDP）指的是一个国家（或地区）所有常驻单位，在一定时期内生产的全部最终产品和服务价值的总和，常被认为是衡量国家（或地区）经济状况的指标，可用在国际范围内的比较。它是国民经济核算的核心指标，也是衡量一个国家的总体经济状况重要指标，但不适合衡量一个地区或城市的经济状况。同时，GDP还可以拆分为不同经济行业的贡献，并且，这一指标在世界范围内使用普遍，各个国家相应的统计数据也最为齐全。因此，以GDP作为衡量一国整体产业发展水平的指标是较为恰当的。

（二）"一带一路"参与国的产业指数

基于数据比较完备且有代表性的70个"一带一路"参与国的GDP数据，求算得到各国产业指数。其中，本章对4个年份（2000年、2006年、2013年、2019年）的各国排名也做了统计，排名范围限于有统计数据的"一带一路"参与国。这4个年份各参与国的产业指数及其排名见表3-1所示。根据上述排名，按0%~25%、25%~50%、50%~75%、75%~100%分成了4个板块，具体见表3-2及表3-3至表3-6。

可以看到，在2000年左右，除了中国，其余"一带一路"参与国的产业指数集中在2.0以下，但相较于近年的发展态势，当时这些国家之间的产业指数差距并不显著。而到2019年，各国之间的产业指数已经拉开较大的差距。但是和世界相同样本年份数据比起来，世界平均值的样本标准差为1.02，而对应的"一带一路"中所选70国相应年份平均值的样本标准差为0.78，说明"一带一路"参与国产业指数变化不如世界产业指数变化显著，"一带一路"产业发展还需继续优化结构、提质加速，将力争赶超世界产业平均水平作为第一目标。

在第一板块（排名在前25%）的国家中，中国一直处于领先位置。2000年以来，各国的产业指数虽有增长，但都较为平缓，而保持飞速上涨的唯有中国的产业指数。2019年，中国的产业指数相较于2013年增幅49.9%，相较于2000年则增幅1085.5%。4个样本年份中，产业指数绝对值均在前二十名内的国家中，2019年相对2000年，除中国产业指数增幅较大之外，印度尼西亚增幅为579%，俄罗斯增幅为557%，泰国增幅为331%，沙特阿拉伯增幅为322%，伊朗增幅为308%，马来西亚增幅为295%，新加坡增幅为287%，波兰增幅为246%，以色列增幅为197%。2013~2019年产业指数大于1，且增速特别突出的国家有以色列（35%）、菲律宾（33%）、泰国（30%）、印度尼西亚（22%）、新加坡（22%）、巴基斯坦（20%）、韩国（20%）、波兰（13%）、马来西亚（13%）等。

2000~2019年，在第一板块（排名在前25%）的国家中，除了奥地利有跌出前十的趋势和偶尔进入前十的伊朗，包括中国、意大利、韩国、荷兰、俄罗斯、土耳其、沙特阿拉伯、波兰、印度尼西亚在内的前十名国家基本保持稳定。第一板块的其余国家的经济发展状况在各自所属区域也都较为良好。

从产业指数的数值来看，第二板块到第四板块的国家，基本上都是发展中国家，不仅全线低于世界平均水平，也全线低于"一带一路"参与国产业指数的平均值。

表3-1　"一带一路"参与国产业指数及其排名（70国）

	2000年		2006年		2013年		2019年	
	指数	排名	指数	排名	指数	排名	指数	排名
阿尔巴尼亚	0.0	51	0.0	61	0.1	53	0.1	55
阿尔及利亚	0.3	23	0.5	24	1.0	24	0.8	28
奥地利	0.9	7	1.6	9	2.0	11	2.1	11
阿塞拜疆	0.0	51	0.1	45	0.3	38	0.2	49
巴巴多斯	0.0	51	0.0	61	0.0	66	0.0	68
白俄罗斯	0.1	30	0.2	35	0.4	35	0.3	39
玻利维亚	0.0	51	0.1	45	0.1	53	0.2	49
波黑	0.0	51	0.1	45	0.1	53	0.1	55
保加利亚	0.1	30	0.2	35	0.3	38	0.3	39
柬埔寨	0.0	51	0.0	61	0.1	53	0.1	55
智利	0.4	19	0.7	17	1.3	18	1.3	19
中国	5.7	1	12.9	1	44.8	1	67.1	1
哥斯达黎加	0.1	30	0.1	45	0.2	46	0.3	39
克罗地亚	0.1	30	0.2	35	0.3	38	0.3	39
古巴	0.1	30	0.2	35	0.4	35	0.5	34
塞浦路斯	0.0	51	0.1	45	0.1	53	0.1	55
捷克	0.3	23	0.7	17	1.0	24	1.2	21
多米尼加	0.1	30	0.2	35	0.3	38	0.4	37
厄瓜多尔	0.1	30	0.2	35	0.4	35	0.5	34
埃及	0.5	16	0.5	24	1.4	15	1.4	18
萨尔瓦多	0.1	30	0.1	45	0.1	53	0.1	55
爱沙尼亚	0.0	51	0.1	45	0.1	53	0.1	55
格鲁吉亚	0.0	51	0.0	61	0.1	53	0.1	55
希腊	0.6	11	1.3	11	1.1	20	1.0	26
匈牙利	0.2	25	0.5	24	0.6	32	0.8	28
印度尼西亚	0.8	9	1.7	8	4.3	6	5.2	5
伊朗	0.5	16	1.2	13	2.2	10	2.1	11
以色列	0.6	11	0.7	17	1.4	15	1.8	13
意大利	5.4	2	9.1	2	10.0	3	9.4	2
牙买加	0.0	51	0.1	45	0.1	53	0.1	55

续上表

	2000年		2006年		2013年		2019年	
	指数	排名	指数	排名	指数	排名	指数	排名
约旦	0.0	51	0.1	45	0.2	46	0.2	49
哈萨克斯坦	0.1	30	0.4	29	1.1	20	0.8	28
韩国	2.7	3	4.9	3	6.4	4	7.7	4
科威特	0.2	25	0.5	24	0.8	30	0.6	32
吉尔吉斯斯坦	0.0	51	0.0	61	0.0	66	0.0	68
拉脱维亚	0.0	51	0.1	45	0.1	53	0.2	49
立陶宛	0.1	30	0.1	45	0.2	46	0.3	39
卢森堡	0.1	30	0.2	35	0.3	38	0.3	39
马来西亚	0.4	19	0.8	16	1.5	14	1.7	15
马耳他	0.0	51	0.0	61	0.0	66	0.1	55
摩尔多瓦	0.0	51	0.0	61	0.0	66	0.1	55
蒙古	0.0	51	0.0	61	0.1	53	0.1	55
黑山	0.0	51	0.0	61	0.0	66	0.0	68
摩洛哥	0.2	25	0.3	31	0.5	33	0.6	32
荷兰	1.9	4	3.4	5	4.1	7	4.3	6
北马其顿	0.0	51	0.0	61	0.1	53	0.1	55
巴基斯坦	0.4	19	0.6	21	1.1	20	1.3	19
巴拿马	0.1	30	0.1	45	0.2	46	0.3	39
秘鲁	0.2	25	0.4	29	0.9	26	1.1	24
菲律宾	0.4	19	0.6	21	1.3	18	1.8	13
波兰	0.8	9	1.6	9	2.5	9	2.8	9
葡萄牙	0.6	11	1.0	14	1.1	20	1.1	24
卡塔尔	0.1	30	0.3	31	0.9	26	0.9	27
罗马尼亚	0.2	25	0.6	21	0.9	26	1.2	21
俄罗斯	1.2	6	4.6	4	10.7	2	8.0	3
沙特阿拉伯	0.9	7	1.8	7	3.5	8	3.7	7
塞尔维亚	0.0	51	0.2	35	0.2	46	0.2	49
新加坡	0.5	16	0.7	17	1.4	15	1.7	15
斯洛伐克	0.1	30	0.3	31	0.5	33	0.5	34
斯洛文尼亚	0.1	30	0.2	35	0.2	46	0.3	39
南非	0.6	11	1.3	11	1.7	13	1.6	17
斯里兰卡	0.1	30	0.1	45	0.3	38	0.4	37
泰国	0.6	11	1.0	14	2.0	11	2.5	10
特立尼达和多巴哥	0.0	51	0.1	45	0.1	53	0.1	55
突尼斯	0.1	30	0.2	35	0.2	46	0.2	49
土耳其	1.3	5	2.6	6	4.4	5	3.5	8
乌克兰	0.1	30	0.5	24	0.9	26	0.7	31

续上表

	2000年		2006年		2013年		2019年	
	指数	排名	指数	排名	指数	排名	指数	排名
乌拉圭	0.1	30	0.1	45	0.3	38	0.3	39
乌兹别克斯坦	0.1	30	0.1	45	0.3	38	0.3	39
越南	0.1	30	0.3	31	0.8	30	1.2	21
上述国家平均值	0.4		0.9		1.8		2.1	
世界平均值	1.5		2.2		3.3		3.7	

表3-2 "一带一路"参与国产业指数排名和分区（70国）

	排名	2000年	2006年	2013年	2019年
第一区间	1	中国	中国	中国	中国
	2	意大利	意大利	俄罗斯	意大利
	3	韩国	韩国	意大利	俄罗斯
	4	荷兰	俄罗斯	韩国	韩国
	5	土耳其	荷兰	土耳其	印度尼西亚
	6	俄罗斯	土耳其	印度尼西亚	荷兰
	7	奥地利	沙特阿拉伯	荷兰	沙特阿拉伯
	8	沙特阿拉伯	印度尼西亚	沙特阿拉伯	土耳其
	9	波兰	波兰	波兰	波兰
	10	印度尼西亚	奥地利	伊朗	泰国
	11	南非	希腊	奥地利	奥地利
	12	以色列	南非	泰国	伊朗
	13	希腊	伊朗	南非	以色列
	14	泰国	泰国	马来西亚	菲律宾
	15	葡萄牙	葡萄牙	新加坡	新加坡
	16	伊朗	马来西亚	以色列	马来西亚
	17	埃及	捷克	埃及	南非
	18	新加坡	智利	菲律宾	埃及
第二区间	19	马来西亚	以色列	智利	智利
	20	菲律宾	新加坡	希腊	巴基斯坦
	21	巴基斯坦	巴基斯坦	哈萨克斯坦	越南
	22	智利	菲律宾	巴基斯坦	罗马尼亚
	23	捷克	罗马尼亚	葡萄牙	捷克
	24	阿尔及利亚	阿尔及利亚	阿尔及利亚	葡萄牙
	25	秘鲁	匈牙利	捷克	秘鲁
	26	匈牙利	乌克兰	秘鲁	希腊
	27	摩洛哥	埃及	卡塔尔	卡塔尔
	28	科威特	科威特	罗马尼亚	哈萨克斯坦
	29	罗马尼亚	秘鲁	乌克兰	阿尔及利亚

续上表

	排名	2000年	2006年	2013年	2019年
第二区间	30	乌克兰	哈萨克斯坦	科威特	匈牙利
	31	越南	斯洛伐克	越南	乌克兰
	32	古巴	摩洛哥	匈牙利	科威特
	33	斯洛伐克	越南	摩洛哥	摩洛哥
	34	多米尼加	卡塔尔	斯洛伐克	厄瓜多尔
	35	乌拉圭	古巴	厄瓜多尔	斯洛伐克
第三区间	36	克罗地亚	克罗地亚	古巴	古巴
	37	突尼斯	厄瓜多尔	白俄罗斯	多米尼加
	38	卢森堡	卢森堡	斯里兰卡	斯里兰卡
	39	斯洛文尼亚	斯洛文尼亚	阿塞拜疆	卢森堡
	40	厄瓜多尔	多米尼加	乌兹别克斯坦	保加利亚
	41	哈萨克斯坦	白俄罗斯	多米尼加	巴拿马
	42	卡塔尔	保加利亚	卢森堡	白俄罗斯
	43	斯里兰卡	突尼斯	克罗地亚	哥斯达黎加
	44	哥斯达黎加	塞尔维亚	乌拉圭	克罗地亚
	45	乌兹别克斯坦	立陶宛	保加利亚	乌兹别克斯坦
	46	保加利亚	斯里兰卡	哥斯达黎加	乌拉圭
	47	白俄罗斯	哥斯达黎加	斯洛文尼亚	立陶宛
	48	巴拿马	拉脱维亚	塞尔维亚	斯洛文尼亚
	49	萨尔瓦多	阿塞拜疆	立陶宛	塞尔维亚
	50	立陶宛	塞浦路斯	突尼斯	阿塞拜疆
	51	塞浦路斯	乌拉圭	巴拿马	约旦
	52	牙买加	特立尼达和多巴哥	约旦	玻利维亚
	53	约旦	巴拿马	玻利维亚	突尼斯
第四区间	54	玻利维亚	乌兹别克斯坦	拉脱维亚	拉脱维亚
	55	特立尼达和多巴哥	爱沙尼亚	特立尼达和多巴哥	爱沙尼亚
	56	拉脱维亚	萨尔瓦多	爱沙尼亚	柬埔寨
	57	塞尔维亚	约旦	塞浦路斯	萨尔瓦多
	58	爱沙尼亚	波黑	萨尔瓦多	塞浦路斯
	59	波黑	牙买加	波黑	特立尼达和多巴哥
	60	阿塞拜疆	玻利维亚	格鲁吉亚	波黑
	61	马耳他	阿尔巴尼亚	柬埔寨	格鲁吉亚
	62	北马其顿	格鲁吉亚	牙买加	牙买加
	63	柬埔寨	柬埔寨	阿尔巴尼亚	阿尔巴尼亚
	64	阿尔巴尼亚	北马其顿	蒙古	马耳他
	65	巴巴多斯	马耳他	北马其顿	蒙古
	66	格鲁吉亚	巴巴多斯	马耳他	北马其顿

续上表

	排名	2000年	2006年	2013年.	2019年
第四区间	67	吉尔吉斯斯坦	蒙古	摩尔多瓦	摩尔多瓦
	68	摩尔多瓦	摩尔多瓦	吉尔吉斯斯坦	吉尔吉斯斯坦
	69	蒙古	吉尔吉斯斯坦	巴巴多斯	黑山
	70	黑山	黑山	黑山	巴巴多斯

表3-3 产业指数第一区间的参与国指数变化情况

国家 年份	中国	意大利	俄罗斯	韩国	印度尼西亚	荷兰	沙特阿拉伯	土耳其	波兰	泰国	奥地利	伊朗	以色列	菲律宾	新加坡	马来西亚	南非	埃及
2000	5.66	5.35	1.21	2.69	0.77	1.94	0.88	1.27	0.80	0.59	0.92	0.51	0.62	0.39	0.45	0.43	0.63	0.46
2001	6.26	5.46	1.43	2.56	0.75	2.01	0.86	0.93	0.89	0.56	0.92	0.59	0.61	0.37	0.42	0.43	0.56	0.45
2002	6.88	5.94	1.61	2.93	0.91	2.20	0.88	1.11	0.93	0.63	0..99	0.60	0.56	0.39	0.43	0.47	0.54	0.41
2003	7.76	7.36	2.01	3.28	1.09	2.70	1.01	1.45	1.01	0.71	1.22	0.71	0.59	0.40	0.45	0.51	0.82	0.38
2004	9.14	8.43	2.76	3.71	1.20	3.07	1.21	1.89	1.19	0.80	1.40	0.88	0.63	0.44	0.53	0.58	1.07	0.36
2005	10.69	8.69	3.57	4.37	1.33	3.20	1.53	2.34	1.43	0.88	1.47	1.06	0.66	0.50	0.59	0.67	1.20	0.42
2006	12.87	9.11	4.63	4.92	1.70	3.43	1.76	2.58	1.61	1.03	1.57	1.24	0.72	0.59	0.69	0.76	1.27	0.50
2007	16.61	10.33	6.08	5.48	2.02	3.96	1.94	3.16	2.00	1.23	1.81	1.63	0.83	0.73	0.84	0.90	1.40	0.61
2008	21.49	11.22	7.77	4.90	2.38	4.43	2.43	3.57	2.49	1.36	2.01	1.93	1.01	0.84	0.90	1.08	1.34	0.76
2009	23.87	10.25	5.72	4.41	2.52	4.06	2.00	3.01	2.05	1.31	1.87	1.94	0.97	0.82	0.90	0.94	1.38	0.88
2010	28.48	9.98	7.13	5.35	3.53	3.96	2.47	3.61	2.24	1.59	1.83	2.27	1.09	0.97	1.12	1.19	1.75	1.02
2011	35.33	10.72	9.57	5.86	4.17	4.23	3.14	3.89	2.47	1.73	2.01	2.71	1.22	1.09	1.30	1.39	1.94	1.10
2012	39.92	9.76	10.33	5.98	4.29	3.92	3.44	4.08	2.34	1.86	1.91	2.80	1.20	1.22	1.38	1.47	1.85	1.30
2013	44.77	10.01	10.72	6.41	4.27	4.10	3.49	4.44	2.45	1.93	2.01	2.15	1.36	1.32	1.43	1.51	1.71	1.35
2014	49.01	10.10	9.63	6.94	4.16	4.16	3.53	4.37	2.55	1.90	2.06	2.02	1.44	1.39	1.47	1.58	1.64	1.43
2015	51.75	8.59	6.38	6.85	4.02	3.58	3.06	4.02	2.23	1.87	1.79	1.80	1.40	1.43	1.44	1.41	1.48	1.55
2016	52.55	8.77	5.97	7.01	4.36	3.66	3.01	4.04	2.20	1.93	1.84	1.95	1.49	1.49	1.49	1.41	1.38	1.55
2017	57.59	9.17	7.36	7.59	4.75	3.90	3.22	3.99	2.46	2.13	1.95	2.08	1.65	1.53	1.60	1.49	1.63	1.10
2018	65.01	9.75	7.81	8.05	4.87	4.27	3.68	3.60	2.74	2.37	2.13	2.05	1.73	1.62	1.74	1.67	1.72	1.17
2019	67.10	9.36	7.95	7.68	5.23	4.25	3.71	3.53	2.77	2.54	2.08	2.08	1.84	1.76	1.74	1.70	1.64	1.41
平均值	30.64	8.92	5.98	5.35	2.92	3.55	2.36	3.04	1.94	1.45	1.73	1.65	1.08	0.96	1.05	1.08	1.35	0.91

说明：“一带一路”产业指数得分普遍偏低，故表3-3、3-4、3-5、3-6得分保留小数点后两位有效数字，以便比较分析

表3-4 产业指数第二区间的参与国指数变化情况

年份\国家	智利	巴基斯坦	越南	罗马尼亚	捷克	葡萄牙	秘鲁	希腊	卡塔尔	哈萨克斯坦	阿尔及利亚	匈牙利	乌克兰	科威特	摩洛哥	厄瓜多尔	斯洛伐克
2000	0.36	0.38	0.14	0.17	0.28	0.55	0.24	0.60	0.08	0.08	0.25	0.22	0.14	0.17	0.18	0.08	0.13
2001	0.33	0.37	0.15	0.18	0.31	0.56	0.24	0.63	0.08	0.10	0.25	0.25	0.17	0.16	0.18	0.11	0.14
2002	0.32	0.37	0.16	0.21	0.38	0.62	0.25	0.72	0.09	0.11	0.26	0.31	0.19	0.17	0.19	0.13	0.16
2003	0.35	0.43	0.18	0.27	0.46	0.77	0.27	0.94	0.11	0.14	0.31	0.39	0.23	0.22	0.24	0.15	0.21
2004	0.46	0.50	0.21	0.35	0.55	0.88	0.31	1.12	0.14	0.20	0.40	0.48	0.30	0.27	0.27	0.17	0.26
2005	0.57	0.56	0.27	0.46	0.63	0.92	0.35	1.16	0.20	0.26	0.48	0.52	0.40	0.37	0.29	0.19	0.29
2006	0.72	0.64	0.31	0.57	0.72	0.97	0.41	1.27	0.28	0.37	0.54	0.54	0.50	0.47	0.32	0.21	0.33
2007	0.81	0.71	0.36	0.81	0.88	1.12	0.47	1.49	0.37	0.49	0.63	0.65	0.66	0.53	0.37	0.23	0.40
2008	0.84	0.79	0.46	1.00	1.10	1.22	0.56	1.65	0.54	0.62	0.80	0.74	0.84	0.69	0.43	0.28	0.47
2009	0.80	0.78	0.49	0.81	0.96	1.14	0.56	1.54	0.45	0.54	0.64	0.61	0.54	0.49	0.43	0.29	0.41
2010	1.02	0.82	0.54	0.77	0.97	1.11	0.69	1.40	0.58	0.69	0.75	0.61	0.63	0.54	0.43	0.32	0.42
2011	1.18	1.00	0.63	0.85	1.06	1.14	0.80	1.34	0.78	0.90	0.93	0.66	0.76	0.72	0.47	0.37	0.46
2012	1.25	1.05	0.72	0.80	0.97	1.01	0.90	1.15	0.87	0.97	0.97	0.60	0.82	0.81	0.46	0.41	0.44
2013	1.30	1.08	0.80	0.89	0.98	1.05	0.94	1.12	0.93	1.10	0.98	0.63	0.85	0.81	0.50	0.44	0.46
2014	1.21	1.14	0.87	0.93	0.97	1.07	0.94	1.10	0.96	1.03	1.00	0.65	0.62	0.76	0.51	0.47	0.47
2015	1.14	1.26	0.90	0.83	0.87	0.93	0.88	0.92	0.75	0.86	0.77	0.58	0.42	0.53	0.47	0.46	0.41
2016	1.17	1.30	0.96	0.88	0.91	0.96	0.89	0.91	0.71	0.64	0.74	0.59	0.43	0.51	0.48	0.46	0.42
2017	1.29	1.42	1.04	0.99	1.01	1.03	0.98	0.95	0.78	0.78	0.78	0.66	0.52	0.56	0.51	0.48	0.44
2018	1.39	1.47	1.14	1.13	1.14	1.12	1.03	1.02	0.89	0.83	0.81	0.73	0.61	0.65	0.55	0.50	0.49
2019	1.32	1.30	1.22	1.17	1.15	1.11	1.06	0.98	0.85	0.84	0.79	0.75	0.72	0.63	0.55	0.50	0.49
平均值	0.89	0.87	0.58	0.70	0.82	0.96	0.64	1.10	0.52	0.58	0.65	0.56	0.52	0.50	0.39	0.31	0.37

表3-5 产业指数第三区间的参与国指数变化情况

年份\国家	古巴	多米尼加	斯里兰卡	卢森堡	保加利亚	巴拿马	白俄罗斯	哥斯达黎加	克罗地亚	乌兹别克斯坦	乌拉圭	立陶宛	斯洛文尼亚	塞尔维亚	阿塞拜疆	约旦	玻利维亚	突尼斯
2000	0.14	0.11	0.07	0.10	0.06	0.05	0.06	0.07	0.10	0.06	0.10	0.05	0.09	0.03	0.02	0.04	0.04	0.10
2001	0.14	0.12	0.07	0.10	0.06	0.05	0.05	0.07	0.10	0.05	0.09	0.05	0.09	0.06	0.02	0.04	0.03	0.10
2002	0.15	0.12	0.07	0.11	0.07	0.06	0.06	0.07	0.12	0.04	0.06	0.06	0.11	0.08	0.02	0.04	0.03	0.10
2003	0.16	0.10	0.09	0.13	0.09	0.06	0.08	0.08	0.16	0.04	0.05	0.08	0.13	0.10	0.03	0.04	0.03	0.12
2004	0.17	0.10	0.09	0.16	0.12	0.07	0.10	0.08	0.19	0.05	0.06	0.10	0.16	0.12	0.04	0.05	0.04	0.14
2005	0.20	0.16	0.11	0.17	0.14	0.07	0.14	0.09	0.21	0.06	0.08	0.12	0.17	0.13	0.06	0.06	0.04	0.15
2006	0.24	0.17	0.13	0.19	0.16	0.08	0.17	0.10	0.23	0.08	0.09	0.14	0.18	0.15	0.09	0.07	0.05	0.16
2007	0.27	0.20	0.15	0.23	0.20	0.10	0.21	0.12	0.28	0.10	0.11	0.18	0.22	0.20	0.15	0.08	0.06	0.18
2008	0.28	0.22	0.19	0.26	0.25	0.11	0.28	0.14	0.32	0.13	0.14	0.22	0.26	0.24	0.22	0.10	0.07	0.21
2009	0.29	0.22	0.19	0.24	0.24	0.12	0.23	0.14	0.29	0.15	0.14	0.17	0.23	0.21	0.20	0.11	0.08	0.20

续上表

年份＼国家	古巴	多米尼加	斯里兰卡	卢森堡	保加利亚	巴拿马	白俄罗斯	哥斯达黎加	克罗地亚	乌兹别克斯坦	乌拉圭	立陶宛	斯洛文尼亚	塞尔维亚	阿塞拜疆	约旦	玻利维亚	突尼斯
2010	0.30	0.25	0.26	0.24	0.23	0.13	0.26	0.17	0.28	0.21	0.18	0.17	0.22	0.19	0.24	0.12	0.09	0.20
2011	0.32	0.27	0.30	0.28	0.26	0.16	0.28	0.19	0.29	0.26	0.22	0.20	0.24	0.23	0.30	0.13	0.11	0.21
2012	0.34	0.28	0.32	0.26	0.25	0.18	0.30	0.21	0.26	0.29	0.24	0.20	0.21	0.20	0.32	0.14	0.12	0.21
2013	0.36	0.29	0.34	0.28	0.26	0.21	0.35	0.23	0.27	0.32	0.26	0.21	0.22	0.22	0.34	0.16	0.14	0.21
2014	0.37	0.31	0.37	0.31	0.26	0.23	0.36	0.23	0.27	0.35	0.26	0.22	0.23	0.22	0.35	0.17	0.15	0.22
2015	0.4	0.33	0.37	0.27	0.23	0.25	0.26	0.25	0.23	0.38	0.25	0.19	0.20	0.18	0.24	0.17	0.15	0.20
2016	0.42	0.35	0.38	0.28	0.25	0.27	0.22	0.26	0.24	0.38	0.24	0.20	0.20	0.19	0.17	0.18	0.15	0.19
2017	0.45	0.37	0.40	0.30	0.27	0.29	0.25	0.27	0.25	0.27	0.27	0.22	0.22	0.20	0.19	0.19	0.17	0.18
2018	0.46	0.40	0.41	0.33	0.31	0.30	0.28	0.28	0.28	0.23	0.27	0.25	0.25	0.23	0.22	0.19	0.18	0.18
2019	0.49	0.41	0.39	0.33	0.31	0.31	0.29	0.28	0.28	0.27	0.26	0.25	0.25	0.24	0.22	0.20	0.19	0.18
平均值	0.30	0.24	0.24	0.23	0.20	0.16	0.21	0.17	0.23	0.19	0.17	0.16	0.19	0.17	0.17	0.11	0.10	0.17

表3-6　产业指数第四区间的参与国指数变化情况

年份＼国家	拉脱维亚	爱沙尼亚	柬埔寨	萨尔瓦多	塞浦路斯	特立尼达和多巴哥	波黑	格鲁吉亚	牙买加	阿尔巴尼亚	马耳他	蒙古	北马其顿	摩尔多瓦	吉尔吉斯斯坦	黑山	巴巴多斯
2000	0.03	0.02	0.01	0.05	0.04	0.03	0.02	0.01	0.04	0.01	0.01	0.00	0.01	0.00	0.00	0.00	0.01
2001	0.03	0.03	0.01	0.05	0.04	0.04	0.02	0.01	0.04	0.01	0.01	0.00	0.01	0.00	0.00	0.00	0.01
2002	0.04	0.03	0.02	0.06	0.05	0.04	0.03	0.01	0.04	0.02	0.02	0.00	0.01	0.00	0.00	0.00	0.01
2003	0.05	0.04	0.02	0.06	0.06	0.05	0.03	0.01	0.04	0.02	0.02	0.00	0.02	0.01	0.00	0.00	0.01
2004	0.06	0.05	0.02	0.06	0.08	0.06	0.05	0.02	0.04	0.03	0.02	0.01	0.02	0.01	0.01	0.01	0.01
2005	0.07	0.06	0.03	0.06	0.08	0.07	0.05	0.03	0.05	0.03	0.03	0.01	0.03	0.01	0.01	0.01	0.01
2006	0.10	0.08	0.03	0.07	0.09	0.08	0.06	0.03	0.05	0.04	0.03	0.01	0.03	0.01	0.01	0.01	0.02
2007	0.14	0.10	0.04	0.08	0.11	0.10	0.07	0.04	0.06	0.05	0.03	0.02	0.03	0.02	0.01	0.01	0.02
2008	0.16	0.11	0.04	0.08	0.13	0.13	0.09	0.06	0.06	0.06	0.04	0.02	0.04	0.02	0.02	0.02	0.02
2009	0.12	0.09	0.04	0.08	0.12	0.09	0.08	0.05	0.05	0.05	0.04	0.02	0.04	0.02	0.02	0.02	0.02
2010	0.11	0.09	0.05	0.08	0.12	0.10	0.08	0.05	0.06	0.05	0.04	0.03	0.04	0.03	0.02	0.02	0.02
2011	0.13	0.11	0.06	0.09	0.12	0.11	0.08	0.07	0.06	0.06	0.04	0.04	0.04	0.04	0.02	0.02	0.02
2012	0.13	0.10	0.06	0.10	0.11	0.12	0.08	0.07	0.07	0.05	0.04	0.05	0.04	0.04	0.03	0.01	0.02
2013	0.14	0.11	0.07	0.10	0.11	0.12	0.08	0.08	0.06	0.06	0.04	0.05	0.05	0.04	0.03	0.02	0.02
2014	0.14	0.12	0.07	0.10	0.10	0.13	0.08	0.08	0.06	0.06	0.05	0.05	0.05	0.04	0.03	0.02	0.02
2015	0.12	0.10	0.08	0.11	0.09	0.11	0.07	0.07	0.06	0.05	0.05	0.05	0.04	0.03	0.03	0.01	0.02
2016	0.13	0.11	0.09	0.11	0.09	0.10	0.07	0.07	0.06	0.05	0.05	0.05	0.05	0.03	0.03	0.02	0.02
2017	0.14	0.12	0.10	0.11	0.10	0.10	0.08	0.07	0.07	0.06	0.06	0.05	0.05	0.04	0.03	0.02	0.02
2018	0.16	0.14	0.11	0.12	0.11	0.11	0.09	0.08	0.07	0.07	0.06	0.06	0.05	0.05	0.03	0.02	0.02
2019	0.16	0.14	0.12	0.12	0.11	0.11	0.09	0.08	0.07	0.07	0.07	0.06	0.06	0.05	0.04	0.02	0.02
平均值	0.11	0.09	0.05	0.08	0.09	0.09	0.07	0.05	0.06	0.05	0.04	0.03	0.04	0.02	0.02	0.01	0.02

（三）"一带一路"参与国产业指数与世界平均水平的比较

我们比较了"一带一路"参与国平均水平和世界平均水平，结果如图3-1所示。整体来看，"一带一路"参与国及世界整体平均产业指数保持稳定增长趋势，仅2008～2009年、2014～2015年出现小幅调整，其后均迅速恢复涨势。"一带一路"参与国产业指数平均值和世界产业指数平均值尚有不小差距。

世界范围内的产业变迁和产业转移，注定了二者趋势一致，但是产业增长方式上却有"质"的差异。人类历史上至今为止经历过四次产业形态的重大创新，即农业、工业、服务业和信息产业。每次产业形态创新都经历了创新、成熟、转移、再创新的过程。在产业转移过程中，实现了成本的降低以及创新内容的更迭。于是世界范围内产业阵营大致可以分为两类，即创新驱动的新兴产业阵营和承接转移再创造的阵营。"一带一路"参与国大多为承接产业转移的对象，须营造有利于创新的营商环境，更加广泛地吸纳创新人才。随着"一带一路"倡议在这些国家的推进，相信这些国家产业指数的增长潜力将会被很好地释放出来。

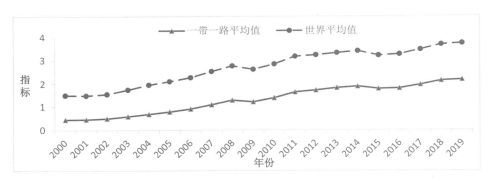

图3-1 "一带一路"参与国产业指数平均值与世界平均值的比较

三、金融指数

（一）金融指数的含义

金融是现代经济的血液，建立稳定、可持续、风险可控的金融保障体系，创新投资和融资模式，借鉴和推广政府和社会资本合作模式（又称PPP模式，即public-private-partnership），建设多元化融资体系和多层次资本市场，对促进产业发展，加快繁荣之路建设具有重要作用。本章将通过"一带一路"参与国的金融指数在2000～2019年之间的变化，以及与世界平均水平的比较，分析"一带一路"参与国这些年的金融发展水平。

本章选取"国内上市公司数"作为金融指数的原始指标，数据来自世界银行公开网站。上市公司（The listed company）是指所公开发行的股票经过国家批准或者国家授权的证券管理部门批准在证券交易所上市交易的股份有限公司。国内上市公司数则是一个国家拥有的在该国上市的公司数量，也是一个具有国际比较标准的通用参数。虽然金融行业各类参数繁多，但是用于反映一国金融水平的参数仍比较有限，选择国内上市公司数一方面为了反映一国的金融体量，另一方面也是反映一国融资体系和资本市场的活跃程度。因此，本节将以"国内上市公司数"衡量一国的金融发展水平。

基于世界银行公开数据网站的"国内上市公司数"（Listed domestic companies）数据，结合 "一带一路"当前参与国（147国）的国家列表，选取数据相对完备且有代表性的70个国家参与统计分析。

（二）"一带一路"参与国的金融指数

基于数据较为完整的70个"一带一路"参与国的"国内上市公司数"数据，按前述方式求算得到各国金融指数。与前文类似，我们对4个年份（2000年、

2006年、2013年、2019年）的各国排名也做了统计，排名范围限于有统计数据的"一带一路"参与国。这4个年份各国的金融指数及其排名见表3-7所示，同样按四分法对各国排序分成了4个板块（见表3-8）。

总体来看，"一带一路"参与国金融指数4个样本年份平均值与世界平均值比较接近（见表3-7）。

4个年份金融指数始终排名在前二十的"一带一路"参与国有柬埔寨、越南、泰国、科威特、卡塔尔、马来西亚、新加坡。

从指数增长幅度看，2019年同2000年相比，波黑金融指数增长幅度为644%，位居第一。其后分别为阿尔及利亚340%，北马其顿296%，黑山122%，斯洛伐克73%，波兰62%，保加利亚57%，特立尼达和多巴哥48%，立陶宛45%，克罗地亚45%。这些国家在2000年时资本市场并不发达，基础非常薄弱，随着与世界接轨，大力发展资本市场，虽体量不一定大，但是增速很突出。

从排名提升角度看，2000年到2019年，排名提升幅度最大的是波兰，进步50名。然后依次是特立尼达和多巴哥前进48名，阿尔及利亚进步40名，阿塞拜疆进步36名，保加利亚进步36名，菲律宾进步35名，捷克进步30名等。

2000年本文统计的70个"一带一路"参与国金融指数超过世界平均值的有38个，2006年超过世界平均值的有45个，2013年超过世界平均值的有41个，2019年超过世界平均值的有43个。4个年份中70个样本国家，均有半数以上国家金融指数超过世界平均值。

与GDP不同的是，并非多数国家的金融指数随着时间推移都在或快或慢地增长，不少国家的金融指数都在某一范围内小幅波动，甚至还有走跌的趋势。相信随着"一带一路"倡议的资金融通，将会更快地为这些国家续上发展动力，快速前进。

表3-7　"一带一路"参与国金融指数及其排名（70国）

	2000年		2006年		2013年		2019年	
	指数	排名	指数	排名	指数	排名	指数	排名
阿尔巴尼亚	55.1	64	63.1	63	57.6	59	69.4	59
阿尔及利亚	20.1	67	67.3	59	73.9	45	88.5	27
奥地利	87.7	17	86.2	21	85.9	27	88.2	30
阿塞拜疆	68.6	48	82.5	31	86.9	24	91.7	12
巴巴多斯	75.1	38	76.8	46	69.2	50	69.6	58
白俄罗斯	94.6	4	97.1	4	99.0	4	83.5	40
玻利维亚	88.3	15	86.6	20	93.9	7	89.7	25
波黑	7.8	70	16.5	69	26.3	68	58.0	65
保加利亚	56.6	62	76.2	48	65.5	55	88.9	26
柬埔寨	92.9	9	91.3	10	99.1	3	99.6	3
智利	72.1	39	76.0	49	83.6	32	80.7	48
中国	92.0	11	89.3	14	89.4	19	86.4	36
哥斯达黎加	86.6	20	84.8	23	76.7	43	69.4	59
克罗地亚	57.0	61	70.3	57	53.9	63	82.5	45
古巴	85.6	21	95.2	7	91.4	15	94.9	5
塞浦路斯	86.9	19	88.1	17	57.6	59	81.3	47
捷克	76.7	36	81.1	38	81.6	35	94.9	5
多米尼加	83.0	25	85.1	22	80.5	39	83.2	43
厄瓜多尔	87.4	18	90.7	12	92.0	11	90.0	23
埃及	76.1	37	72.1	54	64.9	56	67.1	61
萨尔瓦多	81.6	29	82.6	30	90.4	17	90.7	18
爱沙尼亚	64.3	53	84.4	25	77.1	41	88.3	28
格鲁吉亚	71.2	41	63.8	62	48.0	64	50.3	69
希腊	70.0	45	76.0	49	26.3	68	53.7	68
匈牙利	82.6	27	80.1	41	72.9	47	91.1	17
印度尼西亚	83.9	22	80.0	42	88.6	22	90.6	19
伊朗	69.1	46	70.1	58	72.2	49	70.3	57
以色列	70.4	43	71.5	55	83.6	32	90.1	22
意大利	71.1	42	82.1	32	67.6	53	73.5	54
牙买加	58.5	59	72.5	53	59.2	58	79.5	51
约旦	63.4	56	62.6	65	66.4	54	54.9	66
哈萨克斯坦	66.0	52	79.3	44	86.3	26	87.4	33
韩国	88.5	14	90.9	11	92.0	11	90.2	21
科威特	98.1	2	96.8	6	93.2	8	94.4	8
吉尔吉斯斯坦	80.0	32	78.0	45	77.9	40	82.3	46
拉脱维亚	62.0	57	81.4	35	68.3	52	83.3	42
立陶宛	57.4	60	84.7	24	68.6	51	83.5	40
卢森堡	94.0	6	87.6	18	84.6	30	85.2	37
马来西亚	92.2	10	91.4	9	91.8	13	91.4	14
马耳他	83.3	24	82.0	33	83.9	31	91.2	15

续上表

	2000年		2006年		2013年		2019年	
	指数	排名	指数	排名	指数	排名	指数	排名
摩尔多瓦	77.5	35	80.4	40	86.6	25	86.6	35
蒙古	83.4	23	81.2	37	88.9	20	73.3	55
黑山	26.8	66	33.4	67	47.8	65	59.6	63
摩洛哥	63.7	55	74.3	52	75.4	44	79.7	50
荷兰	93.0	8	86.8	19	80.8	38	91.2	15
北马其顿	13.6	69	3.3	70	22.2	70	53.8	67
巴基斯坦	81.0	31	98.7	2	92.3	10	100.0	2
巴拿马	63.9	54	75.8	51	94.1	6	87.5	32
秘鲁	79.3	34	88.8	15	91.7	14	92.1	11
菲律宾	70.2	44	89.4	13	90.9	16	94.3	9
波兰	56.4	63	63.0	64	72.5	48	91.5	13
葡萄牙	90.0	13	79.7	43	56.7	62	82.9	44
卡塔尔	98.1	2	98.0	3	99.5	2	93.6	10
罗马尼亚	81.5	30	80.7	39	81.2	36	89.8	24
俄罗斯	71.8	40	81.3	36	85.6	28	87.9	31
沙特阿拉伯	88.0	16	83.5	27	85.3	29	84.3	39
塞尔维亚	66.4	50	44.2	66	40.7	66	72.3	56
新加坡	90.3	12	88.2	16	89.9	18	90.3	20
斯洛伐克	49.0	65	64.3	61	62.0	57	84.8	38
斯洛文尼亚	81.7	28	84.3	26	73.1	46	88.3	28
南非	19.8	68	24.0	68	34.2	67	23.7	70
斯里兰卡	79.5	33	82.8	29	88.9	20	87.4	33
泰国	93.9	7	97.0	5	99.7	1	98.4	4
特立尼达和多巴哥	67.7	49	83.4	28	93.1	9	100.0	1
突尼斯	60.1	58	66.6	60	57.4	61	59.6	63
土耳其	82.8	26	76.8	46	76.8	42	63.5	62
乌克兰	68.8	47	82.0	33	81.0	37	78.2	52
乌拉圭	66.3	51	71.1	56	83.0	34	75.1	53
乌兹别克斯坦	99.2	1	99.8	1	87.1	23	79.8	49
越南	94.2	5	94.7	8	96.8	5	94.8	7
上述国家平均值	73.1		77.6		76.3		81.8	
世界平均值	74.8		79.0		76.6		82.1	

表3-8 "一带一路"参与国金融指数排名和分区（70国）

	排名	2000年	2006年	2013年	2019年
第一区间	1	乌兹别克斯坦	乌兹别克斯坦	泰国	特立尼达和多巴哥
	2	科威特	巴基斯坦	卡塔尔	巴基斯坦
	3	卡塔尔	卡塔尔	柬埔寨	柬埔寨
	4	白俄罗斯	白俄罗斯	白俄罗斯	泰国
	5	越南	泰国	越南	古巴
	6	卢森堡	科威特	巴拿马	捷克
	7	泰国	古巴	玻利维亚	越南
	8	荷兰	越南	科威特	科威特
	9	柬埔寨	马来西亚	特立尼达和多巴哥	菲律宾
	10	马来西亚	柬埔寨	巴基斯坦	卡塔尔
	11	中国	韩国	厄瓜多尔	秘鲁
	12	新加坡	厄瓜多尔	韩国	阿塞拜疆
	13	葡萄牙	菲律宾	马来西亚	波兰
	14	韩国	中国	秘鲁	马来西亚
	15	玻利维亚	秘鲁	古巴	荷兰
	16	沙特阿拉伯	新加坡	菲律宾	马耳他
	17	奥地利	塞浦路斯	萨尔瓦多	匈牙利
	18	厄瓜多尔	卢森堡	新加坡	萨尔瓦多
第二区间	19	塞浦路斯	荷兰	中国	印度尼西亚
	20	哥斯达黎加	玻利维亚	蒙古	新加坡
	21	古巴	奥地利	斯里兰卡	韩国
	22	印度尼西亚	多米尼加	印度尼西亚	以色列
	23	蒙古	哥斯达黎加	乌兹别克斯坦	厄瓜多尔
	24	马耳他	立陶宛	阿塞拜疆	罗马尼亚
	25	多米尼加	爱沙尼亚	摩尔多瓦	玻利维亚
	26	土耳其	斯洛文尼亚	哈萨克斯坦	保加利亚
	27	匈牙利	沙特阿拉伯	奥地利	阿尔及利亚
	28	斯洛文尼亚	特立尼达和多巴哥	俄罗斯	斯洛文尼亚
	29	萨尔瓦多	斯里兰卡	沙特阿拉伯	爱沙尼亚
	30	罗马尼亚	萨尔瓦多	卢森堡	奥地利
	31	巴基斯坦	阿塞拜疆	马耳他	俄罗斯
	32	吉尔吉斯斯坦	意大利	以色列	巴拿马
	33	斯里兰卡	马耳他	智利	斯里兰卡
	34	秘鲁	乌克兰	乌拉圭	哈萨克斯坦
	35	摩尔多瓦	拉脱维亚	捷克	摩尔多瓦

	排名	2000年	2006年	2013年	2019年
第三区间	36	捷克	俄罗斯	罗马尼亚	中国
	37	埃及	蒙古	乌克兰	卢森堡
	38	巴巴多斯	捷克	荷兰	斯洛伐克
	39	智利	罗马尼亚	多米尼加	沙特阿拉伯
	40	俄罗斯	摩尔多瓦	吉尔吉斯斯坦	白俄罗斯
	41	格鲁吉亚	匈牙利	爱沙尼亚	立陶宛
	42	意大利	印度尼西亚	土耳其	拉脱维亚
	43	以色列	葡萄牙	哥斯达黎加	多米尼加
	44	菲律宾	哈萨克斯坦	摩洛哥	葡萄牙
	45	希腊	吉尔吉斯斯坦	阿尔及利亚	克罗地亚
	46	伊朗	土耳其	斯洛文尼亚	吉尔吉斯斯坦
	47	乌克兰	巴巴多斯	匈牙利	塞浦路斯
	48	阿塞拜疆	保加利亚	波兰	智利
	49	特立尼达和多巴哥	希腊	伊朗	乌兹别克斯坦
	50	塞尔维亚	智利	巴巴多斯	摩洛哥
	51	乌拉圭	巴拿马	立陶宛	牙买加
	52	哈萨克斯坦	摩洛哥	拉脱维亚	乌克兰
	53	爱沙尼亚	牙买加	意大利	乌拉圭
第四区间	54	巴拿马	埃及	约旦	意大利
	55	摩洛哥	以色列	保加利亚	蒙古
	56	约旦	乌拉圭	埃及	塞尔维亚
	57	拉脱维亚	克罗地亚	斯洛伐克	伊朗
	58	突尼斯	伊朗	牙买加	巴巴多斯
	59	牙买加	阿尔及利亚	阿尔巴尼亚	阿尔巴尼亚
	60	立陶宛	突尼斯	塞浦路斯	哥斯达黎加
	61	克罗地亚	斯洛伐克	突尼斯	埃及
	62	保加利亚	格鲁吉亚	葡萄牙	土耳其
	63	波兰	阿尔巴尼亚	克罗地亚	黑山
	64	阿尔巴尼亚	波兰	格鲁吉亚	突尼斯
	65	斯洛伐克	约旦	黑山	波黑
	66	黑山	塞尔维亚	塞尔维亚	约旦
	67	阿尔及利亚	黑山	南非	北马其顿
	68	南非	南非	希腊	希腊
	69	北马其顿	波黑	波黑	格鲁吉亚
	70	波黑	北马其顿	北马其顿	南非

表3-9　金融指数第一区间的参与国指数变化情况

年份＼国家	特立尼达和多巴哥	巴基斯坦	柬埔寨	泰国	古巴	捷克	越南	科威特	菲律宾	卡塔尔	秘鲁	阿塞拜疆	波兰	马来西亚	荷兰	马耳他	匈牙利	萨尔瓦多
2000	67.7	81.0	92.9	93.9	85.6	76.7	94.2	98.1	70.2	98.1	79.3	68.6	56.4	92.2	93.0	83.3	82.6	81.6
2001	71.0	81.8	94.8	93.3	89.3	78.8	92.9	98.1	90.3	98.2	79.1	70.9	50.8	90.8	94.6	81.2	85.0	81.6
2002	72.3	79.2	89.8	95.4	91.4	81.4	94.6	97.3	69.3	98.2	84.7	73.3	46.7	90.9	93.4	81.7	85.2	84.9
2003	72.1	80.1	84.9	96.1	94.0	80.0	94.2	96.8	90.8	98.3	87.4	75.6	48.1	90.6	90.6	80.1	84.7	83.4
2004	77.9	80.4	80.0	96.2	95.3	78.2	94.5	95.7	90.7	96.3	87.1	78.8	48.9	90.8	87.8	80.6	84.6	84.0
2005	78.9	81.3	85.7	96.7	95.0	79.0	94.6	95.0	90.1	97.1	87.2	80.7	52.5	90.8	84.5	81.7	80.9	80.9
2006	83.4	98.7	91.3	97.0	95.1	81.1	94.7	96.8	89.4	98.0	88.8	82.5	63.0	91.4	86.8	82.0	80.1	82.6
2007	85.4	99.2	96.9	97.1	95.5	86.0	94.8	96.3	91.0	98.9	89.8	83.3	74.4	91.6	89.1	82.9	80.4	83.0
2008	87.8	99.2	98.1	97.1	96.0	88.5	95.2	95.6	90.3	99.5	90.0	84.5	81.1	91.4	90.5	84.2	79.2	84.5
2009	86.1	98.9	98.7	96.3	95.8	82.4	95.6	95.9	89.9	99.5	90.3	84.8	78.3	90.4	88.6	81.7	73.3	80.6
2010	89.4	98.5	98.2	98.6	93.6	80.7	97.3	95.4	90.3	99.1	91.4	85.1	74.3	91.2	86.9	81.9	70.2	87.1
2011	91.1	98.2	98.7	98.5	91.7	82.2	97.6	94.7	90.6	98.8	91.5	85.7	74.4	92.0	86.9	83.1	70.6	88.7
2012	90.3	95.2	96.9	98.7	91.0	81.5	97.5	93.9	90.9	99.0	92.4	86.3	73.1	91.9	84.6	83.6	70.7	89.9
2013	93.1	92.3	99.1	99.7	9.4	81.6	96.8	93.2	90.9	99.5	91.7	86.9	72.5	91.8	80.8	83.9	72.9	90.4
2014	93.6	95.4	98.4	98.7	93.0	83.9	96.9	92.5	90.6	99.8	92.6	87.1	76.1	92.5	80.3	84.9	79.5	89.1
2015	93.8	90.7	99.2	98.7	93.8	86.7	95.3	94.4	92.0	99.8	92.4	86.9	80.1	91.9	81.8	85.8	82.0	89.5
2016	91.7	90.2	98.4	98.4	94.4	89.7	95.3	94.5	93.1	99.9	91.2	86.8	83.7	91.0	84.1	87.7	86.5	88.4
2017	98.9	89.8	99.9	98.1	94.6	92.5	95.3	94.9	93.4	99.9	91.3	86.8	87.1	91.9	87.3	89.5	89.1	88.5
2018	100.0	89.3	99.4	98.2	94.8	94.3	97.2	94.7	94.0	100.0	91.9	87.1	89.9	91.4	90.0	90.4	90.3	89.5
2019	100.0	100.0	99.6	98.4	94.9	94.9	94.8	94.4	94.3	93.6	92.1	91.7	91.5	91.4	91.2	91.2	91.1	90.7
平均值	86.2	91.0	95.0	97.3	89.2	84.0	95.5	95.4	89.1	98.6	89.1	82.7	70.1	91.4	87.6	84.1	80.9	85.9

表3-10　金融指数第二区间的参与国指数变化情况

年份＼国家	印度尼西亚	新加坡	韩国	以色列	厄瓜多尔	罗马尼亚	玻利维亚	保加利亚	阿尔及利亚	斯洛文尼亚	爱沙尼亚	奥地利	俄罗斯	巴拿马	斯里兰卡	哈萨克斯坦	摩尔多瓦
2000	83.9	90.3	88.4	70.4	87.4	81.5	88.3	56.6	20.1	81.7	64.3	87.7	71.8	63.9	79.5	66.0	77.5
2001	83.9	90.2	89.5	68.5	88.8	82.6	86.2	46.7	26.8	85.0	64.9	89.5	76.1	60.7	79.0	72.2	80.7
2002	82.5	85.1	91.4	65.6	86.9	78.5	85.5	51.5	30.6	84.4	73.3	87.2	79.1	62.3	76.7	75.2	82.0
2003	82.4	84.3	90.6	63.9	85.1	81.6	87.3	63.3	36.4	82.9	69.9	87.4	78.2	63.6	78.2	76.7	78.9
2004	80.6	84.6	90.3	65.2	86.8	79.5	89.1	67.9	52.8	84.1	72.7	84.6	79.4	66.8	77.7	77.7	78.3
2005	78.9	85.2	90.3	69.8	90.1	81.0	85.6	73.1	59.2	82.8	78.7	85.1	81.1	72.5	79.6	78.4	80.7
2006	80.0	88.2	90.9	71.5	90.7	80.7	86.6	76.2	67.3	84.3	84.4	86.2	81.3	75.8	82.8	79.3	80.4
2007	78.6	89.8	91.7	75.0	91.8	83.0	86.3	81.8	63.2	87.3	87.9	87.2	84.1	82.0	84.2	80.7	86.6
2008	80.9	89.6	91.7	79.6	89.7	84.7	93.3	85.2	69.8	88.5	85.6	89.2	83.6	82.3	86.2	82.4	89.6

国家\年份	印度尼西亚	新加坡	韩国	以色列	厄瓜多尔	罗马尼亚	玻利维亚	保加利亚	阿尔及利亚	斯洛文尼亚	爱沙尼亚	奥地利	俄罗斯	巴拿马	斯里兰卡	哈萨克斯坦	摩尔多瓦
2009	83.9	84.5	90.6	74.6	87.9	81.8	92.6	81.9	72.9	84.5	63.8	86.0	77.9	82.6	84.5	82.7	83.1
2010	85.2	89.2	90.3	77.5	89.3	81.6	93.5	72.6	73.5	880.8	55.3	87.3	80.5	90.3	87.4	84.8	80.2
2011	86.4	89.8	91.1	81.1	91.0	81.0	94.3	70.0	73.5	78.3	67.1	88.0	82.7	94.1	89.2	85.8	82.3
2012	88.3	90.3	91.7	81.8	91.6	82.0	94.8	67.3	70.8	76.5	73.3	87.2	85.7	93.9	89.8	86.1	85.3
2013	88.6	89.9	91.9	83.6	92.0	81.2	93.9	65.5	73.9	73.1	77.1	85.9	85.6	94.1	88.9	86.3	86.6
2014	89.4	90.2	90.9	84.4	90.9	82.0	94.9	69.5	72.8	74.3	80.5	85.2	86.4	93.0	89.0	86.7	89.9
2015	88.1	90.1	90.7	86.2	90.6	82.0	92.0	75.7	70.1	76.2	83.6	84.9	85.3	92.2	88.1	87.0	90.3
2016	88.7	89.3	90.5	87.4	87.9	84.4	90.9	79.9	72.8	78.8	82.1	84.1	85.3	91.4	88.9	86.9	89.0
2017	89.8	89.0	90.5	88.9	90.0	87.0	90.5	83.7	63.8	82.6	84.8	85.5	86.3	89.8	89.4	87.1	89.3
2018	88.4	90.1	90.0	89.5	90.8	89.0	90.8	86.3	85.8	86.5	85.8	87.2	87.2	89.8	88.3	87.2	89.2
2019	90.5	90.3	90.2	90.1	90.0	89.8	89.7	88.9	88.5	88.3	88.3	88.2	87.9	87.5	87.4	87.4	86.6
平均值	85.0	88.5	90.7	77.7	89.5	82.7	90.3	72.2	62.2	122.0	76.2	86.7	82.3	81.4	84.7	81.8	84.3

表3-11 金融指数第三区间的参与国指数变化情况

国家\年份	中国	卢森堡	斯洛伐克	沙特阿拉伯	白俄罗斯	立陶宛	拉脱维亚	多米尼加	葡萄牙	克罗地亚	吉尔吉斯斯坦	塞浦路斯	智利	乌兹别克斯坦	摩洛哥	牙买加	乌克兰	乌拉圭
2000	91.9	94.0	49.0	88.0	94.6	57.4	62.0	83.0	90.0	57.0	80.0	86.9	72.0	99.2	63.7	58.5	68.8	66.3
2001	90.6	95.4	48.1	87.9	94.1	55.0	63.1	80.7	90.0	57.7	79.2	89.6	72.3	99.2	66.7	60.1	70.5	59.8
2002	89.5	93.2	49.9	86.1	92.2	65.3	63.1	82.0	88.2	59.8	66.5	91.4	72.9	99.2	69.1	62.1	73.0	55.5
2003	88.7	90.4	54.2	85.3	91.9	65.6	67.8	81.6	83.8	62.8	73.6	89.2	74.0	99.5	68.2	68.7	75.9	55.4
2004	89.0	86.5	50.2	84.6	95.2	71.5	68.8	83.3	83.3	63.5	77.3	88.6	72.9	99.2	71.1	67.4	77.2	65.3
2005	89.0	88.2	56.5	84.0	96.3	77.9	73.3	82.6	79.9	66.4	78.5	86.0	75.1	99.5	70.7	70.0	81.0	68.0
2006	89.3	87.6	64.3	83.5	97.1	84.7	81.4	85.1	79.7	70.3	78.0	88.1	76.0	99.8	74.3	72.5	82.0	71.1
2007	89.5	89.4	70.3	84.9	97.6	88.9	84.0	86.4	78.9	73.6	78.5	89.7	77.6	99.5	74.6	74.1	83.2	75.0
2008	89.0	86.7	74.7	86.6	98.1	84.6	79.5	87.5	80.0	77.3	78.2	90.5	75.3	99.2	74.5	71.8	83.2	78.7
2009	88.7	86.5	67.9	85.8	83.9	63.2	53.1	85.6	74.9	75.5	77.7	85.9	69.8	86.8	76.2	69.7	76.5	79.5
2010	89.3	88.6	61.6	85.4	91.3	52.3	47.8	86.3	71.3	69.0	77.0	83.4	77.6	85.8	75.8	67.0	78.5	81.0
2011	89.3	87.1	63.6	84.8	98.7	68.9	56.7	83.9	66.2	63.5	77.3	79.1	80.5	86.8	76.3	66.1	79.2	83.3
2012	89.3	86.5	62.7	85.4	98.9	64.3	59.8	82.2	58.5	57.4	77.6	68.5	82.4	87.1	76.1	62.8	80.0	82.9
2013	89.4	84.6	62.0	85.3	98.9	68.6	68.3	80.5	56.7	53.8	77.9	57.6	83.6	87.1	75.4	59.2	81.0	82.9
2014	89.3	84.5	64.8	84.9	98.9	71.5	71.1	82.2	62.9	53.7	78.6	57.0	82.4	86.6	74.2	63.3	75.3	82.7
2015	89.4	82.3	69.4	85.2	97.6	75.7	73.7	79.8	66.8	56.7	79.9	60.2	82.8	86.3	74.8	63.9	75.7	80.1
2016	89.6	83.4	74.3	85.1	84.6	79.1	74.3	80.7	70.5	65.0	80.9	65.4	82.2	86.3	75.3	64.8	75.1	79.2
2017	89.8	85.4	78.4	84.4	85.1	81.3	76.8	84.6	76.4	70.1	81.7	70.5	81.6	84.7	78.4	69.0	74.7	79.1
2018	90.1	85.3	82.7	84.0	87.5	83.7	80.3	84.5	81.5	77.6	88.1	77.8	80.8	75.3	79.1	75.8	76.6	77.9

续上表

年份＼国家	中国	卢森堡	斯洛伐克	沙特阿拉伯	白俄罗斯	立陶宛	拉脱维亚	多米尼加	葡萄牙	克罗地亚	吉尔吉斯斯坦	塞浦路斯	智利	乌兹别克斯坦	摩洛哥	牙买加	乌克兰	乌拉圭
2019	86.4	85.2	84.8	84.3	83.5	83.5	83.3	83.2	82.9	82.5	82.3	81.3	80.7	79.8	79.7	79.5	78.2	75.1
平均值	89.4	87.5	64.5	85.3	93.3	72.2	69.4	83.3	76.1	65.7	78.4	79.3	77.6	91.3	73.7	67.3	77.3	73.9

表3-12　金融指数第四区间的参与国指数变化情况

年份＼国家	意大利	蒙古	塞尔维亚	伊朗	巴巴多斯	阿尔巴尼亚	哥斯达黎加	埃及	土耳其	黑山	突尼斯	波黑	约旦	北马其顿	希腊	格鲁吉亚	南非
2000	71.1	83.4	66.4	69.1	75.1	55.1	86.6	76.1	82.8	26.8	60.1	7.8	63.4	13.6	70.0	71.2	19.8
2001	74.5	83.4	65.8	69.1	73.8	56.1	84.4	75.4	77.7	28.6	61.5	9.8	60.7	18.1	72.1	70.2	17.7
2002	75.5	83.6	63.1	65.8	72.5	57.8	83.2	73.3	72.4	30.4	61.1	11.7	59.1	14.3	73.4	66.4	10.7
2003	76.4	82.0	59.4	69.2	70.7	59.9	82.6	70.7	71.9	32.2	61.2	13.7	61.3	1.5	75.0	69.3	13.3
2004	79.1	81.7	50.5	72.6	74.5	61.5	83.1	72.5	71.1	34.0	62.0	15.7	60.9	0.2	72.5	66.3	21.0
2005	79.5	81.4	44.2	67.7	75.8	62.3	82.6	70.1	71.7	18.7	65.6	17.6	60.4	0.0	73.4	63.1	21.9
2006	82.1	81.2	44.2	70.1	76.8	63.1	84.8	72.1	76.8	33.4	66.6	16.5	62.6	3.3	76.0	63.8	24.0
2007	83.9	80.9	51.7	71.8	80.3	57.3	88.2	76.6	76.4	48.1	67.0	22.3	65.0	6.2	77.7	64.5	28.8
2008	82.2	85.3	63.4	72.1	78.4	65.1	87.4	77.4	74.2	54.1	66.8	37.3	66.1	9.4	79.4	52.2	40.0
2009	79.4	84.5	56.8	68.1	73.3	63.5	79.5	75.8	66.5	48.9	64.5	35.5	65.6	13.7	74.4	44.5	37.0
2010	77.8	82.7	48.6	63.9	71.5	62.4	81.0	76.7	71.6	47.4	65.2	26.8	66.6	14.1	66.1	45.9	33.8
2011	77.8	87.5	38.5	66.8	70.2	64.0	73.0	68.4	76.6	47.3	50.9	26.0	65.6	15.8	52.2	47.4	34.0
2012	71.6	89.8	35.7	66.3	69.1	64.3	74.0	66.4	78.4	46.5	52.8	24.9	67.4	16.8	34.5	47.4	33.7
2013	67.6	88.9	40.6	72.2	69.2	57.6	76.7	64.9	76.8	47.8	57.4	26.3	66.4	22.2	26.3	48.0	34.2
2014	66.1	87.4	48.5	71.8	67.5	51.7	75.5	65.0	73.7	51.8	58.4	26.2	68.3	24.8	29.0	53.3	33.3
2015	68.3	87.2	52.7	70.5	69.7	54.0	76.1	65.2	72.7	53.1	59.5	25.7	65.1	30.1	33.3	55.9	32.6
2016	68.8	80.8	59.2	66.8	74.1	58.8	77.1	66.9	71.1	52.6	58.5	31.9	59.2	36.4	36.9	55.6	28.8
2017	70.1	83.2	64.0	67.7	70.2	63.6	78.4	68.7	71.2	57.0	58.9	45.0	57.8	40.0	42.4	62.8	27.5
2018	71.7	85.8	66.0	67.8	69.9	67.2	74.4	73.9	71.0	59.4	58.7	50.8	56.3	44.5	48.4	66.2	27.9
2019	73.5	73.3	72.3	70.3	69.6	69.4	69.4	67.1	63.5	59.6	59.5	58.0	54.9	53.8	53.7	50.3	23.6
平均值	74.9	83.7	54.6	69.0	72.6	60.7	79.9	71.2	73.4	43.9	60.8	26.5	62.6	18.9	58.3	58.2	27.2

（三）“一带一路”参与国金融指数与世界平均水平的比较

图3–2为数据相对完整的“一带一路”70个参与国金融指数平均值与世界整体金融指数平均值的比较。从图中可以看出，2000~2008年段，“一带一路”参与国的平均金融指数显著低于世界平均指数，2008年后，“一带一路”参与国金

融指数平均值同世界平均值基本粘合。2008年受金融危机影响，"一带一路"参与国与世界金融指数双双急剧下跌，直到2013年才止跌回升。2013年至2019年，指数一路攀升至2008年高点。我们相信，随着时间推移及"一带一路"金融合作的推进，"一带一路"参与国金融潜力会逐步被挖掘和释放，预测该指标会有较大幅度增长。

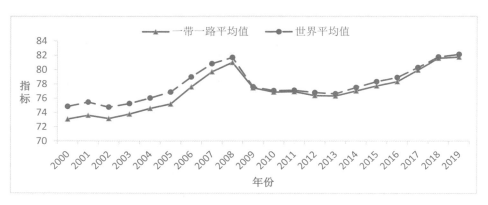

图3-2 "一带一路"参与国金融指数平均值与世界平均值的比较

四、设施联通指数

（一）设施联通指数的含义

设施联通是合作发展的基础。"一带一路"国家基础设施的建设，及国家间的设施联通是促进"一带一路"国家间相互合作，实现共同繁荣发展的基础。本节将通过"一带一路"参与国的设施联通指数在2000～2019年之间的变化，以及与世界平均水平的比较，分析"一带一路"参与国这些年的基础设施发展水平。

本章选取"铁路总里程数"作为设施联通指数的原始指标，数据来自世界银行公开网站。"铁路总里程数"指的是一个国家可用于提供铁路服务的铁路总长度。"一带一路"倡议提出以来，在"共商共建共享"原则下，一大批基础设施建设合作项目稳步推进，在"一带一路"参与地区落地生根。而铁路是基础设施建设中最具代表性的一类，也是对国际商贸人文流通最具贡献的项目之一。"铁路总里程数"一方面反映了一国基础设施的基础，另一方面也反映了该国在国际间联通的基础。因此，本节将以"铁路总里程数"作为原始指标反映设施联通的状况。

基于世界银行公开数据网站的"铁路总里程数"数据，结合"一带一路"参与国的国家列表，本节选取数据相对完备、有代表性的70个国家作为样本进行统计分析。

（二）"一带一路"参与国的设施联通指数

基于数据比较完整的70个"一带一路"参与国的"铁路总里程数"数据，求算得到各国设施联通指数。与前文类似，我们对4个年份（2000年、2006年、2013年、2019年）的各国排名也做了统计，排名范围限于有统计数据的"一带一路"参与国。这4个年份各国的设施联通指数及其排名见表3-13所示，同样按四分法依据各国排序分成了4个板块（见表3-14至表3-18）。

总体来看，世界设施联通指数平均值比"一带一路"参与国设施联通指数高出较多，2000年、2006年、2013年、2019年分别高出62.5%、48%、44.4%、44.4%。"一带一路"参与国与世界平均值的差距虽然在不断缩小，但还有较大追赶空间。

"一带一路"各国之间的设施联通指数差异显著。其中，2019年领先于世界平均值的"一带一路"参与国包含奥地利、以色列、意大利、韩国、科威特、卢森堡、马耳他、荷兰、卡塔尔、沙特阿拉伯、新加坡、斯洛文尼亚等。设施联通指数介于世界平均值与"一带一路"参与国平均值之间的国家包括巴巴多斯、克罗地亚、塞浦路斯、捷克、爱沙尼亚、希腊、匈牙利、拉脱维亚、立陶宛、巴拿马、波兰、葡萄牙、斯洛伐克、特立尼达和多巴哥、乌拉圭等。

2000~2019年，增长率最大的是吉尔吉斯斯坦，以102倍的增长高居榜首。其次是柬埔寨，增长率达到88倍。其后是越南38倍，摩尔多瓦24倍，蒙古17倍，中国17倍，哈萨克斯坦10倍，塞尔维亚10倍。

中国的设施联通指数不论是数值还是增长率均有不俗表现。特别在2010年以后，随着高铁网络的铺设和推进，增速尤为显著。

铁路建设是个高投入长周期的工程，不同发展阶段的国家对于铁路设施的建设有不同的考虑。但是，在铁路设施上增加投入的国家几乎都是处于发展上升期的国家，这类国家除了中国之外，还有中亚的哈萨克斯坦、吉尔吉斯斯坦，东南亚的越南、巴基斯坦等，均得益于"一带一路"的倡议的推动。尤其是哈中亚欧跨境运输合作，这一合作被称作"光明之路"新经济政策同丝绸之路经济带建设有效对接的成功典范。

处于第二、第三、第四板块的国家，其设施联通指数基本都低于"一带一路"参与国的平均值。这一节参与统计的只有70个国家，也就是说还有一半左右的"一带一路"参与国缺少这方面的数据，更加证明了这些国家在基础设施，尤其是铁路建设方面的滞后。相比于这些国家，第二、第三、第四板块的国家的基础设施水平还算良好。对于其中一些国土面积并不大的国家，这个指数本身就有一定的限制性。

未来，在"一带一路"大框架下，中东欧的参与国可以通过多个中欧国际班列的建设运营，与中国经贸组带直接相通，这对于一些欧洲国家来说尤为重要，有利于优化盘活相对饱和的相关产业链，降低进出口运营成本，通畅物流运输通道，扩大业务范围。对中非等发展中国家来说，铁路带动城市经济发展、缩小地区文化差距、增加就业岗位、提高民众生活质量、增强城市"造血"功能、加速参与各地经济发展的能力对整个国家的发展，都举足轻重。在自身建造能力不足的情况下，借助"一带一路"的契机与中国等国家加强铁路建设合作，将大大有益于提升这些国家的基础设施水平和经贸运力。

表3-13 "一带一路"参与国设施联通指数及其排名（70国）

	2000年		2006年		2013年		2019年	
	指数	排名	指数	排名	指数	排名	指数	排名
阿尔巴尼亚	0.8	53	2.5	50	3.9	53	4.4	52
阿尔及利亚	2.2	38	4.3	34	6.7	38	5.2	46
奥地利	19.7	4	32.4	5	38.5	3	38.0	4
阿塞拜疆	0.3	62	1.8	55	6.0	41	3.5	58

续上表

	2000年		2006年		2013年		2019年	
	指数	排名	指数	排名	指数	排名	指数	排名
巴巴多斯	8.1	15	10.7	17	11.7	27	13.0	24
白俄罗斯	0.8	53	2.7	48	5.6	44	4.7	48
玻利维亚	0.6	56	0.8	65	2.2	65	2.6	65
波黑	1.4	44	3.5	45	4.9	47	5.8	43
保加利亚	1.3	47	3.7	41	6.3	39	7.9	34
柬埔寨	0.0	68	0.2	69	0.5	70	0.9	70
智利	4.7	20	8.3	24	12.6	22	11.4	28
中国	0.4	60	1.2	59	4.6	48	7.0	38
哥斯达黎加	3.4	28	4.3	34	8.2	33	9.6	30
克罗地亚	4.1	24	10.1	21	12.3	23	13.2	22
古巴	2.4	35	4.1	37	5.7	43	7.9	34
塞浦路斯	8.6	14	14.7	14	15.7	16	15.2	17
捷克	4.5	21	11.6	16	15.3	17	17.7	13
多米尼加	2.7	31	3.9	39	5.5	45	6.8	39
厄瓜多尔	1.1	50	2.6	49	5.1	46	4.7	48
埃及	1.7	41	1.5	57	3.6	56	3.6	55
萨尔瓦多	1.8	40	2.3	51	3.0	62	3.6	55
爱沙尼亚	3.1	29	9.5	23	14.4	18	17.4	15
格鲁吉亚	0.3	62	1.3	58	3.1	60	3.2	61
希腊	10.3	10	21.2	8	19.1	12	17.1	16
匈牙利	4.2	22	10.4	19	11.9	25	13.2	22
印度尼西亚	0.4	60	1.1	61	2.7	63	3.0	63
伊朗	2.0	39	4.1	37	7.2	35	6.1	41
以色列	18.7	6	19.0	9	30.9	8	37.1	5
意大利	19.2	5	31.3	6	33.4	7	30.3	7
牙买加	2.7	31	3.5	45	3.9	53	4.1	53
约旦	2.4	35	3.8	40	6.1	40	6.3	40
哈萨克斯坦	0.7	55	3.7	41	10.2	30	7.6	36
韩国	9.7	12	16.7	11	20.3	11	22.6	9
科威特	14.8	8	33.7	4	34.9	6	21.7	10
吉尔吉斯斯坦	0.0	68	0.2	69	0.9	69	1.0	69
拉脱维亚	2.6	33	7.3	27	11.5	28	13.5	21
立陶宛	2.5	34	7.7	25	12.2	24	14.5	19
卢森堡	44.3	1	78.5	1	92.6	1	90.5	1
马来西亚	3.6	26	5.5	28	8.9	32	9.0	31
马耳他	10.0	11	16.1	12	20.4	10	23.8	8
摩尔多瓦	0.2	66	1.0	63	3.5	57	4.7	48
蒙古	0.2	66	1.0	63	3.8	55	3.9	54
黑山	1.4	44	4.3	34	6.8	37	7.6	36
摩洛哥	1.4	44	2.3	51	3.3	58	3.6	55

续上表

	2000年		2006年		2013年		2019年	
	指数	排名	指数	排名	指数	排名	指数	排名
荷兰	19.9	3	34.2	3	38.4	4	38.5	3
北马其顿	1.5	42	2.8	47	4.2	51	5.0	47
巴基斯坦	0.5	59	0.8	65	1.2	67	1.2	67
巴拿马	3.5	27	4.5	32	9.8	31	12.5	26
秘鲁	1.5	42	2.2	53	4.6	48	4.5	51
菲律宾	0.9	52	1.2	59	2.5	64	3.1	62
波兰	3.7	25	7.6	26	11.1	29	12.6	25
葡萄牙	8.7	13	14.7	14	16.7	14	17.7	13
卡塔尔	20.4	2	35.5	2	44.5	2	33.9	6
罗马尼亚	1.0	51	4.7	31	8.0	34	10.8	29
俄罗斯	1.2	48	5.0	30	11.8	26	9.0	31
沙特阿拉伯	11.5	9	17.7	10	24.4	9	21.6	11
塞尔维亚	0.6	56	3.7	41	5.9	42	6.1	41
新加坡	17.3	7	23.9	7	36.9	5	41.5	2
斯洛伐克	4.2	22	10.3	20	14.1	19	15.0	18
斯洛文尼亚	8.1	15	15.0	13	18.7	13	20.3	12
南非	3.0	30	5.5	28	6.9	36	5.7	44
斯里兰卡	0.6	56	1.1	61	3.2	59	3.5	58
泰国	1.2	48	2.1	54	4.0	52	5.3	45
特立尼达和多巴哥	5.3	18	10.7	17	15.9	15	14.0	20
突尼斯	2.4	35	3.6	44	4.4	50	3.5	58
土耳其	4.8	19	9.6	22	13.3	20	8.7	33
乌克兰	0.3	62	1.7	56	3.1	60	2.8	64
乌拉圭	5.5	17	4.5	32	12.9	21	12.3	27
乌兹别克斯坦	0.3	62	0.4	67	1.7	66	1.2	67
越南	0.0	68	0.3	68	1.0	68	1.6	66
上述国家平均值	5.0		9.0		12.3		12.3	
世界平均值	8.2		13.4		17.7		17.8	

表3-14 "一带一路"参与国设施联通指数排名和分区(70国)

	排名	2000年	2006年	2013年	2019年
第一区间	1	卢森堡	卢森堡	卢森堡	卢森堡
	2	卡塔尔	卡塔尔	卡塔尔	新加坡
	3	荷兰	荷兰	奥地利	荷兰
	4	奥地利	科威特	荷兰	奥地利
	5	意大利	奥地利	新加坡	以色列
	6	以色列	意大利	科威特	卡塔尔
	7	新加坡	新加坡	意大利	意大利

	排名	2000年	2006年	2013年	2019年
第一区间	8	科威特	希腊	以色列	马耳他
	9	沙特阿拉伯	以色列	沙特阿拉伯	韩国
	10	希腊	沙特阿拉伯	马耳他	科威特
	11	马耳他	韩国	韩国	沙特阿拉伯
	12	韩国	马耳他	希腊	斯洛文尼亚
	13	葡萄牙	斯洛文尼亚	斯洛文尼亚	葡萄牙
	14	塞浦路斯	塞浦路斯	葡萄牙	捷克
	15	斯洛文尼亚	葡萄牙	特立尼达和多巴哥	爱沙尼亚
	16	巴巴多斯	捷克	塞浦路斯	希腊
	17	乌拉圭	巴巴多斯	捷克	塞浦路斯
	18	特立尼达和多巴哥	特立尼达和多巴哥	爱沙尼亚	斯洛伐克
第二区间	19	土耳其	匈牙利	斯洛伐克	立陶宛
	20	智利	斯洛伐克	土耳其	特立尼达和多巴哥
	21	捷克	克罗地亚	乌拉圭	拉脱维亚
	22	匈牙利	土耳其	智利	匈牙利
	23	斯洛伐克	爱沙尼亚	克罗地亚	克罗地亚
	24	克罗地亚	智利	立陶宛	巴巴多斯
	25	波兰	立陶宛	匈牙利	波兰
	26	马来西亚	波兰	俄罗斯	巴拿马
	27	巴拿马	拉脱维亚	巴巴多斯	乌拉圭
	28	哥斯达黎加	南非	拉脱维亚	智利
	29	爱沙尼亚	马来西亚	波兰	罗马尼亚
	30	南非	俄罗斯	哈萨克斯坦	哥斯达黎加
	31	牙买加	罗马尼亚	巴拿马	俄罗斯
	32	多米尼加	乌拉圭	马来西亚	马来西亚
	33	拉脱维亚	巴拿马	哥斯达黎加	土耳其
	34	立陶宛	阿尔及利亚	罗马尼亚	保加利亚
	35	古巴	黑山	伊朗	古巴
第三区间	36	突尼斯	哥斯达黎加	南非	哈萨克斯坦
	37	约旦	伊朗	黑山	黑山
	38	阿尔及利亚	古巴	阿尔及利亚	中国
	39	伊朗	多米尼加	保加利亚	多米尼加
	40	萨尔瓦多	约旦	约旦	约旦
	41	埃及	哈萨克斯坦	阿塞拜疆	塞尔维亚
	42	北马其顿	保加利亚	塞尔维亚	伊朗
	43	秘鲁	塞尔维亚	古巴	波黑
	44	黑山	突尼斯	白俄罗斯	南非

续上表

	排名	2000年	2006年	2013年	2019年
第三区间	45	波黑	牙买加	多米尼加	泰国
	46	摩洛哥	波黑	厄瓜多尔	阿尔及利亚
	47	保加利亚	北马其顿	波黑	北马其顿
	48	泰国	白俄罗斯	中国	厄瓜多尔
	49	俄罗斯	厄瓜多尔	秘鲁	白俄罗斯
	50	厄瓜多尔	阿尔巴尼亚	突尼斯	摩尔多瓦
	51	罗马尼亚	萨尔瓦多	北马其顿	秘鲁
	52	菲律宾	摩洛哥	泰国	阿尔巴尼亚
	53	白俄罗斯	秘鲁	阿尔巴尼亚	牙买加
第四区间	54	阿尔巴尼亚	泰国	牙买加	蒙古
	55	哈萨克斯坦	阿塞拜疆	蒙古	摩洛哥
	56	玻利维亚	乌克兰	埃及	埃及
	57	斯里兰卡	埃及	摩尔多瓦	萨尔瓦多
	58	塞尔维亚	格鲁吉亚	摩洛哥	突尼斯
	59	巴基斯坦	菲律宾	斯里兰卡	阿塞拜疆
	60	印度尼西亚	中国	乌克兰	斯里兰卡
	61	中国	印度尼西亚	格鲁吉亚	格鲁吉亚
	62	阿塞拜疆	斯里兰卡	萨尔瓦多	菲律宾
	63	格鲁吉亚	蒙古	印度尼西亚	印度尼西亚
	64	乌兹别克斯坦	摩尔多瓦	菲律宾	乌克兰
	65	乌克兰	巴基斯坦	玻利维亚	玻利维亚
	66	蒙古	玻利维亚	乌兹别克斯坦	越南
	67	摩尔多瓦	乌兹别克斯坦	巴基斯坦	巴基斯坦
	68	越南	越南	越南	乌兹别克斯坦
	69	吉尔吉斯斯坦	吉尔吉斯斯坦	吉尔吉斯斯坦	吉尔吉斯斯坦
	70	柬埔寨	柬埔寨	柬埔寨	柬埔寨

表3-15 设施联通指数第一区间的参与国指数变化情况

年份＼国家	卢森堡	新加坡	荷兰	奥地利	以色列	卡塔尔	意大利	马耳他	韩国	科威特	沙特阿拉伯	斯洛文尼亚	葡萄牙	捷克	爱沙尼亚	希腊	塞浦路斯	斯洛伐克
2000	44.3	17.3	19.9	19.7	18.7	20.4	19.2	10.0	9.7	14.8	11.5	8.1	8.7	4.5	3.1	10.3	8.6	4.2
2001	44.3	15.7	20.3	19.8	18.0	19.1	19.5	9.8	9.1	13.3	10.8	8.3	8.7	5.0	3.4	10.9	8.6	4.4
2002	47.7	16.2	21.8	21.0	46.5	20.0	21.0	10.8	10.2	14.2	10.7	9.2	9.5	6.1	4.2	12.2	9.2	5.0
2003	59.7	17.3	26.7	25.7	16.9	22.4	25.7	13.0	11.5	17.7	11.6	11.9	11.7	7.4	5.5	15.9	11.4	6.7

续上表

年份＼国家	卢森堡	新加坡	荷兰	奥地利	以色列	卡塔尔	意大利	马耳他	韩国	科威特	沙特阿拉伯	斯洛文尼亚	葡萄牙	捷克	爱沙尼亚	希腊	塞浦路斯	斯洛伐克
2004	67.9	20.1	30.2	30.3	17.5	27.0	28.8	14.8	12.8	21.5	13.3	13.2	13.5	9.0	6.8	18.6	13.2	8.2
2005	71.0	21.6	32.1	30.9	18.0	32.1	29.9	15.5	15.0	28.2	16.1	13.8	13.9	10.2	8.0	19.2	13.8	9.1
2006	78.5	23.9	34.2	32.4	19.0	35.5	31.3	16.1	16.7	33.7	17.7	15.0	14.7	11.6	9.4	21.2	14.7	10.3
2007	93.0	27.5	38.7	36.7	21.5	37.1	35.6	18.4	18.5	35.8	18.8	18.0	16.9	14.2	12.6	24.8	17.1	12.7
2008	100.0	27.2	42.5	40.2	25.4	43.9	38.2	20.7	16.4	42.9	22.6	21.0	18.5	17.7	13.6	27.7	19.5	14.6
2009	86.5	26.2	38.5	36.9	23.8	31.3	35.1	19.3	14.7	28.3	18.0	18.8	17.3	15.3	11.1	25.6	17.7	12.9
2010	88.3	31.3	37.7	36.0	26.2	34.8	34.3	19.4	17.7	28.4	20.9	18.0	16.9	15.4	11.1	23.2	17.1	13.0
2011	97.3	35.5	40.2	39.4	28.9	43.0	36.8	20.6	19.1	35.5	24.9	19.7	17.6	17.0	13.2	22.6	18.4	14.3
2012	87.6	36.1	36.8	37.0	27.7	44.5	32.7	19.3	19.1	37.4	25.5	17.9	15.6	15.3	13.1	19.4	16.5	13.5
2013	92.6	36.9	38.4	38.5	30.9	44.5	33.4	20.4	20.3	34.9	24.4	18.7	16.7	15.3	14.4	19.1	15.7	14.1
2014	95.3	36.8	39.1	39.4	31.9	43.6	33.2	21.8	21.4	30.6	23.6	19.2	17.1	15.2	15.4	19.1	14.9	14.4
2015	80.6	35.1	33.3	33.6	30.3	32.5	28.2	20.0	20.8	20.4	19.4	16.6	14.9	13.6	13.0	15.9	12.7	12.5
2016	84.4	35.8	34.0	34.2	31.6	29.7	28.5	20.8	21.1	18.9	18.5	17.4	15.4	14.1	13.4	15.8	13.5	12.6
2017	86.2	338.4	36.0	36.0	34.5	32.0	29.6	22.3	22.6	20.2	19.4	18.4	16.4	15.5	14.8	16.5	14.4	13.4
2018	92.4	42.0	38.9	38.9	35.5	36.1	31.4	24.3	23.8	23.1	21.9	20.4	17.9	17.5	17.0	17.7	15.5	14.9
2019	90.5	41.5	38.5	38.0	37.1	33.9	30.3	23.8	22.6	21.7	21.6	20.3	17.7	17.7	17.4	17.1	15.2	15.0
平均值	32.7	21.4	19.2	19.2	27.0	33.2	30.1	18.1	17.2	26.1	18.6	16.2	15.0	12.9	11.0	18.6	14.4	11.3

表3-16　设施联通指数第二区间的参与国指数变化情况

年份＼国家	立陶宛	特立尼达和多巴哥	拉脱维亚	匈牙利	克罗地亚	巴巴多斯	波兰	巴拿马	乌拉圭	智利	罗马尼亚	哥斯达黎加	俄罗斯	马来西亚	土耳其	保加利亚	古巴
2000	2.5	5.3	2.6	4.2	4.1	8.1	3.7	3.5	5.5	4.6	1.0	3.4	1.1	3.6	4.8	1.3	2.4
2001	2.7	5.7	2.8	4.9	4.6	8.0	4.0	3.4	4.9	4.2	1.2	3.4	1.4	3.5	3.4	1.3	2.5
2002	3.2	5.7	3.1	6.2	5.4	8.1	4.3	3.5	3.2	4.1	1.5	3.4	1.6	3.7	4.0	1.6	2.6
2003	4.2	7.0	9.0	7.7	7.0	8.3	4.7	3.6	2.8	4.3	2.0	3.5	2.1	4.0	5.4	2.2	2.8
2004	5.4	8.0	4.9	9.5	8.2	8.8	5.6	3.8	3.2	5.5	2.7	3.8	2.9	4.4	7.1	2.8	3.0
2005	6.4	9.4	5.9	10.2	9.0	9.7	6.7	4.1	4.1	6.7	3.8	3.8	3.8	4.9	8.6	3.3	3.3
2006	7.6	10.7	7.3	10.4	10.1	10.7	7.6	4.5	4.5	8.2	4.7	4.3	5.0	5.5	9.6	3.7	4.0
2007	10.1	12.6	10.5	12.7	12.0	11.9	9.5	5.2	5.3	9.0	7.0	4.9	6.6	6.4	11.6	4.8	4.4
2008	12.3	16.3	12.0	14.4	14.1	12.2	11.8	5.9	6.9	8.9	8.8	5.6	8.4	7.6	12.7	5.8	4.6
2009	9.5	11.2	9.1	11.9	12.5	11.3	9.5	5.3	7.1	8.4	7.2	5.5	6.1	6.4	10.3	5.6	4.6
2010	9.5	13.1	8.6	11.8	12.1	11.5	10.3	6.8	9.1	10.5	6.7	6.7	7.7	8.0	11.9	5.6	4.8
2011	11.2	15.2	10.6	12.7	12.9	11.8	11.3	8.1	10.7	11.7	7.6	7.6	10.0	8.9	12.3	6.6	5.1
2012	11.2	15.1	10.5	11.3	11.8	11.8	10.6	9.0	11.5	12.3	7.1	7.8	11.0	9.1	12.7	6.1	5.4

续上表

年份＼国家	立陶宛	特立尼达和多巴哥	拉脱维亚	匈牙利	克罗地亚	巴巴多斯	波兰	巴拿马	乌拉圭	智利	罗马尼亚	哥斯达黎加	俄罗斯	马来西亚	土耳其	保加利亚	古巴
2013	12.2	15.9	11.5	11.9	12.3	11.7	11.1	9.8	12.9	12.6	8.0	8.2	12.0	8.9	13.3	6.3	5.7
2014	12.7	15.9	12.1	12.0	11.8	12.1	11.5	10.6	12.7	11.6	8.3	8.3	11.0	9.1	12.6	6.4	6.0
2015	10.9	14.5	10.4	10.4	10.1	12.0	10.1	11.3	11.8	10.6	7.5	9.0	6.9	7.9	11.2	5.8	6.5
2016	11.2	12.9	10.6	10.5	10.9	12.1	9.9	11.7	11.7	10.8	8.1	9.7	6.5	7.8	10.8	6.3	6.8
2017	12.6	13.1	11.7	11.6	11.8	12.4	11.0	12.5	13.2	11.6	8.9	9.6	8.1	8.1	10.3	6.7	7.3
2018	14.1	13.9	13.3	12.9	13.2	12.7	12.4	12.4	13.2	12.3	10.3	9.5	8.7	9.0	9.0	7.6	7.5
2019	14.5	14.0	13.5	13.2	13.2	13.0	12.6	12.5	12.3	11.4	10.8	9.6	9.0	9.0	8.7	7.9	7.9
平均值	9.2	11.8	9.0	10.5	10.4	10.9	8.9	7.4	8.3	9.0	6.2	6.4	6.5	6.8	9.5	4.9	4.9

表3-17　设施联通指数第三区间的参与国指数变化情况

年份＼国家	哈萨克斯坦	黑山	中国	多米尼加	约旦	塞尔维亚	伊朗	波黑	南非	泰国	阿尔及利亚	北马其顿	厄瓜多尔	白俄罗斯	摩尔多瓦	秘鲁	阿尔巴尼亚	牙买加
2000	0.7	1.4	0.4	2.7	2.4	0.6	2.0	1.4	3.0	1.2	2.2	1.5	1.0	0.8	0.2	1.5	0.8	2.7
2001	0.9	1.7	0.5	2.8	2.5	1.3	2.2	1.4	2.6	1.1	2.1	1.5	1.4	0.8	0.3	1.4	0.9	2.7
2002	1.0	1.9	0.5	2.9	2.6	1.8	2.2	1.7	2.4	1.2	2.2	1.6	1.7	0.9	0.3	1.4	1.1	2.9
2003	1.3	2.6	0.6	2.3	2.8	2.4	2.5	2.2	3.7	1.4	2.6	2.0	1.9	1.2	0.4	1.5	1.5	2.8
2004	1.9	3.2	0.8	2.4	3.0	2.9	3.0	2.8	4.8	1.6	3.2	2.3	2.1	1.6	0.6	1.6	2.0	3.0
2005	2.6	3.5	0.9	3.8	3.2	3.0	3.4	3.0	5.3	1.8	3.8	2.5	2.4	2.2	0.8	1.9	2.3	3.3
2006	3.7	4.3	1.2	3.9	3.8	3.6	4.1	3.5	5.5	2.1	4.3	2.8	2.6	2.7	1.0	2.2	2.5	3.5
2007	4.8	5.8	1.6	4.4	4.0	4.9	5.5	4.2	6.0	2.5	4.9	3.4	2.8	3.3	1.4	2.4	3.1	3.8
2008	6.0	7.2	2.1	4.8	4.9	5.1	5.7	5.1	5.6	2.7	5.1	4.0	3.4	4.5	2.0	2.8	3.9	4.0
2009	5.1	6.6	2.4	4.9	5.0	5.4	6.6	4.6	5.9	2.6	4.8	3.7	3.4	3.7	1.9	2.8	3.6	3.5
2010	6.5	6.5	2.8	5.2	5.3	5.2	7.8	4.5	7.6	3.2	5.5	3.7	3.8	4.2	2.5	3.4	3.6	3.8
2011	8.4	7.1	3.6	5.4	5.6	6.1	9.3	5.0	8.3	3.4	6.8	4.1	4.4	4.5	3.0	4.0	3.8	4.1
2012	9.0	6.2	4.1	5.4	5.8	5.3	9.5	4.6	7.7	3.7	6.9	3.8	4.7	4.8	3.3	4.4	3.5	4.2
2013	10.2	6.8	4.6	5.5	6.1	5.9	7.2	4.9	6.9	4.0	6.7	4.2	5.0	5.6	3.5	4.6	3.9	3.9
2014	9.4	6.7	5.0	5.6	6.2	5.7	6.8	5.0	6.4	3.9	7.0	4.4	5.3	5.9	3.5	4.5	4.0	3.7
2015	7.8	5.7	5.3	5.8	6.2	4.8	5.8	4.4	5.5	3.8	5.3	3.9	4.9	4.1	2.7	4.3	3.2	3.8
2016	5.7	6.1	5.4	6.0	6.1	4.8	6.0	4.7	5.0	4.0	5.1	4.2	4.7	3.4	2.9	4.2	3.3	3.6
2017	7.1	6.8	6.0	6.3	6.2	5.2	6.2	5.1	5.8	4.4	5.2	4.4	4.7	4.0	3.6	4.4	3.7	3.7
2018	7.6	7.6	6.8	6.6	6.2	5.9	6.0	5.8	6.1	4.9	5.4	5.0	4.8	4.4	4.3	4.5	4.3	4.0
2019	7.6	7.6	7.0	6.8	6.3	6.1	6.1	5.8	5.7	5.3	5.2	5.0	4.7	4.7	4.7	4.5	4.3	4.1
平均值	5.4	5.3	3.1	4.7	4.7	4.3	5.4	4.0	5.5	2.9	4.7	3.4	3.5	3.4	2.1	5.4	5.3	3.1

表3-18　设施联通指数第四区间的部分参与国指数变化情况

年份＼国家	蒙古	摩洛哥	埃及	萨尔瓦多	突尼斯	阿塞拜疆	斯里兰卡	格鲁吉亚	菲律宾	印度尼西亚	乌克兰	玻利维亚	越南	巴基斯坦	乌兹别克斯坦	吉尔吉斯斯坦	柬埔寨
2000	0.2	1.4	1.7	1.8	2.4	0.3	0.6	0.3	0.9	0.4	0.3	0.6	0.0	0.5	0.3	0.0	0.0
2001	0.3	1.3	1.6	1.9	2.4	0.4	0.5	0.5	0.8	0.7	0.5	0.5	0.1	0.6	0.3	0.0	0.0
2002	0.3	1.4	1.4	1.9	2.5	0.4	0.7	0.6	1.0	0.6	0.7	0.6	0.1	0.7	0.2	0.1	0.0
2003	0.4	1.8	1.3	1.9	3.0	0.5	0.8	0.8	1.3	0.6	1.0	0.7	0.2	0.7	0.3	0.1	0.1
2004	0.5	2.0	1.1	2.0	3.4	0.6	0.9	1.0	1.1	0.9	1.4	0.8	0.2	0.8	0.3	0.1	0.1
2005	0.7	2.1	1.3	2.2	3.5	1.1	1.0	1.2	1.2	1.2	1.5	0.9	0.3	0.9	0.4	0.2	0.1
2006	1.0	2.3	1.5	2.3	3.6	1.8	1.1	1.3	1.2	1.1	1.7	0.8	0.3	0.8	0.4	0.2	0.2
2007	1.3	2.6	1.8	2.4	4.1	3.0	1.3	1.4	1.4	1.4	1.8	1.0	0.4	0.7	0.6	0.3	0.2
2008	1.7	3.0	2.2	2.6	4.6	4.3	1.5	1.6	1.6	1.5	2.1	1.1	0.5	0.9	0.8	0.3	0.2
2009	1.3	3.0	2.6	2.4	4.4	3.8	1.8	1.7	1.8	1.7	2.0	1.4	0.6	1.0	0.9	0.4	0.3
2010	2.2	3.0	2.9	2.6	4.3	4.4	2.2	2.1	1.6	2.0	2.4	1.8	0.7	1.1	1.1	0.5	0.3
2011	3.2	3.2	3.1	2.9	4.4	5.5	2.4	2.5	2.2	1.9	2.7	1.9	0.8	1.2	1.4	0.6	0.4
2012	3.8	3.0	3.6	3.0	4.2	5.7	2.8	2.9	2.3	2.6	2.9	2.1	0.9	1.3	1.6	0.7	0.4
2013	3.8	3.3	3.6	3.0	4.4	6.0	3.2	3.1	2.5	2.7	3.1	2.2	1.0	1.2	1.7	0.9	0.5
2014	3.6	3.4	3.8	3.1	4.5	6.0	3.1	3.0	2.4	3.0	2.6	2.3	1.2	1.3	1.5	0.8	0.6
2015	3.4	3.1	4.2	3.2	4.0	4.0	3.0	3.1	2.6	2.9	2.5	2.5	1.4	1.4	1.5	0.9	0.6
2016	3.2	3.2	4.2	3.3	3.9	2.8	3.2	3.4	2.7	2.8	2.5	2.6	1.5	1.2	1.4	1.0	0.7
2017	3.2	3.4	2.9	3.4	3.6	3.0	3.3	3.0	2.8	3.1	2.6	2.4	1.5	1.3	1.3	1.1	0.7
2018	3.7	3.7	3.0	3.5	3.6	3.4	3.4	3.3	2.9	2.8	2.7	2.7	1.7	1.2	1.4	1.0	0.8
2019	3.6	3.6	3.6	3.6	3.5	3.5	3.5	3.2	3.1	3.0	2.8	2.6	1.6	1.2	1.2	1.0	0.9
平均值	2.1	2.7	2.6	2.7	3.7	3.0	2.0	2.0	1.9	1.8	2.0	1.6	0.8	1.0	0.9	0.5	0.4

（三）“一带一路”参与国设施联通指数与世界平均水平的比较

图3–3为“一带一路”参与国与世界整体设施联通指数平均值的比较。从增长趋势看，“一带一路”参与国设施联通指数平均值与世界平均值在2000～2008年间处于高速增长期，2008～2019年处于横盘振荡期，没有明显的增长。

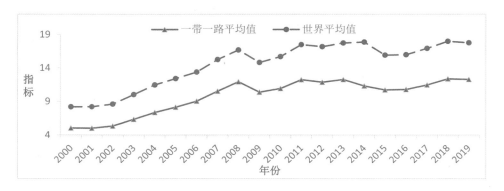

图3-3 "一带一路"参与国设施联通指数平均值与世界平均值的比较

整体来看，"一带一路"参与国的整体铁路建设水平仍较低，2000年平均值为5.0，2019年平均值为12.3，而世界平均值2000年为8.2，2019年平均值为17.8。"一带一路"倡议提出以来，在"共商共建共享"原则下，一大批合作项目稳步推进，在"一带一路"参与地区落地生根。近年来，中国愿意并致力于和"一带一路"参与国分享高铁建设经验和技术，愿意协助各国投资建设铁路网络，许多跨国境的高铁线路正在建设中，有望在建成之后大幅提升"一带一路"参与国的铁路基建水平，极大地提高各参与国的运力。

五、繁荣指数

（一）繁荣指数的总体含义

产业是经济之本，金融是现代经济的血液，设施联通是合作发展的基础，也是经济发展的经脉。它们共同构成了一国繁荣发展的全貌。综合上述对产业指数、金融指数和设施联通指数的分析，本章将通过繁荣指数的国别分析和"一带一路"参与国以及世界平均水平的对比，检验"一带一路"倡议实施后，"一带一路"参与国的经济发展是否产生了显著的变化，以及提出对未来发展方向和策略的一些分析及建议。

　　繁荣指数是将一国的产业指数、金融指数和设施联通指数进行加和求得的平均值。由于我们所统计的"一带一路"参与国未必有完整的产业指数、金融指数和设施联通指数三项数据，对于有个别指数缺失的国家，则对其实际有的指数进行加和平均，得到它的繁荣指数。基于各"一带一路"参与国产业指数、金融指数和设施联通指数的完整情况，本节繁荣指数的统计国家总计70个。

（二）"一带一路"参与国的繁荣指数

　　综合上述各国产业指数、金融指数和设施联通指数，计算出繁荣指数，如表3-19所示。各国繁荣指数在2000年、2006年、2013年、2019年的排名和分区也体现在表3-19和表3-20中。

　　从图表中可以看到，综合三个二级指数计算得到的繁荣指数体现了各个国家在产业、金融、设施联通方面的综合实力和变化。其中，繁荣指数4个样本年份均高于世界平均值的"一带一路"参与国有奥地利、中国、意大利、韩国、科威特、卢森堡、马耳他、荷兰、卡塔尔、沙特阿拉伯、新加坡、泰国。

　　随着中国的三个指数的全面持续增长，2011年起，中国开始占据繁荣指数排名首席。2019年，中国的繁荣指数达到53.6，位居第二名。卢森堡作为欧盟创始成员国，2019年加入"一带一路"后，繁荣指数排名第一。排在第三的是荷兰，然后分别是新加坡、以色列、卡塔尔、奥地利、韩国、科威特等。

　　从指数增长率的角度看，波黑从2000年的3.1增长到2019年的21.3，繁荣指数增幅达587%，其主要原因是1992～1995年波黑战争之后基础较差，起点较低的缘故。其次是阿尔及利亚，繁荣指数从2000年到2019年增幅达320%。再次是北马其顿，繁荣指数从2000年到2019年增幅284%。阿尔及利亚、北马其顿两国金融指数、设施联通指数起点不高，后发优势明显。增幅超过50%的还有黑山138%，斯洛伐克88%，波兰75%，保加利亚68%，立陶宛64%，中国64%，爱沙尼亚57%，克罗地亚57%，特立尼达和多巴哥56%。

表3-19 “一带一路”参与国繁荣指数及其排名（70国）

	2000年		2006年		2013年		2019年	
	指数	排名	指数	排名	指数	排名	指数	排名
阿尔巴尼亚	18.6	64	21.9	64	20.5	63	24.6	61
阿尔及利亚	7.5	68	24.0	61	27.2	47	31.5	41
奥地利	36.1	5	40.0	6	42.1	6	42.8	6
阿塞拜疆	23.0	50	28.1	43	31.1	34	31.8	39
巴巴多斯	27.7	32	29.2	38	27.0	49	27.5	53
白俄罗斯	31.8	16	33.3	15	35.0	15	29.5	48
玻利维亚	29.7	23	29.2	38	32.1	27	30.8	44
波黑	3.1	70	6.7	69	10.4	69	21.3	65
保加利亚	19.3	63	26.7	52	24.0	58	32.4	34
柬埔寨	31.0	19	30.5	28	33.2	19	33.5	26
智利	25.7	42	28.3	41	32.5	22	31.1	43
中国	32.7	11	34.4	9	46.3	3	53.5	2
哥斯达黎加	30.0	20	29.7	34	28.4	45	26.4	56
克罗地亚	20.4	59	26.9	50	22.1	60	32.0	37
古巴	29.4	26	33.2	16	32.5	22	34.4	21
塞浦路斯	31.9	13	34.3	10	24.5	56	32.2	36
捷克	27.2	35	31.1	26	32.6	21	37.9	12
多米尼加	28.6	28	29.7	34	28.8	42	30.1	47
厄瓜多尔	29.5	25	31.2	25	32.5	22	31.8	39
埃及	26.1	40	24.7	59	23.3	59	24.0	62
萨尔瓦多	27.8	31	28.3	41	31.2	33	31.5	41
爱沙尼亚	22.5	51	31.3	24	30.5	38	35.3	18
格鲁吉亚	23.8	47	21.7	65	17.1	65	17.9	69
希腊	27.0	36	32.8	18	15.5	67	23.9	63
匈牙利	29.0	27	30.3	32	28.5	44	35.0	19
印度尼西亚	28.4	29	27.6	47	31.9	29	32.9	30
伊朗	23.9	46	25.2	56	27.2	47	26.2	57
以色列	29.9	22	30.4	30	38.6	9	43.0	5
意大利	31.9	13	40.8	5	37.0	11	37.7	13
牙买加	20.4	59	25.4	55	21.1	61	27.9	51
约旦	21.9	55	22.1	63	24.2	57	20.5	67
哈萨克斯坦	22.3	53	27.8	46	32.5	22	31.9	38
韩国	33.6	7	37.5	8	39.5	8	40.2	8
科威特	37.7	4	43.7	3	43.0	4	38.9	9
吉尔吉斯斯坦	26.7	38	26.1	53	26.3	53	27.8	52

续上表

	2000年		2006年		2013年		2019年	
	指数	排名	指数	排名	指数	排名	指数	排名
拉脱维亚	21.6	57	29.6	37	26.7	51	32.3	35
立陶宛	20.0	62	30.8	27	27.0	49	32.7	31
卢森堡	46.1	1	55.4	1	59.1	1	58.7	1
马来西亚	32.1	12	32.6	20	34.1	18	34.0	23
马耳他	31.1	18	32.7	19	34.8	16	38.3	10
摩尔多瓦	25.9	41	27.1	49	30.0	39	30.4	45
蒙古	27.9	30	27.4	48	30.9	35	25.7	59
黑山	9.4	66	12.6	67	18.2	64	22.4	64
摩洛哥	21.8	56	25.6	54	26.4	52	28.0	50
荷兰	38.3	3	41.5	4	41.1	7	44.7	3
北马其顿	5.1	69	2.0	70	8.8	70	19.6	68
巴基斯坦	27.3	34	33.4	12	31.5	31	34.2	22
巴拿马	22.5	51	26.8	51	34.7	17	33.5	26
秘鲁	27.0	36	30.5	28	32.4	26	32.6	32
菲律宾	23.8	47	30.4	30	31.6	30	33.0	29
波兰	20.3	61	24.1	60	28.7	43	35.6	16
葡萄牙	33.1	10	31.8	21	24.8	55	33.9	24
卡塔尔	39.5	2	44.6	2	48.3	2	42.8	6
罗马尼亚	27.6	33	28.7	40	30.0	39	33.9	24
俄罗斯	24.7	43	30.3	32	36.0	13	34.9	20
沙特阿拉伯	33.5	8	34.3	10	37.7	10	36.5	14
塞尔维亚	22.3	53	16.0	66	15.6	66	26.2	57
新加坡	36.0	6	37.6	7	42.8	5	44.5	4
斯洛伐克	17.8	65	25.0	58	25.5	54	33.4	28
斯洛文尼亚	30.0	20	33.1	17	30.7	37	36.3	15
南非	7.8	67	10.3	68	14.3	68	10.3	70
斯里兰卡	26.7	38	28.0	45	30.8	36	30.4	45
泰国	31.9	14	33.4	12	35.2	14	35.4	17
特立尼达和多巴哥	24.4	44	31.4	23	36.4	12	38.1	11
突尼斯	20.9	58	23.5	62	20.7	62	21.1	66
土耳其	29.6	24	29.7	34	31.5	31	25.2	60
乌克兰	23.1	49	28.1	43	28.3	46	27.2	54
乌拉圭	24.0	45	25.2	56	32.1	27	29.2	49
乌兹别克斯坦	33.2	9	33.4	12	29.7	41	27.1	55
越南	31.5	17	31.8	21	32.8	20	32.5	33
上述国家平均值	26.2		29.2		30.1		32.1	
世界平均值	28.2		31.5		32.6		34.5	

表3-20 "一带一路"参与国繁荣指数排名和分区（70国）

	排名	2000年	2006年	2013年	2019年
第一区间	1	卢森堡	卢森堡	卢森堡	卢森堡
	2	卡塔尔	卡塔尔	卡塔尔	中国
	3	荷兰	科威特	中国	荷兰
	4	科威特	荷兰	科威特	新加坡
	5	奥地利	意大利	新加坡	以色列
	6	新加坡	奥地利	奥地利	卡塔尔
	7	韩国	新加坡	荷兰	奥地利
	8	沙特阿拉伯	韩国	韩国	韩国
	9	乌兹别克斯坦	中国	以色列	科威特
	10	葡萄牙	沙特阿拉伯	沙特阿拉伯	马耳他
	11	中国	塞浦路斯	意大利	特立尼达和多巴哥
	12	马来西亚	巴基斯坦	特立尼达和多巴哥	捷克
	13	意大利	乌兹别克斯坦	俄罗斯	意大利
	14	泰国	泰国	泰国	沙特阿拉伯
	15	塞浦路斯	白俄罗斯	白俄罗斯	斯洛文尼亚
	16	白俄罗斯	古巴	马耳他	波兰
	17	越南	斯洛文尼亚	巴拿马	泰国
	18	马耳他	希腊	马来西亚	爱沙尼亚
第二区间	19	柬埔寨	马耳他	柬埔寨	匈牙利
	20	哥斯达黎加	马来西亚	越南	俄罗斯
	21	斯洛文尼亚	越南	捷克	古巴
	22	以色列	葡萄牙	哈萨克斯坦	巴基斯坦
	23	玻利维亚	特立尼达和多巴哥	古巴	马来西亚
	24	土耳其	爱沙尼亚	厄瓜多尔	罗马尼亚
	25	厄瓜多尔	厄瓜多尔	智利	葡萄牙
	26	古巴	捷克	秘鲁	柬埔寨
	27	匈牙利	立陶宛	玻利维亚	巴拿马
	28	多米尼加	柬埔寨	乌拉圭	斯洛伐克
	29	印度尼西亚	秘鲁	印度尼西亚	菲律宾
	30	蒙古	菲律宾	菲律宾	印度尼西亚
	31	萨尔瓦多	以色列	巴基斯坦	立陶宛
	32	巴巴多斯	匈牙利	土耳其	秘鲁
	33	罗马尼亚	俄罗斯	萨尔瓦多	越南
	34	巴基斯坦	哥斯达黎加	阿塞拜疆	保加利亚
	35	捷克	多米尼加	蒙古	拉脱维亚

续上表

	排名	2000年	2006年	2013年	2019年
第三区间	36	秘鲁	土耳其	斯里兰卡	塞浦路斯
	37	希腊	拉脱维亚	斯洛文尼亚	克罗地亚
	38	斯里兰卡	巴巴多斯	爱沙尼亚	哈萨克斯坦
	39	吉尔吉斯斯坦	玻利维亚	摩尔多瓦	阿塞拜疆
	40	埃及	罗马尼亚	罗马尼亚	厄瓜多尔
	41	摩尔多瓦	萨尔瓦多	乌兹别克斯坦	阿尔及利亚
	42	智利	智利	多米尼加	萨尔瓦多
	43	俄罗斯	阿塞拜疆	波兰	智利
	44	特立尼达和多巴哥	乌克兰	匈牙利	玻利维亚
	45	乌拉圭	斯里兰卡	哥斯达黎加	摩尔多瓦
	46	伊朗	哈萨克斯坦	乌克兰	斯里兰卡
	47	格鲁吉亚	印度尼西亚	伊朗	多米尼加
	48	菲律宾	蒙古	阿尔及利亚	白俄罗斯
	49	乌克兰	摩尔多瓦	立陶宛	乌拉圭
	50	阿塞拜疆	克罗地亚	巴巴多斯	摩洛哥
	51	巴拿马	巴拿马	拉脱维亚	牙买加
	52	爱沙尼亚	保加利亚	摩洛哥	吉尔吉斯斯坦
	53	塞尔维亚	吉尔吉斯斯坦	吉尔吉斯斯坦	巴巴多斯
第四区间	54	哈萨克斯坦	摩洛哥	斯洛伐克	乌克兰
	55	约旦	牙买加	葡萄牙	乌兹别克斯坦
	56	摩洛哥	乌拉圭	塞浦路斯	哥斯达黎加
	57	拉脱维亚	伊朗	约旦	塞尔维亚
	58	突尼斯	斯洛伐克	保加利亚	伊朗
	59	克罗地亚	埃及	埃及	蒙古
	60	牙买加	波兰	克罗地亚	土耳其
	61	波兰	阿尔及利亚	牙买加	阿尔巴尼亚
	62	立陶宛	突尼斯	突尼斯	埃及
	63	保加利亚	约旦	阿尔巴尼亚	希腊
	64	阿尔巴尼亚	阿尔巴尼亚	黑山	黑山
	65	斯洛伐克	格鲁吉亚	格鲁吉亚	波黑
	66	黑山	塞尔维亚	塞尔维亚	突尼斯
	67	南非	黑山	希腊	约旦
	68	阿尔及利亚	南非	南非	北马其顿
	69	北马其顿	波黑	波黑	格鲁吉亚
	70	波黑	北马其顿	北马其顿	南非

表3-21 繁荣指数第一区间的参与国指数变化情况

年份＼国家	卢森堡	中国	荷兰	新加坡	以色列	卡塔尔	奥地利	韩国	科威特	马耳他	特立尼达和多巴哥	捷克	意大利	沙特阿拉伯	斯洛文尼亚	波兰	泰国	爱沙尼亚
2000	46.1	32.7	38.3	36.0	29.9	39.5	36.1	33.6	37.7	31.1	24.4	27.2	31.9	33.5	30.0	20.3	31.9	22.5
2001	46.6	32.4	39.0	35.4	29.0	39.1	36.8	33.7	37.2	30.3	25.6	28.0	33.1	33.2	31.1	18.6	31.6	22.8
2002	47.0	32.3	39.2	33.9	27.6	39.4	36.4	34.9	37.2	30.8	26.0	29.3	34.1	32.6	31.2	17.3	32.4	25.8
2003	50.1	32.4	40.0	34.0	27.1	40.3	38.1	35.1	38.2	31.1	26.4	29.3	36.5	32.6	31.6	18.0	32.8	25.2
2004	51.5	33.0	40.4	35.1	27.8	41.1	38.8	35.6	39.2	31.8	28.6	29.2	38.8	33.0	32.5	18.6	32.9	26.5
2005	53.1	33.5	39.9	35.8	29.5	43.2	39.2	36.6	41.2	32.4	29.5	29.9	39.4	33.9	32.2	20.2	33.1	28.9
2006	55.4	34.4	41.5	37.6	30.4	44.6	40.0	37.5	43.7	32.7	31.4	31.1	40.8	34.3	33.1	24.1	33.4	31.3
2007	60.9	35.9	43.9	39.4	32.4	45.5	41.9	38.5	44.2	33.8	32.7	33.7	43.3	35.2	35.2	28.7	33.6	33.5
2008	62.3	37.5	45.8	39.2	35.3	48.0	43.8	37.6	46.4	35.0	34.7	35.7	43.9	37.2	36.6	31.8	33.4	33.1
2009	57.7	38.3	43.7	37.2	33.1	43.7	41.6	36.6	41.5	33.7	32.4	32.9	41.6	35.3	34.5	30.0	33.4	25.0
2010	59.0	40.2	42.8	40.5	34.9	44.8	41.7	37.8	41.4	33.8	34.2	32.4	40.7	36.2	33.0	28.9	34.5	22.2
2011	61.6	42.7	43.8	42.2	37.1	47.5	43.1	38.7	43.6	34.6	35.5	33.4	41.8	37.6	32.7	29.4	34.6	26.8
2012	58.1	44.4	41.8	42.6	36.9	48.1	42.0	38.9	44.1	34.3	35.2	32.6	38.0	38.1	31.5	28.7	34.8	28.9
2013	59.1	46.3	41.1	42.8	38.6	48.3	42.1	39.5	43.0	34.8	36.4	32.6	37.0	37.7	30.7	28.7	35.2	30.5
2014	60.0	47.8	41.2	42.8	39.3	48.1	42.2	39.7	41.3	35.6	36.6	33.3	36.5	37.3	31.2	30.0	34.8	32.0
2015	54.4	48.8	39.5	42.2	39.3	44.4	40.1	39.5	38.4	35.3	36.1	33.7	35.0	35.9	31.0	30.8	34.8	32.3
2016	56.0	49.2	40.6	42.2	40.2	43.4	40.1	39.5	37.9	36.2	34.9	34.9	35.4	35.5	32.1	31.9	34.8	31.9
2017	57.3	51.1	42.4	43.0	41.7	44.2	41.1	40.2	38.6	37.3	37.4	36.3	36.3	35.7	33.8	33.5	34.9	33.3
2018	59.3	53.9	44.4	44.6	42.2	45.6	42.8	40.6	39.5	38.3	38.0	37.6	37.6	36.6	35.7	35.0	35.2	34.3
2019	58.7	53.5	44.7	44.5	43.0	42.8	42.8	40.2	38.9	38.3	38.1	37.9	37.7	36.5	36.3	35.6	35.4	35.3
平均值	55.7	41.0	41.7	39.6	34.8	44.1	40.5	37.7	40.7	34.1	32.7	32.6	38.0	35.4	32.8	27.0	33.9	29.1

表3-22　繁荣指数第二区间的参与国指数变化情况

年份＼国家	匈牙利	俄罗斯	古巴	巴基斯坦	马来西亚	罗马尼亚	葡萄牙	柬埔寨	巴拿马	斯洛伐克	菲律宾	印度尼西亚	立陶宛	秘鲁	越南	保加利亚	拉脱维亚
2000	29.0	24.7	29.4	27.3	32.1	27.6	33.1	31.0	22.5	17.8	23.8	28.4	20.0	27.0	31.5	19.3	21.6
2001	30.0	26.3	30.7	27.5	31.6	28.0	33.1	31.6	21.4	17.5	30.5	28.4	19.2	26.9	31.0	16.0	22.0
2002	30.6	27.4	31.4	26.7	31.7	26.7	32.8	30.0	22.0	18.4	23.5	28.0	22.9	28.8	31.6	17.8	22.1
2003	30.9	27.4	32.3	27.0	31.7	28.0	32.1	28.3	22.4	20.4	30.7	28.0	23.3	29.7	31.5	21.9	23.9
2004	31.5	28.4	32.8	27.2	31.9	27.5	32.5	26.7	23.6	19.6	30.7	27.5	25.7	29.7	31.6	23.6	24.6
2005	30.6	29.5	32.8	27.5	32.1	28.4	31.6	28.6	25.5	22.0	30.5	27.0	28.1	29.8	31.7	25.5	26.4
2006	30.3	30.3	33.1	33.4	32.5	28.7	31.8	30.5	26.8	25.0	30.4	27.6	30.8	30.5	31.8	26.7	29.6
2007	31.2	32.3	33.4	33.6	33.0	30.3	32.3	32.4	29.1	27.8	31.1	27.3	33.1	30.9	31.9	28.9	31.5
2008	31.5	33.2	33.6	33.7	33.3	31.5	33.2	32.8	29.4	29.9	30.9	28.3	32.4	31.1	32.1	30.4	30.5
2009	28.6	29.9	33.5	33.5	32.6	30.0	31.1	33.0	29.7	27.1	30.8	29.3	24.3	31.2	32.2	29.3	20.8

续上表

国家 年份	匈牙利	俄罗斯	古巴	巴基斯坦	马来西亚	罗马尼亚	葡萄牙	柬埔寨	巴拿马	斯洛伐克	菲律宾	印度尼西亚	立陶宛	秘鲁	越南	保加利亚	拉脱维亚
2010	27.5	31.8	32.9	33.4	33.4	29.7	29.8	32.9	32.4	25.0	31.1	30.3	20.7	31.8	32.8	26.1	18.9
2011	28.0	34.2	32.4	33.4	34.1	29.8	28.3	33.0	34.1	26.1	31.3	31.1	23.4	32.1	33.0	25.6	22.5
2012	27.5	35.8	32.2	32.5	34.2	30.0	25.0	32.4	34.4	25.6	31.5	31.8	25.2	32.6	33.1	24.5	23.5
2013	28.5	36.0	32.5	31.5	34.1	30.0	24.8	33.2	34.7	25.5	31.6	31.9	27.0	32.4	32.8	24.0	26.7
2014	30.7	35.5	33.1	32.6	34.4	30.4	27.0	33.0	34.6	26.6	31.5	32.1	28.1	32.7	33.0	25.4	27.8
2015	31.0	32.9	33.6	31.1	33.8	30.1	27.5	33.3	34.6	27.4	32.0	31.5	28.9	32.5	32.4	27.2	28.1
2016	32.5	32.6	33.9	31.0	33.4	31.1	29.0	33.0	34.5	29.1	32.4	31.9	30.2	32.1	32.5	28.8	28.4
2017	33.8	33.9	34.1	30.9	33.6	32.3	31.3	33.6	34.2	30.8	32.6	32.5	31.4	32.2	32.5	30.2	29.5
2018	34.7	34.6	34.2	30.7	34.0	33.5	33.5	33.4	34.2	32.7	32.8	32.1	32.7	32.5	33.3	31.4	31.3
2019	35.0	34.9	34.4	34.2	34.0	33.9	33.9	33.5	33.5	33.4	33.0	32.9	32.7	32.6	32.5	32.4	32.3
平均值	30.7	31.6	32.8	30.9	33.1	29.9	30.7	31.8	29.7	25.4	30.6	29.9	27.0	31.0	32.2	25.8	26.1

表3-23 繁荣指数第三区间的参与国指数变化情况

国家 年份	塞浦路斯	克罗地亚	哈萨克斯坦	阿塞拜疆	厄瓜多尔	阿尔及利亚	萨尔瓦多	智利	玻利维亚	摩尔多瓦	斯里兰卡	多米尼加	白俄罗斯	乌拉圭	摩洛哥	牙买加	吉尔吉斯斯坦	巴巴多斯
2000	31.9	20.4	22.2	23.0	29.5	7.5	27.8	25.7	29.6	25.9	26.7	28.6	31.8	24.0	21.8	20.4	26.7	27.7
2001	32.7	20.8	24.4	23.8	30.1	9.7	27.8	25.6	28.9	27.0	26.5	27.9	31.6	21.6	22.8	21.0	26.4	27.3
2002	33.6	21.8	25.4	24.6	29.6	11.0	28.9	25.8	28.7	27.4	25.8	28.4	31.1	19.6	23.6	21.7	22.2	26.9
2003	33.5	23.3	26.0	25.4	29.0	13.1	28.5	26.2	29.3	26.4	26.3	28.0	31.1	19.4	23.4	23.8	24.6	26.3
2004	34.0	24.0	26.6	26.5	29.7	18.8	28.7	26.3	29.9	26.3	26.2	28.6	32.3	22.9	24.5	23.5	25.8	27.8
2005	33.3	25.2	27.1	27.3	30.9	21.2	27.7	27.5	28.8	27.2	26.9	28.8	32.8	24.0	24.3	24.4	26.2	28.5
2006	34.3	26.9	27.8	28.1	31.2	24.0	28.3	28.3	29.1	27.1	28.0	29.7	33.3	25.2	25.6	25.4	26.1	29.2
2007	35.6	28.6	28.7	28.8	31.6	22.9	28.5	29.1	29.1	29.3	28.6	30.3	33.7	26.8	25.8	26.0	26.3	30.8
2008	36.7	30.6	29.7	29.7	61.1	25.6	29.0	28.4	31.5	30.5	29.4	30.8	34.3	28.6	26.0	25.3	26.3	30.2
2009	34.6	29.5	29.4	29.6	60.5	26.1	27.7	26.4	31.3	28.3	28.8	30.2	29.3	28.9	26.5	24.4	26.1	28.2
2010	33.6	27.1	30.6	29.9	61.1	26.6	29.9	29.7	31.6	27.6	30.0	30.6	31.9	30.1	26.4	23.6	25.9	27.7
2011	32.5	25.6	31.7	30.5	61.9	27.1	30.6	31.1	32.0	28.5	30.8	29.8	34.5	61.4	26.6	23.4	26.0	27.3
2012	28.4	23.1	32.0	30.8	32.2	26.2	31.0	32.0	32.3	29.5	31.1	29.3	34.7	61.5	26.5	22.3	26.1	27.0
2013	24.4	22.1	32.5	31.1	32.5	27.2	31.1	32.5	32.1	30.0	30.8	28.8	35.0	62.0	26.4	21.1	26.3	27.0
2014	24.0	22.0	32.4	31.1	32.2	27.0	30.8	31.7	32.4	31.2	30.9	29.4	35.1	61.9	26.0	22.4	26.5	26.6
2015	24.3	22.4	31.9	30.4	32.0	25.4	31.0	31.5	31.5	31.0	30.6	28.6	34.0	30.7	26.1	22.6	26.9	27.2
2016	26.3	25.4	31.1	29.9	31.0	26.2	30.6	31.4	31.1	30.7	30.9	29.0	29.4	30.4	26.3	22.8	27.2	28.7
2017	28.3	27.4	31.7	30.0	31.7	23.3	30.6	31.5	31.1	31.0	31.2	30.4	29.8	30.8	27.5	24.2	27.6	27.6
2018	31.1	30.4	31.9	30.2	32.0	30.7	31.0	31.5	31.2	31.2	30.8	30.5	30.7	30.4	27.8	26.6	29.7	27.5
2019	32.7	32.0	31.9	31.8	31.8	31.5	31.5	31.1	30.8	30.4	30.4	30.1	29.5	29.2	28.0	27.9	27.8	27.5
平均值	31.3	25.4	29.3	28.6	37.1	22.6	29.6	29.2	30.6	28.8	29.0	29.4	32.3	33.5	25.6	23.6	26.3	27.9

表3-24　繁荣指数第四区间的参与国指数变化情况

国家 年份	乌克兰	乌兹别克斯坦	哥斯达黎加	塞尔维亚	伊朗	蒙古	土耳其	阿尔巴尼亚	埃及	希腊	黑山	波黑	突尼斯	约旦	北马其顿	格鲁吉亚	南非
2000	23.1	33.2	30.0	23.9	23.9	27.9	29.6	18.6	26.1	27.0	9.4	3.1	20.8	21.9	5.0	23.8	7.8
2001	23.7	33.2	29.3	24.0	24.0	27.9	27.3	19.0	25.8	27.9	10.1	3.7	21.3	21.1	6.5	23.5	7.0
2002	24.6	33.1	28.9	22.9	22.9	28.0	25.8	19.6	25.1	28.8	10.8	4.5	21.2	20.6	5.3	22.3	4.5
2003	25.6	33.2	28.7	24.1	24.1	27.5	26.2	20.5	24.1	30.6	11.6	5.3	21.5	21.3	1.2	23.3	5.9
2004	26.1	33.2	29.0	25.5	25.5	27.4	26.7	21.2	24.7	30.8	12.4	6.2	21.8	21.3	0.9	22.4	9.0
2005	27.5	33.3	28.8	24.1	24.1	27.4	27.5	21.5	23.9	31.3	7.4	6.9	23.1	21.2	0.8	21.4	9.5
2006	28.0	33.4	29.7	25.2	25.2	27.4	29.7	21.9	24.7	32.8	12.6	6.7	23.5	22.1	2.0	21.7	10.3
2007	28.7	33.4	31.1	26.3	26.3	27.4	30.4	20.2	26.3	34.7	18.0	8.8	23.7	23.0	3.2	22.1	12.1
2008	29.0	33.4	31.0	26.9	26.9	29.0	30.1	23.0	26.8	26.3	20.4	14.1	23.9	23.7	4.5	18.2	15.6
2009	26.3	29.3	28.4	25.5	25.5	28.6	26.6	22.4	26.4	33.9	18.5	13.4	23.0	23.5	5.8	15.5	14.7
2010	27.1	29.1	29.3	24.6	24.6	28.3	29.0	22.0	26.9	30.2	18.0	10.4	23.2	24.0	5.9	16.0	14.4
2011	27.5	29.5	26.9	26.2	26.2	30.2	30.9	22.6	24.2	25.4	18.2	10.4	18.5	23.8	6.7	16.7	14.7
2012	27.9	29.7	27.3	26.2	26.2	31.2	31.7	22.6	23.8	18.3	17.6	9.8	19.1	24.5	6.9	16.8	14.4
2013	28.3	29.7	28.4	27.2	27.2	30.9	31.5	20.5	23.3	15.5	18.2	10.4	20.7	24.2	8.8	17.1	14.3
2014	26.1	29.6	28.1	26.9	26.9	30.3	30.2	18.6	23.4	16.4	19.5	10.4	21.0	24.9	9.8	18.8	13.8
2015	25.9	29.6	28.4	26.0	26.0	30.2	29.3	19.1	23.6	16.7	19.6	10.1	21.2	23.8	11.3	19.5	13.2
2016	25.7	29.5	29.0	24.9	24.9	28.0	28.7	20.7	24.2	17.9	19.6	12.2	20.9	21.8	13.5	19.4	11.8
2017	25.7	28.8	29.4	25.3	25.3	28.8	28.5	22.4	24.2	20.0	21.3	16.7	20.9	21.4	14.8	21.9	11.7
2018	26.5	25.5	28.1	25.3	25.3	29.9	27.9	23.8	26.0	22.4	22.4	18.9	20.8	20.9	16.5	23.1	11.9
2019	27.2	27.1	26.4	26.1	26.1	25.7	25.2	24.6	24.0	23.9	22.4	21.3	21.1	20.5	19.6	17.9	10.3
平均值	26.5	30.8	28.8	25.4	25.4	28.6	28.6	21.2	24.9	25.5	16.4	10.2	21.6	22.5	7.5	20.1	11.3

（三）“一带一路”参与国繁荣指数与世界平均水平的比较

图3-4为“一带一路”参与国与世界整体繁荣指数平均值之间的比较图。当前，“一带一路”参与国的繁荣指数仍低于世界平均水平，尽管二者走势亦步亦趋。2000年到2008年间世界各国繁荣指数都快速增长，受2008年金融危机影响，繁荣指数掉头向下快速大幅跌落，好在2009年重拾涨势，出现拐点，自此一波三折，直到2015年开始，再次快速向上。得益于“一带一路”倡议，2015年亚投行成立运营，有了投融资基础支撑，各国设施联通率先启动，铁路、公路、港口、电力、电信、能源管道等关键基础设施开始投建，围绕区域经济合作，大力开展产业园区建设，导入产业，产业增长带动了整体繁荣。“一带一路”参与国繁荣指数平均值虽

然与世界平均水平的差距较大，但是进步势头保持良好，相信在"一带一路"互联互通的经济发展带动下，这些国家经济繁荣水平还会加速提升。

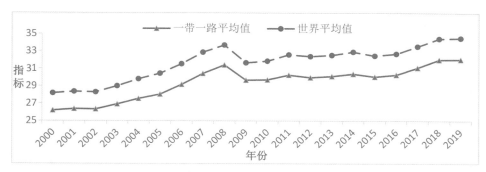

图3-4 "一带一路"参与国繁荣指数平均值与世界平均值的比较

六、本章小结

经济为本，共筑繁荣。建设繁荣之路的目标就是要解决发展这一根本问题。本章通过对"一带一路"参与国产业、金融和设施联通三个方面的指数数据整理和比较，分析了各个国家在三方面的变化和某些国家的突出特征，另一方面也全面比较了"一带一路"参与国与世界平均水平之间的差异。

结论显示，"一带一路"参与国的产业指数、金融指数、设施联通指数自2000年以来均在稳步增长。其中，产业指数在2008~2009年经历全球金融危机之后实现了快速反弹，其中"一带一路"早期参与国的产业指数已经超过全球平均水平。金融指数也在不停追赶全球平均水平，尤其在"一带一路"倡议提出之后，"一带一路"参与国的增长潜力不断被释放，其平均值与全球平均水平的差距明显缩小。同样，2013年以来，"一带一路"参与国的设施联通指数与全球平均水平差距也在迅速缩小。近两年来高铁线路的快速建设，有望在建成之后大幅提升"一带一路"参与国的铁路基建水平。

综合来看，在2013年之前，"一带一路"参与国不论是繁荣指数的绝对数值还是增长速度都不如同期世界平均水平。然而，2013年之后，不管是"一带一路"早期参与国还是"一带一路"当前参与国，增速均优于同期世界平均繁荣指数的增长速率。早期参与国的增长潜力不断释放，后期参与国的进步势头保持良好，各国通过"一带一路"倡议相关的合作与建设均取得了长足的经济进步，呈现愈发繁荣的发展面貌。我们相信，随着"一带一路"倡议的纵深推进，更多务实合作在参与国之间铺展实施后，"一带一路"参与国以及相关辐射区域在贸易联通的基础上将涌现更多的经济增长点，为经济增长注入更强的动力，也定会在不久的将来显现出更加繁荣的经济面貌。

第四章 开放之路

一、本章综述

2017年5月，习近平主席在"一带一路"国际合作高峰论坛提出要将"一带一路"建成开放之路。"开放带来进步，封闭导致落后。对一个国家而言，开放如同破茧成蝶，虽会经历一时阵痛，但将换来新生。'一带一路'建设要以开放为导向，解决经济增长和平衡问题。我们要打造开放型合作平台，维护和发展开放型世界经济，共同创造有利于开放发展的环境，推动构建公正、合理、透明的国际经贸投资规则体系，促进生产要素有序流动、资源高效配置、市场深度融合。我们欢迎各国结合自身国情，积极发展开放型经济，参与全球治理和公共产品供给，携手构建广泛的利益共同体。贸易是经济增长的重要引擎。我们要有'向外看'的胸怀，维护多边贸易体制，推动自由贸易区建设，促进贸易和投资自由化便利化。当然，我们也要着力解决发展失衡、治理困境、数字鸿沟、分配差距等问题，建设开放、包容、普惠、平衡、共赢的经济全球化。"

为了更好地反映"一带一路"参与国的开放情况，有必要对"一带一路"参与国进行开放之路测度研究。学界对一国对外开放的测度研究主要集中在贸易和金融两个方面。陈雨露、包群、周茂荣等对国内外对外开放度测度方法进行了总结：贸易开放度与金融开放度的测度通常有两类，一是基于规则的测度方法，主要是对政策和制度的开放性进行测度，如以关税税率、非关税壁垒、世界银行外向指数等测度贸易开放，以资本账户管制程度、AREEAR指标法等测度金融开放等；二是基于结果的测度方法，主要是通过对外贸易量和金融流量等反映开放程度，如测度贸易开放的Dollars法、外贸依存度指标和测度金融开放的Capflows指标、Capstocks指标等。开放涉及的领域除贸易、金融外，还包括文化、社会等，但学界对贸易和金融以外的开放度测度研究较少。我们针对“一带一路”参与国进行了相关指数信息收集，其中，贸易开放指数涉及117个国家，金融开放指数涉及117个国家，文化开放指数涉及117个国家，社会开放指数涉及117个国家；开放指数涉及117个国家。

为评估和跟踪“一带一路”参与国“开放之路”的发展水平，本章构建了“开放之路”指标体系。本章将对贸易开放、金融开放、文化开放、社会开放四个方面分别进行评价，以贸易开放指数、金融开放指数、文化开放指数和社会开放指数评价“一带一路”参与国开放之路的发展和变化。根据“一带一路”参与国相应指标数据的可获得性、完备性、代表性，选取“进出口贸易总额占国内生产总值（GDP）比值”作为贸易开放指数的原始指标，“资本流入流出总额占国内生产总值（GDP）比值”作为金融开放指数的原始指标，选取“国际入境游客数占人口比值”作为文化开放指数的原始指标，选取“上网人数占人口比值”作为社会开放指数的原始指标。

虽然目前尚无法全方位衡量“一带一路”参与国的贸易开放、金融开放、文化开放、社会开放水平，但本章选取的指标一定程度上仍能凸显“一带一路”参与国在该指数某一重要方面的特征。将一级指数开放指数记为P，二级指数贸易开放指数、金融开放指数、文化开放指数和社会开放指数分别记为P_1、P_2、P_3、P_4，原始指标“进出口贸易总额占国内生产总值（GDP）比值”“资本流入流出总额占国内生产总值（GDP）比值”“国际入境游客数占人口比值”和“上网人数占人口比值”分别记为p_1、p_2、p_3、p_4。将上述原始指标的数据进行归一化处理，得到4个二级指数，4个二级指数按照等权重加权平均，即可得到开放指数。具体公式如下：

$$P_{ijx}=\frac{(P_{ijx}-P_{i\min})}{(P_{i\max}-P_{i\min})}\times 100$$

其中，i表示当前二级指标（$i=1,2,3,4$），j表示当前国家，x表示年份。P_{ijx}表示当前国家在当前年份的数值，$P_{i\,\min}$表示该原始指标所有国家、所有年份的最小值，$P_{i\,\max}$表示该原始指标所有国家、所有年份的最大值。

数据缺失的情况对于本章所选指标不可避免。对于数据缺失少于一半年份的国别采用内插法补齐，对于数据缺失超过一半年份的国别，本章在进行平均值的计算时将其作为缺省值，不对其进行统计。

二、贸易开放指数

（一）贸易开放指数的含义

贸易是经济增长的重要引擎。本节将通过"一带一路"参与国的贸易开放指数在2000～2019年之间的变化，以及与世界平均水平的比较，分析"一带一路"参与国这些年的经济发展面貌，随着"一带一路"倡议的实施，是否产生了显著的变化，以及对未来发展方向和策略的一些分析及建议。

本文选取进出口贸易总额占国内生产总值（GDP）比值作为贸易开放指数的指标，数据来自世界银行，单位是现价美元。贸易开放度一般是指一国货物和服务贸易的开放程度，与该国对外贸易政策、贸易体制、汇率政策等相关。由于绝大部分贸易政策难以量化，但贸易政策和制度开放程度会反映在一国外贸交易量上，因此，学界一般采用基于贸易流量的贸易依存度方法和基于价格扭曲程度的Dollars法。本文采用贸易依存度方法（即进出口贸易总额占国内生产总值比值）作为贸易开放指数的指标。

（二）"一带一路"参与国的贸易开放指数

基于117个"一带一路"参与国的进出口贸易总额和GDP数据，求算得到各国贸易开放指数、"一带一路"参与国平均值、世界平均值和中国的贸易开放指数。本文对4个年份（2000年、2006年、2013年、2019年）的各国排名也做了统计，排名范围限于有统计数据的"一带一路"参与国。这4个年份各国的贸易开放指数及其排名见表4-1。根据上述排名，按0%～25%、25%～50%、50%～75%、75%～100%分成4个板块，具体见表4-2。

2000～2019年，贸易指数增长幅度最大的是缅甸，增幅为6850%；其次为莫桑比克138%，几内亚102%，汤加99%，阿拉伯联合酋长国95%，布隆迪84%，立陶宛81%。这些国家由于最初贸易指数起点较低，后发优势明显，故增长较快，增幅较大。

选取的4个年份中，贸易指数均排名前20的有荷兰、匈牙利、爱沙尼亚、卢森堡、塞舌尔、马耳他、新加坡、巴林、莱索托。

表4-1 "一带一路"参与国贸易开放指数及其排名（117国）

	2000年		2006年		2013年		2019年	
	指数	排名	指数	排名	指数	排名	指数	排名
阿尔及利亚	14.2	75	16.0	74	14.3	82	11.7	92
安哥拉	34.4	11	21.4	45	19.6	54	11.7	92
安提瓜和巴布达	26.2	25	26.7	26	24.2	32	19.2	52
亚美尼亚	16.3	64	13.8	89	17.3	71	20.6	43
奥地利	19.3	48	22.1	40	23.5	36	24.3	33
阿塞拜疆	17.7	59	23.8	34	16.8	73	19.4	50
巴林	30.7	15	33.2	10	43.3	4	30.5	17
孟加拉国	6.6	112	8.6	112	10.4	107	8.3	111
巴巴多斯	20.4	38	23.1	35	19.8	51	18.9	54
白俄罗斯	32.0	12	28.1	22	27.0	26	30.1	19
贝宁	10.7	97	9.0	111	13.3	87	14.4	74
不丹	18.1	55	26.3	29	23.7	34	17.7	57
玻利维亚	10.3	99	16.8	69	18.3	62	12.7	86
波黑	23.5	32	22.1	40	19.8	51	21.6	42
文莱	23.3	34	21.9	42	25.0	30	24.5	31
保加利亚	17.5	60	25.1	32	29.4	20	27.9	21
布隆迪	5.1	116	9.6	107	10.5	104	9.4	106
佛得角	19.7	43	26.6	27	21.5	47	26.2	25
柬埔寨	25.0	27	32.7	11	29.4	20	27.9	21
喀麦隆	11.5	91	11.7	101	12.5	92	9.1	108
乍得	11.6	89	21.6	43	16.4	74	16.8	63
智利	13.4	79	16.5	71	14.7	79	12.8	85
中国	8.9	104	14.5	82	10.5	104	8.0	112
科摩罗	8.0	107	8.0	114	8.8	113	9.6	105

续上表

	2000年		2006年		2013年		2019年	
	指数	排名	指数	排名	指数	排名	指数	排名
刚果（布）	28.0	21	33.8	8	32.2	15	25.3	26
哥斯达黎加	19.6	46	20.4	52	14.8	76	14.9	72
科特迪瓦	16.8	62	21.5	44	18.1	66	10.3	104
克罗地亚	16.9	61	19.0	62	18.7	59	23.2	38
塞浦路斯	31.0	13	24.8	33	27.3	25	32.2	12
捷克	22.2	36	28.8	19	33.4	13	32.7	11
多米尼克	22.2	36	19.9	59	19.6	54	31.6	14
多米尼加	17.9	58	14.4	84	12.8	89	11.9	90
厄瓜多尔	13.4	79	13.5	92	13.4	86	10.5	102
埃及	8.8	105	13.9	87	9.1	112	11.0	98
萨尔瓦多	15.5	67	16.6	70	18.2	63	17.4	58
爱沙尼亚	28.5	17	30.9	16	37.3	7	31.9	13
冈比亚	23.0	35	20.0	57	20.5	49	16.5	65
加纳	26.2	25	14.9	80	13.9	84	16.1	67
希腊	13.2	82	11.9	100	14.3	82	16.8	63
几内亚	12.1	86	15.6	76	18.1	67	24.5	31
圭亚那	46.7	5	28.3	21	24.6	31	17.8	56
匈牙利	31.0	13	33.6	9	37.1	9	36.8	5
印度尼西亚	16.1	65	12.8	95	11.0	101	8.4	110
伊朗	9.3	103	12.0	98	11.3	96	11.0	98
伊拉克	28.3	19	20.2	54	17.1	72	17.2	61
以色列	16.1	65	18.4	65	14.8	76	12.5	87
意大利	11.4	92	12.0	98	12.4	93	13.6	79
牙买加	20.2	39	22.7	36	18.8	58	20.1	46
约旦	24.6	28	31.6	13	25.4	29	19.8	47
哈萨克斯坦	23.9	30	20.6	49	14.8	76	14.5	73
肯尼亚	12.0	88	12.5	96	12.0	95	7.5	113
基里巴斯	23.7	31	22.7	36	23.9	33	23.8	36
韩国	14.9	73	15.9	75	22.1	43	17.3	59
科威特	19.5	47	20.2	54	22.0	45	22.3	41
吉尔吉斯斯坦	20.2	39	27.3	24	30.3	18	23.3	37
老挝	15.5	67	18.5	64	22.2	42	13.8	77
拉脱维亚	18.5	53	22.7	36	28.0	24	27.0	24
黎巴嫩	11.3	93	20.6	49	19.4	56	14.3	75
莱索托	44.6	6	38.2	6	29.4	20	30.4	18
立陶宛	18.8	50	27.4	23	35.3	11	34.0	10
卢森堡	61.4	2	72.4	2	78.9	2	86.2	1
马达加斯加	9.6	101	14.0	85	12.7	90	13.5	81
马来西亚	49.8	4	45.8	4	32.2	15	27.8	23
马尔代夫	35.5	9	26.1	30	36.4	10	30.6	16

续上表

	2000年		2006年		2013年		2019年	
	指数	排名	指数	排名	指数	排名	指数	排名
马里	12.5	85	13.7	90	14.6	80	12.9	84
马耳他	59.0	3	56.5	3	69.5	3	59.0	3
摩尔多瓦	28.5	17	31.0	15	21.6	46	19.4	50
蒙古	27.5	22	25.5	31	22.6	40	28.4	20
黑山	19.8	42	26.6	27	23.2	39	24.7	30
摩洛哥	13.3	81	16.1	72	18.1	68	19.7	49
莫桑比克	10.6	98	14.5	82	23.3	37	25.3	26
缅甸	0.2	117	0.0	117	8.7	114	15.7	70
纳米比亚	19.7	43	20.0	57	22.1	43	18.8	55
尼泊尔	12.6	84	10.1	105	10.8	103	12.4	88
荷兰	28.3	19	28.8	19	33.8	12	34.8	9
尼日尔	7.8	109	8.2	113	10.5	104	8.9	109
尼日利亚	11.0	94	9.6	107	7.0	116	6.6	116
北马其顿	18.1	55	20.9	48	23.7	34	31.0	15
阿曼	18.0	57	19.8	60	29.0	23	22.7	40
巴基斯坦	5.7	114	8.0	114	7.5	115	6.8	114
巴拿马	30.3	16	31.1	14	31.1	17	17.0	62
秘鲁	8.0	107	11.7	101	11.2	98	10.6	101
菲律宾	19.2	49	18.2	67	12.6	91	15.5	71
波兰	13.7	77	17.5	68	20.5	49	24.0	35
葡萄牙	15.2	72	15.5	77	17.6	70	19.8	47
罗马尼亚	10.9	95	13.9	87	18.2	63	19.1	53
俄罗斯	15.4	70	12.3	97	10.4	107	11.1	97
卢旺达	7.0	111	7.9	116	10.1	109	12.1	89
萨摩亚	18.2	54	18.4	65	18.2	63	20.6	43
沙特阿拉伯	15.4	70	20.3	53	18.7	59	14.0	76
塞内加尔	14.7	74	15.5	77	13.6	85	13.6	79
塞舌尔	35.5	9	41.8	5	41.3	5	35.1	8
塞拉利昂	13.0	83	9.4	110	19.7	53	13.2	83
新加坡	82.3	1	96.1	1	82.9	1	72.1	2
斯洛伐克	24.6	28	37.2	7	41.0	6	41.8	4
斯洛文尼亚	23.5	32	29.3	18	32.5	14	36.1	7
所罗门群岛	14.1	76	21.1	47	26.1	27	17.3	59
南非	11.6	89	13.6	91	14.5	81	13.3	82
斯里兰卡	20.0	41	16.1	72	11.1	100	11.8	91
苏丹	6.6	112	10.3	104	5.3	117	6.0	117
塔吉克斯坦	39.6	7	31.9	12	16.2	75	11.2	96
坦桑尼亚	5.4	115	9.6	107	11.0	101	6.7	115
泰国	27.4	23	30.3	17	29.9	19	24.9	28
东帝汶	39.6	7	22.3	39	18.0	69	11.6	94

续上表

	2000年		2006年		2013年		2019年	
	指数	排名	指数	排名	指数	排名	指数	排名
多哥	15.5	67	19.6	61	25.5	28	16.1	67
汤加	12.1	86	14.9	80	18.7	59	24.1	34
突尼斯	18.6	51	21.2	46	23.3	37	24.9	28
土耳其	9.5	102	10.8	103	11.3	96	13.8	77
乌干达	7.4	110	9.8	106	9.8	110	10.4	103
乌克兰	27.1	24	20.6	49	21.5	47	20.3	45
阿拉伯联合酋长国	18.6	51	27.0	25	37.3	7	36.3	6
乌拉圭	8.3	106	14.0	85	11.2	98	9.2	107
乌兹别克斯坦	9.9	100	15.2	79	9.2	111	16.5	65
瓦努阿图	19.7	43	20.2	54	22.4	41	22.9	39
委内瑞拉	10.8	96	13.2	93	12.2	94	11.4	95
赞比亚	13.6	78	13.0	94	19.1	57	15.8	69
津巴布韦	16.7	63	18.7	63	13.2	88	10.8	100
上述国家平均值	19.8		21.1		21.3		20.2	
世界平均值	19.4		20.6		21.2		20.1	

表4-2　"一带一路"参与国贸易开放指数排名和分区（117国）

	排名	2000年	2006年	2013年	2019年
	1	新加坡	新加坡	新加坡	卢森堡
	2	卢森堡	卢森堡	卢森堡	新加坡
	3	马耳他	马耳他	马耳他	马耳他
	4	马来西亚	马来西亚	巴林	斯洛伐克
	5	圭亚那	塞舌尔	塞舌尔	匈牙利
	6	莱索托	莱索托	斯洛伐克	阿拉伯联合酋长国
	7	东帝汶	斯洛伐克	爱沙尼亚	斯洛文尼亚
	8	塔吉克斯坦	刚果（布）	阿拉伯联合酋长国	塞舌尔
	9	塞舌尔	匈牙利	匈牙利	荷兰
	10	马尔代夫	巴林	马尔代夫	立陶宛
	11	安哥拉	柬埔寨	立陶宛	捷克
第一区间	12	白俄罗斯	塔吉克斯坦	荷兰	塞浦路斯
	13	塞浦路斯	约旦	捷克	爱沙尼亚
	14	匈牙利	巴拿马	斯洛文尼亚	多米尼克
	15	巴林	摩尔多瓦	马来西亚	北马其顿
	16	巴拿马	爱沙尼亚	刚果（布）	马尔代夫
	17	爱沙尼亚	泰国	巴拿马	巴林
	18	摩尔多瓦	斯洛文尼亚	吉尔吉斯斯坦	莱索托
	19	荷兰	荷兰	泰国	白俄罗斯
	20	伊拉克	捷克	莱索托	蒙古
	21	刚果（布）	圭亚那	保加利亚	保加利亚
	22	蒙古	白俄罗斯	柬埔寨	柬埔寨
	23	泰国	立陶宛	阿曼	马来西亚

	排名	2000年	2006年	2013年	2019年
第一区间	24	乌克兰	吉尔吉斯斯坦	拉脱维亚	拉脱维亚
	25	安提瓜和巴布达	阿拉伯联合酋长国	塞浦路斯	佛得角
	26	加纳	安提瓜和巴布达	白俄罗斯	刚果（布）
	27	柬埔寨	黑山	所罗门群岛	莫桑比克
	28	约旦	佛得角	多哥	突尼斯
	29	斯洛伐克	不丹	约旦	泰国
	30	哈萨克斯坦	马尔代夫	文莱	黑山
第二区间	31	基里巴斯	蒙古	圭亚那	几内亚
	32	波黑	保加利亚	安提瓜和巴布达	文莱
	33	斯洛文尼亚	塞浦路斯	基里巴斯	奥地利
	34	文莱	阿塞拜疆	不丹	汤加
	35	加蓬	巴巴多斯	北马其顿	波兰
	36	多米尼克	牙买加	奥地利	基里巴斯
	37	捷克	拉脱维亚	突尼斯	吉尔吉斯斯坦
	38	巴巴多斯	基里巴斯	莫桑比克	克罗地亚
	39	牙买加	东帝汶	黑山	瓦努阿图
	40	吉尔吉斯斯坦	奥地利	蒙古	阿曼
	41	斯里兰卡	波黑	瓦努阿图	科威特
	42	黑山	文莱	老挝	波黑
	43	佛得角	乍得	韩国	亚美尼亚
	44	瓦努阿图	科特迪瓦	纳米比亚	萨摩亚
	45	纳米比亚	安哥拉	科威特	乌克兰
	46	哥斯达黎加	突尼斯	摩尔多瓦	牙买加
	47	科威特	所罗门群岛	佛得角	葡萄牙
	48	奥地利	北马其顿	乌克兰	约旦
	49	菲律宾	乌克兰	波兰	摩洛哥
	50	立陶宛	哈萨克斯坦	加蓬	阿塞拜疆
	51	阿拉伯联合酋长国	黎巴嫩	波黑	摩尔多瓦
	52	突尼斯	哥斯达黎加	巴巴多斯	安提瓜和巴布达
	53	拉脱维亚	沙特阿拉伯	塞拉利昂	罗马尼亚
	54	萨摩亚	科威特	多米尼克	巴巴多斯
	55	不丹	伊拉克	安哥拉	纳米比亚
	56	北马其顿	瓦努阿图	黎巴嫩	圭亚那
	57	阿曼	加蓬	赞比亚	不丹
	58	多米尼加	纳米比亚	牙买加	萨尔瓦多
	59	阿塞拜疆	多米尼克	克罗地亚	所罗门群岛
第三区间	60	保加利亚	阿曼	汤加	韩国
	61	克罗地亚	多哥	沙特阿拉伯	伊拉克
	62	科特迪瓦	克罗地亚	玻利维亚	巴拿马
	63	津巴布韦	津巴布韦	罗马尼亚	乍得
	64	亚美尼亚	老挝	萨摩亚	希腊
	65	印度尼西亚	萨摩亚	萨尔瓦多	乌兹别克斯坦
	66	以色列	以色列	几内亚	加蓬
	67	老挝	菲律宾	科特迪瓦	加纳
	68	萨尔瓦多	波兰	摩洛哥	多哥
	69	多哥	玻利维亚	东帝汶	赞比亚

续上表

	排名	2000年	2006年	2013年	2019年
	70	沙特阿拉伯	萨尔瓦多	葡萄牙	缅甸
	71	俄罗斯	智利	亚美尼亚	菲律宾
	72	葡萄牙	摩洛哥	伊拉克	哥斯达黎加
	73	韩国	斯里兰卡	阿塞拜疆	哈萨克斯坦
	74	塞内加尔	阿尔及利亚	乍得	贝宁
	75	阿尔及利亚	韩国	塔吉克斯坦	黎巴嫩
	76	所罗门群岛	几内亚	哥斯达黎加	沙特阿拉伯
	77	波兰	塞内加尔	以色列	土耳其
	78	赞比亚	葡萄牙	哈萨克斯坦	老挝
	79	厄瓜多尔	乌兹别克斯坦	智利	塞内加尔
	80	智利	汤加	马里	意大利
	81	摩洛哥	加纳	南非	马达加斯加
	82	希腊	中国	阿尔及利亚	南非
	83	塞拉利昂	莫桑比克	希腊	塞拉利昂
	84	尼泊尔	多米尼加	加纳	马里
	85	马里	马达加斯加	塞内加尔	智利
	86	几内亚	乌拉圭	厄瓜多尔	玻利维亚
	87	汤加	罗马尼亚	贝宁	以色列
	88	肯尼亚	埃及	津巴布韦	尼泊尔
第四区间	89	乍得	亚美尼亚	多米尼加	卢旺达
	90	南非	马里	马达加斯加	多米尼加
	91	喀麦隆	南非	菲律宾	斯里兰卡
	92	意大利	厄瓜多尔	喀麦隆	阿尔及利亚
	93	黎巴嫩	委内瑞拉	意大利	安哥拉
	94	尼日利亚	赞比亚	委内瑞拉	东帝汶
	95	罗马尼亚	印度尼西亚	肯尼亚	委内瑞拉
	96	委内瑞拉	肯尼亚	土耳其	塔吉克斯坦
	97	贝宁	俄罗斯	伊朗	俄罗斯
	98	莫桑比克	意大利	秘鲁	埃及
	99	玻利维亚	伊朗	乌拉圭	伊朗
	100	乌兹别克斯坦	希腊	斯里兰卡	津巴布韦
	101	马达加斯加	喀麦隆	印度尼西亚	秘鲁
	102	土耳其	秘鲁	坦桑尼亚	厄瓜多尔
	103	伊朗	土耳其	尼泊尔	乌干达
	104	中国	苏丹	中国	科特迪瓦
	105	埃及	尼泊尔	尼日尔	科摩罗
	106	乌拉圭	乌干达	布隆迪	布隆迪
	107	科摩罗	坦桑尼亚	孟加拉国	乌拉圭
	108	秘鲁	尼日利亚	俄罗斯	喀麦隆
	109	尼日尔	布隆迪	卢旺达	尼日尔
	110	乌干达	塞拉利昂	乌干达	印度尼西亚
	111	卢旺达	贝宁	乌兹别克斯坦	孟加拉国
	112	苏丹	孟加拉国	埃及	中国
	113	孟加拉国	尼日尔	科摩罗	肯尼亚
	114	巴基斯坦	科摩罗	缅甸	巴基斯坦
	115	坦桑尼亚	巴基斯坦	巴基斯坦	坦桑尼亚
	116	布隆迪	卢旺达	尼日利亚	尼日利亚
	117	缅甸	缅甸	苏丹	苏丹

表4-3 贸易开放指数第一区间的“一带一路”参与国变化情况

国家 / 年份	卢森堡	新加坡	马耳他	斯洛伐克	匈牙利	阿拉伯联合酋长国	斯洛文尼亚	塞舌尔	荷兰	立陶宛	捷克	塞浦路斯	爱沙尼亚	多米尼克	北马其顿	马尔代夫	巴林	莱索托	白俄罗斯	蒙古	保加利亚	柬埔寨	马来西亚	拉脱维亚	佛得角	刚果（布）	莫桑比克	突尼斯	泰国	黑山
2000	61.4	82.3	59.0	24.5	31.0	18.6	23.5	35.5	28.3	18.8	22.2	31.0	28.5	22.2	18.1	35.5	30.7	44.6	32.0	27.5	17.5	25.0	49.8	18.4	19.7	28.0	10.6	27.4	19.8	17.5
2001	61.3	78.9	52.6	27.5	29.6	20.3	23.6	42.3	27.1	21.1	22.4	29.8	28.5	19.0	16.1	35.0	28.7	43.5	30.9	26.1	17.8	25.7	45.9	19.5	20.8	29.5	11.1	27.1	22.7	17.8
2002	58.5	79.0	51.9	27.2	26.7	21.0	23.4	36.9	25.6	22.6	20.6	27.9	27.8	18.9	16.1	34.5	29.6	42.5	29.6	26.7	17.0	27.0	45.0	18.8	22.8	30.6	16.2	25.9	21.5	17.0
2003	57.4	85.2	48.8	28.2	26.3	23.1	23.1	39.6	25.3	22.1	21.4	25.7	27.7	18.1	16.0	34.0	28.9	41.4	30.3	27.2	17.8	27.8	43.9	19.2	22.3	35.4	15.4	26.3	17.5	17.8
2004	63.5	90.7	47.2	31.5	27.8	26.3	25.2	35.1	26.5	23.0	25.7	25.7	29.3	18.7	18.2	33.5	31.8	40.3	32.1	29.6	21.0	30.4	47.5	21.2	22.9	29.7	15.6	28.8	22.6	21.0
2005	67.3	95.0	47.6	33.4	28.8	27.0	27.1	40.3	27.7	25.9	27.5	25.3	30.7	20.2	19.4	33.0	33.5	39.3	29.8	27.6	22.5	30.9	46.0	22.8	23.5	31.3	15.5	31.1	23.6	22.5
2006	72.4	96.1	56.5	37.2	33.6	27.0	29.3	41.8	28.8	27.4	28.8	24.8	30.9	19.8	20.9	26.1	33.2	38.2	28.1	25.5	25.1	32.6	45.7	22.7	26.6	33.8	14.5	30.3	26.6	25.1
2007	75.1	89.1	58.4	37.6	35.1	30.9	31.0	41.2	29.4	25.7	29.4	25.1	30.2	20.6	23.9	41.6	31.1	36.5	28.9	26.6	27.9	31.2	43.5	21.6	23.1	29.8	14.2	29.3	29.1	27.9
2008	77.6	98.8	67.1	36.6	35.7	33.5	30.4	48.2	29.6	28.4	28.1	25.5	30.8	21.9	25.2	40.2	32.9	36.6	29.3	27.4	28.2	30.1	39.9	20.7	22.6	27.6	14.0	31.7	29.9	28.2
2009	66.9	80.9	67.1	30.8	32.7	34.6	25.5	50.8	26.4	23.8	25.6	23.2	26.2	19.0	19.7	30.7	26.6	35.2	24.5	24.3	20.9	23.7	36.7	19.5	19.9	27.2	14.6	26.9	22.4	20.9
2010	71.4	83.5	69.4	35.0	35.7	32.5	28.8	45.6	29.7	29.4	29.1	24.6	32.2	20.8	22.1	32.3	27.2	33.4	26.2	23.3	23.4	25.6	35.7	24.5	21.3	31.6	16.0	28.7	22.5	23.4
2011	73.1	85.6	72.0	38.2	37.7	34.2	31.4	46.8	32.2	33.6	31.3	25.0	37.5	21.3	25.5	38.6	39.3	33.3	35.7	28.7	26.6	25.6	35.0	27.2	22.5	32.8	18.1	31.5	24.1	26.6
2012	77.2	82.4	73.6	39.9	37.5	37.1	32.1	48.9	33.7	35.3	33.3	25.4	38.3	19.8	25.3	36.2	42.0	33.3	34.6	24.7	28.1	27.2	33.4	28.6	22.6	32.5	23.0	31.1	25.2	28.1
2013	78.9	82.9	69.5	41.0	37.1	37.3	32.5	41.3	33.8	35.2	33.4	27.3	37.3	19.6	23.7	36.4	43.3	29.4	27.0	22.6	29.4	29.4	32.2	28.0	21.5	32.2	23.3	29.9	23.2	29.4
2014	88.7	81.4	64.5	40.2	38.0	38.0	32.9	42.3	33.9	32.3	35.8	29.6	35.9	19.2	25.4	37.0	39.6	27.8	25.0	24.7	29.5	29.3	31.2	28.1	22.8	32.3	25.2	29.5	22.6	29.5
2015	92.3	74.4	67.5	40.9	37.9	39.6	33.0	37.8	35.6	31.3	35.2	31.2	33.8	24.5	25.7	32.5	34.9	29.1	26.2	20.4	28.7	28.9	29.7	27.6	23.5	37.4	21.2	28.2	23.2	28.7
2016	88.3	68.7	65.6	41.7	37.4	39.9	33.3	39.2	33.6	30.3	34.2	31.6	34.1	23.1	26.2	32.7	31.5	30.0	28.3	21.6	27.8	28.7	28.6	27.0	23.5	34.3	12.8	27.2	23.7	27.8
2017	90.4	71.4	62.8	42.5	37.7	39.5	35.7	42.8	35.2	32.7	34.3	33.1	33.4	22.6	28.0	32.5	32.3	30.6	30.1	26.5	29.4	28.2	30.1	28.0	25.6	34.7	22.5	27.3	23.8	29.4
2018	87.5	73.9	60.7	43.0	37.4	36.1	36.3	41.2	35.6	33.7	34.0	32.8	32.7	24.8	30.2	33.0	34.2	32.3	31.5	27.6	29.1	28.2	29.5	27.8	26.5	35.1	29.8	27.3	24.7	29.1
2019	86.2	72.1	59.0	41.8	36.8	36.3	36.1	35.0	34.8	34.0	32.7	32.2	31.9	31.6	31.0	30.6	30.5	30.4	30.1	28.4	27.9	27.9	27.8	27.0	26.2	25.3	25.3	24.9	24.7	27.9
平均值	74.8	82.6	61.0	35.9	34.0	31.6	29.7	41.6	30.6	28.3	29.3	27.8	31.9	21.3	22.8	34.3	33.1	35.4	29.5	25.9	24.8	28.2	37.9	23.9	23.0	31.6	17.9	28.5	23.7	33.8

表4-4 贸易开放指数第二区间的“一带一路”参与国变化情况

年份＼国家	几内亚	文莱	奥地利	汤加	波兰	基里巴斯	吉尔吉斯斯坦	克罗地亚	瓦努阿图	阿曼	科威特	波黑	亚美尼亚	萨摩亚	乌克兰	牙买加	葡萄牙	约旦	摩洛哥	阿塞拜疆	摩尔多瓦	安提瓜和巴布达	罗马尼亚	巴巴多斯	纳米比亚	圭亚那	不丹	萨尔瓦多	所罗门群岛
2000	12.0	23.3	19.3	12.0	13.7	23.7	20.2	16.9	19.7	18.0	19.5	23.5	16.3	18.2	27.1	20.2	15.7	24.6	13.3	17.7	28.5	26.2	10.9	20.4	19.3	46.7	18.1	15.5	14.1
2001	13.2	24.5	19.7	13.1	13.1	25.6	16.6	18.0	19.8	18.3	19.6	23.5	15.8	18.0	23.5	19.1	14.7	24.3	13.4	17.8	28.1	26.3	11.7	19.5	20.4	45.1	17.2	14.9	11.8
2002	12.5	24.5	19.6	16.6	13.7	29.2	18.7	18.5	20.7	17.4	18.3	21.5	16.7	19.4	22.7	18.5	14.0	25.4	13.6	20.9	29.3	25.0	12.1	18.8	21.8	44.4	17.0	14.9	11.4
2003	11.5	23.8	19.5	17.1	15.7	25.0	18.9	18.6	20.7	18.6	19.5	25.6	18.1	16.9	24.2	19.9	13.8	25.8	13.1	24.3	31.6	26.3	12.7	20.3	22.2	42.7	17.7	15.4	13.1
2004	11.4	22.7	20.5	17.3	16.1	23.3	21.2	18.6	22.3	18.6	20.1	21.4	16.5	15.9	25.7	20.1	14.2	30.0	13.9	27.4	30.0	27.6	13.7	20.8	18.8	45.3	21.6	15.7	16.5
2005	15.8	22.0	21.2	16.8	15.8	28.4	21.5	18.6	22.6	18.6	20.8	23.3	15.8	17.6	21.9	20.4	14.2	32.7	15.3	26.1	32.3	27.1	13.4	22.0	18.6	43.9	23.8	15.7	20.0
2006	15.6	21.9	22.1	14.9	17.5	22.7	27.3	19.0	20.2	19.0	20.2	22.1	13.8	18.4	20.6	22.7	15.5	31.6	16.1	23.8	31.0	26.7	13.9	23.1	20.0	28.3	26.3	16.6	21.1
2007	16.0	21.6	22.7	15.8	18.2	23.5	30.9	19.0	20.0	19.0	20.7	18.8	12.8	18.9	20.5	22.8	15.8	32.5	17.7	21.8	32.2	26.0	14.3	22.4	24.0	29.5	25.9	17.5	23.8
2008	14.5	23.9	23.0	15.3	18.2	22.4	33.0	18.7	23.2	18.7	20.9	19.4	12.3	17.3	21.9	25.6	16.3	32.1	19.3	20.1	30.3	26.0	14.7	23.1	27.4	31.3	24.7	18.2	25.2
2009	15.7	24.5	19.6	17.3	17.0	23.3	30.1	16.0	23.8	16.0	20.0	16.6	12.9	18.4	20.3	19.6	13.9	25.7	15.3	16.9	24.9	23.4	13.2	20.2	28.3	27.5	24.7	14.9	21.9
2010	16.6	21.5	22.3	16.4	18.5	20.5	30.1	16.7	22.4	16.7	21.9	18.3	14.6	18.2	22.1	18.3	15.3	26.1	17.0	16.9	19.8	23.6	16.1	21.6	24.5	22.8	26.2	16.6	29.5
2011	19.4	22.5	23.7	17.4	19.6	22.7	30.7	18.0	21.3	18.0	22.4	19.8	15.7	18.6	24.0	18.9	16.5	27.0	18.8	18.2	22.3	23.4	18.0	21.1	23.2	25.2	25.8	17.9	28.8
2012	19.6	23.8	23.7	17.5	20.2	23.6	31.5	18.2	22.5	18.2	22.8	19.9	17.1	19.4	23.5	18.5	17.2	26.8	19.2	17.7	21.7	23.4	18.0	20.2	23.4	26.9	23.5	17.5	27.3
2013	18.1	25.0	23.5	18.7	20.5	23.9	30.3	18.7	22.4	18.7	22.0	19.8	17.3	18.2	21.5	18.8	17.6	25.4	18.0	16.8	21.6	24.2	18.2	19.8	22.1	24.5	23.7	18.1	26.1
2014	17.3	23.1	23.4	16.7	21.1	26.2	28.2	19.6	22.1	19.6	22.6	20.4	17.1	19.1	22.7	19.1	18.1	25.2	18.4	15.7	21.0	24.1	18.7	19.3	23.4	21.7	22.2	17.6	25.3
2015	16.3	20.3	23.1	18.4	21.6	27.8	25.0	20.9	22.4	20.9	22.3	19.9	16.1	17.6	24.3	17.2	18.2	21.8	17.4	16.4	20.2	21.5	18.6	19.1	22.0	18.6	23.1	17.3	22.2
2016	24.8	19.7	22.8	21.4	22.6	29.1	23.9	21.2	22.7	21.2	21.7	19.8	17.1	17.9	23.8	17.2	17.9	20.3	18.2	20.3	19.8	20.3	18.8	19.2	21.4	18.6	19.3	16.4	21.7
2017	25.5	19.2	23.6	21.2	23.6	27.0	22.7	22.4	22.8	22.4	22.1	22.1	19.6	17.8	23.4	18.8	19.0	20.6	18.9	20.4	19.3	21.0	19.2	18.7	18.5	19.6	18.7	16.8	20.3
2018	27.5	21.2	24.3	22.2	24.3	22.2	22.3	23.0	22.9	23.0	22.7	22.4	20.6	19.1	22.4	20.1	19.6	20.3	19.8	20.7	19.4	20.5	19.4	18.3	18.7	18.6	19.6	17.4	19.0
2019	24.5	24.5	24.3	24.1	24.0	23.8	23.3	23.2	22.9	23.2	22.3	21.6	20.6	20.6	20.3	20.1	19.8	19.8	19.7	19.4	19.3	19.2	19.1	18.9	18.8	17.8	17.7	17.4	17.3
平均值	17.4	22.7	22.1	17.5	18.8	24.7	25.3	19.2	21.9	19.2	21.1	21.0	16.3	18.3	22.8	19.8	16.4	25.9	16.8	20.0	25.1	24.1	15.7	20.3	21.8	30.0	21.8	16.6	20.8

表4-5 贸易开放指数第三区间的"一带一路"参与国变化情况

年份＼国家	韩国	伊拉克	巴拿马	乍得	希腊	乌兹别克斯坦	加纳	多哥	赞比亚	缅甸	菲律宾	哥斯达黎加	哈萨克斯坦	贝宁	黎巴嫩	沙特阿拉伯	土耳其	老挝	塞内加尔	意大利	马达加斯加	南非	塞拉利昂	马里	智利	玻利维亚	以色列	尼泊尔
2000	14.9	28.3	30.2	11.6	13.2	9.9	26.2	15.5	13.6	0.2	19.2	19.6	23.9	10.7	11.3	15.4	9.4	15.5	14.7	11.4	9.6	11.6	13.0	12.5	13.4	10.3	16.1	12.6
2001	14.0	28.6	29.4	14.5	12.7	12.8	24.8	16.4	14.6	0.2	19.2	18.3	20.9	10.9	12.5	14.3	11.1	14.9	15.0	11.3	9.2	12.3	8.0	13.6	14.2	10.2	14.7	12.6
2002	13.2	27.0	27.5	28.5	11.3	13.3	22.0	16.4	14.6	0.1	18.9	18.2	21.2	9.8	11.5	14.6	10.7	15.2	15.2	10.8	11.3	13.5	8.6	13.0	14.3	11.1	15.5	10.4
2003	13.8	34.8	25.9	18.8	10.9	15.9	22.0	17.6	14.0	0.0	19.8	18.9	20.6	9.4	12.2	15.7	10.3	13.7	14.7	10.4	7.6	11.6	10.3	13.2	15.0	11.7	15.8	10.0
2004	15.8	27.1	27.9	23.0	11.2	17.3	22.5	18.4	16.0	0.0	19.7	19.3	21.8	9.0	20.5	16.9	10.8	14.9	15.1	10.7	11.0	11.5	10.3	12.5	15.7	12.9	17.6	10.4
2005	15.4	26.1	30.6	19.4	11.5	15.7	22.2	19.6	14.0	0.0	18.9	20.2	22.1	8.8	20.9	18.5	10.2	16.2	15.7	11.1	13.3	12.0	10.6	12.2	16.1	15.3	18.4	9.9
2006	15.9	20.2	31.1	21.6	11.9	15.2	14.9	19.6	13.0	0.0	18.2	20.4	20.6	9.0	20.5	20.3	10.8	18.5	15.5	12.0	14.0	13.6	9.4	13.7	16.5	16.8	18.4	10.1
2007	16.7	16.7	33.8	19.1	13.0	16.8	14.7	19.4	14.8	0.0	16.6	19.6	20.8	11.1	22.1	21.4	10.7	17.9	13.0	12.4	15.0	14.4	9.1	12.8	17.2	17.2	18.5	10.0
2008	21.6	18.3	37.6	18.1	13.4	18.0	15.7	19.1	13.4	0.0	15.3	19.6	21.3	10.8	24.1	21.7	11.2	18.5	14.0	12.3	16.8	16.4	8.8	14.3	18.2	18.2	17.5	10.4
2009	19.4	17.7	31.4	17.4	10.8	15.5	16.1	19.3	12.6	0.0	13.7	15.8	17.1	10.1	20.4	19.1	10.3	17.3	11.6	10.2	14.1	12.5	9.3	11.4	15.0	15.0	14.4	10.6
2010	20.6	16.6	33.5	18.1	11.9	10.7	17.0	20.6	15.3	7.8	14.9	15.4	16.7	11.6	21.5	18.6	10.3	19.1	11.7	11.7	13.0	12.6	11.6	13.1	15.6	15.6	15.2	10.4
2011	23.8	16.3	36.7	18.2	13.0	10.5	19.5	24.4	17.2	0.0	13.7	15.7	16.5	10.6	23.0	19.3	11.9	20.7	12.9	12.4	12.7	13.5	18.2	12.1	16.3	16.3	16.0	9.4
2012	23.8	16.6	35.7	18.2	13.9	9.3	21.0	23.6	17.8	5.0	13.0	15.4	16.6	11.4	20.0	18.8	11.8	22.2	13.8	12.5	11.9	13.7	21.0	13.3	15.4	15.4	16.2	9.8
2013	22.1	17.1	31.1	16.4	14.3	9.2	13.9	25.4	19.1	8.7	12.6	14.8	14.7	13.3	19.4	18.7	11.3	22.2	13.6	12.4	12.7	14.5	19.7	14.6	14.6	14.6	14.8	10.8
2014	20.4	17.7	26.9	17.3	15.1	8.1	14.7	22.0	18.1	9.5	13.0	15.1	14.6	14.7	18.0	18.2	11.6	22.4	13.2	12.5	14.0	14.5	18.8	13.7	14.7	14.7	14.1	11.8
2015	17.8	17.3	22.5	15.0	14.2	6.8	17.0	21.1	19.0	12.1	13.3	14.1	12.0	12.8	16.2	16.3	11.1	19.4	13.1	12.7	13.8	13.9	15.1	14.3	13.3	13.3	13.4	12.0
2016	16.6	16.2	19.7	14.3	13.7	6.7	15.6	20.0	16.7	13.8	13.9	14.4	13.6	13.3	15.3	13.9	10.5	16.9	12.2	12.5	13.7	13.7	17.9	14.4	12.5	12.5	13.0	11.0
2017	17.4	16.6	19.8	16.6	15.1	10.3	16.6	17.3	16.1	14.1	15.4	14.8	12.8	13.9	15.4	14.5	12.2	17.8	13.0	13.2	14.7	13.1	16.7	13.1	12.5	12.5	12.7	11.6
2018	17.7	18.0	20.2	16.7	16.4	15.0	16.2	16.6	16.5	13.7	16.3	15.0	14.3	13.9	15.4	15.0	13.6	15.4	13.6	13.6	14.1	13.4	12.8	13.5	12.9	12.9	13.2	12.4
2019	17.3	17.2	17.0	16.8	16.8	16.5	16.1	16.1	15.8	15.7	15.5	14.9	14.5	14.4	14.3	14.0	13.8	13.8	13.6	13.6	13.5	13.3	13.1	12.9	12.8	12.8	12.5	12.4
平均值	17.9	20.7	28.4	18.0	13.2	12.7	18.4	19.4	15.6	5.1	16.1	17.0	17.8	11.5	17.7	17.3	11.2	17.6	13.8	12.0	12.8	13.3	13.1	13.2	14.8	14.0	15.4	10.9

表4-6 贸易开放指数第四区间的“一带一路”参与国变化情况

年份＼国家	卢旺达	多米尼加	斯里兰卡	阿尔及利亚	安哥拉	东帝汶	委内瑞拉	塔吉克斯坦	俄罗斯	埃及	伊朗	津巴布韦	秘鲁	厄瓜多尔	乌干达	科特迪瓦	科摩罗	布隆迪	乌拉圭	喀麦隆	尼日尔	印度尼西亚	孟加拉国	中国	肯尼亚	巴基斯坦	坦桑尼亚	尼日利亚	苏丹
2000	7.0	17.9	20.0	14.2	34.4	39.6	10.8	39.6	15.4	8.8	9.3	16.7	8.0	13.4	7.4	16.8	8.0	5.1	8.3	11.5	7.8	16.1	6.6	8.8	12.0	5.7	5.4	11.0	6.6
2001	7.4	15.9	18.2	13.2	33.9	37.6	9.5	33.1	13.8	9.0	9.1	15.3	7.9	11.4	8.0	16.6	8.0	4.7	8.2	12.2	7.4	15.7	7.2	8.7	12.6	6.2	6.3	11.2	5.4
2002	6.9	15.5	17.2	13.8	23.8	40.7	10.9	31.3	13.4	9.2	10.8	15.1	7.9	11.1	8.2	18.0	8.0	4.9	9.0	11.7	6.9	13.3	6.5	9.6	12.4	6.2	6.2	9.0	7.1
2003	7.2	19.0	17.0	14.0	23.4	27.6	11.4	31.1	13.3	10.4	11.4	15.9	8.5	10.6	8.2	17.0	8.0	6.2	11.7	10.5	7.5	12.1	6.2	11.7	12.2	6.7	6.8	11.1	7.2
2004	8.1	18.3	17.9	14.8	23.4	24.2	12.5	29.0	12.8	13.0	11.6	17.1	9.4	11.4	8.0	19.1	8.0	7.1	13.9	10.6	8.3	13.5	6.0	13.4	13.4	6.2	7.6	7.2	8.5
2005	8.2	13.9	16.6	16.1	24.1	16.8	13.6	28.7	12.8	14.2	12.3	17.1	10.7	12.6	8.8	21.2	8.0	7.9	13.3	11.5	8.6	14.4	7.7	14.0	14.5	7.2	8.3	7.4	10.7
2006	7.9	14.4	16.1	15.9	21.3	22.3	13.2	31.9	12.3	13.9	12.0	18.7	11.7	13.5	9.8	21.4	8.0	9.6	14.0	11.7	8.2	12.8	8.3	14.5	12.4	8.0	9.6	9.6	10.3
2007	8.6	14.0	15.5	16.2	24.4	29.1	12.7	32.9	11.6	14.7	11.2	19.0	12.5	14.1	10.5	20.2	7.5	8.7	13.3	13.2	8.0	12.4	9.0	14.0	12.1	7.4	10.8	8.8	10.0
2008	8.9	13.8	14.3	17.3	27.4	30.5	11.7	25.8	12.0	16.2	10.9	24.7	13.2	15.3	12.7	19.7	8.2	10.6	14.7	14.0	9.0	13.2	9.6	13.0	13.0	8.0	11.0	9.2	9.8
2009	8.8	11.4	11.1	16.1	27.6	35.6	8.7	19.4	10.9	12.7	9.8	13.9	10.8	11.7	10.7	20.5	8.5	8.0	12.0	10.8	11.2	10.2	9.0	10.2	11.5	7.2	9.8	8.1	8.1
2010	8.9	12.6	10.4	15.8	23.5	30.3	10.4	16.6	11.3	10.8	9.8	18.7	11.6	13.6	8.7	21.2	8.9	8.9	11.6	11.1	11.8	10.5	8.5	11.4	12.2	7.4	10.7	9.8	7.6
2011	9.4	13.3	12.4	15.2	22.6	31.4	11.2	18.0	10.8	10.2	9.7	20.2	12.6	14.5	9.0	20.6	9.0	9.7	12.0	12.8	11.4	11.3	10.7	11.4	13.6	7.4	12.7	12.0	7.1
2012	9.6	13.2	11.6	14.7	20.7	29.3	11.4	18.8	10.6	9.2	10.7	16.7	11.9	13.9	9.9	21.1	9.2	9.8	12.4	12.7	10.2	11.2	10.8	10.9	13.0	7.4	12.3	10.0	5.6
2013	10.1	12.8	11.1	14.3	19.6	18.0	12.2	16.2	10.4	9.1	11.3	13.2	11.2	13.4	9.8	18.1	8.8	10.5	11.2	12.5	10.5	11.0	10.4	10.5	12.0	7.5	11.0	7.0	5.3
2014	8.4	12.5	11.3	14.0	17.9	18.7	10.8	12.3	10.8	8.3	10.0	12.3	10.6	13.0	8.2	16.6	8.8	9.4	11.1	12.4	10.3	10.8	10.0	10.1	11.6	7.0	10.2	6.9	4.4
2015	9.4	11.8	11.2	13.5	14.2	13.5	11.1	11.9	11.1	7.8	8.8	12.8	10.2	10.2	8.6	11.9	8.5	7.3	10.2	11.2	9.9	9.4	9.5	8.9	10.0	6.2	9.2	4.8	4.3
2016	9.2	11.6	11.2	12.6	12.0	13.5	11.4	12.4	10.5	6.8	9.7	11.5	10.2	8.7	7.1	10.7	8.4	7.1	9.3	9.7	8.2	8.4	8.5	8.3	8.5	5.7	8.0	4.6	5.0
2017	11.4	11.3	11.5	12.6	11.8	12.7	11.4	12.8	10.6	10.2	11.0	11.3	10.7	9.6	8.3	10.9	9.0	7.7	9.0	9.3	8.8	8.9	7.9	8.5	8.4	5.8	7.2	5.9	4.8
2018	11.1	11.7	12.0	13.1	15.0	14.2	11.4	10.5	11.5	10.9	10.6	11.3	11.0	10.4	8.3	10.3	9.7	8.8	9.0	9.7	8.5	9.7	8.6	8.4	8.1	6.5	8.1	7.4	5.1
2019	12.1	11.9	11.8	11.7	11.7	11.6	11.4	11.2	11.1	11.0	11.0	10.7	10.6	10.5	10.4	10.3	9.6	9.4	9.4	9.1	8.9	8.4	8.3	8.0	7.5	6.8	6.7	6.6	6.0
平均值	8.9	13.8	13.9	14.5	21.6	24.9	11.4	22.2	11.9	10.8	10.6	15.6	10.6	12.1	9.0	17.1	8.5	8.1	11.2	11.4	9.1	11.7	8.5	10.7	11.6	6.8	8.9	8.4	6.9

（三）"一带一路"参与国贸易开放指数平均值与世界平均值的比较

图4-1为"一带一路"参与国与世界整体贸易开放指数平均值的比较。由图可知，2000~2019年，世界贸易开放指数平均值变化态势与"一带一路"贸易开放指数平均值变化态势相同。2000~2008年，"一带一路"参与国贸易开放指数平均值呈持续上升态势，且"一带一路"贸易开放指数平均值高于世界贸易开放指数平均值。2008年，受全球金融危机影响，"一带一路"参与国与世界贸易开放指数平均值都显著下跌。2010年，随着全球经济的复苏，"一带一路"参与国与世界贸易开放指数平均值同时止跌回升。2012年起，金融危机和债务危机完全传导到消费端和国际贸易领域，"一带一路"参与国和世界贸易开放指数的平均值均呈下跌态势。提出"一带一路"倡议和亚投行正式成立后，"一带一路"参与国与世界贸易开放指数平均值均有所上升。

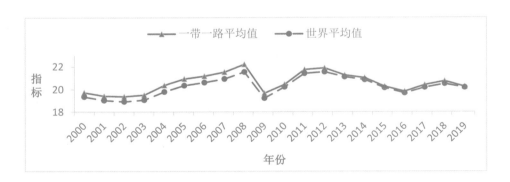

图4-1 "一带一路"参与国贸易开放指数平均值与世界平均值的比较

三、金融开放指数

（一）金融开放指数的含义

金融是现代经济的血液，建立稳定、可持续、风险可控的金融保障体系，创新投资和融资模式，推广政府和社会资本合作，建设多元化融资体系和多层次资本市场，对促进产业发展具有重要作用。本节将通过"一带一路"参与国的金融开放指数在2000～2019年之间的变化，以及与世界平均水平的比较，分析"一带一路"参与国这些年的金融发展水平。

选取资本流入流出总额占国内生产总值（GDP）比值作为金融开放指数的原始指标，数据来自世界银行。对于金融开放与一国经济增长之间的关系，学界一直存在争论。一般研究认为金融开放对经济增长具有促进作用，金融开放有助于降低资本成本，提高资本效率；但金融开放也存在加剧经济波动、减缓经济增长的风险，特别是对于一些经济、金融欠发达的中小发展中国家。对于金融开放水平的测度，学界通常有两类方法。一是对一国对于跨境资本流动、价格、数量及外国资产持股的法律法规限制程度进行测度；二是基于国内储蓄率与国内投资率组合、利差、国际资本流动等事实的开放测度，如资本流入和流出占GDP的比重、外资股票总价值和负债占GDP的比重。基于数据的可获得性，本文采用资本流入流出总额占国内生产总值比值作为金融开放指数的指标。

（二）"一带一路"参与国的金融开放指数

基于117个"一带一路"参与国的资本流入流出总额和GDP数据，求算得到各国金融开放指数，如以下图表所示。与前文类似，我们对4个年份（2000年、2006年、2013年、2019年）的各国排名也做了统计，排名范围限于有统计数据的"一带一路"参与国。这4个年份各国的金融开放指数及其排名见表4-7所示，同样按四分法依据各国排序分成了4个板块（表4-8）。

选取的4个年份统计排序结果显示，4个样本年中，金融开放指数稳定排在前十名的有马耳他、新加坡、卢森堡。作为高度依赖对外贸易的经济体，新加坡必然实行金融开放与高度贸易依存模式相匹配。值得注意的是，新加坡最近面向全球开放线上金融、数字金融、互联网金融、金融科技，颠覆了自己作为传统金融中心之一的发展模式。传统金融必与传统线下交易、现场交易相辅相成。而近年来，随着移动互联网技术的成熟与商业上广泛应用，加上在世界范围内的贸易摩擦、公共卫生事件等背景下，线上交易成为贸易的主要交易模式。线上商品交易，必然带动线上金融交易模式的蓬勃发展。可以预见，新加坡在新金融模式上依然会引领发展，在金融开放方面依然可能屹立潮头。卢森堡则被称为中国投资者进入欧洲债券市场的窗口。目前中国已有包括中国银行、中国工商银行、中国建设银行等7家大型银行选择卢森堡作为其在欧洲的"大本营"，正是因为卢森堡作为欧洲金融中心之一，有完善的法律体系、监管体系、灵活创新的发展模式、开放的格局。

长期徘徊在第四区间的，基本都是发展中国家，主要集中在非洲及拉丁美洲。究竟是经济落后导致金融不开放呢还是金融不开放导致经济不发达？这需要专题研究。但对于经济不发达国家而言，渐进式地改进，使得金融开放程度、金融发展模式与实体经济发展模式同步匹配，才是稳健的发展之道。

表4-7 "一带一路"参与国金融开放指数及其排名（117国）

	2000年		2006年		2013年		2019年	
	指数	排名	指数	排名	指数	排名	指数	排名
阿尔及利亚	0.1	95	0.3	87	0.2	98	0.2	96
安哥拉	1.5	14	0.1	105	0.9	34	1.1	23
安提瓜和巴布达	0.8	39	4.9	8	1.8	11	2.0	12
亚美尼亚	0.9	33	1.2	39	0.5	65	0.5	53
奥地利	1.1	27	1.2	39	0.4	76	1.2	21
阿塞拜疆	0.4	63	7.7	4	0.9	34	1.3	19
巴林	0.7	43	3.3	11	2.1	10	0.3	88
孟加拉国	0.1	95	0.1	105	0.3	85	0.1	105
巴巴多斯	0.5	54	1.4	32	0.4	76	0.1	105
白俄罗斯	0.2	86	0.2	97	0.5	65	0.3	88

续上表

	2000年		2006年		2013年		2019年	
	指数	排名	指数	排名	指数	排名	指数	排名
贝宁	0.4	63	0.2	97	0.5	65	0.1	105
不丹	0.1	95	0.1	105	0.2	98	0.0	115
玻利维亚	1.4	16	0.4	84	0.9	34	0.1	105
波黑	0.4	63	1.1	44	0.3	85	0.4	70
文莱	1.4	16	0.1	105	0.7	50	0.4	70
保加利亚	1.2	25	3.7	10	0.7	50	0.5	53
布隆迪	0.4	63	0.0	115	0.8	40	0.0	115
佛得角	1.0	29	1.9	19	1.0	32	1.0	26
柬埔寨	0.6	49	1.1	44	2.2	9	2.2	10
喀麦隆	0.3	78	0.1	105	0.3	85	0.4	70
乍得	1.3	20	0.6	69	0.6	57	0.7	37
智利	1.8	8	1.0	49	1.7	12	0.4	70
中国	0.6	49	0.8	57	0.6	57	0.3	88
科摩罗	0.0	114	0.0	115	0.1	107	0.1	105
刚果（布）	1.7	9	3.0	12	3.5	7	6.2	3
哥斯达黎加	0.9	33	1.4	32	1.3	22	0.7	37
科特迪瓦	0.4	63	0.3	87	0.2	98	0.4	70
克罗地亚	0.8	39	1.1	44	0.3	85	0.4	70
塞浦路斯	1.6	11	2.2	17	36.6	1	24.0	1
捷克	1.3	20	1.0	49	1.1	28	1.0	26
多米尼克	0.8	39	1.0	49	0.6	57	0.6	42
多米尼加	0.7	43	0.8	57	0.5	65	0.5	53
厄瓜多尔	0.0	114	0.1	105	0.1	107	0.1	105
埃及	0.2	86	1.5	27	0.2	98	0.5	53
萨尔瓦多	0.2	86	0.3	87	0.2	98	0.5	53
爱沙尼亚	1.4	16	3.0	12	1.2	25	2.4	8
冈比亚	1.9	7	0.4	84	0.5	65	1.2	21
加纳	0.5	54	0.5	77	0.8	40	0.7	37
希腊	0.1	95	0.6	69	0.2	98	0.4	70
几内亚	0.1	95	0.5	77	0.0	116	1.3	19
圭亚那	1.5	14	1.1	44	1.1	28	4.2	5
匈牙利	1.1	27	5.0	7	0.9	34	1.0	26
印度尼西亚	0.4	63	0.3	87	0.6	57	0.4	70
伊朗	0.0	114	0.2	97	0.1	107	0.2	96
伊拉克	0.1	95	0.2	97	0.2	98	0.2	96
以色列	1.4	16	3.0	12	0.8	40	1.1	23
意大利	0.3	78	0.9	55	0.3	85	0.5	53
牙买加	0.8	39	1.2	39	0.7	50	1.0	26
约旦	1.7	9	3.8	9	0.9	34	0.3	88
哈萨克斯坦	1.3	20	1.7	21	0.8	40	0.5	53
肯尼亚	0.1	95	0.1	105	0.4	76	0.3	88

	2000年		2006年		2013年		2019年	
	指数	排名	指数	排名	指数	排名	指数	排名
基里巴斯	0.2	86	0.1	105	0.1	107	0.1	105
韩国	0.5	54	0.3	87	0.5	65	0.4	70
科威特	0.1	95	1.3	38	1.6	14	0.3	88
吉尔吉斯斯坦	0.1	95	1.0	49	1.3	22	0.3	88
老挝	0.4	63	0.9	55	0.9	34	1.4	18
拉脱维亚	0.7	43	1.4	32	0.8	40	0.4	70
黎巴嫩	1.0	29	2.5	16	1.6	14	1.1	23
莱索托	0.6	49	0.2	97	0.3	85	0.8	32
立陶宛	0.5	54	1.4	32	0.4	76	0.6	42
卢森堡	3.6	4	15.6	3	10.3	4	3.7	6
马达加斯加	0.3	78	0.8	57	0.7	50	0.8	32
马来西亚	1.0	29	1.5	27	1.2	25	0.5	53
马尔代夫	0.6	49	0.6	69	1.7	12	1.7	15
马里	0.4	63	0.5	77	0.4	76	0.6	42
马耳他	3.5	5	92.6	1	14.3	2	11.5	2
摩尔多瓦	1.6	11	1.2	39	0.5	65	0.8	32
蒙古	0.7	43	1.4	32	2.6	8	2.9	7
黑山	8.5	1	5.4	6	1.6	14	1.5	17
摩洛哥	0.2	86	0.7	65	0.6	57	0.4	70
莫桑比克	0.4	63	0.7	65	6.7	5	2.3	9
缅甸	0.5	54	0.3	87	0.6	57	0.5	53
纳米比亚	0.9	33	1.6	25	1.0	32	0.0	115
尼泊尔	0.0	114	0.0	115	0.1	107	0.1	105
荷兰	5.2	2	19.2	2	13.3	3	1.8	14
尼日尔	0.2	86	0.2	97	1.3	22	0.2	96
尼日利亚	0.3	78	0.3	87	0.2	98	0.2	96
北马其顿	0.9	33	1.0	49	0.7	50	0.8	32
阿曼	0.1	95	0.8	57	0.5	65	1.6	16
巴基斯坦	0.1	95	0.5	77	0.1	107	0.1	105
巴拿马	1.3	20	2.9	15	1.5	18	1.9	13
秘鲁	0.3	78	0.6	69	0.8	40	0.5	53
菲律宾	0.4	63	0.5	77	0.4	76	0.5	53
波兰	0.9	33	1.5	27	0.1	107	0.5	53
葡萄牙	2.1	6	1.7	21	1.6	14	0.6	42
罗马尼亚	0.4	63	1.5	27	0.3	85	0.5	53
俄罗斯	0.4	63	1.1	44	1.1	28	0.5	53
卢旺达	0.1	95	0.1	105	0.5	65	0.5	53
萨摩亚	0.1	95	0.7	65	0.3	85	0.1	105
沙特阿拉伯	0.3	78	0.8	57	0.3	85	0.4	70
塞内加尔	0.3	78	0.5	77	0.3	85	0.7	37
塞舌尔	0.9	33	2.2	17	1.5	18	2.2	10

续上表

	2000年		2006年		2013年		2019年	
	指数	排名	指数	排名	指数	排名	指数	排名
塞拉利昂	1.0	29	0.5	77	1.4	20	0.6	42
新加坡	3.7	3	6.3	5	5.6	6	5.9	4
斯洛伐克	1.3	20	1.4	32	0.4	76	0.4	70
斯洛文尼亚	0.2	86	0.6	69	0.0	116	0.6	42
所罗门群岛	0.5	54	1.7	21	0.8	40	0.4	70
南非	0.1	95	0.4	84	0.6	57	0.4	70
斯里兰卡	0.2	86	0.3	87	0.2	98	0.3	88
苏丹	0.5	54	0.8	57	0.5	65	0.6	42
塔吉克斯坦	0.4	63	1.9	19	0.5	65	0.5	53
坦桑尼亚	0.5	54	0.3	87	0.7	50	0.2	96
泰国	0.4	63	0.7	65	1.1	28	0.6	42
东帝汶	0.1	95	0.3	87	0.8	40	0.7	37
多哥	0.7	43	0.6	68	0.7	50	0.2	96
汤加	1.6	11	0.6	69	0.3	85	0.5	53
突尼斯	0.6	49	1.5	27	0.4	76	0.4	70
土耳其	0.1	95	0.6	69	0.3	85	0.2	96
乌干达	0.4	63	1.0	49	0.6	57	0.6	42
乌克兰	0.3	78	0.8	57	0.4	76	0.4	70
阿拉伯联合酋长国	0.1	95	1.7	21	0.8	40	1.0	26
乌拉圭	0.2	86	1.2	39	0.8	40	0.6	42
乌兹别克斯坦	0.1	95	0.2	97	0.1	107	0.6	42
瓦努阿图	1.2	25	1.6	25	1.2	25	0.9	31
委内瑞拉	0.7	43	0.2	97	0.1	107	0.2	96
赞比亚	0.5	54	0.8	57	1.4	20	0.8	32
津巴布韦	0.1	95	0.1	105	0.3	85	0.4	70
上述国家平均值	0.8		2.2		1.4		1.1	
世界平均值	1.1		2.0		1.3		1.1	

表4-8 "一带一路"参与国金融开放指数排名和分区（117国）

	排名	2000年	2006年	2013年	2019年
第一区间	1	黑山	马耳他	塞浦路斯	塞浦路斯
	2	荷兰	荷兰	马耳他	马耳他
	3	新加坡	卢森堡	荷兰	刚果（布）
	4	卢森堡	阿塞拜疆	卢森堡	新加坡
	5	马耳他	新加坡	莫桑比克	圭亚那
	6	葡萄牙	黑山	新加坡	卢森堡
	7	加蓬	匈牙利	刚果（布）	蒙古
	8	智利	安提瓜和巴布达	蒙古	爱沙尼亚
	9	刚果（布）	约旦	柬埔寨	莫桑比克
	10	约旦	保加利亚	巴林	塞舌尔

续上表

	排名	2000年	2006年	2013年	2019年
第一区间	11	塞浦路斯	巴林	安提瓜和巴布达	柬埔寨
	12	摩尔多瓦	以色列	智利	安提瓜和巴布达
	13	汤加	刚果（布）	马尔代夫	巴拿马
	14	圭亚那	爱沙尼亚	黑山	荷兰
	15	安哥拉	巴拿马	科威特	马尔代夫
	16	文莱	黎巴嫩	葡萄牙	阿曼
	17	爱沙尼亚	塞舌尔	黎巴嫩	黑山
	18	玻利维亚	塞浦路斯	巴拿马	老挝
	19	以色列	塔吉克斯坦	塞舌尔	几内亚
	20	巴拿马	佛得角	赞比亚	阿塞拜疆
	21	乍得	所罗门群岛	塞拉利昂	加蓬
	22	捷克	阿拉伯联合酋长国	吉尔吉斯斯坦	奥地利
	23	斯洛伐克	葡萄牙	尼日尔	安哥拉
	24	哈萨克斯坦	哈萨克斯坦	哥斯达黎加	以色列
	25	保加利亚	纳米比亚	爱沙尼亚	黎巴嫩
	26	瓦努阿图	瓦努阿图	马来西亚	佛得角
	27	奥地利	突尼斯	瓦努阿图	捷克
	28	匈牙利	埃及	捷克	阿拉伯联合酋长国
	29	佛得角	罗马尼亚	俄罗斯	牙买加
	30	黎巴嫩	马来西亚	圭亚那	匈牙利
第二区间	31	马来西亚	波兰	泰国	瓦努阿图
	32	塞拉利昂	立陶宛	佛得角	摩尔多瓦
	33	北马其顿	巴巴多斯	纳米比亚	马达加斯加
	34	塞舌尔	拉脱维亚	老挝	赞比亚
	35	哥斯达黎加	哥斯达黎加	安哥拉	北马其顿
	36	亚美尼亚	蒙古	约旦	莱索托
	37	纳米比亚	斯洛伐克	玻利维亚	加纳
	38	波兰	科威特	阿塞拜疆	东帝汶
	39	多米尼克	奥地利	匈牙利	乍得
	40	安提瓜和巴布达	乌拉圭	以色列	塞内加尔
	41	牙买加	亚美尼亚	加纳	哥斯达黎加
	42	克罗地亚	摩尔多瓦	秘鲁	塞拉利昂
	43	蒙古	牙买加	哈萨克斯坦	苏丹
	44	委内瑞拉	波黑	所罗门群岛	多米尼克
	45	多哥	克罗地亚	东帝汶	马里
	46	多米尼加	圭亚那	拉脱维亚	乌兹别克斯坦
	47	拉脱维亚	俄罗斯	乌拉圭	泰国
	48	巴林	柬埔寨	布隆迪	斯洛文尼亚
	49	柬埔寨	多米尼克	阿拉伯联合酋长国	乌干达
	50	中国	捷克	多哥	葡萄牙
	51	莱索托	乌干达	马达加斯加	乌拉圭

续上表

	排名	2000年	2006年	2013年	2019年
第二区间	52	突尼斯	吉尔吉斯斯坦	北马其顿	立陶宛
	53	马尔代夫	智利	坦桑尼亚	秘鲁
	54	坦桑尼亚	北马其顿	牙买加	多米尼加
	55	赞比亚	意大利	文莱	缅甸
	56	立陶宛	老挝	保加利亚	马来西亚
	57	加纳	中国	南非	俄罗斯
	58	苏丹	乌克兰	乍得	波兰
	59	巴巴多斯	多米尼加	乌干达	哈萨克斯坦
第三区间	60	所罗门群岛	苏丹	中国	罗马尼亚
	61	缅甸	阿曼	印度尼西亚	保加利亚
	62	韩国	沙特阿拉伯	缅甸	卢旺达
	63	罗马尼亚	赞比亚	多米尼克	埃及
	64	印度尼西亚	马达加斯加	摩洛哥	汤加
	65	塔吉克斯坦	泰国	卢旺达	萨尔瓦多
	66	布隆迪	萨摩亚	亚美尼亚	塔吉克斯坦
	67	泰国	莫桑比克	塔吉克斯坦	菲律宾
	68	马里	摩洛哥	贝宁	亚美尼亚
	69	波黑	马尔代夫	白俄罗斯	意大利
	70	乌干达	斯洛文尼亚	阿曼	韩国
	71	老挝	汤加	加蓬	拉脱维亚
	72	菲律宾	秘鲁	多米尼加	文莱
	73	莫桑比克	多哥	韩国	智利
	74	阿塞拜疆	土耳其	苏丹	波黑
	75	贝宁	乍得	摩尔多瓦	印度尼西亚
	76	科特迪瓦	希腊	巴巴多斯	突尼斯
	77	俄罗斯	马里	乌克兰	所罗门群岛
	78	乌克兰	巴基斯坦	奥地利	希腊
	79	尼日利亚	塞拉利昂	菲律宾	乌克兰
	80	马达加斯加	加纳	肯尼亚	喀麦隆
	81	沙特阿拉伯	塞内加尔	马里	克罗地亚
	82	意大利	几内亚	突尼斯	科特迪瓦
	83	塞内加尔	菲律宾	斯洛伐克	沙特阿拉伯
	84	喀麦隆	加蓬	立陶宛	斯洛伐克
	85	秘鲁	玻利维亚	波黑	津巴布韦
	86	萨尔瓦多	南非	喀麦隆	摩洛哥
	87	埃及	尼日利亚	汤加	南非
	88	摩洛哥	坦桑尼亚	孟加拉国	约旦

续上表

	排名	2000年	2006年	2013年	2019年
	89	基里巴斯	科特迪瓦	津巴布韦	白俄罗斯
	90	乌拉圭	印度尼西亚	莱索托	科威特
	91	斯里兰卡	韩国	罗马尼亚	斯里兰卡
	92	尼日尔	缅甸	克罗地亚	巴林
	93	斯洛文尼亚	东帝汶	意大利	吉尔吉斯斯坦
	94	白俄罗斯	斯里兰卡	沙特阿拉伯	中国
	95	南非	萨尔瓦多	塞内加尔	肯尼亚
	96	阿拉伯联合酋长国	阿尔及利亚	土耳其	伊朗
	97	肯尼亚	莱索托	萨摩亚	土耳其
	98	科威特	委内瑞拉	埃及	尼日尔
	99	希腊	贝宁	希腊	伊拉克
	100	土耳其	尼日尔	萨尔瓦多	阿尔及利亚
	101	东帝汶	伊拉克	斯里兰卡	多哥
	102	乌兹别克斯坦	乌兹别克斯坦	科特迪瓦	坦桑尼亚
第四区间	103	阿尔及利亚	白俄罗斯	尼日利亚	尼日利亚
	104	孟加拉国	伊朗	不丹	委内瑞拉
	105	吉尔吉斯斯坦	卢旺达	伊拉克	厄瓜多尔
	106	不丹	文莱	阿尔及利亚	萨摩亚
	107	卢旺达	津巴布韦	乌兹别克斯坦	巴基斯坦
	108	津巴布韦	不丹	波兰	尼泊尔
	109	萨摩亚	孟加拉国	厄瓜多尔	孟加拉国
	110	伊拉克	厄瓜多尔	伊朗	玻利维亚
	111	阿曼	基里巴斯	巴基斯坦	科摩罗
	112	巴基斯坦	安哥拉	委内瑞拉	贝宁
	113	几内亚	喀麦隆	基里巴斯	巴巴多斯
	114	厄瓜多尔	肯尼亚	尼泊尔	基里巴斯
	115	伊朗	科摩罗	科摩罗	纳米比亚
	116	科摩罗	尼泊尔	斯洛文尼亚	布隆迪
	117	尼泊尔	布隆迪	几内亚	不丹

表4-9　金融开放指数第一区间的“一带一路”参与国变化情况

年份＼国家	塞浦路斯	马耳他	刚果（布）	新加坡	圭亚那	卢森堡	蒙古	爱沙尼亚	莫桑比克	塞舌尔	柬埔寨	安提瓜和巴布达	巴拿马	荷兰	马尔代夫	阿曼	黑山	老挝	几内亚	阿塞拜疆	奥地利	安哥拉	以色列	黎巴嫩	佛得角	捷克	阿拉伯联合酋长国	牙买加	匈牙利
2000	1.6	3.5	1.7	3.7	1.5	3.6	0.7	1.4	0.4	0.9	0.6	0.8	1.3	5.2	0.6	0.1	8.5	0.4	0.1	0.4	1.1	1.5	1.3	1.0	1.0	1.3	0.1	0.8	1.1
2001	1.8	2.3	1.9	6.5	1.2	4.9	0.8	2.1	0.8	1.8	0.6	1.9	0.9	3.7	0.4	0.0	8.0	0.2	0.0	3.9	0.7	3.8	0.3	1.3	0.3	1.3	0.2	1.1	1.3
2002	2.3	2.1	1.7	1.5	0.9	9.6	0.9	1.1	1.0	1.3	0.5	1.3	0.5	1.9	0.4	0.1	7.5	0.0	0.3	7.5	0.4	1.9	0.3	1.1	0.4	1.7	0.1	0.8	1.1
2003	1.6	4.0	1.4	3.3	0.6	2.7	1.3	2.1	0.8	1.5	0.3	3.0	1.5	1.8	0.5	0.1	6.9	0.2	0.4	12.2	0.8	3.2	0.7	2.7	0.8	0.4	0.7	1.3	1.5
2004	1.7	33.2	0.6	5.1	0.6	5.4	0.7	1.9	1.0	0.9	0.4	1.4	1.6	7.0	0.7	0.1	6.4	0.1	0.4	12.8	0.6	2.0	0.9	2.0	1.1	1.2	1.3	0.9	0.9
2005	1.5	80.3	2.8	3.9	1.5	5.4	1.2	4.3	0.3	1.4	1.0	3.4	1.2	10.9	0.7	0.9	5.9	0.2	0.6	10.1	8.1	0.6	0.9	2.4	1.3	1.8	1.3	1.0	6.6
2006	2.2	92.6	3.0	6.2	1.1	15.6	1.4	3.0	0.7	2.2	1.1	4.9	2.9	19.2	0.6	0.8	5.4	0.9	0.5	7.7	1.2	0.1	3.0	2.5	1.9	1.0	1.7	1.2	5.0
2007	2.3	100.0	2.7	7.6	1.4	31.1	1.4	3.8	0.7	2.9	1.6	4.0	1.9	24.6	1.1	1.3	4.7	1.3	1.0	6.8	6.0	0.4	1.5	2.7	2.0	1.5	1.7	1.1	16.0
2008	15.0	54.2	2.7	1.7	1.5	5.2	2.4	2.1	0.9	3.1	1.3	1.8	1.6	7.7	1.3	0.9	3.7	0.7	1.0	2.7	1.2	0.8	1.3	2.9	1.9	1.0	1.0	1.6	15.0
2009	76.4	13.9	2.1	4.5	1.2	10.8	2.3	2.6	1.3	3.2	1.4	1.0	0.7	4.3	1.1	0.5	6.0	0.9	0.3	2.0	1.2	0.5	0.5	2.6	1.2	0.7	0.2	0.6	0.8
2010	38.3	22.5	2.8	5.9	1.4	18.4	3.8	3.1	2.1	2.7	2.0	1.3	1.4	5.7	1.3	0.8	3.0	0.7	0.5	1.9	1.5	0.9	1.0	1.9	1.1	0.6	0.6	0.2	5.4
2011	50.0	20.1	0.4	4.6	1.5	5.1	7.0	1.7	4.1	2.2	1.9	0.9	2.6	12.2	2.4	0.7	2.0	0.5	2.2	1.9	2.2	0.7	1.0	1.6	0.9	0.8	0.4	0.2	2.2
2012	91.2	19.7	0.3	4.0	1.5	8.2	5.2	2.1	5.4	12	2.3	1.7	1.4	8.9	1.2	0.5	2.5	1.0	1.2	2.2	0.9	0.3	0.7	1.5	1.3	1.0	0.5	0.5	2.3
2013	36.6	14.3	3.5	5.6	1.1	10.2	2.6	1.2	6.7	1.5	2.2	1.8	1.5	13.3	1.7	0.5	1.6	0.9	0.0	0.9	0.4	0.9	0.8	1.6	1.0	1.0	0.7	0.7	0.9
2014	79.9	12.3	4.6	6.0	1.2	12.6	0.6	1.7	4.5	2.2	1.8	0.7	1.8	4.2	1.4	0.5	1.8	1.0	0.1	1.3	0.1	0.5	0.5	1.3	1.6	1.1	0.7	0.7	2.5
2015	58.1	15.0	8.9	5.9	0.7	8.1	0.1	0.9	3.8	2.2	1.7	1.5	1.8	14.5	1.1	0.6	2.8	1.2	0.1	2.1	0.4	1.5	1.2	0.9	1.1	1.5	1.1	1.1	1.7
2016	11.2	13.1	2.7	5.4	0.8	16.0	5.8	0.8	4.2	1.3	2.0	1.5	1.6	9.9	1.6	0.6	1.5	0.9	3.0	2.9	2.2	0.1	1.3	1.1	1.3	1.0	1.1	1.3	17.0
2017	24.3	13.1	7.7	6.7	1.4	10.1	2.1	1.4	2.8	1.9	2.1	1.7	1.1	4.5	1.5	1.2	1.8	1.6	0.9	2.1	0.9	1.1	1.1	1.1	1.1	1.0	1.0	1.0	3.0
2018	5.3	12.3	5.8	5.1	4.8	1.5	2.4	0.7	2.9	3.1	2.1	1.6	1.6	8.0	1.6	1.4	1.7	1.2	0.5	1.1	0.4	1.1	1.0	1.1	1.0	0.9	0.9	0.8	13.0
2019	24.0	11.4	6.2	5.9	4.2	3.7	2.9	2.4	2.3	2.2	2.2	2.0	1.9	1.8	1.7	1.6	1.5	1.4	1.3	1.3	1.1	1.1	1.1	1.0	1.0	1.0	1.0	1.0	1.0
平均值	26.3	27.0	3.2	5.0	1.5	9.4	2.3	2.0	2.3	2.5	1.5	1.9	1.5	8.5	1.2	0.7	4.2	0.8	0.7	4.2	1.6	1.2	1.0	1.7	1.2	1.1	0.8	0.9	4.9

表4-10 金融开放指数第二区间的“一带一路”参与国变化情况

国家 / 年份	瓦努阿图	摩尔多瓦	马达加斯加	赞比亚	北马其顿	莱索托	加纳	东帝汶	乍得	塞内加尔	哥斯达黎加	塞拉利昂	苏丹	多米尼克	马里	乌兹别克斯坦	泰国	斯洛文尼亚	乌干达	葡萄牙	乌拉圭	立陶宛	秘鲁	多米尼加	缅甸	马来西亚	俄罗斯	波兰	哈萨克斯坦
2000	1.2	1.6	0.3	0.5	0.9	0.6	0.5	0.1	1.3	0.3	0.9	1.0	0.5	0.8	0.4	0.1	0.4	0.2	0.4	2.1	0.2	0.5	0.2	0.7	0.4	1.0	0.4	0.9	1.3
2001	1.1	1.1	0.3	0.6	2.1	0.6	0.3	0.1	4.2	0.1	0.7	0.1	0.7	0.8	1.4	0.1	0.7	0.5	0.4	1.7	0.2	0.6	0.4	0.7	0.5	0.1	0.3	0.5	2.0
2002	0.9	0.8	0.0	1.1	0.5	0.6	0.2	0.1	7.3	0.3	0.8	0.1	0.8	0.9	1.1	0.1	0.4	1.5	0.5	0.2	0.2	0.8	0.6	0.5	0.3	0.8	0.3	0.3	1.9
2003	0.9	0.6	0.0	1.1	0.4	0.6	0.3	0.1	4.1	0.2	0.8	0.1	1.2	1.4	0.4	0.1	0.6	0.7	0.5	1.8	0.5	0.2	0.4	0.4	0.4	0.8	0.6	0.5	1.4
2004	0.9	0.9	0.2	1.0	0.9	0.6	0.2	0.1	1.7	0.3	1.1	0.7	1.1	1.1	0.3	0.2	0.5	0.6	0.6	0.9	0.4	0.8	0.4	0.7	0.3	0.8	0.8	1.0	2.1
2005	0.6	1.0	0.3	0.7	0.5	0.4	0.2	0.0	0.2	0.4	1.3	0.9	0.9	0.8	0.6	0.2	0.7	0.9	0.7	0.5	0.8	1.1	0.5	0.5	0.3	0.7	0.7	0.8	0.8
2006	1.6	1.2	0.8	0.8	1.0	0.2	0.5	0.3	0.6	0.5	1.4	0.5	0.8	1.0	0.5	0.2	0.7	0.6	1.0	1.7	1.2	1.4	0.6	0.8	0.3	1.5	1.1	1.5	1.7
2007	1.0	2.0	1.5	1.5	1.4	0.7	0.9	0.3	0.6	0.5	1.6	0.7	0.5	1.5	0.7	0.5	0.6	1.3	1.0	1.1	1.0	1.4	0.9	1.0	0.6	1.7	1.2	1.2	2.4
2008	1.0	2.0	1.7	0.8	1.0	0.1	1.5	1.0	0.7	0.6	1.3	0.4	0.5	1.9	0.6	0.4	0.6	0.7	0.8	0.8	1.1	0.7	1.0	0.9	0.4	1.6	1.2	0.6	2.4
2009	0.8	0.8	2.2	1.0	0.6	0.8	1.4	1.0	0.6	0.4	1.0	0.7	0.5	1.4	1.2	0.4	0.7	0.2	0.5	0.6	0.8	0.4	0.9	0.7	0.5	0.5	1.0	0.7	2.5
2010	1.4	0.7	1.5	2.2	0.7	0.1	1.2	1.0	0.5	0.3	0.9	1.5	0.5	0.8	0.6	0.5	1.1	0.2	0.3	0.8	0.9	0.5	0.9	0.6	0.3	1.6	1.0	0.9	1.2
2011	1.2	0.7	1.2	0.7	0.8	0.4	1.3	1.2	0.4	0.3	1.2	5.1	0.5	0.4	0.7	0.5	0.4	0.3	0.5	1.6	0.9	1.0	0.7	0.6	0.7	1.7	0.9	0.7	1.5
2012	1.2	0.5	1.2	1.5	0.8	0.4	1.3	0.7	0.7	0.3	1.2	3.0	0.7	0.7	0.5	0.1	1.1	0.2	0.7	1.9	3.0	0.4	1.3	1.0	0.3	1.3	0.7	0.3	1.2
2013	1.2	0.5	0.7	1.4	0.7	0.3	0.8	0.8	0.6	0.3	1.3	1.4	0.5	0.6	0.4	0.1	1.0	0.0	0.6	1.6	0.8	0.4	0.8	0.5	0.6	1.2	1.1	0.1	0.8
2014	0.3	0.6	0.7	1.4	0.4	0.6	1.0	0.5	0.8	0.3	1.1	1.2	0.3	0.5	0.2	0.2	0.4	0.4	0.5	1.1	1.4	0.3	0.4	0.6	0.5	1.2	0.6	0.8	0.7
2015	0.7	0.5	0.6	1.3	0.6	1.4	1.1	0.5	0.8	0.4	1.0	0.9	0.4	0.7	0.4	0.2	0.5	0.7	0.4	0.2	1.2	0.5	0.7	0.5	0.9	1.1	0.3	0.7	0.8
2016	0.9	0.2	0.8	0.6	1.1	1.2	1.0	0.2	0.4	0.6	0.9	0.6	0.3	1.1	0.5	0.3	0.6	0.7	0.3	0.8	0.3	0.6	0.6	0.5	0.8	1.2	0.7	1.1	2.4
2017	0.7	0.3	0.7	0.7	0.8	0.8	0.9	0.1	0.5	0.5	0.8	0.8	0.4	0.7	0.6	0.5	0.9	0.6	0.4	0.9	2.0	0.5	0.5	0.7	0.9	0.7	0.7	0.5	0.5
2018	0.7	0.5	0.8	0.3	0.9	0.8	0.7	0.5	0.9	0.6	0.9	0.8	0.7	0.4	0.4	0.2	1.1	0.6	0.5	0.6	0.9	0.5	0.5	0.5	0.3	0.6	0.4	0.5	0.4
2019	0.9	0.8	0.8	0.8	0.8	0.8	0.7	0.7	0.7	0.7	0.7	0.6	0.6	0.6	0.6	0.6	0.6	0.6	0.6	0.6	0.6	0.5	0.5	0.5	0.5	0.5	0.5	0.5	0.5
平均值	1.0	0.9	0.8	1.0	0.8	0.6	0.8	0.5	1.4	0.4	1.5	1.1	0.6	0.9	0.6	0.3	0.7	0.6	0.6	1.1	0.9	0.7	0.6	0.6	0.5	1.0	0.7	0.7	1.4

表4-11　金融开放指数第三区间的“一带一路”参与国变化情况

国家／年份	罗马尼亚	保加利亚	卢旺达	埃及	汤加	萨尔瓦多	塔吉克斯坦	菲律宾	亚美尼亚	意大利	韩国	拉脱维亚	文莱	智利	波黑	印度尼西亚	突尼斯	所罗门群岛	希腊	乌克兰	喀麦隆	克罗地亚	科特迪瓦	沙特阿拉伯	斯洛伐克	津巴布韦	摩洛哥	南非	约旦
2000	0.4	1.2	0.1	0.2	1.6	0.2	0.4	0.4	0.9	0.3	0.4	0.7	1.4	1.8	0.4	0.4	0.6	0.5	0.1	0.3	0.3	0.8	0.4	0.3	1.3	0.1	0.2	0.1	1.7
2001	0.5	0.9	0.2	0.1	1.1	0.4	0.1	0.2	0.5	0.4	0.3	0.5	0.2	1.3	0.3	0.3	0.3	0.4	0.1	0.3	0.1	0.8	0.4	0.0	0.8	0.0	1.2	1.4	0.5
2002	0.4	0.9	0.0	0.1	0.6	0.6	0.5	0.4	0.7	0.4	0.2	0.3	0.6	0.7	0.6	0.0	0.5	0.1	0.1	0.3	0.9	0.9	0.3	0.2	1.9	0.1	0.2	0.3	0.4
2003	0.5	1.6	0.0	0.0	0.4	0.2	0.3	0.1	0.7	0.2	0.3	0.5	0.3	1.2	0.7	0.0	0.3	0.1	0.1	0.5	0.4	0.9	0.2	0.1	0.5	0.0	0.7	0.1	0.8
2004	1.4	2.0	0.1	0.3	1.1	0.4	2.1	0.2	1.1	0.3	0.4	0.7	0.3	1.4	1.6	0.3	0.3	0.5	0.2	0.4	0.1	0.6	0.3	0.0	1.1	0.0	0.2	0.1	1.3
2005	1.1	2.2	0.0	1.0	0.6	0.7	0.4	0.4	1.0	0.8	0.4	1.0	0.3	1.2	0.9	0.6	0.4	0.6	0.1	1.5	0.2	0.7	0.4	0.6	1.2	0.3	0.4	0.5	2.6
2006	1.5	3.4	0.1	1.5	0.6	0.3	1.9	0.5	1.2	0.9	0.3	1.4	0.1	1.0	1.1	0.3	1.5	1.7	0.6	0.8	0.1	1.1	0.3	0.8	1.4	0.1	0.7	0.4	3.8
2007	1.0	5.2	0.4	1.5	1.0	1.5	1.5	0.8	1.2	1.3	0.4	1.8	0.3	1.7	1.9	0.4	0.6	3.0	0.4	1.2	0.1	1.3	0.4	0.9	1.2	0.2	0.7	0.5	2.4
2008	1.0	3.3	0.3	1.1	1.0	0.9	1.5	0.3	1.3	0.5	0.5	0.8	0.2	2.4	0.9	0.5	0.9	2.0	0.4	1.0	0.0	1.5	0.3	1.3	0.8	0.2	0.5	0.7	2.0
2009	0.4	1.3	0.3	0.6	0.0	0.3	0.5	0.4	1.5	0.3	0.4	0.2	0.5	1.9	0.2	0.2	0.6	1.4	0.2	0.7	0.5	1.1	0.3	1.4	0.7	0.2	0.4	0.5	1.6
2010	0.3	0.8	0.6	0.5	0.3	0.2	0.3	0.3	0.9	0.3	0.5	0.4	0.6	1.8	0.5	0.5	0.5	3.9	0.1	0.8	0.6	0.5	0.3	1.0	0.6	0.2	0.3	0.2	1.0
2011	0.2	0.7	0.3	0.1	0.9	0.2	0.4	0.3	1.3	0.6	0.5	0.9	0.6	2.8	0.4	0.4	0.2	2.1	0.2	0.7	0.4	0.3	0.2	0.5	1.3	0.4	0.4	0.2	0.8
2012	0.3	0.6	0.5	0.2	0.3	0.3	0.5	0.4	0.8	0.1	0.5	0.7	0.7	3.0	0.4	0.4	0.5	0.4	0.1	0.8	0.4	0.4	0.2	0.4	0.5	0.4	0.5	0.3	0.8
2013	0.3	0.7	0.5	0.2	0.3	0.2	0.5	0.4	0.5	0.3	0.5	0.8	0.7	1.7	0.3	0.3	0.4	0.8	0.2	0.4	0.3	0.3	0.2	0.3	0.4	0.3	0.6	0.6	0.9
2014	0.3	0.5	0.6	0.2	0.5	0.5	0.6	0.7	0.6	0.3	0.4	0.9	0.5	2.2	0.5	0.5	0.3	0.3	0.4	0.2	0.3	1.5	0.2	0.3	0.1	0.4	0.6	0.6	1.0
2015	0.4	0.7	0.4	0.3	0.2	0.4	0.9	0.6	0.3	0.2	0.3	0.6	0.2	2.4	0.5	0.5	0.4	0.5	0.2	0.5	0.4	0.1	0.2	0.3	0.5	0.3	0.6	0.3	0.7
2016	0.6	0.7	0.6	0.4	0.2	0.4	0.6	0.5	0.6	0.3	0.4	0.3	0.2	1.2	0.3	0.3	0.3	0.5	0.4	0.6	0.3	0.7	0.2	0.4	1.5	0.3	0.4	0.4	0.6
2017	0.5	0.7	0.5	0.5	0.2	0.6	0.7	0.6	0.4	0.2	0.5	0.9	0.6	0.6	0.5	0.5	0.3	0.6	0.3	0.4	0.4	0.4	0.5	0.2	0.9	0.2	0.5	0.4	0.8
2018	0.6	0.5	0.5	0.5	0.7	0.5	0.5	0.6	0.3	0.6	0.5	0.4	0.6	0.4	0.4	0.4	0.4	0.4	0.3	0.3	0.4	0.4	0.2	0.5	0.6	0.5	0.6	0.4	0.4
2019	0.5	0.5	0.5	0.5	0.5	0.5	0.5	0.5	0.5	0.4	0.4	0.4	0.4	0.4	0.4	0.4	0.4	0.4	0.4	0.4	0.4	0.4	0.4	0.4	0.4	0.3	0.3	0.3	0.4
平均值	0.6	1.4	0.3	0.5	0.6	0.5	0.7	0.4	0.8	0.4	0.4	0.7	0.5	1.6	0.6	0.4	0.5	1.0	0.3	0.6	0.3	0.7	0.3	0.5	0.9	0.2	0.5	0.4	1.2

表4-12 金融开放指数第四区间的“一带一路”参与国变化情况

国家 年份	白俄罗斯	科威特	斯里兰卡	巴林	吉尔吉斯斯坦	中国	肯尼亚	伊朗	土耳其	尼日尔	伊拉克	阿尔及利亚	多哥	坦桑尼亚	尼日利亚	委内瑞拉	厄瓜多尔	萨摩亚	巴基斯坦	尼泊尔	孟加拉国	玻利维亚	科摩罗	贝宁	巴巴多斯	基里巴斯	纳米比亚	布隆迪	不丹
2000	0.1	0.1	0.2	0.6	0.1	0.6	0.1	0.0	0.1	0.2	0.1	0.1	0.7	0.5	0.3	0.7	0.0	0.1	0.1	0.0	0.1	1.4	0.0	0.4	0.5	0.2	0.9	0.4	0.1
2001	0.1	0.9	0.2	0.5	0.1	0.7	0.0	0.1	0.3	0.2	0.1	0.3	0.8	0.6	0.3	0.5	0.3	0.1	0.1	0.1	0.0	1.4	0.0	0.2	0.6	0.1	1.7	0.0	0.1
2002	0.5	0.0	0.2	0.7	0.0	0.6	0.0	0.4	0.1	0.1	0.1	0.3	0.6	0.4	0.3	0.3	0.4	0.1	0.2	0.0	0.0	1.3	0.0	0.2	1.3	0.1	0.9	0.0	0.1
2003	0.2	1.6	0.2	1.8	0.4	0.6	0.1	0.3	0.1	0.1	0.1	0.2	0.4	0.3	0.3	0.5	0.4	0.4	0.1	0.0	0.1	0.4	0.0	0.1	1.0	0.1	0.5	0.0	0.1
2004	0.1	0.7	0.2	2.3	1.6	0.6	0.0	0.3	0.1	0.1	0.1	0.2	0.6	0.4	0.2	0.3	0.4	0.1	0.2	0.0	0.1	0.1	0.0	0.4	1.3	0.3	0.6	0.0	0.2
2005	0.2	1.0	0.2	2.1	0.3	0.8	0.0	0.2	0.3	0.2	0.2	0.2	0.7	0.8	0.4	0.4	0.2	0.1	0.3	0.0	0.2	0.4	0.0	0.2	2.2	0.4	0.9	0.0	0.1
2006	0.2	1.3	0.3	3.3	1.0	0.8	0.0	0.1	0.6	0.2	0.2	0.3	0.6	0.3	0.3	0.2	0.1	0.7	0.5	0.0	0.1	0.4	0.0	0.2	1.4	0.1	1.6	0.0	0.1
2007	0.6	1.4	0.3	2.5	0.9	0.8	0.4	0.1	0.6	0.3	0.2	0.2	0.4	0.4	0.4	0.3	0.1	0.2	0.6	0.0	0.2	0.4	0.2	0.5	1.9	0.1	1.3	0.0	1.0
2008	0.6	1.0	0.3	2.1	1.2	0.8	0.1	0.1	0.5	0.7	0.2	0.3	0.3	0.8	0.4	0.1	0.3	1.2	0.5	0.0	0.3	0.5	0.1	0.3	2.3	0.1	1.4	0.0	0.0
2009	0.6	1.4	0.2	1.4	0.6	0.5	0.1	0.1	0.2	1.6	0.2	0.3	0.4	0.5	0.5	0.2	0.1	0.3	0.2	0.0	0.2	0.4	0.2	0.2	1.7	0.6	1.6	0.0	0.2
2010	0.4	1.0	0.1	0.3	1.6	0.8	0.1	0.1	0.2	2.0	0.2	0.2	0.9	0.9	0.3	0.2	0.0	0.0	0.2	0.1	0.2	0.5	0.1	0.3	2.6	0.7	0.4	0.0	0.8
2011	1.0	1.4	0.2	0.9	1.7	0.7	0.6	0.1	0.3	1.9	0.2	0.2	8.1	0.6	0.4	0.3	0.1	0.2	0.1	0.1	0.2	0.6	0.4	0.3	3.4	0.0	1.0	0.0	0.3
2012	0.4	0.9	0.2	1.1	0.7	0.6	0.5	0.2	0.3	1.4	0.3	0.1	2.2	0.7	0.3	0.3	0.1	0.7	0.1	0.1	0.2	0.6	0.2	0.5	1.9	0.2	1.3	0.0	0.2
2013	0.5	1.6	0.2	2.1	1.3	0.6	0.3	0.1	0.3	1.3	0.2	0.1	0.7	0.7	0.2	0.1	0.1	0.3	0.1	0.1	0.3	0.9	0.1	0.5	0.4	0.1	1.0	0.7	0.2
2014	0.4	1.3	0.2	0.9	1.0	0.6	0.2	0.1	0.3	1.3	0.7	0.1	1.4	0.4	0.2	0.2	0.1	0.6	0.1	0.0	0.2	0.3	0.1	0.5	2.7	0.2	0.6	0.5	0.2
2015	0.5	0.8	0.1	1.6	3.0	0.6	0.3	0.1	0.4	0.9	0.7	0.1	2.3	0.5	0.1	0.2	0.2	0.6	0.1	0.0	0.2	0.3	0.1	0.2	3.4	0.1	1.3	0.3	0.1
2016	0.5	1.0	0.2	0.5	1.5	0.5	0.1	0.1	0.3	0.5	0.6	0.2	1.1	0.3	0.2	0.2	0.1	0.4	0.1	0.1	0.2	0.2	0.1	0.2	2.1	0.2	0.6	0.0	0.1
2017	0.4	0.9	0.3	0.3	0.3	0.4	0.3	0.2	0.3	0.5	0.4	0.1	0.4	0.3	0.2	0.2	0.1	0.2	0.1	0.1	0.1	0.3	0.1	0.2	1.0	0.1	0.5	0.0	0.1
2018	0.4	0.3	0.3	0.7	0.3	0.4	0.4	0.2	0.3	0.6	0.4	0.2	0.7	0.3	0.1	0.2	0.2	0.3	0.1	0.0	0.2	0.2	0.1	0.2	0.7	0.1	0.3	0.0	0.0
2019	0.3	0.3	0.3	0.3	0.3	0.3	0.3	0.2	0.2	0.2	0.2	0.2	0.2	0.2	0.2	0.2	0.1	0.1	0.1	0.1	0.1	0.1	0.1	0.1	0.1	0.0	0.0	0.0	0.0
平均值	0.4	0.9	0.2	1.3	0.9	0.6	0.2	0.2	0.3	0.7	0.3	0.2	1.2	0.5	0.3	0.3	0.2	0.3	0.2	0.0	0.2	0.5	0.1	0.3	1.6	0.2	0.9	0.1	0.2

（三）"一带一路"参与国金融开放指数平均值与世界平均值的比较

图4-2为"一带一路"参与国与世界整体金融开放指数均值的比较。如图所示，2001年之后，世界金融开放指数均值变化态势与"一带一路"金融开放指数平均值变化态势基本相同；"一带一路"参与国金融开放指数平均值与世界金融开放指数平均值数值接近，2003年"一带一路"参与国金融指数平均值超过世界平均值。2000～2007年，"一带一路"参与国金融开放指数平均值呈上升态势；2003～2008年，世界金融开放指数平均值呈上升态势。2008年，受全球金融危机影响，"一带一路"参与国与世界金融开放指数平均值均显著下跌。2010年，"一带一路"参与国和世界金融开放指数平均值同时止跌。2014年，"一带一路"参与国金融开放指数平均值和世界平均值均有所反弹。

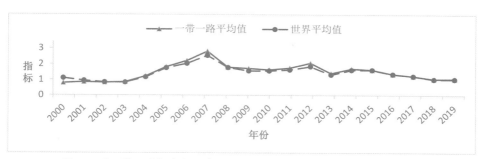

图4-2 "一带一路"参与国金融开放指数平均值与世界平均值的比较

四、文化开放指数

（一）文化开放指数的含义

文化是一个国家、一个民族的灵魂。文化兴国运兴，文化强则民族强。文明在开放中发展，民族在融合中共存。文化的开放和包容使世界文明变得更加丰富多彩，充满生机，异质文化的相互碰撞、彼此交流、不断创新是实现人类文明繁荣的动力和源泉。本节将通过"一带一路"参与国的文化开放指数在2000～2019年之间的变化，以及与世界平均水平的比较，分析"一带一路"参与国这些年的文化开放发展水平。

这里选取国际入境游客数占人口比值作为文化开放指数的原始指标，数据来自世界银行。学界对于文化开放以及文化开放的测度研究十分有限。文化是指相对于政治、经济而言的人类全部精神活动及其活动产品，既包括世界观、人生观、价值观等具有意识形态性质的部分，又包括自然科学和技术、语言和文字等非意识形态的部分。文化开放体现在不同文化之间的和谐共生和相互融合，文化之间的交流体现了文化的开放水平，而文化的交流关键在于人的交流。因此，本文采用国际入境游客数占人口比值作为文化开放指数的指标。

（二）"一带一路"参与国的文化开放指数

基于117个"一带一路"参与国的国际入境游客数和人口数据，求算得到的各国金融开放指数如以下图表所示。与前文类似，我们对4个年份（2000年、2006年、2013年、2019年）的各国排名也做了统计，排名范围限于有统计数据的"一带一路"参与国。这4个年份各国的文化开放指数及其排名见表4-13所示，同样按四分法依据各国排序分成了4个板块（表4-14）。

2000～2019年，"一带一路"参与国文化开放指数平均值呈上升态势，同世界文化开放指数平均值走势基本相同，但离世界平均值尚有不小差距。尤其是2014～2019年间，这种差距有扩大的趋势。总体来说，自倡议提出以来，"一带一路"参与国对外人员交流频繁，"一带一路"参与国文化开放水平不断提升，对外文化交流日益密切。

从文化开放指数排名看，马尔代夫、马耳他、新加坡、奥地利、塞舌尔等常年位居前十的国家，基本属于世界知名的旅游胜地。从排位提升速度看，2013～2019年，科特迪瓦名次提升23位，塔吉克斯坦名次提升19位，冈比亚提升15位。2000年到2019年间，白俄罗斯提升71位，黑山提升51位，亚美尼亚上升46位，老挝上升44位。

表4-13 "一带一路"参与国文化开放指数及其排名（117国）

	2000年		2006年		2013年		2019年	
	指数	排名	指数	排名	指数	排名	指数	排名
阿尔及利亚	0.1	70	0.2	166	0.2	78	0.2	81
安哥拉	0.0	90	0.0	104	0.1	89	0.1	94
安提瓜和巴布达	4.9	6	5.4	5	4.9	8	5.1	9
亚美尼亚	0.0	90	0.2	66	0.5	54	0.7	54
奥地利	3.2	11	3.5	10	4.2	10	4.9	10
阿塞拜疆	0.1	70	0.2	66	0.5	54	0.6	57
巴林	30.3	2	48.3	2	48.7	1	54.1	1
孟加拉国	0.0	90	0.0	104	0.0	110	0.0	110
巴巴多斯	3.0	12	3.0	13	2.7	17	3.2	15
白俄罗斯	0.0	90	0.0	104	0.9	43	1.3	37
贝宁	0.1	70	0.1	78	0.1	89	0.1	94
不丹	0.0	90	0.1	78	0.5	54	0.8	52
玻利维亚	0.1	70	0.2	66	0.2	78	0.3	70
波黑	0.1	70	0.1	78	0.2	78	0.3	70
文莱	1.3	22	1.9	19	1.9	22	2.0	23
保加利亚	0.5	41	0.8	39	1.0	40	1.3	37
布隆迪	0.0	90	0.1	78	0.1	89	0.1	94
佛得角	0.7	36	1.3	24	2.4	20	3.2	15
柬埔寨	0.1	70	0.3	61	0.7	48	1.0	46
喀麦隆	0.0	90	0.1	78	0.1	89	0.2	81
乍得	0.0	90	0.0	104	0.0	110	0.0	110
智利	0.3	52	0.3	61	0.4	62	0.7	54
中国	0.1	70	0.1	78	0.1	89	0.1	94
科摩罗	0.2	58	0.2	66	0.1	89	0.1	94
刚果（布）	0.0	90	0.1	78	0.3	68	0.2	81
哥斯达黎加	1.0	28	1.3	24	1.6	26	1.8	26
科特迪瓦	0.0	90	0.1	78	0.1	89	0.3	70
克罗地亚	1.8	17	2.4	14	3.1	13	4.2	12
塞浦路斯	6.0	5	5.2	6	4.8	9	5.8	8
捷克	0.6	40	0.8	39	1.0	40	1.2	42
多米尼克	1.5	19	1.6	22	1.4	28	1.3	37
多米尼加	1.2	25	1.3	24	1.2	34	1.4	36
厄瓜多尔	0.2	58	0.2	66	0.3	68	0.3	70
埃及	0.2	58	0.4	57	0.3	68	0.4	65
萨尔瓦多	0.4	46	0.5	49	0.4	62	0.5	61
爱沙尼亚	1.3	22	1.9	19	2.8	15	3.2	15
冈比亚	0.3	52	0.4	57	0.4	62	1.0	46
加纳	0.1	70	0.1	78	0.1	89	0.1	94
希腊	2.0	15	2.4	14	2.6	18	3.5	14
几内亚	0.0	90	0.0	104	0.0	110	0.0	110

续上表

	2000年		2006年		2013年		2019年	
	指数	排名	指数	排名	指数	排名	指数	排名
圭亚那	0.2	58	0.2	66	0.4	62	0.4	65
匈牙利	1.0	28	1.2	27	1.3	30	1.8	26
印度尼西亚	0.1	70	0.1	78	0.1	89	0.1	94
伊朗	0.0	90	0.1	78	0.2	78	0.2	81
伊拉克	0.0	90	0.1	78	0.1	89	0.2	81
以色列	1.5	19	0.9	34	1.2	34	1.3	37
意大利	1.0	28	1.0	33	1.1	39	1.3	37
牙买加	1.0	28	1.2	27	1.3	30	1.5	30
约旦	2.2	13	3.2	12	2.6	18	2.5	22
哈萨克斯坦	0.2	58	0.5	49	0.6	52	0.7	54
肯尼亚	0.1	70	0.2	66	0.1	89	0.1	94
基里巴斯	0.2	58	0.1	78	0.1	89	0.1	94
韩国	0.3	52	0.3	61	0.5	54	0.6	57
科威特	9.2	3	9.5	3	8.7	4	8.5	5
吉尔吉斯斯坦	0.0	90	0.1	78	0.2	78	0.2	81
老挝	0.1	70	0.4	57	1.2	34	1.6	28
拉脱维亚	0.3	52	0.9	34	0.8	44	1.1	44
黎巴嫩	0.5	41	0.6	44	0.7	48	0.9	49
莱索托	0.5	41	0.5	40	0.5	54	1.1	44
立陶宛	0.5	41	0.9	34	0.8	44	0.9	49
卢森堡	3.5	10	3.5	10	3.4	11	3.6	13
马达加斯加	0.0	90	0.1	78	0.0	110	0.0	110
马来西亚	1.6	18	2.3	16	2.8	15	3.1	18
马尔代夫	6.6	4	7.3	4	11.2	3	12.8	3
马里	0.0	90	0.0	104	0.0	110	0.0	110
马耳他	4.7	7	4.5	8	6.7	6	8.9	4
摩尔多瓦	0.0	90	0.0	104	0.1	89	0.1	94
蒙古	0.2	58	0.5	49	0.4	62	0.4	65
黑山	0.2	58	0.9	34	3.2	12	4.8	11
摩洛哥	0.4	46	0.6	44	0.8	44	0.9	49
莫桑比克	0.1	70	0.1	78	0.3	68	0.3	70
缅甸	0.0	90	0.0	104	0.1	89	0.1	94
纳米比亚	1.3	22	1.4	23	1.7	24	2.0	23
尼泊尔	0.1	70	0.0	104	0.1	89	0.1	94
荷兰	1.1	27	1.1	30	1.2	34	1.5	30
尼日尔	0.0	90	0.0	104	0.0	110	0.0	110
尼日利亚	0.0	90	0.1	95	0.1	89	0.1	94
北马其顿	0.2	58	0.2	66	0.3	68	0.4	65
阿曼	2.0	15	2.1	18	2.2	21	2.9	20
巴基斯坦	0.0	90	0.0	104	0.0	110	0.0	110

续上表

	2000年		2006年		2013年		2019年	
	指数	排名	指数	排名	指数	排名	指数	排名
巴拿马	0.5	41	0.8	39	1.3	30	1.5	30
秘鲁	0.1	70	0.2	66	0.3	68	0.3	70
菲律宾	0.1	70	0.1	78	0.2	78	0.2	81
波兰	0.7	36	0.6	44	0.6	52	0.6	57
葡萄牙	0.8	35	0.9	34	1.4	28	1.9	25
罗马尼亚	0.4	46	0.4	57	0.5	54	0.6	57
俄罗斯	0.2	58	0.2	66	0.3	68	0.3	70
卢旺达	0.0	90	0.2	66	0.3	68	0.3	70
萨摩亚	1.0	28	1.1	30	1.0	40	1.2	42
沙特阿拉伯	2.1	14	2.2	17	3.0	14	3.1	18
塞内加尔	0.3	52	0.3	61	0.3	68	0.3	70
塞舌尔	4.0	9	3.7	9	5.1	7	6.6	7
塞拉利昂	0.0	90	0.0	104	0.0	110	0.0	110
新加坡	4.7	7	5.0	7	6.9	5	7.8	6
斯洛伐克	0.3	52	0.5	49	0.5	54	0.5	61
斯洛文尼亚	0.9	34	1.2	27	1.8	23	2.6	21
所罗门群岛	0.1	70	0.1	78	0.2	78	0.2	81
南非	0.4	46	0.5	49	0.5	54	0.5	61
斯里兰卡	0.1	70	0.1	78	0.1	89	0.2	81
苏丹	0.0	90	0.0	104	0.1	89	0.1	94
塔吉克斯坦	0.0	90	0.1	80	0.1	89	0.2	81
坦桑尼亚	0.1	70	0.1	99	0.1	89	0.1	94
泰国	0.4	46	0.5	49	0.8	44	1.0	46
东帝汶	0.0	90	0.0	104	0.2	78	0.2	81
多哥	0.1	70	0.1	78	0.2	78	0.2	81
汤加	0.7	36	0.6	44	0.7	48	0.8	52
突尼斯	1.5	19	1.8	21	1.7	24	1.6	28
土耳其	0.4	46	0.8	39	1.3	30	1.5	30
乌干达	0.0	90	0.1	78	0.2	78	0.2	81
乌克兰	0.2	58	0.5	49	0.7	48	0.5	61
阿拉伯联合酋长国	53.8	1	58.7	1	46.0	2	36.5	2
乌拉圭	1.0	28	0.8	39	1.2	34	1.5	30
乌兹别克斯坦	0.0	90	0.1	78	0.2	78	0.3	70
瓦努阿图	1.2	25	1.1	30	1.5	27	1.5	30
委内瑞拉	0.1	70	0.1	78	0.1	89	0.1	94
赞比亚	0.2	58	0.3	61	0.3	68	0.3	70
津巴布韦	0.7	36	0.6	44	0.4	62	0.4	65
上述国家平均值	1.5		1.8		1.9		2.1	
世界平均值	1.8		2.2		2.4		2.7	

表4-14　"一带一路"参与国文化开放指数排名和分区（117国）

	排名	2000年	2006年	2013年	2019年
第一区间	1	阿拉伯联合酋长国	阿拉伯联合酋长国	巴林	巴林
	2	巴林	巴林	阿拉伯联合酋长国	阿拉伯联合酋长国
	3	科威特	科威特	马尔代夫	马尔代夫
	4	马尔代夫	马尔代夫	科威特	马耳他
	5	塞浦路斯	安提瓜和巴布达	新加坡	科威特
	6	安提瓜和巴布达	塞浦路斯	马耳他	新加坡
	7	马耳他	新加坡	塞舌尔	塞舌尔
	8	新加坡	马耳他	安提瓜和巴布达	塞浦路斯
	9	塞舌尔	塞舌尔	塞浦路斯	安提瓜和巴布达
	10	卢森堡	奥地利	奥地利	奥地利
	11	奥地利	卢森堡	卢森堡	黑山
	12	巴巴多斯	约旦	黑山	克罗地亚
	13	约旦	巴巴多斯	克罗地亚	卢森堡
	14	沙特阿拉伯	希腊	沙特阿拉伯	希腊
	15	希腊	克罗地亚	马来西亚	爱沙尼亚
	16	阿曼	马来西亚	爱沙尼亚	佛得角
	17	克罗地亚	沙特阿拉伯	巴巴多斯	巴巴多斯
	18	马来西亚	阿曼	约旦	沙特阿拉伯
	19	突尼斯	爱沙尼亚	希腊	马来西亚
	20	多米尼克	文莱	佛得角	阿曼
	21	以色列	突尼斯	阿曼	斯洛文尼亚
	22	纳米比亚	多米尼克	文莱	约旦
	23	爱沙尼亚	纳米比亚	斯洛文尼亚	文莱
	24	文莱	哥斯达黎加	突尼斯	纳米比亚
	25	瓦努阿图	佛得角	纳米比亚	葡萄牙
	26	多米尼加	多米尼加	哥斯达黎加	匈牙利
	27	荷兰	斯洛文尼亚	瓦努阿图	哥斯达黎加
	28	匈牙利	牙买加	多米尼克	老挝
	29	意大利	匈牙利	葡萄牙	突尼斯
	30	哥斯达黎加	瓦努阿图	牙买加	巴拿马

续上表

	排名	2000年	2006年	2013年	2019年
	31	牙买加	荷兰	匈牙利	荷兰
	32	萨摩亚	萨摩亚	土耳其	乌拉圭
	33	乌拉圭	意大利	巴拿马	牙买加
	34	斯洛文尼亚	立陶宛	多米尼加	土耳其
	35	葡萄牙	黑山	荷兰	瓦努阿图
	36	波兰	葡萄牙	乌拉圭	多米尼加
	37	佛得角	以色列	老挝	保加利亚
	38	汤加	拉脱维亚	以色列	以色列
	39	津巴布韦	捷克	意大利	多米尼克
	40	捷克	乌拉圭	保加利亚	白俄罗斯
	41	巴拿马	保加利亚	捷克	意大利
	42	黎巴嫩	巴拿马	萨摩亚	捷克
	43	立陶宛	土耳其	白俄罗斯	萨摩亚
第二区间	44	莱索托	汤加	泰国	莱索托
	45	保加利亚	黎巴嫩	拉脱维亚	拉脱维亚
	46	泰国	津巴布韦	立陶宛	柬埔寨
	47	土耳其	波兰	摩洛哥	泰国
	48	摩洛哥	摩洛哥	柬埔寨	冈比亚
	49	南非	南非	汤加	黎巴嫩
	50	萨尔瓦多	泰国	黎巴嫩	立陶宛
	51	罗马尼亚	乌克兰	乌克兰	摩洛哥
	52	斯洛伐克	萨尔瓦多	哈萨克斯坦	汤加
	53	拉脱维亚	哈萨克斯坦	波兰	不丹
	54	塞内加尔	莱索托	亚美尼亚	哈萨克斯坦
	55	冈比亚	斯洛伐克	南非	亚美尼亚
	56	智利	蒙古	莱索托	智利
	57	韩国	老挝	阿塞拜疆	罗马尼亚
	58	埃及	罗马尼亚	罗马尼亚	波兰
	59	圭亚那	冈比亚	斯洛伐克	阿塞拜疆

	排名	2000年	2006年	2013年	2019年
第三区间	60	俄罗斯	埃及	韩国	韩国
	61	哈萨克斯坦	柬埔寨	不丹	斯洛伐克
	62	黑山	智利	智利	南非
	63	蒙古	塞内加尔	冈比亚	乌克兰
	64	乌克兰	韩国	萨尔瓦多	萨尔瓦多
	65	北马其顿	赞比亚	津巴布韦	蒙古
	66	赞比亚	俄罗斯	蒙古	圭亚那
	67	厄瓜多尔	圭亚那	圭亚那	北马其顿
	68	科摩罗	亚美尼亚	埃及	津巴布韦
	69	基里巴斯	厄瓜多尔	刚果（布）	埃及
	70	肯尼亚	卢旺达	俄罗斯	卢旺达
	71	阿塞拜疆	肯尼亚	塞内加尔	秘鲁
	72	老挝	阿塞拜疆	北马其顿	厄瓜多尔
	73	玻利维亚	秘鲁	秘鲁	塞内加尔
	74	柬埔寨	科摩罗	卢旺达	莫桑比克
	75	秘鲁	阿尔及利亚	厄瓜多尔	乌兹别克斯坦
	76	阿尔及利亚	玻利维亚	赞比亚	玻利维亚
	77	菲律宾	北马其顿	莫桑比克	波黑
	78	加纳	基里巴斯	阿尔及利亚	赞比亚
	79	印度尼西亚	菲律宾	玻利维亚	俄罗斯
	80	委内瑞拉	塔吉克斯坦	伊朗	科特迪瓦
	81	波黑	所罗门群岛	乌兹别克斯坦	多哥
	82	中国	莫桑比克	多哥	伊朗
	83	尼泊尔	喀麦隆	所罗门群岛	刚果（布）
	84	坦桑尼亚	委内瑞拉	波黑	阿尔及利亚
	85	所罗门群岛	伊拉克	吉尔吉斯斯坦	塔吉克斯坦
	86	莫桑比克	波黑	东帝汶	菲律宾
	87	斯里兰卡	伊朗	菲律宾	所罗门群岛
	88	贝宁	吉尔吉斯斯坦	乌干达	乌干达

续上表

	排名	2000年	2006年	2013年	2019年
	89	多哥	中国	肯尼亚	喀麦隆
	90	伊朗	布隆迪	喀麦隆	斯里兰卡
	91	卢旺达	贝宁	基里巴斯	吉尔吉斯斯坦
	92	乌兹别克斯坦	不丹	加纳	东帝汶
	93	不丹	乌干达	安哥拉	伊拉克
	94	喀麦隆	加纳	斯里兰卡	缅甸
	95	尼日利亚	尼日利亚	科摩罗	加纳
	96	马达加斯加	乌兹别克斯坦	伊拉克	肯尼亚
	97	乌干达	多哥	委内瑞拉	尼日利亚
	98	摩尔多瓦	马达加斯加	贝宁	基里巴斯
	99	吉尔吉斯斯坦	坦桑尼亚	坦桑尼亚	印度尼西亚
	100	科特迪瓦	斯里兰卡	印度尼西亚	科摩罗
	101	亚美尼亚	印度尼西亚	缅甸	贝宁
	102	缅甸	科特迪瓦	尼日利亚	安哥拉
第四区间	103	马里	刚果（布）	科特迪瓦	坦桑尼亚
	104	尼日尔	苏丹	塔吉克斯坦	苏丹
	105	乍得	尼泊尔	布隆迪	中国
	106	巴基斯坦	摩尔多瓦	中国	尼泊尔
	107	伊拉克	马里	尼泊尔	布隆迪
	108	布隆迪	东帝汶	苏丹	委内瑞拉
	109	几内亚	缅甸	摩尔多瓦	摩尔多瓦
	110	安哥拉	安哥拉	塞拉利昂	马达加斯加
	111	白俄罗斯	巴基斯坦	马达加斯加	尼日尔
	112	塞拉利昂	尼日尔	尼日尔	乍得
	113	苏丹	乍得	乍得	巴基斯坦
	114	孟加拉国	塞拉利昂	巴基斯坦	塞拉利昂
	115	塔吉克斯坦	几内亚	几内亚	几内亚
	116	刚果（布）	白俄罗斯	马里	孟加拉国
	117	东帝汶	孟加拉国	孟加拉国	马里

表4-15 文化开放指数第一区间的“一带一路”参与国变化情况

年份＼国家	巴林	阿联酋	马尔代夫	马耳他	科威特	新加坡	塞舌尔	塞浦路斯	安提瓜和巴布达	奥地利	黑山	克罗地亚	卢森堡	希腊	爱沙尼亚	佛得角	巴巴多斯	沙特阿拉伯	马来西亚	阿曼	斯洛文尼亚	约旦	文莱	纳米比亚	葡萄牙	匈牙利	哥斯达黎加	老挝	突尼斯	巴拿马
2000	30.29	53.76	6.61	4.73	9.19	4.68	3.96	5.96	4.86	3.24	0.21	1.79	3.45	2.00	1.28	0.72	3.00	2.05	1.59	1.98	0.87	1.94	2.15	1.27	1.31	0.80	1.04	1.04	0.11	1.54
2001	33.23	52.15	6.35	4.61	8.76	4.37	3.85	5.95	4.97	3.26	0.27	1.99	3.35	2.13	1.37	0.83	2.78	2.03	1.93	2.02	0.97	2.01	2.18	1.36	1.31	0.77	1.06	1.04	0.10	1.61
2002	35.48	61.76	6.50	4.45	8.73	4.25	3.81	5.32	4.96	3.32	0.34	2.10	3.51	2.13	1.39	0.76	2.72	2.19	1.94	2.05	1.03	2.06	3.00	1.44	1.45	0.78	1.07	0.99	0.12	1.49
2003	34.58	59.67	7.35	4.44	8.73	3.33	3.43	5.07	5.36	3.38	0.35	2.23	3.40	2.09	1.47	0.88	2.89	2.06	1.50	2.09	1.08	2.06	2.85	1.53	1.29	0.76	1.09	1.06	0.11	1.48
2004	39.40	57.07	7.83	4.57	9.17	4.52	3.32	5.16	5.43	3.41	0.46	2.36	3.40	1.99	1.74	0.89	2.99	2.34	2.16	2.12	1.17	2.11	3.29	1.55	1.30	0.79	1.11	1.20	0.22	1.71
2005	42.83	60.47	4.89	4.67	9.36	4.77	3.45	5.40	5.31	3.49	0.66	2.30	3.50	2.19	1.88	1.09	2.96	2.11	2.19	1.81	1.20	2.22	3.23	1.56	1.38	0.81	1.25	1.34	0.36	1.78
2006	48.33	58.66	7.28	4.53	9.48	4.99	3.68	5.21	5.39	3.52	0.91	2.35	3.46	2.37	1.88	1.29	3.03	2.18	2.28	2.11	1.23	2.28	3.23	1.87	1.44	0.90	1.15	1.33	0.44	1.79
2007	50.80	56.84	8.00	5.08	9.87	5.11	4.10	5.19	5.44	3.58	2.39	2.51	3.47	2.37	1.83	1.37	3.09	2.82	2.65	2.35	1.32	2.28	3.16	2.02	1.57	0.97	1.07	1.48	0.58	1.81
2008	54.70	55.03	7.90	5.33	9.51	4.91	3.95	5.11	5.41	3.76	2.53	2.52	3.32	2.32	2.12	1.41	3.04	3.48	2.72	2.57	1.46	2.19	3.16	2.44	1.53	1.00	1.09	1.52	0.64	1.85
2009	54.69	53.22	7.41	4.94	9.39	4.66	3.84	4.49	4.68	3.65	2.58	2.52	3.19	2.16	2.06	1.38	2.77	2.47	2.85	2.76	1.35	1.98	2.98	1.61	1.57	0.93	1.12	1.36	0.60	2.00
2010	71.49	51.41	8.70	5.62	8.89	5.61	4.15	4.50	4.56	3.75	2.70	2.62	3.02	2.17	2.35	1.59	2.83	2.36	2.89	2.53	1.51	1.98	3.11	2.10	1.53	0.99	1.17	1.44	0.79	1.96
2011	38.86	49.59	9.92	5.94	8.87	6.25	4.51	4.90	4.76	3.90	2.96	2.85	3.24	2.36	2.61	2.00	3.01	2.95	2.84	1.73	1.63	2.09	2.78	2.27	1.55	1.07	1.26	1.47	0.87	1.41
2012	44.74	47.78	9.87	6.07	8.55	6.55	4.72	4.99	4.90	4.07	3.08	2.96	3.48	2.22	2.70	2.25	2.82	3.25	2.81	2.03	1.72	2.11	2.81	1.87	1.58	1.10	1.26	1.53	1.02	1.68
2013	48.65	45.97	11.20	6.66	8.73	6.90	5.14	4.81	4.85	4.16	3.17	3.11	3.43	2.55	2.81	2.36	2.66	2.99	2.82	2.19	1.80	2.20	2.57	1.92	1.67	1.35	1.29	1.55	1.17	1.73
2014	52.76	44.16	11.60	7.11	8.63	6.76	5.11	4.83	5.01	4.23	3.18	3.29	3.72	3.12	2.83	2.32	2.71	3.29	2.94	2.43	1.91	2.33	2.53	1.65	1.82	1.52	1.47	1.57	1.34	1.64
2015	46.13	40.52	11.50	7.45	8.64	6.77	5.92	5.20	5.07	4.48	3.63	3.57	3.86	3.32	2.63	2.44	3.06	3.08	2.69	2.75	2.14	2.42	2.31	1.71	1.86	1.64	1.73	1.61	1.47	1.20
2016	45.52	37.81	11.63	8.17	8.26	7.16	6.37	6.16	5.40	4.72	3.82	3.87	3.71	3.43	2.76	2.80	3.24	2.94	2.73	3.20	2.37	2.65	2.13	1.65	1.92	1.81	1.83	1.73	1.36	1.26
2017	47.71	35.27	12.22	9.42	8.16	7.60	7.20	6.98	5.05	4.95	4.28	4.35	3.68	3.71	2.84	3.11	3.39	2.49	2.58	3.01	2.75	2.85	2.24	1.88	1.92	2.07	1.88	1.70	1.32	1.51
2018	47.35	32.40	12.68	10.65	8.84	7.93	7.41	7.44	5.51	5.18	4.70	4.62	3.57	4.06	2.81	3.27	3.45	2.25	2.50	2.83	3.02	2.85	2.36	1.95	2.04	2.15	2.09	1.69	1.51	1.74
2019	54.10	36.45	12.76	8.89	8.54	7.80	6.56	5.80	5.11	4.89	4.82	4.16	3.61	3.51	3.15	3.15	3.15	3.08	3.06	2.86	2.62	2.61	2.47	2.03	1.97	1.90	1.81	1.81	1.63	1.57
平均值	46.08	49.50	9.11	6.17	8.92	5.75	4.72	5.42	5.10	3.95	2.35	2.90	3.47	2.61	2.23	1.80	2.98	2.62	2.48	2.37	1.66	2.26	2.73	1.78	1.60	1.21	1.34	1.42	0.79	1.64

说明：“一带一路”文化开放指数得分普遍偏低，故表4-15、表4-16、表4-17、表4-18得分保留小数点后两位有效数字，以便比较分析。

表4-16　文化开放指数第二区间的“一带一路”参与国变化情况

年份＼国家	荷兰	乌拉圭	牙买加	土耳其	瓦努阿图	多米尼加	保加利亚	以色列	多米尼克	白俄罗斯	意大利	捷克	萨摩亚	莱索托	拉脱维亚	柬埔寨	泰国	冈比亚	黎巴嫩	立陶宛	摩洛哥	汤加	不丹	哈萨克斯坦	亚美尼亚	智利	罗马尼亚	波兰	阿塞拜疆
2000	1.11	0.98	1.03	0.44	1.16	1.15	0.45	1.45	1.48	0.01	1.04	0.63	1.03	0.46	0.30	0.10	0.44	0.27	0.52	0.49	0.44	0.72	0.04	0.21	0.03	0.27	0.36	0.74	0.11
2001	1.04	0.93	0.98	0.49	1.02	1.07	0.51	0.69	1.37	0.01	0.99	0.71	1.00	0.44	0.35	0.13	0.45	0.19	0.57	0.57	0.44	0.64	0.03	0.33	0.08	0.26	0.34	0.63	0.14
2002	1.03	0.61	0.96	0.56	0.92	1.01	0.54	0.48	1.41	0.01	0.99	0.62	0.98	0.42	0.49	0.16	0.47	0.27	0.63	0.63	0.43	0.71	0.03	0.43	0.10	0.21	0.32	0.58	0.17
2003	0.97	0.68	1.01	0.57	0.91	1.15	0.64	0.57	1.47	0.01	0.98	0.67	0.98	0.47	0.56	0.14	0.43	0.29	0.65	0.65	0.45	0.74	0.03	0.37	0.12	0.24	0.38	0.57	0.22
2004	1.01	0.84	1.04	0.71	1.07	1.17	0.72	0.77	1.59	0.01	0.91	0.79	1.01	0.43	0.61	0.21	0.48	0.29	0.79	0.78	0.50	0.72	0.05	0.47	0.15	0.26	0.44	0.58	0.28
2005	1.03	0.85	1.07	0.83	1.06	1.21	0.75	0.94	1.54	0.01	0.89	0.82	1.02	0.42	0.62	0.28	0.46	0.34	0.69	0.85	0.52	0.72	0.07	0.47	0.18	0.28	0.39	0.61	0.19
2006	1.09	0.81	1.20	0.76	1.13	1.26	0.79	0.88	1.61	0.01	0.99	0.83	1.07	0.48	0.85	0.33	0.53	0.38	0.63	0.92	0.57	0.64	0.08	0.49	0.21	0.31	0.40	0.63	0.18
2007	1.11	0.81	1.20	1.02	1.31	1.23	0.79	0.96	1.52	0.01	1.05	0.86	1.11	0.39	0.91	0.38	0.54	0.42	0.59	0.62	0.63	0.74	0.10	0.54	0.28	0.34	0.50	0.59	0.19
2008	1.01	0.89	1.23	1.14	1.42	1.19	0.88	1.16	1.49	0.01	1.02	0.85	1.09	0.38	0.92	0.40	0.53	0.42	0.76	0.66	0.65	0.78	0.13	0.41	0.29	0.36	0.57	0.51	0.27
2009	0.98	0.93	1.26	1.13	1.54	1.16	0.86	1.02	1.36	0.01	1.02	0.77	1.10	0.43	0.72	0.40	0.50	0.40	1.04	0.55	0.68	0.70	0.10	0.37	0.29	0.36	0.48	0.46	0.25
2010	1.06	1.06	1.30	1.14	1.45	1.16	0.90	1.20	1.38	0.01	1.03	0.82	1.08	0.52	0.74	0.45	0.55	0.25	1.20	0.61	0.74	0.71	0.17	0.40	0.34	0.36	0.47	0.48	0.31
2011	1.09	1.29	1.30	1.23	1.36	1.18	0.94	1.17	1.35	0.01	1.08	0.87	1.06	0.48	0.80	0.51	0.64	0.28	0.89	0.71	0.72	0.68	0.27	0.54	0.37	0.40	0.47	0.52	0.37
2012	1.11	1.21	1.30	1.24	1.51	1.22	0.97	1.16	1.40	0.85	1.08	0.98	1.09	0.50	0.76	0.62	0.73	0.40	0.72	0.75	0.71	0.70	0.42	0.58	0.46	0.45	0.49	0.57	0.47
2013	1.21	1.21	1.30	1.28	1.49	1.22	1.02	1.15	1.38	0.86	1.11	1.00	0.99	0.50	0.81	0.72	0.84	0.43	0.65	0.79	0.75	0.70	0.45	0.63	0.51	0.44	0.49	0.60	0.49
2014	1.31	1.21	1.32	1.32	1.43	1.30	1.07	1.10	1.44	0.73	1.12	1.03	1.02	1.21	0.96	0.76	0.76	0.38	0.68	0.80	0.75	0.73	0.50	0.58	0.55	0.45	0.51	0.60	0.49
2015	1.39	1.24	1.33	1.28	1.14	1.38	1.03	1.03	1.32	0.59	1.16	1.10	1.07	1.18	1.05	0.80	0.90	1.06	0.75	0.80	0.73	0.77	0.56	0.58	0.53	0.54	0.56	0.62	0.43
2016	1.46	1.36	1.35	0.96	1.17	1.43	1.20	1.04	1.36	1.48	1.19	1.17	1.12	1.27	0.92	0.86	0.95	1.02	0.82	0.88	0.72	0.84	0.74	0.58	0.55	0.66	0.60	0.64	0.45
2017	1.64	1.63	1.44	1.16	1.30	1.45	1.28	1.27	1.24	1.48	1.32	1.27	1.21	1.17	1.00	0.99	1.02	1.15	0.91	0.95	0.77	0.88	0.87	0.68	0.64	0.75	0.64	0.67	0.53
2018	1.71	1.53	1.49	1.38	1.35	1.51	1.34	1.42	1.08	1.53	1.39	1.32	1.35	1.18	0.99	1.13	1.07	1.17	0.96	1.06	0.82	0.75	0.91	0.77	0.70	0.65	0.68	0.71	0.56
2019	1.49	1.49	1.49	1.46	1.46	1.43	1.31	1.28	1.26	1.26	1.26	1.24	1.18	1.13	1.09	1.03	1.00	0.95	0.92	0.92	0.85	0.79	0.78	0.70	0.70	0.65	0.64	0.60	0.56
平均值	1.19	1.08	1.23	1.00	1.26	1.24	0.90	1.04	1.40	0.45	1.08	0.92	1.08	0.67	0.77	0.52	0.66	0.52	0.77	0.75	0.64	0.73	0.32	0.51	0.35	0.41	0.49	0.60	0.33

表4-17 文化开放指数第三区间的“一带一路”参与国变化情况

年份＼国家	韩国	斯洛伐克	南非	乌克兰	萨尔瓦多	蒙古	圭亚那	北马其顿	津巴布韦	埃及	卢旺达	秘鲁	厄瓜多尔	塞内加尔	莫桑比克	乌兹别克斯坦	玻利维亚	波黑	赞比亚	俄罗斯	科特迪亚	多哥	伊朗	刚果（布）	阿尔及利亚	塔吉克斯坦	菲律宾	所罗门群岛	乌干达
2000	0.27	0.33	0.43	0.19	0.36	0.20	0.23	0.19	0.66	0.24	0.04	0.10	0.17	0.28	0.05	0.04	0.11	0.07	0.19	0.22	0.03	0.05	0.04	0.00	0.10	0.00	0.09	0.05	0.03
2001	0.25	0.37	0.42	0.27	0.33	0.24	0.21	0.08	0.72	0.20	0.05	0.11	0.17	0.28	0.05	0.05	0.11	0.05	0.20	0.22	0.03	0.04	0.05	0.01	0.10	0.00	0.08	0.06	0.04
2002	0.25	0.42	0.45	0.30	0.34	0.29	0.22	0.10	0.64	0.22	0.07	0.12	0.18	0.28	0.09	0.04	0.11	0.06	0.22	0.24	0.04	0.04	0.06	0.01	0.11	0.02	0.09	0.06	0.04
2003	0.22	0.41	0.45	0.36	0.30	0.24	0.20	0.13	0.68	0.25	0.10	0.13	0.19	0.28	0.07	0.03	0.14	0.06	0.15	0.23	0.04	0.05	0.07	0.02	0.12	0.04	0.08	0.06	0.05
2004	0.26	0.41	0.45	0.44	0.39	0.35	0.24	0.13	0.54	0.33	0.13	0.15	0.20	0.28	0.07	0.03	0.15	0.07	0.19	0.22	0.04	0.06	0.07	0.03	0.13	0.06	0.10	0.05	0.08
2005	0.26	0.44	0.48	0.49	0.45	0.39	0.23	0.16	0.44	0.34	0.16	0.17	0.21	0.26	0.09	0.03	0.16	0.08	0.24	0.22	0.04	0.06	0.08	0.04	0.14	0.09	0.11	0.09	0.07
2006	0.26	0.46	0.53	0.53	0.49	0.45	0.21	0.16	0.63	0.35	0.19	0.18	0.20	0.29	0.10	0.07	0.16	0.09	0.26	0.22	0.05	0.07	0.09	0.05	0.16	0.11	0.11	0.10	0.08
2007	0.27	0.48	0.56	0.64	0.50	0.49	0.25	0.18	0.66	0.42	0.21	0.19	0.21	0.28	0.11	0.10	0.17	0.11	0.30	0.23	0.05	0.06	0.11	0.06	0.16	0.13	0.12	0.12	0.09
2008	0.28	0.50	0.58	0.70	0.50	0.47	0.24	0.19	0.50	0.47	0.18	0.20	0.22	0.27	0.17	0.12	0.17	0.11	0.26	0.23	0.05	0.05	0.09	0.06	0.16	0.15	0.12	0.14	0.12
2009	0.31	0.36	0.41	0.56	0.39	0.42	0.26	0.19	0.50	0.45	0.17	0.21	0.21	0.25	0.21	0.13	0.17	0.10	0.22	0.21	0.06	0.09	0.09	0.09	0.17	0.09	0.11	0.15	0.11
2010	0.34	0.37	0.46	0.57	0.40	0.45	0.27	0.19	0.54	0.52	0.17	0.22	0.22	0.27	0.24	0.10	0.19	0.12	0.25	0.22	0.06	0.12	0.13	0.18	0.18	0.07	0.12	0.16	0.13
2011	0.38	0.41	0.47	0.57	0.40	0.44	0.28	0.24	0.56	0.34	0.22	0.24	0.23	0.28	0.26	0.14	0.20	0.13	0.27	0.24	0.06	0.17	0.14	0.20	0.20	0.07	0.13	0.17	0.15
2012	0.42	0.42	0.50	0.61	0.41	0.44	0.31	0.25	0.40	0.39	0.26	0.25	0.25	0.27	0.28	0.19	0.21	0.14	0.24	0.27	0.06	0.13	0.16	0.23	0.22	0.10	0.14	0.17	0.15
2013	0.45	0.46	0.51	0.65	0.41	0.38	0.35	0.29	0.39	0.31	0.27	0.27	0.26	0.29	0.25	0.19	0.21	0.17	0.25	0.29	0.08	0.18	0.19	0.30	0.22	0.08	0.15	0.17	0.15
2014	0.52	0.40	0.49	0.33	0.42	0.35	0.35	0.30	0.39	0.32	0.28	0.27	0.31	0.25	0.21	0.17	0.22	0.17	0.25	0.31	0.10	0.15	0.20	0.19	0.18	0.08	0.15	0.14	0.15
2015	0.47	0.46	0.45	0.32	0.43	0.33	0.35	0.34	0.41	0.30	0.29	0.28	0.30	0.26	0.19	0.17	0.22	0.21	0.24	0.32	0.28	0.14	0.20	0.18	0.13	0.15	0.16	0.14	0.15
2016	0.61	0.54	0.49	0.34	0.43	0.34	0.39	0.35	0.42	0.17	0.26	0.30	0.28	0.30	0.20	0.18	0.24	0.24	0.24	0.23	0.30	0.17	0.18	0.17	0.15	0.12	0.18	0.14	0.15
2017	0.46	0.57	0.49	0.37	0.45	0.38	0.41	0.43	0.46	0.26	0.31	0.31	0.31	0.33	0.17	0.23	0.27	0.29	0.26	0.23	0.32	0.26	0.18	0.11	0.18	0.15	0.19	0.16	0.15
2018	0.53	0.58	0.49	0.36	0.48	0.42	0.47	0.48	0.47	0.34	0.32	0.33	0.42	0.31	0.31	0.45	0.27	0.32	0.25	0.23	0.34	0.28	0.26	0.12	0.18	0.35	0.20	0.16	0.15
2019	0.55	0.52	0.50	0.50	0.46	0.44	0.42	0.41	0.37	0.35	0.34	0.34	0.34	0.29	0.29	0.28	0.27	0.27	0.27	0.26	0.26	0.23	0.23	0.23	0.20	0.20	0.19	0.19	0.19
平均值	0.37	0.44	0.48	0.45	0.42	0.37	0.29	0.24	0.52	0.33	0.20	0.22	0.24	0.28	0.17	0.14	0.19	0.14	0.24	0.24	0.11	0.12	0.13	0.11	0.16	0.10	0.13	0.12	0.11

表4-18 文化开放指数第四区间的“一带一路”参与国变化情况

年份＼国家	喀麦隆	斯里兰卡	吉尔吉斯斯坦	东帝汶	伊拉克	缅甸	加纳	肯尼亚	尼日利亚	基里巴斯	印度尼西亚	科摩罗	贝宁	安哥拉	坦桑尼亚	苏丹	中国	尼泊尔	布隆迪	委内瑞拉	摩尔多瓦	马达加斯加	尼日尔	乍得	巴基斯坦	塞拉利昂	几内亚	孟加拉国	马里
2000	0.04	0.05	0.03	0.00	0.01	0.02	0.07	0.14	0.04	0.15	0.07	0.16	0.05	0.01	0.06	0.00	0.06	0.06	0.01	0.07	0.03	0.04	0.02	0.01	0.01	0.01	0.01	0.00	0.02
2001	0.05	0.04	0.05	0.01	0.02	0.03	0.08	0.13	0.05	0.14	0.07	0.12	0.04	0.01	0.06	0.01	0.06	0.04	0.01	0.09	0.03	0.04	0.02	0.01	0.01	0.01	0.01	0.00	0.02
2002	0.06	0.05	0.07	0.01	0.03	0.03	0.08	0.12	0.05	0.14	0.07	0.12	0.03	0.02	0.06	0.01	0.07	0.03	0.03	0.06	0.03	0.01	0.01	0.02	0.01	0.01	0.01	0.00	0.02
2003	0.06	0.06	0.08	0.02	0.05	0.03	0.09	0.13	0.06	0.14	0.06	0.13	0.09	0.02	0.06	0.01	0.06	0.04	0.03	0.05	0.03	0.03	0.02	0.02	0.01	0.02	0.01	0.00	0.02
2004	0.07	0.06	0.08	0.02	0.06	0.03	0.10	0.16	0.07	0.09	0.07	0.14	0.08	0.04	0.06	0.01	0.07	0.04	0.05	0.06	0.04	0.05	0.02	0.02	0.01	0.02	0.01	0.00	0.02
2005	0.08	0.06	0.08	0.03	0.07	0.03	0.07	0.18	0.07	0.11	0.06	0.16	0.08	0.04	0.06	0.03	0.08	0.04	0.06	0.09	0.04	0.06	0.02	0.02	0.02	0.02	0.01	0.00	0.03
2006	0.09	0.06	0.09	0.03	0.09	0.03	0.08	0.19	0.07	0.12	0.06	0.17	0.08	0.02	0.06	0.04	0.08	0.04	0.08	0.09	0.03	0.06	0.02	0.02	0.02	0.01	0.01	0.00	0.03
2007	0.10	0.05	0.11	0.05	0.10	0.03	0.09	0.21	0.13	0.12	0.06	0.09	0.08	0.04	0.07	0.06	0.09	0.06	0.07	0.09	0.04	0.07	0.01	0.03	0.02	0.01	0.01	0.00	0.03
2008	0.10	0.04	0.14	0.08	0.12	0.03	0.10	0.14	0.14	0.10	0.07	0.08	0.08	0.06	0.07	0.06	0.09	0.05	0.07	0.08	0.04	0.07	0.02	0.02	0.02	0.02	0.01	0.01	0.03
2009	0.10	0.04	0.12	0.10	0.17	0.03	0.12	0.16	0.14	0.10	0.07	0.06	0.08	0.08	0.07	0.05	0.08	0.05	0.08	0.06	0.03	0.03	0.02	0.02	0.02	0.02	0.00	0.00	0.02
2010	0.11	0.06	0.11	0.09	0.19	0.03	0.13	0.16	0.14	0.11	0.08	0.08	0.08	0.09	0.07	0.06	0.08	0.06	0.05	0.06	0.03	0.04	0.02	0.02	0.02	0.02	0.00	0.00	0.02
2011	0.11	0.08	0.14	0.11	0.19	0.04	0.11	0.19	0.08	0.13	0.08	0.10	0.09	0.10	0.07	0.06	0.08	0.07	0.05	0.06	0.04	0.04	0.02	0.02	0.02	0.02	0.04	0.00	0.01
2012	0.15	0.10	0.14	0.12	0.13	0.05	0.12	0.17	0.10	0.12	0.08	0.12	0.09	0.11	0.09	0.06	0.08	0.08	0.05	0.10	0.04	0.04	0.02	0.03	0.02	0.02	0.03	0.00	0.00
2013	0.14	0.12	0.17	0.16	0.10	0.09	0.13	0.14	0.08	0.14	0.09	0.11	0.09	0.13	0.09	0.06	0.08	0.08	0.08	0.10	0.05	0.03	0.03	0.03	0.02	0.03	0.01	0.00	0.01
2014	0.14	0.14	0.16	0.12	0.11	0.13	0.11	0.12	0.10	0.11	0.09	0.11	0.09	0.11	0.09	0.07	0.08	0.07	0.08	0.08	0.04	0.04	0.03	0.04	0.02	0.02	0.01	0.00	0.01
2015	0.15	0.16	0.15	0.12	0.11	0.19	0.11	0.10	0.12	0.09	0.10	0.11	0.10	0.11	0.09	0.08	0.08	0.05	0.04	0.07	0.04	0.04	0.03	0.04	0.02	0.01	0.01	0.01	0.00
2016	0.16	0.18	0.12	0.13	0.12	0.12	0.12	0.11	0.10	0.13	0.11	0.13	0.10	0.07	0.09	0.08	0.08	0.07	0.06	0.05	0.06	0.05	0.03	0.03	0.02	0.02	0.02	0.01	0.01
2017	0.17	0.19	0.15	0.15	0.11	0.13	0.13	0.12	0.10	0.13	0.13	0.13	0.10	0.04	0.09	0.08	0.08	0.08	0.10	0.04	0.07	0.04	0.04	0.02	0.02	0.02	0.03	0.02	0.00
2018	0.18	0.20	0.15	0.15	0.11	0.14	0.13	0.10	0.10	0.15	0.14	0.16	0.10	0.03	0.10	0.08	0.08	0.10	0.07	0.04	0.07	0.04	0.03	0.03	0.02	0.02	0.03	0.02	0.00
2019	0.18	0.18	0.18	0.17	0.16	0.14	0.13	0.13	0.12	0.12	0.12	0.11	0.11	0.10	0.10	0.09	0.09	0.09	0.08	0.06	0.06	0.04	0.03	0.03	0.02	0.02	0.02	0.01	0.00
平均值	0.1	0.1	0.1	0.1	0.1	0.1	0.1	0.1	0.1	0.1	0.1	0.1	0.1	0.1	0.1	0.1	0.1	0.1	0.1	0.1	0.0	0.0	0.0	0.0	0.0	0.0	0.0	0.0	0.0

（三）"一带一路"参与国文化开放指数平均值与世界平均值的比较

图4-3为"一带一路"参与国与世界整体文化开放指数平均值的比较。2000～2019年，"一带一路"文化开放指数平均值呈上升态势，同世界文化开放指数平均值走势基本相同，但离世界平均值尚有不小差距。2013年以后，"一带一路"参与国文化开放指数平均值持续增长，世界平均值则在2019年出现下降。这说明，"一带一路"倡议提出以来，"一带一路"参与国文化开放水平不断提升，对外文化交流日益密切，对外人员交流频繁。

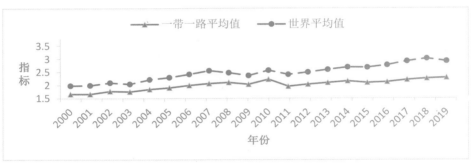

图4-3　"一带一路"参与国文化开放指数平均值与世界平均值的比较

五、社会开放指数

（一）社会开放指数的含义

本节将通过"一带一路"参与国的社会开放指数在2000～2019年之间的变化，以及与世界平均水平的比较，分析"一带一路"参与国这些年的社会开放程度。

这里选取上网人数占人口总数比值作为社会开放指数的原始指标，数据来自世界银行。学界对于社会开放以及社会开放的测度研究十分有限，对于社会开放的含义也有不同界定。互联网是一个国家社会开放的重要指标，互联网对创新和社会发展都具有重要作用。因此，本文采用上网人数占人口总数比值作为社会开放指数的指标。

（二）"一带一路"参与国的社会开放指数

基于117个"一带一路"参与国的上网人数和人口数据，求算得到的各国社会开放指数如图4-4所示。与前文类似，我们对4个年份（2000年、2006年、2013年、2019年）的各国排名也做了统计，排名范围限于有统计数据的"一带一路"参与国。这4个年份各国的社会开放指数及其排名见表4-19所示，同样按四分法依据各国排序分成了4个板块如表4-20。

从排名看，荷兰、卢森堡、韩国等社会开放指数靠前，且各年份排名较为稳定，说明其社会开放程度较高。总体来说，由于互联网技术、通信技术的快速发展，以此作为测度社会开放程度的指标，那么，从可视化走势图看，世界绝大部分国家的开放指数增长曲线都十分陡峭，这是其他方面测度指标所不具备的特点。

表4-19 "一带一路"参与国社会开放指数及其排名（117国）

	2000年		2006年		2013年		2019年	
	指数	排名	指数	排名	指数	排名	指数	排名
阿尔及利亚	0.5	79	7.4	62	22.5	73	46.8	68
安哥拉	0.1	97	1.5	97	8.9	100	15.4	104
安提瓜和巴布达	6.5	31	30.0	27	63.4	27	85.4	30
亚美尼亚	1.3	63	5.6	71	41.9	56	68.3	49
奥地利	33.7	4	63.6	4	80.6	7	98.3	9
阿塞拜疆	0.2	88	12.0	56	73.0	13	92.1	17
巴林	6.2	34	28.2	32	90.0	3	100.0	1
孟加拉国	0.1	97	1.0	104	6.6	105	15.7	103
巴巴多斯	4.0	38	55.3	8	71.8	16	94.6	14
白俄罗斯	1.9	56	16.2	47	54.2	41	79.4	36
贝宁	0.2	88	1.5	97	4.9	108	14.5	105
不丹	0.4	82	4.5	77	22.4	74	44.1	70
玻利维亚	1.4	62	6.2	67	37.0	63	48.1	66
波黑	1.1	67	25.1	35	48.5	46	72.9	43
文莱	9.0	21	42.2	17	64.5	26	96.9	10

续上表

	2000年		2006年		2013年		2019年	
	指数	排名	指数	排名	指数	排名	指数	排名
保加利亚	5.4	36	27.1	34	53.1	42	73.4	42
布隆迪	0.1	97	0.7	107	1.3	116	3.4	117
佛得角	1.8	57	6.8	64	37.5	61	58.2	60
柬埔寨	0.1	97	0.5	113	6.8	104	25.1	88
喀麦隆	0.3	85	2.0	92	10.0	97	21.9	96
乍得	0.0	111	0.6	109	2.5	115	5.4	115
智利	16.6	12	34.5	25	58.0	36	85.5	29
中国	1.8	57	10.5	58	45.8	52	62.9	55
科摩罗	0.3	85	2.2	91	6.5	107	9.3	112
刚果（布）	0.0	111	2.0	92	6.6	105	9.7	111
哥斯达黎加	5.8	35	25.1	35	46.0	50	72.9	43
科特迪瓦	0.2	88	1.5	97	12.0	92	36.8	75
克罗地亚	6.6	28	38.0	20	66.8	22	84.5	32
塞浦路斯	15.3	14	35.8	23	65.5	23	87.1	27
捷克	9.8	18	47.9	13	74.1	12	94.7	13
多米尼克	8.8	22	39.4	19	51.0	43	75.3	41
多米尼加	3.7	40	14.8	50	45.9	51	71.5	47
厄瓜多尔	1.5	61	7.2	63	40.3	59	61.1	56
埃及	0.6	77	13.7	52	29.4	67	47.5	67
萨尔瓦多	1.2	66	5.5	73	23.1	70	34.6	77
爱沙尼亚	28.6	5	63.5	5	80.0	8	100.0	1
冈比亚	0.9	69	5.2	75	14.0	86	20.8	97
加纳	0.2	88	2.7	87	15.0	83	33.9	79
希腊	9.1	20	32.3	26	59.9	34	80.5	35
几内亚	0.1	97	0.6	109	4.5	109	12.3	107
圭亚那	6.6	28	13.2	53	31.0	65	40.9	71
匈牙利	7.0	26	47.1	14	72.6	15	94.1	15
印度尼西亚	0.9	69	4.8	76	14.9	85	30.2	82
伊朗	0.9	69	8.8	59	30.0	66	58.0	61
伊拉克	0.0	111	1.0	104	9.2	98	37.1	73
以色列	20.9	10	27.9	33	70.3	18	95.5	12
意大利	23.1	7	38.0	20	58.5	35	71.9	46
牙买加	3.1	45	16.4	46	37.1	62	56.1	62
约旦	2.6	48	13.9	51	41.4	57	68.1	50
哈萨克斯坦	0.7	73	3.3	85	63.3	28	86.7	28
肯尼亚	0.3	85	3.6	84	13.0	90	19.1	99
基里巴斯	1.8	57	4.5	77	11.5	93	16.0	101
韩国	44.7	1	78.1	2	84.8	5	100.0	1
科威特	6.7	27	28.8	30	75.5	10	100.0	1
吉尔吉斯斯坦	1.0	68	12.3	55	23.0	71	38.7	72

续上表

	2000年		2006年		2013年		2019年	
	指数	排名	指数	排名	指数	排名	指数	排名
老挝	0.1	97	1.2	102	12.5	91	23.3	95
拉脱维亚	6.3	33	53.6	10	75.2	11	98.4	8
黎巴嫩	8.0	23	15.0	49	70.5	17	89.4	22
莱索托	0.2	88	3.0	86	15.0	83	27.4	84
立陶宛	6.4	32	43.9	16	68.5	20	92.0	18
卢森堡	22.9	8	72.5	3	93.8	2	100.0	1
马达加斯加	0.2	88	0.6	109	3.0	114	6.9	114
马来西亚	21.4	9	51.6	12	57.1	38	84.6	31
马尔代夫	2.2	51	11.0	57	44.1	53	66.6	51
马里	0.1	97	0.7	107	3.5	113	10.9	109
马耳他	13.1	15	40.4	18	68.9	19	91.9	19
摩尔多瓦	1.3	63	19.6	40	60.0	33	82.1	33
蒙古	1.3	63	2.0	92	17.7	77	25.9	86
黑山	17.0	11	28.9	29	60.3	32	75.6	40
摩洛哥	0.7	73	19.8	39	56.0	39	75.7	39
莫桑比克	0.1	97	0.8	106	7.3	103	13.4	106
缅甸	0.0	111	0.2	116	8.0	101	23.4	94
纳米比亚	1.6	60	4.4	81	13.9	87	36.8	75
尼泊尔	0.2	88	1.1	103	13.3	88	26.3	85
荷兰	44.0	2	83.7	1	94.0	1	100.0	1
尼日尔	0.0	111	0.3	115	1.2	117	4.8	116
尼日利亚	0.1	97	5.5	73	19.1	76	36.9	74
北马其顿	2.5	49	28.6	31	65.2	25	87.9	25
阿曼	3.5	43	8.3	60	66.5	23	88.8	24
巴基斯坦	0.1	97	6.5	65	10.9	96	15.9	102
巴拿马	6.6	28	17.4	44	44.0	54	64.0	54
秘鲁	3.1	45	20.7	38	39.2	60	55.1	63
菲律宾	2.0	54	5.7	70	48.1	47	60.2	59
波兰	7.3	25	44.6	15	62.9	29	87.6	26
葡萄牙	16.4	13	38.0	20	62.1	30	81.6	34
罗马尼亚	3.6	42	24.7	37	49.8	45	72.2	45
俄罗斯	2.0	54	18.0	43	68.0	21	88.9	23
卢旺达	0.1	97	0.6	109	9.0	99	20.3	98
萨摩亚	0.6	77	4.5	77	15.3	82	30.3	81
沙特阿拉伯	2.2	51	19.5	41	60.5	31	90.6	20
塞内加尔	0.4	82	5.6	71	13.1	89	34.2	78
塞舌尔	7.4	24	35.0	24	50.4	44	66.6	51
塞拉利昂	0.1	97	0.2	116	4.0	112	8.4	113
新加坡	36.0	3	59.0	6	80.9	6	92.4	16
斯洛伐克	9.4	19	56.1	7	77.9	9	96.9	10

	2000年		2006年		2013年		2019年	
	指数	排名	指数	排名	指数	排名	指数	排名
斯洛文尼亚	15.1	15	54.0	9	72.7	14	90.1	21
所罗门群岛	0.5	79	1.7	96	8.0	101	12.3	107
南非	5.4	36	7.6	61	46.5	48	60.5	58
斯里兰卡	0.7	73	2.5	88	21.9	75	29.3	83
苏丹	0.0	111	1.3	100	22.7	72	31.1	80
塔吉克斯坦	0.1	97	3.8	83	16.0	78	24.3	91
坦桑尼亚	0.1	97	1.3	100	4.4	111	18.0	100
泰国	3.7	40	17.2	45	28.9	68	51.1	64
东帝汶	0.0	111	0.5	113	11.0	95	24.4	90
多哥	0.8	72	2.0	92	4.5	109	10.3	110
汤加	2.4	50	5.9	68	32.8	64	45.1	69
突尼斯	2.8	47	13.0	54	43.8	55	65.4	53
土耳其	3.8	39	18.2	42	46.3	49	70.9	48
乌干达	0.2	88	2.5	89	15.5	79	24.7	89
乌克兰	0.7	73	4.5	77	41.0	58	60.9	57
阿拉伯联合酋长国	23.6	6	52.0	11	88.0	4	100.0	1
乌拉圭	10.5	17	29.4	28	57.7	37	78.1	37
乌兹别克斯坦	0.5	79	6.4	66	26.8	69	50.2	65
瓦努阿图	2.1	53	5.9	68	11.3	94	24.2	92
委内瑞拉	3.4	44	15.2	48	54.9	40	76.7	38
赞比亚	0.2	88	4.2	82	15.4	81	24.2	92
津巴布韦	0.4	82	2.4	90	15.5	79	25.2	87
上述国家平均值	5.4		18.2		39.0		55.4	
世界平均值	8.6		23.3		43.3		59.2	

表4-20 "一带一路"参与国社会开放指数排名和分区(117国)

	排名	2000年	2006年	2013年	2019年
第一区间	1	韩国	荷兰	荷兰	荷兰
	2	荷兰	韩国	卢森堡	卢森堡
	3	新加坡	卢森堡	巴林	巴林
	4	奥地利	奥地利	阿拉伯联合酋长国	阿拉伯联合酋长国
	5	爱沙尼亚	爱沙尼亚	韩国	韩国
	6	阿拉伯联合酋长国	新加坡	新加坡	爱沙尼亚
	7	意大利	斯洛伐克	奥地利	科威特
	8	卢森堡	巴巴多斯	爱沙尼亚	拉脱维亚
	9	马来西亚	斯洛文尼亚	斯洛伐克	奥地利
	10	以色列	拉脱维亚	科威特	文莱
	11	黑山	阿拉伯联合酋长国	拉脱维亚	斯洛伐克
	12	智利	马来西亚	捷克	以色列

续上表

	排名	2000年	2006年	2013年	2019年
第一区间	13	葡萄牙	捷克	阿塞拜疆	捷克
	14	塞浦路斯	匈牙利	斯洛文尼亚	巴巴多斯
	15	斯洛文尼亚	波兰	匈牙利	匈牙利
	16	马耳他	立陶宛	巴巴多斯	新加坡
	17	乌拉圭	文莱	黎巴嫩	阿塞拜疆
	18	捷克	马耳他	以色列	立陶宛
	19	斯洛伐克	多米尼克	马耳他	马耳他
	20	希腊	葡萄牙	立陶宛	沙特阿拉伯
	21	文莱	意大利	俄罗斯	斯洛文尼亚
	22	多米尼克	克罗地亚	克罗地亚	黎巴嫩
	23	黎巴嫩	塞浦路斯	阿曼	俄罗斯
	24	塞舌尔	塞舌尔	塞浦路斯	阿曼
	25	波兰	智利	北马其顿	北马其顿
	26	匈牙利	希腊	文莱	波兰
	27	科威特	安提瓜和巴布达	安提瓜和巴布达	塞浦路斯
	28	克罗地亚	乌拉圭	哈萨克斯坦	哈萨克斯坦
	29	圭亚那	黑山	波兰	智利
	30	巴拿马	科威特	葡萄牙	安提瓜和巴布达
第二区间	31	安提瓜和巴布达	北马其顿	沙特阿拉伯	马来西亚
	32	立陶宛	巴林	黑山	克罗地亚
	33	拉脱维亚	以色列	摩尔多瓦	摩尔多瓦
	34	巴林	保加利亚	希腊	葡萄牙
	35	哥斯达黎加	波黑	意大利	希腊
	36	保加利亚	哥斯达黎加	智利	白俄罗斯
	37	南非	罗马尼亚	乌拉圭	乌拉圭
	38	巴巴多斯	秘鲁	马来西亚	委内瑞拉
	39	土耳其	摩洛哥	摩洛哥	摩洛哥
	40	多米尼加	摩尔多瓦	委内瑞拉	黑山
	41	泰国	沙特阿拉伯	白俄罗斯	多米尼克
	42	罗马尼亚	土耳其	保加利亚	保加利亚
	43	阿曼	俄罗斯	多米尼克	波黑
	44	委内瑞拉	巴拿马	塞舌尔	哥斯达黎加
	45	牙买加	泰国	罗马尼亚	罗马尼亚
	46	秘鲁	牙买加	波黑	意大利
	47	突尼斯	白俄罗斯	菲律宾	多米尼加
	48	约旦	委内瑞拉	南非	土耳其
	49	北马其顿	黎巴嫩	土耳其	亚美尼亚
	50	汤加	多米尼加	哥斯达黎加	约旦
	51	沙特阿拉伯	约旦	多米尼加	塞舌尔
	52	马尔代夫	埃及	中国	马尔代夫
	53	瓦努阿图	圭亚那	马尔代夫	突尼斯
	54	菲律宾	突尼斯	巴拿马	巴拿马

	排名	2000年	2006年	2013年	2019年
第二区间	55	俄罗斯	吉尔吉斯斯坦	突尼斯	中国
	56	白俄罗斯	阿塞拜疆	亚美尼亚	厄瓜多尔
	57	佛得角	马尔代夫	约旦	乌克兰
	58	基里巴斯	中国	乌克兰	南非
	59	中国	伊朗	厄瓜多尔	菲律宾
第三区间	60	纳米比亚	阿曼	秘鲁	佛得角
	61	厄瓜多尔	南非	佛得角	伊朗
	62	玻利维亚	阿尔及利亚	牙买加	牙买加
	63	亚美尼亚	厄瓜多尔	玻利维亚	秘鲁
	64	摩尔多瓦	佛得角	汤加	泰国
	65	蒙古	巴基斯坦	圭亚那	乌兹别克斯坦
	66	萨尔瓦多	乌兹别克斯坦	伊朗	玻利维亚
	67	波黑	玻利维亚	埃及	埃及
	68	吉尔吉斯斯坦	汤加	泰国	阿尔及利亚
	69	伊朗	瓦努阿图	乌兹别克斯坦	汤加
	70	印度尼西亚	菲律宾	萨尔瓦多	不丹
	71	冈比亚	亚美尼亚	吉尔吉斯斯坦	圭亚那
	72	多哥	塞内加尔	苏丹	吉尔吉斯斯坦
	73	乌克兰	尼日利亚	阿尔及利亚	伊拉克
	74	摩洛哥	萨尔瓦多	不丹	尼日利亚
	75	哈萨克斯坦	冈比亚	斯里兰卡	科特迪瓦
	76	斯里兰卡	印度尼西亚	尼日利亚	纳米比亚
	77	埃及	不丹	蒙古	萨尔瓦多
	78	萨摩亚	乌克兰	塔吉克斯坦	塞内加尔
	79	阿尔及利亚	基里巴斯	乌干达	加纳
	80	乌兹别克斯坦	萨摩亚	津巴布韦	苏丹
	81	所罗门群岛	纳米比亚	赞比亚	萨摩亚
	82	塞内加尔	赞比亚	萨摩亚	印度尼西亚
	83	津巴布韦	塔吉克斯坦	莱索托	斯里兰卡
	84	不丹	肯尼亚	加纳	莱索托
	85	肯尼亚	哈萨克斯坦	印度尼西亚	尼泊尔
	86	科摩罗	莱索托	冈比亚	蒙古
	87	喀麦隆	加纳	纳米比亚	津巴布韦
	88	科特迪瓦	斯里兰卡	尼泊尔	柬埔寨

续上表

	排名	2000年	2006年	2013年	2019年
	89	贝宁	乌干达	塞内加尔	乌干达
	90	莱索托	津巴布韦	肯尼亚	东帝汶
	91	尼泊尔	科摩罗	老挝	塔吉克斯坦
	92	马达加斯加	蒙古	科特迪瓦	赞比亚
	93	赞比亚	喀麦隆	基里巴斯	瓦努阿图
	94	乌干达	刚果（布）	瓦努阿图	缅甸
	95	加纳	多哥	东帝汶	老挝
	96	阿塞拜疆	所罗门群岛	巴基斯坦	喀麦隆
	97	马里	贝宁	喀麦隆	冈比亚
	98	塞拉利昂	科特迪瓦	伊拉克	卢旺达
	99	坦桑尼亚	安哥拉	卢旺达	肯尼亚
	100	老挝	坦桑尼亚	安哥拉	坦桑尼亚
	101	莫桑比克	苏丹	所罗门群岛	基里巴斯
	102	安哥拉	老挝	缅甸	巴基斯坦
第四区间	103	几内亚	尼泊尔	莫桑比克	孟加拉国
	104	布隆迪	孟加拉国	柬埔寨	安哥拉
	105	孟加拉国	伊拉克	孟加拉国	贝宁
	106	尼日利亚	莫桑比克	刚果（布）	莫桑比克
	107	卢旺达	马里	科摩罗	所罗门群岛
	108	巴基斯坦	布隆迪	贝宁	几内亚
	109	塔吉克斯坦	几内亚	多哥	马里
	110	柬埔寨	马达加斯加	几内亚	多哥
	111	尼日尔	乍得	坦桑尼亚	刚果（布）
	112	乍得	卢旺达	塞拉利昂	科摩罗
	113	刚果（布）	东帝汶	马里	塞拉利昂
	114	苏丹	柬埔寨	马达加斯加	马达加斯加
	115	伊拉克	尼日尔	乍得	乍得
	116	缅甸	塞拉利昂	布隆迪	尼日尔
	117	东帝汶	缅甸	尼日尔	布隆迪

表4-21 社会开放指数第一区间的“一带一路”参与国变化情况

年份\国家	荷兰	卢森堡	巴林	阿拉伯联合酋长国	韩国	爱沙尼亚	科威特	拉脱维亚	奥地利	文莱	斯洛伐克	以色列	捷克	巴巴多斯	匈牙利	新加坡	阿塞拜疆	立陶宛	马耳他	沙特阿拉伯	斯洛文尼亚	黎巴嫩	俄罗斯	阿曼	北马其顿	波兰	塞浦路斯	哈萨克斯坦	智利	安提瓜和巴布达
2000	44.0	22.9	6.2	23.6	44.7	28.6	6.7	6.3	33.7	9.0	9.4	20.9	9.8	4.0	7.0	36.0	0.2	6.4	13.1	2.2	15.1	8.0	2.0	3.5	2.5	7.3	15.3	0.7	16.6	6.5
2001	49.4	36.2	15.0	26.3	56.6	31.5	8.6	7.2	39.2	12.9	12.5	17.4	14.7	11.9	14.5	41.7	0.3	7.2	17.9	4.7	330.2	6.8	2.9	5.9	3.5	9.9	18.8	1.0	19.1	8.9
2002	61.3	39.8	18.1	28.3	59.4	41.5	10.2	21.9	36.6	15.3	40.1	17.8	23.9	27.8	16.7	47.0	5.0	17.7	28.9	6.4	27.8	7.0	4.1	6.9	17.3	21.1	28.3	1.7	22.1	12.5
2003	64.3	54.5	21.6	29.5	65.5	45.3	22.4	27.0	42.7	19.6	43.0	19.6	34.3	39.7	21.6	53.8	5.0	25.9	31.6	8.0	31.9	8.0	8.3	7.3	19.1	24.9	30.1	2.0	25.5	17.2
2004	68.5	65.9	21.5	30.1	72.7	53.2	22.9	38.6	54.3	29.7	52.9	22.8	35.5	49.8	27.7	62.0	5.0	31.2	34.6	10.2	40.8	9.0	12.9	6.8	24.4	32.5	33.8	2.6	28.2	24.3
2005	81.0	70.0	21.3	40.0	73.5	61.4	25.9	46.0	58.0	36.5	55.2	25.2	35.3	52.5	39.0	61.0	8.0	69.2	41.2	12.7	46.8	10.1	15.2	6.7	26.4	38.8	32.8	3.0	31.2	27.0
2006	83.7	72.5	28.2	52.0	78.1	63.5	28.8	53.6	63.6	42.2	56.1	27.9	47.9	55.3	47.1	59.0	12.0	43.9	40.4	19.5	54.0	15.0	18.0	8.3	28.6	44.6	35.8	3.3	34.5	30.0
2007	85.8	78.9	32.9	61.0	78.8	66.2	34.8	59.2	69.4	44.7	61.8	48.1	51.9	58.2	53.3	69.9	14.5	49.9	46.9	30.0	56.7	18.7	24.7	16.7	36.3	48.6	40.8	4.0	35.9	34.0
2008	87.4	80.2	51.9	63.0	81.0	70.6	42.0	63.4	72.9	46.0	66.0	59.4	63.0	61.4	61.0	69.0	17.1	55.2	50.1	36.0	58.0	22.5	26.8	20.0	46.0	53.1	42.3	11.0	37.3	38.0
2009	89.6	87.3	53.0	64.0	81.6	72.5	50.8	66.8	73.4	49.0	70.0	63.1	64.4	64.7	62.0	69.0	27.4	59.8	58.9	38.0	64.0	30.1	29.0	26.8	51.8	59.0	49.8	18.2	41.6	42.0
2010	90.6	90.6	55.0	68.0	83.7	74.1	61.4	68.4	75.2	53.0	75.7	67.5	68.8	65.1	65.0	71.0	46.0	62.1	63.0	41.0	70.0	43.7	43.0	35.8	51.9	62.3	53.0	31.6	45.0	47.0
2011	90.0	90.0	77.0	78.0	83.8	76.5	65.8	69.7	78.7	56.0	74.4	68.9	70.5	66.5	68.0	71.0	50.0	63.6	68.0	47.5	67.3	52.0	49.0	48.0	56.7	61.9	56.9	50.6	52.2	52.0
2012	91.9	91.9	88.0	85.0	84.1	78.4	70.4	73.1	80.0	60.3	76.7	70.8	73.4	71.2	70.6	72.0	54.2	67.2	68.2	54.0	68.3	61.2	63.8	60.0	57.4	62.3	60.7	61.9	55.0	58.0
2013	93.8	93.8	90.0	88.0	84.8	80.0	75.5	75.2	80.3	64.5	77.9	70.3	74.1	71.8	72.6	80.9	73.0	68.5	68.9	60.5	72.7	70.5	68.0	66.4	65.2	62.8	65.5	63.3	58.0	63.4
2014	94.7	94.7	90.5	90.4	87.6	84.2	78.7	75.8	81.0	68.8	80.0	75.0	74.2	75.2	75.7	79.0	75.0	72.1	73.2	64.7	71.6	73.0	70.5	70.2	68.1	66.6	69.3	66.0	61.1	67.8
2015	96.4	96.4	93.5	90.5	89.9	88.4	72.0	79.2	83.9	71.2	77.6	77.4	75.7	76.1	72.8	79.0	77.0	71.4	76.0	69.6	73.1	74.0	70.1	73.5	70.4	68.0	71.7	70.8	76.6	70.0
2016	98.1	98.1	98.0	90.6	92.8	87.2	78.4	79.8	84.3	90.0	80.5	79.7	76.5	79.5	79.3	84.5	78.2	74.4	78.1	74.9	75.5	76.1	73.1	76.8	72.2	73.3	75.9	74.6	83.6	73.0
2017	97.4	97.4	95.9	94.8	95.1	88.1	100.0	80.1	87.9	94.9	81.6	81.6	78.7	81.8	76.8	84.4	79.0	77.6	81.0	82.1	78.9	78.2	76.0	80.2	74.5	76.0	80.7	76.4	82.3	76.0
2018	97.1	97.1	98.6	98.4	95.9	89.4	99.6	83.6	87.7	94.6	80.7	81.6	80.7	81.8	76.1	88.2	79.8	79.7	81.4	93.3	79.7	78.2	80.9	80.2	79.2	77.5	84.4	78.9	82.3	76.0
2019	100.0	100.0	100.0	100.0	100.0	100.0	100.0	98.4	98.3	96.9	96.9	95.5	94.6	94.6	94.1	92.4	92.1	91.9	91.9	90.6	90.1	89.4	88.8	88.8	87.9	87.6	87.1	86.7	85.5	85.4
平均值	83.3	77.9	57.8	65.1	79.5	69.0	52.7	58.7	69.1	52.8	63.5	54.5	57.4	59.4	55.0	68.5	39.9	54.7	55.7	42.3	73.6	41.6	41.4	39.4	47.0	51.9	51.7	35.4	48.7	45.5

表4-22 社会开放指数第二区间的"一带一路"参与国变化情况

年份\国家	马来西亚	克罗地亚	摩尔多瓦	葡萄牙	希腊	白俄罗斯	乌拉圭	委内瑞拉	摩洛哥	黑山	多米尼克	保加利亚	波黑	哥斯达黎加	罗马尼亚	意大利	多米尼加	土耳其	亚美尼亚	约旦	塞舌尔	马尔代夫	突尼斯	巴拿马	中国	厄瓜多尔	乌克兰	南非	菲律宾
2000	21.4	6.6	1.3	16.4	9.1	1.9	10.5	3.4	0.7	17.0	8.8	5.4	1.1	5.8	3.6	23.1	3.7	3.8	1.3	2.6	7.4	2.2	2.8	6.6	1.8	1.5	0.7	5.4	2.0
2001	26.7	11.6	1.5	18.1	10.9	4.3	11.1	4.6	1.4	19.0	13.2	7.6	1.2	9.6	4.5	27.2	4.4	5.2	1.6	4.7	11.0	3.6	4.3	7.3	2.6	2.7	1.2	6.4	2.5
2002	32.3	17.8	3.8	19.4	14.7	9.0	11.4	4.9	2.4	21.0	18.4	9.1	2.6	19.9	6.6	28.0	6.8	11.4	2.0	6.0	14.3	5.4	5.2	8.5	4.6	4.3	1.9	6.7	4.3
2003	35.0	22.7	7.4	29.7	17.8	9.0	15.9	7.5	3.4	23.0	23.6	12.0	4.0	20.3	8.9	29.0	7.9	12.3	4.6	8.5	14.6	6.0	6.5	10.0	6.2	4.5	3.2	7.0	4.9
2004	42.3	30.9	10.6	31.8	21.4	9.0	17.1	8.4	11.6	25.3	30.3	18.1	15.5	20.8	15.0	33.2	8.9	14.6	4.9	11.7	24.3	6.6	8.5	11.1	7.3	4.8	3.5	8.4	5.2
2005	48.6	33.1	14.6	35.0	24.0	9.0	20.1	12.6	15.1	27.1	38.5	20.0	21.3	22.1	21.5	35.0	11.5	15.5	5.2	12.9	25.4	6.9	9.6	11.5	8.5	6.0	3.8	7.5	5.4
2006	51.6	38.0	19.6	38.0	32.2	16.2	29.4	15.2	19.8	28.9	39.4	27.1	25.1	25.1	24.7	38.0	14.8	18.2	5.6	13.9	35.0	11.0	13.0	17.3	10.5	7.2	4.5	7.6	5.7
2007	55.7	41.4	20.4	42.1	35.9	19.7	34.0	20.8	21.5	30.8	40.3	33.6	27.9	28.4	28.3	40.8	17.7	28.6	6.0	20.0	38.4	16.3	17.1	22.3	16.0	10.8	6.6	8.1	6.0
2008	55.8	44.2	23.4	44.1	38.2	23.0	39.3	25.9	33.1	32.9	41.2	39.7	34.7	32.3	32.4	44.5	20.8	34.4	6.2	23.0	40.4	23.2	27.5	33.8	22.6	18.8	11.0	8.4	6.2
2009	55.9	50.6	27.5	48.3	42.4	27.4	41.8	32.7	41.3	35.1	42.0	45.0	37.7	34.3	36.6	48.8	27.7	36.4	15.3	26.0	40.4	24.8	34.1	39.1	28.9	24.6	17.9	10.0	9.0
2010	56.3	56.5	32.3	53.3	44.4	31.8	46.4	37.4	52.0	37.5	47.4	46.2	42.7	36.5	39.9	53.7	31.4	39.8	25.0	27.2	41.0	26.5	36.8	40.1	34.3	29.0	23.3	24.0	25.0
2011	61.0	57.8	38.0	55.2	51.6	39.6	51.4	40.2	46.1	35.6	48.6	48.0	43.9	39.2	40.0	54.4	38.0	43.1	32.0	34.9	43.2	34.0	39.1	42.7	38.3	31.4	28.7	34.0	29.0
2012	65.8	61.9	43.4	60.3	55.1	46.9	54.5	49.1	55.4	56.8	49.8	51.9	45.1	47.5	45.9	55.8	42.3	45.1	37.5	37.0	47.1	38.9	41.4	40.3	42.3	35.1	35.3	41.0	36.2
2013	57.1	66.7	60.0	62.1	59.9	54.2	57.7	54.9	56.0	60.3	51.0	53.1	48.5	46.0	49.8	58.5	45.9	46.2	41.9	41.4	50.4	44.1	43.8	44.0	45.8	40.3	41.0	46.5	48.1
2014	63.7	68.6	67.0	64.6	63.2	59.0	61.5	57.0	56.8	61.0	57.5	55.5	49.9	53.0	54.1	55.6	49.6	51.0	54.6	46.2	51.3	49.3	46.2	44.9	47.9	45.6	46.2	49.0	49.6
2015	71.1	69.8	69.0	68.6	66.8	62.2	64.6	64.0	57.1	68.1	65.0	56.7	52.6	59.8	55.8	58.1	54.2	53.7	59.1	60.1	54.3	54.5	46.5	51.2	50.3	48.9	48.9	51.9	36.0
2016	78.8	72.7	71.0	70.4	69.1	71.1	66.4	60.0	58.3	69.9	67.0	59.8	60.3	65.9	59.5	61.3	63.9	58.3	64.3	62.3	56.5	59.1	49.6	54.0	53.2	54.1	53.0	54.0	55.5
2017	80.1	67.1	76.1	73.8	70.5	74.4	68.3	72.0	61.8	71.3	69.6	63.4	64.9	71.4	63.7	63.1	67.6	64.7	64.7	66.8	58.8	63.2	64.2	57.9	54.3	57.3	58.9	56.2	60.1
2018	81.2	72.7	76.1	74.7	73.0	79.1	68.3	72.0	64.8	71.5	69.6	64.8	70.1	74.1	70.7	74.4	74.8	71.0	64.7	66.8	58.8	63.2	64.2	57.9	54.3	57.3	58.9	56.2	60.1
2019	84.6	84.5	82.1	81.6	80.5	79.4	78.1	76.7	75.7	75.6	75.3	73.4	72.9	72.9	72.2	71.9	71.5	70.9	68.3	68.1	66.6	66.6	65.4	64.0	62.9	61.1	60.9	60.5	60.2
平均值	56.3	48.8	37.3	49.4	44.0	36.3	42.4	36.0	36.7	43.4	44.8	39.5	36.1	39.2	36.7	47.7	33.2	36.2	28.2	32.0	39.0	30.3	31.3	33.2	29.6	27.3	25.5	27.4	25.6

表4-23　社会开放指数第三区间的"一带一路"参与国变化情况

年份＼国家	佛得角	伊朗	牙买加	秘鲁	泰国	乌兹别克斯坦	玻利维亚	埃及	阿尔及利亚	汤加	不丹	圭亚那	吉尔吉斯斯坦	伊拉克	尼日利亚	科特迪瓦	纳米比亚	萨尔瓦多	塞内加尔	加纳	苏丹	萨摩亚	印度尼西亚	斯里兰卡	莱索托	尼泊尔	蒙古	津巴布韦	柬埔寨
2000	1.8	0.9	3.1	3.1	3.7	0.5	1.4	0.6	0.5	2.4	0.4	6.6	1.0	0.0	0.1	0.2	1.6	1.2	0.4	0.2	0.0	0.6	0.9	0.6	0.2	0.2	1.3	0.4	0.1
2001	2.7	1.5	3.9	7.6	5.6	0.6	2.1	0.8	0.6	2.8	0.9	13.2	3.0	0.1	0.1	0.4	2.4	1.5	1.0	0.2	0.1	1.7	2.0	0.8	0.3	0.2	1.6	0.8	0.1
2002	3.5	4.6	6.1	9.0	7.5	1.1	3.1	2.7	1.6	2.9	1.7	13.2	3.0	0.5	0.3	0.5	2.6	1.9	1.0	0.8	0.4	2.2	2.1	1.0	1.1	0.3	2.0	1.1	0.2
2003	4.3	6.9	7.8	11.6	9.3	1.9	3.5	4.0	2.2	3.0	2.4	13.2	3.9	0.6	0.6	0.8	3.4	2.5	2.1	1.2	0.5	2.8	2.4	1.5	1.5	0.4	2.0	1.8	0.3
2004	5.3	7.5	10.0	14.1	10.7	2.6	4.4	11.9	4.6	4.0	3.2	13.2	5.1	0.9	1.3	0.8	3.8	3.2	4.4	1.7	0.8	3.1	2.6	1.4	2.2	0.4	2.0	2.1	0.3
2005	6.1	8.1	12.8	17.1	15.0	3.3	5.2	12.7	5.8	4.9	3.8	13.2	10.5	0.9	3.6	1.0	4.0	4.2	4.8	1.8	1.3	3.4	3.6	1.8	2.6	0.8	2.0	2.4	0.3
2006	6.8	8.8	16.4	20.7	17.2	6.4	6.2	13.7	7.4	5.8	4.5	13.2	12.3	1.0	5.5	1.5	4.4	5.5	5.6	2.7	1.3	4.5	4.8	2.5	3.0	1.1	2.0	2.4	0.5
2007	8.3	9.5	21.1	25.2	20.0	7.5	10.5	16.0	9.4	7.2	5.9	13.8	14.0	0.9	6.8	1.8	4.8	6.1	6.9	3.8	8.7	4.8	5.8	3.9	3.4	1.4	9.0	3.0	0.5
2008	14.0	12.0	23.6	30.6	18.2	9.1	12.5	18.0	10.2	8.1	6.6	18.2	15.7	1.0	8.0	1.9	5.3	10.1	7.1	4.3	8.7	5.0	7.9	5.8	3.6	1.7	9.8	3.5	0.5
2009	21.0	13.8	24.3	31.4	20.1	11.9	16.8	20.0	11.2	10.0	7.2	23.9	16.0	1.1	9.3	2.0	6.5	12.1	7.5	5.4	8.7	6.0	6.9	8.8	3.7	2.0	10.0	4.0	0.5
2010	30.0	15.9	27.7	34.8	22.4	15.9	22.4	21.6	12.5	16.0	13.6	29.9	16.3	2.5	11.5	2.7	11.6	15.9	8.0	7.8	16.7	7.0	10.9	12.0	3.9	7.9	10.2	6.4	1.3
2011	32.0	19.0	37.4	36.0	23.7	18.6	30.0	25.6	14.9	25.0	14.4	30.0	17.5	5.0	13.8	2.9	12.0	18.9	9.8	9.0	17.5	11.0	12.3	15.0	7.0	9.0	12.5	8.4	3.1
2012	34.7	22.7	33.8	38.2	26.5	23.6	35.3	26.4	18.2	30.0	15.6	30.5	19.8	7.1	16.1	5.0	12.9	20.3	10.8	10.6	21.0	12.9	14.5	18.3	10.0	11.1	16.4	12.0	4.9
2013	37.5	29.9	37.1	39.2	28.9	26.8	37.0	29.4	22.5	32.8	22.4	31.0	23.0	9.2	19.1	12.0	13.9	23.1	13.1	15.0	22.7	15.3	14.9	21.9	15.0	13.3	17.7	15.5	6.8
2014	40.3	39.3	40.4	40.2	34.9	35.5	34.6	33.9	29.5	36.0	30.3	32.0	28.3	13.2	21.0	19.3	14.8	24.8	17.7	25.5	24.6	21.2	17.1	25.8	22.0	15.4	19.9	16.4	14.0
2015	42.7	45.3	42.2	40.9	39.3	42.8	35.6	37.8	38.2	38.7	39.8	34.0	30.2	58.0	36.0	38.4	25.7	26.8	27.0	25.0	26.6	25.4	22.0	12.1	25.0	17.6	22.5	22.7	6.4
2016	50.3	53.2	44.4	45.5	47.5	46.8	39.7	41.2	42.9	39.9	41.8	35.7	37.0	21.2	25.7	41.2	31.0	29.0	25.7	34.7	14.1	29.4	25.4	16.4	27.4	19.7	22.3	23.1	32.4
2017	57.2	64.0	55.1	48.7	52.9	52.3	43.8	45.0	47.7	41.2	48.1	37.3	38.0	49.4	42.0	43.8	51.0	33.8	46.0	39.0	30.9	33.6	32.3	34.1	29.0	34.0	23.7	27.1	32.4
2018	58.2	70.0	55.1	52.5	56.8	52.3	43.8	46.9	59.6	41.2	48.1	37.3	38.0	49.4	42.0	46.8	51.0	33.8	46.0	39.0	30.9	33.6	39.8	34.1	29.0	34.0	23.7	27.1	40.0
2019	58.2	58.0	56.1	55.1	51.1	50.2	48.1	47.4	46.8	45.1	44.1	40.9	38.6	37.1	36.9	36.8	36.8	34.6	34.2	33.9	31.1	30.3	30.2	29.3	27.4	26.3	25.9	25.2	25.1
平均值	25.7	24.5	27.9	30.1	25.6	20.5	21.8	22.8	19.3	19.9	17.7	24.0	18.6	13.0	15.0	13.0	15.0	15.5	14.0	13.1	13.3	12.7	12.9	12.4	10.9	9.8	11.8	10.3	8.5

表4-24　社会开放指数第四区间的“一带一路”参与国变化情况

国家 / 年份	乌干达	东帝汶	塔吉克斯坦	赞比亚	瓦努阿图	缅甸	老挝	喀麦隆	冈比亚	卢旺达	肯尼亚	坦桑尼亚	基里巴斯	巴基斯坦	孟加拉国	安哥拉	贝宁	莫桑比克	所罗门群岛	几内亚	马里	多哥	刚果（布）	科摩罗	塞拉利昂	马达加斯加	乍得	尼日尔	布隆迪
2000	0.2	0.0	0.0	0.2	2.1	0.0	0.1	0.3	0.9	0.1	0.3	0.1	1.8	0.1	0.1	0.1	0.2	0.1	0.5	0.1	0.1	0.8	0.0	0.3	0.1	0.2	0.0	0.0	0.1
2001	0.2	0.0	0.1	0.2	2.8	0.0	0.2	0.3	1.3	0.2	0.6	0.2	2.3	1.3	0.1	0.1	0.4	0.2	0.5	0.2	0.2	0.9	0.0	0.4	0.2	0.2	0.0	0.1	0.1
2002	0.4	0.0	0.1	0.5	3.5	0.0	0.3	0.4	1.8	0.3	1.2	0.2	2.5	2.6	0.1	0.3	0.7	0.3	0.5	0.4	0.4	1.0	0.2	0.6	0.2	0.3	0.2	0.1	0.1
2003	0.5	0.1	0.1	1.0	3.9	0.0	0.3	0.6	2.4	0.4	2.9	0.7	3.0	5.0	0.2	0.4	1.0	0.4	0.6	0.5	0.5	1.2	0.5	0.8	0.2	0.4	0.3	0.2	0.2
2004	0.7	0.1	0.1	2.0	4.7	0.0	0.4	1.0	3.3	0.4	2.9	0.9	3.5	6.2	0.2	0.5	1.2	0.7	0.6	0.5	0.5	1.5	1.1	1.3	0.2	0.5	0.4	0.2	0.3
2005	1.7	0.1	0.3	2.9	5.1	0.1	0.9	1.4	3.8	0.6	3.1	1.1	4.0	6.3	0.2	1.1	1.3	0.9	0.8	0.5	0.5	1.8	1.5	2.0	0.2	0.6	0.4	0.2	0.5
2006	2.5	0.5	3.8	4.2	5.9	0.2	1.2	2.0	5.2	0.6	3.6	1.3	4.5	6.5	1.0	1.5	1.5	0.8	1.6	0.6	0.6	2.0	2.0	2.2	0.2	0.6	0.6	0.3	0.7
2007	3.7	1.0	7.2	4.9	6.8	0.2	1.6	2.9	6.2	2.1	4.4	1.6	6.0	6.8	1.8	1.7	1.8	0.9	2.0	0.8	0.8	2.2	2.8	2.5	0.2	0.6	0.8	0.4	0.7
2008	7.9	1.5	8.8	5.5	7.3	0.2	3.5	3.4	6.9	4.5	5.2	1.9	7.0	7.0	2.5	1.9	1.8	1.6	3.0	0.9	1.6	2.4	4.3	3.0	0.2	1.6	1.2	0.7	0.8
2009	9.8	2.0	10.1	6.3	7.5	0.2	6.0	3.8	7.6	7.7	6.1	2.4	9.0	7.5	3.1	2.3	2.2	2.7	4.0	0.9	1.8	2.6	4.5	3.5	0.3	1.6	1.5	0.8	0.9
2010	12.5	3.0	11.6	10.0	8.0	0.2	7.0	4.3	9.2	8.0	7.2	2.9	9.1	8.0	3.7	2.8	3.1	4.2	5.0	1.0	2.0	3.0	5.0	5.1	0.6	1.7	1.7	0.8	1.0
2011	13.0	4.0	13.0	11.5	9.2	1.0	9.0	5.0	10.9	7.0	8.8	3.2	10.0	9.0	4.5	3.1	4.1	4.3	6.0	2.0	2.2	3.5	5.6	5.5	0.9	1.9	1.9	0.9	1.1
2012	14.1	7.0	14.5	13.0	10.6	4.0	10.8	7.5	12.4	8.0	10.5	3.9	10.8	10.0	5.0	6.5	4.5	6.0	7.0	3.1	2.8	4.0	6.1	6.0	2.5	2.3	2.1	1.0	1.2
2013	15.5	11.0	16.0	15.4	11.3	8.0	12.5	10.0	14.0	9.0	13.0	4.4	11.5	10.9	6.6	8.9	4.9	7.3	8.0	4.5	3.5	4.5	6.6	6.5	4.0	3.0	2.5	1.1	1.3
2014	16.9	17.5	17.5	19.0	18.8	11.5	14.3	16.2	15.6	10.6	16.5	7.0	12.2	12.0	13.9	21.4	6.0	9.2	9.0	6.4	4.0	5.7	7.1	7.0	6.1	3.7	2.9	1.2	1.4
2015	17.8	23.0	19.0	21.0	22.4	21.7	18.2	20.7	16.5	18.0	16.6	20.0	13.0	14.0	14.4	12.4	11.3	16.9	10.0	8.2	10.3	7.1	7.6	7.5	6.3	4.2	3.5	2.5	4.9
2016	21.9	25.2	20.5	25.5	24.0	25.1	21.9	23.2	18.5	20.0	16.6	13.0	13.7	12.4	18.0	13.0	12.0	17.5	11.0	9.8	11.1	11.3	8.1	7.9	11.8	4.7	5.0	4.3	5.2
2017	23.7	27.5	22.0	27.8	25.7	30.7	25.5	23.2	19.8	21.8	17.8	25.0	14.6	15.5	15.0	14.3	20.0	10.0	11.9	18.0	13.0	12.4	8.6	8.5	9.0	9.8	6.5	10.2	2.7
2018	23.7	27.5	22.0	14.3	25.7	30.7	25.5	23.2	19.8	21.8	17.8	25.0	14.6	15.5	15.0	14.3	20.0	10.0	11.9	18.0	13.0	12.4	8.6	8.5	9.0	9.8	6.5	5.3	2.7
2019	24.7	24.4	24.3	24.2	24.2	23.4	23.3	21.9	20.8	20.3	19.1	18.0	16.0	15.9	15.7	15.4	14.4	13.4	12.3	12.3	10.9	10.3	9.7	9.3	8.4	6.9	5.4	4.8	3.4
平均值	10.6	8.8	10.6	10.5	11.5	7.9	9.1	8.6	9.8	8.1	8.7	6.6	8.5	8.6	6.1	6.1	5.6	5.4	5.3	4.4	4.0	4.5	4.5	4.4	3.0	2.7	2.2	1.8	1.5

（三）"一带一路"参与国的社会开放指数与世界平均水平对比

图4-4为"一带一路"参与国与世界整体社会开放指数平均值的比较。2000～2019年，"一带一路"参与国和世界社会开放指数的平均值均快速上升，"一带一路"社会开放指数平均值低于同期世界平均值，二者趋势相同，增长速率相近。"一带一路"参与国平均值从2000年的5.4提高到2019年的55.4。同期，世界社会开放指数平均值从2000年的8.6提高到2019年的59.2。"一带一路"参与国社会开放水平不断提升，但仍有较大上升空间。

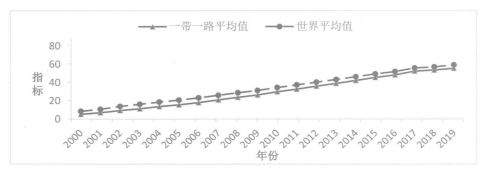

图4-4 "一带一路"参与国社会开放指数平均值与世界平均值的比较

六、开放指数

（一）开放指数的总体含义

开放指数是将一国的贸易开放指数、金融开放指数、文化开放指数和社会开放指数进行加和求得的平均值。

（二）"一带一路"参与国的开放指数

基于117个"一带一路"参与国的贸易开放指数、金融开放指数、文化开放指数和社会开放指数，求算得到的各国开放指数如以下图表所示。与前文类似，我们对4个年份（2000年、2006年、2013年、2019年）的各国排名也做了统计，排名范围限于有统计数据的"一带一路"参与国。这4个年份各国的开放指数及其排名见表4-25所示，同样按四分法依据各国排序分成了4个板块（表4-26）。

2000～2008年，"一带一路"参与国开放指数平均值呈上升态势。2008年，受全球金融危机影响，"一带一路"参与国开放指数平均值略有下跌，随后止跌回升，2011年，恢复到金融危机之前的水平。2012年起，"一带一路"参与国贸易开放指数平均值呈下跌态势，带动社会开放指标整体略有下跌。2000～2019年，世界开放指数平均值变化态势与"一带一路"参与国开放指数平均值变化趋势相同，但世界社会开放指数平均值始终略高于"一带一路"参与国。"一带一路"参与国在社会开放方面还可以做得更好，以促进彼此之间商贸和文旅往来的繁荣，增进交流，互通有无，加强互信，建设更加美好的社会。

表4-25　"一带一路"参与国开放指数及其排名（117国）

	2000年		2006年		2013年		2019年	
	指数	排名	指数	排名	指数	排名	指数	排名
阿尔及利亚	3.7	86	5.9	76	9.3	78	14.7	73
安哥拉	9.0	24	5.7	80	7.4	93	7.1	105
安提瓜和巴布达	9.6	23	16.7	20	23.6	21	27.9	26
亚美尼亚	4.6	71	5.2	90	15.1	57	22.5	48
奥地利	14.3	10	22.6	11	27.2	12	32.2	14
阿塞拜疆	4.6	71	10.9	43	22.8	26	28.3	23
巴林	16.9	7	28.3	6	46.0	2	46.2	2
孟加拉国	1.7	113	2.4	114	4.4	111	6.0	110
巴巴多斯	7.0	41	20.7	14	23.7	20	29.2	20
白俄罗斯	8.5	30	11.1	42	20.7	33	27.8	28
贝宁	2.8	101	2.7	110	4.7	108	7.2	104
不丹	4.7	70	7.8	59	11.7	68	15.6	68
玻利维亚	3.3	92	5.9	76	14.1	63	15.3	70
波黑	6.3	51	12.1	37	17.2	48	23.8	43
文莱	8.8	28	16.5	21	23.0	24	31.0	17
保加利亚	6.1	53	14.2	27	21.0	31	25.8	36
布隆迪	1.4	116	2.6	111	3.2	116	3.2	117
佛得角	5.8	60	9.1	55	15.6	53	22.2	50
柬埔寨	6.4	49	8.6	56	9.8	74	14.1	76
喀麦隆	3.0	98	3.5	105	5.8	104	7.9	102

	2000年		2006年		2013年		2019年	
	指数	排名	指数	排名	指数	排名	指数	排名
乍得	3.2	94	5.7	80	4.9	107	5.7	111
智利	8.0	33	13.1	29	18.7	42	24.8	41
中国	2.8	101	6.5	70	14.3	61	17.8	62
科摩罗	2.1	108	2.6	111	3.9	115	4.8	115
刚果（布）	7.4	37	9.7	50	10.7	71	10.4	85
哥斯达黎加	6.8	42	12.1	37	15.9	51	22.6	47
科特迪瓦	4.4	75	5.8	78	7.6	90	11.9	83
克罗地亚	6.5	45	15.1	25	22.2	28	28.1	25
塞浦路斯	13.5	12	17.0	19	33.6	7	37.3	6
捷克	8.5	30	19.7	16	27.4	11	32.4	12
多米尼克	8.3	32	15.5	23	18.2	43	27.2	31
多米尼加	5.9	56	7.8	59	15.1	57	21.3	54
厄瓜多尔	3.8	83	5.2	90	13.5	65	18.0	61
埃及	2.5	106	7.3	63	9.7	75	14.8	72
萨尔瓦多	4.3	78	5.7	80	10.5	72	13.2	78
爱沙尼亚	14.9	9	24.8	8	30.3	8	34.3	9
冈比亚	6.5	45	6.5	70	8.8	84	9.8	92
加纳	6.7	43	4.5	96	7.5	91	12.7	80
希腊	6.1	53	11.8	39	19.2	40	25.3	39
几内亚	3.1	97	4.2	98	5.7	105	9.6	95
圭亚那	13.8	11	10.7	44	14.2	62	15.8	67
匈牙利	10.0	17	21.7	12	28.0	10	33.4	10
印度尼西亚	4.4	75	4.5	96	6.6	98	9.8	92
伊朗	2.6	104	5.2	90	10.4	73	17.4	64
伊拉克	7.1	39	5.4	89	6.6	98	13.7	77
以色列	9.9	19	12.5	35	21.8	30	27.6	29
意大利	8.9	25	13.0	31	18.1	44	21.8	52
牙买加	6.3	51	10.4	47	14.5	60	19.7	57
约旦	7.8	35	13.1	29	17.6	46	22.7	46
哈萨克斯坦	6.5	45	6.5	70	19.9	37	25.6	37
肯尼亚	3.2	94	4.1	99	6.7	97	6.8	106
基里巴斯	6.5	45	6.8	68	8.9	83	10.0	89
韩国	15.1	8	23.7	10	27.0	13	29.6	19
科威特	8.9	25	15.0	26	27.0	13	32.8	11
吉尔吉斯斯坦	5.3	64	10.2	48	13.7	64	15.6	68
老挝	4.0	81	5.2	90	9.2	79	10.0	89
拉脱维亚	6.4	49	19.7	16	26.2	16	31.7	16
黎巴嫩	5.2	65	9.7	50	23.0	24	26.4	34
莱索托	11.5	14	10.5	46	11.3	69	14.9	71
立陶宛	6.6	44	18.4	18	26.2	16	31.9	15

续上表

	2000年		2006年		2013年		2019年	
	指数	排名	指数	排名	指数	排名	指数	排名
卢森堡	22.9	3	41.0	3	46.6	1	48.4	1
马达加斯加	2.5	106	3.9	101	4.1	113	5.3	114
马来西亚	18.4	6	25.3	7	23.3	23	29.0	21
马尔代夫	11.2	16	11.3	41	23.6	21	27.9	26
马里	3.3	92	3.8	103	4.6	109	6.1	109
马耳他	20.1	4	48.5	1	39.9	5	42.8	5
摩尔多瓦	7.8	35	13.0	31	20.5	36	25.6	37
蒙古	7.4	37	7.3	63	10.8	70	14.4	74
黑山	11.4	15	15.5	23	22.1	29	26.6	33
摩洛哥	3.7	86	9.3	54	18.8	41	24.2	42
莫桑比克	2.8	101	4.0	100	9.4	77	10.3	87
缅甸	0.2	117	0.1	117	4.3	112	9.9	91
纳米比亚	5.9	56	6.9	67	9.7	75	14.4	74
尼泊尔	3.2	94	2.8	108	6.1	103	9.7	94
荷兰	19.7	5	33.2	5	35.6	6	34.5	8
尼日尔	2.0	109	2.2	115	3.2	116	3.5	116
尼日利亚	2.9	99	3.9	101	6.6	98	10.9	84
北马其顿	5.4	62	12.7	34	22.5	27	30.0	18
阿曼	5.9	56	7.8	59	24.5	19	29.0	21
巴基斯坦	1.5	114	3.8	103	4.6	109	5.7	111
巴拿马	9.7	22	13.0	31	19.5	39	21.1	55
秘鲁	2.9	99	8.3	57	12.9	67	16.7	66
菲律宾	5.4	62	6.1	74	15.3	55	19.1	59
波兰	5.7	61	16.1	22	21.0	31	28.2	24
葡萄牙	8.6	29	14.0	28	20.7	33	26.0	35
罗马尼亚	3.8	83	10.1	49	17.2	48	23.1	44
俄罗斯	4.5	73	7.9	58	19.9	37	25.2	40
卢旺达	1.8	111	2.2	115	5.0	106	8.3	101
萨摩亚	5.0	67	6.2	73	8.7	86	13.0	79
沙特阿拉伯	5.0	67	10.7	44	20.6	35	27.0	32
塞内加尔	3.9	82	5.5	84	6.8	96	12.2	82
塞舌尔	11.9	13	20.7	14	24.6	18	27.6	29
塞拉利昂	3.5	90	2.5	113	6.3	102	5.6	113
新加坡	31.7	1	41.6	2	44.1	3	44.5	3
斯洛伐克	8.9	25	23.8	9	29.9	9	34.9	7
斯洛文尼亚	9.9	19	21.3	13	26.7	15	32.3	13
所罗门群岛	3.8	83	6.1	74	8.8	84	7.6	103
南非	4.4	75	5.5	84	15.5	54	18.7	60
斯里兰卡	5.2	65	4.7	94	8.3	87	10.4	85
苏丹	1.8	111	3.1	107	7.1	95	9.5	96

续上表

	2000年		2006年		2013年		2019年	
	指数	排名	指数	排名	指数	排名	指数	排名
塔吉克斯坦	10.0	17	9.4	52	8.2	88	9.0	99
坦桑尼亚	1.5	114	2.8	108	4.0	114	6.3	108
泰国	8.0	33	12.2	36	15.2	56	19.4	58
东帝汶	9.9	19	5.8	78	7.5	91	9.2	97
多哥	4.3	78	5.6	83	7.7	89	6.7	107
汤加	4.2	80	5.5	84	13.1	66	17.6	63
突尼斯	5.9	56	9.4	52	17.3	47	23.1	44
土耳其	3.4	91	7.6	62	14.8	59	21.6	53
乌干达	2.0	109	3.4	106	6.5	101	9.0	99
乌克兰	7.1	39	6.6	69	15.9	51	20.5	56
阿拉伯联合酋长国	24.0	2	34.8	4	43.0	4	43.5	4
乌拉圭	5.0	67	11.4	40	17.7	45	22.4	49
乌兹别克斯坦	2.6	104	5.5	84	9.1	80	16.9	65
瓦努阿图	6.0	55	7.2	65	9.1	80	12.4	81
委内瑞拉	3.7	86	7.2	65	16.8	50	22.1	51
赞比亚	3.6	89	4.6	95	9.0	82	10.3	87
津巴布韦	4.5	73	5.5	84	7.4	93	9.2	97
上述国家平均值	6.9		10.8		15.9		19.7	
世界平均值	7.7		12.0		17.0		20.8	

表4-26 "一带一路"参与国开放指数排名和分区(117国)

	排名	2000年	2006年	2013年	2019年
第一区间	1	新加坡	马耳他	巴林	卢森堡
	2	阿拉伯联合酋长国	新加坡	卢森堡	巴林
	3	卢森堡	卢森堡	新加坡	新加坡
	4	马耳他	阿拉伯联合酋长国	阿拉伯联合酋长国	阿拉伯联合酋长国
	5	荷兰	荷兰	马耳他	马耳他
	6	马来西亚	巴林	荷兰	塞浦路斯
	7	巴林	马来西亚	塞浦路斯	斯洛伐克
	8	韩国	爱沙尼亚	爱沙尼亚	荷兰
	9	爱沙尼亚	斯洛伐克	斯洛伐克	爱沙尼亚
	10	奥地利	韩国	匈牙利	匈牙利
	11	圭亚那	奥地利	捷克	科威特
	12	塞浦路斯	匈牙利	奥地利	捷克
	13	塞舌尔	斯洛文尼亚	科威特	斯洛文尼亚
	14	莱索托	巴巴多斯	韩国	奥地利
	15	黑山	塞舌尔	斯洛文尼亚	立陶宛
	16	马尔代夫	拉脱维亚	立陶宛	拉脱维亚
	17	匈牙利	捷克	拉脱维亚	文莱
	18	塔吉克斯坦	立陶宛	塞舌尔	北马其顿
	19	以色列	塞浦路斯	阿曼	韩国
	20	东帝汶	安提瓜和巴布达	巴巴多斯	巴巴多斯

续上表

	排名	2000年	2006年	2013年	2019年
第一区间	21	斯洛文尼亚	文莱	安提瓜和巴布达	马来西亚
	22	安提瓜和巴布达	波兰	马尔代夫	阿曼
	23	巴拿马	多米尼克	马来西亚	阿塞拜疆
	24	科威特	黑山	文莱	波兰
	25	安哥拉	克罗地亚	黎巴嫩	马尔代夫
	26	意大利	科威特	阿塞拜疆	克罗地亚
	27	斯洛伐克	保加利亚	北马其顿	安提瓜和巴布达
	28	文莱	葡萄牙	克罗地亚	白俄罗斯
	29	葡萄牙	约旦	黑山	塞舌尔
	30	白俄罗斯	智利	以色列	以色列
第二区间	31	捷克	巴拿马	保加利亚	多米尼克
	32	多米尼克	意大利	波兰	沙特阿拉伯
	33	智利	摩尔多瓦	葡萄牙	黑山
	34	泰国	北马其顿	沙特阿拉伯	黎巴嫩
	35	摩尔多瓦	以色列	白俄罗斯	葡萄牙
	36	约旦	泰国	摩尔多瓦	保加利亚
	37	刚果（布）	波黑	俄罗斯	哈萨克斯坦
	38	蒙古	哥斯达黎加	哈萨克斯坦	摩尔多瓦
	39	伊拉克	希腊	巴拿马	希腊
	40	乌克兰	马尔代夫	希腊	俄罗斯
	41	巴巴多斯	乌拉圭	摩洛哥	智利
	42	哥斯达黎加	白俄罗斯	智利	摩洛哥
	43	加纳	阿塞拜疆	多米尼克	波黑
	44	立陶宛	沙特阿拉伯	意大利	罗马尼亚
	45	克罗地亚	圭亚那	乌拉圭	突尼斯
	46	冈比亚	莱索托	约旦	约旦
	47	哈萨克斯坦	牙买加	突尼斯	哥斯达黎加
	48	基里巴斯	吉尔吉斯斯坦	波黑	亚美尼亚
	49	柬埔寨	罗马尼亚	罗马尼亚	乌拉圭
	50	拉脱维亚	刚果（布）	委内瑞拉	佛得角
	51	牙买加	黎巴嫩	哥斯达黎加	委内瑞拉
	52	波黑	塔吉克斯坦	乌克兰	意大利
	53	希腊	突尼斯	佛得角	土耳其
	54	保加利亚	摩洛哥	南非	多米尼加
	55	瓦努阿图	佛得角	菲律宾	巴拿马
	56	阿曼	柬埔寨	泰国	乌克兰
	57	突尼斯	秘鲁	多米尼加	牙买加
	58	纳米比亚	俄罗斯	亚美尼亚	泰国
	59	多米尼加	多米尼加	土耳其	菲律宾

	排名	2000年	2006年	2013年	2019年
第三区间	60	佛得角	阿曼	牙买加	南非
	61	波兰	不丹	中国	厄瓜多尔
	62	菲律宾	土耳其	圭亚那	中国
	63	北马其顿	埃及	玻利维亚	汤加
	64	吉尔吉斯斯坦	蒙古	吉尔吉斯斯坦	伊朗
	65	斯里兰卡	瓦努阿图	厄瓜多尔	乌兹别克斯坦
	66	黎巴嫩	委内瑞拉	汤加	秘鲁
	67	沙特阿拉伯	纳米比亚	秘鲁	圭亚那
	68	乌拉圭	基里巴斯	不丹	不丹
	69	萨摩亚	乌克兰	莱索托	吉尔吉斯斯坦
	70	不丹	哈萨克斯坦	蒙古	玻利维亚
	71	亚美尼亚	冈比亚	刚果（布）	莱索托
	72	阿塞拜疆	中国	萨尔瓦多	埃及
	73	俄罗斯	萨摩亚	伊朗	阿尔及利亚
	74	津巴布韦	菲律宾	柬埔寨	纳米比亚
	75	南非	所罗门群岛	埃及	蒙古
	76	印度尼西亚	阿尔及利亚	纳米比亚	柬埔寨
	77	科特迪瓦	玻利维亚	莫桑比克	伊拉克
	78	萨尔瓦多	科特迪瓦	阿尔及利亚	萨尔瓦多
	79	多哥	东帝汶	老挝	萨摩亚
	80	汤加	安哥拉	瓦努阿图	加纳
	81	老挝	萨尔瓦多	乌兹别克斯坦	瓦努阿图
	82	塞内加尔	乍得	赞比亚	塞内加尔
	83	罗马尼亚	多哥	基里巴斯	科特迪瓦
	84	所罗门群岛	南非	冈比亚	尼日利亚
	85	厄瓜多尔	汤加	所罗门群岛	斯里兰卡
	86	委内瑞拉	塞内加尔	萨摩亚	刚果（布）
	87	阿尔及利亚	津巴布韦	斯里兰卡	莫桑比克
	88	摩洛哥	乌兹别克斯坦	塔吉克斯坦	赞比亚

	排名	2000年	2006年	2013年	2019年
第四区间	89	赞比亚	伊拉克	多哥	老挝
	90	塞拉利昂	老挝	科特迪瓦	基里巴斯
	91	土耳其	伊朗	东帝汶	缅甸
	92	玻利维亚	厄瓜多尔	加纳	冈比亚
	93	马里	亚美尼亚	安哥拉	印度尼西亚
	94	乍得	斯里兰卡	津巴布韦	尼泊尔
	95	尼泊尔	赞比亚	苏丹	几内亚
	96	肯尼亚	加纳	塞内加尔	苏丹
	97	几内亚	印度尼西亚	印度尼西亚	东帝汶
	98	喀麦隆	几内亚	伊拉克	津巴布韦
	99	尼日利亚	肯尼亚	尼日利亚	塔吉克斯坦
	100	秘鲁	莫桑比克	乌干达	乌干达
	101	中国	尼日利亚	肯尼亚	卢旺达
	102	贝宁	马达加斯加	塞拉利昂	喀麦隆
	103	莫桑比克	巴基斯坦	尼泊尔	所罗门群岛
	104	乌兹别克斯坦	马里	喀麦隆	贝宁
	105	伊朗	喀麦隆	几内亚	安哥拉
	106	马达加斯加	乌干达	卢旺达	肯尼亚
	107	埃及	苏丹	乍得	多哥
	108	科摩罗	坦桑尼亚	贝宁	坦桑尼亚
	109	尼日尔	尼泊尔	巴基斯坦	马里
	110	乌干达	贝宁	马里	孟加拉国
	111	卢旺达	科摩罗	孟加拉国	巴基斯坦
	112	苏丹	布隆迪	缅甸	乍得
	113	孟加拉国	塞拉利昂	马达加斯加	塞拉利昂
	114	坦桑尼亚	孟加拉国	坦桑尼亚	马达加斯加
	115	巴基斯坦	卢旺达	科摩罗	科摩罗
	116	布隆迪	尼日尔	尼日尔	尼日尔
	117	缅甸	缅甸	布隆迪	布隆迪

表4-27 开放指数第一区间的“一带一路”参与国变化情况

国家/年份	卢森堡	巴林	新加坡	阿拉伯联合酋长国	马耳他	塞浦路斯	斯洛伐克	荷兰	爱沙尼亚	匈牙利	科威特	捷克	斯洛文尼亚	奥地利	立陶宛	拉脱维亚	文莱	北马其顿	韩国	巴巴多斯	马来西亚	阿曼	阿塞拜疆	波兰	马尔代夫	克罗地亚	安提瓜和巴布达	白俄罗斯	塞舌尔	以色列
2000	22.8	16.9	31.7	24.0	20.1	13.5	8.9	19.7	14.9	10.0	8.9	8.5	9.9	14.3	6.6	6.4	8.8	5.4	15.1	7.0	18.4	5.9	4.6	5.6	6.5	9.6	11.2	8.5	11.9	9.9
2001	26.4	19.4	32.9	24.7	19.4	14.1	10.3	20.3	15.9	11.6	9.4	9.8	13.8	15.7	7.4	6.9	9.7	5.4	17.8	8.7	18.7	6.6	5.5	6.0	8.1	10.5	11.3	8.8	14.8	8.2
2002	27.9	20.9	32.9	27.8	21.8	16.0	17.4	22.5	18.0	11.4	9.3	11.7	13.4	15.0	10.4	10.4	10.5	8.5	18.3	12.7	20.0	6.6	8.4	9.0	9.8	10.9	11.7	9.8	14.1	8.5
2003	29.5	21.7	36.4	28.2	22.2	15.6	18.0	23.1	19.1	12.6	13.1	4.2	14.2	16.6	12.2	11.8	11.3	8.9	19.9	16.0	20.3	7.0	10.4	10.4	11.1	13.0	12.0	9.8	14.8	9.2
2004	34.6	23.7	40.6	28.7	29.9	16.6	21.5	25.8	21.5	14.4	13.2	15.8	16.9	19.7	13.9	15.3	13.6	10.9	22.3	18.7	23.2	7.3	11.4	12.5	13.1	14.7	12.2	10.3	15.9	10.5
2005	36.5	24.9	41.2	32.2	43.5	16.2	22.6	30.2	24.6	18.9	14.3	16.4	19.0	22.7	15.0	17.6	15.1	11.6	22.4	19.9	24.4	7.4	11.1	14.0	13.7	15.7	11.4	9.0	17.6	11.4
2006	41.0	28.3	41.6	34.8	48.5	17.0	23.8	33.2	24.8	21.7	14.9	19.7	21.3	22.6	18.4	19.7	16.5	12.7	23.7	20.7	25.3	7.8	10.9	16.1	15.1	16.7	11.3	11.1	20.6	12.5
2007	47.2	29.3	42.9	37.6	52.6	18.4	25.3	35.3	25.5	26.3	16.7	20.9	22.6	25.4	19.4	20.9	17.2	15.5	24.0	21.4	25.9	10.5	10.8	17.1	16.1	17.4	16.7	12.3	21.7	17.3
2008	42.1	35.4	43.6	38.1	44.2	22.0	26.0	31.4	26.4	28.1	18.3	23.2	22.6	25.2	21.3	21.5	18.1	18.1	25.8	22.4	25.0	11.3	10.1	18.1	16.7	17.8	18.1	13.2	23.9	19.8
2009	42.1	33.9	39.8	38.0	36.2	38.5	25.5	30.3	25.8	24.1	20.4	22.9	22.8	24.5	21.1	21.8	18.9	18.0	25.4	22.3	24.0	12.3	11.6	19.3	17.6	17.8	16.0	13.1	24.6	19.8
2010	45.9	38.5	41.5	38.1	40.2	30.1	27.9	31.8	27.9	26.8	13.3	25.0	25.1	25.7	23.2	23.5	19.3	18.7	26.3	23.0	24.1	16.0	16.3	20.6	19.1	19.1	17.2	14.6	23.4	21.2
2011	42.9	39.0	41.9	40.6	41.5	34.2	28.6	34.2	29.6	27.3	24.6	25.8	25.2	27.1	24.7	24.7	20.3	20.8	27.1	23.5	25.1	19.1	17.6	20.7	19.7	20.3	21.2	19.1	24.2	21.7
2012	45.2	43.9	41.5	42.6	41.9	45.6	29.4	34.2	30.4	27.9	25.7	27.2	25.6	27.2	25.9	25.8	21.7	21.0	27.2	24.1	25.8	22.2	18.6	20.8	20.9	22.0	21.6	20.7	28.1	22.2
2013	46.6	46.0	44.1	43.0	39.9	33.6	29.9	35.6	30.3	28.0	27.0	27.4	26.7	27.2	26.2	26.2	23.0	22.5	26.9	23.7	23.3	24.5	22.8	21.0	22.2	23.6	23.3	20.6	24.6	21.8
2014	49.9	46.0	43.3	43.4	39.3	45.9	30.2	32.8	31.2	29.4	27.8	28.0	26.7	27.2	26.4	26.4	23.5	23.5	27.2	25.0	24.8	24.9	23.1	22.3	23.2	24.4	24.8	21.3	25.2	22.7
2015	50.1	44.0	41.5	42.9	41.5	41.5	29.9	35.8	31.4	28.5	25.9	28.1	27.3	28.0	26.0	27.1	23.4	24.2	27.1	25.4	26.1	25.5	24.0	22.7	23.6	24.5	24.9	22.4	25.0	23.2
2016	51.5	43.9	41.4	42.4	41.2	31.2	31.1	33.8	31.2	33.8	27.3	28.2	28.0	28.5	26.6	27.0	27.9	25.0	27.6	26.0	27.8	25.5	25.5	24.4	24.6	25.1	26.3	25.3	25.9	23.8
2017	50.4	44.1	42.5	42.6	41.6	36.3	31.4	33.6	31.4	29.8	32.8	28.9	29.4	29.4	28.0	27.5	29.1	25.9	28.4	26.2	28.4	26.8	25.5	25.2	23.6	25.9	27.4	26.6	27.7	24.1
2018	47.4	45.2	43.8	42.0	41.3	32.5	31.2	35.0	31.4	32.2	32.9	29.2	29.9	29.4	28.7	28.2	29.6	27.7	28.7	26.0	28.4	26.9	25.5	25.8	25.2	25.9	27.6	28.1	27.6	24.3
2019	48.4	46.2	44.5	43.4	42.8	37.3	34.9	34.5	34.3	33.4	32.8	32.4	32.3	32.2	31.9	31.7	31.0	30.0	29.6	29.2	29.0	29.0	28.3	28.2	28.1	27.9	27.9	27.8	27.6	27.6
平均值	41.4	34.6	40.5	36.8	37.5	27.8	25.2	30.7	26.3	23.8	20.4	21.7	22.6	24.2	20.7	21.0	19.4	17.7	24.5	21.1	24.4	16.2	16.1	18.0	17.9	19.1	18.7	16.6	22.0	18.0

表4-28　开放指数第二区间的“一带一路”参与国变化情况

年份＼国家	多米尼克	沙特阿拉伯	黑山	黎巴嫩	葡萄牙	保加利亚	哈萨克斯坦	摩尔多瓦	希腊	俄罗斯	智利	摩洛哥	波黑	罗马尼亚	突尼斯	约旦	哥斯达黎加	亚美尼亚	乌拉圭	佛得角	委内瑞拉	意大利	土耳其	多米尼加	巴拿马	乌克兰	牙买加	泰国	菲律宾
2000	8.3	5.0	11.4	5.2	8.6	6.1	6.5	7.8	6.1	4.5	8.0	3.7	6.3	3.8	5.9	7.8	6.8	4.6	5.0	5.8	3.7	8.9	3.4	5.8	9.7	7.1	6.3	8.0	5.4
2001	8.6	5.3	12.5	5.3	8.8	6.7	6.1	7.7	6.5	4.3	8.7	4.1	6.3	4.3	6.6	7.9	7.4	4.5	5.1	6.1	3.7	10.0	4.3	5.5	9.5	6.3	6.3	8.5	5.5
2002	9.9	5.8	12.6	5.1	8.6	6.9	6.3	8.5	7.0	4.5	9.3	4.2	6.2	4.8	6.6	8.7	10.0	4.9	5.3	6.9	4.0	10.1	5.7	6.0	9.3	6.3	6.6	8.6	5.9
2003	11.2	6.5	12.0	5.9	11.5	8.0	6.1	9.9	7.7	5.6	10.5	4.4	7.6	5.6	6.7	9.5	10.3	5.9	7.2	7.1	4.8	10.2	5.8	7.1	9.5	7.0	7.5	9.2	6.2
2004	12.9	7.4	13.7	8.1	11.9	10.5	6.8	10.4	8.7	6.6	11.4	6.6	9.6	7.6	7.5	11.6	10.6	5.6	8.0	7.6	5.3	11.3	6.6	7.3	10.3	7.5	8.0	10.1	6.3
2005	15.3	8.5	14.3	8.6	12.6	11.4	6.6	12.0	9.4	7.2	12.2	7.8	11.4	9.1	8.0	12.9	11.2	5.6	8.7	8.0	6.6	11.9	6.7	6.8	11.0	6.9	8.8	11.8	6.2
2006	15.5	10.7	15.5	9.7	14.0	14.2	6.5	13.0	11.8	7.9	13.1	9.3	12.1	10.1	9.4	13.1	12.0	5.2	11.4	9.1	7.2	13.0	7.6	7.8	13.0	6.6	10.4	12.2	6.1
2007	16.0	13.8	16.7	11.0	15.0	16.9	6.9	13.7	12.9	9.4	13.8	10.1	12.2	11.0	10.8	14.5	12.8	5.1	12.3	8.7	8.5	13.9	10.2	8.5	14.7	7.2	11.6	12.6	5.9
2008	16.6	15.6	17.3	12.6	15.5	18.0	8.8	13.9	13.6	10.1	14.6	13.4	13.8	12.2	14.0	15.1	13.7	5.0	14.0	10.0	9.4	14.6	11.8	9.2	18.6	8.6	13.0	12.8	5.5
2009	15.9	15.3	16.5	13.6	15.9	17.0	9.5	13.3	13.9	10.3	14.7	14.4	13.7	12.7	14.4	14.1	13.1	7.5	13.9	10.9	10.4	15.1	12.0	10.2	18.1	9.8	11.4	12.1	5.8
2010	17.6	15.7	16.4	17.1	17.6	17.8	12.5	13.2	14.6	13.9	15.7	17.5	15.4	14.2	15.7	14.4	13.6	10.2	15.0	13.5	12.0	16.7	12.9	11.4	19.0	11.7	11.9	13.2	10.1
2011	17.9	17.6	16.2	19.4	18.6	19.1	17.3	15.3	16.8	15.2	17.9	16.5	16.1	14.7	16.1	16.4	14.4	12.3	16.4	14.4	12.9	17.1	14.1	13.3	20.8	13.5	14.5	14.1	10.8
2012	17.9	19.1	21.9	20.9	20.1	20.4	20.1	16.4	17.8	18.8	18.5	19.0	16.4	16.2	16.9	16.9	16.4	14.0	17.8	15.2	15.2	17.4	14.6	14.4	19.7	15.0	13.5	14.8	12.5
2013	18.1	20.6	22.1	23.0	20.7	21.0	19.9	20.5	19.2	19.9	18.7	18.8	17.2	17.2	17.3	17.6	15.9	15.1	17.7	15.6	16.8	18.1	14.8	15.1	19.5	15.9	14.5	15.2	15.3
2014	19.7	21.6	22.1	23.3	21.3	21.6	20.5	22.2	20.5	20.5	19.6	19.1	17.7	18.4	17.7	18.7	17.7	18.2	18.8	16.8	17.0	17.4	16.1	16.0	18.7	17.4	15.4	16.4	15.8
2015	22.9	22.3	24.4	23.0	22.2	21.8	21.4	22.4	21.1	20.5	23.2	19.0	18.3	18.8	17.2	21.2	19.1	19.0	19.3	17.4	18.8	18.1	16.6	17.0	19.3	18.5	15.4	17.2	12.5
2016	23.2	23.0	24.6	23.3	22.7	22.4	22.8	22.8	21.6	21.1	24.5	19.4	20.2	19.9	18.0	21.3	20.7	20.7	19.3	19.5	17.9	18.8	17.5	19.4	19.2	19.4	16.1	19.1	17.5
2017	23.6	24.8	25.3	23.9	24.0	23.7	22.6	23.9	22.4	21.9	24.1	20.5	21.9	21.0	22.2	22.6	22.2	21.3	20.2	21.7	20.9	19.4	19.6	20.3	20.0	20.8	19.1	20.5	19.1
2018	24.0	27.8	25.7	23.9	24.3	23.9	23.6	24.0	23.4	23.2	24.1	21.5	23.3	22.8	22.9	22.5	22.9	21.6	19.9	22.2	20.9	22.5	21.6	22.1	20.2	20.5	19.4	21.6	19.3
2019	27.2	27.0	26.6	26.4	26.0	25.8	25.6	25.6	25.3	25.2	24.8	24.2	23.8	23.1	23.1	22.7	22.6	22.5	22.3	22.2	22.1	21.8	21.6	21.3	21.1	20.5	19.7	19.4	19.1
平均值	17.1	15.7	18.4	15.5	17.0	16.7	13.8	15.8	15.0	13.5	16.4	13.7	14.5	13.4	13.9	15.5	14.7	11.4	13.9	12.9	11.9	15.3	12.2	12.2	16.1	12.3	12.5	13.9	10.5

表4-29　开放指数第三区间的“一带一路”参与国变化情况

国家 年份	南非	厄瓜多尔	中国	汤加	伊朗	乌兹别克斯坦	秘鲁	圭亚那	不丹	吉尔吉斯斯坦	玻利维亚	莱索托	埃及	阿尔及利亚	纳米比亚	蒙古	柬埔寨	伊拉克	萨尔瓦多	萨摩亚	加纳	瓦努阿图	塞内加尔	科特迪瓦	尼日利亚	斯里兰卡	刚果（布）	莫桑比克	赞比亚
2000	4.4	3.8	2.8	4.2	2.6	2.6	2.8	13.8	4.7	5.3	3.3	11.5	2.5	3.7	7.4	5.9	6.4	7.1	4.3	5.0	6.7	6.0	3.9	4.4	2.9	5.2	7.4	2.8	3.6
2001	5.1	3.6	3.0	4.4	2.7	3.4	4.0	14.9	4.6	5.0	3.4	11.2	2.5	3.6	7.2	6.5	6.6	7.2	4.3	5.2	6.4	6.2	4.1	4.4	2.9	4.8	7.9	3.0	3.9
2002	5.2	4.0	3.7	5.2	4.0	3.6	4.4	14.7	4.7	5.5	3.9	11.1	3.1	4.0	7.5	6.7	7.0	6.9	4.4	5.7	5.8	6.5	4.2	4.7	2.4	4.6	8.1	4.4	4.1
2003	4.8	3.9	4.6	5.3	4.7	4.5	5.1	14.2	5.1	5.8	3.9	11.0	3.7	4.1	7.7	6.8	7.1	8.9	4.6	5.3	5.9	6.6	4.3	4.5	3.0	4.7	9.3	4.2	4.1
2004	5.1	4.2	5.4	5.8	4.8	5.0	6.0	14.8	6.3	7.0	4.4	10.9	6.4	5.0	8.2	6.1	7.8	7.1	4.9	5.0	6.1	7.2	5.0	5.1	2.2	4.9	7.8	4.3	4.8
2005	5.1	4.8	5.9	5.8	5.2	4.8	7.1	14.7	7.0	8.1	5.3	10.7	7.1	5.6	7.8	6.2	7.1	6.8	5.3	5.5	6.1	7.3	5.3	5.7	2.9	4.7	8.9	4.2	4.4
2006	5.5	5.2	6.5	5.5	5.2	5.5	8.3	10.7	7.8	10.2	5.9	10.5	7.3	5.9	7.3	6.9	7.6	5.4	5.7	6.2	4.5	7.2	5.5	5.8	2.9	4.7	9.7	4.0	4.6
2007	5.9	6.3	7.7	6.2	5.2	6.2	9.7	11.2	8.2	11.5	7.1	10.3	8.2	6.5	9.4	7.9	8.4	4.5	6.4	6.2	4.9	7.3	5.2	5.6	4.0	4.9	8.8	4.0	5.4
2008	6.5	8.7	9.1	6.3	5.8	6.9	11.2	12.8	7.8	12.5	8.0	10.2	8.9	7.0	10.0	8.9	8.1	4.9	7.4	6.1	5.4	8.2	5.5	5.5	4.4	5.1	8.6	4.2	5.0
2009	5.8	9.2	9.9	7.0	6.0	7.0	10.8	13.2	8.1	11.7	8.2	10.0	8.4	7.0	9.3	9.5	6.5	4.8	6.9	6.4	5.8	8.4	5.0	5.7	4.5	5.0	8.5	4.7	5.0
2010	9.3	10.7	11.6	8.4	6.5	6.8	11.9	13.6	10.2	12.0	10.0	9.4	8.4	7.2	9.4	9.5	7.3	4.9	8.3	6.6	6.5	8.3	5.1	6.0	5.4	5.7	9.9	5.6	6.9
2011	12.0	11.6	12.6	11.0	7.2	7.4	12.4	14.3	10.2	12.5	12.3	10.3	9.1	7.6	12.2	9.5	7.8	5.4	9.3	7.7	7.5	8.3	5.8	5.9	6.6	6.9	9.8	6.7	7.4
2012	13.9	12.4	13.5	12.1	8.4	8.3	12.9	14.8	9.9	13.0	13.8	11.0	9.0	8.3	11.8	9.8	8.8	6.0	9.6	8.5	8.2	9.0	6.3	6.6	6.6	7.6	9.8	8.7	8.3
2013	15.5	13.5	14.3	13.1	10.4	9.1	12.9	14.2	11.7	13.7	14.1	11.3	9.8	9.3	10.8	9.7	9.8	6.6	10.5	8.7	7.5	9.1	6.8	7.6	6.6	8.3	10.7	9.4	9.0
2014	16.2	14.8	14.7	13.5	12.4	11.0	12.9	13.8	13.3	14.4	13.6	12.9	10.7	10.9	11.4	10.2	11.5	7.9	10.8	10.5	10.3	10.6	7.9	9.0	7.0	9.4	11.1	9.8	9.7
2015	16.7	14.9	15.0	14.5	13.6	12.5	13.0	12.4	15.9	14.6	12.8	14.2	11.6	13.0	10.8	12.7	9.4	19.0	11.2	11.2	10.8	11.6	10.2	12.7	10.3	5.9	13.5	10.5	10.4
2016	17.1	15.8	15.5	15.6	15.8	13.5	14.2	13.9	15.5	15.6	13.2	15.0	12.2	14.0	12.5	13.7	16.0	9.5	11.6	12.2	12.9	12.2	9.7	13.1	7.7	7.0	11.2	11.4	10.8
2017	17.5	16.8	15.8	15.9	18.8	15.8	15.1	14.7	16.9	15.3	14.3	15.4	14.0	15.1	13.2	18.0	15.9	16.6	12.9	13.2	14.2	12.6	15.0	13.9	12.1	11.5	12.8	8.9	11.2
2018	17.6	17.1	15.8	14.2	20.3	17.0	16.1	15.3	17.1	15.2	14.3	15.8	14.7	18.3	13.5	18.0	17.9	17.0	13.1	13.6	14.0	12.7	15.1	14.4	12.4	11.7	12.4	10.7	7.8
2019	18.7	18.0	17.8	17.6	17.4	16.9	16.7	15.8	15.6	15.6	15.3	14.9	14.8	14.7	14.4	14.4	14.0	13.7	13.2	13.0	12.7	12.4	12.2	11.9	10.9	10.4	10.4	10.3	10.3
平均值	10.4	10.0	10.3	9.6	8.9	8.4	10.4	13.9	10.0	11.2	9.4	11.9	8.6	8.5	10.1	9.8	9.6	8.5	8.2	8.1	8.1	8.9	7.1	7.6	5.9	6.7	9.8	6.6	6.8

表4-30　开放指数第四区间的“一带一路”参与国变化情况

年份＼国家	老挝	基里巴斯	缅甸	冈比亚	印度尼西亚	尼泊尔	几内亚	苏丹	东帝汶	津巴布韦	塔吉克斯坦	乌干达	卢旺达	喀麦隆	所罗门群岛	贝宁	安哥拉	肯尼亚	多哥	坦桑尼亚	马里	孟加拉国	巴基斯坦	乍得	塞拉利昂	马达加斯加	科摩罗	尼日尔	布隆迪
2000	4.0	6.5	0.2	6.5	4.4	3.2	3.1	1.8	9.9	4.5	10.0	2.0	1.8	3.0	3.8	2.8	9.0	3.2	4.3	1.5	3.3	1.7	1.5	3.2	3.5	2.5	2.1	2.0	1.4
2001	3.8	7.0	0.2	5.2	4.5	3.2	3.4	1.6	9.4	4.2	8.3	2.2	2.0	3.2	3.2	2.9	9.5	3.3	4.5	1.8	3.8	1.8	1.9	4.7	2.1	2.4	2.2	1.9	1.2
2002	3.9	8.0	0.1	5.3	3.9	2.7	3.3	2.1	10.2	4.2	8.0	2.3	1.8	3.2	3.0	2.7	6.5	3.5	4.5	1.7	3.6	1.7	2.2	9.0	2.2	2.9	2.2	1.8	1.3
2003	3.6	7.1	0.1	5.3	3.6	2.6	3.1	2.2	7.0	4.6	7.9	2.3	1.9	2.9	3.4	2.6	6.8	3.8	4.8	2.0	3.5	1.6	3.0	5.8	2.7	2.0	2.3	1.9	1.6
2004	3.9	6.8	0.1	5.7	4.1	2.7	3.1	2.6	6.1	5.0	7.8	2.3	2.2	2.9	4.4	2.7	6.5	4.2	5.2	2.2	3.3	1.6	3.1	6.3	2.8	2.9	2.4	2.2	1.9
2005	4.4	8.2	0.1	6.0	4.7	2.7	4.2	3.2	4.2	5.1	7.4	2.8	2.3	3.3	5.4	2.6	6.5	4.5	5.5	2.6	3.3	2.0	3.5	5.0	2.9	3.6	2.6	2.3	2.1
2006	5.2	6.8	0.1	6.5	4.5	2.8	4.2	3.1	5.8	5.5	9.4	3.4	2.2	3.5	6.1	2.7	5.7	4.1	5.6	2.8	3.8	2.4	3.8	5.7	2.5	3.9	2.6	2.2	2.6
2007	5.3	7.5	0.2	6.7	4.7	2.9	4.4	4.8	7.6	5.7	10.4	3.8	2.8	4.1	7.2	3.4	6.6	4.3	5.5	3.2	3.6	2.7	3.7	5.1	2.5	4.3	2.5	2.2	2.4
2008	5.8	7.4	0.2	7.1	5.4	3.0	4.1	4.8	8.3	7.2	9.1	5.4	3.5	4.4	7.6	3.2	7.5	4.6	5.5	3.4	4.1	3.1	3.9	5.0	2.4	5.1	2.8	2.6	2.9
2009	6.2	8.2	0.2	7.0	4.4	3.2	4.3	4.3	9.7	4.6	7.5	5.3	4.3	3.8	6.8	3.2	7.6	4.4	5.6	3.2	3.6	3.1	3.7	4.9	2.6	4.5	3.1	3.4	2.3
2010	6.9	7.6	2.1	7.6	5.5	4.6	4.5	6.2	8.6	6.5	7.1	5.4	4.4	4.0	9.6	3.8	6.8	4.9	6.2	3.6	3.9	3.1	3.9	5.1	3.4	4.1	3.6	3.7	2.5
2011	7.8	8.2	0.4	8.1	6.0	4.6	5.9	6.3	9.2	7.4	7.9	5.7	4.2	4.6	9.3	3.8	6.6	5.8	9.0	4.1	3.8	3.8	4.1	5.1	6.0	4.0	3.7	3.6	2.7
2012	8.7	8.7	2.4	8.8	6.6	5.3	6.0	6.8	9.3	7.4	8.5	6.2	4.6	5.2	8.7	4.1	6.9	6.0	7.5	4.3	4.2	4.0	4.4	5.3	6.6	3.8	3.9	3.2	2.8
2013	9.2	8.9	4.3	8.8	6.6	6.1	5.7	7.1	7.5	7.4	8.2	6.5	5.0	5.8	8.8	4.7	7.4	6.4	7.7	4.0	4.6	4.3	4.6	4.9	6.3	4.1	3.9	3.2	3.1
2014	9.8	9.7	5.4	8.5	7.2	6.8	6.0	7.3	9.2	7.4	7.6	6.4	5.0	7.3	8.7	5.3	10.0	7.1	7.3	4.4	5.2	6.0	4.8	5.2	6.5	4.6	4.0	3.2	2.8
2015	10.1	10.2	8.8	8.6	8.0	7.4	6.2	7.8	9.3	9.1	8.0	6.7	7.0	8.1	8.2	6.1	7.0	6.7	7.7	7.4	6.3	6.0	5.1	4.8	5.6	4.6	4.0	3.3	3.1
2016	10.3	10.8	9.9	9.2	8.6	7.7	9.4	4.9	9.8	8.8	8.4	7.4	7.5	8.4	8.3	6.4	6.3	6.3	8.1	5.3	6.5	6.7	4.6	4.9	7.6	4.8	4.1	3.3	3.1
2017	11.6	10.4	11.4	9.9	10.4	11.4	11.1	9.0	10.1	9.7	8.9	8.1	8.5	8.3	8.3	8.5	6.8	6.6	7.6	8.2	6.7	5.8	5.4	5.9	6.6	6.3	4.4	4.9	2.6
2018	10.9	9.3	11.2	9.5	12.5	11.6	11.5	9.2	10.6	9.8	8.3	8.2	8.4	8.4	7.9	8.6	7.6	6.6	7.5	8.4	6.7	5.9	5.5	6.0	5.7	6.2	4.6	3.6	2.9
2019	10.0	10.0	9.9	9.8	9.8	9.7	9.5	9.5	9.2	9.2	9.0	9.0	8.3	7.9	7.6	7.2	7.1	6.8	6.7	6.3	6.1	6.0	5.7	5.7	5.5	5.3	4.8	3.5	3.2
平均值	7.1	8.4	3.4	7.5	6.3	5.2	5.7	5.2	8.6	6.7	8.4	5.1	4.4	5.1	6.8	4.4	7.2	5.2	6.3	4.0	4.5	3.7	3.9	5.4	4.3	4.1	3.3	2.9	2.4

（三）"一带一路"参与国的开放指数与世界平均水平对比

图4-5为"一带一路"参与国与世界整体开放指数平均值的比较。由图可见，2000～2019年，"一带一路"参与国开放指数平均值与世界平均值均呈上升态势，但世界社会开放指数平均值始终略高于"一带一路"参与国指数。2008年，受全球金融危机影响，出现唯一年份平均值下降，"一带一路"参与国开放指数平均值下跌0.01，世界开放指数平均值下跌0.03。

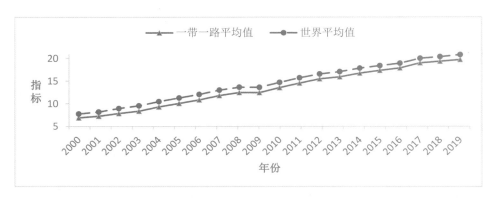

图4-5　"一带一路"参与国开放指数平均值与世界平均值的比较

七、本章小结

实践证明，开放共创繁荣，开放带来进步。随着全球经济一体化的深入发展，开放合作早已成为发展趋势。但贸易单边主义、投资保护主义等封闭主义思潮依然影响着全球贸易、投资、文化、社会等领域的合作，对全球经济社会可持续增长带来了不确定性因素，对于"一带一路"参与国的影响尤其严重。因此，在"一带一路"国际合作高峰论坛上，中国国家主席习近平提出要将"一带一路"建成开放之路。要打造开放型合作平台，维护和发展开放型世界经济，共同创造有利于开放发展的环境。维护多边贸易体制，促进贸易和投资自由化便利化，建设开放、包容、普惠、平衡、共赢的经济全球化。

　　本章数据表明，开放指数与一国的经济发展水平成正比，开放指数高的国家发展水平较高，开放指数低的国家发展水平较低。当然受国际形势影响，"一带一路"参与国开放指数呈下降趋势，尤其表现在对外贸易和投资方面，进一步扩大开放，反对各种保护主义是各国发展的需要。大多数"一带一路"参与国在对外开放方面仍有较大潜力，特别是非洲、南亚等地区。在对外开放的过程中，"一带一路"参与国需不断加强内部法律、制度建设，做好外在风险的防控，减少经济金融危机对本国发展的影响。

第五章　绿色之路

一、本章综述

2018年"一带一路"倡议提出5周年之际，随着诸多重点项目在各个参与国的推进，"一带一路"政策沟通、设施联通、贸易畅通、资金融通、民心相通"五大愿景"正逐步开花结果，习近平总书记又在2018年9月3日中非合作论坛北京峰会开幕式上的主旨讲话中提到，"一带一路"除了要建设成为和平之路、繁荣之路、开放之路、创新之路、文明之路外，中国愿同国际合作伙伴共建"一带一路"绿色之路。习近平强调，地球是人类唯一的家园，中国愿同非洲一道，倡导绿色、低碳、循环、可持续的发展方式，共同保护青山绿水和万物生灵，让中国和非洲都成为人与自然和睦相处的美好家园。2019年4月，习近平在第二届"一带一路"国际合作高峰论坛开幕式上再次指出，我们要坚持开放、绿色、廉洁理念，不搞封闭排他的小圈子，把绿色作为底色，推动绿色基础设施建设、绿色投资、绿色金融，保护好我们赖以生存的共同家园。

"一带一路"绿色之路的提出对参与国有着深远的影响。目前已有的147个"一带一路"参与国大多是处于经济转型期的经济体或新兴的经济体，排放、污染问题较为突出，而日益严峻的环境生态问题也制约了社会生产发展和进步，形成恶性循环。除此之外，另有部分不发达国家亟待发展。绿色发展的提出正是人类对自身活动与未来发展的反思和总结，是对传统发展模式的变革和创新。

为评估和跟踪"一带一路"参与国"绿色之路"的发展水平，本章构建了"绿色之路"指标体系。将对可再生能源、碳排放、化肥使用量和森林覆盖率4

个方面分别进行评价，以可再生能源指数、碳排放指数、化肥指数及森林指数评价"一带一路"参与国绿色之路的发展和变化。根据"一带一路"参与国相应指标数据的可获得性、完备性、代表性，选取"可再生能源使用占比"作为可再生能源指数的原始指标，"单位GDP碳排放量"作为碳排放指数的原始指标，选取"化肥消费量"作为化肥指数的原始指标，选取"森林覆盖率"作为森林指数的原始指标。

虽然目前尚无法全方位衡量"一带一路"参与国的可再生能源、碳排放、化肥使用量和森林覆盖水平，但本章选取的指标一定程度上仍能够凸显"一带一路"参与国在该指数某一重要方面的特征。将一级指数绿色指数记为P，二级指数可再生能源指数、碳排放指数、化肥指数和森林指数分别记为P_1、P_2、P_3、P4，原始指标"可再生能源使用占比""单位GDP碳排放量""化肥消费量"和"森林覆盖率"分别记为p_1、p_2、p_3、p_4。将上述原始指标的数据进行归一化处理，得到4个二级指数，4个二级指数按照等权重加权平均，即可得到绿色指数。具体公式如下：

$$P_{ijx} = \frac{(P_{ijx} - P_{i\min})}{(P_{i\max} - P_{i\min})} \times 100$$

其中，i表示当前二级指标（i=1,2,3,4），j表示当前国家，x表示年份。P_{ijx}表示当前国家在当前年份的数值，$P_{i\min}$表示该原始指标所有国家、所有年份的最小值，$P_{i\max}$表示该原始指标所有国家、所有年份的最大值。

"一带一路"绿色之路指标评价模型，采用线性加权测评法计算"一带一路"绿色指标的评价分值，评价分值越高，说明该国家的绿色发展能力越强；反之，说明该国家的整体绿色发展能力较弱。具体计算模型为：

$$Y = \sum Y_i w_i$$

Y为国家或地区绿色发展能力的综合评价分值，记为绿色指数。Y_i为第i个二级指标的评价分值，wi为该二级指标的权重。指标权重值采用平均权重方法来确定。

个别国家个别年份的原始指标数据缺失的情况不可避免。对于数据缺失少于一半年份的国家采取内插法补齐，对于数据缺失超过一半年份的国家，该国的该项指标则不进行统计。具体每个指标的缺省情况见相应图表的标注。

基于"一带一路"绿色之路的内涵，吸纳现有的关于绿色指标评价体系的精华，并考虑指标数据的可获得性，最终选出了具有代表性、有针对性、可操作的4项二级评价指标，分别是可再生能源使用占比（%）、单位GDP碳排放量（kg/单位GDP）、化肥消费量（kg/ha）和森林覆盖率（%）。

本绿色指数计算以2000年为起点，到2019年底截止，时间跨度为20年。

二、可再生能源指数

（一）可再生能源指数的含义

可再生能源包括太阳能、水能、风能、生物质能、波浪能、潮汐能、海洋温差能、地热能等在自然界可以循环再生的多种能源。化石能源是有限的，日复一日无节制地使用终会有枯竭的时候，而可再生能源是取之不尽，用之不竭的能源，不需要人力参与即可再生。同时，在利用大多数可再生能源时不会释放温室气体，也因此减轻了环境负担，大大减弱了温室效应。REN21[①]发布的《全球可再生能源现状报告2018》指出，2017年可再生能源发电量占到全球发电量净增加值的70%。这是现代历史上可再生能源发电量增长最大的一年。然而占全球终端能源需求量80%的供热、制冷和交通领域对于可再生能源的使用却远远落后于电力行业。

"一带一路"参与国要实现高速发展，必离不开大量的资源消耗。而近年来，随着气温变化给人类带来的警讯，各国政府纷纷开始重视节能减排。可再生

---

① 21世纪可再生能源政策网络

能源的特点是取之不尽用之不竭，对环境无害或危害极小，且资源分布广泛，适宜就地开发利用。

可再生能源指数是指某一个国家一年内可再生能源消耗量在当年总的能源消耗中所占比例。本文统计了2000年到2019年"一带一路"参与国可再生能源消耗值，以这20年内所有参与国中发生的最大消耗比例作为基数100，归一处理依次计算出各国可再生能源指数。数据来源于世界银行全球可持续能源数据库。

（二）"一带一路"参与国可再生能源指数

基于数据比较完整的112个"一带一路"参与国的可再生能源相关数据，求算得到各国可再生能源指数。其中，本章对4个年份（2000年、2006年、2013年、2016年）的各国排名也做了统计，排名范围限于有统计数据的"一带一路"参与国。这4个年份各国的可再生能源指数及其排名见表5-1所示。根据上述排名，按0%～25%、25%～50%、50%～75%、75%～100%将112个国家分成了4个板块，具体见表5-2。

2000年以来，"一带一路"参与国平均可再生能源指数与世界平均值基本保持同向运行，总体都向下探底，说明可再生能源在世界范围内绝对用量还是远低于传统化石能源用量。从图5-1可以看出，2011年前，"一带一路"参与国可再生能源指数平均值高于世界平均水平。2014年后，"一带一路"参与国可再生能源指数平均值反而低于世界平均水平。且"一带一路"各参与国的可再生能源指数分布在0至100区间内，各国可再生能源利用差别较大。"一带一路"参与国可再生能源利用与保持经济快速增长之间如何协调，也就是发展与环境的矛盾，是需要"一带一路"参与国重视的课题。

从国别来看，可再生能源指数排名靠前的国家主要分布在非洲，分别是布隆迪、乌干达、卢旺达、赞比亚、坦桑尼亚、莫桑比克、尼日利亚等。这些国家的比较优势集中在丰富的水能资源、太阳能资源以及稀土矿等方面，化石能源相对匮乏。2019年8月，刚果民主共和国、卢旺达和布隆迪签署了恢复Ruzizi III水电项目的协议。它将作为SN Power和Industrial Promotion Services of Kenya

（IPS）的公私合作伙伴关系（PPP）的一部分进行开发。Ruzizi Ⅲ水电项目正在进行新的开发，预计容量为147兆瓦。类似的许多项目正在非洲筹划建设中。沙特阿拉伯、阿拉伯联合酋长国、阿尔及利亚、塞舌尔等国家的排名始终处于一百名开外。这些国家即便太阳能资源、风力、水能资源丰富，但是或因为本身传统化石能源资源储量丰富价格便宜，或因为新能源开发利用成本高昂的原因，可再生能源指数并不高。

2016年较2013年，以色列增幅47%，也门44%，马耳他42%，亚美尼亚41%。2016年相对2000年，马耳他增幅超15000%（马耳他2000年指数得分小于0.03），伊拉克275%，斯洛伐克增幅253%，意大利248%，韩国243%，匈牙利236%，塞浦路斯229%，乌克兰215%，伊朗175%，乌兹别克斯坦158%，捷克157%，保加利亚125%，摩尔多瓦121%，希腊114%，新加坡100%。

从排位变动看，2016比2013年，波黑提升12位，斯洛伐克提升9位，哥斯达黎加和爱沙尼亚均提升6位。2016年相对2000年，意大利提升25位，匈牙利提升23位，立陶宛、奥地利、马耳他和斯洛伐克均提升19位，波黑提升17位，葡萄牙、罗马尼亚和哥斯达黎加均提升16位，保加利亚提升15位，克罗地亚提升14位。

众多"一带一路"参与国之间，由于发展水平和资源环境的不同，可再生能源使用水平差异巨大。尽管如此，我们还是应该全面考量"一带一路"参与国国情，对能源使用情况做出综合判断。不管怎么说，可再生能源的环境友好属性决定了未来的发展大势，"一带一路"参与国在可再生能源发展方面仍存在巨大潜力，应交流经验，合作互助。

分析还发现，中国的可再生能源指数自2000年至2011年处于显著下降的趋势，自2011年至2015年基本保持不变，原因是中国近年来大力发展核能，核能产业的快速发展在经济发展的总体格局中发挥着越来越突出的作用。中国核能行业协会发布的《中国核能发展报告（2018）》蓝皮书显示，截至2017年底，中国在运核电机组达到37台，装机规模3581万千瓦，位列全球第四；发电量2474.69亿千瓦时，位列全球第三；机组运行安全稳定，总体运行业绩指标优良。而中国也将核能技术优势运用到了"一带一路"建设当中，通过核电行业推动绿色发展，建设清洁美丽新世界。2018年10月，中国国家可再生能源中心（CNREC）发布了《中国可再生能源展望2018》报告，报告预测中国化石能源消费总量将在2020年达到顶峰，而后持续稳定下降，相反，可再生能源由于具有较高的经济性，将全面赶超化石能源，下个十年，中国将迎来光伏与风电的大规模建设高峰。

能源是"一带一路"建设的重要领域，习近平主席曾倡议建立"一带一路"绿色发展国际联盟。"一带一路"参与国应秉持绿色发展新理念，积极推进绿色、低碳、循环、可持续的生产生活方式，加强生态环保合作，共同实现2030年可持续发展目标。优先发展可再生能源高效利用，开发应用潜力、拓展应用空间，对参与国乃至全球的可持续发展进程都将产生深远的影响，这将为参与国人民带来显著的经济和社会效益。

表5-1　"一带一路"参与国可再生能源指数及其排名（112国）

	2000年		2006年		2013年		2016年	
	指数	排名	指数	排名	指数	排名	指数	排名
阿尔巴尼亚	42.1	40	32.2	48	42.0	33	38.7	36
阿尔及利亚	0.4	106	0.4	108	0.1	110	0.1	110
阿富汗	55.2	31	37.8	40	16.6	67	5.5	86
阿拉伯联合酋长国	0.1	110	0.1	111	0.1	110	0.1	110
阿塞拜疆	2.1	97	2.9	93	2.6	97	3.2	95
埃及	8.2	76	6.3	86	5.8	86	5.1	87
爱沙尼亚	20.2	61	17.5	64	24.9	55	27.1	49
安哥拉	75.9	19	66.1	23	51.5	28	46.1	30
奥地利	26.8	56	26.7	52	35.3	42	36.4	37
巴巴多斯	13.9	73	10.1	74	3.5	91	2.5	98
巴基斯坦	51.8	33	47.3	32	48.3	30	45.6	31
巴拿马	35.0	46	27.4	51	20.7	60	17.5	65
白俄罗斯	5.1	89	6.6	85	7.1	84	7.6	83
保加利亚	8.1	77	10.2	73	18.5	64	18.2	62
北马其顿	19.7	62	20.0	58	21.6	59	22.2	57
贝宁	71.5	22	58.3	28	53.6	26	46.9	28
波黑	19.7	62	18.4	61	19.8	62	27.6	46
波兰	7.0	80	7.3	82	11.6	80	12.0	76
玻利维亚	27.9	53	22.9	55	18.9	63	15.6	70
不丹	92.9	5	93.5	4	88.5	6	89.1	6
布隆迪	94.8	4	98.5	1	95.7	1	97.1	1
多哥	78.4	18	81.0	18	73.6	19	69.7	19
多米尼加	18.7	65	18.7	60	17.8	65	17.3	66
多米尼克	11.2	75	8.8	76	10.0	82	8.4	82

续上表

	2000年		2006年		2013年		2016年	
	指数	排名	指数	排名	指数	排名	指数	排名
俄罗斯	3.6	92	3.5	92	3.8	90	3.5	93
厄瓜多尔	20.4	60	13.2	72	12.9	77	11.2	79
菲律宾	35.4	45	33.1	47	29.8	47	28.2	45
斐济	53.8	32	42.1	38	37.0	40	29.5	44
冈比亚	64.2	27	60.3	26	57.6	25	52.1	25
刚果（布）	65.9	24	70.9	22	63.7	21	62.0	21
哥斯达黎加	33.5	48	43.0	37	38.7	37	42.9	32
格鲁吉亚	48.1	36	37.8	40	35.6	41	25.9	51
圭亚那	40.2	41	48.1	31	26.7	51	25.5	54
哈萨克斯坦	2.5	94	2.2	96	1.2	104	1.0	106
韩国	0.7	104	1.0	104	2.0	99	2.4	99
黑山	43.6	39	45.6	34	50.2	29	47.1	27
吉尔吉斯斯坦	35.8	44	28.2	50	25.0	54	21.8	59
几内亚	87.1	11	82.4	16	79.9	13	75.9	16
加纳	72.8	21	59.5	27	44.8	31	38.9	35
加蓬	74.0	20	87.6	10	83.6	10	85.8	10
柬埔寨	82.5	14	75.1	21	70.1	20	64.3	20
捷克	6.0	84	8.0	78	14.2	73	15.4	71
津巴布韦	70.4	23	80.0	19	80.9	11	85.0	11
喀麦隆	85.9	13	86.9	12	78.9	14	76.8	13
科特迪瓦	64.8	26	76.2	20	73.8	18	76.4	14
克罗地亚	27.2	54	25.9	53	33.4	43	32.4	40
肯尼亚	80.4	16	81.1	17	78.4	15	76.4	14
拉脱维亚	36.4	43	34.6	43	40.3	35	39.3	34
黎巴嫩	5.0	90	7.6	80	5.8	86	4.6	89
立陶宛	17.5	67	17.8	62	26.8	50	27.5	48
利比亚	2.1	97	1.9	99	1.7	100	1.8	100
卢森堡	7.0	80	2.1	97	5.8	86	6.3	85
卢旺达	88.1	9	92.1	7	90.0	4	91.1	2
罗马尼亚	16.6	68	17.7	63	23.5	56	25.8	52
马达加斯加	79.7	17	85.8	13	74.0	17	75.7	17
马尔代夫	2.2	96	1.5	102	1.1	105	0.8	107
马耳他	0.0	111	0.2	110	2.6	97	3.7	92
马来西亚	6.9	82	5.1	88	4.6	89	4.0	91
马里	86.8	12	84.1	14	63.5	22	60.3	22
蒙古	5.8	85	4.5	90	3.0	95	2.7	97
孟加拉国	60.0	29	49.7	29	39.4	36	33.7	39
秘鲁	32.7	49	34.5	44	26.4	52	25.7	53
缅甸	81.5	15	82.5	15	75.4	16	73.6	18
摩尔多瓦	5.8	85	5.1	88	13.3	76	12.8	75

续上表

	2000年		2006年		2013年		2016年	
	指数	排名	指数	排名	指数	排名	指数	排名
摩洛哥	15.5	70	19.0	59	12.3	78	11.7	77
莫桑比克	95.2	3	94.9	2	91.8	3	90.0	5
纳米比亚	34.1	47	33.4	46	28.7	48	26.6	50
南非	18.8	64	16.6	66	16.4	70	16.2	69
尼泊尔	89.8	7	92.8	5	87.7	9	87.0	9
尼日尔	89.2	8	89.0	9	80.1	12	77.2	12
尼日利亚	87.6	10	87.6	10	88.3	7	89.1	6
葡萄牙	20.5	59	22.7	56	30.7	44	30.6	43
萨尔瓦多	51.7	34	48.5	30	28.6	49	21.4	60
萨摩亚	46.1	38	45.8	33	43.0	34	40.7	33
塞尔维亚	24.0	57	16.0	67	20.6	61	20.3	61
塞内加尔	48.3	35	45.0	36	44.3	32	46.6	29
塞浦路斯	3.1	93	3.6	91	9.7	83	10.2	80
塞舌尔	0.6	105	0.4	108	1.3	103	1.1	104
沙特阿拉伯	0.0	111	0.0	112	0.0	112	0.0	112
斯里兰卡	65.2	25	63.2	24	60.9	23	58.3	23
斯洛伐克	3.8	91	6.7	84	10.9	81	13.4	72
斯洛文尼亚	16.1	69	14.7	69	22.4	58	22.1	58
苏里南	26.9	55	25.3	54	26.4	52	25.0	55
塔吉克斯坦	63.5	28	62.6	25	58.9	24	50.9	26
泰国	22.4	58	21.0	57	23.3	57	24.2	56
坦桑尼亚	95.3	2	92.4	6	88.1	8	87.3	8
汤加	2.5	94	1.9	99	1.6	101	1.3	102
特立尼达和多巴哥	0.8	103	0.6	106	0.3	109	0.2	109
突尼斯	14.5	72	14.6	70	13.5	75	13.2	73
土耳其	17.6	66	14.5	71	14.1	74	11.6	78
委内瑞拉	14.9	71	15.7	68	14.7	72	13.1	74
乌干达	95.5	1	94.0	3	92.3	2	91.1	2
乌克兰	1.3	100	1.8	101	3.5	91	4.1	90
乌拉圭	39.5	42	36.3	42	51.6	27	55.6	24
乌兹别克斯坦	1.2	101	2.0	98	2.9	96	3.1	96
希腊	7.6	78	8.3	77	16.6	67	16.3	68
新加坡	0.3	109	0.5	107	0.6	108	0.6	108
新西兰	29.4	52	29.9	49	30.5	46	31.8	41
匈牙利	5.3	87	5.5	87	17.5	66	17.8	64
牙买加	12.1	74	9.5	75	16.0	71	16.4	67
亚美尼亚	7.3	79	7.8	79	6.9	85	9.7	81
也门	1.2	101	0.9	105	0.9	107	1.3	102
伊拉克	0.4	106	2.6	94	1.4	102	1.5	101
伊朗	0.4	106	1.4	103	1.0	106	1.1	104

续上表

	2000年		2006年		2013年		2016年	
	指数	排名	指数	排名	指数	排名	指数	排名
以色列	6.1	83	6.9	83	3.4	93	5.0	88
意大利	5.2	88	7.6	80	16.6	67	18.1	63
印度尼西亚	46.4	37	40.6	39	38.7	37	36.3	38
约旦	2.1	97	2.3	95	3.2	94	3.4	94
越南	58.9	30	45.2	35	38.0	39	31.0	42
赞比亚	91.5	6	91.4	8	90.0	4	91.0	4
智利	31.9	50	33.5	45	30.7	44	27.6	46
中国	30.2	51	17.4	65	12.0	79	7.2	84
上述国家平均值	34.5		33.3		32.1		31.1	
世界平均值	34.4		33.2		32.6		31.8	

表5-2　"一带一路"参与国可再生能源指数排名和分区（112国）

	排名	2000年	2006年	2013年	2016年
第一区间	1	乌干达	布隆迪	布隆迪	布隆迪
	2	坦桑尼亚	莫桑比克	乌干达	乌干达
	3	莫桑比克	乌干达	莫桑比克	卢旺达
	4	布隆迪	不丹	赞比亚	赞比亚
	5	不丹	尼泊尔	卢旺达	莫桑比克
	6	赞比亚	坦桑尼亚	不丹	尼日利亚
	7	尼泊尔	卢旺达	尼日利亚	不丹
	8	尼日尔	赞比亚	坦桑尼亚	坦桑尼亚
	9	卢旺达	尼日尔	尼泊尔	尼泊尔
	10	尼日利亚	加蓬	加蓬	加蓬
	11	几内亚	尼日利亚	津巴布韦	津巴布韦
	12	马里	喀麦隆	尼日尔	尼日尔
	13	喀麦隆	马达加斯加	几内亚	喀麦隆
	14	柬埔寨	马里	喀麦隆	科特迪瓦
	15	缅甸	缅甸	肯尼亚	肯尼亚
	16	肯尼亚	几内亚	缅甸	几内亚
	17	马达加斯加	肯尼亚	马达加斯加	马达加斯加
	18	多哥	多哥	科特迪瓦	缅甸
	19	安哥拉	津巴布韦	多哥	多哥
	20	加蓬	科特迪瓦	柬埔寨	柬埔寨
	21	加纳	柬埔寨	刚果（布）	刚果（布）
	22	贝宁	刚果（布）	马里	马里
	23	津巴布韦	安哥拉	斯里兰卡	斯里兰卡
	24	刚果（布）	斯里兰卡	塔吉克斯坦	乌拉圭
	25	斯里兰卡	塔吉克斯坦	冈比亚	冈比亚
	26	科特迪瓦	冈比亚	贝宁	塔吉克斯坦
	27	冈比亚	加纳	乌拉圭	黑山
	28	塔吉克斯坦	贝宁	安哥拉	贝宁

续上表

	排名	2000年	2006年	2013年	2016年
第二区间	29	孟加拉国	孟加拉国	黑山	塞内加尔
	30	越南	萨尔瓦多	巴基斯坦	安哥拉
	31	阿富汗	圭亚那	加纳	巴基斯坦
	32	斐济	巴基斯坦	塞内加尔	哥斯达黎加
	33	巴基斯坦	萨摩亚	萨摩亚	萨摩亚
	34	萨尔瓦多	黑山	阿尔巴尼亚	拉脱维亚
	35	塞内加尔	越南	拉脱维亚	加纳
	36	格鲁吉亚	塞内加尔	孟加拉国	阿尔巴尼亚
	37	印度尼西亚	哥斯达黎加	印度尼西亚	奥地利
	38	萨摩亚	斐济	哥斯达黎加	印度尼西亚
	39	黑山	印度尼西亚	越南	孟加拉国
	40	阿尔巴尼亚	格鲁吉亚	斐济	克罗地亚
	41	圭亚那	阿富汗	格鲁吉亚	新西兰
	42	乌拉圭	乌拉圭	奥地利	越南
	43	拉脱维亚	拉脱维亚	克罗地亚	葡萄牙
	44	吉尔吉斯斯坦	秘鲁	智利	斐济
	45	菲律宾	智利	葡萄牙	菲律宾
	46	巴拿马	纳米比亚	新西兰	波黑
	47	纳米比亚	菲律宾	菲律宾	智利
	48	哥斯达黎加	阿尔巴尼亚	纳米比亚	立陶宛
	49	秘鲁	新西兰	萨尔瓦多	爱沙尼亚
	50	智利	吉尔吉斯斯坦	立陶宛	纳米比亚
	51	中国	巴拿马	圭亚那	格鲁吉亚
	52	新西兰	奥地利	秘鲁	罗马尼亚
	53	玻利维亚	克罗地亚	苏里南	秘鲁
	54	克罗地亚	苏里南	吉尔吉斯斯坦	圭亚那
	55	苏里南	玻利维亚	爱沙尼亚	苏里南
	56	奥地利	葡萄牙	罗马尼亚	泰国

续上表

	排名	2000年	2006年	2013年	2016年
第三区间	57	塞尔维亚	泰国	泰国	北马其顿
	58	泰国	北马其顿	斯洛文尼亚	斯洛文尼亚
	59	葡萄牙	摩洛哥	北马其顿	吉尔吉斯斯坦
	60	厄瓜多尔	多米尼加	巴拿马	萨尔瓦多
	61	爱沙尼亚	波黑	塞尔维亚	塞尔维亚
	62	北马其顿	立陶宛	波黑	保加利亚
	63	波黑	罗马尼亚	玻利维亚	意大利
	64	南非	爱沙尼亚	保加利亚	匈牙利
	65	多米尼加	中国	多米尼加	巴拿马
	66	土耳其	南非	匈牙利	多米尼加
	67	立陶宛	塞尔维亚	阿富汗	牙买加
	68	罗马尼亚	委内瑞拉	意大利	希腊
	69	斯洛文尼亚	斯洛文尼亚	希腊	南非
	70	摩洛哥	突尼斯	南非	玻利维亚
	71	委内瑞拉	土耳其	牙买加	捷克
	72	突尼斯	厄瓜多尔	委内瑞拉	斯洛伐克
	73	巴巴多斯	保加利亚	捷克	突尼斯
	74	牙买加	巴巴多斯	土耳其	委内瑞拉
	75	多米尼克	牙买加	突尼斯	摩尔多瓦
	76	埃及	多米尼克	摩尔多瓦	波兰
	77	保加利亚	希腊	厄瓜多尔	摩洛哥
	78	希腊	捷克	摩洛哥	土耳其
	79	亚美尼亚	亚美尼亚	中国	厄瓜多尔
	80	波兰	意大利	波兰	塞浦路斯
	81	卢森堡	黎巴嫩	斯洛伐克	亚美尼亚
	82	马来西亚	波兰	多米尼克	多米尼克
	83	以色列	以色列	塞浦路斯	白俄罗斯
	84	捷克	斯洛伐克	白俄罗斯	中国

续上表

	排名	2000年	2006年	2013年	2016年
第四区间	85	摩尔多瓦	白俄罗斯	亚美尼亚	卢森堡
	86	蒙古	埃及	卢森堡	阿富汗
	87	匈牙利	匈牙利	黎巴嫩	埃及
	88	意大利	马来西亚	埃及	以色列
	89	白俄罗斯	摩尔多瓦	马来西亚	黎巴嫩
	90	黎巴嫩	蒙古	俄罗斯	乌克兰
	91	斯洛伐克	塞浦路斯	乌克兰	马来西亚
	92	俄罗斯	俄罗斯	巴巴多斯	马耳他
	93	塞浦路斯	阿塞拜疆	以色列	俄罗斯
	94	哈萨克斯坦	伊拉克	约旦	约旦
	95	汤加	约旦	蒙古	阿塞拜疆
	96	马尔代夫	哈萨克斯坦	乌兹别克斯坦	乌兹别克斯坦
	97	约旦	卢森堡	马耳他	蒙古
	98	阿塞拜疆	乌兹别克斯坦	阿塞拜疆	巴巴多斯
	99	利比亚	利比亚	韩国	韩国
	100	乌克兰	汤加	利比亚	利比亚
	101	乌兹别克斯坦	乌克兰	汤加	伊拉克
	102	也门	马尔代夫	伊拉克	也门
	103	特立尼达和多巴哥	伊朗	塞舌尔	汤加
	104	韩国	韩国	哈萨克斯坦	塞舌尔
	105	塞舌尔	也门	马尔代夫	伊朗
	106	伊朗	特立尼达和多巴哥	伊朗	哈萨克斯坦
	107	阿尔及利亚	新加坡	也门	马尔代夫
	108	伊拉克	阿尔及利亚	新加坡	新加坡
	109	新加坡	塞舌尔	特立尼达和多巴哥	特立尼达和多巴哥
	110	阿拉伯联合酋长国	马耳他	阿尔及利亚	阿拉伯联合酋长国
	111	马耳他	阿拉伯联合酋长国	阿拉伯联合酋长国	阿尔及利亚
	112	沙特阿拉伯	沙特阿拉伯	沙特阿拉伯	沙特阿拉伯

表5-3　可再生能源指数第一区间的"一带一路"参与国变化情况

年份＼国家	布隆迪	乌干达	卢旺达	赞比亚	莫桑比克	尼日利亚	不丹	坦桑尼亚	尼泊尔	加蓬	津巴布韦	尼日尔	喀麦隆	科特迪瓦	肯尼亚	几内亚	马达加斯加	缅甸	多哥	柬埔寨	刚果（布）	马里	斯里兰卡	乌拉圭	冈比亚	塔吉克斯坦	黑山	贝宁
2000	94.8	95.5	88.1	91.5	95.2	87.6	92.9	95.3	89.8	74.0	70.4	89.2	85.9	64.8	80.4	87.1	79.7	81.5	78.4	82.5	65.9	86.8	65.2	39.5	64.2	63.5	43.6	71.5
2001	97.9	95.7	88.3	91.3	95.5	86.0	93.3	94.8	89.2	73.6	72.7	89.2	86.6	65.8	81.6	86.4	81.4	83.9	83.4	80.9	62.2	86.8	64.0	41.6	60.6	65.2	44.0	68.0
2002	97.8	95.9	88.6	91.2	95.3	85.9	92.7	94.0	91.5	81.2	75.5	89.3	86.6	66.4	81.9	85.8	84.9	84.4	80.0	84.4	69.8	67.4	63.1	43.8	61.7	65.2	44.4	65.1
2003	98.7	95.8	88.8	90.9	94.3	84.4	93.5	93.9	90.9	85.0	79.1	88.5	86.7	71.5	84.6	84.9	82.0	81.1	76.1	83.5	63.3	87.9	62.3	43.8	61.5	65.7	44.7	62.8
2004	98.9	95.5	89.0	91.0	94.5	85.4	95.0	93.3	91.8	87.2	83.0	88.5	86.9	76.8	83.7	84.6	81.2	81.6	77.4	79.5	64.3	87.3	62.6	39.0	60.9	62.5	45.1	61.7
2005	98.9	94.4	90.7	90.5	95.2	85.5	93.2	92.5	91.0	86.7	81.5	89.1	87.7	79.4	82.6	82.9	81.8	80.9	78.5	77.4	64.6	87.2	61.1	40.6	61.0	64.8	48.4	60.2
2006	98.5	94.0	92.1	91.4	94.9	87.6	93.5	92.4	92.8	87.6	80.0	89.0	86.9	76.2	81.1	82.4	85.8	82.5	81.0	75.1	70.9	84.1	63.2	36.3	60.3	62.6	45.6	58.3
2007	98.5	93.9	91.8	94.5	93.7	88.9	93.7	92.9	92.9	88.8	79.4	87.7	82.1	77.7	81.6	81.7	84.7	81.7	81.3	70.5	61.7	80.2	61.2	42.2	57.7	54.7	43.0	55.4
2008	98.5	93.8	92.2	93.7	94.0	87.8	93.5	92.6	92.0	88.8	83.4	87.6	82.1	75.6	81.8	81.5	83.7	87.0	77.8	69.1	58.2	77.5	62.6	44.0	56.7	55.5	39.4	55.7
2009	98.6	94.0	92.1	93.6	93.2	90.3	91.2	93.2	90.4	89.6	84.6	84.7	80.4	74.9	79.5	80.6	84.6	87.1	64.5	72.5	57.3	73.9	64.6	46.1	54.3	61.6	50.0	53.7
2010	98.4	93.1	92.2	93.7	92.8	88.2	92.4	91.8	88.8	87.3	84.3	82.1	79.9	76.6	77.6	77.0	83.3	85.8	66.9	69.7	56.1	70.3	62.9	53.7	55.6	62.9	49.9	48.9
2011	98.2	92.6	91.2	92.4	92.0	87.6	91.1	90.0	88.4	81.1	80.9	78.6	79.7	80.2	78.4	76.0	80.2	85.3	70.3	69.3	66.0	67.8	60.2	49.7	55.1	61.0	43.6	50.3
2012	95.5	92.8	90.3	90.1	92.4	87.9	89.5	87.8	86.1	76.8	79.3	74.0	79.4	76.2	79.8	77.7	77.7	79.2	74.0	69.4	66.6	66.0	61.7	47.7	55.1	56.0	46.7	52.0
2013	95.7	92.3	90.0	90.0	91.8	88.8	88.5	88.1	87.7	83.6	80.9	80.1	78.9	73.8	78.4	79.9	74.0	75.4	73.6	70.1	63.7	63.5	60.9	51.6	57.6	58.9	50.2	53.6
2014	96.2	91.7	89.7	89.5	90.4	88.8	88.5	88.1	85.8	82.7	82.4	79.5	78.3	73.4	76.8	79.8	73.2	67.2	73.4	69.2	63.4	65.7	58.6	56.3	52.8	46.5	46.8	53.4
2015	97.3	90.6	88.1	89.5	87.9	88.1	88.4	87.2	86.7	83.4	83.2	80.3	77.8	65.6	73.9	77.6	71.4	62.6	72.5	66.0	63.5	62.6	63.8	59.0	52.4	45.4	43.7	51.7
2016	97.1	91.1	91.0	91.0	90.0	89.1	89.1	87.3	87.0	85.8	85.0	77.2	76.8	76.4	76.4	75.5	75.7	73.6	69.7	64.3	61.9	60.3	58.3	55.6	52.1	50.8	47.1	46.9
平均值	97.6	93.7	90.3	91.5	93.1	87.5	91.8	91.5	89.6	83.7	80.3	84.4	82.5	73.6	80.0	81.3	80.3	80.1	75.2	73.7	63.5	75.0	62.1	46.5	57.6	59.0	45.7	57.0

表5-4　可再生能源指数第二区间的“一带一路”参与国变化情况

年份＼国家	塞内加尔	安哥拉	巴基斯坦	哥斯达黎加	萨摩亚	拉脱维亚	加纳	阿尔巴尼亚	奥地利	印度尼西亚	孟加拉国	克罗地亚	新西兰	越南	葡萄牙	斐济	菲律宾	波黑	智利	立陶宛	爱沙尼亚	纳米比亚	格鲁吉亚	罗马尼亚	秘鲁	圭亚那	苏里南	泰国
2000	48.3	75.9	51.8	33.5	46.1	36.4	72.8	42.1	26.8	46.3	60.0	27.2	29.4	58.9	20.4	53.8	35.4	19.7	31.9	17.5	20.2	34.1	48.0	16.6	32.7	40.2	26.9	22.4
2001	46.6	75.0	52.2	32.6	44.8	35.9	70.5	39.8	25.9	45.1	56.7	27.4	27.3	57.3	21.2	57.3	34.1	20.6	32.7	17.9	19.3	29.8	54.0	13.6	35.4	41.0	27.4	20.4
2002	45.2	73.3	51.9	33.2	45.7	35.0	66.8	36.5	25.1	45.4	55.2	25.0	29.3	53.3	18.6	53.3	33.4	21.6	33.6	18.2	19.7	33.6	57.7	14.6	34.7	44.0	31.8	20.4
2003	45.5	68.4	50.5	34.2	45.3	34.9	65.6	34.3	23.0	43.7	53.5	25.3	28.6	51.9	22.5	51.9	32.6	20.5	32.1	18.4	20.2	33.1	56.3	15.9	35.4	44.1	28.8	20.7
2004	41.5	66.6	48.3	40.2	45.4	36.7	63.4	36.5	23.6	42.1	53.0	27.0	31.3	46.8	20.2	46.8	31.8	20.4	32.0	18.4	20.3	32.6	55.4	17.6	33.2	45.2	26.4	20.4
2005	41.9	72.1	48.3	42.8	45.9	36.9	62.5	37.5	24.6	42.1	51.6	27.3	29.8	45.1	18.4	45.1	32.0	20.1	32.8	17.8	19.3	32.6	42.2	18.8	33.3	44.1	22.5	20.6
2006	44.9	66.1	47.3	43.0	45.8	34.6	59.5	32.2	26.7	40.6	49.7	25.9	29.9	45.2	22.7	45.2	33.1	18.4	33.5	17.8	17.4	33.4	37.8	17.7	34.4	48.1	25.2	21.0
2007	41.3	62.6	45.0	43.6	46.7	33.6	55.4	32.6	29.1	40.6	48.3	23.0	29.6	42.8	23.5	42.8	31.7	15.1	31.0	17.3	18.9	33.3	36.8	18.5	32.9	36.6	27.7	22.0
2008	41.1	59.1	46.8	43.9	46.7	34.3	56.8	36.5	29.8	40.8	46.3	24.6	28.6	40.1	23.6	40.1	32.3	14.5	31.3	18.6	20.5	27.5	36.9	20.7	26.1	35.1	28.9	22.9
2009	52.8	56.7	46.5	43.0	46.5	39.0	50.7	37.8	31.0	39.6	44.4	27.6	30.7	37.8	25.3	37.8	31.7	17.7	32.1	20.4	24.5	27.5	37.3	22.6	28.5	34.3	29.1	23.0
2010	51.1	55.1	47.5	43.0	47.5	33.6	50.6	37.7	31.2	38.4	41.7	30.3	31.8	35.4	28.3	35.4	29.3	19.9	27.5	21.8	25.5	26.8	39.8	24.5	31.3	34.4	25.0	23.0
2011	49.5	53.6	46.8	41.2	40.5	36.1	48.8	36.6	31.5	38.9	40.1	27.6	32.7	37.1	27.7	37.1	29.9	14.4	29.3	23.1	25.4	28.4	32.1	21.5	30.0	36.9	25.9	23.1
2012	51.2	53.1	47.3	39.3	40.8	41.0	45.2	40.7	34.0	38.9	39.3	29.9	31.0	38.8	25.9	38.8	30.7	15.5	30.8	24.3	25.3	29.0	29.2	21.9	28.7	28.7	23.4	23.7
2013	44.3	51.5	48.3	38.7	43.0	40.3	44.8	42.0	35.3	38.7	39.4	33.4	30.5	38.0	30.7	38.0	29.8	19.8	30.7	26.8	24.9	28.7	35.6	23.5	26.4	26.7	26.4	23.3
2014	44.1	51.7	47.4	38.5	43.0	40.9	45.8	39.3	36.0	38.1	38.3	34.2	30.8	37.7	31.0	37.7	29.1	42.4	27.2	28.2	25.7	28.1	32.4	24.7	26.4	24.4	25.8	24.5
2015	43.4	50.4	47.3	39.4	34.9	38.7	42.1	39.3	35.0	37.5	35.3	33.7	31.3	35.6	27.6	35.6	27.9	41.4	25.3	29.4	27.9	26.9	29.1	24.1	25.9	25.7	25.3	23.2
2016	46.6	46.1	45.6	40.7	40.7	39.3	38.9	38.7	36.4	36.3	33.7	32.4	31.8	30.9	30.6	30.9	28.2	27.6	27.6	27.5	27.1	26.6	25.9	25.8	25.6	25.5	25.0	24.2
平均值	45.8	61.0	48.2	39.5	44.1	36.9	55.3	37.7	29.7	40.8	46.3	28.3	30.3	43.1	24.6	42.8	31.4	21.7	30.7	21.4	22.5	30.1	40.4	20.2	30.6	36.2	26.6	22.3

表5-5 可再生能源指数第三区间的“一带一路”参与国变化情况

国家 年份	北马其顿	斯洛文尼亚	吉尔吉斯斯坦	萨尔瓦多	塞尔维亚	保加利亚	意大利	匈牙利	巴拿马	多米尼加	牙买加	希腊	南非	玻利维亚	捷克	斯洛伐克	突尼斯	委内瑞拉	摩尔多瓦	波兰	摩洛哥	土耳其	厄瓜多尔	塞浦路斯	亚美尼亚	多米尼克	白俄罗斯	中国
2000	19.7	16.1	35.8	51.7	24.0	8.1	5.2	5.2	35.0	18.7	12.1	7.6	18.8	27.8	6.0	16.1	14.5	14.9	5.8	7.0	15.5	17.6	20.4	3.1	7.3	11.2	5.1	30.2
2001	15.4	15.2	36.6	51.0	21.5	7.4	5.5	5.2	31.6	18.8	11.3	6.9	19.4	28.8	6.4	15.2	14.5	13.6	5.7	7.4	15.4	18.4	18.7	3.1	5.5	9.5	5.6	28.9
2002	14.9	14.3	38.8	51.6	19.4	8.9	5.7	5.2	35.3	16.2	12.9	7.1	18.6	28.2	7.4	14.3	14.8	13.1	5.9	7.6	15.2	17.7	18.4	3.2	9.0	13.8	5.9	27.6
2003	17.6	14.4	31.0	48.8	16.5	9.3	6.3	5.1	34.4	19.0	13.2	7.4	17.8	26.5	6.8	14.4	14.4	13.2	6.0	7.4	16.0	16.5	18.3	3.3	10.0	10.7	5.7	24.3
2004	18.5	15.7	28.2	18.2	15.1	9.8	6.0	4.7	33.9	20.9	11.7	7.7	17.0	24.9	7.2	15.7	14.1	14.0	4.9	7.4	23.9	17.1	16.2	3.4	8.8	10.2	5.7	30.6
2005	19.3	14.8	28.5	48.0	16.6	10.1	6.8	4.7	27.5	19.7	11.5	7.8	16.5	23.9	7.6	14.8	14.4	13.7	4.4	7.3	21.0	15.6	12.4	3.4	6.6	9.8	6.3	18.5
2006	20.0	14.7	28.2	48.5	15.9	10.2	7.6	5.4	27.4	18.7	9.5	8.3	16.6	22.9	8.0	14.7	14.6	15.7	5.1	7.3	19.0	14.5	13.2	3.6	7.8	8.8	6.6	17.4
2007	16.0	14.3	24.9	33.8	14.5	9.0	8.9	6.2	26.9	18.5	9.7	8.0	16.1	21.9	8.4	14.3	14.6	16.8	4.5	7.4	17.3	12.7	13.0	4.4	7.1	7.9	6.7	15.6
2008	15.8	14.1	22.4	37.6	15.8	10.1	11.0	6.9	31.1	18.2	10.9	8.2	16.3	20.8	9.1	14.1	14.9	13.6	5.0	8.1	15.4	12.6	15.3	5.6	6.5	7.6	6.6	14.8
2009	18.8	19.3	25.1	29.8	21.2	11.9	12.7	8.5	26.7	17.8	14.3	9.1	15.8	20.3	10.4	19.3	16.3	13.9	4.9	9.0	15.0	13.5	13.5	6.1	7.9	8.3	6.9	14.1
2010	22.7	19.8	26.0	31.3	20.9	14.6	13.0	13.7	20.3	17.3	13.9	11.3	17.4	20.4	11.1	19.8	12.9	11.6	8.6	9.6	14.6	14.6	12.3	6.5	9.5	9.1	7.1	13.1
2011	19.0	18.9	26.4	30.8	17.8	13.5	12.1	15.0	19.5	17.5	14.1	11.3	17.3	19.6	12.3	12.9	13.5	13.7	10.0	10.6	12.6	13	13.6	7.5	8.1	11.7	7.5	11.9
2012	18.6	20.0	22.8	27.7	19.9	16.0	14.6	16.7	21.0	17.3	17.3	14.1	16.9	18.2	13.0	20.0	13.3	12.4	10.6	11.1	11.6	13	13.3	8.5	6.7	9.9	7.4	12.2
2013	21.5	22.4	25.0	28.6	20.6	18.5	16.6	17.5	20.7	17.8	16.0	16.6	16.4	18.9	14.2	22.4	13.5	14.7	13.3	11.6	12.2	14.1	12.9	9.7	6.9	10.0	7.1	12.0
2014	21.6	22.7	27.1	28.7	23.8	17.2	17.4	15.9	20.1	18.3	16.4	16.4	16.9	17.1	15.1	22.7	13.1	12.5	13.3	11.8	11.9	11.8	12.4	9.5	7.8	8.8	6.7	12.4
2015	24.6	21.2	23.7	24.8	21.5	17.9	16.8	15.8	21.6	16.8	17.0	17.5	17.4	17.8	15.1	21.2	12.8	13.1	14.5	12.1	11.5	13.6	14.0	10.1	16.1	8.0	6.9	12.6
2016	22.2	22.0	21.8	21.4	20.3	18.2	18.1	17.8	17.4	17.3	16.4	16.3	16.2	15.6	15.4	22.0	13.2	13.1	12.8	12.0	11.7	11.6	11.2	10.2	9.7	8.4	7.6	7.2
平均值	19.2	17.6	27.8	36.0	19.1	12.4	10.8	10.0	26.5	18.2	13.4	10.7	17.1	22.0	10.2	17.3	14.1	13.7	8.0	9.1	15.3	14.6	14.7	6.0	8.3	9.6	6.6	17.8

表5-6 可再生能源指数第四区间的“一带一路”参与国变化情况

年份 \ 国家	卢森堡	阿富汗	埃及	以色列	黎巴嫩	乌克兰	马来西亚	马耳他	俄罗斯	约旦	阿塞拜疆	乌兹别克斯坦	蒙古	巴巴多斯	韩国	利比亚	伊拉克	也门	汤加	塞舌尔	伊朗	哈萨克斯坦	马尔代夫	新加坡	特立尼达和多巴哥	阿拉伯联合酋长国	阿尔及利亚	沙特阿拉伯
2000	7.0	55.2	8.2	6.1	5.0	1.3	6.9	0.0	3.6	2.1	2.1	1.2	5.8	13.8	0.7	2.1	0.4	1.2	2.5	0.6	0.4	2.5	2.2	0.3	0.8	0.1	0.4	0.0
2001	3.5	55.0	7.8	6.4	4.5	1.2	6.9	0.6	3.7	2.2	1.8	1.2	6.2	12.5	0.7	2.1	0.4	1.1	2.7	0.5	0.5	2.4	2.1	0.6	0.7	0.1	0.4	0.0
2002	1.3	44.5	7.4	6.6	5.8	1.1	5.8	0.1	3.5	2.1	2.4	1.2	6.6	11.3	0.7	2.0	0.3	1.1	2.5	0.6	0.7	2.8	1.7	0.6	0.6	0.1	0.5	0.0
2003	1.3	43.0	7.5	6.6	7.6	1.0	5.5	0.1	3.3	2.0	3.0	1.5	6.2	10.1	0.9	2.0	0.4	0.9	2.0	0.5	0.8	2.3	0.0	0.6	0.6	0.1	0.5	0.0
2004	1.4	50.7	7.7	6.8	6.6	1.2	5.3	0.1	3.6	1.9	3.1	1.9	5.8	10.1	0.8	1.9	0.4	0.9	2.2	0.4	0.7	1.9	1.6	0.5	0.6	0.1	0.4	0.0
2005	1.9	41.5	6.6	7.1	7.0	1.3	5.0	0.2	3.7	1.7	3.4	1.9	5.4	10.1	0.9	1.8	2.3	0.9	2.2	0.4	1.4	3.1	1.8	0.5	0.5	0.1	0.6	0.0
2006	2.1	37.8	6.3	6.9	7.6	1.8	5.1	0.2	3.5	2.3	2.9	2.0	4.5	10.1	1.0	1.9	2.6	0.9	1.9	0.4	4.4	2.2	1.5	0.5	0.6	0.1	0.4	0.0
2007	3.7	34.4	6.2	6.8	8.7	2.4	4.6	0.3	3.7	2.4	3.9	1.4	4.8	9.9	1.0	2.0	2.1	1.0	2.2	0.4	4.3	1.9	1.4	0.5	0.4	0.1	0.4	0.0
2008	4.0	21.7	6.1	9.0	5.8	2.8	4.8	0.3	3.4	2.8	3.1	2.4	4.7	8.8	1.1	1.9	1.2	0.9	2.0	0.4	0.7	1.2	1.4	0.5	0.4	0.1	0.3	0.0
2009	3.8	18.1	5.9	8.4	4.3	3.0	4.3	0.3	3.7	2.8	3.3	2.3	4.4	9.5	1.2	1.7	1.3	0.9	1.8	0.5	0.8	1.3	1.3	0.5	0.4	0.1	0.3	0.0
2010	3.7	15.1	5.8	8.6	5.3	2.9	3.9	1.4	3.4	3.0	4.5	2.7	4.4	9.2	1.3	1.6	1.7	1.0	1.0	0.6	0.9	1.4	1.2	0.5	0.3	0.1	0.3	0.0
2011	3.8	11.7	5.7	9.2	5.3	2.8	4.2	2.1	3.3	3.1	3.6	2.3	4.0	4.7	1.4	2.3	1.1	1.2	1.2	1.0	0.9	1.4	1.2	0.5	0.4	0.1	0.2	0.0
2012	4.2	14.2	5.6	2.7	5.0	2.9	4.5	2.6	3.4	3.0	2.9	2.4	2.9	4.2	1.6	1.9	1.3	1.4	1.2	0.6	0.9	1.3	1.1	0.5	0.3	0.1	0.2	0.0
2013	5.8	16.6	5.8	3.4	5.8	3.5	4.6	2.6	3.8	3.2	2.6	2.9	3.0	3.5	2.0	1.7	1.4	0.9	1.6	1.3	1.0	1.2	1.1	0.6	0.3	0.1	0.1	0.0
2014	7.0	19.6	6.0	3.7	3.3	3.6	4.8	4.0	3.5	3.2	2.2	2.9	3.3	3.2	2.9	1.8	0.9	1.0	1.7	1.3	1.0	1.3	0.9	0.6	0.3	0.1	0.1	0.0
2015	9.2	18.7	5.8	3.8	3.7	4.2	5.3	5.4	3.4	3.3	2.3	3.0	3.5	2.8	2.8	2.0	0.8	2.3	1.9	1.4	0.9	1.6	1.0	0.7	0.3	0.1	0.1	0.0
2016	6.3	5.5	5.1	5.0	4.6	4.1	4.0	3.7	3.5	3.4	3.2	3.1	2.7	2.5	2.4	1.8	1.5	1.3	1.3	1.1	1.1	1.0	0.8	0.6	0.2	0.1	0.1	0.0
平均值	4.1	29.6	6.4	6.3	5.6	2.4	5.0	1.4	3.5	2.6	3.0	2.1	4.6	8.0	1.4	1.9	1.2	1.1	1.9	0.7	1.3	1.8	1.3	0.5	0.5	0.1	0.3	0.0

（三）"一带一路"参与国可再生能源指数与世界平均水平的比较

从图5-1可以看出，第一，数据相对齐全的112个"一带一路"参与国可再生能源指数平均值与世界平均值，2015年前整体趋势向下。这说明，尽管多年来各国政府及社会各界倡议推行可再生能源替代传统化石能源，近年来在非"一带一路"发达国家产生效果，2015年后，世界平均值转向增长，但很难说从根本上改变了全世界高度依赖化石能源的格局。第二，2000~2007年间，"一带一路"参与国可再生能源指数平均值高于世界指数平均值，2008年后，"一带一路"参与国可再生能源指数平均值低于世界指数平均值。这表明不少深受贫困问题困扰的"一带一路"参与国缺乏开采、进口化石能源的资本、技术且电力产业发展滞后，一直广泛使用木柴等生物燃料，对应较高的可再生能源指数。近年来，众多"一带一路"参与国经济高速增长，当前技术条件下高度依赖化石能源的电力、运输等基础设施水平及居民生活水平同步快速提高，使这些国家可再生能源指数进一步走低。

我们相信，随着各国经济社会的不断发展，可再生能源代替化石能源是全球生态环境承载能力的迫切需求，必然转变为大势所趋。处于不同发展阶段的"一带一路"参与国都会更加注重可再生能源的使用，科研水平较强的国家也会将可再生能源的利用研究摆放在重要位置，持续推动可再生能源的利用。

在新能源与可再生能源领域，"一带一路"参与国之间已经开展了一定的合作。如中国在中东地区对核电产品的推介和市场开发，中俄双方积极推进可再生能源合作，形成能源利益共同体，对技术落后的国家中国进行技术输出等。

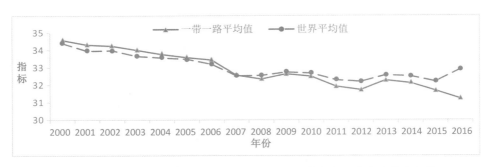

图5-1　"一带一路"参与国可再生能源指数平均值与世界平均值的比较

三、碳排放指数

（一）碳排放指数的含义

在进行生产、运输、使用及回收等操作时，都会产生温室气体。随着社会不断发展进步，"低碳生活"正在悄然兴起：少开私家车、坚持爬楼、不用电脑时选择关机等，人们可以用各种办法减少碳排放。节水、节电、节油、节气，是我们倡导的低碳生活方式。

近年来，由于二氧化碳排放造成的气候变暖已成为全球性的焦点话题，也成为自然科学和社会科学需要共同面对的难题，它对人类的生存和发展产生了严重的威胁。联合国先后出台了《联合国气候变化框架公约》和《联合国气候变化框架公约的京都议定书》，各国也都出台了相关的节能减排计划。2014年，中国政府通过实施《国家应对气候变化规划（2014~2020年）》承诺"到2020年，实现单位国内生产总值二氧化碳排放比2005年下降40%~45%"。

二氧化碳排放来自化石燃料的燃烧和水泥的制造，包括消耗固、液、气燃料以及燃气燃烧过程中产生的二氧化碳。根据《2006年IPCC国家温室气体清单指南》中能源部分所提供的基准方法，化石燃料消费产生二氧化碳排放量的计算公式为：

二氧化碳排放量=化石燃料消耗量×二氧化碳排放系数

二氧化碳排放系数=低位发热量×碳排放因子×碳氧化率×碳转换系数

其中，《2006年IPCC国家温室气体清单指南》中第二章（固定源燃烧）表2-2，针对不同类型的化石燃料分别提供了不同的低位发热量、碳排放因子以及碳氧化率等数值。

碳排放指数指的是某一个国家一年内二氧化碳排放量在当年总的能源消耗产生的排放中所占比例。本文统计了2000年到2016年"一带一路"参与国二氧化碳排放量，按前述方法，经过归一处理依次计算出各国初始碳排放指数，再经过反向处理，公式为：

碳排放指数＝100-初始碳排放指数

碳排放指数得分越高，碳排放越低，表现越好。数据来源于美国田纳西州橡树岭国家实验室二氧化碳信息分析中心，以年度为周期。

（二）"一带一路"参与国碳排放指数

基于数据比较完整的112个"一带一路"参与国的碳排放量数据，求算得到各国碳排放指数。其中，本章对4个年份（2000年、2006年、2013年、2016年）的各国排名也做了统计，排名范围限于有统计数据的"一带一路"参与国。这4个年份各国的碳排放指数及其排名见表5-7所示。根据上述排名，按0%～25%、25%～50%、50%～75%、75%～100%将112个国家分成了4个板块，具体见表5-8。

如表5-7所示，"一带一路"参与国碳排放指数平均值从2000年80.2提高到2019年的89.4，提高幅度为11.6%；世界碳排放指数平均值从2000年81.5提高到2019年的90.1，提高幅度为10.5%。

从表5-7及5-8看出，卢旺达、乌干达、布隆迪、尼日尔、赞比亚等国家，碳排放指数表现较好，处在稳定第一区间。这与这些国家工业化、城市化程度不高有关。排位在第四区间的国家有特立尼达和多巴哥、蒙古、南非、伊朗、哈萨克斯坦、中国、伊拉克、波黑、俄罗斯、乌兹别克斯坦、乌克兰、塞尔维亚等国家，单位GDP碳排放量远高于"一带一路"参与国平均水平，也高于世界平均水平。这是因为这些国家工业化、城市化进程还没有结束，同时能源结构还是以传统化石能源消耗为主。

中国自改革开放以来，进入快速发展的时代，早期的快速发展带来了一些环境问题。中国的碳排放指数水平始终低于世界平均水平，但是在经历了2000～2005年的平台期后，中国的碳排放指数持续走高。2006～2013年，中国以年均6%的能源消费增长支撑了年均10.1%的国内生产总值增长，成为世界最大的能源消费国，碳排放总量居世界第一，单位国内生产总值能耗为世界平均水平的2倍，人均碳排放量超过世界平均水平的40%。中国政府正视发展中存在的问题，正在努力做到节能减排与促进发展完美结合。在"一带一路"的建设过程中，中国也在努力为节能减排做出表率与贡献，如肯尼亚境内的蒙内标轨铁路项目，通过建设铁路货运而减少公路货运，从而减少碳排放。这既是"一带一路"参与国的"绿色之路"，也是中国同参与国建立的"友谊之路"。此后，应继续加强"一带一路"建设的生态保护工作，将生态文明理念融入到"一带一路"建设当中。由于尚有多个国家的单位GDP碳排放水平高于世界平均水平，应加大力度挖掘这些国家的节能减排潜力，有目的、有针对性地进行投资，进一步加快参与国绿色生态建设的步伐。

目前，世界多数国家均已认识到碳排放造成的全球气候变化问题，节能减排先后提上了议事日程。发展阶段相同的国家可积极合作，不断摸索低碳发展道路，同时可以将低碳发展经验传授给欠发达国家。随着"一带一路"参与国体量不断增加，各个发展阶段和发展方式的国家都会加入其中，充分发挥"一带一路"合作互利效益，有助于优化和提速各参与国的发展。

表5-7　"一带一路"参与国碳排放指数及其排名（112国）

	2000年		2006年		2013年		2016年	
	指数	排名	指数	排名	指数	排名	指数	排名
阿尔巴尼亚	88.4	40	91.2	36	93.2	38	94.6	26
阿尔及利亚	84.2	59	88.3	57	87.6	79	85.1	94
阿富汗	99.2	1	98.4	6	94.2	24	95.5	19
阿拉伯联合酋长国	82.7	68	88.9	52	83.9	94	83.7	96
阿塞拜疆	46.9	106	76.2	92	90.1	64	87.6	83
埃及	83.2	64	85.7	70	90.3	62	89.8	71
爱沙尼亚	43.7	108	69.6	103	74.2	103	80.7	100
安哥拉	92.3	22	90.8	41	92.7	43	92.7	41
奥地利	87.8	42	89.6	46	93.5	33	94.5	27
巴巴多斯	84.3	57	85.8	69	84.4	92	87.0	88
巴基斯坦	86.8	49	88.6	54	90.0	65	89.9	70
巴拿马	89.7	35	91.6	34	93.9	29	96.5	13
白俄罗斯	53.9	103	71.3	100	83.4	98	83.7	96
保加利亚	58.9	99	72.4	98	84.6	91	86.3	90

	2000年		2006年		2013年		2016年	
	指数	排名	指数	排名	指数	排名	指数	排名
北马其顿	51.9	104	69.8	102	86.1	84	89.8	71
贝宁	94.6	15	90.1	44	91.7	50	91.2	55
波黑	60	98	69.1	104	72.6	106	76.0	105
波兰	63.8	96	73.1	97	84.9	88	87.1	86
玻利维亚	81.8	70	82.5	84	87.3	81	88.0	81
不丹	88.7	39	94.4	21	93.1	39	93.0	38
布隆迪	97.2	6	99.3	1	98.4	2	98.3	2
多哥	86.8	49	90.9	39	86.6	83	87.3	85
多米尼加	83.7	63	89.5	50	92.6	44	93.7	33
多米尼克	89.8	33	88.9	52	89.4	70	90.6	65
俄罗斯	21.7	110	61.3	105	77.6	102	76.3	104
厄瓜多尔	87.1	47	88.3	57	89.3	72	89.8	71
菲律宾	87.4	44	92.9	29	93.7	31	93.5	35
斐济	92.3	22	91.4	35	93.1	39	91.9	52
冈比亚	95.8	11	95.9	15	96.1	11	95.2	20
刚果（布）	96.4	8	97.8	9	93.8	30	91.4	54
哥斯达黎加	92.3	22	93.5	24	95.7	16	96.7	10
格鲁吉亚	83.0	66	87.5	60	90.7	57	90.6	65
圭亚那	93.0	21	94.3	22	95.4	17	95.1	22
哈萨克斯坦	48.9	105	60.4	106	69.2	108	71.5	108
韩国	75.1	86	82.9	82	83.8	96	85.7	91
黑山	80.4	77	84.9	77	89.4	70	92.2	49
吉尔吉斯斯坦	75.4	85	79.8	89	79.6	99	83.8	95
几内亚	89.0	38	90.5	43	89.3	72	93.1	37
加纳	91.9	27	92.4	31	96.0	12	95.2	20
加蓬	87.3	45	91.0	38	91.5	53	91.9	52
柬埔寨	93.7	16	95.5	17	95.1	21	92.6	43
捷克	63.2	97	75.7	93	85.1	87	87.6	84
津巴布韦	75.0	87	75.3	94	83.8	96	87.1	86
喀麦隆	95.5	13	96.9	11	97.5	7	96.2	16
科特迪瓦	92.2	25	93.3	25	92.6	44	97.0	7
克罗地亚	80.5	76	86.0	68	91.6	52	92.7	41
肯尼亚	91.1	29	94.9	20	96.0	12	96.2	16
拉脱维亚	84.3	57	89.6	46	93.4	34	94.4	28
黎巴嫩	78.7	81	86.3	67	88.3	78	89.2	76
立陶宛	93.6	17	89.0	51	93.3	36	90.2	68
利比亚	64.3	95	71.8	99	78.1	101	81.2	99
卢森堡	83.9	60	85.6	71	91.5	53	94.2	30
卢旺达	96.0	9	98.5	5	98.9	1	98.8	1
罗马尼亚	66.0	94	79.8	89	92.2	49	93.9	32

续上表

	2000年		2006年		2013年		2016年	
	指数	排名	指数	排名	指数	排名	指数	排名
马达加斯加	96.7	7	98.3	7	96.8	8	96.4	15
马尔代夫	91.6	28	90.9	39	92.3	47	92.4	46
马耳他	86.2	53	87.4	61	92.3	47	97.5	4
马来西亚	79.9	78	81.3	86	83.9	94	85.2	93
马里	97.9	3	98.7	2	96.7	9	97.2	6
蒙古	58.4	100	70.0	101	28.0	112	61.8	111
孟加拉国	93.1	20	93.1	26	94.0	27	94.3	29
秘鲁	89.8	33	94.2	23	94.2	24	93.5	35
缅甸	89.4	36	95.0	19	98.2	3	95.9	18
摩尔多瓦	81.4	72	84.7	78	90.7	57	92.6	43
摩洛哥	84.7	56	86.6	65	88.6	77	89.0	77
莫桑比克	93.2	19	95.1	18	93.6	32	90.7	62
纳米比亚	92.2	25	93.1	26	95.2	20	92.5	45
南非	45.5	107	56.5	109	66.2	110	66.9	110
尼泊尔	95.8	11	98.1	8	96.0	12	94.8	25
尼日尔	97.3	5	98.7	2	96.7	9	97.0	7
尼日利亚	87.0	48	91.8	33	94.3	23	95.0	23
葡萄牙	84.9	54	89.6	46	93.4	34	93.7	33
萨尔瓦多	90.1	32	91.1	37	94.0	27	94.2	30
萨摩亚	89.3	37	92.1	32	91.7	50	91.2	55
塞尔维亚	54.6	101	60.0	107	79.6	99	80.5	101
塞内加尔	90.5	31	92.5	30	90.0	65	89.3	75
塞浦路斯	77.2	83	83.7	80	89.7	68	90.1	69
塞舌尔	76.1	84	75.3	94	93.0	41	88.6	79
沙特阿拉伯	82.9	67	82.8	83	84.9	88	81.8	98
斯里兰卡	94.9	14	96.4	14	98.0	5	96.8	9
斯洛伐克	71.4	91	81.7	85	90.2	63	91.1	58
斯洛文尼亚	80.8	74	85.3	75	89.9	67	92.1	50
苏里南	70.1	92	85.6	71	89.6	69	90.3	67
塔吉克斯坦	83.8	61	90.7	42	95.3	19	91.2	55
泰国	82.2	69	85.1	76	87.4	80	88.7	78
坦桑尼亚	97.9	3	96.7	13	95.8	15	96.6	11
汤加	87.8	42	86.9	63	90.6	60	90.7	62
特立尼达和多巴哥	35.2	109	39.9	111	42.9	111	39.4	112
突尼斯	83.8	61	87.6	59	88.7	76	88.3	80
土耳其	83.1	65	87.1	62	91.5	53	92.3	48
委内瑞拉	91.0	30	96.9	11	94.2	24	92.4	46
乌干达	98.6	2	98.6	4	98.2	3	97.8	3
乌克兰	20.1	111	55.5	110	72.8	105	79.6	102
乌拉圭	93.4	18	93.1	26	95.4	17	96.5	13

续上表

	2000年		2006年		2013年		2016年	
	指数	排名	指数	排名	指数	排名	指数	排名
乌兹别克斯坦	0.0	112	39.1	112	72.0	107	78.5	103
希腊	79.2	80	85.5	73	88.9	75	90.7	62
新加坡	87.2	46	95.8	16	95.0	22	97.5	4
新西兰	81.0	73	86.6	65	90.7	57	92.0	51
匈牙利	77.8	82	85.5	73	92.4	46	92.8	40
牙买加	70.1	92	74.6	96	84.4	92	85.6	92
亚美尼亚	79.6	79	89.6	46	91.5	53	93.0	38
也门	86.8	49	86.9	63	87.3	81	89.4	74
伊拉克	84.9	54	84.2	79	84.9	88	74.5	106
伊朗	73.2	90	76.3	91	74.2	103	71.0	109
以色列	81.7	71	83.7	80	89.1	74	91.1	58
意大利	86.4	52	88.6	54	93.3	36	95.0	23
印度尼西亚	87.9	41	89.9	45	93.0	41	90.9	60
约旦	75.0	87	80.2	87	85.4	86	86.9	89
越南	73.9	89	80.0	88	85.5	85	88.0	81
赞比亚	95.9	10	97.3	10	97.6	6	96.6	11
智利	80.8	74	88.5	56	90.6	60	90.8	61
中国	54.1	102	57.7	108	68.9	109	74.3	107
上述国家平均值	80.1		85.4		88.6		89.4	
世界平均值	81.5		86.1		89.3		90.1	

表5-8 "一带一路"参与国碳排放指数排名和分区（112国）

	排名	2000年	2006年	2013年	2016年
第一区间	1	阿富汗	布隆迪	卢旺达	卢旺达
	2	乌干达	马里	布隆迪	布隆迪
	3	马里	尼日尔	乌干达	乌干达
	4	坦桑尼亚	乌干达	缅甸	新加坡
	5	尼日尔	卢旺达	斯里兰卡	马耳他
	6	布隆迪	阿富汗	赞比亚	马里
	7	马达加斯加	马达加斯加	喀麦隆	尼日尔
	8	刚果（布）	尼泊尔	马达加斯加	科特迪瓦
	9	卢旺达	刚果（布）	马里	斯里兰卡
	10	赞比亚	赞比亚	尼日尔	哥斯达黎加
	11	冈比亚	喀麦隆	冈比亚	赞比亚
	12	尼泊尔	委内瑞拉	加纳	坦桑尼亚
	13	喀麦隆	坦桑尼亚	尼泊尔	乌拉圭
	14	斯里兰卡	斯里兰卡	肯尼亚	巴拿马
	15	贝宁	冈比亚	坦桑尼亚	马达加斯加
	16	柬埔寨	新加坡	哥斯达黎加	喀麦隆

续上表

	排名	2000年	2006年	2013年	2016年
第一区间	17	立陶宛	柬埔寨	圭亚那	肯尼亚
	18	乌拉圭	莫桑比克	几内亚	缅甸
	19	莫桑比克	缅甸	乌拉圭	阿富汗
	20	孟加拉国	肯尼亚	塔吉克斯坦	冈比亚
	21	圭亚那	不丹	纳米比亚	加纳
	22	几内亚	圭亚那	柬埔寨	圭亚那
	23	安哥拉	几内亚	新加坡	几内亚
	24	斐济	秘鲁	尼日利亚	尼日利亚
	25	哥斯达黎加	哥斯达黎加	阿富汗	意大利
	26	科特迪瓦	科特迪瓦	委内瑞拉	尼泊尔
	27	纳米比亚	乌拉圭	秘鲁	阿尔巴尼亚
	28	加纳	孟加拉国	孟加拉国	奥地利
第二区间	29	马尔代夫	纳米比亚	萨尔瓦多	拉脱维亚
	30	肯尼亚	菲律宾	巴拿马	孟加拉国
	31	委内瑞拉	塞内加尔	刚果（布）	萨尔瓦多
	32	塞内加尔	加纳	菲律宾	卢森堡
	33	萨尔瓦多	萨摩亚	莫桑比克	罗马尼亚
	34	多米尼克	尼日利亚	奥地利	葡萄牙
	35	秘鲁	巴拿马	葡萄牙	多米尼加
	36	巴拿马	斐济	拉脱维亚	秘鲁
	37	缅甸	阿尔巴尼亚	立陶宛	菲律宾
	38	萨摩亚	萨尔瓦多	意大利	不丹
	39	不丹	加蓬	阿尔巴尼亚	亚美尼亚
	40	阿尔巴尼亚	马尔代夫	不丹	匈牙利
	41	印度尼西亚	多哥	斐济	安哥拉
	42	奥地利	安哥拉	印度尼西亚	克罗地亚
	43	汤加	塔吉克斯坦	塞舌尔	柬埔寨
	44	菲律宾	贝宁	安哥拉	摩尔多瓦
	45	加蓬	印度尼西亚	科特迪瓦	纳米比亚
	46	新加坡	奥地利	多米尼加	委内瑞拉
	47	厄瓜多尔	葡萄牙	匈牙利	马尔代夫
	48	尼日利亚	拉脱维亚	马尔代夫	土耳其
	49	巴基斯坦	亚美尼亚	马耳他	黑山
	50	多哥	多米尼加	罗马尼亚	斯洛文尼亚
	51	也门	立陶宛	萨摩亚	新西兰
	52	意大利	多米尼克	贝宁	斐济
	53	马耳他	阿拉伯联合酋长国	克罗地亚	加蓬
	54	葡萄牙	巴基斯坦	加蓬	刚果（布）
	55	伊拉克	意大利	亚美尼亚	塔吉克斯坦
	56	摩洛哥	智利	土耳其	贝宁

	排名	2000年	2006年	2013年	2016年
	57	巴巴多斯	厄瓜多尔	卢森堡	萨摩亚
	58	拉脱维亚	阿尔及利亚	格鲁吉亚	斯洛伐克
	59	阿尔及利亚	突尼斯	新西兰	以色列
	60	卢森堡	格鲁吉亚	摩尔多瓦	印度尼西亚
	61	塔吉克斯坦	马耳他	智利	智利
	62	突尼斯	土耳其	汤加	希腊
	63	多米尼加	汤加	埃及	汤加
	64	埃及	也门	斯洛伐克	莫桑比克
	65	土耳其	摩洛哥	阿塞拜疆	多米尼克
	66	格鲁吉亚	新西兰	塞内加尔	格鲁吉亚
	67	沙特阿拉伯	黎巴嫩	巴基斯坦	苏里南
	68	阿拉伯联合酋长国	克罗地亚	斯洛文尼亚	立陶宛
	69	泰国	巴巴多斯	塞浦路斯	塞浦路斯
第三区间	70	玻利维亚	埃及	苏里南	巴基斯坦
	71	以色列	卢森堡	多米尼克	埃及
	72	摩尔多瓦	苏里南	黑山	厄瓜多尔
	73	新西兰	希腊	厄瓜多尔	北马其顿
	74	斯洛文尼亚	匈牙利	以色列	也门
	75	智利	斯洛文尼亚	希腊	塞内加尔
	76	克罗地亚	泰国	突尼斯	黎巴嫩
	77	黑山	黑山	摩洛哥	摩洛哥
	78	马来西亚	摩尔多瓦	黎巴嫩	泰国
	79	亚美尼亚	伊拉克	阿尔及利亚	塞舌尔
	80	希腊	以色列	泰国	突尼斯
	81	黎巴嫩	塞浦路斯	也门	越南
	82	匈牙利	韩国	玻利维亚	玻利维亚
	83	塞浦路斯	沙特阿拉伯	多哥	阿塞拜疆
	84	塞舌尔	玻利维亚	北马其顿	捷克

续上表

	排名	2000年	2006年	2013年	2016年
第四区间	85	吉尔吉斯斯坦	斯洛伐克	越南	多哥
	86	韩国	马来西亚	约旦	波兰
	87	津巴布韦	约旦	捷克	津巴布韦
	88	约旦	越南	伊拉克	巴巴多斯
	89	越南	吉尔吉斯斯坦	沙特阿拉伯	约旦
	90	伊朗	罗马尼亚	波兰	保加利亚
	91	斯洛伐克	伊朗	保加利亚	韩国
	92	苏里南	阿塞拜疆	巴巴多斯	牙买加
	93	牙买加	捷克	牙买加	马来西亚
	94	罗马尼亚	塞舌尔	阿拉伯联合酋长国	阿尔及利亚
	95	利比亚	津巴布韦	马来西亚	吉尔吉斯斯坦
	96	波兰	牙买加	韩国	阿拉伯联合酋长国
	97	捷克	波兰	津巴布韦	白俄罗斯
	98	波黑	保加利亚	白俄罗斯	沙特阿拉伯
	99	保加利亚	利比亚	吉尔吉斯斯坦	利比亚
	100	蒙古	白俄罗斯	塞尔维亚	爱沙尼亚
	101	塞尔维亚	蒙古	利比亚	塞尔维亚
	102	中国	北马其顿	俄罗斯	乌克兰
	103	白俄罗斯	爱沙尼亚	伊朗	乌兹别克斯坦
	104	北马其顿	波黑	爱沙尼亚	俄罗斯
	105	哈萨克斯坦	俄罗斯	乌克兰	波黑
	106	阿塞拜疆	哈萨克斯坦	波黑	伊拉克
	107	南非	塞尔维亚	乌兹别克斯坦	中国
	108	爱沙尼亚	中国	哈萨克斯坦	哈萨克斯坦
	109	特立尼达和多巴哥	南非	中国	伊朗
	110	俄罗斯	乌克兰	南非	南非
	111	乌克兰	特立尼达和多巴哥	特立尼达和多巴哥	蒙古
	112	乌兹别克斯坦	乌兹别克斯坦	蒙古	特立尼达和多巴哥

表5-9 碳排放指数第一区间的“一带一路”参与国变化情况

国家/年份	卢旺达	布隆迪	乌干达	新加坡	马耳他	马里	尼日尔	科特迪瓦	斯里兰卡	哥斯达黎加	赞比亚	坦桑尼亚	圭亚那	巴拿马	乌拉圭	马达加斯加	肯尼亚	喀麦隆	缅甸	阿富汗	冈比亚	加纳	几内亚	尼日利亚	意大利	尼泊尔	阿尔巴尼亚	奥地利
2000	96.0	97.2	98.6	87.2	86.2	97.9	97.3	92.1	94.9	92.3	95.9	97.9	95.5	89.7	93.4	93.4	91.1	95.5	89.4	99.2	95.8	919.0	93.0	87.0	86.4	95.8	88.4	87.8
2001	96.5	98.4	98.7	87.2	83.8	98.4	97.9	91.1	94.8	92.4	96.1	97.6	95.6	87.6	93.6	93.6	92.6	95.9	92.2	99.0	95.7	91.6	93.1	86.8	86.9	95.9	88.8	87.3
2002	97.1	98.4	98.9	88.5	86.2	98.5	97.9	91.7	94.8	92.0	96.2	97.3	95.5	90.3	93.8	93.8	94.1	96.2	92.9	98.6	95.6	91.5	93.3	87.8	87.2	97.0	87.9	87.8
2003	97.4	99.2	98.9	93.4	85.4	98.8	97.7	94.1	95.3	92.1	96.3	97.4	94.2	90.4	94.1	94.1	95.5	96.0	93.6	98.5	96.1	91.9	93.2	88.2	87.0	96.9	86.9	87.3
2004	97.7	98.8	99.0	94.9	86.0	98.8	97.6	91.6	95.1	92.3	96.7	97.3	94.3	92.0	93.1	93.1	95.2	96.3	92.9	99.3	96.2	93.0	93.3	89.8	87.1	97.5	88.4	88.0
2005	98.1	99.5	98.7	95.2	86.0	99.0	98.4	91.9	95.8	93.0	96.8	96.7	94.4	91.4	93.7	93.7	95.0	96.8	94.6	98.8	96.2	94.0	94.3	90.1	87.5	97.2	89.0	88.3
2006	98.5	99.3	98.6	95.8	87.4	98.7	98.7	93.3	96.4	93.5	97.3	96.7	94.7	91.6	93.1	93.1	94.9	96.9	95.0	98.4	95.9	92.4	94.3	91.8	88.6	98.1	91.2	89.6
2007	98.6	99.4	98.6	98.1	87.6	98.4	98.7	93.8	96.7	93.3	98.3	97.2	94.6	93.1	94.6	94.6	95.3	95.1	95.8	97.9	96.2	92.6	94.7	92.9	89.5	98.2	92.1	90.5
2008	99.0	99.5	98.6	95.7	89.2	98.0	98.7	94.2	97.1	93.8	98.2	97.4	95.1	93.8	92.8	92.8	95.2	95.8	97.6	95.3	96.4	94.0	94.3	93.5	90.4	97.5	92.1	91.1
2009	99.0	99.6	98.6	92.3	89.6	97.7	98.2	95.6	96.9	94.0	98.1	97.7	95.1	92.8	93.4	93.4	94.2	94.8	97.8	93.3	96.6	95.5	94.1	95.7	91.3	96.8	92.7	92.0
2010	99.1	98.6	98.4	93.6	90.0	97.6	97.9	94.5	97.3	94.7	98.2	97.3	95.4	92.8	95.6	95.6	95.0	95.0	97.3	92.7	96.3	94.5	93.5	93.5	91.4	96.3	93.0	91.5
2011	99.1	97.8	98.5	95.6	90.4	97.5	97.6	94.0	97.1	95.3	98.2	97.2	95.8	93.1	94.8	94.8	94.8	95.8	97.0	89.1	95.8	94.5	93.5	93.0	92.0	96.1	92.3	92.4
2012	99.0	98.2	98.3	95.5	90.3	97.2	97.0	93.0	97.5	95.7	97.6	96.3	98.4	94.1	94.1	94.1	95.6	96.3	98.2	92.1	95.8	93.6	94.5	94.1	92.7	96.3	93.1	93.2
2013	98.9	98.4	98.3	95.0	92.3	96.7	96.7	92.6	97.9	95.7	97.6	95.8	95.5	93.9	95.4	95.4	95.9	97.5	98.1	94.2	96.0	96.0	95.4	94.3	93.3	96.0	93.1	93.5
2014	99.1	98.8	98.3	95.1	93.1	96.7	96.6	93.4	97.4	96.0	97.1	95.9	95.4	95.0	96.3	96.3	96.1	96.5	97.6	95.1	95.0	96.1	95.3	94.5	93.9	95.5	92.7	94.1
2015	99.0	98.9	98.0	94.8	96.2	96.8	96.8	96.2	97.1	96.6	97.1	95.7	96.2	95.7	96.4	96.4	96.0	96.0	96.5	94.9	95.1	95.4	94.7	95.3	94.4	96.9	94.3	93.7
2016	98.8	98.3	97.8	97.5	97.5	97.2	97.0	97.0	96.8	96.7	96.6	96.6	96.5	96.5	96.5	96.4	96.2	96.2	95.9	95.5	95.2	95.2	95.1	95.0	95.0	94.7	94.6	94.6
平均值	98.3	98.7	98.5	93.8	89.2	97.9	97.7	93.5	96.4	94.1	97.2	96.9	95.4	92.6	94.4	94.4	94.9	96.0	95.4	96.0	95.9	142.4	94.1	92.0	90.3	96.6	91.2	90.7

表5-10　碳排放指数第二区间的“一带一路”参与国变化情况

年份＼国家	拉脱维亚	孟加拉国	卢森堡	萨尔瓦多	罗马尼亚	葡萄牙	多米尼加	菲律宾	秘鲁	不丹	亚美尼亚	匈牙利	安哥拉	克罗地亚	柬埔寨	摩尔多瓦	纳米比亚	马尔代夫	委内瑞拉	土耳其	黑山	斯洛文尼亚	新西兰	加蓬	斐济	刚果（布）	塔吉克斯坦	贝宁
2000	84.2	93.0	83.9	90.1	66.0	84.8	83.7	87.4	89.7	88.7	79.6	77.8	92.3	80.5	93.7	81.4	92.2	91.6	91.0	83.1	80.4	80.8	81.0	87.3	92.2	96.4	83.8	94.6
2001	84.4	92.2	83.1	90.1	67.1	85.5	84.5	88.5	91.2	90.2	81.5	79.7	92.7	80.5	93.4	81.9	90.5	91.2	90.4	84.5	81.1	80.8	81.2	87.5	90.4	97.9	85.3	94.2
2002	86.1	92.4	83.0	90.0	69.4	85.3	84.2	89.1	91.9	90.6	86.5	81.9	91.5	81.2	94.1	82.3	92.5	89.3	90.4	84.1	81.8	81.8	82.9	88.4	92.6	98.9	89.7	93.7
2003	86.4	92.3	82.7	89.7	69.6	87.0	84.2	89.9	92.7	92.5	87.0	82.1	94.7	81.2	94.3	82.5	92.4	92.5	91.1	83.8	82.5	82.5	83.3	88.7	91.3	97.6	89.9	93.1
2004	87.6	92.7	81.7	90.5	75.6	87.0	87.5	90.5	91.7	94.7	87.9	83.4	89.2	83.1	95.0	83.2	93.3	90.7	94.7	85.5	83.3	83.6	84.1	89.0	89.3	97.7	88.9	93.1
2005	89.0	93.1	82.7	91.0	77.3	87.4	88.8	91.2	91.1	93.7	87.7	84.1	90.9	83.8	95.2	83.7	92.3	90.6	95.2	86.3	80.8	84.4	84.9	89.2	92.0	97.9	90.6	93.9
2006	89.6	93.0	85.6	91.1	79.8	89.6	89.5	92.9	94.2	94.4	89.6	85.5	90.8	86.0	95.5	84.7	93.1	90.9	96.9	87.1	84.9	85.2	86.6	91.0	91.4	97.8	90.7	90.1
2007	90.7	93.6	87.4	91.3	93.1	90.0	89.9	93.1	93.5	95.7	89.7	86.4	91.1	86.8	95.4	86.6	93.6	91.6	92.7	87.3	87.6	86.4	87.5	91.9	92.1	97.5	89.6	89.3
2008	91.8	93.4	88.2	92.4	97.1	91.3	90.7	92.9	93.0	95.6	89.6	87.9	92.1	88.5	95.2	87.7	91.0	91.9	93.7	88.5	85.7	86.5	87.6	91.7	94.4	97.5	91.8	90.3
2009	91.2	93.1	88.4	92.4	89.1	91.5	91.1	93.1	91.0	96.5	90.7	89.4	91.6	88.8	94.0	87.6	91.9	90.8	92.0	88.4	90.7	87.5	88.8	91.6	95.2	96.7	93.7	90.0
2010	90.2	92.8	88.4	92.6	89.5	92.8	91.6	93.1	90.8	95.9	91.4	89.5	91.7	89.2	93.8	87.6	92.4	91.1	92.3	89.3	86.7	87.6	89.4	91.2	92.2	96.5	94.0	89.4
2011	92.2	93.1	89.7	92.9	89.3	92.7	91.8	93.5	93.0	93.9	90.5	90.5	91.7	89.9	94.3	88.4	93.8	91.6	91.8	90.0	87.6	88.3	90.1	91.8	93.6	96.1	95.1	90.0
2012	93.0	93.6	90.2	93.0	90.4	92.9	91.9	93.8	92.5	93.7	90.6	91.3	92.0	91.1	94.8	89.4	92.9	90.9	93.4	90.5	88.2	88.8	89.4	91.7	94.3	94.5	94.4	91.3
2013	93.4	94.0	91.5	94.0	92.2	93.4	92.6	93.7	94.2	93.1	91.5	92.4	92.7	91.6	95.1	90.7	95.2	92.3	94.2	91.5	89.4	89.9	90.7	91.5	93.1	93.8	95.3	91.7
2014	93.9	94.1	92.3	94.3	92.7	93.7	93.1	93.7	93.8	92.8	91.7	93.0	91.0	92.1	94.3	91.4	93.3	91.7	91.4	91.8	90.1	91.3	90.8	92.0	92.8	94.1	92.7	91.9
2015	94.1	93.9	93.4	94.1	92.8	93.2	93.2	93.2	93.7	93.5	92.9	92.7	92.7	92.2	93.0	91.7	93.0	92.6	92.9	92.5	90.1	91.5	91.0	92.0	91.1	91.2	91.2	91.2
2016	94.4	94.3	94.2	94.2	93.9	93.7	93.7	93.5	93.5	93.0	93.0	92.8	92.7	92.7	92.6	92.6	92.5	92.4	92.4	92.3	92.2	92.1	92.0	91.9	91.9	91.4	91.2	91.2
平均值	90.1	93.2	87.4	92.0	83.8	90.1	89.5	91.9	92.4	93.4	88.9	87.1	91.8	87.0	94.3	86.7	92.7	91.4	92.7	88.0	86.1	86.4	87.1	90.5	92.3	96.1	91.1	91.7

表5-11 碳排放指数第三区间的“一带一路”参与国变化情况

年份＼国家	萨摩亚	斯洛伐克	以色列	印度尼西亚	智利	希腊	汤加	莫桑比克	多米尼克	格鲁吉亚	苏里南	立陶宛	塞浦路斯	巴基斯坦	埃及	厄瓜多尔	北马其顿	也门	塞内加尔	黎巴嫩	摩洛哥	泰国	塞舌尔	突尼斯	越南	玻利维亚	阿塞拜疆	捷克
2000	89.3	71.4	81.7	87.9	80.8	79.1	87.8	93.2	89.8	83.0	70.1	93.6	77.2	86.8	83.2	87.0	51.9	86.8	90.4	78.7	84.7	82.1	76.1	83.8	73.9	81.8	46.9	63.2
2001	90.1	71.2	81.1	87.2	83.7	80.3	89.5	93.0	89.2	87.1	69.7	93.5	49.4	87.4	86.2	86.3	51.5	86.2	90.1	78.7	84.5	81.9	73.3	84.1	72.0	86.7	54.1	66.1
2002	90.7	73.3	82.9	87.5	84.0	81.9	88.2	93.8	89.9	89.4	81.3	94.2	79.9	87.2	86.5	86.0	58.1	87.4	89.9	80.0	85.0	82.4	78.2	84.5	65.8	84.4	57.6	68.4
2003	90.9	74.8	81.2	87.9	84.8	82.6	86.9	93.0	89.3	89.6	83.1	90.6	78.6	87.7	85.0	85.5	58.0	86.9	89.8	78.3	86.5	83.0	76.7	85.3	63.8	84.0	61.0	69.8
2004	91.8	77.1	83.8	88.1	85.2	83.5	88.1	93.8	87.4	89.0	84.8	89.2	81.5	87.6	85.7	86.0	62.1	86.5	90.1	81.9	85.4	83.2	68.2	85.9	76.9	85.1	63.7	73.2
2005	91.8	78.8	84.4	89.0	86.0	83.4	88.3	94.8	87.9	88.5	85.7	87.9	82.6	88.4	85.3	86.6	65.3	86.9	89.9	83.6	85.6	84.0	73.8	86.6	78.1	84.8	70.8	74.0
2006	92.1	81.7	83.7	89.9	88.5	85.5	86.9	95.1	88.9	87.5	85.6	89.0	83.7	88.6	85.7	88.3	69.8	86.9	92.5	86.2	86.6	85.1	75.3	87.6	80.0	82.5	76.2	75.7
2007	92.5	84.9	85.0	89.9	88.3	85.8	88.4	94.9	86.7	88.9	86.6	91.0	84.7	88.5	86.3	87.6	75.9	88.0	92.4	88.8	86.6	86.1	81.3	88.2	83.2	86.9	86.2	77.9
2008	92.4	86.2	83.9	89.6	88.0	87.0	88.2	95.4	89.3	91.4	86.0	93.4	85.3	88.9	86.9	87.9	79.0	87.8	93.0	86.9	87.0	86.9	79.6	88.6	82.5	87.1	85.7	80.7
2009	91.6	87.4	85.3	89.4	88.8	87.4	87.4	95.2	89.5	89.4	86.2	94.7	86.2	89.4	87.1	87.2	81.7	87.2	93.9	85.6	87.8	85.9	84.8	89.1	82.0	87.0	88.6	82.3
2010	91.8	87.7	85.3	90.7	89.4	89.6	87.7	95.2	88.9	90.1	84.2	91.5	87.2	88.9	88.2	87.7	82.5	88.9	89.6	87.5	87.6	86.4	88.3	88.3	80.9	86.4	89.8	81.5
2011	91.6	88.8	86.5	89.7	89.8	91.5	87.3	94.7	90.5	88.3	89.4	91.3	88.0	89.4	87.8	88.9	81.6	89.1	89.1	87.6	88.4	87.0	92.7	89.1	84.1	86.4	88.8	83.1
2012	91.6	89.8	86.0	90.1	90.3	91.4	86.7	95.2	89.4	89.6	87.8	91.0	88.5	89.8	89.6	90.9	83.0	90.2	90.4	87.3	88.0	87.5	90.0	88.9	84.8	85.7	89.2	84.0
2013	91.7	90.2	89.1	93.0	90.6	90.6	88.9	93.6	89.4	90.7	89.6	93.3	89.7	90.0	90.3	89.3	86.1	87.3	90.0	88.3	88.6	87.4	93.0	88.7	85.5	87.3	90.1	85.1
2014	91.4	91.4	89.9	94.1	91.4	91.0	89.5	87.0	89.8	90.7	89.3	91.0	89.3	90.1	89.5	88.7	87.5	88.3	89.4	88.3	88.0	87.8	89.9	88.6	81.8	87.6	89.9	86.7
2015	90.7	90.7	90.0	91.5	90.9	90.9	89.9	91.9	90.0	90.2	91.6	90.4	89.7	90.3	90.6	89.0	88.7	89.2	89.5	88.6	88.7	88.0	90.2	87.8	78.1	88.1	88.0	87.0
2016	91.2	91.2	91.1	90.9	90.7	90.7	90.7	90.7	90.6	90.6	90.3	90.2	90.1	89.9	89.8	89.8	89.8	89.4	89.3	89.2	89.0	88.7	88.6	88.3	88.0	88.0	87.6	87.6
平均值	91.6	83.3	85.3	89.8	87.7	86.6	88.3	93.6	89.2	89.1	84.8	91.5	83.0	88.8	87.3	87.8	73.7	87.8	90.5	85.0	86.9	85.5	82.4	87.3	78.9	85.9	77.3	78.0

表5-12 碳排放指数第四区间的“一带一路”参与国变化情况

年份＼国家	多哥	波兰	津巴布韦	巴巴多斯	约旦	保加利亚	韩国	牙买加	马来西亚	阿尔及利亚	吉尔吉斯斯坦	阿拉伯联合酋长国	白俄罗斯	沙特阿拉伯	利比亚	爱沙尼亚	塞尔维亚	乌克兰	乌兹别克斯坦	俄罗斯	波黑	伊拉克	中国	哈萨克斯坦	伊朗	南非	蒙古	特立尼达和多巴哥
2000	86.8	63.8	75.0	84.3	75.0	58.9	75.1	70.1	79.9	84.2	75.4	82.7	53.9	82.9	64.3	43.7	54.6	20.1	0.0	21.7	60.0	84.9	54.1	48.9	73.2	45.5	58.4	35.2
2001	89.3	65.1	78.3	83.7	76.0	58.8	76.7	70.3	78.8	85.8	81.1	85.1	57.9	83.1	65.9	45.8	56.5	28.3	4.9	27.2	63.1	82.8	57.7	50.9	72.1	49.1	58.5	32.7
2002	89.3	67.9	77.7	83.9	76.5	64.0	78.0	72.4	80.2	85.8	76.0	88.3	60.9	81.0	66.1	54.1	58.4	33.7	6.4	33.2	63.5	81.3	57.9	55.4	74.3	53.8	59.0	33.3
2003	88.1	68.3	76.5	83.9	77.1	64.3	78.8	72.8	78.6	86.9	75.8	86.5	63.4	83.4	67.8	52.7	60.2	34.3	12.7	40.1	64.7	70.7	55.6	57.5	75.9	49.9	63.7	36.1
2004	88.9	70.8	78.5	84.2	77.4	67.6	79.8	73.9	78.8	88.3	76.2	87.4	65.4	81.7	68.4	56.7	62.1	44.6	21.7	45.7	67.2	77.1	54.7	53.9	76.0	48.0	66.1	39.9
2005	89.3	72.2	74.6	84.7	77.8	70.3	81.9	75.4	79.2	86.8	78.1	88.1	68.9	83.3	70.0	63.3	64.0	49.4	34.2	52.7	67.4	78.9	55.6	58.4	76.4	55.9	69.4	37.3
2006	90.9	73.1	75.3	85.8	80.2	72.4	82.9	74.6	81.3	88.3	79.8	88.9	71.3	82.8	71.8	69.6	60.0	55.5	39.1	61.3	69.1	84.2	57.7	60.4	76.2	56.4	70.0	39.9
2007	89.5	76.2	76.4	86.5	81.5	73.7	83.4	79.8	82.5	88.1	78.1	88.5	75.1	85.4	73.4	69.8	64.4	60.5	46.0	65.5	72.1	91.0	63.2	59.1	78.3	58.1	65.8	40.5
2008	88.0	78.3	78.0	84.1	83.7	77.2	83.7	79.2	81.9	88.5	77.0	87.1	77.0	85.0	75.0	72.8	72.8	63.4	50.0	70.9	71.0	87.2	62.9	59.4	77.8	57.6	69.4	45.0
2009	80.6	80.6	86.4	83.4	84.4	80.7	83.6	83.9	82.3	87.5	80.6	85.4	77.9	83.3	74.7	74.8	75.8	64.4	60.6	72.3	70.0	86.1	66.4	63.6	77.7	56.7	66.4	42.2
2010	83.0	81.2	84.2	84.7	85.5	80.8	82.9	84.9	82.0	88.4	81.9	86.7	79.2	82.6	74.5	70.0	76.3	60.2	65.0	72.2	70.0	86.2	65.1	60.8	78.5	61.3	67.1	40.9
2011	84.0	82.7	83.2	84.4	85.8	79.4	82.8	84.2	83.2	88.8	79.8	86.9	80.5	85.2	75.8	73.2	76.2	65.4	65.3	73.7	67.9	84.5	65.4	62.8	78.9	62.8	56.8	43.2
2012	85.3	84.5	88.4	84.0	84.4	82.0	83.6	85.2	84.6	88.0	75.8	83.6	82.5	84.1	75.5	76.0	79.0	65.8	66.5	74.8	70.7	85.0	67.4	67.8	75.4	64.1	39.3	43.9
2013	85.6	84.9	83.8	84.4	85.4	84.5	83.8	84.4	83.9	87.6	79.6	83.9	83.4	84.9	78.1	74.2	79.6	72.8	71.9	77.6	72.6	84.9	68.9	69.2	74.2	66.2	28.0	42.9
2014	86.1	86.3	83.9	86.5	84.5	84.3	84.6	86.2	84.5	86.7	80.3	84.3	83.5	83.5	80.2	77.1	83.1	76.1	73.0	77.8	76.4	84.0	70.6	71.6	73.1	65.1	54.7	42.9
2015	87.0	87.0	84.3	86.9	85.9	84.0	85.6	86.1	85.4	85.0	80.1	84.8	84.0	79.9	82.5	79.7	80.1	78.3	74.8	76.7	78.3	78.2	72.2	71.0	70.2	67.2	64.5	38.6
2016	87.7	87.1	87.1	87.0	86.9	86.3	85.7	85.6	85.2	85.1	83.8	83.7	83.7	81.8	81.1	80.7	80.5	79.6	78.5	76.3	76.0	74.5	74.3	71.5	71.0	66.9	61.8	39.4
平均值	87.0	77.1	80.7	84.8	81.6	74.7	81.9	79.4	81.9	87.0	78.8	86.0	73.4	83.2	73.2	66.7	69.6	56.0	45.3	60.0	69.4	82.4	62.9	61.3	75.2	57.9	59.9	39.6

（三）"一带一路"参与国碳排放指数与世界平均水平的比较

从图5-2可以看出，2000～2006年"一带一路"参与国碳排放指数平均值始终低于世界平均水平，且差距较大。2006年后，二者有缩小差距的态势。2015年，"一带一路"参与国碳排放指数仅较世界平均水平低0.3%，2016年低0.6%。不同国家和地区的碳排放量与能源结构、能源强度和产业结构息息相关。卢旺达、布隆迪、乌干达、赞比亚、尼日尔等"一带一路"参与国的碳排放指数都处于排名中的第一区间，正是因为这些国家工业欠发达，城市发展不充分，碳排放量水平较低。

碳排放已是当前全球性热点话题，也是世界难题。有研究表明，"一带一路"部分参与国处于人均二氧化碳排放量随着人均GDP的增长而增长阶段，也就是工业化快速发展阶段。随着"一带一路"参与国不断增多，处于各个发展阶段的国家应高度重视节能减排，提高能源利用效率，优化能源结构，不断开发新能源，充分利用可再生能源，从产业布局的一开始，就把"绿色发展"作为硬约束，制定"碳峰值""碳达标"计划，不断助力世界绿色发展。

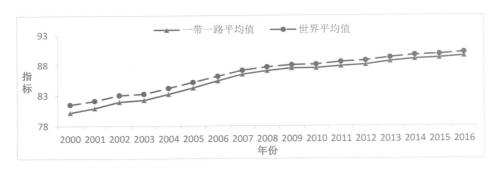

图5-2　"一带一路"参与国碳排放指数平均值与世界平均值的比较

四、化肥指数

（一）化肥消费指数的含义

化肥主要用于农业生产上的增产、抗逆，使用历史长远、用量大、品种多。化肥本身并无毒害，但化肥的增产属性导致了化肥施用的必然问题，即过量施肥和不科学施肥导致土壤污染问题严重，当化肥施用量超过了作物生长的需要，就会成为资源环境的负担。2015年，中国成为全球化肥用量最多的国家，同年，农业农村部打响了农业面源污染治理攻坚战，提出了到2020年实现农业用水总量控制、化肥农药使用量减少、畜禽粪便秸秆地膜基本资源化利用的"一控两减三基本"的目标任务。目标提出后，经过不断地努力探索，2016年农用化肥用量首次实现负增长，提前3年实现化肥使用量零增长的目标，为农业绿色发展做出了重要贡献，也积累了宝贵经验。

过量施氮肥会导致虫害的发生，还会增加温室气体的排放，过度施肥会污染地表水和地下水。不科学的施肥除了增加环境压力，也会影响植物的正常生长甚至导致植物死亡。

化肥消费量可衡量每单位可耕地使用的植物养分数量，肥料产品包括含氮肥、钾肥和磷肥（包括碎石磷酸盐），根据联合国粮农组织的定义，可耕地包括短期作物用地、短期草地、暂时休闲地，以及所有其他的可耕地。

（二）"一带一路"参与国化肥指数

从排名角度看（见表5-14），指数平均值处在第一区间的绝大部分为非洲国家，而处在第四区间的国家多为相对发达国家。指数平均值排名在25%以内的国家中比较靠前的有尼日尔、冈比亚、几内亚、刚果（布）、乌干达、布隆迪、莫桑比克等。这些国家由于农作水平过低，化肥、农药尚不普及，化肥使用量自然很低。

如表5-13所示，2000年到2016年名次提升较大的有：利比亚提升57名，约旦提升55名，汤加42名，克罗地亚39名，多米尼克35名。退步较大的有：塞舌尔105名，黑山、马尔代夫均为95名，马耳他91名，格鲁吉亚78名，波黑61名等。

发达国家农业集约化、产业化发展较早，化肥使用也较早，随着地力衰减，化肥及农业化学品使用量持续加大，导致了严重的农业面源污染。20世纪80年代起，发达国家逐渐实行化肥减量化政策，加强对农业面源污染的治理，确保化肥减量与农业可持续发展同步进行。

多年来，中国化肥生产量和使用量均居世界第一，占世界三分之一左右。2015年中国农业部发布了《到2020年化肥使用零增长行动方案》，明确了中国化肥减量政策的具体目标及实施计划，减量提效，促进农业绿色发展。

表5-13 “一带一路”参与国化肥指数及其排名

	2000年		2006年		2013年		2016年	
	指数	排名	指数	排名	指数	排名	指数	排名
阿尔巴尼亚	99.7	69	99.7	63	99.7	55	99.6	62
阿尔及利亚	100.0	1	100.0	1	99.9	25	99.9	27
阿富汗	100.0	1	100.0	1	100.0	1	100.0	1
阿拉伯联合酋长国	97.8	107	97.5	108	96.9	109	97.8	109
阿塞拜疆	100.0	1	100.0	1	99.9	25	100.0	1
埃及	98.5	105	98.5	106	98.0	108	98.0	108
爱沙尼亚	99.8	58	99.8	54	99.8	44	99.7	54
安哥拉	100.0	1	100.0	1	100.0	1	100.0	1
奥地利	99.4	94	99.6	74	99.6	67	99.6	62
巴巴多斯	99.7	69	99.6	74	99.6	67	99.7	54
巴基斯坦	99.7	69	99.6	74	99.6	67	99.6	62
巴拿马	99.9	45	99.9	36	99.7	55	99.9	27
白俄罗斯	99.5	89	99.3	94	99.2	93	99.6	62
保加利亚	99.7	69	99.8	54	99.7	55	99.6	62
北马其顿	99.9	45	99.8	54	99.8	44	99.8	43
贝宁	100.0	1	100.0	1	100.0	1	100.0	1
波黑	100.0	1	100.0	1	99.7	55	99.6	62
波兰	99.6	80	99.5	87	99.5	75	99.5	79
玻利维亚	100.0	1	100.0	1	100.0	1	100.0	1
不丹	100.0	1	100.0	1	100.0	1	100.0	1
布隆迪	100.0	1	100.0	1	100.0	1	100.0	1
多哥	100.0	1	100.0	1	99.9	25	100.0	1
多米尼加	99.8	58	99.8	54	99.8	44	99.7	54
多米尼克	99.5	89	99.6	74	99.6	67	99.7	54

续上表

	2000年		2006年		2013年		2016年	
	指数	排名	指数	排名	指数	排名	指数	排名
俄罗斯	100.0	1	100.0	1	100.0	1	99.9	27
厄瓜多尔	99.6	80	99.4	92	99.3	89	99.0	100
菲律宾	99.5	89	99.6	74	99.5	75	99.5	79
斐济	99.9	45	99.9	36	99.9	25	99.9	27
冈比亚	100.0	1	100.0	1	100.0	1	100.0	1
刚果（布）	100.0	1	100.0	1	100.0	1	100.0	1
哥斯达黎加	97.5	108	97.4	109	98.2	106	98.2	107
格鲁吉亚	100.0	1	99.9	36	99.5	75	99.5	79
圭亚那	99.9	45	99.9	36	99.8	44	99.9	27
哈萨克斯坦	100.0	1	100.0	1	100.0	1	100.0	1
韩国	98.4	106	98.6	103	98.9	102	98.9	102
黑山	100.0	1	99.9	36	99.0	98	99.1	96
吉尔吉斯斯坦	100.0	1	99.9	36	99.9	25	99.9	27
几内亚	100.0	1	100.0	1	100.0	1	100.0	1
加纳	100.0	1	99.9	36	99.9	25	99.9	27
加蓬	100.0	1	100.0	1	100.0	1	99.9	27
柬埔寨	100.0	1	100.0	1	99.9	25	100.0	1
捷克	99.9	45	99.7	63	99.5	75	99.4	85
津巴布韦	99.9	45	99.9	36	99.9	25	99.9	27
喀麦隆	100.0	1	100.0	1	100.0	1	100.0	1
科特迪瓦	100.0	1	99.9	36	99.9	25	99.8	43
克罗地亚	98.8	101	98.9	102	99.5	75	99.6	62
肯尼亚	99.9	45	99.9	36	99.9	25	99.9	27
拉脱维亚	99.9	45	99.8	54	99.7	55	99.7	54
黎巴嫩	99.1	96	99.3	94	99.0	98	99.0	100
立陶宛	99.7	69	99.7	63	99.7	55	99.6	62
利比亚	99.8	58	99.9	36	100.0	1	100.0	1
卢森堡	98.8	101	99.1	97	99.3	89	99.2	92
卢旺达	100.0	1	100.0	1	100.0	1	100.0	1
罗马尼亚	99.9	45	99.9	36	99.8	44	99.8	43
马达加斯加	100.0	1	100.0	1	100.0	1	100.0	1
马尔代夫	100.0	1	99.6	74	99.4	83	99.1	96
马耳他	100.0	1	99.6	74	98.8	103	99.2	92
马来西亚	95.8	110	94.8	110	94.7	111	94.8	110
马里	99.9	45	100.0	1	99.9	25	99.9	27
蒙古	100.0	1	100.0	1	99.9	25	99.9	27
孟加拉国	99.6	80	99.4	92	99.2	93	99.1	96
秘鲁	99.8	58	99.7	63	99.7	55	99.6	62
缅甸	100.0	1	100.0	1	99.9	25	100.0	1
摩尔多瓦	100.0	1	100.0	1	99.9	25	99.9	27

续上表

	2000年		2006年		2013年		2016年	
	指数	排名	指数	排名	指数	排名	指数	排名
摩洛哥	99.8	58	99.8	54	99.8	44	99.8	43
莫桑比克	100.0	1	100.0	1	100.0	1	100.0	1
纳米比亚	100.0	1	100.0	1	100.0	1	99.9	27
南非	99.8	58	99.8	54	99.8	44	99.8	43
尼泊尔	100.0	1	100.0	1	99.8	44	99.8	43
尼日尔	100.0	1	100.0	1	100.0	1	100.0	1
尼日利亚	100.0	1	100.0	1	100.0	1	100.0	1
葡萄牙	99.5	89	99.6	74	99.5	75	99.4	85
萨尔瓦多	99.7	69	99.7	63	99.6	67	99.6	62
萨摩亚	100.0	1	100.0	1	100.0	1	100.0	1
塞尔维亚	99.6	80	99.6	74	99.4	83	99.3	88
塞内加尔	100.0	1	100.0	1	100.0	1	100.0	1
塞浦路斯	99.6	80	99.7	63	99.4	83	99.4	85
塞舌尔	100.0	1	100.0	1	99.0	98	98.4	106
沙特阿拉伯	99.8	58	99.7	63	99.7	55	99.5	79
斯里兰卡	99.1	96	99.1	97	99.5	75	99.6	62
斯洛伐克	99.8	58	99.7	63	99.7	55	99.6	62
斯洛文尼亚	98.8	101	99.0	101	99.2	93	99.2	92
苏里南	99.6	80	99.5	87	99.5	75	99.3	88
塔吉克斯坦	99.9	45	99.8	54	99.8	44	99.8	43
泰国	99.7	69	99.6	74	99.4	83	99.5	79
坦桑尼亚	100.0	1	100.0	1	100.0	1	100.0	1
汤加	99.7	69	99.9	36	98.1	107	99.9	27
特立尼达和多巴哥	99.6	80	99.3	94	99.1	96	98.9	102
突尼斯	99.9	45	99.9	36	99.8	44	99.8	43
土耳其	99.8	58	99.7	63	99.7	55	99.6	62
委内瑞拉	99.6	80	99.6	74	99.4	83	99.5	79
乌干达	100.0	1	100.0	1	100.0	1	100.0	1
乌克兰	100.0	1	99.9	36	99.9	25	99.8	43
乌拉圭	99.7	69	99.6	74	99.3	89	99.6	62
乌兹别克斯坦	99.6	80	99.5	87	99.4	83	99.3	88
希腊	99.5	89	99.6	74	99.7	55	99.6	62
新加坡	82.5	112	50.0	112	56.3	112	8.6	112
新西兰	93.1	111	92.5	111	95.5	110	94.6	111
匈牙利	99.8	58	99.7	63	99.7	55	99.6	62
牙买加	99.7	69	99.8	54	99.8	44	99.8	43
亚美尼亚	100.0	1	99.9	36	99.9	25	99.7	54
也门	100.0	1	100.0	1	99.9	25	100.0	1
伊拉克	99.9	45	99.9	36	99.9	25	99.9	27
伊朗	99.8	58	99.7	63	99.6	67	99.8	43
以色列	99.1	96	99.1	97	99.1	96	99.2	92

	2000年		2006年		2013年		2016年	
	指数	排名	指数	排名	指数	排名	指数	排名
意大利	99.4	94	99.5	87	99.6	67	99.6	62
印度尼西亚	99.7	69	99.5	87	99.3	89	99.3	88
约旦	96.4	109	97.9	107	99.6	67	99.7	54
越南	99.1	96	99.1	97	98.5	104	98.7	104
赞比亚	100.0	1	99.9	36	99.9	25	99.7	54
智利	98.6	104	98.6	103	99.0	98	99.1	96
中国	98.9	100	98.6	103	98.3	105	98.5	105
上述国家平均值	99.4		99.1		99.1		98.7	
世界平均值	99.5		99.2		99.2		98.9	

表5-14 "一带一路"参与国化肥指数排名和分区

	2000年	2006年	2013年	2016年
第一区间	阿富汗	贝宁	冈比亚	尼日尔
	波黑	刚果（布）	尼日尔	冈比亚
	布隆迪	尼日尔	乌干达	几内亚
	格鲁吉亚	几内亚	萨摩亚	刚果（布）
	马尔代夫	乌干达	刚果（布）	乌干达
	马耳他	哈萨克斯坦	马达加斯加	莫桑比克
	蒙古	萨摩亚	几内亚	哈萨克斯坦
	黑山	塞内加尔	哈萨克斯坦	萨摩亚
	纳米比亚	马达加斯加	贝宁	马达加斯加
	尼泊尔	纳米比亚	莫桑比克	布隆迪
	卢旺达	布隆迪	尼日利亚	尼日利亚
	塞舌尔	卢旺达	安哥拉	玻利维亚
	柬埔寨	安哥拉	布隆迪	安哥拉
	哈萨克斯坦	玻利维亚	玻利维亚	喀麦隆
	贝宁	莫桑比克	喀麦隆	卢旺达
	尼日尔	坦桑尼亚	加蓬	多哥
	几内亚	多哥	纳米比亚	利比亚
	加蓬	尼泊尔	卢旺达	阿富汗
	刚果（布）	阿富汗	坦桑尼亚	坦桑尼亚
	摩尔多瓦	不丹	利比亚	不丹
	安哥拉	柬埔寨	不丹	阿塞拜疆
	乌干达	也门	塞内加尔	贝宁
	马达加斯加	加蓬	阿富汗	也门
	萨摩亚	摩尔多瓦	俄罗斯	塞内加尔
	坦桑尼亚	缅甸	柬埔寨	柬埔寨
	玻利维亚	喀麦隆	津巴布韦	缅甸
	莫桑比克	蒙古	缅甸	俄罗斯
	多哥	尼日利亚	阿尔及利亚	加纳

	2000年	2006年	2013年	2016年
	缅甸	冈比亚	阿塞拜疆	阿尔及利亚
	尼日利亚	塞舌尔	多哥	津巴布韦
	加纳	俄罗斯	摩尔多瓦	摩尔多瓦
	塞内加尔	阿尔及利亚	加纳	纳米比亚
	也门	阿塞拜疆	马里	加蓬
	乌克兰	波黑	吉尔吉斯斯坦	吉尔吉斯斯坦
	阿尔及利亚	马里	也门	伊拉克
	阿塞拜疆	黑山	斐济	肯尼亚
	不丹	加纳	科特迪瓦	汤加
	喀麦隆	乌克兰	肯尼亚	蒙古
	俄罗斯	吉尔吉斯斯坦	蒙古	马里
	赞比亚	科特迪瓦	乌克兰	圭亚那
	冈比亚	斐济	亚美尼亚	斐济
第二区间	吉尔吉斯斯坦	赞比亚	赞比亚	巴拿马
	科特迪瓦	突尼斯	伊拉克	科特迪瓦
	亚美尼亚	亚美尼亚	尼泊尔	乌克兰
	圭亚那	津巴布韦	罗马尼亚	牙买加
	突尼斯	圭亚那	南非	南非
	肯尼亚	肯尼亚	圭亚那	突尼斯
	巴拿马	巴拿马	摩洛哥	罗马尼亚
	马里	罗马尼亚	北马其顿	摩洛哥
	津巴布韦	利比亚	塔吉克斯坦	尼泊尔
	罗马尼亚	汤加	突尼斯	伊朗
	伊拉克	伊拉克	多米尼加	北马其顿
	斐济	格鲁吉亚	爱沙尼亚	塔吉克斯坦
	塔吉克斯坦	北马其顿	牙买加	多米尼克
	北马其顿	摩洛哥	阿尔巴尼亚	多米尼加
	拉脱维亚	南非	巴拿马	赞比亚

续上表

	2000年	2006年	2013年	2016年
第三区间	捷克	拉脱维亚	沙特阿拉伯	拉脱维亚
	摩洛哥	牙买加	秘鲁	亚美尼亚
	爱沙尼亚	保加利亚	拉脱维亚	约旦
	南非	塔吉克斯坦	波黑	爱沙尼亚
	多米尼加	爱沙尼亚	保加利亚	巴巴多斯
	沙特阿拉伯	多米尼加	斯洛伐克	克罗地亚
	秘鲁	阿尔巴尼亚	立陶宛	希腊
	斯洛伐克	秘鲁	土耳其	保加利亚
	利比亚	斯洛伐克	匈牙利	斯洛伐克
	土耳其	土耳其	希腊	阿尔巴尼亚
	匈牙利	捷克	多米尼克	秘鲁
	伊朗	沙特阿拉伯	意大利	匈牙利
	萨尔瓦多	匈牙利	约旦	意大利
	阿尔巴尼亚	立陶宛	伊朗	波黑
	乌拉圭	萨尔瓦多	巴巴多斯	立陶宛
	保加利亚	塞浦路斯	奥地利	斯里兰卡
	汤加	伊朗	巴基斯坦	萨尔瓦多
	巴基斯坦	泰国	萨尔瓦多	土耳其
	牙买加	马尔代夫	菲律宾	奥地利
	泰国	委内瑞拉	克罗地亚	乌拉圭
	印度尼西亚	希腊	捷克	巴基斯坦
	巴巴多斯	巴基斯坦	葡萄牙	白俄罗斯
	立陶宛	奥地利	苏里南	菲律宾
	乌兹别克斯坦	多米尼克	斯里兰卡	泰国
	塞尔维亚	葡萄牙	格鲁吉亚	格鲁吉亚
	塞浦路斯	菲律宾	波兰	波兰
	厄瓜多尔	巴巴多斯	塞浦路斯	沙特阿拉伯
	波兰	马耳他	泰国	委内瑞拉

	2000年	2006年	2013年	2016年
第四区间	特立尼达和多巴哥	乌拉圭	委内瑞拉	捷克
	孟加拉国	塞尔维亚	马尔代夫	塞浦路斯
	苏里南	印度尼西亚	塞尔维亚	葡萄牙
	委内瑞拉	波兰	乌兹别克斯坦	苏里南
	菲律宾	乌兹别克斯坦	印度尼西亚	印度尼西亚
	希腊	意大利	厄瓜多尔	乌兹别克斯坦
	多米尼克	苏里南	乌拉圭	塞尔维亚
	白俄罗斯	孟加拉国	卢森堡	斯洛文尼亚
	葡萄牙	厄瓜多尔	斯洛文尼亚	卢森堡
	意大利	黎巴嫩	孟加拉国	马耳他
	奥地利	白俄罗斯	白俄罗斯	以色列
	越南	特立尼达和多巴哥	以色列	黑山
	以色列	斯里兰卡	特立尼达和多巴哥	孟加拉国
	黎巴嫩	卢森堡	黎巴嫩	智利
	斯里兰卡	越南	黑山	马尔代夫
	中国	以色列	塞舌尔	黎巴嫩
	克罗地亚	斯洛文尼亚	智利	厄瓜多尔
	斯洛文尼亚	克罗地亚	韩国	特立尼达和多巴哥
	卢森堡	中国	马耳他	韩国
	智利	韩国	越南	越南
	埃及	智利	中国	中国
	韩国	埃及	哥斯达黎加	塞舌尔
	阿拉伯联合酋长国	约旦	汤加	哥斯达黎加
	哥斯达黎加	阿拉伯联合酋长国	埃及	埃及
	约旦	哥斯达黎加	阿拉伯联合酋长国	阿拉伯联合酋长国
	马来西亚	马来西亚	新西兰	马来西亚
	新西兰	新西兰	马来西亚	新西兰
	新加坡	新加坡	新加坡	新加坡

表5-15 化肥指数第一区间的"一带一路"参与国变化情况

年份	尼日尔	冈比亚	几内亚	刚果(布)	乌干达	莫桑比克	哈萨克斯坦	萨摩亚	马达加斯加	布隆迪	尼日利亚	玻利维亚	安哥拉	喀麦隆	卢旺达	多哥	利比亚	阿富汗	坦桑尼亚	不丹	阿塞拜疆	贝宁	也门	塞内加尔	柬埔寨	缅甸	俄罗斯	加纳
2000	100.0	100.0	100.0	100.0	100.0	100.0	100.0	100.0	100.0	100.0	100.0	100.0	100.0	100.0	100.0	100.0	99.8	100.0	100.0	100.0	100.0	100.0	100.0	100.0	100.0	100.0	100.0	100.0
2001	100.0	100.0	100.0	100.0	100.0	100.0	100.0	100.0	100.0	100.0	100.0	100.0	100.0	100.0	100.0	100.0	99.8	100.0	100.0	100.0	100.0	100.0	100.0	100.0	100.0	100.0	100.0	100.0
2002	100.0	100.0	100.0	100.0	100.0	100.0	100.0	100.0	100.0	100.0	100.0	100.0	100.0	100.0	100.0	100.0	99.8	100.0	100.0	100.0	100.0	100.0	100.0	100.0	100.0	100.0	100.0	100.0
2003	100.0	100.0	100.0	100.0	100.0	100.0	100.0	100.0	100.0	100.0	100.0	100.0	100.0	100.0	100.0	100.0	99.9	100.0	100.0	100.0	100.0	100.0	100.0	100.0	100.0	100.0	100.0	100.0
2004	100.0	100.0	100.0	100.0	100.0	100.0	100.0	100.0	100.0	100.0	100.0	100.0	100.0	100.0	100.0	100.0	99.8	100.0	100.0	100.0	100.0	100.0	100.0	100.0	100.0	99.9	99.9	100.0
2005	100.0	100.0	100.0	100.0	100.0	100.0	100.0	100.0	100.0	100.0	100.0	100.0	100.0	100.0	100.0	100.0	99.8	100.0	100.0	100.0	100.0	100.0	100.0	100.0	100.0	100.0	100.0	100.0
2006	100.0	100.0	100.0	100.0	100.0	100.0	100.0	100.0	100.0	100.0	100.0	100.0	100.0	100.0	100.0	100.0	99.9	100.0	100.0	100.0	100.0	100.0	100.0	100.0	100.0	100.0	100.0	99.9
2007	100.0	100.0	100.0	100.0	100.0	100.0	100.0	100.0	100.0	100.0	100.0	100.0	100.0	100.0	100.0	100.0	99.8	100.0	100.0	100.0	99.9	100.0	100.0	100.0	100.0	100.0	100.0	99.9
2008	100.0	100.0	100.0	100.0	100.0	100.0	100.0	100.0	100.0	100.0	100.0	100.0	100.0	100.0	100.0	100.0	99.9	100.0	100.0	100.0	100.0	100.0	100.0	100.0	100.0	100.0	100.0	100.0
2009	100.0	100.0	100.0	100.0	100.0	100.0	100.0	100.0	100.0	100.0	100.0	100.0	100.0	100.0	100.0	100.0	99.9	100.0	100.0	99.9	100.0	100.0	100.0	100.0	100.0	100.0	100.0	99.9
2010	100.0	100.0	100.0	100.0	100.0	100.0	100.0	100.0	100.0	100.0	100.0	100.0	100.0	100.0	100.0	100.0	99.9	100.0	100.0	100.0	100.0	100.0	100.0	100.0	100.0	100.0	100.0	100.0
2011	100.0	100.0	100.0	100.0	100.0	100.0	100.0	100.0	100.0	100.0	100.0	100.0	100.0	100.0	100.0	100.0	99.9	100.0	100.0	100.0	100.0	100.0	100.0	100.0	100.0	100.0	100.0	99.9
2012	100.0	100.0	100.0	100.0	100.0	100.0	100.0	100.0	100.0	100.0	100.0	100.0	100.0	100.0	100.0	100.0	100.0	99.9	100.0	100.0	99.9	100.0	100.0	100.0	99.9	100.0	100.0	99.9
2013	100.0	100.0	100.0	100.0	100.0	100.0	100.0	100.0	100.0	100.0	100.0	100.0	100.0	100.0	100.0	100.0	100.0	100.0	100.0	100.0	99.9	100.0	100.0	100.0	99.9	99.9	100.0	99.9
2014	100.0	100.0	100.0	100.0	100.0	100.0	100.0	100.0	100.0	100.0	100.0	100.0	100.0	100.0	100.0	100.0	100.0	100.0	100.0	100.0	99.9	100.0	100.0	100.0	99.9	99.9	100.0	100.0
2015	100.0	100.0	100.0	100.0	100.0	100.0	100.0	100.0	100.0	100.0	100.0	100.0	100.0	100.0	100.0	100.0	100.0	100.0	100.0	100.0	99.9	100.0	100.0	100.0	99.9	99.9	100.0	99.9
2016	100.0	100.0	100.0	100.0	100.0	100.0	100.0	100.0	100.0	100.0	100.0	100.0	100.0	100.0	100.0	100.0	100.0	100.0	100.0	100.0	100.0	100.0	100.0	100.0	99.9	99.9	99.9	99.9
平均值	100.0	100.0	100.0	100.0	100.0	100.0	100.0	100.0	100.0	100.0	100.0	100.0	100.0	100.0	100.0	100.0	99.9	100.0	100.0	100.0	100.0	100.0	100.0	100.0	100.0	100.0	100.0	100.0

表5-16　化肥指数第二区间“一带一路”参与国变化情况

国家 / 年份	阿尔及利亚	津巴布韦	摩尔多瓦	纳米比亚	加蓬	吉尔吉斯斯坦	伊拉克	肯尼亚	汤加	蒙古	马里	圭亚那	斐济	巴拿马	科特迪亚	乌克兰	牙买加	南非	突尼斯	罗马尼亚	摩洛哥	尼泊尔	伊朗	北马其顿	塔吉克斯坦	多米尼克	多米尼加	赞比亚
2000	100.0	99.9	100.0	100.0	100.0	100.0	99.9	99.9	99.7	100.0	99.9	99.9	99.9	99.9	99.9	100.0	99.7	99.8	99.9	99.9	99.8	100.0	99.7	99.9	99.9	99.5	99.8	100.0
2001	100.0	99.9	100.0	100.0	100.0	100.0	99.9	99.9	99.7	100.0	99.9	99.9	99.9	99.9	99.9	100.0	99.7	99.8	99.9	99.9	99.8	100.0	99.7	99.9	99.9	99.5	99.8	100.0
2002	100.0	99.9	100.0	100.0	100.0	100.0	99.9	99.9	100.0	100.0	99.9	99.9	99.8	99.9	99.9	99.9	99.7	99.8	99.9	99.9	99.8	99.9	99.8	99.9	99.9	99.7	99.8	99.9
2003	100.0	99.9	100.0	100.0	100.0	99.9	99.9	99.9	99.1	100.0	99.9	99.9	99.9	99.8	99.9	99.9	99.7	99.8	99.9	99.9	99.8	100.0	99.8	99.9	99.9	99.6	99.8	99.9
2004	99.9	99.9	100.0	100.0	100.0	99.9	99.9	99.9	99.7	100.0	99.8	99.9	99.9	99.9	99.9	99.9	99.6	99.8	99.9	99.9	99.9	100.0	99.7	99.8	99.9	99.4	99.8	99.9
2005	100.0	99.9	100.0	100.0	100.0	99.9	99.9	99.9	99.7	100.0	99.9	99.9	99.9	99.9	99.9	99.9	99.6	99.9	99.8	99.8	99.8	100.0	99.7	99.8	99.9	99.4	99.8	99.9
2006	100.0	99.9	100.0	100.0	100.0	99.9	99.9	99.9	99.9	100.0	99.9	99.9	99.9	99.9	99.9	99.9	99.8	99.8	99.9	99.9	99.8	100.0	99.7	99.8	99.8	99.6	99.8	99.9
2007	100.0	99.9	100.0	100.0	100.0	99.9	99.9	99.9	100.0	100.0	99.9	99.9	99.9	99.9	99.9	99.9	99.9	99.8	99.9	99.9	99.8	100.0	99.7	99.8	99.8	99.2	99.7	99.9
2008	100.0	99.9	100.0	100.0	100.0	99.9	99.8	99.9	100.0	100.0	99.9	99.8	99.9	99.9	99.9	99.9	99.9	99.8	99.8	99.9	99.8	100.0	99.7	99.8	99.8	99.9	99.8	99.9
2009	100.0	99.9	100.0	100.0	100.0	99.9	99.8	99.9	99.2	100.0	100.0	99.9	99.9	99.9	99.9	99.9	99.8	99.8	99.9	99.8	99.9	99.9	99.8	99.8	99.8	99.8	99.8	99.9
2010	99.9	99.9	100.0	100.0	100.0	99.9	99.9	99.9	99.3	99.9	99.9	99.9	99.9	99.8	99.9	99.9	99.8	99.8	99.8	99.8	99.8	99.9	99.8	99.8	99.8	99.8	99.7	99.9
2011	100.0	99.9	100.0	100.0	100.0	99.9	99.9	99.9	99.7	99.9	99.9	99.9	99.9	99.9	99.9	99.9	99.8	99.8	99.9	99.8	99.8	99.9	99.9	99.8	99.8	99.5	99.7	99.9
2012	99.9	99.9	99.9	100.0	100.0	99.9	99.8	99.9	99.0	99.9	99.9	99.9	99.9	99.8	99.9	99.9	99.7	99.8	99.8	99.8	99.8	99.9	99.6	99.8	99.8	99.7	99.8	99.9
2013	99.9	99.9	99.9	100.0	100.0	99.9	99.8	99.9	98.1	99.9	99.9	99.8	99.9	99.7	99.9	99.9	99.7	99.8	99.8	99.8	99.8	99.8	99.6	99.8	99.8	99.6	99.8	99.9
2014	99.9	99.9	99.9	100.0	100.0	99.9	99.9	99.9	99.9	99.9	99.9	99.8	99.9	99.8	99.9	99.9	99.8	99.8	99.8	99.8	99.8	99.8	99.6	99.8	99.7	99.7	99.7	99.8
2015	99.9	99.9	99.9	100.0	99.9	99.9	99.9	99.9	99.9	99.9	99.9	99.8	99.8	99.8	99.8	99.9	99.9	99.8	99.6	99.8	99.8	99.8	99.7	99.8	99.8	99.5	99.7	99.8
2016	99.9	99.9	99.9	99.9	99.9	99.9	99.9	99.9	99.9	99.9	99.9	99.9	99.9	99.8	99.8	99.8	99.8	99.8	99.8	99.8	99.8	99.8	99.8	99.8	99.8	99.7	99.7	99.7
平均值	100.0	99.9	100.0	100.0	100.0	99.9	99.9	99.9	99.6	100.0	99.9	99.9	99.9	99.9	99.9	99.9	99.8	99.8	99.8	99.8	99.8	99.9	99.7	99.8	99.8	99.6	99.8	99.9

表5-17 化肥指数第三区间"一带一路"参与国变化情况

年份\国家	拉脱维亚	亚美尼亚	约旦	爱沙尼亚	巴巴多斯	克罗地亚	希腊	保加利亚	斯洛伐克	阿尔巴尼亚	秘鲁	匈牙利	意大利	波黑	立陶宛	斯里兰卡	萨尔瓦多	土耳其	奥地利	乌拉圭	巴基斯坦	白俄罗斯	菲律宾	泰国	格鲁吉亚	波兰	沙特阿拉伯	委内瑞拉
2000	99.9	99.9	96.4	99.8	99.7	98.8	99.5	99.7	99.8	99.7	99.8	99.7	99.4	100.0	99.6	99.1	99.7	99.8	99.4	99.7	99.7	99.5	99.5	99.7	100.0	99.6	99.8	99.6
2001	99.9	99.9	96.6	99.8	99.7	98.9	99.5	99.7	99.8	99.7	99.8	99.7	99.4	100.0	99.7	99.1	99.7	99.8	99.4	99.7	99.7	99.5	99.5	99.7	100.0	99.6	99.8	99.6
2002	99.8	99.9	95.2	99.9	99.9	99.2	99.5	99.7	99.7	99.7	99.8	99.7	99.5	99.9	99.7	99.1	99.8	99.8	99.3	99.8	99.7	99.6	99.6	99.7	99.9	99.6	99.8	99.6
2003	99.9	99.9	97.2	99.8	99.8	99.1	99.5	99.6	99.8	99.7	99.8	99.7	99.5	99.9	99.6	99.2	99.8	99.7	99.1	99.7	99.7	99.6	99.5	99.5	100.0	99.6	99.6	99.5
2004	99.8	99.9	98.6	99.7	99.4	99.1	99.5	99.8	99.7	99.7	99.7	99.7	99.5	99.8	99.5	99.1	99.7	99.7	99.6	99.6	99.7	99.6	99.5	99.6	99.9	99.6	99.7	99.5
2005	99.8	99.9	97.6	99.8	99.7	99.1	99.6	99.8	99.8	99.7	99.8	99.7	99.5	99.9	99.7	99.2	99.6	99.7	99.6	99.6	99.6	99.5	99.5	99.7	99.8	99.5	99.7	99.5
2006	99.8	99.9	97.9	99.8	99.6	98.8	99.6	99.8	99.7	99.7	99.7	99.7	99.5	100.0	99.7	99.1	99.7	99.7	99.6	99.6	99.6	99.3	99.6	99.6	99.9	99.5	99.7	99.6
2007	99.8	100.0	97.0	99.8	99.6	98.8	99.7	99.7	99.7	99.7	99.7	99.7	99.4	99.9	99.7	99.1	99.5	99.7	99.7	99.6	99.6	99.3	99.5	99.6	99.9	99.5	99.6	99.6
2008	99.8	99.9	99.0	99.7	99.6	98.5	99.6	99.7	99.8	99.8	99.8	99.7	99.6	100.0	99.7	99.1	99.6	99.8	99.7	99.7	99.6	99.3	99.7	99.6	99.9	99.5	99.8	99.5
2009	99.8	99.9	98.8	99.8	99.8	99.5	99.8	99.7	99.8	99.7	99.7	99.8	99.6	99.8	99.9	99.1	99.6	99.7	99.7	99.7	99.6	99.1	99.6	99.6	99.9	99.6	99.9	99.5
2010	99.8	99.9	99.4	99.8	99.6	99.1	99.6	99.7	99.7	99.7	99.7	99.7	99.6	99.8	99.7	99.3	99.5	99.7	99.7	99.6	99.6	99.2	99.5	99.5	99.9	99.5	99.7	99.5
2011	99.7	99.9	96.3	99.8	99.7	99.1	99.5	99.6	99.7	99.7	99.7	99.7	99.6	99.7	99.8	99.2	99.4	99.7	99.7	99.6	99.6	99.1	99.6	99.5	99.6	99.5	99.6	99.5
2012	99.7	99.9	96.0	99.8	99.4	99.4	99.7	99.7	99.7	99.7	99.7	99.7	99.6	99.6	99.7	99.4	99.6	99.7	99.6	99.5	99.6	99.2	99.6	99.5	99.6	99.5	99.7	99.4
2013	99.7	99.9	99.6	99.8	99.6	99.5	99.6	99.7	99.7	99.7	99.7	99.7	99.6	99.7	99.7	99.5	99.6	99.7	99.6	99.3	99.6	99.2	99.5	99.4	99.5	99.5	99.7	99.4
2014	99.7	99.9	99.7	99.7	99.8	99.4	99.6	99.7	99.6	99.7	99.7	99.7	99.6	99.6	99.7	99.2	99.6	99.7	99.6	99.4	99.6	99.3	99.5	99.5	99.5	99.5	99.5	99.4
2015	99.7	99.8	99.5	99.6	99.6	99.5	99.6	99.7	99.7	99.7	99.6	99.6	99.6	99.6	99.6	99.1	99.6	99.7	99.6	99.7	99.6	99.4	99.6	99.5	99.5	99.5	99.5	99.4
2016	99.7	99.7	99.7	99.7	99.7	99.6	99.6	99.6	99.6	99.6	99.6	99.6	99.6	99.6	99.6	99.6	99.6	99.6	99.6	99.6	99.6	99.6	99.5	99.5	99.5	99.5	99.5	99.4
平均值	99.8	99.9	97.9	99.8	99.7	99.1	99.6	99.7	99.7	99.7	99.7	99.7	99.5	99.8	99.7	99.2	99.6	99.7	99.6	99.6	99.6	99.4	99.5	99.6	99.8	99.5	99.7	99.5

表5-18　化肥指数第四区间“一带一路”参与国变化情况

国家 年份	捷克	塞浦路斯	葡萄牙	苏里南	印度尼西亚	乌兹别克斯坦	塞尔维亚	斯洛文尼亚	卢森堡	马耳他	以色列	黑山	孟加拉国	智利	马尔代夫	黎巴嫩	厄瓜多尔	特立尼达和多巴哥	韩国	越南	中国	塞舌尔	哥斯达黎加	埃及	阿联酋	马来西亚	新西兰	新加坡
2000	99.9	99.6	99.5	99.6	99.7	99.6	99.6	98.8	98.8	100.0	99.1	100.0	99.6	98.6	100.0	99.1	99.6	99.6	98.4	99.1	98.9	100.0	97.5	98.4	97.8	95.8	93.1	82.5
2001	99.8	99.6	99.5	99.6	99.6	99.6	99.6	98.8	98.8	100.0	99.1	100.0	99.6	98.6	100.0	99.1	99.6	99.6	98.4	99.1	98.8	100.0	97.5	98.4	97.7	98.7	93.2	80.1
2002	99.8	99.5	99.4	99.7	99.6	99.6	99.6	98.8	98.2	99.7	99.2	100.0	99.4	99.1	100.0	99.0	99.5	99.6	98.8	99.1	98.9	99.9	98.1	98.7	98.1	96.6	94.4	94.5
2003	99.7	99.5	99.5	99.7	99.6	99.6	99.6	98.8	99.2	99.7	99.1	100.0	99.5	99.0	100.0	99.0	99.5	99.6	98.6	99.0	98.8	99.9	97.2	98.1	97.7	96.2	93.1	65.0
2004	99.7	99.6	99.3	99.6	99.6	99.6	99.6	98.9	99.0	99.6	99.0	99.9	99.5	98.5	100.0	98.9	99.3	99.3	98.4	98.8	98.7	100.0	97.7	98.3	97.7	95.2	94.7	59.1
2005	99.7	99.7	99.4	99.7	99.6	99.5	99.6	99.0	99.1	99.7	99.1	99.9	99.4	98.7	99.9	99.2	99.5	99.3	98.1	99.1	98.7	99.9	97.9	98.0	98.0	95.6	91.8	58.4
2006	99.7	99.7	99.6	99.4	99.5	99.5	99.5	99.0	99.1	99.6	99.1	99.9	99.4	98.6	99.6	99.3	99.4	99.3	98.6	99.1	98.6	100.0	97.4	98.5	97.5	94.8	92.5	50.0
2007	99.7	99.7	99.4	99.5	99.5	99.5	99.4	99.0	99.2	99.7	99.0	100.0	99.4	98.4	99.7	99.1	99.4	99.3	98.5	98.9	98.6	99.9	97.4	98.4	97.2	93.7	93.0	50.9
2008	99.7	99.7	99.5	98.3	99.4	99.5	99.6	99.2	99.2	99.8	99.2	100.0	99.4	97.9	99.9	99.2	99.4	99.4	98.7	99.1	98.5	99.9	97.2	97.9	97.6	93.5	94.8	50.8
2009	99.7	99.5	99.6	99.5	99.5	99.4	99.5	99.3	99.3	99.8	99.4	100.0	99.4	98.1	99.7	99.1	99.4	99.3	99.0	98.8	98.5	99.8	98.8	98.5	98.1	94.9	96.2	85.9
2010	99.7	99.4	99.5	99.4	99.5	99.4	99.6	99.2	99.2	99.8	99.4	100.0	99.4	98.9	99.7	98.9	99.2	99.3	99.0	99.0	98.4	99.9	98.4	98.2	97.8	93.4	96.2	90.5
2011	99.7	99.5	99.6	99.4	99.4	99.4	99.5	99.2	99.2	99.7	99.2	100.0	99.2	98.5	99.9	99.0	99.2	99.3	99.0	99.1	98.4	99.0	97.9	98.2	97.3	94.8	94.6	86.8
2012	99.6	99.4	99.5	99.4	99.3	99.4	99.3	99.2	99.2	99.3	99.2	100.0	99.2	99.0	99.6	99.1	99.2	99.2	98.5	98.9	98.3	98.4	98.1	98.3	97.4	94.5	94.9	57.1
2013	99.5	99.4	99.5	99.5	99.3	99.4	99.4	99.2	99.3	98.8	99.1	99.0	99.2	98.9	99.4	99.0	99.3	99.1	98.9	98.5	98.3	99.0	98.2	98.0	96.9	94.7	95.5	56.3
2014	99.5	99.5	99.5	99.4	99.3	99.3	99.5	99.2	99.3	98.6	99.2	99.2	99.2	989.9	99.3	99.0	98.9	98.9	98.9	98.8	98.3	99.0	98.3	97.9	98.1	93.6	95.5	96.8
2015	99.4	99.5	99.5	99.5	99.3	99.3	99.4	99.2	99.3	98.6	99.3	99.2	99.1	98.7	99.3	98.9	99.1	98.9	98.9	98.7	98.5	97.5	98.1	98.1	97.8	94.6	94.9	0.0
2016	99.4	99.4	99.4	99.3	99.3	99.3	99.3	99.2	99.2	99.2	99.2	99.1	99.1	99.1	99.0	99.0	99.0	98.9	98.8	98.6	98.5	98.4	98.2	98.0	97.8	94.8	94.6	8.6
平均值	99.7	99.5	99.5	99.4	99.5	99.5	99.5	99.1	99.1	99.5	99.2	99.8	99.4	151.1	99.7	99.1	99.3	99.3	98.7	98.9	98.6	99.4	97.9	98.2	97.7	95.0	94.3	63.1

（三）"一带一路"参与国化肥指数与世界平均水平的比较

从图5-3可以看出，"一带一路"参与国化肥指数平均值与世界平均值走势高度相似。2000～2014年"一带一路"平均值与世界平均值都在99.1～99.5区间内波动，2015年两者均快速下行，2016年有所反弹后仍低于98.9。总体来看，化肥使用量在世界范围内，呈下降趋势。

现有的"一带一路"参与国中，大多数国家的农业都有着举足轻重的地位，也越来越重视绿色农业和可持续发展，诸如测土配方施肥等科学合理的施肥方法不断被开发、推广和普及。中国国家主席习近平指出，推进农业绿色发展是农业发展观的一场深刻革命。"一带一路"参与国大部分为农业大国，这对维护"一带一路"区域乃至世界粮食安全和经济社会稳定发展都有重要意义。应积极创新农业合作模式，如自由贸易区、农业高科技园区、政府—协会—企业三位一体的农业合作平台、跨境农业合作项目综合服务体系等，推动"一带一路"参与国农业的绿色可持续发展。随着响应"一带一路"倡议的国家不断增多，处于各个发展阶段的国家互助互利，将"一带一路"作为沟通枢纽、交流枢纽、合作枢纽，把"一带一路"平台作用发挥到最大，切实促进生态、绿色农业发展。

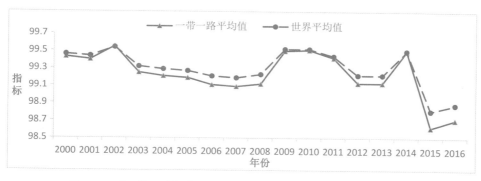

图5-3 "一带一路"参与国化肥指数平均值与世界平均值的比较

五、森林指数

（一）森林指数的含义

森林是陆地上最大的碳储库，减少森林损毁、增加森林资源是应对气候变化的有效途径。森林覆盖率是指森林面积占土地总面积的比率，是反映一个国家（或地区）森林资源和林地占有的实际水平的重要指标，一般使用百分比表示。森林覆盖率是反映森林资源的丰富程度和生态平衡状况的重要指标。

不同的国家森林覆盖率的计算采取不同的方法。如中国森林覆盖率系指郁闭度0.2以上的乔木林、竹林、国家特别规定的灌木林地面积的总和占土地面积的百分比。

本报告我们选取联合国公开网站数据作为计算依据。选取2000～2019年共20年间数据相对完整的112个国家的森林覆盖率进行适当处理后统计计算出各国森林指数，并选取2000年、2006年、2013年、2016年4个年份作为样本年份进行统计计算并予以排名（见表5-19），同时将此112个国家划分为4个区间。

（二）"一带一路"参与国森林指数

图5-4显示，"一带一路"参与国森林指数平均值远远低于世界森林指数平均值。世界森林指数平均值曲线下降速率比"一带一路"参与国快。

从国别来看，2000～2016年排名进步大的依次是黑山提升18位，多米尼加提升17位，越南提升15位，哥斯达黎加提升14位。排名退步较大的依次为津巴布韦下降19位，尼日利亚下降17位，乌干达下降16位，喀麦隆下降13位，多哥下降13位等。

森林指数排位前25%的国家中，苏里南、加蓬、塞舌尔、圭亚那、不丹、马来西亚、刚果（布）、赞比亚、韩国等"一带一路"参与国多年来稳定处在前15位。

森林是重要的陆地生态系统，是地球的基因库、碳储库、蓄水库和能源库，对于有效维持地球的生态平衡有着不可替代的作用。全球森林主要集中在南美、俄罗斯、中非和东南亚4个地区，其中俄罗斯、巴西、印尼和刚果（金）这4个"一带一路"参与国就拥有全球40%的森林。世界森林覆盖率最高的国家是拉丁美洲的"一带一路"参与国圭亚那，达到97.5%；森林覆盖率最低的国家是非洲的"一带一路"参与国埃及，仅0.045%（根据世界银行森林面积计算）；森林覆盖率增长最快的国家是法国；森林面积增长最快的国家是中国。

根据联合国粮农组织的数据，全球森林面积目前约为41亿公顷，占土地总面积的比例已经从2000年的31.9%降至2020年的31.2%。这标志着"全球森林面积净减少了近1亿公顷"。毁坏森林对撒哈拉以南非洲地区和东南亚"一带一路"参与国的影响尤其严重。在东南亚，森林覆盖率从2015年的49%下降到现在的47.8%。在撒哈拉以南非洲地区，这一比例从5年前的28.7%下降到27.8%。在印度尼西亚，这一比例从52.5%降至50.9%。在马来西亚，这一比例为58.2%，低于5年前的59.2%。像科特迪瓦这样高度重视农业的国家，森林占国土面积的比例已经从2015年的10.7%降至8.9%。

相比之下，经济状况较好的"一带一路"参与国和亚投行成员，由于政策鼓励恢复林地，让森林自然扩张，森林覆盖率在过去5年间上升或持平。在中国，森林覆盖率从2015年的22.3%上升到23.3%。在法国，森林覆盖率从2015年的30.7%上升到2020年的31.5%。在意大利，这一比例从5年前的31.6%上升到32.5%。在英国，这一比例为13.2%，高于5年前的13%。在加拿大，这一比例保持在38.2%。在澳大利亚，这一比例在5年内从17.3%上升到17.4%。在新西兰，这一比例从37.4%上升到37.6%。

我们亟需总结修复森林的"一带一路"参与国成功经验，探索如何对森林破坏问题较多的"一带一路"参与国进行经济、政策支持，因地制宜地展开共建，实现共赢。

表5-19　"一带一路"参与国森林指数及其排名

	2000年		2006年		2013年		2016年	
	指数	排名	指数	排名	指数	排名	指数	排名
阿尔巴尼亚	28.4	59	28.9	60	28.6	61	28.5	61
阿尔及利亚	0.6	109	0.6	109	0.8	109	0.8	108
阿富汗	2.0	102	2.0	102	2.0	101	2.0	101
阿拉伯联合酋长国	4.4	98	4.4	97	4.5	95	4.6	95
阿塞拜疆	10.6	83	11.0	84	13.3	76	14.2	75
埃及	0.0	112	0.0	112	0.0	112	0.0	112
爱沙尼亚	53.6	23	53.7	23	52.0	22	52.0	22
安哥拉	48.5	28	47.9	29	47.2	31	46.9	31
奥地利	47.1	30	47.3	30	47.4	29	47.5	30
巴巴多斯	14.8	74	14.8	75	14.8	74	14.8	74
巴基斯坦	2.7	101	2.4	101	2.0	101	1.8	103
巴拿马	66.3	9	65.0	10	63.4	10	62.7	11
白俄罗斯	41.3	38	42.2	39	42.9	36	43.2	35
保加利亚	30.9	55	34.2	51	35.3	48	35.8	47
北马其顿	38.2	43	39.0	44	40.1	42	40.1	41
贝宁	45.5	36	42.8	38	39.6	43	38.3	44
波黑	43.2	37	43.2	37	43.2	35	43.2	35
波兰	29.9	56	30.5	56	31.1	59	31.3	58
玻利维亚	56.2	18	54.5	19	51.8	23	50.9	23
不丹	66.4	8	70.9	5	72.7	5	73.5	5
布隆迪	7.8	88	7.7	88	10.5	84	11.0	83
多哥	9.0	86	6.8	93	4.2	96	3.1	99
多米尼加	31.1	54	35.3	47	40.2	41	42.3	37
多米尼克	63.9	12	61.8	12	59.3	14	58.2	15
俄罗斯	50.0	26	50.1	27	50.4	26	50.4	26
厄瓜多尔	56.0	19	54.1	21	51.8	23	50.9	23
菲律宾	23.8	65	23.8	64	25.7	63	28.1	62
斐济	54.4	21	55.3	17	55.9	16	56.7	16
冈比亚	46.1	34	47.3	30	48.5	28	49.0	27
刚果（布）	67.0	6	66.7	7	66.4	8	66.2	7
哥斯达黎加	47.1	30	49.9	28	53.5	20	55.3	17
格鲁吉亚	40.2	40	40.6	41	41.1	39	41.1	39
圭亚那	85.6	4	85.5	4	85.2	4	85.0	4
哈萨克斯坦	1.2	104	1.2	104	1.2	104	1.2	104
韩国	66.1	11	65.4	8	64.5	9	64.2	9
黑山	47.1	30	50.2	26	62.3	12	62.3	12
吉尔吉斯斯坦	4.5	97	4.3	98	3.4	98	3.3	97
几内亚	28.4	59	27.5	62	26.5	62	26.1	63
加纳	39.7	41	40.4	42	41.3	37	41.7	38
加蓬	86.5	3	86.5	3	88.9	3	91.3	2

续上表

	2000年		2006年		2013年		2016年	
	指数	排名	指数	排名	指数	排名	指数	排名
柬埔寨	66.3	9	60.9	14	55.7	17	53.5	19
捷克	34.6	48	34.7	48	34.9	50	35.0	49
津巴布韦	49.5	27	44.3	35	38.4	45	36.0	46
喀麦隆	47.4	29	44.6	34	41.3	37	39.8	42
科特迪瓦	32.9	51	33.1	53	33.1	53	33.1	53
克罗地亚	34.1	49	34.5	49	34.8	51	34.8	51
肯尼亚	6.3	93	7.2	91	7.7	89	7.9	88
拉脱维亚	52.8	25	53.9	22	54.7	18	54.7	18
黎巴嫩	12.9	78	13.5	77	13.5	75	13.6	76
立陶宛	32.6	52	34.4	50	35.2	49	35.3	48
利比亚	0.1	111	0.1	111	0.1	111	0.1	111
卢森堡	36.1	46	36.1	46	36.1	46	36.1	45
卢旺达	14.1	76	16.3	73	19.1	70	20.0	70
罗马尼亚	28.1	62	28.2	61	29.6	60	30.5	60
马达加斯加	22.7	66	22.2	67	21.7	69	21.7	69
马尔代夫	3.3	99	3.3	99	3.3	99	3.3	97
马耳他	1.1	105	1.1	105	1.1	105	1.1	105
马来西亚	66.6	7	65.2	9	68.4	6	68.5	6
马里	4.8	96	4.5	96	4.0	97	3.8	96
蒙古	7.6	90	7.6	90	8.3	88	8.1	87
孟加拉国	11.4	81	11.3	82	11.1	83	11.1	82
秘鲁	60.3	15	59.7	15	58.8	15	58.4	14
缅甸	54.1	22	51.2	25	46.7	32	44.2	33
摩尔多瓦	9.9	84	11.3	82	12.3	80	12.7	77
摩洛哥	11.3	82	12.3	79	12.8	78	12.7	77
莫桑比克	53.1	24	51.3	24	49.4	27	48.6	29
纳米比亚	9.8	85	9.3	85	8.7	86	8.4	86
南非	7.7	89	7.7	88	7.7	89	7.7	90
尼泊尔	27.5	63	25.7	63	25.7	63	25.7	64
尼日尔	1.0	107	0.9	108	0.9	108	0.8	108
尼日利亚	14.6	75	11.8	80	8.6	87	7.3	92
葡萄牙	37.0	45	36.4	45	35.4	47	35.0	49
萨尔瓦多	16.2	73	14.9	74	13.3	76	12.7	77
萨摩亚	61.2	14	61.2	13	61.2	13	61.2	13
塞尔维亚	28.7	58	29.2	59	31.5	56	31.5	57
塞内加尔	46.8	33	45.4	32	43.9	34	43.3	34
塞浦路斯	18.8	71	18.9	70	18.9	71	18.9	71
塞舌尔	89.6	2	89.6	2	89.6	2	89.6	3
沙特阿拉伯	0.4	110	0.4	110	0.4	110	0.4	110
斯里兰卡	35.4	47	34.2	51	33.6	52	33.3	52

续上表

	2000年		2006年		2013年		2016年	
	指数	排名	指数	排名	指数	排名	指数	排名
斯洛伐克	40.4	39	40.7	40	40.9	40	40.9	40
斯洛文尼亚	62.0	13	62.6	11	62.8	11	62.8	10
苏里南	100.0	1	99.8	1	99.7	1	99.6	1
塔吉克斯坦	2.9	100	2.9	100	2.9	100	3.0	100
泰国	33.7	50	32.0	54	32.4	54	32.6	54
坦桑尼亚	59.4	16	56.6	16	53.5	20	52.3	21
汤加	12.6	79	12.6	78	12.6	79	12.6	80
特立尼达和多巴哥	46.1	34	45.3	33	45.7	33	46.6	32
突尼斯	5.4	95	6.0	95	6.6	93	6.8	93
土耳其	13.4	77	14.1	76	15.1	73	15.5	73
委内瑞拉	56.5	17	54.8	18	54.0	19	53.4	20
乌干达	19.6	69	16.7	71	11.8	81	9.8	85
乌克兰	16.6	72	16.7	71	16.8	72	16.9	72
乌拉圭	7.9	87	9.0	86	10.4	85	10.8	84
乌兹别克斯坦	7.6	90	7.8	87	7.7	89	7.6	91
希腊	28.3	61	29.7	58	31.4	57	32.1	56
新加坡	24.7	64	23.8	64	23.4	65	23.3	66
新西兰	39.0	42	39.1	43	39.0	44	39.0	43
匈牙利	21.6	67	22.5	66	23.0	67	23.2	67
牙买加	31.9	53	31.7	55	31.4	57	31.3	58
亚美尼亚	11.8	80	11.8	80	11.8	81	11.8	81
也门	1.0	107	1.0	107	1.0	107	1.0	107
伊拉克	1.8	103	1.9	103	1.9	103	1.9	102
伊朗	5.8	94	6.6	94	6.6	93	6.6	94
以色列	7.1	92	7.2	91	7.5	92	7.8	89
意大利	28.8	57	30.3	57	31.6	55	32.2	55
印度尼西亚	55.6	20	54.3	20	51.7	25	50.5	25
约旦	1.1	105	1.1	105	1.1	105	1.1	105
越南	38.2	43	43.4	36	47.4	29	48.7	28
赞比亚	69.7	5	68.3	6	66.8	7	66.1	8
智利	21.5	68	21.9	68	23.3	66	24.5	65
中国	19.1	70	21.0	69	22.1	68	22.6	68
上述国家平均值	31.5		31.4		31.4		31.4	
世界平均值	32.9		32.6		32.5		32.4	

表5-20　"一带一路"参与国森林指数排名和分区

	排名	2000年	2006年	2013年	2016年
第一区间	1	苏里南	苏里南	苏里南	苏里南
	2	塞舌尔	塞舌尔	塞舌尔	加蓬
	3	加蓬	加蓬	加蓬	塞舌尔
	4	圭亚那	圭亚那	圭亚那	圭亚那
	5	赞比亚	不丹	不丹	不丹
	6	刚果（布）	赞比亚	马来西亚	马来西亚
	7	马来西亚	刚果（布）	赞比亚	刚果（布）
	8	不丹	韩国	刚果（布）	赞比亚
	9	巴拿马	马来西亚	韩国	韩国
	10	柬埔寨	巴拿马	巴拿马	斯洛文尼亚
	11	韩国	斯洛文尼亚	斯洛文尼亚	巴拿马
	12	多米尼克	多米尼克	黑山	黑山
	13	斯洛文尼亚	萨摩亚	萨摩亚	萨摩亚
	14	萨摩亚	柬埔寨	多米尼克	秘鲁
	15	秘鲁	秘鲁	秘鲁	多米尼克
	16	坦桑尼亚	坦桑尼亚	斐济	斐济
	17	委内瑞拉	斐济	柬埔寨	哥斯达黎加
	18	玻利维亚	委内瑞拉	拉脱维亚	拉脱维亚
	19	厄瓜多尔	玻利维亚	委内瑞拉	柬埔寨
	20	印度尼西亚	印度尼西亚	坦桑尼亚	委内瑞拉
	21	斐济	厄瓜多尔	哥斯达黎加	坦桑尼亚
	22	缅甸	拉脱维亚	爱沙尼亚	爱沙尼亚
	23	爱沙尼亚	爱沙尼亚	厄瓜多尔	玻利维亚
	24	莫桑比克	莫桑比克	玻利维亚	厄瓜多尔
	25	拉脱维亚	缅甸	印度尼西亚	印度尼西亚
	26	俄罗斯	黑山	俄罗斯	俄罗斯
	27	津巴布韦	俄罗斯	莫桑比克	冈比亚
	28	安哥拉	哥斯达黎加	冈比亚	越南
第二区间	29	喀麦隆	安哥拉	奥地利	莫桑比克
	30	黑山	冈比亚	越南	奥地利
	31	哥斯达黎加	奥地利	安哥拉	安哥拉
	32	奥地利	塞内加尔	缅甸	特立尼达和多巴哥
	33	塞内加尔	特立尼达和多巴哥	特立尼达和多巴哥	缅甸
	34	冈比亚	喀麦隆	塞内加尔	塞内加尔
	35	特立尼达和多巴哥	津巴布韦	波黑	波黑
	36	贝宁	越南	白俄罗斯	白俄罗斯
	37	波黑	波黑	加纳	多米尼加
	38	白俄罗斯	贝宁	喀麦隆	加纳
	39	斯洛伐克	白俄罗斯	格鲁吉亚	格鲁吉亚
	40	格鲁吉亚	斯洛伐克	斯洛伐克	斯洛伐克
	41	加纳	格鲁吉亚	多米尼加	北马其顿
	42	新西兰	加纳	北马其顿	喀麦隆

续上表

	排名	2000年	2006年	2013年	2016年
第二区间	43	越南	新西兰	贝宁	新西兰
	44	北马其顿	北马其顿	新西兰	贝宁
	45	葡萄牙	葡萄牙	津巴布韦	卢森堡
	46	卢森堡	卢森堡	卢森堡	津巴布韦
	47	斯里兰卡	多米尼加	葡萄牙	保加利亚
	48	捷克	捷克	保加利亚	立陶宛
	49	克罗地亚	克罗地亚	立陶宛	葡萄牙
	50	泰国	立陶宛	捷克	捷克
	51	科特迪瓦	保加利亚	克罗地亚	克罗地亚
	52	立陶宛	斯里兰卡	斯里兰卡	斯里兰卡
	53	牙买加	科特迪瓦	科特迪瓦	科特迪瓦
	54	多米尼加	泰国	泰国	泰国
	55	保加利亚	牙买加	意大利	意大利
	56	波兰	波兰	塞尔维亚	希腊
第三区间	57	意大利	意大利	牙买加	塞尔维亚
	58	塞尔维亚	希腊	希腊	牙买加
	59	几内亚	塞尔维亚	波兰	波兰
	60	阿尔巴尼亚	阿尔巴尼亚	罗马尼亚	罗马尼亚
	61	希腊	罗马尼亚	阿尔巴尼亚	阿尔巴尼亚
	62	罗马尼亚	几内亚	几内亚	菲律宾
	63	尼泊尔	尼泊尔	尼泊尔	几内亚
	64	新加坡	菲律宾	菲律宾	尼泊尔
	65	菲律宾	新加坡	新加坡	智利
	66	马达加斯加	匈牙利	智利	新加坡
	67	匈牙利	马达加斯加	匈牙利	匈牙利
	68	智利	智利	中国	中国
	69	乌干达	中国	马达加斯加	马达加斯加
	70	中国	塞浦路斯	卢旺达	卢旺达
	71	塞浦路斯	乌克兰	塞浦路斯	塞浦路斯
	72	乌克兰	乌干达	乌克兰	乌克兰
	73	萨尔瓦多	卢旺达	土耳其	土耳其
	74	巴巴多斯	萨尔瓦多	巴巴多斯	巴巴多斯
	75	尼日利亚	巴巴多斯	黎巴嫩	阿塞拜疆
	76	卢旺达	土耳其	萨尔瓦多	黎巴嫩
	77	土耳其	黎巴嫩	阿塞拜疆	摩洛哥
	78	黎巴嫩	汤加	摩洛哥	萨尔瓦多
	79	汤加	摩洛哥	汤加	摩尔多瓦
	80	亚美尼亚	尼日利亚	摩尔多瓦	汤加
	81	孟加拉国	亚美尼亚	乌干达	亚美尼亚
	82	摩洛哥	摩尔多瓦	亚美尼亚	孟加拉国
	83	阿塞拜疆	孟加拉国	孟加拉国	布隆迪
	84	摩尔多瓦	阿塞拜疆	布隆迪	乌拉圭

续上表

	排名	2000年	2006年	2013年	2016年
第四区间	85	纳米比亚	纳米比亚	乌拉圭	乌干达
	86	多哥	乌拉圭	纳米比亚	纳米比亚
	87	乌拉圭	乌兹别克斯坦	尼日利亚	蒙古
	88	布隆迪	南非	蒙古	肯尼亚
	89	南非	布隆迪	肯尼亚	以色列
	90	乌兹别克斯坦	蒙古	乌兹别克斯坦	南非
	91	蒙古	肯尼亚	南非	乌兹别克斯坦
	92	以色列	以色列	以色列	尼日利亚
	93	肯尼亚	多哥	突尼斯	突尼斯
	94	伊朗	伊朗	伊朗	伊朗
	95	突尼斯	突尼斯	阿拉伯联合酋长国	阿拉伯联合酋长国
	96	马里	马里	多哥	马里
	97	吉尔吉斯斯坦	阿拉伯联合酋长国	马里	马尔代夫
	98	阿拉伯联合酋长国	吉尔吉斯斯坦	吉尔吉斯斯坦	吉尔吉斯斯坦
	99	马尔代夫	马尔代夫	马尔代夫	多哥
	100	塔吉克斯坦	塔吉克斯坦	塔吉克斯坦	塔吉克斯坦
	101	巴基斯坦	巴基斯坦	阿富汗	阿富汗
	102	阿富汗	阿富汗	巴基斯坦	伊拉克
	103	伊拉克	伊拉克	伊拉克	巴基斯坦
	104	哈萨克斯坦	哈萨克斯坦	哈萨克斯坦	哈萨克斯坦
	105	约旦	约旦	约旦	约旦
	106	马耳他	马耳他	马耳他	马耳他
	107	尼日尔	也门	也门	也门
	108	也门	尼日尔	尼日尔	尼日尔
	109	阿尔及利亚	阿尔及利亚	阿尔及利亚	阿尔及利亚
	110	沙特阿拉伯	沙特阿拉伯	沙特阿拉伯	沙特阿拉伯
	111	利比亚	利比亚	利比亚	利比亚
	112	埃及	埃及	埃及	埃及

表5-21 森林指数第一区间的"一带一路"参与国变化情况

年份\国家	苏里南	加蓬	塞舌尔	圭亚那	不丹	马来西亚	刚果（布）	赞比亚	韩国	斯洛文尼亚	巴拿马	黑山	萨摩亚	秘鲁	多米尼克	斐济	哥斯达黎加	拉脱维亚	柬埔寨	委内瑞拉	坦桑尼亚	爱沙尼亚	玻利维亚	厄瓜多尔	印度尼西亚	俄罗斯	冈比亚	越南
2000	100.0	86.5	89.6	85.6	66.3	66.6	66.9	69.7	66.1	62.0	66.3	47.1	61.2	60.3	63.9	54.4	47.1	52.8	66.3	56.5	59.4	53.6	56.2	56.0	55.6	50.0	46.1	38.2
2001	100.0	86.5	89.6	85.6	66.6	66.2	66.9	69.5	65.8	62.1	66.1	47.1	61.2	60.2	63.6	54.6	47.6	53.0	65.3	56.1	58.9	53.6	55.9	55.7	55.4	50.0	46.3	39.1
2002	99.9	86.5	89.6	85.5	66.9	65.7	66.8	69.2	65.7	62.2	65.9	47.1	61.2	60.1	63.2	54.7	48.0	53.2	64.4	55.8	58.5	53.7	55.7	55.4	55.2	50.0	46.5	40.0
2003	99.9	86.5	89.6	85.5	67.1	65.3	66.8	69.0	65.6	62.3	65.9	47.1	61.2	60.0	62.9	54.9	48.5	53.3	63.5	55.5	58.0	53.7	55.4	55.0	55.1	50.0	46.7	40.9
2004	99.9	86.5	89.6	85.5	70.3	64.9	66.7	68.8	65.5	62.4	65.4	47.1	61.2	59.9	62.5	55.1	49.0	53.5	62.5	55.1	57.6	53.8	55.2	54.7	54.9	50.0	46.9	41.8
2005	99.9	86.5	89.6	85.5	70.6	64.4	66.7	68.6	65.4	62.5	65.2	47.1	61.2	59.8	62.1	55.3	49.4	53.7	61.6	54.8	57.1	53.8	54.9	54.4	54.7	50.0	47.1	42.7
2006	99.8	86.5	89.6	85.4	70.9	65.2	66.6	68.3	65.4	62.6	65.0	50.2	61.2	59.7	61.8	55.3	49.9	53.9	60.9	54.8	56.6	53.7	54.5	54.1	54.3	50.1	47.3	43.4
2007	99.8	86.5	89.6	85.4	71.1	65.9	66.6	68.1	65.3	62.6	64.7	53.2	61.2	59.6	61.4	55.2	50.3	54.1	60.1	54.7	56.2	53.6	54.0	53.8	54.0	50.2	47.5	44.1
2008	99.8	86.5	89.6	85.4	71.4	66.7	66.6	67.9	65.1	62.6	64.5	56.2	61.2	59.4	61.0	55.2	50.8	54.3	59.4	54.7	55.7	53.6	53.5	53.4	53.6	50.3	47.7	44.8
2009	99.8	86.5	89.6	85.4	71.7	67.5	66.5	67.7	65.0	62.7	64.3	59.3	61.2	59.3	60.7	55.1	51.2	54.5	58.7	54.6	55.3	53.5	53.0	53.1	53.2	50.3	47.9	45.5
2010	99.7	86.5	89.6	85.3	71.9	68.2	66.5	67.4	64.9	62.7	64.0	62.3	61.2	59.2	60.3	55.1	51.7	54.6	57.9	54.6	54.8	53.4	52.6	52.8	52.8	50.4	48.0	46.2
2011	99.7	87.3	89.6	85.3	72.2	68.3	66.5	67.2	64.8	62.4	63.8	62.3	61.2	59.1	60.0	55.3	52.3	54.6	57.2	54.4	54.4	53.4	52.3	52.5	52.4	50.4	48.2	46.6
2012	99.7	88.1	89.6	85.2	72.4	68.3	66.4	67.0	64.6	62.4	63.6	62.3	61.2	58.9	59.6	55.6	52.9	54.7	56.5	54.2	54.0	53.4	52.0	52.1	52.0	50.4	48.4	47.0
2013	99.7	88.9	89.6	85.2	70.7	68.4	66.4	66.7	64.5	62.8	63.4	62.3	61.2	58.8	59.2	55.9	53.5	54.7	55.7	54.0	53.5	52.0	51.8	51.8	51.7	50.4	48.5	47.4
2014	99.6	89.7	89.6	85.1	73.0	68.4	66.3	66.5	64.4	62.8	63.2	62.3	61.2	58.7	58.9	56.1	54.1	54.7	55.0	53.8	53.1	52.0	51.5	51.5	51.3	50.4	48.7	47.8
2015	99.6	90.5	89.6	85.1	73.2	68.5	66.3	66.3	64.3	62.8	62.9	62.3	61.2	58.6	58.5	56.4	54.7	54.7	54.3	53.6	52.7	52.0	51.2	51.2	50.9	50.4	48.8	48.3
2016	99.6	91.3	89.6	85.0	73.5	68.5	66.2	66.1	64.2	62.8	62.7	62.3	61.2	58.4	58.2	56.7	55.3	54.7	53.5	53.4	52.2	52.0	50.9	50.9	50.5	50.4	49.0	48.7
平均值	99.8	87.5	89.6	92.3	70.6	66.9	66.6	67.9	65.1	62.5	64.5	55.2	61.2	59.4	67.2	55.3	51.0	54.1	59.6	54.7	55.8	53.2	53.6	53.4	53.4	50.2	47.6	44.3

表5-22　森林指数第二区间的“一带一路”参与国变化情况

年份＼国家	莫桑比克	奥地利	安哥拉	特立尼达和多巴哥	缅甸	塞内加尔	波黑	白俄罗斯	多米尼加	加纳	格鲁吉亚	斯洛伐克	北马其顿	喀麦隆	新西兰	贝宁	卢森堡	津巴布韦	保加利亚	立陶宛	葡萄牙	捷克	克罗地亚	斯里兰卡	科特迪瓦	泰国	意大利	希腊
2000	53.1	47.1	48.5	46.1	54.0	46.8	43.2	41.3	31.1	39.6	40.2	40.4	38.1	47.4	39.0	45.5	36.1	49.5	30.9	32.6	37.0	34.6	34.1	35.4	32.9	33.7	28.8	28.3
2001	52.8	47.1	48.4	46.0	53.6	46.6	43.2	41.5	31.8	39.8	40.3	40.5	38.3	46.9	39.0	45.0	36.1	48.6	31.4	33.0	36.9	34.6	34.2	35.2	32.9	33.3	29.1	28.5
2002	52.5	47.1	48.3	45.8	53.1	46.3	43.2	41.6	32.5	39.9	40.3	40.5	38.4	46.4	39.1	44.6	36.1	47.8	32.4	33.3	36.8	34.6	34.3	34.9	33.0	33.0	29.3	28.7
2003	52.2	47.2	48.2	45.7	52.6	46.1	43.2	41.8	33.2	40.0	40.3	40.6	38.6	46.0	39.1	44.1	36.1	46.9	33.0	33.6	36.7	34.6	34.3	34.7	33.0	32.6	29.6	29.0
2004	51.9	47.2	48.1	45.6	52.1	45.9	43.2	42.0	33.9	40.2	40.4	40.6	38.7	45.5	39.1	43.7	36.1	46.0	33.5	33.9	36.6	34.7	34.4	34.4	33.1	32.3	29.9	29.2
2005	51.6	47.2	48.0	45.4	51.7	45.6	43.2	42.1	34.6	40.3	40.4	40.7	38.8	45.0	39.2	43.2	36.1	45.2	34.0	34.3	36.5	34.7	34.4	34.2	33.1	31.9	30.1	29.5
2006	51.3	47.3	47.9	45.3	51.2	45.4	43.2	42.2	35.3	40.4	40.5	40.7	39.0	44.6	39.1	42.8	36.1	44.3	34.2	34.4	36.4	34.7	34.5	34.1	33.1	32.0	30.3	29.7
2007	51.1	47.3	47.8	45.1	50.7	45.2	43.2	42.3	36.0	40.5	40.7	40.7	39.5	44.1	39.1	42.3	36.1	43.5	34.4	34.6	36.2	34.7	34.6	34.1	33.1	32.0	30.5	29.9
2008	50.8	47.3	47.7	45.0	50.2	45.0	43.2	42.4	36.7	40.7	40.8	40.8	39.7	43.6	39.1	41.9	36.1	42.6	34.5	34.7	36.1	34.8	34.6	34.0	33.1	32.1	30.7	30.2
2009	50.5	47.3	47.6	44.8	49.7	44.8	43.2	42.5	37.4	40.8	41.0	40.8	39.9	43.1	39.1	41.4	36.1	41.8	34.7	34.9	35.9	34.8	34.7	34.0	33.1	32.1	30.9	30.4
2010	50.2	47.4	47.5	44.7	49.3	44.6	43.2	42.6	38.1	40.9	41.1	40.8	40.1	42.7	39.0	41.0	36.1	40.9	34.9	35.1	35.8	34.8	34.7	34.0	33.1	32.2	31.1	30.6
2011	49.9	47.4	47.4	45.0	48.4	44.4	43.2	42.7	38.8	41.1	41.1	40.8	40.1	42.2	39.0	40.5	36.1	40.1	35.0	35.1	35.7	34.9	34.7	33.8	33.1	32.3	31.3	30.9
2012	49.7	47.4	47.3	45.3	47.6	44.2	43.2	42.8	39.5	41.2	41.1	40.8	40.1	41.7	39.0	40.1	36.1	39.3	35.2	35.1	35.6	34.9	34.8	33.7	33.1	32.3	31.4	31.1
2013	49.4	47.4	47.2	45.7	46.7	43.9	43.2	42.9	40.2	41.3	41.1	40.8	40.1	41.3	39.0	39.3	36.1	38.4	35.3	35.2	35.4	34.9	34.8	33.6	33.1	32.4	31.6	31.4
2014	49.1	47.5	47.1	46.0	45.9	43.7	43.2	43.0	40.9	41.4	41.1	40.9	40.1	40.8	39.0	39.2	36.1	37.6	35.5	35.2	35.3	34.9	34.8	33.5	33.1	32.4	31.8	31.6
2015	48.9	47.5	47.0	46.3	45.0	43.5	43.2	43.1	41.6	41.6	41.1	40.9	40.1	40.3	39.0	38.7	36.1	36.8	35.7	35.2	35.2	35.0	34.8	33.4	33.1	32.5	32.0	31.8
2016	48.6	47.5	46.9	46.6	44.2	43.3	43.2	43.2	42.3	41.7	41.1	40.9	40.1	39.8	39.0	38.3	36.1	36.0	35.8	35.3	35.0	35.0	34.8	33.3	33.1	32.6	32.2	32.1
平均值	50.8	47.3	47.7	45.6	49.8	45.0	43.2	42.4	36.7	40.7	40.7	40.7	39.4	43.6	39.1	41.9	36.1	42.7	34.1	34.4	36.1	34.8	34.6	34.1	33.1	32.5	30.6	30.2

表5-23 森林指数第三区间的"一带一路"参与国变化情况

国家/年份	塞尔维亚	牙买加	波兰	罗马尼亚	阿尔巴尼亚	菲律宾	几内亚	尼泊尔	智利	新加坡	匈牙利	中国	马达加斯加	卢旺达	塞浦路斯	乌克兰	土耳其	巴巴多斯	阿塞拜疆	黎巴嫩	摩洛哥	萨尔瓦多	摩尔多瓦	汤加	亚美尼亚	孟加拉国	布隆迪	乌拉圭
2000	28.7	31.9	29.9	28.0	28.4	23.8	28.4	27.5	21.5	24.7	21.6	19.1	22.7	14.1	18.8	16.6	13.4	14.8	10.6	12.9	11.3	16.2	9.9	12.6	11.8	11.4	7.8	7.9
2001	28.7	31.8	30.0	28.1	28.5	23.9	28.3	27.2	21.6	24.7	21.8	19.4	22.6	14.4	18.8	16.6	13.5	14.8	10.7	13.0	11.5	16.0	10.2	12.6	11.8	11.4	7.6	8.1
2002	28.7	31.8	30.1	28.1	28.6	23.9	28.1	26.8	21.7	24.5	21.9	19.8	22.5	14.8	18.8	16.6	13.6	14.8	10.7	13.1	11.7	15.7	10.4	12.6	11.8	11.3	7.5	8.2
2003	28.7	31.8	30.2	28.1	28.7	23.9	28.0	26.4	21.7	24.1	22.1	20.1	22.5	15.1	18.9	16.7	13.7	14.8	10.7	13.3	11.8	15.5	10.7	12.6	11.8	11.3	7.4	8.4
2004	28.7	31.7	30.3	28.1	28.8	24.0	27.8	26.0	21.8	24.0	22.2	20.4	22.4	14.4	18.9	16.7	13.9	14.8	10.7	13.4	12.0	15.3	10.9	12.6	11.8	11.3	7.2	8.6
2005	28.7	31.7	30.4	28.1	28.9	24.0	27.7	25.7	21.8	24.0	22.4	20.8	22.3	15.8	18.9	16.7	14.0	14.8	10.7	13.5	12.2	15.1	11.1	12.6	11.8	11.3	7.1	8.8
2006	29.2	31.7	30.5	28.2	28.9	23.8	27.5	25.7	21.9	23.8	22.5	21.0	22.2	16.3	18.9	16.7	14.1	14.8	11.0	13.5	12.3	14.8	11.3	12.6	11.8	11.3	7.7	9.0
2007	29.8	31.6	30.6	28.4	28.8	23.7	27.4	25.7	21.9	23.8	22.7	21.1	22.1	16.8	18.9	16.7	14.3	14.8	11.4	13.5	12.5	14.6	11.4	12.6	11.8	11.2	8.2	9.2
2008	30.3	31.6	30.7	28.5	28.8	23.5	27.2	25.7	22.0	23.6	22.8	21.3	22.0	17.3	18.9	16.7	14.4	14.8	11.7	13.5	12.6	14.4	11.6	12.6	11.7	11.2	8.8	9.5
2009	30.9	31.5	30.7	28.6	28.7	23.4	27.1	25.7	22.0	23.6	22.7	21.4	21.9	17.8	18.9	16.7	14.6	14.8	12.0	13.5	12.7	14.2	11.7	12.6	11.7	11.2	9.4	9.7
2010	31.4	31.5	30.8	28.7	28.7	23.2	26.9	25.7	22.1	23.6	22.9	21.6	21.8	18.3	18.9	16.7	14.7	14.8	12.3	13.5	12.8	14.0	11.9	12.6	11.7	11.2	9.9	10.0
2011	31.4	31.5	30.9	29.0	28.6	24.0	26.8	25.7	22.5	23.5	22.9	21.8	21.8	18.6	18.9	16.7	14.8	14.8	12.6	13.5	12.8	13.8	12.0	12.6	11.7	11.2	10.1	10.1
2012	31.4	31.4	31.0	29.3	28.6	24.8	26.7	25.7	22.9	23.4	23.0	21.9	21.8	18.8	18.9	16.7	15.0	14.8	13.0	13.5	12.8	13.6	12.1	12.6	11.7	11.1	10.3	10.2
2013	31.4	31.4	31.0	29.6	28.6	25.7	26.5	25.7	23.3	23.4	23.0	22.1	21.7	19.1	18.9	16.8	15.1	14.8	13.3	13.5	12.8	13.3	12.3	12.6	11.8	11.1	10.5	10.4
2014	31.5	31.4	31.1	29.9	28.5	26.5	26.4	25.7	23.7	23.3	23.1	22.3	21.7	19.4	18.9	16.8	15.2	14.8	13.5	13.5	12.8	13.1	12.4	12.6	11.8	11.1	10.7	10.5
2015	31.5	31.3	31.2	30.2	28.5	27.3	26.2	25.7	24.1	23.3	23.1	22.4	21.7	19.4	18.9	16.8	15.4	14.8	13.6	13.6	12.7	12.9	12.6	12.6	11.8	11.1	10.8	10.6
2016	31.5	31.3	31.3	30.5	28.5	28.1	26.1	25.7	24.5	23.3	23.2	22.6	21.7	20.0	18.9	16.9	15.5	14.8	13.6	13.6	12.7	12.7	12.7	12.6	11.8	11.1	11.0	10.8
平均值	30.1	31.6	30.6	28.8	28.7	24.6	27.2	26.0	22.4	23.8	22.6	21.1	22.1	17.1	18.9	16.7	14.4	14.8	11.9	13.4	12.4	14.4	11.5	12.6	11.8	11.2	8.9	9.4

表5-24 森林指数第四区间的“一带一路”参与国变化情况

年份\国家	乌干达	纳米比亚	蒙古	肯尼亚	以色列	南非	乌兹别克斯坦	尼日利亚	突尼斯	伊朗	阿拉伯联合酋长国	马里	马尔代夫	吉尔吉斯斯坦	多哥	塔吉克斯坦	阿富汗	伊拉克	巴基斯坦	哈萨克斯坦	约旦	马耳他	也门	尼日尔	阿尔及利亚	沙特阿拉伯	利比亚	埃及
2000	19.6	9.8	7.6	6.3	7.1	7.7	7.6	14.6	5.4	5.7	4.4	4.8	3.3	4.5	9.0	2.9	2.0	1.8	2.7	1.2	1.1	1.0	1.0	1.0	0.6	0.4	0.1	0.0
2001	19.1	9.7	7.5	6.5	7.1	7.7	7.6	14.1	5.5	5.9	4.4	4.7	3.3	4.5	8.6	2.9	2.0	1.8	2.7	1.2	1.1	1.0	1.0	1.0	0.6	0.4	0.1	0.0
2002	18.7	9.7	7.5	6.6	7.1	7.7	7.7	13.7	5.6	6.1	4.4	4.7	3.3	4.5	8.3	2.9	2.0	1.8	2.6	1.2	1.1	1.0	1.0	1.0	0.6	0.4	0.1	0.0
2003	18.2	9.6	7.4	6.8	7.2	7.7	7.7	13.2	5.7	6.3	4.4	4.6	3.3	4.5	7.9	2.9	2.0	1.8	2.6	1.2	1.1	1.0	1.0	1.0	0.6	0.4	0.1	0.0
2004	17.8	9.5	7.4	7.0	7.2	7.7	7.8	12.7	5.8	6.4	4.4	4.6	3.3	4.5	7.5	2.9	2.0	1.8	2.5	1.2	1.1	1.0	1.0	1.0	0.6	0.4	0.1	0.0
2005	17.3	9.4	7.3	7.2	7.2	7.7	7.8	12.3	5.9	6.6	4.4	4.5	3.3	4.5	7.1	2.9	2.0	1.9	2.4	1.2	1.1	1.0	1.0	1.0	0.6	0.4	0.1	0.0
2006	16.7	9.3	7.5	7.2	7.2	7.7	7.8	11.8	6.0	6.6	4.4	4.4	3.3	4.3	6.8	2.9	2.0	1.9	2.4	1.2	1.1	1.0	1.0	0.9	0.6	0.4	0.1	0.0
2007	16.0	9.2	7.8	7.3	7.2	7.7	7.8	11.4	6.1	6.6	4.4	4.4	3.3	4.1	6.4	2.9	2.0	1.9	2.3	1.2	1.1	1.0	1.0	0.9	0.7	0.4	0.1	0.0
2008	15.3	9.1	8.0	7.3	7.2	7.7	7.8	10.9	6.2	6.6	4.4	4.3	3.3	3.9	6.0	2.9	2.0	1.9	2.3	1.2	1.1	1.0	1.0	0.9	0.7	0.4	0.1	0.0
2009	14.6	9.0	8.2	7.4	7.2	7.7	7.8	10.5	6.3	6.6	4.5	4.3	3.3	3.7	5.7	2.9	2.0	1.9	2.2	1.2	1.1	1.0	1.0	0.9	0.7	0.4	0.1	0.0
2010	13.9	8.9	8.5	7.5	7.2	7.7	7.7	10.0	6.4	6.6	4.5	4.2	3.3	3.5	5.3	2.9	2.0	1.9	2.2	1.2	1.1	1.0	1.0	0.9	0.8	0.4	0.1	0.0
2011	13.2	8.8	8.4	7.5	7.3	7.7	7.7	9.6	6.5	6.6	4.5	4.1	3.3	3.5	4.9	2.9	2.0	1.9	2.1	1.2	1.1	1.0	1.0	0.9	0.8	0.4	0.1	0.0
2012	12.5	8.7	8.3	7.6	7.4	7.7	7.7	9.1	6.5	6.6	4.5	4.1	3.3	3.4	4.6	2.9	2.0	1.9	2.0	1.2	1.1	1.0	1.0	0.9	0.8	0.4	0.1	0.0
2013	11.8	8.6	8.3	7.7	7.5	7.7	7.7	8.6	6.6	6.6	4.5	4.0	3.3	3.4	4.2	2.9	2.0	1.9	2.0	1.2	1.1	1.0	1.0	0.9	0.8	0.4	0.1	0.0
2014	11.1	8.6	8.2	7.7	7.6	7.7	7.6	8.2	6.7	6.6	4.5	3.9	3.3	3.4	3.8	2.9	2.0	1.9	1.9	1.2	1.1	1.0	1.0	0.9	0.8	0.4	0.1	0.0
2015	10.4	8.5	8.1	7.8	7.7	7.7	7.6	7.7	6.7	6.6	4.5	3.9	3.3	3.3	3.4	3.0	2.0	1.9	1.9	1.2	1.1	1.0	1.0	0.9	0.8	0.4	0.1	0.0
2016	9.8	8.4	8.1	7.9	7.8	7.7	7.6	7.3	6.8	6.6	4.6	3.8	3.3	3.3	3.1	3.0	2.0	1.9	1.8	1.2	1.1	1.0	1.0	0.8	0.8	0.4	0.1	0.0
平均值	15.1	9.1	7.9	7.3	7.3	7.7	7.7	10.9	6.2	6.4	4.5	4.3	3.3	3.9	6.1	2.9	2.0	1.9	2.3	1.2	1.1	1.0	1.0	0.9	0.7	0.4	0.1	0.0

（三）"一带一路"参与国森林指数与世界平均水平的比较

从图5-4可以看出，"一带一路"参与国森林指数平均值远远低于世界森林指数平均值。世界森林指数平均值曲线下降速率比"一带一路"参与国快。"一带一路"参与国森林指数平均值远远低于世界森林指数平均值，原因在于非洲、中东、中亚等干旱区域国家多数都加入了"一带一路"倡议，而不少森林资源丰富的国家尚未加入倡议。

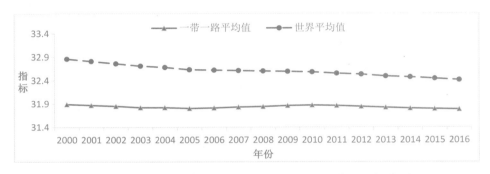

图5-4　"一带一路"参与国森林指数平均值与世界平均值的比较

六、绿色指数

（一）绿色指数的含义

绿色指数是对一个国家内"可再生能源使用占比""单位GDP碳排放量""化肥消费量"和"森林覆盖率"等原始指标的数据进行汇总处理，4个二级指数按照等权重加权平均，即可得到绿色指数。

"一带一路"绿色之路评价模型，采用线性加权测评法计算"一带一路"绿色指标的评价分值，评价分值越高，说明该国家的绿色发展能力越强；反之，说明该国家的整体绿色发展能力较弱。

（二）"一带一路"参与国绿色指数

基于112个数据相对齐全的"一带一路"参与国的4个二级指标"可再生能源使用占比""单位GDP碳排放量""化肥消费量"和"森林覆盖率"等，挑选出统计年限内最大值作为基数100，等权重加权分别计算，得出各国绿色指数，并挑选2000年、2006年、2013年、2016年4个年份作为样本进行排名，见表5-25。同时将此112个国家按0%~25%、25%~50%、50%~75%、75%~100%分成4个区间，见表5-26。

从2000年至2016年，"一带一路"参与国绿色指数平均值曲线与世界平均值曲线整体趋势向上（见图5-5），说明世界范围内绿色发展理念已经得到广泛认同，不少国家在大力发展绿色产业，持续调整和优化产业结构，实现效率、和谐、持续的经济发展模式与社会发展模式的统一。

从国别看，2000年和2016年比较，绿色指数增长较快的国家有：乌兹别克斯坦74%，乌克兰45%，俄罗斯31%，阿塞拜疆29%，保加利亚21%，北马其顿、爱沙尼亚20%，罗马尼亚19%，白俄罗斯、捷克17%，波兰15%。2000年和2019年相比，绿色指数排名提升幅度较大的国家有：俄罗斯提升27名，爱沙尼亚提升23名，保加利亚提升22名，北马其顿提升22名，黑山提升21名，阿塞拜疆提升20名。

稳定排在第一区间的"一带一路"参与国有加蓬、不丹、赞比亚、坦桑尼亚、莫桑比克、刚果（布）、柬埔寨、缅甸等。这些国家经济相对欠发达，大规模的工业化、城市化还没有开始，化石能源使用量小，农业上化肥使用量少，森林覆盖率高，绿色指数高。稳定排在第四区间的有新加坡、蒙古、沙特阿拉伯、利比亚、哈萨克斯坦、南非、埃及等。这些国家中，有的国家化石能源储量丰富，可再生能源不具备成本优势；有的国家国土以沙漠、戈壁等为主，森林覆盖率低。

中国绿色指数排名也相对靠后。中国改革开放以来，GDP从1978年的3678亿到2019年的99万亿，城市化率从1949年的10.6%到2019年的60%左右，工业化与城市化快速发展，化石能源的大量消耗，农药化肥的大量使用，对环境造成了巨大的压力。近年来，中国政府大力推动新能源研发与使用，推行化肥减量化，制定严苛的环境政策，推动全域、全要素、全产业链融入绿色发展理念，建立产业生态化和生态产业化的经济体系，努力兼顾"经济效率"与"环境的可持续"之间的平衡，取得了重大成效。

"一带一路"国家多处于快速发展之中，人口激增、重开发不重治理、资源未得到合理利用等发展中的问题接踵而至。尽管如此，这些国家并未停下探索绿色发展的脚步，由资源集约型向技术集约型转变，通过变革，其绿色指数仍存在较大的增长潜力。此外，现有的发展中国家的绿色发展经验也应及时总结，通过援外互助帮扶落后国家发展，落后国家应搭上"一带一路"倡议这一班车，积极借鉴经验，踊跃谋求出路。

表5-25 "一带一路"参与国绿色指数及其排名（112国）

	2000年		2006年		2013年		2016年	
	指数	排名	指数	排名	指数	排名	指数	排名
阿尔巴尼亚	64.7	48	63.0	51	65.9	44	65.4	42
阿尔及利亚	46.3	99	47.3	98	47.1	102	46.5	104
阿富汗	64.1	51	59.5	62	53.2	85	50.7	93
阿拉伯联合酋长国	46.2	100	47.7	95	46.4	105	46.6	103
阿塞拜疆	39.9	109	47.5	97	51.5	90	51.3	89
埃及	47.5	94	47.7	95	48.5	97	48.2	98
爱沙尼亚	54.3	69	60.1	61	62.7	56	64.9	45
安哥拉	79.2	11	76.2	17	72.9	24	71.4	27
奥地利	65.3	47	65.8	43	69.0	38	69.5	30
巴巴多斯	53.2	75	52.6	83	50.6	92	51.0	91
巴基斯坦	60.3	58	59.5	62	60.0	67	59.2	71
巴拿马	72.7	26	71.0	32	69.4	36	69.1	35
白俄罗斯	49.9	86	54.9	74	58.2	7	58.5	73
保加利亚	49.4	89	54.1	77	59.5	68	60.0	67
北马其顿	52.4	78	57.1	69	61.9	60	62.9	56
贝宁	77.9	14	72.8	25	71.2	29	69.1	35
波黑	55.7	67	57.7	67	58.8	71	61.6	61
波兰	50.1	85	52.6	83	56.8	80	57.5	77
玻利维亚	66.5	42	65.0	45	64.5	49	63.6	52
不丹	87.0	3	89.7	2	88.6	2	88.9	2
布隆迪	75.0	19	76.4	16	76.1	14	76.6	15
多哥	68.6	35	69.7	37	66.1	42	65.0	44
多米尼加	58.3	64	60.8	58	62.6	57	63.2	53

续上表

	2000年		2006年		2013年		2016年	
	指数	排名	指数	排名	指数	排名	指数	排名
多米尼克	66.1	43	64.8	46	64.6	48	64.2	51
俄罗斯	43.8	104	53.7	80	57.9	77	57.5	77
厄瓜多尔	65.8	45	63.7	48	63.3	54	62.7	58
菲律宾	61.6	54	62.4	52	62.2	59	62.4	60
斐济	75.1	18	72.2	27	71.5	27	69.5	30
冈比亚	76.5	16	75.9	19	75.5	17	74.1	20
刚果（布）	82.3	7	83.8	6	81.0	6	79.9	6
哥斯达黎加	67.6	39	71.0	32	71.5	27	73.3	22
格鲁吉亚	67.8	37	66.4	41	66.7	41	64.3	50
圭亚那	80.3	10	82.0	10	76.8	13	76.7	14
哈萨克斯坦	38.2	110	40.9	111	42.9	111	43.4	110
韩国	60.1	60	61.9	55	62.3	58	62.8	57
黑山	67.8	37	70.2	36	75.2	19	75.2	17
吉尔吉斯斯坦	53.9	70	53.1	82	52.0	88	52.2	86
几内亚	77.1	15	76.1	18	75.4	18	74.3	19
加纳	76.1	17	73.1	24	70.5	32	69.0	37
加蓬	87.0	3	91.3	1	91.0	1	92.2	1
柬埔寨	85.6	5	82.9	7	80.2	7	77.6	10
捷克	50.9	81	54.5	75	58.4	72	59.3	70
津巴布韦	73.7	24	74.9	21	75.8	15	77.0	12
喀麦隆	82.2	8	82.1	9	79.4	9	78.2	9
科特迪瓦	72.4	27	75.6	20	74.9	20	76.6	16
克罗地亚	60.2	59	61.3	57	64.8	46	64.9	45
肯尼亚	69.4	34	70.8	34	70.5	32	70.1	28
拉脱维亚	68.3	36	69.5	38	72.0	26	72.0	25
黎巴嫩	48.9	92	51.7	87	51.7	89	51.6	88
立陶宛	60.8	55	60.2	60	63.7	53	63.1	54
利比亚	41.6	108	43.4	109	45.0	109	45.8	106
卢森堡	56.5	66	55.7	73	58.2	73	59.0	72
卢旺达	74.6	21	76.7	14	77.0	12	77.4	11
罗马尼亚	52.7	77	56.4	71	61.3	61	62.5	59
马达加斯加	74.8	20	76.6	15	73.1	22	73.4	21
马尔代夫	49.3	90	48.8	93	49.0	95	48.9	97
马耳他	46.8	97	47.1	100	48.7	96	50.4	95
马来西亚	62.3	53	61.6	56	62.9	55	63.1	54
马里	72.4	27	71.8	30	66.0	43	65.3	43
蒙古	43.0	106	45.5	105	34.8	112	43.1	111
孟加拉国	66.0	44	63.4	50	60.9	62	59.5	69
秘鲁	70.6	33	72.0	29	69.8	34	69.3	33
缅甸	81.2	9	82.2	8	80.0	8	78.4	8

	2000年		2006年		2013年		2016年	
	指数	排名	指数	排名	指数	排名	指数	排名
摩尔多瓦	49.3	90	50.3	90	54.1	83	54.5	83
摩洛哥	52.8	76	54.4	76	53.4	84	53.3	85
莫桑比克	85.4	6	85.3	5	83.7	5	82.3	5
纳米比亚	59.0	63	59.0	66	58.1	76	56.9	80
南非	43.0	106	45.1	107	47.5	99	47.6	101
尼泊尔	78.3	13	79.1	11	77.3	11	76.8	13
尼日尔	71.9	31	72.2	27	69.4	36	68.8	39
尼日利亚	72.3	30	72.8	25	72.8	25	72.9	24
葡萄牙	60.4	57	62.1	53	64.8	46	64.7	47
萨尔瓦多	64.4	49	63.5	49	58.9	70	57.0	79
萨摩亚	74.2	22	74.8	22	74.0	21	73.3	22
塞尔维亚	51.7	79	51.2	89	57.8	79	57.9	76
塞内加尔	71.4	32	70.7	35	69.6	35	69.8	29
塞浦路斯	49.7	87	51.5	88	54.4	82	54.6	82
塞舌尔	66.6	41	66.3	42	70.7	30	69.5	30
沙特阿拉伯	45.8	101	45.7	104	46.3	106	45.4	107
斯里兰卡	73.7	24	73.2	23	73.0	23	72.0	25
斯洛伐克	53.9	70	57.2	68	60.4	65	61.2	63
斯洛文尼亚	64.4	49	65.4	44	68.6	39	69.0	37
苏里南	74.2	22	77.5	12	78.8	10	78.6	7
塔吉克斯坦	62.5	52	64.0	47	64.2	50	61.2	63
泰国	59.5	62	59.4	65	60.6	64	61.3	62
坦桑尼亚	88.1	2	86.5	4	84.4	4	84.0	4
汤加	50.7	83	50.3	90	50.7	91	51.1	90
特立尼达和多巴哥	45.4	102	46.3	102	47.0	103	46.3	105
突尼斯	50.9	81	52.0	86	52.1	87	52.0	87
土耳其	53.5	73	53.9	78	55.1	81	54.8	81
委内瑞拉	65.5	46	66.7	40	65.6	45	64.6	48
乌干达	78.4	12	77.3	13	75.6	16	74.7	18
乌克兰	34.5	111	43.5	108	48.2	98	50.1	96
乌拉圭	60.1	60	59.5	62	64.2	50	65.6	41
乌兹别克斯坦	27.1	112	37.1	112	45.5	107	47.1	102
希腊	53.7	72	55.8	72	59.1	69	59.7	68
新加坡	48.7	93	42.5	110	43.8	110	32.5	112
新西兰	60.6	56	62.0	54	63.9	52	64.4	49
匈牙利	51.1	80	53.3	81	58.2	73	58.3	74
牙买加	53.4	74	53.9	78	57.9	77	58.3	74
亚美尼亚	49.7	87	52.3	85	52.5	86	53.5	84
也门	47.2	96	47.2	99	47.3	100	47.9	99
伊拉克	46.8	97	47.1	100	47.0	103	44.5	109
伊朗	44.8	103	46.0	103	45.4	108	44.6	108

续上表

	2000年		2006年		2013年		2016年	
	指数	排名	指数	排名	指数	排名	指数	排名
以色列	48.5	94	49.2	92	49.8	94	50.8	92
意大利	55.0	68	56.5	70	60.3	66	61.2	63
印度尼西亚	72.4	27	71.1	31	70.7	30	69.2	34
约旦	43.6	105	45.4	106	47.3	100	47.8	100
越南	67.5	40	66.9	39	67.4	40	66.6	40
赞比亚	89.3	1	89.2	3	88.5	3	88.4	3
智利	58.2	65	60.6	59	60.9	62	60.5	66
中国	50.6	84	48.7	94	50.4	93	50.7	93
上述国家平均值	61.4		62.3		62.8		62.7	
世界平均值	62.0		62.8		63.4		63.3	

表5-26　"一带一路"参与国绿色指数排名和分区（112国）

	排名	2000年	2006年	2013年	2016年
第一区间	1	赞比亚	加蓬	加蓬	加蓬
	2	坦桑尼亚	不丹	不丹	不丹
	3	不丹	赞比亚	赞比亚	赞比亚
	4	加蓬	坦桑尼亚	坦桑尼亚	坦桑尼亚
	5	柬埔寨	莫桑比克	莫桑比克	莫桑比克
	6	莫桑比克	刚果（布）	刚果（布）	刚果（布）
	7	刚果（布）	柬埔寨	柬埔寨	苏里南
	8	喀麦隆	缅甸	缅甸	缅甸
	9	缅甸	喀麦隆	喀麦隆	喀麦隆
	10	圭亚那	圭亚那	苏里南	柬埔寨
	11	安哥拉	尼泊尔	尼泊尔	卢旺达
	12	乌干达	苏里南	卢旺达	津巴布韦
	13	尼泊尔	乌干达	圭亚那	尼泊尔
	14	贝宁	卢旺达	布隆迪	圭亚那
	15	几内亚	马达加斯加	津巴布韦	布隆迪
	16	冈比亚	布隆迪	乌干达	科特迪瓦
	17	加纳	安哥拉	冈比亚	黑山
	18	斐济	几内亚	几内亚	乌干达
	19	布隆迪	冈比亚	黑山	几内亚
	20	马达加斯加	科特迪瓦	科特迪瓦	冈比亚
	21	卢旺达	津巴布韦	萨摩亚	马达加斯加
	22	萨摩亚	萨摩亚	马达加斯加	萨摩亚
	23	苏里南	斯里兰卡	斯里兰卡	哥斯达黎加
	24	津巴布韦	加纳	安哥拉	尼日利亚
	25	斯里兰卡	尼日利亚	尼日利亚	拉脱维亚
	26	巴拿马	贝宁	拉脱维亚	斯里兰卡
	27	科特迪瓦	斐济	哥斯达黎加	安哥拉
	28	印度尼西亚	尼日尔	斐济	肯尼亚

	排名	2000年	2006年	2013年	2016年
第二区间	29	马里	秘鲁	贝宁	塞内加尔
	30	尼日利亚	马里	塞舌尔	奥地利
	31	尼日尔	印度尼西亚	印度尼西亚	斐济
	32	塞内加尔	巴拿马	加纳	塞舌尔
	33	秘鲁	哥斯达黎加	肯尼亚	秘鲁
	34	肯尼亚	肯尼亚	秘鲁	印度尼西亚
	35	多哥	塞内加尔	塞内加尔	巴拿马
	36	拉脱维亚	黑山	巴拿马	贝宁
	37	格鲁吉亚	多哥	尼日尔	斯洛文尼亚
	38	黑山	拉脱维亚	奥地利	加纳
	39	哥斯达黎加	越南	斯洛文尼亚	尼日尔
	40	越南	委内瑞拉	越南	越南
	41	塞舌尔	格鲁吉亚	格鲁吉亚	乌拉圭
	42	玻利维亚	塞舌尔	多哥	阿尔巴尼亚
	43	多米尼克	奥地利	马里	马里
	44	孟加拉国	斯洛文尼亚	阿尔巴尼亚	多哥
	45	厄瓜多尔	玻利维亚	委内瑞拉	克罗地亚
	46	委内瑞拉	多米尼克	克罗地亚	爱沙尼亚
	47	奥地利	塔吉克斯坦	葡萄牙	葡萄牙
	48	阿尔巴尼亚	厄瓜多尔	多米尼克	委内瑞拉
	49	斯洛文尼亚	萨尔瓦多	玻利维亚	新西兰
	50	萨尔瓦多	孟加拉国	塔吉克斯坦	格鲁吉亚
	51	阿富汗	阿尔巴尼亚	乌拉圭	多米尼克
	52	塔吉克斯坦	菲律宾	新西兰	玻利维亚
	53	马来西亚	葡萄牙	立陶宛	多米尼加
	54	菲律宾	新西兰	厄瓜多尔	立陶宛
	55	立陶宛	韩国	马来西亚	马来西亚
	56	新西兰	马来西亚	爱沙尼亚	北马其顿
第三区间	57	葡萄牙	克罗地亚	多米尼加	韩国
	58	巴基斯坦	多米尼加	韩国	厄瓜多尔
	59	克罗地亚	智利	菲律宾	罗马尼亚
	60	乌拉圭	立陶宛	北马其顿	菲律宾
	61	韩国	爱沙尼亚	罗马尼亚	波黑
	62	泰国	阿富汗	孟加拉国	泰国
	63	纳米比亚	巴基斯坦	智利	斯洛伐克
	64	多米尼加	乌拉圭	泰国	意大利
	65	智利	泰国	斯洛伐克	塔吉克斯坦
	66	卢森堡	纳米比亚	意大利	智利
	67	波黑	波黑	巴基斯坦	保加利亚
	68	意大利	斯洛伐克	保加利亚	希腊
	69	爱沙尼亚	北马其顿	希腊	孟加拉国
	70	吉尔吉斯斯坦	意大利	萨尔瓦多	捷克

续上表

	排名	2000年	2006年	2013年	2016年
第三区间	71	斯洛伐克	罗马尼亚	波黑	巴基斯坦
	72	希腊	希腊	捷克	卢森堡
	73	土耳其	卢森堡	卢森堡	白俄罗斯
	74	牙买加	白俄罗斯	白俄罗斯	匈牙利
	75	巴巴多斯	捷克	匈牙利	牙买加
	76	摩洛哥	摩洛哥	纳米比亚	塞尔维亚
	77	罗马尼亚	保加利亚	俄罗斯	俄罗斯
	78	北马其顿	牙买加	牙买加	波兰
	79	塞尔维亚	土耳其	塞尔维亚	萨尔瓦多
	80	匈牙利	俄罗斯	波兰	纳米比亚
	81	捷克	匈牙利	土耳其	土耳其
	82	突尼斯	吉尔吉斯斯坦	塞浦路斯	塞浦路斯
	83	汤加	波兰	摩尔多瓦	摩尔多瓦
	84	中国	巴巴多斯	摩洛哥	亚美尼亚
第四区间	85	波兰	亚美尼亚	阿富汗	摩洛哥
	86	白俄罗斯	突尼斯	亚美尼亚	吉尔吉斯斯坦
	87	塞浦路斯	黎巴嫩	突尼斯	突尼斯
	88	亚美尼亚	塞浦路斯	吉尔吉斯斯坦	黎巴嫩
	89	保加利亚	塞尔维亚	黎巴嫩	阿塞拜疆
	90	摩尔多瓦	汤加	阿塞拜疆	汤加
	91	马尔代夫	摩尔多瓦	汤加	巴巴多斯
	92	黎巴嫩	以色列	巴巴多斯	以色列
	93	新加坡	马尔代夫	中国	阿富汗
	94	以色列	中国	以色列	中国
	95	埃及	阿拉伯联合酋长国	马尔代夫	马耳他
	96	也门	埃及	马耳他	乌克兰
	97	马耳他	阿塞拜疆	埃及	马尔代夫
	98	伊拉克	阿尔及利亚	乌克兰	埃及
	99	阿尔及利亚	也门	南非	也门
	100	阿拉伯联合酋长国	伊拉克	约旦	约旦
	101	沙特阿拉伯	马耳他	也门	南非
	102	特立尼达和多巴哥	特立尼达和多巴哥	阿尔及利亚	乌兹别克斯坦
	103	伊朗	伊朗	伊拉克	阿拉伯联合酋长国
	104	俄罗斯	沙特阿拉伯	特立尼达和多巴哥	阿尔及利亚
	105	约旦	蒙古	阿拉伯联合酋长国	特立尼达和多巴哥
	106	南非	约旦	沙特阿拉伯	利比亚
	107	蒙古	南非	乌兹别克斯坦	沙特阿拉伯
	108	利比亚	乌克兰	伊朗	伊朗
	109	阿塞拜疆	利比亚	利比亚	伊拉克
	110	哈萨克斯坦	新加坡	新加坡	哈萨克斯坦
	111	乌克兰	哈萨克斯坦	哈萨克斯坦	蒙古
	112	乌兹别克斯坦	乌兹别克斯坦	蒙古	新加坡

表5-27　绿色指数第一区间的“一带一路”参与国变化情况

国家/年份	加蓬	不丹	赞比亚	坦桑尼亚	莫桑比克	刚果（布）	苏里南	缅甸	喀麦隆	柬埔寨	卢旺达	津巴布韦	尼泊尔	圭亚那	布隆迪	科特迪瓦	黑山	乌干达	几内亚	冈比亚	马达加斯加	萨摩亚	哥斯达黎加	尼日利亚	拉脱维亚	斯里兰卡	安哥拉	肯尼亚
2000	86.9	87.0	89.3	88.1	85.4	82.3	74.2	81.2	82.2	85.6	74.6	73.7	78.3	80.3	74.9	72.4	67.8	78.4	77.1	76.5	74.8	74.2	67.6	72.3	68.3	73.7	79.2	69.4
2001	86.9	87.5	89.2	87.8	85.3	81.8	74.2	82.4	82.4	84.9	74.8	74.9	78.1	80.5	76.0	72.5	68.1	78.4	76.9	75.7	75.3	74.0	67.5	71.7	68.3	73.3	79.0	70.1
2002	89.0	87.5	89.1	87.5	85.4	83.9	78.2	82.6	82.3	85.7	75.1	75.2	78.8	81.2	75.9	72.7	68.3	78.4	76.8	76.0	76.4	74.4	67.8	71.9	68.5	73.0	78.3	70.6
2003	90.1	88.3	89.0	87.3	84.9	81.9	77.9	81.8	82.2	85.3	75.3	75.6	78.6	80.9	76.3	74.6	68.6	78.2	76.5	76.1	75.5	74.4	68.0	71.4	68.6	72.9	77.8	71.7
2004	90.7	90.0	89.1	87.0	85.0	82.2	77.7	81.7	82.2	84.3	75.5	76.8	78.8	81.2	76.2	75.4	68.9	78.1	76.4	76.0	75.3	74.6	69.8	72.0	69.4	72.8	76.0	71.4
2005	90.6	89.4	89.0	86.6	85.4	82.3	76.9	81.8	82.4	83.5	76.2	75.3	78.5	81.0	76.4	76.1	69.1	77.6	76.2	76.1	75.5	74.7	70.8	72.0	69.8	72.6	77.8	71.2
2006	91.3	89.7	89.2	86.4	85.3	83.8	77.5	82.1	82.1	82.9	76.7	74.9	79.1	82.0	76.3	75.6	70.2	77.3	76.1	75.9	76.6	74.8	71.0	72.8	69.5	73.2	76.2	70.8
2007	91.8	90.1	90.2	86.6	84.9	81.5	78.4	82.0	80.3	81.5	76.8	74.8	79.2	79.1	76.5	76.2	70.9	77.1	75.9	75.3	76.3	75.1	71.1	73.3	69.5	72.8	75.4	71.0
2008	91.8	90.1	89.9	86.4	85.0	80.6	78.3	83.7	80.4	80.9	77.1	76.0	78.8	78.9	76.7	75.7	70.3	76.9	75.8	75.2	76.0	75.1	71.4	73.1	70.0	73.2	74.7	71.1
2009	91.9	90.6	89.8	86.5	84.7	80.1	78.6	83.7	79.6	81.3	77.2	78.2	78.2	78.7	76.9	75.9	75.0	76.8	75.4	74.7	76.3	74.8	71.8	74.1	71.1	73.7	74.0	70.3
2010	19.3	90.1	89.8	86.0	84.5	79.8	77.1	83.1	79.4	80.3	77.4	77.3	77.7	78.8	76.7	76.0	74.7	76.3	74.3	75.0	75.9	75.1	72.0	72.9	69.5	73.4	73.6	70.0
2011	90.0	89.3	89.4	85.4	84.1	82.2	78.6	82.7	79.4	80.2	77.2	76.0	77.5	79.5	76.5	76.8	73.4	76.1	74.1	74.8	74.9	73.3	71.7	72.5	70.7	72.6	73.2	70.2
2012	89.1	88.9	88.6	84.5	84.3	81.9	77.6	81.2	79.3	80.1	77.0	76.7	77.0	77.3	76.0	75.5	74.3	75.9	74.7	74.8	74.2	73.4	71.5	72.8	72.1	73.1	73.1	70.7
2013	91.0	88.6	88.5	84.4	83.7	81.0	78.8	80.0	79.4	80.2	77.0	75.8	77.3	76.8	76.1	74.9	75.2	75.6	75.4	75.5	73.1	74.0	71.5	72.8	72.0	73.0	72.9	70.5
2014	91.1	88.6	88.3	84.3	81.6	81.0	78.5	77.7	78.9	79.6	77.0	76.0	76.7	76.2	76.4	74.9	74.6	75.3	75.4	74.1	72.9	73.9	71.7	72.9	72.3	72.2	72.4	70.1
2015	91.4	88.8	88.2	83.9	82.1	80.2	79.0	76.0	78.5	78.3	76.7	76.1	77.3	76.7	76.8	73.7	73.8	74.7	74.6	74.1	72.4	71.7	72.2	72.8	71.8	70.8	72.5	69.4
2016	92.2	88.9	88.4	84.0	82.3	79.9	78.6	78.4	78.2	77.6	77.4	77.0	76.8	76.7	76.6	76.6	75.2	74.7	74.3	74.1	73.4	73.7	73.3	72.8	72.0	72.0	71.4	70.1
平均值	86.2	89.0	89.1	84.3	84.3	81.6	77.7	81.3	80.5	81.9	76.4	75.9	78.0	79.2	76.3	75.0	71.7	76.8	75.6	75.3	75.0	74.2	70.6	72.6	70.2	72.8	75.1	70.5

表5-28 绿色指数第二区间的“一带一路”参与国变化情况

年份＼国家	塞内加尔	奥地利	斐济	塞舌尔	秘鲁	印度尼西亚	巴拿马	贝宁	斯洛文尼亚	加纳	尼日尔	越南	乌拉圭	阿尔巴尼亚	马里	多哥	克罗地亚	爱沙尼亚	葡萄牙	委内瑞拉	新西兰	格鲁吉亚	多米尼克	玻利维亚	多米尼加	立陶宛	马来西亚	北马其顿
2000	71.4	65.3	75.1	66.6	70.6	72.4	72.7	77.9	64.4	76.1	71.9	67.5	60.1	64.7	72.4	68.6	60.2	54.3	60.4	65.5	60.6	67.8	66.1	66.5	58.3	60.8	62.3	52.4
2001	70.8	64.9	72.7	65.9	71.7	71.8	71.3	76.8	64.3	75.5	72.0	66.9	60.7	64.2	72.5	70.3	60.2	54.6	60.8	64.9	60.2	70.4	65.5	67.9	58.7	61.0	61.8	51.3
2002	70.4	64.8	74.8	67.1	71.6	71.9	72.8	75.8	64.3	74.5	72.0	64.5	61.4	63.2	72.6	69.4	59.9	56.8	60.0	64.7	61.4	71.8	66.7	67.1	58.2	61.3	62.1	52.8
2003	70.3	64.1	73.2	66.7	72.0	71.6	72.6	75.0	64.5	74.4	71.8	63.9	61.5	62.4	72.8	68.0	60.0	56.6	61.4	64.8	61.0	71.5	65.6	66.5	59.1	60.5	61.4	53.5
2004	69.4	64.6	71.0	64.5	71.1	71.2	72.8	74.6	65.2	74.1	71.8	66.1	60.1	63.4	72.6	68.5	60.9	57.6	60.8	65.8	62.2	71.2	64.9	66.3	60.5	60.3	61.0	54.8
2005	69.4	64.9	72.9	65.9	71.0	71.4	71.0	74.3	65.2	74.2	72.1	66.3	60.6	63.8	72.7	68.7	61.2	59.0	60.4	65.8	61.4	67.7	64.8	65.9	60.7	59.9	61.0	55.8
2006	70.7	65.8	72.2	66.3	72.0	71.1	71.0	72.8	65.4	73.1	72.1	66.9	59.5	63.0	71.8	69.7	61.3	60.1	62.1	66.7	62.0	66.4	64.8	65.0	60.8	60.2	61.6	57.1
2007	69.7	66.6	71.5	67.8	71.4	71.0	71.2	71.8	65.6	72.1	71.8	67.3	61.4	63.3	70.7	69.3	60.8	60.5	62.3	66.0	62.3	66.6	63.8	65.7	61.0	60.7	61.7	57.8
2008	69.8	67.0	73.9	67.4	69.6	70.9	72.3	72.0	65.6	72.9	71.8	66.6	61.5	64.3	69.9	68.0	61.5	61.7	62.6	65.4	62.5	67.3	64.4	65.3	61.3	61.6	61.7	58.6
2009	72.9	67.5	71.4	68.7	69.7	70.4	70.9	71.3	67.2	71.8	71.0	66.0	62.2	64.7	69.0	62.7	62.7	63.1	63.1	65.0	63.7	66.9	64.6	65.1	61.5	62.5	62.2	60.0
2010	71.3	67.4	69.3	69.6	70.3	70.3	69.2	69.8	67.3	71.5	70.2	65.4	64.7	64.8	68.0	63.8	63.3	62.2	64.1	64.5	64.1	67.7	64.5	64.8	61.7	62.0	61.9	61.3
2011	70.7	67.8	70.8	70.6	70.5	70.5	69.1	70.2	67.3	71.1	69.3	66.7	63.5	64.3	67.3	65.2	62.8	62.9	63.9	64.8	64.1	65.3	65.4	64.4	62.0	62.3	62.6	60.1
2012	71.4	68.6	70.8	69.7	70.0	70.0	69.6	70.8	67.7	70.0	68.0	67.4	62.9	65.5	66.8	66.3	63.8	63.6	63.5	64.9	63.6	64.9	64.7	64.0	62.1	62.5	63.0	60.4
2013	69.6	68.9	71.5	70.7	69.8	69.8	69.4	71.2	68.6	70.5	69.4	67.4	64.2	65.9	66.0	66.1	64.8	62.7	64.7	65.6	63.9	66.7	64.6	64.5	62.6	63.7	62.9	61.9
2014	69.3	69.3	71.0	70.0	69.6	69.6	69.5	71.1	69.0	70.8	69.2	66.5	65.6	65.1	66.5	66.1	65.1	63.7	64.9	64.3	64.0	65.9	64.3	64.0	63.0	63.5	62.8	62.2
2015	68.9	69.0	69.8	69.7	69.4	69.4	70.0	70.4	68.7	69.8	69.5	65.1	66.4	65.4	65.8	66.0	65.0	64.8	63.9	64.8	64.1	65.0	64.0	64.3	62.8	63.7	63.4	63.3
2016	69.8	69.5	69.5	69.5	69.3	69.3	69.1	69.1	69.0	68.9	68.8	66.6	65.6	65.4	65.3	65.0	64.9	64.9	64.7	64.6	64.4	64.3	64.2	63.6	63.2	63.1	63.1	62.9
平均值	70.3	66.8	71.8	68.0	70.6	70.7	70.9	72.6	66.4	72.4	70.7	66.3	62.5	64.3	69.6	67.2	62.3	60.5	62.6	65.2	62.7	67.5	64.9	65.3	61.0	61.7	62.1	58.0

表5-29 绿色指数第三区间的"一带一路"参与国变化情况

国家/年份	韩国	厄瓜多尔	罗马尼亚	菲律宾	波黑	泰国	斯洛伐克	意大利	塔吉克斯坦	智利	保加利亚	希腊	孟加拉国	捷克	巴基斯坦	卢森堡	白俄罗斯	匈牙利	牙买加	塞尔维亚	俄罗斯	波兰	萨尔瓦多	纳米比亚	土耳其	塞浦路斯	摩尔多瓦	亚美尼亚
2000	60.1	65.8	52.7	61.5	55.7	59.5	53.9	55.0	62.5	58.2	49.4	53.7	66.0	50.9	60.3	56.5	49.9	51.1	53.4	51.7	43.8	50.1	64.4	59.0	53.5	49.7	49.3	49.7
2001	60.4	65.1	52.2	61.5	56.7	58.8	54.4	55.2	63.3	59.1	49.3	53.8	65.0	51.7	60.5	55.4	51.1	51.6	53.3	51.6	45.2	50.5	64.2	57.5	54.1	50.2	49.4	49.7
2002	60.8	64.8	53.0	61.5	57.0	58.9	54.8	55.4	63.4	59.6	51.2	54.3	64.6	52.5	60.4	54.7	52.0	52.2	54.2	51.5	46.7	51.3	64.3	58.9	53.8	50.4	49.7	51.8
2003	61.0	64.6	53.4	61.5	57.1	59.0	55.1	55.6	63.7	59.4	51.5	54.6	64.2	52.8	60.1	54.8	52.6	52.2	54.4	51.3	48.3	51.4	63.4	58.8	53.4	50.1	49.8	52.2
2004	61.1	64.1	55.3	61.5	57.7	58.9	56.0	55.6	63.8	59.4	52.7	55.0	64.1	53.7	59.5	54.6	53.2	52.5	54.2	51.4	49.8	52.0	63.4	58.8	54.0	50.8	49.7	52.1
2005	61.6	63.2	56.0	61.7	57.7	59.0	56.4	56.0	63.7	59.8	53.5	55.1	63.8	54.0	59.7	55.0	54.2	52.7	54.6	52.2	51.6	52.4	63.4	58.6	53.9	51.2	49.8	51.5
2006	61.9	63.7	56.4	62.4	57.7	59.4	57.2	56.5	63.7	60.6	54.1	55.8	63.4	54.5	59.5	55.7	54.8	53.3	53.9	51.2	53.7	52.6	63.5	59.0	53.9	51.5	50.3	52.3
2007	62.0	63.4	57.4	62.0	57.6	59.9	58.4	57.1	63.4	59.9	54.2	55.9	63.1	55.2	58.9	56.6	55.9	53.7	55.2	52.0	54.8	53.4	59.8	59.0	53.5	51.9	50.6	52.1
2008	62.1	64.0	59.0	62.1	57.2	60.4	58.6	57.9	62.6	59.8	55.4	56.3	62.6	56.1	59.4	56.9	56.3	54.3	55.4	54.6	56.1	54.2	61.0	56.9	53.8	52.4	51.0	51.9
2009	62.2	63.3	60.0	62.0	57.7	60.2	59.5	58.6	61.8	60.3	56.7	56.7	62.0	56.8	59.4	56.9	56.6	55.1	57.4	56.8	56.6	55.0	59.0	57.1	54.0	52.7	51.0	52.6
2010	62.0	63.0	60.6	61.3	58.2	60.3	59.7	58.8	62.0	59.5	57.5	57.3	61.3	56.8	59.5	56.9	57.0	56.4	57.5	57.1	56.5	55.3	59.3	57.0	54.6	53.0	52.0	53.1
2011	62.0	63.5	59.9	61.8	56.3	60.5	60.0	58.7	61.9	60.0	56.9	57.2	60.9	57.5	59.5	57.2	57.4	57.0	57.4	56.2	56.8	55.9	59.2	57.7	54.4	53.5	52.6	52.6
2012	62.1	63.9	60.3	62.2	57.3	60.7	60.3	59.6	61.8	60.7	58.2	57.9	60.8	57.9	59.7	57.4	58.0	57.7	58.4	57.4	57.1	56.5	58.5	57.7	54.5	53.8	53.0	52.2
2013	62.3	63.3	61.3	62.2	58.8	60.6	60.4	60.3	61.8	60.9	59.5	59.1	60.9	58.4	60.0	58.2	58.2	58.1	57.9	57.8	57.9	56.8	58.9	58.1	55.1	54.4	54.0	52.5
2014	62.7	62.9	61.8	62.2	65.4	61.1	61.1	60.7	61.3	60.3	59.2	59.3	60.7	59.1	59.8	58.7	58.1	57.9	58.4	59.5	57.9	57.2	58.9	57.5	54.6	54.3	54.2	52.8
2015	62.9	63.3	61.7	62.0	65.6	60.8	61.4	60.7	61.2	59.8	59.3	59.7	59.8	59.1	59.8	59.5	58.3	57.8	58.6	58.1	57.6	57.5	57.8	57.1	55.3	54.6	54.7	55.1
2016	62.8	62.7	62.5	62.3	61.6	61.2	61.2	61.2	60.9	60.5	60.0	59.7	59.5	59.3	59.2	59.0	58.5	58.3	58.3	57.9	57.5	57.5	57.0	56.8	54.7	54.6	54.5	53.5
平均值	61.8	63.8	57.9	61.9	58.5	60.0	58.1	57.8	62.5	59.9	55.2	56.6	62.5	55.7	59.7	56.7	55.4	54.8	56.0	54.6	53.4	54.1	60.9	58.0	54.2	52.3	51.5	52.2

表5-30　绿色指数第四区间的“一带一路”参与国变化情况

国家/年份	摩洛哥	吉尔吉斯斯坦	突尼斯	黎巴嫩	阿塞拜疆	汤加	巴巴多斯	以色列	阿富汗	中国	马耳他	乌克兰	马尔代夫	埃及	也门	约旦	南非	乌兹别克斯坦	阿拉伯联合酋长国	阿尔及利亚	特立尼达和多巴哥	利比亚	沙特阿拉伯	伊朗	伊拉克	哈萨克斯坦	蒙古	新加坡
2000	52.8	53.9	50.9	48.9	39.9	50.7	53.1	48.5	64.1	50.6	46.8	34.5	49.3	47.5	47.2	43.6	43.0	27.1	46.2	46.3	45.4	41.6	45.8	44.8	46.8	38.2	43.0	48.7
2001	52.8	55.5	51.0	48.8	41.6	51.1	52.7	48.4	64.0	51.2	46.4	36.5	49.1	48.1	47.1	44.0	44.0	28.3	46.8	46.7	44.7	41.9	45.8	44.6	46.2	38.6	43.0	48.1
2002	52.9	52.3	51.2	49.5	42.7	50.8	52.5	49.0	61.3	51.0	46.8	37.8	48.6	48.2	47.4	43.7	45.0	28.7	47.7	46.7	44.8	42.0	45.3	45.2	45.9	39.9	43.3	52.0
2003	53.5	52.8	51.3	49.5	43.7	50.2	52.1	18.5	60.9	49.7	46.6	38.0	49.5	47.6	47.2	44.4	43.8	30.4	47.2	47.0	45.5	42.4	45.9	45.7	43.2	40.3	44.3	45.8
2004	55.3	52.2	51.4	50.2	44.4	50.7	52.1	19.2	63.0	48.6	46.7	40.6	48.9	47.9	47.1	44.7	43.1	32.7	47.4	47.3	46.3	42.6	45.5	45.7	44.8	39.3	44.8	44.6
2005	54.6	52.8	51.7	50.8	46.2	50.7	52.3	49.5	60.6	48.4	46.7	41.8	48.9	47.5	47.2	44.6	45.0	35.9	47.6	47.0	45.6	42.9	45.8	46.0	45.7	40.4	45.5	44.5
2006	54.4	53.1	52.0	51.7	47.5	50.3	52.6	49.2	59.5	48.7	47.0	43.5	48.8	47.6	47.2	45.4	45.1	37.1	47.7	47.3	46.3	43.4	45.7	46.0	47.1	40.9	45.5	42.5
2007	54.0	51.8	52.2	52.5	50.3	50.8	52.7	49.5	58.6	49.6	47.1	44.9	49.0	47.7	47.5	45.5	45.4	38.7	47.5	47.3	46.3	43.8	46.4	46.5	48.7	40.5	44.6	43.3
2008	53.7	50.8	52.4	51.3	50.1	50.7	51.8	49.8	54.7	49.4	47.6	45.7	49.1	47.7	47.4	46.6	45.3	39.9	47.3	47.4	47.4	44.2	46.3	46.2	47.5	40.4	45.5	42.7
2009	53.8	52.3	52.9	50.6	51.0	50.3	51.9	50.1	53.4	50.1	47.7	46.0	48.8	47.9	47.2	46.8	45.0	42.5	47.0	47.1	46.7	44.1	45.9	46.2	47.3	41.5	44.8	50.6
2010	53.7	52.9	51.8	51.3	51.6	50.6	52.1	50.1	52.4	49.6	48.1	44.9	48.8	48.1	47.7	47.2	46.6	43.7	47.3	47.3	46.3	44.0	45.7	46.5	47.4	40.9	45.0	52.0
2011	53.4	52.4	52.2	51.4	51.3	51.2	50.9	50.5	50.7	49.4	48.3	46.2	49.0	47.9	47.8	46.6	46.9	43.7	47.2	47.4	47.0	44.5	46.3	46.6	46.8	41.4	42.3	51.6
2012	53.0	50.5	52.1	51.2	51.2	51.1	50.6	48.8	52.1	50.0	48.3	46.3	48.7	48.4	48.1	46.1	47.1	44.0	46.4	47.2	47.2	44.4	46.1	45.6	47.0	42.6	37.6	44.1
2013	53.4	52.0	52.1	51.7	51.5	50.7	50.6	49.8	53.2	50.3	48.7	48.2	49.0	48.5	47.3	47.3	47.5	45.5	46.4	47.1	47.0	45.0	46.3	45.4	47.0	42.9	34.8	43.8
2014	53.1	52.7	52.1	51.0	51.4	51.3	51.1	50.1	54.2	50.9	49.2	49.1	48.8	48.3	47.5	47.1	47.4	45.7	46.8	46.9	47.0	45.5	45.8	45.1	46.7	43.5	41.5	54.0
2015	53.2	51.8	51.7	51.2	51.1	51.3	51.0	50.2	53.9	51.4	50.3	49.8	49.1	48.6	48.1	47.4	48.0	46.2	46.8	46.4	46.0	46.1	44.9	44.4	45.2	43.4	44.0	29.7
2016	53.3	52.2	52.0	51.6	51.3	51.1	51.0	50.8	50.7	50.6	50.4	50.1	48.9	48.2	47.9	47.8	47.6	47.1	46.5	46.5	46.3	45.8	45.4	44.6	44.5	43.4	43.1	32.5
平均值	53.6	52.5	51.8	50.8	48.0	50.8	51.8	46.0	56.9	50.0	47.8	43.8	49.0	48.0	47.5	45.8	45.6	38.7	47.0	47.0	46.2	43.8	45.8	45.6	46.3	41.1	43.1	45.3

（三）"一带一路"参与国绿色指数与世界平均水平的比较

由图5－5可见，"一带一路"参与国绿色指数平均值曲线和世界绿色指数平均值曲线趋势及波动幅度大致相同，且整体趋势向上。这说明世界范围内绿色发展理念得到广泛认可，绿色全球治理已经取得广泛共识，绿色发展行动取得成效。这是发展中国家和发达国家共同努力的结果。

中国不仅自己在国家层面确立了绿色发展计划，也对发展中国家应对气候变化提供重要支持。2011年以来，中国累计安排10亿多元财政资金用于开展气候变化南南合作，通过合作建设低碳示范区、开展减缓和适应气候变化项目、举办能力建设培训班等方式，为其他发展中国家应对气候变化提供支持，分享应对气候变化与绿色低碳发展的有益经验和实践。英国、以色列、德国、法国、俄罗斯、巴西等"一带一路"参与国、亚投行成员国在新材料与能源环保方面都不同程度地取得了可喜的进展。

2019年4月，"一带一路"绿色发展国际联盟正式成立，为"一带一路"绿色发展合作提供新平台。125个中外合作伙伴加入该联盟，其中包括意大利、新加坡、俄罗斯、老挝、斯洛伐克、以色列、肯尼亚等25个参与国环境主管部门，联合国环境规划署、欧洲经济委员会、工业发展组织等8个国际组织，以及相关研究机构和企业等69个外方合作伙伴。

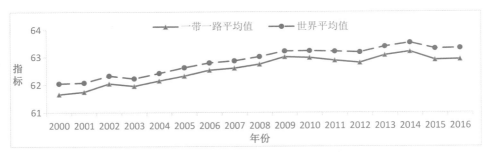

图5－5　"一带一路"参与国绿色指数平均值与世界平均值的比较

七、本章小结

　　世界范围内尚在继续的工业化、城市化进程，重发展轻治理，导致生态环境遭到严重破坏，"生态"和"宜居"受到严重挑战。通过对"一带一路"参与国可再生能源使用占比（%）、单位GDP碳排放量（kg/单位GDP）和化肥消费量（kg/ha）、森林覆盖率（%）4个二级指标进行加工处理，计算出"可再生能源指数""碳排放指数""化肥指数""森林指数"，再对4种指数做同权重加权处理，得出各国绿色指数，以此审视过去及当前世界绿色发展水平，为各国制定可持续发展计划提供一定的参考。

　　"一带一路"参与国中，部分国家绿色指数表现非常好，但是背后却是经济上的极大落后。如何在保持生态绿色的同时，又能保持经济的快速健康发展，提高人民福祉，这是摆在大多数"一带一路"参与国面前的一个课题。庆幸的是，中国在绿色发展方面取得了巨大进步，积累了丰富的经验，也掌握了大量的绿色发展技术，愿意同世界各国分享发展经验，也正在以实际行动支持非洲地区、东南亚等"一带一路"参与国防治污染、低碳发展，最终实现绿色全球治理。

第六章 创新之路

一、本章综述

创新是引领发展的第一动力，是建设现代化经济体系的基石支撑。不仅对中国，创新已成为各国经济社会发展的主要驱动力，是国家竞争力的核心要素。对于所有"一带一路"参与国来说，只有依靠创新才能在新的世界竞争格局中谋求新的经济发展方式，抢占科技和产业发展的制高点。习主席在"一带一路"高峰论坛上指出，要坚持创新驱动发展，要促进科技同产业、科技同金融深度融合，优化创新环境，集聚创新资源，要为互联网时代的各国青年打造创业空间、创业工场，实现2030年可持续发展目标。

当前，世界经济在深度调整中曲折复苏，新一轮科技革命和产业变革呼之欲出，科技创新活动不断突破地域、组织、技术的界限，创新要素在全球范围内的流动空前活跃，科技创新成为国家和区域持续发展的关键性支撑要素。对"一带一路"建设而言，科技创新无疑也是提高参与国社会生产力和综合国力的技术支撑，是"一带一路"建设开放合作之路的重要内容，是"一带一路"建设创新发展、文明繁荣之路的重要驱动力量。

本章将选取4个具有代表性的指标进行分析，分别为：每千人新注册的企业数量、R&D（研发）经费投入占GDP比重、专利申请量、政府教育支出占GDP的比重。

为评估和跟踪"一带一路"参与国"创新之路"的发展水平，本章构建了"创新之路"指标体系。本章将对每千人新注册的企业数量、R&D经费投入占

GDP比重、专利申请量、政府教育支出占GDP的比重4个方面分别进行评价，以创新环境、创新投入、创新产出、高技术产品出口规模和创新持续分析评价“一带一路”参与国创新之路的发展和变化。根据“一带一路”参与国相应指标数据的可获得性、完备性、代表性，选取“每千人新注册的企业数量”作为创新环境分析的原始指标，“R&D经费投入占GDP比重”作为创新投入分析的原始指标，选取“专利申请量”作为创新产出分析的原始指标，选取“政府教育支出占GDP比重”作为创新持续分析的原始指标。

虽然目前尚无法全方位衡量“一带一路”参与国的每千人新注册的企业数量、R&D经费投入占GDP比重、专利申请量和政府教育支出占GDP的比重水平，但本章选取的指标一定程度上仍能够凸显“一带一路”参与国在该指数某一重要方面的特征。将一级指数创新指数记为P，二级指数创新环境、创新投入、创新产出和创新持续分别记为P_1、P_2、P_3、P_4，原始指标“每千人新注册的企业数量”“R&D经费投入占GDP比重”“专利申请量”和“政府教育支出占GDP的比重”分别记为p_1、p_2、p_3、p_4。将上述原始指标的数据进行归一化处理，得到4个二级指数，4个二级指数按照等权重加权平均，即可得到创新指数。具体公式如下：

$$P_{ijx}=\frac{(P_{ijx}-P_{i\,\min})}{(P_{i\,\max}-P_{i\,\min})}\times 100$$

其中，i表示当前二级指标（i=1,2,3,4），j表示当前国家，x表示年份。P_{ijx}表示当前国家在当前年份的数值，$P_{i\,\min}$表示该原始指标所有国家、所有年份的最小值，$P_{i\,\max}$表示该原始指标所有国家、所有年份的最大值。

数据缺失的情况对于本章所选指标不可避免，对于年份数据缺失少于一半的国别采用内插法，对于年份数据缺失超过一半的国别，本章在进行平均值的计算时将其作为缺省值，不对其进行统计。其中，每千人新注册企业数、R&D经费投入占GDP比重指标、专利申请量指标、政府教育支出占GDP比重指标等涉及数据相对完整且有代表性的国家有32个。

二、创新环境指数

（一）创新环境指数的总体含义

新注册企业数的快速增长，推动市场主体不断繁荣发展，对经济社会发展的宏观效应愈加明显，进一步激发了市场的创造力和贡献力。同时，大量新注册企业涌入市场，促进了新产业、新业态、新模式的发展，推动市场进入创业创新的繁荣阶段。以每千人新注册的企业数量作为创新环境指数的分析指标，一方面体现国家的经济创新活力和景气程度，另一方面，作为创新主体，企业活动的增加有利于全社会营造创新环境。

（二）"一带一路"参与国创新环境指数

基于数据比较完整的32个"一带一路"参与国的每千人企业注册数量，本文对4个年份（2006年、2009年、2013年、2018年）进行计算，并作排名。排名范围仅限于有统计数据的"一带一路"参与国。这4个年份各国的创新环境指数及其排名见表6-1所示。按0%～25%、25%～50%、50%～75%、75%～100%将这32个国家分为4个区间进行排序，见表6-2。

从排位提升看，2006年和2018年比，创新环境指数中国增幅最大，名次提升20位；其次是智利，提升12位；马耳他提升8位，捷克提升5位。从指数增长幅度看，2006年和2018年比较，指数增长幅度较大的国家分别是白俄罗斯933%，阿塞拜疆457%，马耳他365%，波兰267%，智利268%，亚美尼亚168%，捷克102%，乌克兰100%。中国因为2006年后才开始有相关数据，所以单从计算角度，增长表现为无穷大。事实上，中国每千人新注册企业数量增长绝对数肯定不低。

在4个样本年份中都稳居前十的国家有爱沙尼亚、塞浦路斯、保加利亚、拉脱维亚等。排名稳定在75%～100%区间的有乌克兰、阿塞拜疆、波兰、泰国、奥地利、塔吉克斯坦。

表6-1　"一带一路"参与国创新环境指数及其排名（32国）

	2006年		2009年		2013年		2018年	
	指数	排名	指数	排名	指数	排名	指数	排名
阿塞拜疆	0.7	29	1.5	26	2.4	28	3.9	26
爱沙尼亚	33.5	2	22.9	2	41.7	1	60.3	1
奥地利	1.4	26	1.1	28	1.2	32	1.3	31
白俄罗斯	0.3	30	1.8	25	3.1	24	3.1	28
保加利亚	15.6	7	17.5	4	22.7	5	25.6	5
波兰	0.9	28	1.0	30	2.5	25	3.3	27
俄罗斯	10.2	10	6.1	18	9.7	17	8.0	18
哥斯达黎加	4.0	22	3.1	22	2.0	30	6.3	23
荷兰	8.1	13	7.7	15	15.7	10	16.1	11
吉尔吉斯斯坦	2.1	24	1.9	24	2.4	28	2.8	29
捷克	5.4	20	7.2	17	7.6	18	10.9	15
拉脱维亚	18.7	4	12.3	7	29.2	4	20.2	7
立陶宛	5.8	18	6.1	18	10.0	16	8.2	17
罗马尼亚	15.9	6	10.0	12	11.0	13	18.4	8
马耳他	9.6	11	10.7	8	30.0	3	44.6	3
马来西亚	5.4	20	5.4	20	5.5	20	5.7	24
蒙古	18.1	5	10.5	9	16.3	9	13.9	12
南非	24.7	3	21.4	3	17.1	8	17.8	9
葡萄牙	11.2	9	10.0	12	11.6	12	16.3	10
塞浦路斯	71.3	1	53.1	1	34.2	2	44.8	2
斯洛伐克	8.6	12	10.1	11	14.1	11	13.1	14
斯洛文尼亚	6.7	17	10.2	10	10.8	14	7.6	20
塔吉克斯坦	0.2	31	0.7	31	2.5	25	0.0	32
泰国	1.3	27	1.1	28	1.9	31	2.5	30
乌克兰	2.1	24	1.3	27	2.5	25	4.2	25
新加坡	14.7	8	15.6	5	20.8	6	25.4	6
匈牙利	7.8	14	15.3	6	10.3	15	9.2	16
亚美尼亚	2.8	23	2.9	23	3.7	23	7.5	21
以色列	7.8	14	7.6	16	7.0	19	8.0	18
意大利	5.5	19	5.1	21	5.1	21	7.2	22
智利	7.1	16	8.3	14	17.8	7	26.1	4
中国	0.0	32	0.0	32	4.6	22	13.9	12
上述国家平均值	10.2		9.0		11.8		14.3	
世界平均值	11.6		10.2		13.6		15.9	

表6-2 "一带一路"参与国的创新环境指数排名与分区

	排名	2006年	2009年	2013年	2018年
第一区间	1	塞浦路斯	塞浦路斯	爱沙尼亚	爱沙尼亚
	2	爱沙尼亚	爱沙尼亚	塞浦路斯	塞浦路斯
	3	南非	南非	马耳他	马耳他
	4	拉脱维亚	保加利亚	拉脱维亚	智利
	5	蒙古	新加坡	保加利亚	保加利亚
	6	罗马尼亚	匈牙利	新加坡	新加坡
	7	保加利亚	拉脱维亚	智利	拉脱维亚
	8	新加坡	马耳他	南非	罗马尼亚
第二区间	9	葡萄牙	蒙古	蒙古	南非
	10	俄罗斯	斯洛文尼亚	荷兰	葡萄牙
	11	马耳他	斯洛伐克	斯洛伐克	荷兰
	12	斯洛伐克	罗马尼亚	葡萄牙	中国
	13	荷兰	葡萄牙	罗马尼亚	蒙古
	14	以色列	智利	斯洛文尼亚	斯洛伐克
	15	匈牙利	荷兰	匈牙利	捷克
	16	智利	以色列	立陶宛	匈牙利
第三区间	17	斯洛文尼亚	捷克	俄罗斯	立陶宛
	18	立陶宛	立陶宛	捷克	以色列
	19	意大利	俄罗斯	以色列	俄罗斯
	20	捷克	马来西亚	马来西亚	斯洛文尼亚
	21	马来西亚	意大利	意大利	亚美尼亚
	22	哥斯达黎加	哥斯达黎加	中国	意大利
	23	亚美尼亚	亚美尼亚	亚美尼亚	哥斯达黎加
	24	吉尔吉斯斯坦	吉尔吉斯斯坦	白俄罗斯	马来西亚
第四区间	25	乌克兰	白俄罗斯	波兰	乌克兰
	26	奥地利	阿塞拜疆	塔吉克斯坦	阿塞拜疆
	27	泰国	乌克兰	乌克兰	波兰
	28	波兰	奥地利	吉尔吉斯斯坦	白俄罗斯
	29	阿塞拜疆	泰国	阿塞拜疆	吉尔吉斯斯坦
	30	白俄罗斯	波兰	哥斯达黎加	泰国
	31	塔吉克斯坦	塔吉克斯坦	泰国	奥地利
	32	中国	中国	奥地利	塔吉克斯坦

表6-3　创新环境指数第一区间的"一带一路"参与国变化情况

年份＼国家	爱沙尼亚	塞浦路斯	马耳他	智利	保加利亚	新加坡	拉脱维亚	罗马尼亚
2006	33.5	71.3	9.6	7.1	15.6	14.7	18.7	15.9
2007	32.4	100.0	9.9	7.6	16.6	17.1	20.1	17.9
2008	27.0	82.4	10.0	7.9	20.2	15.8	15.1	17.9
2009	22.9	53.1	10.7	8.3	17.5	15.6	12.3	10.0
2010	26.0	62.6	13.4	9.4	16.5	17.3	21.2	9.2
2011	37.7	62.8	18.3	12.3	20.2	18.4	30.8	11.9
2012	39.2	57.3	23.5	14.3	22.9	19.1	29.4	11.2
2013	41.7	34.2	30.0	17.8	22.7	20.8	29.2	11.0
2014	41.0	35.0	35.6	20.3	22.8	22.6	27.0	10.4
2015	44.7	35.1	39.0	21.0	25.0	20.2	24.6	12.0
2016	49.6	42.5	37.9	22.2	27.7	20.2	20.4	14.0
2017	55.5	42.4	40.4	23.7	27.5	21.7	18.8	19.0
2018	60.3	44.8	44.6	26.1	25.6	25.4	20.2	18.4
平均值	39.3	55.7	24.8	15.2	21.6	19.1	22.1	13.8

表6-4　创新环境指数第二区间的"一带一路"参与国变化情况

年份＼国家	南非	葡萄牙	荷兰	中国	蒙古	斯洛伐克	捷克	匈牙利
2006	24.7	11.2	8.1	0.0	18.1	8.6	5.4	7.8
2007	25.9	12.3	7.7	0.0	16.7	10.3	7.0	9.8
2008	22.4	11.1	8.5	0.0	14.0	11.3	7.5	15.8
2009	21.4	10.0	7.7	0.0	10.5	10.1	7.2	15.3
2010	15.5	10.1	7.5	0.0	12.2	11.2	7.5	16.1
2011	13.3	11.4	7.8	1.4	14.8	12.2	7.1	19.2
2012	16.0	9.9	10.9	3.5	14.5	12.9	7.3	11.8
2013	17.1	11.6	15.7	4.6	16.3	14.1	7.6	10.3
2014	16.5	11.7	14.6	6.8	16.3	7.6	8.4	8.9
2015	21.9	12.6	14.6	8.4	13.6	6.6	9.1	7.7
2016	25.9	12.5	15.2	10.5	12.2	11.8	9.9	8.3
2017	18.1	14.1	15.5	12.1	15.0	13.1	11.2	8.6
2018	17.8	16.3	16.1	13.9	13.9	13.1	10.9	9.2
平均值	19.7	11.9	11.5	4.7	14.5	11.0	8.1	11.4

表6-5 创新环境指数第三区间的“一带一路”参与国变化情况

年份\国家	立陶宛	以色列	俄罗斯	斯洛文尼亚	亚美尼亚	意大利	哥斯达黎加	马来西亚
2006	5.8	7.8	10.2	6.7	2.8	5.5	4.0	5.4
2007	7.4	8.6	9.8	8.7	3.9	5.7	5.2	6.0
2008	6.1	7.9	10.0	11.0	3.9	5.5	5.7	5.6
2009	6.1	7.6	6.1	10.2	2.9	5.1	3.1	5.4
2010	7.6	8.4	6.1	9.5	2.9	5.4	3.8	5.6
2011	9.4	8.1	3.6	10.1	3.0	4.9	3.2	5.7
2012	13.6	7.1	9.6	10.9	3.7	4.7	2.0	5.5
2013	10.0	7.0	9.7	10.8	3.7	5.1	2.0	5.5
2014	10.7	7.5	10.5	11.1	3.7	5.6	2.5	5.8
2015	7.8	8.0	11.3	9.9	4.1	6.2	3.3	5.7
2016	8.2	8.4	10.8	7.7	4.1	6.4	5.0	5.3
2017	8.7	8.0	9.9	8.2	5.3	7.0	5.2	5.8
2018	8.2	8.0	8.0	7.6	7.5	7.2	6.3	5.7
平均值	8.4	7.9	8.9	9.4	4.0	5.7	3.9	5.6

表6-6 创新环境指数第四区间的“一带一路”参与国变化情况

年份\国家	乌克兰	阿塞拜疆	波兰	白俄罗斯	吉尔吉斯斯坦	泰国	奥地利	塔吉克斯坦
2006	2.1	0.7	0.9	0.3	2.1	1.3	1.4	0.2
2007	2.6	0.9	0.9	1.1	1.8	1.0	1.3	0.2
2008	2.1	2.2	0.8	1.6	2.4	1.1	1.3	0.3
2009	1.3	1.5	1.0	1.8	1.9	1.1	1.1	0.7
2010	2.1	1.0	1.3	2.1	1.7	1.3	1.2	0.8
2011	2.4	1.3	1.5	1.9	2.1	1.4	1.1	0.3
2012	2.0	1.4	2.0	2.6	2.0	1.8	1.0	0.3
2013	2.5	2.4	2.5	3.1	2.4	1.9	1.2	2.5
2014	2.4	2.2	2.5	2.4	2.4	1.9	1.5	0.4
2015	2.8	1.6	3.5	2.0	2.7	2.0	1.2	0.2
2016	3.6	2.3	3.9	2.1	2.9	2.2	1.2	0.1
2017	3.9	3.7	3.5	2.7	2.7	2.5	1.2	0.0
2018	4.2	3.9	3.3	3.1	2.8	2.5	1.3	0.0
平均值	2.6	1.9	2.1	2.1	2.3	1.7	1.2	0.5

（三）"一带一路"创新环境指数与世界平均水平的比较

图6-1显示，"一带一路"参与国创新环境指数平均值与世界平均值曲线趋势大致相同，2007年拐头向下，金融危机期间达到谷底，2010年开始一路走高至今；"一带一路"参与国平均值低于世界平均值，但两者间的差距呈缩小趋势。

无论是"一带一路"参与国还是世界范围内其他国家，金融危机之后新注册企业有增无减，一方面因为金融危机后产业结构发生较大变化，信息化、智能化使中小微企业更富活力；另一方面因为应对危机实施的货币扩张政策有利于融资创立中小微企业。金融危机给世界经济带来压力，但另一方面给产业结构调整带来了新的机遇。美日韩欧盟等相继在新能源、信息、生物、航天等领域加大了支持力度。奥巴马签署的《2009年美国复兴与再投资法》推出的7870亿美元的经济刺激方案中，基建和科研、教育、可再生能源和节能项目、医疗信息化、环保等成为重点投资领域。中国在"保民生"和"保增长"的基础上，重点"调结构"，大力发展新能源、新材料、生物科技、信息网络、空间海洋开发等。新兴产业带动了新注册企业数量的激增，创新主体比金融危机前显著增加。

席卷全球的产业结构调整所产生的蝴蝶效应，带动了"一带一路"参与国或早或晚加入了创新的行列中来。"一带一路"倡议的提出为国家之间的贸易合作、经济往来提供了一台加速器。我们相信伴随着"一带一路"倡议的深入实践，贸易融通、资金融通、设施联通等的开花结果，"一带一路"参与国的整体创新主体队伍一定会日益庞大。

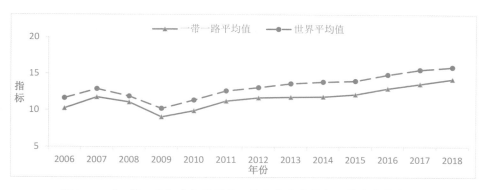

图6-1　"一带一路"参与国创新环境指数平均值与世界平均值的比较

三、创新投入指数

（一）创新投入指数的含义

R&D活动是指在科学技术领域，为增加知识总量以及运用这些知识去创造新的应用而进行的系统的创造性的活动，包括基础研究、应用研究、试验发展三类活动。R&D经费是指用于研究与试验发展活动的经费，是核心创新资源。合理、高效配置R&D经费对于实施创新驱动发展方略，提升国家科技实力和创新能力至关重要。本章以R&D经费支出占GDP的比重作为分析指标，不仅反映了科技投入水平，同时也体现了经济结构的调整和科技经济的协调发展。

（二）"一带一路"参与国的创新投入指数

基于数据比较完整的32个"一带一路"参与国的R&D经费投入占GDP比重数据，本文对4个年份（2006年、2009年、2013年、2018年）的各国创新投入指数进行计算，并作排名。排名范围仅限于有统计数据的"一带一路"参与国。这4个年份各国的创新投入指数及其排名见表6-7所示。

2006~2018年间，从指数绝对值看，奥地利、新加坡、荷兰在4个年份中研发投入一直保持在排名前八行列。从增长幅度看，2006年和2018年比较，研发投入指数增长幅度最大的为阿塞拜疆，达1897%；其次为意大利361%，斯洛伐克238%，马来西亚135%，南非118%。从排名提升来看，2006~2018年，阿塞拜疆上升29名，斯洛伐克提升14名，马来西亚提升11名，南非提升9名。排名跌幅较大的有：捷克下降15名；俄罗斯后退13名；斯洛文尼亚下降11名，以色列下降10名。

研发投入是提升一个国家、地区、企业创新能力与核心竞争能力的根本。中国2013~2016年间研发经费平均增长幅度达11.1%，同期美国平均增幅为2.7%，欧盟平均增幅为2.3%，日本为0.6%。中国研发经费投入总量逐年增大，已成为仅次于美国的世界第二大科技经费投入大国。但是，中国研发投入占GDP的比重与美日德等发达国家3%～4%的水平相比仍有较明显的差距，基础研究经费占研发经费的比重从1990年以来长期稳定在5%左右，只有发达国家的三分之一至四分之一（法国2011年为24.4%，美国2013年为16.5%）。

数据显示，"一带一路"参与国中，发展中国家创新投入指数显著低于发达国家。发展中国家要提升国家整体实力，还需重点从企业创新、社会机制创新上做进一步的努力，尤其是要保证持续的研发投入，最终才有可能厚积薄发，实现质的飞跃。

表6-7　"一带一路"参与国创新投入指数排名（32国）

	2006年		2009年		2013年		2018年	
	指数	排名	指数	排名	指数	排名	指数	排名
阿塞拜疆	3.2	31	4.8	29	4.0	30	63.9	2
爱沙尼亚	22.3	8	28.0	8	34.4	8	22.7	12
奥地利	47.7	2	52.6	2	59.7	2	57.9	3
白俄罗斯	13.1	16	12.7	18	13.3	20	14.0	19
保加利亚	8.7	23	9.7	21	12.6	21	5.3	27
波兰	10.9	20	13.2	17	17.3	16	14.5	18
俄罗斯	21.4	10	25.1	10	22.6	13	9.9	23
哥斯达黎加	8.4	24	10.7	19	11.1	23	12.4	20
荷兰	35.3	4	33.8	5	39.4	6	38.4	6
吉尔吉斯斯坦	4.4	28	2.9	31	2.7	31	1.0	32
捷克	24.7	7	26.0	9	38.4	7	11.0	22
拉脱维亚	12.9	17	8.9	24	12.1	22	15.4	17
立陶宛	15.7	15	16.5	16	19.0	14	21.3	13
罗马尼亚	8.8	22	9.1	23	7.5	27	4.9	28
马耳他	12.2	18	10.7	19	17.6	15	17.0	15
马来西亚	12.1	19	20.2	13	23.6	12	28.4	8
蒙古	3.6	30	5.9	27	4.4	28	4.8	29
南非	17.9	14	16.6	15	14.5	19	39.0	5
葡萄牙	19.0	12	31.7	7	26.6	10	24.3	10
塞浦路斯	7.5	25	8.8	25	9.1	24	9.6	24
斯洛伐克	9.4	21	9.3	22	16.5	17	31.8	7
斯洛文尼亚	30.7	5	36.5	4	52.4	3	16.6	16
塔吉克斯坦	1.9	32	1.4	32	2.1	32	1.7	30
泰国	4.4	28	4.5	30	8.7	25	1.7	30
乌克兰	18.9	13	17.0	14	15.1	18	11.8	21
新加坡	42.9	3	43.4	3	40.2	5	44.5	4
匈牙利	19.7	11	22.8	12	28.0	9	21.3	13

	2006年		2009年		2013年		2018年	
	指数	排名	指数	排名	指数	排名	指数	排名
亚美尼亚	4.6	27	5.6	28	4.2	29	8.7	25
以色列	83.3	1	83.2	1	82.5	1	22.9	11
意大利	21.7	9	24.4	11	26.1	11	100.0	1
智利	6.5	26	6.8	26	7.6	26	7.8	26
中国	27.6	6	33.7	6	40.5	4	25.3	9
上述国家平均值	18.2		19.9		22.3		22.2	
世界平均值	23.5		25.6		26.7		24.0	

表6-8 "一带一路"参与国创新投入指数排名与分区

	排名	2006年	2009年	2013年	2018年
第一区间	1	以色列	以色列	以色列	意大利
	2	奥地利	奥地利	奥地利	阿塞拜疆
	3	新加坡	新加坡	斯洛文尼亚	奥地利
	4	荷兰	斯洛文尼亚	中国	新加坡
	5	斯洛文尼亚	荷兰	新加坡	南非
	6	中国	中国	荷兰	荷兰
	7	捷克	葡萄牙	捷克	斯洛伐克
	8	爱沙尼亚	爱沙尼亚	爱沙尼亚	马来西亚
第二区间	9	意大利	捷克	匈牙利	中国
	10	俄罗斯	俄罗斯	葡萄牙	葡萄牙
	11	匈牙利	意大利	意大利	以色列
	12	葡萄牙	匈牙利	马来西亚	爱沙尼亚
	13	乌克兰	马来西亚	俄罗斯	立陶宛
	14	南非	乌克兰	立陶宛	匈牙利
	15	立陶宛	南非	马耳他	马耳他
	16	白俄罗斯	立陶宛	波兰	斯洛文尼亚
第三区间	17	拉脱维亚	波兰	斯洛伐克	拉脱维亚
	18	马耳他	白俄罗斯	乌克兰	波兰
	19	马来西亚	马耳他	南非	白俄罗斯
	20	波兰	哥斯达黎加	白俄罗斯	哥斯达黎加
	21	斯洛伐克	保加利亚	保加利亚	乌克兰
	22	罗马尼亚	斯洛伐克	拉脱维亚	捷克
	23	保加利亚	罗马尼亚	哥斯达黎加	俄罗斯
	24	哥斯达黎加	拉脱维亚	塞浦路斯	塞浦路斯
第四区间	25	塞浦路斯	塞浦路斯	泰国	亚美尼亚
	26	智利	智利	智利	智利
	27	亚美尼亚	蒙古	罗马尼亚	保加利亚
	28	泰国	亚美尼亚	蒙古	罗马尼亚
	29	吉尔吉斯斯坦	阿塞拜疆	亚美尼亚	蒙古
	30	蒙古	泰国	阿塞拜疆	塔吉克斯坦
	31	阿塞拜疆	吉尔吉斯斯坦	吉尔吉斯斯坦	泰国
	32	塔吉克斯坦	塔吉克斯坦	塔吉克斯坦	吉尔吉斯斯坦

表6-9 创新投入指数第一区间的"一带一路"参与国的变化情况

年份＼国家	意大利	阿塞拜疆	奥地利	新加坡	南非	荷兰	斯洛伐克	马来西亚
2006	21.7	3.173	47.72	42.9	17.89	35.27	9.358	12.07
2007	22.6	3.1	49.0	47.0	17.6	33.9	8.8	13.9
2008	23.3	3.0	52.1	52.8	17.7	33.0	9.1	15.7
2009	24.4	4.8	52.6	43.4	16.6	33.8	9.3	20.2
2010	24.5	4.1	55.1	40.5	14.6	34.6	12.2	20.7
2011	24.2	4.0	54.0	43.3	14.6	38.2	13.2	20.6
2012	25.4	4.1	58.1	40.2	14.5	39.0	16.1	21.8
2013	26.1	4.0	59.7	40.2	14.5	39.4	16.5	23.6
2014	25.8	3.9	60.2	44.0	14.1	39.7	17.6	25.3
2015	85.9	61.5	38.6	24.1	44.2	37.8	43.9	25.1
2016	91.0	63.0	38.1	4.2	40.4	38.0	41.8	26.2
2017	97.2	61.5	37.6	44.3	37.5	38.2	39.1	27.3
2018	100.0	63.9	57.9	55.5	39.0	38.4	31.8	28.4
平均值	45.5	21.9	50.8	40.2	23.3	36.9	20.7	21.6

表6-10 创新投入指数第二区间的"一带一路"参与国的变化情况

年份＼国家	中国	葡萄牙	以色列	爱沙尼亚	立陶宛	匈牙利	马耳他	斯洛文尼亚
2006	27.6	19.0	83.3	22.3	15.7	19.7	12.2	30.7
2007	27.7	22.5	89.0	21.3	15.9	19.2	11.4	28.5
2008	29.2	29.0	87.4	25.2	15.7	19.7	11.0	32.6
2009	33.7	31.7	83.2	28.0	16.5	22.8	10.7	36.5
2010	34.7	30.7	79.3	31.7	15.6	22.9	13.6	41.4
2011	36.0	29.2	80.9	46.4	18.0	23.9	14.2	48.8
2012	38.7	27.6	83.3	42.5	17.8	25.4	17.8	51.9
2013	40.5	26.6	82.5	34.4	19.0	28.0	17.6	52.4
2014	41.1	25.7	82.9	28.8	20.3	27.5	16.9	48.0
2015	7.4	20.0	23.7	2.6	19.8	0.0	6.1	23.4
2016	7.2	19.2	23.4	2.6	20.3	0.3	5.8	15.7
2017	6.9	20.7	23.1	3.4	20.8	0.5	5.6	17.6
2018	25.3	24.3	22.9	22.7	21.3	21.3	17.0	16.6
平均值	27.4	25.1	65.0	24.0	18.2	17.8	12.3	34.2

表6-11 创新投入指数第三区间的"一带一路"参与国的变化情况

年份\国家	拉脱维亚	波兰	白俄罗斯	哥斯达黎加	乌克兰	捷克	俄罗斯	塞浦路斯
2006	12.9	10.9	13.1	8.4	18.9	24.7	21.4	7.5
2007	10.9	11.1	19.2	7.1	17.0	26.1	22.3	7.9
2008	11.5	11.9	14.7	7.8	16.8	24.9	20.9	7.6
2009	8.9	13.2	12.7	10.7	17.0	26.0	25.1	8.8
2010	12.1	14.3	13.7	9.5	16.5	26.8	22.6	8.9
2011	13.9	14.8	13.9	9.3	14.6	31.3	21.8	8.9
2012	13.2	17.5	13.2	11.3	14.9	36.0	22.5	8.4
2013	12.1	17.3	13.3	11.1	15.1	38.4	22.6	9.1
2014	13.7	18.7	13.7	11.7	13.0	40.2	23.7	9.3
2015	14.1	3.0	14.0	11.4	13.5	9.4	9.6	8.4
2016	14.5	14.1	14.0	11.7	12.9	10.5	9.4	6.6
2017	15.0	14.3	14.0	12.0	12.3	11.1	9.9	8.4
2018	15.4	14.5	14.0	12.4	11.8	11.0	9.9	9.6
平均值	12.9	13.5	14.1	10.3	15.0	24.3	18.6	8.4

表6-12 创新投入指数第四区间的"一带一路"参与国的变化情况

年份\国家	亚美尼亚	智利	保加利亚	罗马尼亚	蒙古	塔吉克斯坦	泰国	吉尔吉斯斯坦
2006	4.6	6.5	8.7	8.8	3.6	1.9	4.4	4.4
2007	4.0	6.0	8.3	10.2	4.5	1.1	3.8	4.4
2008	4.2	7.3	8.7	11.2	6.5	1.1	4.1	3.5
2009	5.6	6.8	9.7	9.0	5.9	1.4	4.4	2.9
2010	4.6	6.4	11.3	8.9	4.6	1.5	5.7	2.8
2011	5.2	6.9	10.6	9.7	4.4	2.2	7.0	2.9
2012	4.5	7.1	12.0	9.4	4.5	2.0	7.8	3.1
2013	4.2	7.6	12.6	7.5	4.4	2.1	8.7	2.7
2014	4.6	7.4	15.8	7.5	4.3	2.1	9.5	2.3
2015	12.3	6.6	13.2	6.0	4.8	0.1	1.9	1.7
2016	11.0	5.8	10.6	5.3	4.8	1.6	1.9	1.3
2017	10.7	7.6	7.9	4.8	4.8	1.6	2.0	1.3
2018	8.7	7.8	5.3	4.9	4.8	1.7	1.7	1.0
平均值	6.5	6.9	10.4	7.9	4.8	1.6	4.8	2.6

（三）"一带一路"参与国创新投入指数与世界平均水平的比较

由图6-2可见，2006～2014年，"一带一路"参与国创新投入指数平均值与世界平均值曲线温和向上，但"一带一路"参与国创新投入指数远远低于世界平均水平。2014～2016年，两条曲线都断崖式下跌，创新投入骤减，二者差距缩小。2016～2018年，曲线急剧上升，曲线之间距离收窄，"一带一路"参与国创新投入指数增速高于世界平均值水平。

"一带一路"参与国在持续增加创新投入的同时，也应当注重投入的方向与效益，尤其是发展中国家，更需提高资金的使用效率，提高投资收益比，逐渐缩小与发达国家的差距。

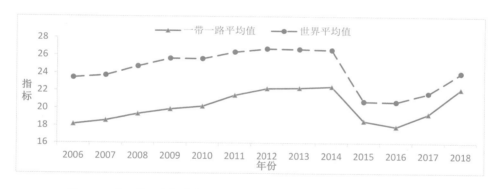

图6-2　"一带一路"参与国创新投入指数平均值与世界平均值的比较

四、创新产出指数

（一）创新产出指数的含义

专利是创新活动中间产出的一个重要成果形式。专利申请量指专利机构受理技术发明申请专利的数量，是发明专利申请量、实用新型专利申请量和外观设计专利申请量之和，反映技术发展活动是否活跃，以及发明人是否有谋求专利保护的积极性。专利申请数量越多，表示一个社会的创新能力越高，社会就越有活力。同时，该指标也是反映研发活动的产出水平和效率的重要指标。因此，综合考虑指标代表性和数据完整度，本章以专利申请量作为分析指标。

（二）"一带一路"参与国的创新产出指数

基于数据比较完整的32个"一带一路"参与国的专利申请量数据，本文对4个年份（2006年、2009年、2013年、2018年）进行指数计算，并作排名（见表6-13）。然后将这些国家的创新产出指数按4个区间分类排序，见表6-14所示。

2006～2018年，中国、俄罗斯、意大利、波兰、荷兰、乌克兰、奥地利等国家的创新产出指数一直处于"一带一路"参与国前列，在4个样本年中均处于第一区间。从名次提升幅度看，2018年，葡萄牙提升8位，新加坡提升7位，马来西亚提升5位。从绝对数来看，2018年，中国指数100.0，俄罗斯1.8，意大利0.6，波兰0.3。创新产出指数排名靠后的有塔吉克斯坦、马耳他、塞浦路斯、哥斯达黎加、爱沙尼亚等国。

中国在"一带一路"参与国中，专利申请量最多，正在由知识产权大国向知识产权强国迈进。世界知识产权组织有关报告中称，中国2019年全球创新指数排名提升到第14位，比2018年提升3位，稳居中等经济收入国家首位。中国在知识产权方面的进步，给"一带一路"参与国很好的示范效应，同时也能给这些国家提供创新产出方面的经验和教训。"一带一路"参与国不仅要注重知识产权的数量，更要注重知识产权的运营。只有运营起来的知识产权，才能真正产生创新成果。

表6-13 "一带一路"参与国创新产出指数及其排名（32国）

	2006年		2009年		2013年		2018年	
	指数	排名	指数	排名	指数	排名	指数	排名
阿塞拜疆	0.0	15	0.0	17	0.0	18	0.0	16
爱沙尼亚	0.0	15	0.0	17	0.0	18	0.0	16
奥地利	0.2	5	0.2	4	0.2	5	0.2	5
白俄罗斯	0.1	8	0.1	8	0.1	8	0.0	16

续上表

	2006年		2009年		2013年		2018年	
	指数	排名	指数	排名	指数	排名	指数	排名
保加利亚	0.0	15	0.0	17	0.0	18	0.0	16
波兰	0.2	5	0.2	4	0.3	4	0.3	4
俄罗斯	2.0	2	1.8	2	2.1	2	1.8	2
哥斯达黎加	0.0	15	0.0	17	0.0	18	0.0	16
荷兰	0.2	5	0.2	4	0.2	5	0.2	5
吉尔吉斯斯坦	0.0	15	0.0	17	0.0	18	0.0	16
捷克	0.1	8	0.1	8	0.1	8	0.1	8
拉脱维亚	0.0	15	0.0	17	0.0	18	0.0	16
立陶宛	0.0	15	0.0	17	0.0	18	0.0	16
罗马尼亚	0.1	8	0.1	8	0.1	8	0.1	8
马耳他	0.0	15	0.0	17	0.0	18	0.0	16
马来西亚	0.0	15	0.1	8	0.1	8	0.1	8
蒙古	0.0	15	0.0	17	0.0	18	0.0	16
南非	0.1	8	0.1	8	0.1	8	0.1	8
葡萄牙	0.0	15	0.0	17	0.1	8	0.1	8
塞浦路斯	0.0	15	0.0	17	0.0	18	0.0	16
斯洛伐克	0.0	15	0.0	17	0.0	18	0.0	16
斯洛文尼亚	0.0	15	0.0	17	0.0	18	0.0	16
塔吉克斯坦	0.0	15	0.0	17	0.0	18	0.0	16
泰国	0.1	8	0.1	8	0.1	8	0.1	8
乌克兰	0.3	4	0.2	4	0.2	5	0.2	5
新加坡	0.0	15	0.1	8	0.1	8	0.1	8
匈牙利	0.1	8	0.1	8	0.1	8	0.0	16
亚美尼亚	0.0	15	0.0	17	0.0	18	0.0	16
以色列	0.1	8	0.1	8	0.1	8	0.1	16
意大利	0.7	3	0.6	3	0.6	3	0.6	3
智利	0.0	15	0.0	17	0.0	18	0.0	16
中国	8.8	1	16.4	1	50.6	1	100.0	1
上述国家平均值	0.4		0.6		1.7		3.3	
世界平均值	0.4		0.6		1.4		2.4	

表6-14 "一带一路"参与国创新产出指数排名与分区

	排名	2006年	2009年	2013年	2018年
第一区间	1	中国	中国	中国	中国
	2	俄罗斯	俄罗斯	俄罗斯	俄罗斯
	3	意大利	意大利	意大利	意大利
	4	乌克兰	波兰	波兰	波兰
	5	奥地利	荷兰	乌克兰	荷兰

	排名	2006年	2009年	2013年	2018年
第二区间	6	荷兰	乌克兰	荷兰	乌克兰
	7	波兰	奥地利	奥地利	奥地利
	8	以色列	白俄罗斯	泰国	新加坡
	9	白俄罗斯	以色列	白俄罗斯	以色列
	10	泰国	马来西亚	以色列	马来西亚
	11	南非	罗马尼亚	马来西亚	罗马尼亚
	12	罗马尼亚	泰国	新加坡	泰国
	13	匈牙利	南非	罗马尼亚	捷克
	14	捷克	捷克	捷克	葡萄牙
	15	新加坡	匈牙利	葡萄牙	南非
	16	马来西亚	新加坡	匈牙利	白俄罗斯
第三区间	17	智利	葡萄牙	南非	匈牙利
	18	斯洛文尼亚	斯洛文尼亚	斯洛文尼亚	智利
	19	阿塞拜疆	智利	智利	斯洛文尼亚
	20	保加利亚	阿塞拜疆	保加利亚	斯洛伐克
	21	斯洛伐克	保加利亚	拉脱维亚	保加利亚
	22	亚美尼亚	拉脱维亚	斯洛伐克	阿塞拜疆
	23	葡萄牙	斯洛伐克	阿塞拜疆	吉尔吉斯斯坦
	24	吉尔吉斯斯坦	吉尔吉斯斯坦	蒙古	亚美尼亚
第四区间	25	拉脱维亚	亚美尼亚	亚美尼亚	拉脱维亚
	26	蒙古	立陶宛	立陶宛	蒙古
	27	立陶宛	蒙古	吉尔吉斯斯坦	立陶宛
	28	爱沙尼亚	爱沙尼亚	爱沙尼亚	爱沙尼亚
	29	塔吉克斯坦	哥斯达黎加	哥斯达黎加	哥斯达黎加
	30	哥斯达黎加	塔吉克斯坦	马耳他	塞浦路斯
	31	塞浦路斯	马耳他	塔吉克斯坦	马耳他
	32	马耳他	塞浦路斯	塞浦路斯	塔吉克斯坦

表6-15 创新产出指数第一区间"一带一路"参与国的变化情况

国家\年份	中国	俄罗斯	意大利	波兰	荷兰	乌克兰	奥地利	新加坡
2006	8.78	2.00	0.65	0.16	0.16	0.25	0.16	0.04
2007	10.98	1.97	0.66	0.17	0.15	0.25	0.17	0.05
2008	13.96	1.99	0.62	0.18	0.17	0.20	0.17	0.06
2009	16.44	1.84	0.63	0.21	0.19	0.18	0.16	0.05
2010	21.03	2.06	0.64	0.23	0.18	0.18	0.17	0.06
2011	29.83	1.90	0.63	0.28	0.19	0.20	0.15	0.08
2012	38.41	2.06	0.61	0.32	0.17	0.18	0.16	0.08
2013	50.58	2.06	0.60	0.30	0.17	0.21	0.16	0.08

续上表

国家 年份	中国	俄罗斯	意大利	波兰	荷兰	乌克兰	奥地利	新加坡
2014	57.48	1.73	0.62	0.28	0.17	0.18	0.15	0.09
2015	69.47	2.10	0.63	0.34	0.16	0.16	0.16	0.11
2016	86.45	1.92	0.63	0.31	0.16	0.16	0.15	0.11
2017	89.37	1.63	0.62	0.28	0.16	0.16	0.15	0.12
2018	100.00	1.79	0.64	0.30	0.15	0.15	0.15	0.11
平均值	45.60	1.93	0.63	0.26	0.17	0.19	0.16	0.08

说明："一带一路"参与国专利申请指数得分普遍偏低，故表6-15、表6-16、表6-17、表6-18得分保留小数点后两位有效数字，以便比较分析。

表6-16　创新产出指数第二区间"一带一路"参与国的变化情况

国家 年份	以色列	马来西亚	罗马尼亚	泰国	捷克	葡萄牙	南非	白俄罗斯
2006	0.1	0.04	0.06	0.07	0.05	0.01	0.06	0.09
2007	0.12	0.05	0.06	0.07	0.05	0.02	0.07	0.1
2008	0.11	0.06	0.07	0.06	0.05	0.03	0.06	0.11
2009	0.1	0.09	0.08	0.07	0.06	0.04	0.06	0.13
2010	0.1	0.09	0.1	0.09	0.06	0.04	0.06	0.13
2011	0.1	0.08	0.1	0.07	0.06	0.04	0.05	0.12
2012	0.09	0.08	0.07	0.07	0.06	0.04	0.04	0.12
2013	0.09	0.09	0.07	0.11	0.07	0.05	0.05	0.11
2014	0.08	0.1	0.07	0.07	0.07	0.05	0.06	0.05
2015	0.09	0.09	0.07	0.07	0.06	0.07	0.06	0.04
2016	0.09	0.08	0.07	0.08	0.06	0.05	0.05	0.03
2017	0.1	0.08	0.08	0.07	0.06	0.05	0.05	0.03
2018	0.11	0.08	0.08	0.06	0.05	0.05	0.05	0.03
平均值	0.10	0.08	0.08	0.07	0.06	0.04	0.06	0.08

表6-17　创新产出指数第三区间"一带一路"参与国的变化情况

国家 年份	匈牙利	智利	斯洛文尼亚	斯洛伐克	保加利亚	阿塞拜疆	吉尔吉斯斯坦	亚美尼亚
2006	0.05	0.02	0.02	0.01	0.02	0.02	0.01	0.01
2007	0.05	0.03	0.02	0.02	0.02	0.02	0.01	0.01
2008	0.05	0.04	0.02	0.01	0.02	0.02	0.01	0.02
2009	0.05	0.02	0.03	0.01	0.02	0.02	0.01	0.01
2010	0.05	0.02	0.03	0.02	0.02	0.02	0.01	0.01

年份＼国家	匈牙利	智利	斯洛文尼亚	斯洛伐克	保加利亚	阿塞拜疆	吉尔吉斯斯坦	亚美尼亚
2011	0.05	0.02	0.03	0.02	0.02	0.02	0.01	0.01
2012	0.05	0.02	0.03	0.01	0.02	0.01	0.01	0.01
2013	0.05	0.02	0.03	0.01	0.02	0.01	0.01	0.01
2014	0.04	0.03	0.03	0.02	0.02	0.01	0.01	0.01
2015	0.04	0.03	0.03	0.02	0.02	0.01	0.01	0.01
2016	0.04	0.03	0.02	0.02	0.02	0.01	0.01	0.01
2017	0.04	0.03	0.02	0.01	0.01	0.01	0.01	0.01
2018	0.03	0.03	0.02	0.02	0.01	0.01	0.01	0.01
平均值	0.05	0.03	0.03	0.02	0.02	0.01	0.01	0.01

表6-18　创新产出指数第四区间"一带一路"参与国的变化情况

年份＼国家	拉脱维亚	蒙古	立陶宛	爱沙尼亚	哥斯达黎加	塞浦路斯	马耳他	塔吉克斯坦
2006	0.01	0.01	0.00	0.00	0.00	0.00	0.00	0.00
2007	0.01	0.01	0.00	0.00	0.00	0.00	0.00	0.00
2008	0.01	0.01	0.01	0.00	0.00	0.00	0.00	0.00
2009	0.02	0.01	0.01	0.01	0.00	0.00	0.00	0.00
2010	0.01	0.01	0.01	0.01	0.00	0.00	0.00	0.00
2011	0.01	0.01	0.01	0.00	0.00	0.00	0.00	0.00
2012	0.01	0.01	0.01	0.00	0.00	0.00	0.00	0.00
2013	0.02	0.01	0.01	0.00	0.00	0.00	0.00	0.00
2014	0.01	0.01	0.01	0.00	0.00	0.00	0.00	0.00
2015	0.01	0.01	0.01	0.00	0.00	0.00	0.00	0.00
2016	0.01	0.01	0.01	0.00	0.00	0.00	0.00	0.00
2017	0.01	0.01	0.01	0.00	0.00	0.00	0.00	0.00
2018	0.01	0.01	0.01	0.00	0.00	0.00	0.00	0.00
平均值	0.01	0.01	0.01	0.00	0.00	0.00	0.00	0.00

（三）"一带一路"参与国创新产出指数与世界平均水平的比较

　　图6-3显示的是"一带一路"参与国和世界的平均创新产出指数平均值走势。2006～2018年，各国专利申请量均在逐年攀升，"一带一路"参与国指数平均值和世界平均值始终保持增长趋势。自2008年开始"一带一路"参与国创新产出指数超越世界平均值，二者曲线虽然走势相似，但敞口逐渐放大，"一带一

路"参与国数量上已经领先世界平均值不少。

中国正在着力开展更加广泛的国际科技合作，尤其是增设面向"一带一路"参与国的科技计划，积极参加世界知识产权组织、世界贸易组织框架下的多边合作事务。未来，有望带动更多的"一带一路"参与国加强科技交流与合作，促进研究成果申请专利、落地转化，实现创新产出的迸发。

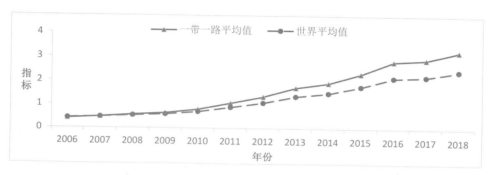

图6-3　"一带一路"创新产出指数平均值与世界平均值的比较

五、创新持续指数

（一）创新持续指数的含义

在所有科技创新投资活动中，舒尔茨特别强调教育投资对提高科技创新能力的影响以及教育可能在将来做出的贡献。教育对于一个国家保持持续的创新竞争力有着决定性的作用，尤其科学、技术、工程、数学（STEM）专业的人才培养于当今时代更是国家创新能力的重要源泉。我们以政府教育支出占GDP的比重作为分析指标衡量各个国家的创新持续能力。

（二）"一带一路"参与国的创新持续指数

基于数据比较完整的32个"一带一路"参与国的"政府教育支出占GDP比重"数据，我们对4个年份（2006年、2009年、2013年、2018年）的各国排名也做了统计（如表6-19所示），同时将这32个国家的创新持续指数分为4个区间进行排序（如表6-20所示）。排名范围限于有统计数据的"一带一路"参与国。

总体来看，"一带一路"参与国教育支出指数远低于世界平均水平，还有较大的追赶空间。

从绝对数来看，2018年创新投入指数排名第一的是马耳他80.1，然后是哥斯达黎加76.4。排名前十的分别是马耳他、哥斯达黎加、吉尔吉斯斯坦、塞浦路斯、乌克兰、南非、拉脱维亚、以色列、荷兰、奥地利。中国以53.5的成绩排在这32个国家的第11位。

从指数增长幅度看，2006~2018年，智利增幅258%，塔吉克斯坦增幅153%，哥斯达黎加增幅93%，马耳他增幅53%。降幅最大的是新加坡，下降62%；其次是罗马尼亚、白俄罗斯、阿塞拜疆、匈牙利等。

从排名提升看，2006年到2018年名次提升最大的是智利，提升17位；哥斯达黎加和塔吉克斯坦都提升15位，中国提升10位，拉脱维亚提升9位，捷克提升8位。名次降幅大的依次是白俄罗斯下降17位，匈牙利下降16位，斯洛文尼亚下降12位，意大利下降9位，波兰下降8位，立陶宛下降8位。

创新的关键是人才，人才的关键在教育。教育质量的好坏和教育投入直接相关。尤其是现代教育，硬件软件设施、教材教辅教师等，都需要大量投入。当然，教育支出的最大化，不等于教育的成效最大化。在增加教育支出的同时，应该高度重视教育价值最大化。

"丝绸之路"教育援助计划是2016年中国教育部《推进共建"一带一路"教育行动》的引领性举措之一，在力所能及的范围内，中国不断加大对"一带一路"参与国教育援助的力度，扩大援助范围，实现参与国教育的共同发展。

数据显示，无论是"一带一路"参与国还是世界各国，都在增加教育的财政支出，以应对不断更新的教育内容，提高教育质量，从而提高整体国民素质。

表6-19 "一带一路"参与国创新持续指数排名（32国）

	2006年		2009年		2013年		2018年	
	指数	排名	指数	排名	指数	排名	指数	排名
阿塞拜疆	7.5	32	17.8	31	5.8	32	4.8	31
爱沙尼亚	41.4	15	59.9	6	42.7	18	48.8	14
奥地利	48.7	9	56.4	7	53.6	9	53.5	10
白俄罗斯	61.8	3	35.5	21	45.3	15	37.7	20
保加利亚	28.7	25	34.2	22	21.0	28	32.8	23
波兰	48.3	10	45.0	17	44.3	16	39.2	18
俄罗斯	27.7	26	30.1	26	26.0	27	29.2	27
哥斯达黎加	39.6	17	61.3	4	73.7	3	76.4	2
荷兰	45.9	12	51.8	13	53.3	10	55.3	9
吉尔吉斯斯坦	53.6	6	64.2	3	72.5	4	69.8	3
捷克	33.1	23	32.4	24	31.2	25	47.9	15
拉脱维亚	40.7	16	54.0	9	75.8	2	58.2	7
立陶宛	42.4	14	54.1	8	39.2	19	33.9	22
罗马尼亚	34.5	22	29.8	28	15.0	29	16.1	29
马耳他	52.5	7	47.8	15	89.5	1	80.1	1
马来西亚	37.3	20	60.2	5	52.6	11	38.0	19
蒙古	38.5	18	47.4	16	44.3	16	37.7	20
南非	46.3	11	49.0	14	60.8	7	63.0	6
葡萄牙	43.8	13	53.8	11	49.5	13	46.2	16
塞浦路斯	65.7	1	79.2	2	67.2	6	68.4	4
斯洛伐克	25.4	27	29.9	27	31.1	26	31.7	25
斯洛文尼亚	54.0	5	53.9	10	51.9	12	45.8	17
塔吉克斯坦	20.6	28	31.3	25	36.3	21	52.1	13
泰国	30.5	24	27.6	29	31.7	24	31.4	26
乌克兰	63.9	2	80.9	1	70.9	5	64.0	5
新加坡	12.2	30	14.5	32	12.1	30	4.6	32
匈牙利	49.9	8	44.6	18	32.9	22	32.3	24
亚美尼亚	10.0	31	27.3	30	9.0	31	9.2	30
以色列	56.9	4	52.8	12	58.7	8	57.0	8
意大利	38.1	19	38.0	20	32.3	23	28.6	28
智利	14.7	29	33.3	23	37.9	20	52.6	12
中国	37.1	21	41.0	19	46.7	14	53.5	10
上述国家平均值	39.1		45.0		44.2		43.7	
世界平均值	42.4		49.0		49.0		49.9	

表6-20 "一带一路"参与国创新持续指数排名与分区（32国）

	排名	2006年	2009年	2013年	2018年
第一区间	1	塞浦路斯	乌克兰	马耳他	马耳他
	2	乌克兰	塞浦路斯	拉脱维亚	哥斯达黎加
	3	白俄罗斯	吉尔吉斯斯坦	哥斯达黎加	吉尔吉斯斯坦
	4	以色列	哥斯达黎加	吉尔吉斯斯坦	塞浦路斯
	5	斯洛文尼亚	马来西亚	乌克兰	乌克兰
	6	吉尔吉斯斯坦	爱沙尼亚	塞浦路斯	南非
	7	马耳他	奥地利	南非	拉脱维亚
	8	匈牙利	立陶宛	以色列	以色列
第二区间	9	奥地利	拉脱维亚	奥地利	荷兰
	10	波兰	斯洛文尼亚	荷兰	奥地利
	11	南非	葡萄牙	马来西亚	中国
	12	荷兰	以色列	斯洛文尼亚	智利
	13	葡萄牙	荷兰	葡萄牙	塔吉克斯坦
	14	立陶宛	南非	中国	爱沙尼亚
	15	爱沙尼亚	马耳他	白俄罗斯	捷克
	16	拉脱维亚	蒙古	蒙古	葡萄牙
第三区间	17	哥斯达黎加	波兰	波兰	斯洛文尼亚
	18	蒙古	匈牙利	爱沙尼亚	波兰
	19	意大利	中国	立陶宛	马来西亚
	20	马来西亚	意大利	智利	白俄罗斯
	21	中国	白俄罗斯	塔吉克斯坦	蒙古
	22	罗马尼亚	保加利亚	匈牙利	立陶宛
	23	捷克	智利	意大利	保加利亚
	24	泰国	捷克	泰国	匈牙利
第四区间	25	保加利亚	塔吉克斯坦	捷克	斯洛伐克
	26	俄罗斯	俄罗斯	斯洛伐克	泰国
	27	斯洛伐克	斯洛伐克	俄罗斯	俄罗斯
	28	塔吉克斯坦	罗马尼亚	保加利亚	意大利
	29	智利	泰国	罗马尼亚	罗马尼亚
	30	新加坡	亚美尼亚	新加坡	亚美尼亚
	31	亚美尼亚	阿塞拜疆	亚美尼亚	阿塞拜疆
	32	阿塞拜疆	新加坡	阿塞拜疆	新加坡

表6-21　创新持续指数第一区间的"一带一路"参与国变化情况

年份＼国家	马耳他	哥斯达黎加	吉尔吉斯斯坦	塞浦路斯	乌克兰	南非	拉脱维亚	以色列
2006	52.5	39.6	53.6	65.7	63.9	46.3	40.7	56.9
2007	60.3	39.9	67.8	64.9	63.0	44.8	39.9	53.0
2008	54.0	43.9	59.2	71.7	67.3	43.1	81.4	53.5
2009	47.8	61.3	64.2	79.2	80.9	49.0	54.0	52.8
2010	67.6	70.4	57.8	69.5	72.0	56.3	46.4	53.5
2011	88.3	67.6	72.8	69.2	63.1	60.0	44.2	53.8
2012	68.6	71.2	81.9	68.2	71.2	66.3	69.7	55.9
2013	89.5	73.7	72.5	67.2	70.9	60.8	75.8	58.7
2014	79.2	74.0	53.4	66.4	58.7	61.3	49.5	57.3
2015	48.3	77.3	60.4	66.4	52.0	59.9	50.4	58.3
2016	76.4	77.5	69.6	65.1	45.3	59.7	40.9	58.3
2017	78.3	81.4	61.0	68.3	51.5	62.3	57.1	56.9
2018	80.1	76.4	69.8	68.4	64.0	63.0	58.2	57.0
平均值	68.5	65.7	64.9	68.5	63.4	56.4	54.5	55.8

表6-22　创新持续指数第二区间的"一带一路"参与国变化情况

年份＼国家	荷兰	奥地利	中国	智利	塔吉克斯坦	爱沙尼亚	捷克	葡萄牙
2006	45.9	48.7	37.1	14.7	20.6	41.4	33.1	43.8
2007	43.4	47.4	37.4	17.7	20.7	40.0	27.7	44.0
2008	45.6	49.2	38.1	26.6	21.5	53.1	25.8	40.6
2009	51.8	56.4	41.0	33.3	31.3	59.9	32.4	53.8
2010	52.7	56.0	41.1	32.3	29.9	53.3	30.8	51.4
2011	52.3	54.3	43.3	30.5	28.8	45.4	34.0	47.0
2012	51.5	52.6	49.8	34.2	30.0	40.8	33.6	44.3
2013	53.3	53.6	46.7	37.9	36.3	42.7	31.2	49.5
2014	52.2	52.1	46.6	41.0	42.5	51.3	29.7	47.1
2015	50.5	52.2	48.9	43.3	48.7	47.3	57.3	43.4
2016	52.6	52.9	49.6	50.5	46.5	47.8	54.2	46.3
2017	54.6	53.3	52.0	51.4	49.3	48.6	46.2	46.3
2018	55.3	53.5	53.5	52.6	52.1	48.8	47.9	46.2
平均值	50.9	52.5	45.0	35.8	35.2	47.7	37.2	46.4

表6-23 创新持续指数第三区间的"一带一路"参与国变化情况

年份＼国家	斯洛文尼亚	波兰	马来西亚	白俄罗斯	蒙古	立陶宛	保加利亚	匈牙利
2006	54.0	48.3	37.3	61.8	38.5	42.4	28.7	49.9
2007	46.8	43.1	35.5	47.5	40.4	38.9	24.9	47.4
2008	46.8	45.8	29.1	41.5	43.9	42.7	33.2	44.8
2009	53.9	45.0	60.2	35.5	47.4	54.1	34.2	44.6
2010	53.8	46.2	44.7	46.6	39.7	49.8	27.7	41.6
2011	53.9	42.4	56.9	40.3	39.2	47.0	23.0	39.0
2012	55.2	42.3	56.6	44.6	48.2	41.6	22.1	32.4
2013	51.9	44.3	52.6	45.3	44.3	39.2	21.0	32.9
2014	49.7	43.8	48.4	42.4	40.8	37.3	30.2	39.5
2015	43.8	42.3	44.8	41.9	32.5	33.1	30.8	38.6
2016	42.1	39.6	42.5	44.4	48.0	29.9	31.5	40.7
2017	46.4	40.0	41.2	42.0	31.1	34.9	32.1	33.6
2018	45.8	39.2	38.0	37.7	37.7	33.9	32.8	32.3
平均值	49.6	43.3	45.2	43.9	40.9	40.4	28.6	39.8

表6-24 创新持续指数第四区间的"一带一路"参与国变化情况

年份＼国家	斯洛伐克	泰国	俄罗斯	意大利	罗马尼亚	亚美尼亚	阿塞拜疆	新加坡
2006	25.4	30.5	27.7	38.1	34.5	10.0	7.5	12.2
2007	22.5	23.6	29.5	31.6	32.1	14.7	7.4	13.5
2008	22.5	22.2	31.3	36.0	31.3	17.0	5.8	10.7
2009	29.9	27.6	30.1	38.0	29.8	27.3	17.8	14.5
2010	31.6	22.2	28.9	35.2	22.0	18.2	11.0	15.6
2011	29.2	42.2	27.7	32.0	15.3	16.6	5.7	14.8
2012	28.4	38.0	26.5	31.1	13.7	10.9	0.0	15.5
2013	31.1	31.7	26.0	32.3	15.0	9.0	5.8	12.1
2014	33.3	30.9	30.0	30.9	16.3	2.8	8.7	9.4
2015	39.6	31.1	27.2	31.0	16.0	11.4	13.6	8.2
2016	28.3	31.2	25.8	27.1	14.0	10.6	12.9	7.0
2017	31.5	31.3	28.9	29.2	16.7	9.9	6.3	5.8
2018	31.7	31.4	29.2	28.6	16.1	9.2	4.8	4.6
平均值	29.6	30.3	28.4	32.4	21.0	12.9	8.2	11.1

（三）"一带一路"参与国创新持续指数与世界平均水平的比较

由图6-4可见，"一带一路"参与国的创新持续指数远低于世界平均值水平。从图中可以看出，"一带一路"参与国创新持续指数平均值与世界平均值走势整体呈上升趋势，但过程波动较大。其中2007～2009年增长速度较快，2009～2011年逐年降低，2011～2013年平稳升高，2014～2015年出现下跌，2015年后创新持续指数重拾涨势。相信随着"一带一路"建设的深入，"一带一路"参与国需继续加大对教育的投入，为创新的持续发酵注入源源不断的动力。

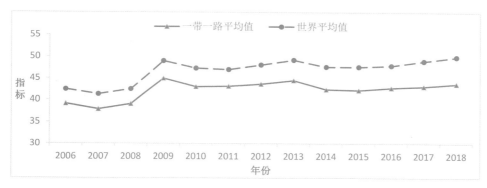

图6-4　"一带一路"参与国创新持续指数平均值与世界平均值的比较

六、创新指数

（一）"一带一路"参与国创新指数的总体含义

创新指数是对一个国家"每千人新注册企业数量""R&D投入占GDP比重""专利申请量""教育支出占GDP比重"等原始数据进行汇总处理，整合创新环境、创新投入、创新产出、创新持续4个二级指数，按照等权重加权平均，得到的一级指标。

"一带一路"创新之路评价模型，采用线性加权测评法计算"一带一路"创新指标的评价分值，评价分值越高，说明该国家的创新发展能力越强；反之，说明该国家的整体创新发展能力较弱。

（二）"一带一路"参与国创新指数

基于数据相对齐全的32个"一带一路"参与国的上述4类指数取4个年份的数值综合处理后计算出各国创新指数，并排名，如表6–25。然后按0%～25%、25%～50%、50%～75%、75%～100%分为4个区间按4个样本年份排序，见表6–26。

"一带一路"参与国总体创新能力和世界平均水平还有差距。"一带一路"参与国创新指数平均值2006年、2009年、2013年、2018年分别为17.0、18.6、20.1、20.9，而世界平均指数对应年份分别为19.5、21.4、22.7、23.1。

2018年创新指数排名高的分别是中国48.2，马耳他35.4，意大利34.1。其余在前十的还有爱沙尼亚、塞浦路斯、南非、奥地利、荷兰、哥斯达黎加、拉脱维亚。2018年和2006年相比，创新指数增长幅度较大的"一带一路"参与国依次是：阿塞拜疆增幅528%，智利增幅204%，中国增幅162%，塔吉克斯坦增幅137%，意大利增幅107%，马耳他增幅90%，哥斯达黎加增幅83%，斯洛伐克增幅78%，亚美尼亚增幅45%。指数降幅较大的是以色列、罗马尼亚、白俄罗斯等。从排位提升来看，2006～2018年，名次提升大的依次是哥斯达黎加提升17位，智利提升16位，阿塞拜疆提升14位，意大利提升13位，中国、斯洛伐克提升12位，马耳他提升9位。名次降幅大的依次为白俄罗斯、斯洛文尼亚、匈牙利。

本文创新指数的含义不完全是创新能力和创新成果，更多体现的是一个国家的创新潜力。

表6-25 "一带一路"参与国创新指数排名（32国）

	2006年		2009年		2013年		2018年	
	指数	排名	指数	排名	指数	排名	指数	排名
阿塞拜疆	2.9	32	6.0	32	3.0	32	18.2	18
爱沙尼亚	24.3	4	27.7	3	29.7	4	33.0	4
奥地利	24.5	3	27.6	4	28.7	7	28.2	7
白俄罗斯	18.8	10	12.5	25	15.5	25	13.7	27
保加利亚	13.3	25	15.4	23	16.6	20	15.9	22
波兰	15.1	20	14.8	24	16.1	22	14.3	25
俄罗斯	15.3	19	15.8	22	15.1	27	12.2	29
哥斯达黎加	13.0	26	18.8	14	21.7	13	23.8	9
荷兰	22.4	6	23.4	8	27.1	9	27.5	8
吉尔吉斯斯坦	15.0	21	17.3	17	19.4	15	18.4	17
捷克	15.8	18	16.4	20	19.3	16	17.5	20
拉脱维亚	18.1	14	18.8	14	29.3	5	23.4	10
立陶宛	16.0	17	19.2	13	17.1	19	15.9	22
罗马尼亚	14.8	23	12.2	27	8.4	30	9.9	30
马耳他	18.6	11	17.3	17	34.3	3	35.4	2
马来西亚	13.7	24	21.5	11	20.4	14	18.1	19
蒙古	15.0	21	15.9	21	16.3	21	14.1	26
南非	22.2	7	21.8	10	23.1	10	30.0	6
葡萄牙	18.5	12	23.9	7	21.9	12	21.7	12
塞浦路斯	36.1	2	35.3	2	27.6	8	30.7	5
斯洛伐克	10.8	27	12.3	26	15.4	26	19.2	15
斯洛文尼亚	22.9	5	25.2	5	28.8	6	17.5	20
塔吉克斯坦	5.7	30	8.4	30	10.2	29	13.5	28
泰国	9.1	28	8.3	31	10.6	28	8.9	31
乌克兰	21.3	8	24.9	6	22.2	11	20.0	14
新加坡	17.5	15	18.4	16	18.3	17	18.6	16
匈牙利	19.4	9	20.7	12	17.8	18	15.7	24
亚美尼亚	4.4	31	9.0	29	4.2	31	6.4	32
以色列	37.0	1	35.9	1	37.1	1	22.0	11
意大利	16.5	16	17.1	19	16.0	23	34.1	3
智利	7.1	29	12.1	28	15.8	24	21.6	13
中国	18.4	13	22.8	9	35.6	2	48.2	1
上述国家平均值	17.0		18.6		20.1		20.9	
世界平均值	19.5		21.4		22.7		23.1	

表6-26 "一带一路"参与国创新指数排名与分区（32国）

	排名	2006年	2009年	2013年	2018年
第一区间	1	以色列	以色列	以色列	中国
	2	塞浦路斯	塞浦路斯	中国	马耳他
	3	奥地利	爱沙尼亚	马耳他	意大利
	4	爱沙尼亚	奥地利	爱沙尼亚	爱沙尼亚
	5	斯洛文尼亚	斯洛文尼亚	拉脱维亚	塞浦路斯
	6	荷兰	乌克兰	斯洛文尼亚	南非
	7	南非	葡萄牙	奥地利	奥地利
	8	乌克兰	荷兰	塞浦路斯	荷兰
第二区间	9	匈牙利	中国	荷兰	哥斯达黎加
	10	白俄罗斯	南非	南非	拉脱维亚
	11	马耳他	马来西亚	乌克兰	以色列
	12	葡萄牙	匈牙利	葡萄牙	葡萄牙
	13	中国	立陶宛	哥斯达黎加	智利
	14	拉脱维亚	拉脱维亚	马来西亚	乌克兰
	15	新加坡	哥斯达黎加	吉尔吉斯斯坦	斯洛伐克
	16	意大利	新加坡	捷克	新加坡
第三区间	17	立陶宛	马耳他	新加坡	吉尔吉斯斯坦
	18	捷克	吉尔吉斯斯坦	匈牙利	阿塞拜疆
	19	俄罗斯	意大利	立陶宛	马来西亚
	20	波兰	捷克	保加利亚	斯洛文尼亚
	21	蒙古	蒙古	蒙古	捷克
	22	吉尔吉斯斯坦	俄罗斯	波兰	保加利亚
	23	罗马尼亚	保加利亚	意大利	立陶宛
	24	马来西亚	波兰	智利	匈牙利
第四区间	25	保加利亚	白俄罗斯	白俄罗斯	波兰
	26	哥斯达黎加	斯洛伐克	斯洛伐克	蒙古
	27	斯洛伐克	罗马尼亚	俄罗斯	白俄罗斯
	28	泰国	智利	泰国	塔吉克斯坦
	29	智利	亚美尼亚	塔吉克斯坦	俄罗斯
	30	塔吉克斯坦	塔吉克斯坦	罗马尼亚	罗马尼亚
	31	亚美尼亚	泰国	亚美尼亚	泰国
	32	阿塞拜疆	阿塞拜疆	阿塞拜疆	亚美尼亚

表6-27 创新指数第一区间的"一带一路"参与国的变化情况

年份\国家	中国	马耳他	意大利	爱沙尼亚	塞浦路斯	南非	奥地利	荷兰
2006	18.4	18.6	16.5	24.3	36.1	22.2	24.5	22.4
2007	19.0	20.4	15.1	23.4	43.2	22.1	24.5	21.3
2008	20.3	18.8	16.3	26.3	40.4	20.8	25.7	21.8
2009	22.8	17.3	17.1	27.7	35.3	21.8	27.6	23.4
2010	24.2	23.6	16.4	27.8	35.2	21.6	28.1	23.7
2011	27.7	30.2	15.4	32.4	35.2	22.0	27.4	24.6
2012	32.6	27.5	15.4	30.6	33.5	24.2	28.0	25.4
2013	35.6	34.3	16.0	29.7	27.6	23.1	28.7	27.1
2014	38.0	32.9	15.7	30.3	27.7	23.0	28.5	26.7
2015	33.6	23.4	30.9	23.7	27.4	31.5	23.0	25.8
2016	38.4	30.0	31.3	25.0	28.5	31.5	23.1	26.5
2017	40.1	31.1	33.5	26.9	29.8	29.5	23.1	27.1
2018	48.2	35.4	34.1	33.0	30.7	30.0	28.2	27.5
平均值	30.7	26.4	21.1	27.8	33.1	24.9	26.2	24.9

表6-28 创新指数第二区间的"一带一路"参与国的变化情况

年份\国家	哥斯达黎加	拉脱维亚	以色列	葡萄牙	智利	乌克兰	斯洛伐克	新加坡
2006	13.0	18.1	37.0	18.5	7.1	21.3	10.8	17.4
2007	13.1	17.7	37.7	19.7	7.8	20.7	10.4	19.4
2008	14.3	19.5	37.2	20.2	10.5	21.6	10.7	19.8
2009	18.8	18.8	35.9	23.9	12.1	24.9	12.3	18.4
2010	20.9	19.9	35.3	23.1	12.0	22.7	13.7	18.4
2011	20.0	22.2	35.7	21.9	12.4	20.1	13.6	19.1
2012	21.1	28.1	36.6	20.5	13.9	22.1	14.3	18.7
2013	21.7	29.3	37.1	21.9	15.8	22.2	15.4	18.3
2014	22.0	22.6	36.9	21.1	17.2	18.6	14.7	19.0
2015	23.0	22.3	22.5	19.0	17.7	17.1	22.5	13.1
2016	23.5	19.0	22.5	19.5	19.6	15.5	20.5	7.9
2017	24.7	22.7	22.0	20.3	20.7	17.0	20.9	18.0
2018	23.8	23.4	22.0	21.7	21.6	20.2	19.2	18.6
平均值	20.0	21.8	32.2	20.9	14.5	20.3	15.3	17.4

表6-29 创新指数第三区间的“一带一路”参与国的变化情况

年份＼国家	吉尔吉斯斯坦	阿塞拜疆	马来西亚	斯洛文尼亚	捷克	保加利亚	立陶宛	匈牙利
2006	15.0	2.9	13.7	22.9	15.8	13.2	16.0	19.4
2007	18.5	2.9	13.8	21.0	15.2	12.5	15.5	19.1
2008	16.3	2.8	12.6	22.6	14.6	15.5	16.1	20.1
2009	17.3	6.0	21.5	25.2	16.4	15.4	19.2	20.7
2010	15.6	4.0	17.8	26.2	16.3	13.9	18.2	20.2
2011	19.4	2.7	20.8	28.2	18.1	13.4	18.6	20.5
2012	21.7	1.4	21.0	29.5	19.2	14.3	18.3	17.4
2013	19.4	3.0	20.4	28.8	19.3	16.6	17.0	17.8
2014	14.5	3.7	19.9	27.2	19.6	17.2	17.1	19.0
2015	16.2	19.2	18.9	19.3	19.0	17.2	15.2	11.6
2016	18.5	19.5	18.5	16.4	18.7	17.4	14.6	12.3
2017	16.3	17.9	18.6	18.1	17.1	16.9	16.1	10.7
2018	18.4	18.2	18.1	17.5	17.5	15.9	15.8	15.7
平均值	17.5	8.0	18.1	23.3	17.4	15.3	16.7	17.3

表6-30 创新指数第四区间的“一带一路”参与国的变化情况

年份＼国家	波兰	蒙古	白俄罗斯	塔吉克斯坦	俄罗斯	罗马尼亚	泰国	亚美尼亚
2006	15.1	15.0	18.8	5.7	15.3	14.8	9.1	4.4
2007	13.8	15.4	17.0	5.5	15.9	15.1	7.1	5.6
2008	14.7	16.1	14.5	5.7	16.1	15.1	6.9	6.3
2009	14.8	15.9	12.5	8.4	15.8	12.2	8.3	9.0
2010	15.5	14.1	15.6	8.1	14.9	10.0	7.3	6.4
2011	14.7	14.6	14.1	7.8	13.7	9.2	12.7	6.2
2012	15.5	16.8	15.1	8.1	15.2	8.6	11.9	4.8
2013	16.1	16.3	15.5	10.2	15.1	8.4	10.6	4.2
2014	16.3	15.3	14.6	11.2	16.5	8.6	10.6	2.8
2015	12.3	12.7	14.5	12.3	12.6	8.5	8.8	6.9
2016	14.5	16.2	15.1	12.1	12.0	8.3	8.8	6.4
2017	14.5	12.7	14.7	12.7	12.6	10.2	9.0	6.5
2018	14.3	14.1	13.7	13.4	12.2	9.9	8.9	6.4
平均值	14.8	15.0	15.1	9.3	14.5	10.7	9.2	5.8

（三）"一带一路"参与国创新指数与世界平均水平的比较

图6-5显示，"一带一路"参与国创新指数平均值与世界平均值从2006年到2018年整体呈上升趋势，2013～2015年经历短暂下跌后，开始一路上扬至2018年。同时也能看出，"一带一路"参与国整体创新指数一直低于世界平均值，差距并没有明显收窄，可见"一带一路"参与国要追上世界平均水平还需要从多方面努力。

国家创新能力不是一蹴而就的，需要长时间全社会逐渐培养，需要营造最为合适的创新氛围。增加教育投入，提高教育质量；增加研发投入，孕育更多的创新成果；尊重智慧成果，尊重知识产权，形成全社会参与知识产权的开发、保护、管理和运营的共识；尊重企业作为创新主体的市场法则，尊重企业家的创造以及创造所得，我们坚信，"一带一路"参与国一定能迅速地提高创新能力。

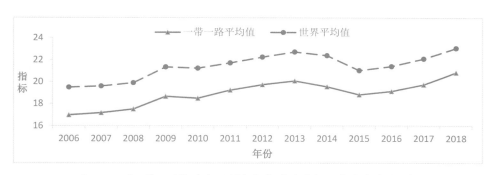

图6-5　"一带一路"参与国创新指数平均值与世界平均值的比较

七、本章小结

本章通过对"一带一路"参与国的每千人新注册的企业数量、R&D经费投入占GDP比重、专利申请量、政府教育支出占GDP的比重4个方面进行比较，分析了各个国家的变化和个别国家的突出特征，另一方面也全面比较了"一带一路"参与国与世界平均水平之间的差异。结果显示，"一带一路"参与国的每千人新注册的企业数量、R&D经费投入占GDP比重、专利申请量、政府教育支出占GDP的比重指标自2000年后均在稳步增长。其中"一带一路"参与国的教育支出占GDP比重指标已经超过全球平均水平，其他指标虽然还与世界平均水平均有一定差距，但是"一带一路"参与国的指数增势明显，随着时间的推移，与世界整体平均值的差距越来越小，赶上世界水平只是时间的问题。

第七章　文明之路

一、本章综述

　　"文明之路"是"六路"的内涵之一。"一带一路"建设要以文明交流超越文明隔阂，文明互鉴超越文明冲突，文明共存超越文明优越，推动各国相互理解、相互尊重、相互信任。一个文明的国度，必定拥有全面发展的社会，在健康卫生、文化交流、性别、教育等领域，都应当为塑造完整的文明人提供社会服务。世界历史在其发展过程中，形成了不同国家、不同民族、不同地区的古代文明，这些文明一代又一代延续，形成了具有深刻积淀的特有文化内蕴，深刻影响着不同国家、不同民族、不同地区人们的思想、意识和行为。有学者认为世界主要文明包括中华文明、日本文明、印度文明、伊斯兰文明、西方文明、东正教文明、拉美文明等。如何对待这些不同的人类文明，各种人类文明如何相处，关系到人类的和平与冲突，关系到各个国家及地区之间的动荡战争与稳定和谐。丝绸之路能够绵延两千多年，关键在于丝路精神，也就是不同文明的互学互鉴。

　　把"一带一路"建成文明之路，要建立多层次人文合作机制，搭建更多合作平台，开辟更多合作渠道。要推动教育合作，扩大互派留学生规模，提升合作办学水平。要发挥智库作用，建设好智库联盟和合作网络。在文化、体育、卫生领域，要创新合作模式，推动务实项目。要用好历史文化遗产，联合打造具有丝绸之路特色的旅游产品和遗产保护。加强各国议会、政党、民间组织往来，密切妇女、青年、残疾人等群体交流，促进包容发展。我们针对"一带一路"参与国进行了相关指数信息收集，其中，健康卫生指数、教育指数、性别平等指数、世界文化遗产指数、文明指数等涉及数据均相对完备、可获得、代表性的有72个国家。

为评估和跟踪“一带一路”参与国“文明之路”的发展水平，本章构建了“文明之路”指标体系。本章对健康卫生、教育、性别和世界文化遗产4个方面分别进行评价，以健康卫生指数、教育指数、性别平等指数和世界文化遗产指数评价“一带一路”参与国文明之路的发展和变化。根据“一带一路”参与国相应指标数据的可获得性、完备性、代表性，选取“婴儿出生时预期寿命”作为健康卫生指数的原始指标，选取“平均受教育年限”作为教育指数的原始指标，选取“性别不平等指数”作为性别平等指数的原始指标，选取“世界文化遗产数目”作为世界文化遗产指数的原始指标。

虽然目前尚无法全方位衡量“一带一路”参与国的健康卫生、教育、性别和世界文化遗产水平，但本章选取的指标一定程度上仍能够凸显“一带一路”参与国在该指数某一重要方面的特征。将一级指数文明指数记为P，二级指数健康卫生指数、教育指数、性别平等指数和世界文化遗产指数分别记为P_1、P_2、P_3、P4，原始指标“婴儿出生时预期寿命”“平均受教育年限”“性别不平等指数”和“世界文化遗产数目”分别记为p_1、p_2、p_3、p_4。将上述原始指标的数据进行归一化处理，得到4个二级指数，4个二级指数按照等权重加权平均，即可得到文明指数。具体公式如下：

$$P_{ijx}=\frac{(P_{ijx}-P_{i\,\min})}{(P_{i\,\max}-P_{i\,\min})}\times 100$$

其中，i表示当前二级指标（i=1,2,3,4），j表示当前国家，x表示年份。P_{ijx}表示当前国家在当前年份的数值，$P_{i\,\min}$表示该原始指标所有国家、所有年份的最小值，$P_{i\,\max}$表示该原始指标所有国家、所有年份的最大值。

数据缺失的情况对于本章所选指标不可避免，对于数据缺失少于一半年份的国别采用内插法补齐，对于数据缺失超过一半年份的国别，本章在进行平均值的计算时将其作为缺省值，不对其进行统计。

二、健康卫生指数

（一）健康卫生指数的含义

健康卫生指数以婴儿出生时预期寿命（Life expectancy at birth）作为评价指标。人口平均预期寿命是指假若当前的分年龄死亡率保持不变，同一时期出生的人预期能继续生存的平均年数。它以当前分年龄死亡率为基础计算，但实际上，死亡率是不断变化的，因此，平均预期寿命是一个假定的指标。人口平均预期寿命是衡量一个社会的经济发展水平及医疗卫生服务水平的指标。某一国家或地区的平均预期寿命越高，代表其健康卫生水平越高。

（二）"一带一路"参与国的健康卫生指数

基于数据比较完整的72个"一带一路"参与国的婴儿出生时预期寿命数据，本章对4个年份（2000年、2006年、2013年、2019年）的各国健康卫生指数进行计算，并作排名。排名范围仅限于有统计数据的"一带一路"参与国。这4个年份各国的健康卫生指数及其排名见表7-1所示。同时将这4个年份的各国指数按0%~25%、25%~50%、50%~75%、75%~100%4个区间进行排序统计，见表7-2。

就这72国整体情况看，这4个样本年份中，"一带一路"参与国健康卫生指数平均值低于世界平均值，其中2000年低5.5%，2006年低2.7%，2013年低4.7%，2019年低3.7%。差距虽有所减小，但提升并不太明显。

从绝对值排名看，2019年健康卫生指数排名前十的分别为马耳他、意大利、以色列、希腊、葡萄牙、卢森堡、新西兰、巴巴多斯、斯洛文尼亚、奥地利。排名后十位的分别为莱索托、塞拉利昂、喀麦隆、尼日尔、津巴布韦、多哥、莫桑比克、贝宁、纳米比亚、刚果（布）。

4个年份中排名保持在第一区间且位居前十的国家有以色列、意大利、新西兰、希腊、卢森堡、新西兰、马耳他。同样都保持在第四区间且排名后十位的有莱索托、喀麦隆、尼日尔、莫桑比克、塞拉利昂。

从指数增长幅度看，2019年与2000年相比，涨幅排名前十的分别是卢旺达增幅470%，莫桑比克增幅409%，布隆迪增幅358%，塞拉利昂增幅349%，乌干达增幅215%，津巴布韦增幅198%，纳米比亚增幅160%，尼日尔增幅130%，肯尼亚增幅86%，刚果（布）增幅70%。指数增长为负的只有3个国家，牙买加、委内瑞拉、科威特，降幅分别为6.2%、5.7%、0.5%。

从排名提升看，2000年和2019年相比，排名提升幅度大的分别是土耳其22位，俄罗斯提升21位，秘鲁提升20位，摩洛哥提升19位，爱沙尼亚提升16位，卢旺达提升16位，泰国提升15位。名次降幅较大的分别是牙买加下降31位，委内瑞拉下降27位，科威特下降24位，特立尼达和多巴哥下降18位，亚美尼亚、阿塞拜疆下降12位。

表7-1 "一带一路"参与国健康卫生指数排名（72国）

	2000年		2006年		2013年		2019年	
	指数	排名	指数	排名	指数	排名	指数	排名
阿尔巴尼亚	77.7	23	83.9	14	86.0	14	88.1	18
亚美尼亚	77.1	24	76.6	27	80.4	26	81.2	38
奥地利	87.4	4	90.2	4	93.3	3	93.1	10
阿塞拜疆	74.5	28	68.5	45	72.9	43	78.7	42
巴林	77.9	20	80.2	21	84.4	17	86.0	24
孟加拉国	50.4	54	60.3	54	72.7	45	74.9	48
巴巴多斯	84.8	9	83.5	15	82.0	21	95.3	8
贝宁	39.3	58	48.0	58	50.2	62	55.1	65
保加利亚	72.9	30	76.8	26	78.3	36	81.0	39
布隆迪	13.2	69	30.4	67	39.9	69	60.5	61
柬埔寨	44.5	57	50.2	57	75.1	41	71.1	54
喀麦隆	31.8	63	32.5	66	41.9	68	50.0	70
智利	81.8	14	87.5	10	91.1	7	91.7	12
中国	72.3	32	75.9	29	81.8	23	85.2	27
刚果（布）	34.4	61	39.2	61	49.2	64	58.5	63
哥斯达黎加	84.0	10	88.1	9	90.9	8	91.5	13
克罗地亚	78.9	19	82.7	16	85.2	16	88.7	16
塞浦路斯	87.2	5	89.4	5	90.7	10	92.9	11
萨尔瓦多	70.8	39	73.9	39	76.5	38	76.1	46

续上表

	2000年		2006年		2013年		2019年	
	指数	排名	指数	排名	指数	排名	指数	排名
爱沙尼亚	72.5	31	74.5	37	80.0	28	90.1	14
加纳	45.3	56	47.2	59	53.8	60	60.7	60
希腊	87.6	3	88.5	8	92.7	5	96.6	4
匈牙利	73.9	29	77.8	25	80.4	26	85.8	25
印度尼西亚	63.8	50	71.5	42	72.9	43	78.5	43
伊朗	69.2	41	74.7	35	79.5	32	85.0	28
以色列	88.5	1	91.8	2	94.7	2	96.8	3
意大利	88.1	2	92.4	1	95.9	1	98.2	2
牙买加	81.8	14	75.2	32	78.3	36	76.7	45
约旦	71.9	34	74.6	36	79.1	34	79.8	40
哈萨克斯坦	67.0	46	62.3	52	64.4	55	84.0	33
肯尼亚	33.4	62	37.5	63	54.9	59	62.1	59
科威特	83.6	11	86.2	13	79.8	30	83.2	35
吉尔吉斯斯坦	66.4	49	67.0	48	71.5	46	74.3	50
拉脱维亚	72.1	33	74.9	34	75.7	39	82.6	37
莱索托	23.3	64	19.5	71	30.6	71	37.4	72
立陶宛	75.5	27	76.3	28	75.5	40	84.4	31
卢森堡	86.0	8	89.1	7	92.1	6	95.5	6
马来西亚	76.3	26	79.1	23	81.2	24	84.2	32
马耳他	87.2	5	89.3	6	90.7	10	98.6	1
摩尔多瓦	67.2	45	68.0	46	70.4	48	74.9	48
蒙古	57.3	52	63.5	50	66.4	53	71.1	54
摩洛哥	66.6	47	72.7	41	73.1	42	85.0	28
莫桑比克	10.7	71	22.5	69	32.4	70	54.5	66
纳米比亚	21.3	66	43.7	60	60.5	56	55.3	64
尼泊尔	48.8	55	60.4	53	68.2	51	72.1	53
新西兰	86.4	7	90.5	3	93.3	3	95.5	6
尼日尔	22.3	65	38.3	62	48.4	65	51.2	69
巴拿马	79.2	18	81.8	18	86.4	13	87.9	19
秘鲁	69.0	42	75.0	33	80.8	25	86.8	22
菲律宾	70.0	40	73.9	39	68.8	49	77.3	44
波兰	77.9	20	80.4	20	84.0	18	89.5	15
葡萄牙	82.6	12	87.3	11	90.9	8	95.8	5
罗马尼亚	71.0	37	75.7	30	78.9	35	83.6	34
俄罗斯	63.6	51	62.6	51	67.4	52	84.8	30
卢旺达	12.5	70	26.8	68	59.7	57	71.1	54
塞拉利昂	9.9	72	21.0	70	23.1	72	44.5	71
斯洛伐克	77.9	20	80.9	19	82.0	21	86.8	22
斯洛文尼亚	82.2	13	86.3	12	90.3	12	93.7	9
南非	36.0	59	34.1	64	45.5	66	60.3	62

	2000年		2006年		2013年		2019年	
	指数	排名	指数	排名	指数	排名	指数	排名
塔吉克斯坦	66.6	47	64.1	49	65.8	54	72.5	52
泰国	71.7	35	69.7	44	80.0	28	87.8	20
多哥	35.4	60	51.6	56	44.7	67	53.8	67
特立尼达和多巴哥	79.8	17	69.8	43	71.2	47	83.2	35
突尼斯	71.7	35	78.6	24	83.0	19	85.4	26
土耳其	71.0	37	74.4	38	79.3	33	88.7	16
乌干达	20.0	67	33.4	65	50.0	63	63.0	58
乌克兰	67.6	44	67.3	47	68.4	50	75.1	47
乌拉圭	80.0	16	82.4	17	85.6	15	87.2	21
委内瑞拉	77.1	24	75.6	31	79.6	31	72.7	51
越南	67.8	43	79.2	22	83.0	19	79.5	41
也门	52.8	53	55.5	55	57.7	58	65.4	57
津巴布韦	17.8	68	13.8	72	51.4	61	53.0	68
上述国家平均值	63.1		67.1		72.5		78.1	
世界平均值	66.6		68.9		75.9		81.0	

表7-2　"一带一路"参与国健康卫生指数排名与分区（72国）

	排名	2000年	2006年	2013年	2019年
第一区间	1	以色列	意大利	意大利	马耳他
	2	意大利	以色列	以色列	意大利
	3	希腊	新西兰	奥地利	以色列
	4	奥地利	奥地利	新西兰	希腊
	5	塞浦路斯	塞浦路斯	希腊	葡萄牙
	6	马耳他	马耳他	卢森堡	新西兰
	7	新西兰	卢森堡	智利	卢森堡
	8	卢森堡	希腊	哥斯达黎加	巴巴多斯
	9	巴巴多斯	哥斯达黎加	葡萄牙	斯洛文尼亚
	10	哥斯达黎加	智利	马耳他	奥地利
	11	科威特	葡萄牙	塞浦路斯	塞浦路斯
	12	葡萄牙	斯洛文尼亚	斯洛文尼亚	智利
	13	斯洛文尼亚	科威特	巴拿马	哥斯达黎加
	14	智利	阿尔巴尼亚	阿尔巴尼亚	爱沙尼亚
	15	牙买加	巴巴多斯	乌拉圭	波兰
	16	乌拉圭	克罗地亚	克罗地亚	土耳其
	17	特立尼达和多巴哥	乌拉圭	巴林	克罗地亚
	18	巴拿马	巴拿马	波兰	阿尔巴尼亚

续上表

	排名	2000年	2006年	2013年	2019年
第二区间	19	克罗地亚	斯洛伐克	突尼斯	巴拿马
	20	巴林	波兰	越南	泰国
	21	波兰	巴林	巴巴多斯	乌拉圭
	22	斯洛伐克	越南	斯洛伐克	斯洛伐克
	23	阿尔巴尼亚	马来西亚	中国	秘鲁
	24	亚美尼亚	突尼斯	马来西亚	巴林
	25	委内瑞拉	匈牙利	秘鲁	匈牙利
	26	马来西亚	保加利亚	匈牙利	突尼斯
	27	立陶宛	亚美尼亚	亚美尼亚	中国
	28	阿塞拜疆	立陶宛	爱沙尼亚	伊朗
	29	匈牙利	中国	泰国	摩洛哥
	30	保加利亚	罗马尼亚	科威特	俄罗斯
	31	爱沙尼亚	委内瑞拉	委内瑞拉	立陶宛
	32	中国	牙买加	伊朗	马来西亚
	33	拉脱维亚	秘鲁	土耳其	哈萨克斯坦
	34	约旦	拉脱维亚	约旦	罗马尼亚
	35	泰国	伊朗	罗马尼亚	科威特
	36	突尼斯	约旦	保加利亚	特立尼达和多巴哥
第三区间	37	罗马尼亚	爱沙尼亚	牙买加	拉脱维亚
	38	土耳其	土耳其	萨尔瓦多	亚美尼亚
	39	萨尔瓦多	菲律宾	拉脱维亚	保加利亚
	40	菲律宾	萨尔瓦多	立陶宛	约旦
	41	伊朗	摩洛哥	柬埔寨	越南
	42	秘鲁	印度尼西亚	摩洛哥	阿塞拜疆
	43	越南	特立尼达和多巴哥	阿塞拜疆	印度尼西亚
	44	乌克兰	泰国	印度尼西亚	菲律宾
	45	摩尔多瓦	阿塞拜疆	孟加拉国	牙买加
	46	哈萨克斯坦	摩尔多瓦	吉尔吉斯斯坦	萨尔瓦多
	47	摩洛哥	乌克兰	特立尼达和多巴哥	乌克兰
	48	塔吉克斯坦	吉尔吉斯斯坦	摩尔多瓦	摩尔多瓦
	49	吉尔吉斯斯坦	塔吉克斯坦	菲律宾	孟加拉国
	50	印度尼西亚	蒙古	乌克兰	吉尔吉斯斯坦
	51	俄罗斯	俄罗斯	尼泊尔	委内瑞拉
	52	蒙古	哈萨克斯坦	俄罗斯	塔吉克斯坦
	53	也门	尼泊尔	蒙古	尼泊尔
	54	孟加拉国	孟加拉国	塔吉克斯坦	蒙古

	排名	2000年	2006年	2013年	2019年
第四区间	55	尼泊尔	也门	哈萨克斯坦	卢旺达
	56	加纳	多哥	纳米比亚	柬埔寨
	57	柬埔寨	柬埔寨	卢旺达	也门
	58	贝宁	贝宁	也门	乌干达
	59	南非	加纳	肯尼亚	肯尼亚
	60	多哥	纳米比亚	加纳	加纳
	61	刚果（布）	刚果（布）	津巴布韦	布隆迪
	62	肯尼亚	尼日尔	贝宁	南非
	63	喀麦隆	肯尼亚	乌干达	刚果（布）
	64	莱索托	南非	刚果（布）	纳米比亚
	65	尼日尔	乌干达	尼日尔	贝宁
	66	纳米比亚	喀麦隆	南非	莫桑比克
	67	乌干达	布隆迪	多哥	多哥
	68	津巴布韦	卢旺达	喀麦隆	津巴布韦
	69	布隆迪	莫桑比克	布隆迪	尼日尔
	70	卢旺达	塞拉利昂	莫桑比克	喀麦隆
	71	莫桑比克	莱索托	莱索托	塞拉利昂
	72	塞拉利昂	津巴布韦	塞拉利昂	莱索托

表7-3　健康卫生指数第一区间的"一带一路"参与国的变化情况

国家 年份	马耳他	意大利	以色列	希腊	葡萄牙	新西兰	卢森堡	巴巴多斯	斯洛文尼亚	奥地利	塞浦路斯	智利	哥斯达黎加	爱沙尼亚	波兰	土耳其	克罗地亚	阿尔巴尼亚
2000	87.2	88.1	88.5	87.5	82.6	86.0	86.4	84.8	82.2	87.4	87.2	81.8	84.0	72.5	77.9	70.9	78.9	77.7
2001	87.4	88.3	88.9	87.4	83.0	87.4	87.4	85.0	83.0	87.7	87.4	82.8	87.0	73.7	78.5	71.5	79.2	78.1
2002	87.7	88.5	89.3	87.5	83.4	87.7	87.5	85.4	83.6	88.1	87.5	83.2	87.2	74.5	78.9	72.1	79.4	78.5
2003	87.9	91.3	90.5	87.7	85.6	88.1	89.3	81.2	84.0	89.1	88.3	87.0	87.5	73.9	79.8	68.8	81.2	78.9
2004	88.3	91.5	91.1	87.7	86.2	88.3	89.7	81.8	84.4	89.5	88.5	87.4	87.7	74.5	80.4	69.2	81.6	79.1
2005	88.3	91.5	91.1	87.7	86.2	88.3	89.7	81.8	85.0	89.5	88.5	87.4	88.3	74.5	80.4	74.1	82.0	83.6
2006	89.3	92.4	91.8	88.5	87.3	89.1	90.5	83.5	86.3	90.2	89.4	87.5	88.1	74.5	80.4	74.4	82.7	83.9
2007	90.3	93.3	92.5	89.3	88.3	89.9	91.3	85.2	87.5	90.9	90.3	87.7	87.9	74.5	80.4	74.7	83.4	84.2
2008	90.6	93.5	92.8	89.7	88.7	90.3	91.6	85.6	87.9	91.2	90.6	88.1	88.4	75.9	81.4	75.0	83.8	84.5
2009	90.8	93.7	93.1	90.1	89.0	90.6	92.0	86.1	88.3	91.6	90.8	88.4	88.9	77.3	82.3	75.4	84.2	84.7
2010	91.1	93.9	93.5	90.5	89.3	90.9	92.3	86.6	88.7	91.9	91.1	88.7	89.3	78.7	83.2	75.7	84.6	85.0
2011	90.3	94.9	94.3	90.9	90.1	91.1	92.5	84.8	89.7	92.9	90.3	89.3	89.7	80.8	83.4	79.2	84.4	85.0
2012	90.5	95.4	94.5	91.8	90.5	91.6	92.9	83.4	90.0	93.1	90.5	90.2	90.3	80.4	83.7	79.2	84.8	85.5
2013	90.7	95.8	94.7	92.7	90.9	92.1	93.3	82.0	90.3	93.3	90.7	91.1	90.9	80.0	84.0	79.2	85.2	86.0
2014	92.3	97.2	95.8	92.9	92.9	94.5	94.7	82.4	91.9	93.9	91.5	94.5	89.9	84.8	86.0	81.8	85.8	86.8
2015	92.5	97.6	96.2	93.3	93.5	94.9	95.1	82.8	92.3	94.3	91.7	95.1	90.3	85.2	86.4	82.2	86.2	87.2

续上表

年份＼国家	马耳他	意大利	以色列	希腊	葡萄牙	新西兰	卢森堡	巴巴多斯	斯洛文尼亚	奥地利	塞浦路斯	智利	哥斯达黎加	爱沙尼亚	波兰	土耳其	克罗地亚	阿尔巴尼亚
2016	92.8	97.5	96.3	93.6	93.7	95.0	95.1	83.1	92.8	94.5	92.1	92.8	90.7	85.9	86.6	82.7	86.5	87.6
2017	93.1	97.4	96.4	93.9	93.9	95.1	95.1	83.4	93.3	94.7	92.5	90.5	91.1	86.6	86.8	83.2	86.8	88.1
2018	95.8	97.8	96.6	95.3	94.9	95.3	95.3	89.3	93.5	93.9	92.7	91.1	91.3	88.3	88.1	86.0	87.7	88.1
2019	98.6	98.2	96.8	96.6	95.8	95.5	95.5	95.3	93.7	93.1	92.9	91.7	91.5	90.1	89.5	88.7	88.7	88.1
平均值	90.8	93.9	93.3	90.7	89.3	91.1	91.8	84.7	88.4	91.5	90.2	88.8	89.0	79.3	82.9	77.2	83.9	84.0

表7-4　健康卫生指数第二区间的“一带一路”参与国的变化情况

年份＼国家	巴拿马	泰国	乌拉圭	斯洛伐克	秘鲁	巴林	匈牙利	突尼斯	中国	伊朗	摩洛哥	俄罗斯	立陶宛	马来西亚	哈萨克斯坦	罗马尼亚	科威特	特立尼达和多巴哥
2000	79.2	71.7	80.0	77.9	69.0	77.9	73.9	71.7	72.3	69.2	66.6	63.6	75.5	76.3	67.0	70.9	83.6	79.8
2001	80.0	69.2	81.2	77.9	70.2	78.7	74.3	76.3	72.5	70.9	67.6	64.6	75.9	76.9	63.0	72.3	83.8	74.3
2002	80.4	69.6	81.6	78.5	70.8	79.1	74.7	76.7	73.1	72.1	68.4	64.8	76.3	77.3	63.8	72.3	84.2	74.1
2003	80.8	71.3	82.0	79.2	71.3	79.8	76.7	77.9	74.5	72.1	70.8	62.1	75.9	77.7	57.9	73.9	85.0	71.1
2004	81.2	71.9	82.4	79.8	71.7	80.2	77.3	78.3	75.1	72.7	71.3	61.9	76.3	78.1	58.3	74.3	85.4	70.9
2005	81.4	70.6	82.4	80.8	72.7	80.2	77.3	78.3	76.3	74.3	72.1	61.5	76.3	78.7	63.2	75.1	86.2	69.8
2006	81.8	69.7	82.4	80.9	75.0	80.2	77.8	78.6	75.9	74.7	72.7	62.6	76.3	79.1	62.3	75.7	86.2	69.8
2007	82.2	68.8	82.4	81.0	77.3	80.2	78.3	78.9	77.1	75.1	73.3	63.8	76.3	79.4	61.3	76.3	86.2	69.8
2008	82.5	69.2	83.1	81.2	77.7	81.2	78.5	79.2	77.5	75.4	73.8	64.5	76.0	79.8	61.6	76.7	86.4	70.2
2009	82.9	69.6	83.9	81.3	78.2	82.2	78.8	79.5	77.9	75.6	74.4	65.2	75.8	80.2	61.9	77.2	86.7	70.7
2010	83.2	70.0	84.6	81.4	78.7	83.2	79.1	79.8	78.3	75.9	74.9	65.8	75.5	80.6	62.3	77.7	87.0	71.1
2011	83.4	79.4	85.2	82.0	79.2	81.4	80.0	80.2	78.3	78.3	75.7	65.8	75.7	79.6	65.4	79.2	80.4	71.5
2012	84.9	79.7	85.4	82.0	80.0	82.9	80.2	81.6	78.7	78.9	74.4	66.6	75.6	80.4	64.9	79.1	80.1	71.3
2013	86.4	80.0	85.6	82.0	80.8	84.4	80.4	83.0	81.8	79.4	73.1	67.4	75.5	81.2	64.4	78.9	79.8	71.1
2014	86.4	80.0	85.6	83.8	80.4	84.4	81.6	80.8	82.8	80.2	79.2	67.4	77.9	80.6	70.2	80.6	80.0	72.1
2015	86.8	80.4	86.0	84.0	80.8	84.6	81.8	81.2	83.2	82.4	79.8	67.4	78.3	81.0	70.6	80.8	80.2	72.3
2016	87.2	81.3	86.2	84.6	81.2	84.9	82.6	82.1	83.6	82.9	81.6	67.4	79.5	81.6	70.9	81.6	80.5	72.6
2017	87.5	82.2	86.4	85.2	81.6	85.2	83.4	83.0	84.0	83.4	83.4	67.4	80.8	82.2	71.3	82.4	80.8	72.9
2018	87.7	85.0	86.8	86.0	84.2	85.6	84.6	84.2	84.6	84.2	84.2	76.1	82.6	83.2	77.7	83.0	82.0	78.1
2019	87.9	87.7	87.2	86.8	86.8	86.0	85.8	85.4	85.2	85.0	85.0	84.8	84.4	84.2	84.0	83.6	83.2	83.2
平均值	83.7	75.4	84.0	81.8	77.4	82.1	79.4	79.8	78.6	77.1	75.1	66.5	77.3	79.9	66.1	77.6	83.4	72.9

表7-5 健康卫生指数第三区间的“一带一路”参与国的变化情况

年份＼国家	拉脱维亚	亚美尼亚	保加利亚	约旦	越南	阿塞拜疆	印度尼西亚	菲律宾	牙买加	萨尔瓦多	乌克兰	孟加拉国	摩尔多瓦	吉尔吉斯斯坦	委内瑞拉	塔吉克斯坦	尼泊尔	蒙古
2000	72.1	77.1	72.9	71.9	67.8	74.5	63.8	70.0	81.8	70.8	67.6	50.4	67.2	66.4	77.1	66.6	48.8	57.3
2001	72.3	75.5	73.1	72.5	68.6	74.9	63.8	70.4	82.2	72.1	69.8	52.6	68.6	67.6	78.3	68.0	49.8	58.1
2002	73.1	75.9	73.1	73.1	69.4	75.5	64.6	70.9	82.4	72.5	70.4	53.8	69.0	65.8	78.5	68.6	50.8	58.9
2003	74.5	74.3	75.7	73.9	72.3	65.2	65.0	72.1	72.9	73.1	63.6	57.1	66.8	65.6	77.1	58.7	54.7	59.5
2004	74.9	74.5	76.1	74.5	72.9	65.4	65.8	72.7	72.7	73.5	63.6	58.1	67.6	65.6	77.3	58.9	55.7	60.5
2005	74.9	74.7	76.1	75.1	78.7	65.6	70.8	73.3	75.7	73.9	66.8	57.7	67.8	66.4	75.5	64.0	56.7	63.2
2006	74.9	76.6	76.8	74.6	79.2	68.5	71.5	73.9	75.2	73.9	67.3	60.3	68.0	67.0	75.6	64.1	60.4	63.5
2007	74.9	78.5	77.5	76.1	79.8	71.3	72.3	74.5	74.7	73.9	67.8	62.8	68.2	67.6	75.7	64.2	64.0	63.8
2008	75.7	78.9	77.9	76.5	80.2	71.9	73.0	75.0	75.1	74.4	68.1	63.6	68.2	67.7	76.5	64.8	64.8	64.6
2009	76.5	79.2	78.3	77.0	80.6	72.4	73.6	75.4	75.5	74.8	68.3	64.4	68.3	67.7	77.4	65.4	65.6	65.3
2010	77.3	79.6	78.7	77.5	81.0	72.9	74.3	75.9	75.9	75.3	68.6	65.2	68.4	67.8	78.3	66.0	66.4	66.0
2011	77.9	79.6	78.1	78.1	81.6	72.7	70.2	68.8	77.5	75.7	68.4	69.2	70.0	69.2	78.3	66.4	69.0	68.4
2012	76.8	80.0	78.2	78.6	82.3	72.8	71.5	68.8	77.9	76.1	68.4	70.9	70.2	70.4	79.0	66.1	68.6	67.4
2013	75.7	80.4	78.3	79.1	83.0	72.9	72.9	68.8	78.3	76.5	68.4	72.7	70.4	71.5	79.6	65.8	68.2	66.4
2014	79.6	80.6	79.6	79.2	82.8	72.9	69.2	67.8	82.6	77.3	73.3	74.5	70.9	71.9	79.8	70.2	70.6	70.2
2015	79.8	81.0	79.8	79.6	83.0	73.1	69.6	68.0	82.8	77.9	73.5	75.3	74.7	72.9	80.0	70.6	71.3	70.9
2016	80.2	80.9	80.4	79.9	83.6	74.3	69.9	68.9	83.1	78.4	74.5	76.1	74.8	73.2	79.2	72.1	71.9	70.7
2017	80.6	80.8	81.0	80.2	84.2	75.5	70.2	69.8	83.4	78.9	75.5	76.9	74.9	73.5	78.3	73.7	72.5	70.4
2018	81.6	81.0	81.0	80.0	81.8	77.1	74.3	73.5	80.0	77.5	75.3	75.9	74.9	73.9	75.5	73.1	72.3	70.8
2019	82.6	81.2	81.0	79.8	79.4	78.7	78.5	77.3	76.7	76.1	75.1	74.9	74.9	74.3	72.7	72.5	72.1	71.1
平均值	76.8	78.5	77.7	76.9	78.6	72.4	70.2	71.8	78.3	75.1	69.7	65.6	70.2	69.3	77.5	67.0	63.7	65.3

表7-6 健康卫生指数第四区间的“一带一路”参与国的变化情况

年份＼国家	卢旺达	柬埔寨	也门	乌干达	肯尼亚	加纳	布隆迪	南非	刚果（布）	纳米比亚	贝宁	莫桑比克	多哥	津巴布韦	尼日尔	喀麦隆	塞拉利昂	莱索托
2000	12.5	44.5	52.8	20.0	33.4	45.3	13.2	36.0	34.4	21.3	39.3	10.7	35.4	17.8	22.3	31.8	9.9	23.3
2001	8.5	46.4	50.4	21.3	24.7	47.0	12.8	33.6	28.9	26.7	33.6	10.5	32.4	3.0	23.1	27.9	1.2	9.3
2002	9.9	46.4	51.2	23.3	22.3	47.2	13.6	29.4	28.5	22.5	33.2	9.1	31.6	0.0	23.9	25.5	0.8	4.7
2003	19.8	44.1	52.8	26.5	26.3	45.3	19.2	28.7	35.8	28.5	39.7	15.8	40.3	5.9	20.8	23.5	13.6	4.7
2004	20.4	44.7	53.8	28.7	26.9	45.7	20.0	25.9	36.4	26.3	40.3	15.2	40.7	5.3	21.1	23.3	14.0	2.6
2005	22.3	47.6	54.5	31.2	36.0	49.8	28.9	33.4	39.7	35.0	42.5	17.6	47.2	13.8	43.3	31.4	15.6	17.2
2006	26.8	50.2	55.5	33.4	37.5	47.2	30.4	34.1	39.2	43.7	48.0	22.5	51.6	13.8	38.3	32.5	21.0	19.5
2007	31.2	52.8	56.5	35.6	38.9	44.7	32.0	34.8	38.7	52.4	53.6	27.5	55.9	13.8	33.4	33.6	26.5	21.7
2008	32.1	53.8	57.4	37.0	40.3	45.1	32.9	35.1	39.0	53.5	54.4	27.9	56.7	17.9	34.5	34.1	27.1	22.4

国家＼年份	卢旺达	柬埔寨	也门	乌干达	肯尼亚	加纳	布隆迪	南非	刚果（布）	纳米比亚	贝宁	莫桑比克	多哥	津巴布韦	尼日尔	喀麦隆	塞拉利昂	莱索托
2009	33.1	54.9	58.4	38.5	41.6	45.5	33.7	35.4	39.3	54.6	55.3	28.3	57.4	21.9	35.6	34.7	27.7	23.1
2010	34.0	55.9	59.3	39.9	42.9	45.8	34.6	35.8	39.5	55.7	56.1	28.7	58.1	25.9	36.8	35.2	28.3	23.7
2011	42.5	57.7	62.5	39.9	45.8	59.9	32.6	37.4	46.4	56.5	43.9	32.2	45.8	34.6	41.1	35.0	27.5	28.3
2012	51.1	66.4	60.1	45.0	50.4	56.8	36.3	41.4	47.8	58.5	47.0	32.3	45.3	43.0	44.8	38.4	25.3	29.4
2013	59.7	75.1	57.7	50.0	54.9	53.8	39.9	45.5	49.2	60.5	50.2	32.4	44.7	51.4	48.4	41.9	23.1	30.6
2014	59.9	68.2	59.1	48.6	54.7	54.3	45.1	46.4	56.1	61.1	50.8	41.9	51.0	46.6	54.3	42.7	33.6	31.4
2015	60.9	69.0	59.7	50.0	55.9	54.5	45.8	47.0	57.3	61.7	51.2	42.7	52.0	50.0	55.3	43.7	34.4	32.0
2016	63.6	69.5	60.8	51.0	61.0	56.0	46.6	52.7	59.5	61.5	52.6	46.0	52.3	52.5	53.9	46.2	35.3	36.5
2017	66.4	70.0	61.9	52.0	66.0	57.5	47.4	58.3	61.7	61.3	54.0	49.4	52.6	54.9	52.4	48.8	36.2	40.9
2018	68.8	70.6	63.6	57.5	64.0	59.1	54.0	59.3	60.1	58.3	54.5	52.0	53.2	54.0	51.8	49.4	40.3	39.1
2019	71.1	71.1	65.4	63.0	62.1	60.7	60.5	60.3	58.5	55.3	55.1	54.5	53.8	53.0	51.2	50.0	44.5	37.4
平均值	39.7	57.9	57.7	39.6	44.3	51.1	34.0	40.5	44.8	47.7	47.8	29.9	47.9	29.0	39.3	36.5	24.3	23.9

（三）"一带一路"参与国健康卫生指数与世界平均水平的比较

如图7-1所示，整体来看，"一带一路"参与国与世界整体的健康卫生指数都保持平稳快速增长趋势，但前者整体低于世界同期平均值。2000～2019年，"一带一路"参与国健康卫生指数从63.1增长到78.1，增长幅度为23.8%，世界平均指数则从2000年的66.6增长到81.0，增长幅度为21.6%。可以看出，"一带一路"参与国健康卫生指数增幅比世界同期增幅略大，基数低，涨幅容易显得更大，当然也充分说明"一带一路"参与国为提高健康卫生品质所做的不懈努力。

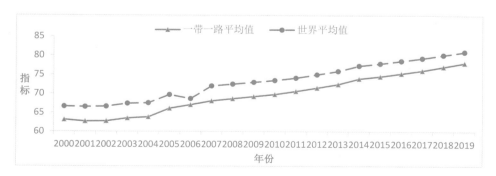

图7-1　"一带一路"参与国健康卫生指数平均值与世界平均值的比较

三、教育指数

（一）教育指数的含义

教育能够通过培养科学人才为创新提供源源不断的动力，人类社会的文明正是通过代代相传的教育体系得以延续至今。本章以平均受教育年限（Mean years of schooling）作为教育指数。人均受教育年限是指某一人口群体人均接受学历教育（包括成人学历教育，不包括各种非学历培训）的年数。通常以人口普查数据来获得平均受教育年限的统计数据。平均受教育年限可在一定程度上反映某一国家或地区的受教育水平，受教育年限越高，教育水平越高。

（二）"一带一路"参与国的教育指数（2010年后统计方式变更）

基于数据比较完整的72个"一带一路"参与国的平均受教育年限数据，本章对4个年份（2000年、2006年、2013年、2019年）的各国教育指数进行计算，并作排名。排名范围仅限于有统计数据的"一带一路"参与国。这4个年份各国的教育指数及其排名见表7-7所示。同时，我们再将各国指数按区间进行排序统计，见表7-8。

由于2010年后统计方式发生变更，我们将2010年之前的2000年与2006年比较，2010年后的2013年与2019年进行比较。尽管如此，还是可以看出，世界教育指数平均值总体温和向上，全球平均受教育年限在逐年增加。

从指数排名看，2019年教育指数值排名前十的分别是立陶宛、以色列、爱沙尼亚、拉脱维亚、奥地利、新西兰、斯洛伐克、波兰、卢森堡、塞浦路斯。比较靠后的分别是尼日尔、布隆迪、也门、塞拉利昂、莫桑比克、贝宁、卢旺达、柬埔寨、多哥、尼泊尔。

从名次提升看，2019年和2000年比，排名提升幅度最大的是：约旦，提升22位；排名提升幅度较大的还有伊朗20位，特立尼达和多巴哥16位，斯洛伐克15位，委内瑞拉14位，卢森堡13位，塞浦路斯、立陶宛12位，马耳他11位。

从指数绝对值以及排名情况看，"一带一路"欧洲国家相比"一带一路"亚洲及非洲国家优势明显，"一带一路"亚非拉国家还需继续加大教育投入，增加国民受教育年限，全面提高国民素质。

表7-7　"一带一路"参与国教育指数排名（72国）

	2000年		2006年		2013年		2019年	
	指数	排名	指数	排名	指数	排名	指数	排名
阿尔巴尼亚	76.5	44	86.2	34	64.3	36	70.4	37
亚美尼亚	93.0	9	94.8	14	76.7	17	86.7	12
奥地利	96.7	4	96.5	8	76.3	19	93.3	5
阿塞拜疆	86.3	27	87.4	31	79.4	14	73.2	31
巴林	82.6	35	83.8	42	65.1	34	65.1	40
孟加拉国	31.6	68	40.5	68	31.0	61	40.2	61
巴巴多斯	95.6	5	97.1	6	69.9	27	76.0	25
贝宁	27.9	69	30.3	71	16.3	66	21.0	67
保加利亚	87.0	24	91.4	20	74.7	21	86.1	14
布隆迪	25.5	70	44.8	64	11.9	70	15.5	71
柬埔寨	59.5	58	64.0	57	31.0	61	27.6	65
喀麦隆	58.3	59	57.5	60	37.7	58	40.9	59
智利	86.4	26	89.9	25	68.3	31	73.8	29
中国	71.7	51	81.9	44	50.0	47	53.6	48
刚果（布）	70.5	53	66.8	54	38.9	57	42.7	56
哥斯达黎加	83.8	33	85.1	39	57.2	42	60.0	43
克罗地亚	86.8	25	88.7	27	77.9	15	83.4	18
塞浦路斯	88.0	22	90.3	23	82.6	9	88.8	10
萨尔瓦多	72.6	50	66.4	56	42.1	53	44.5	55
爱沙尼亚	96.9	3	97.2	4	87.8	4	94.7	3
加纳	54.7	60	49.0	63	46.1	51	47.8	52
希腊	92.1	14	97.9	3	71.9	23	73.9	27
匈牙利	92.7	10	94.8	14	81.4	12	85.2	17
印度尼西亚	75.3	46	80.8	45	50.4	46	56.3	46
伊朗	69.3	54	66.8	54	54.0	44	72.1	34
以色列	92.4	11	94.8	14	89.8	2	94.8	2
意大利	91.0	17	96.4	9	70.7	25	72.0	36
牙买加	75.3	46	77.9	48	67.1	33	68.5	38
约旦	74.1	48	84.0	41	69.1	29	75.8	26
哈萨克斯坦	89.9	18	95.5	13	77.1	16	85.7	16
肯尼亚	66.8	56	63.0	59	40.5	55	42.5	57
科威特	66.1	57	85.1	39	47.7	50	49.7	51
吉尔吉斯斯坦	85.1	31	91.2	21	69.5	28	78.6	22
拉脱维亚	94.4	7	96.0	11	81.8	10	94.5	4

续上表

	2000年		2006年		2013年		2019年	
	指数	排名	指数	排名	指数	排名	指数	排名
莱索托	71.7	51	72.0	52	37.3	59	41.0	58
立陶宛	92.3	13	97.2	4	90.2	1	95.8	1
卢森堡	88.0	22	95.6	12	81.8	10	89.5	9
马来西亚	76.5	44	82.1	43	67.9	32	72.2	34
马耳他	85.4	30	85.7	36	70.7	25	81.6	19
摩尔多瓦	88.7	20	87.9	29	73.9	22	86.7	12
蒙古	82.6	35	90.1	24	64.3	36	73.4	30
摩洛哥	36.6	66	52.1	62	25.4	64	35.3	62
莫桑比克	32.6	67	33.8	70	15.9	68	20.6	68
纳米比亚	78.0	42	72.2	51	39.7	56	44.8	54
尼泊尔	41.3	64	41.4	67	16.3	66	31.1	63
新西兰	99.5	1	99.5	1	89.8	2	91.6	6
尼日尔	0.0	72	11.8	72	2.0	72	7.0	72
巴拿马	83.8	33	86.9	32	64.7	35	72.3	33
秘鲁	85.1	31	86.5	33	62.0	38	63.2	42
菲律宾	89.9	18	87.5	30	61.2	39	65.8	39
波兰	95.6	5	94.8	14	84.2	8	90.5	8
葡萄牙	99.5	1	96.2	10	55.6	43	64.7	41
罗马尼亚	86.3	27	89.3	26	75.9	20	78.3	23
俄罗斯	91.1	15	93.4	19	84.6	7	86.1	14
卢旺达	49.8	63	53.8	61	18.3	65	26.5	66
塞拉利昂	19.4	71	35.4	69	14.3	69	19.8	69
斯洛伐克	88.3	21	91.1	22	85.0	5	91.6	6
斯洛文尼亚	93.6	8	98.1	2	85.0	5	88.8	10
南非	81.4	37	78.8	46	69.1	29	73.2	31
塔吉克斯坦	86.3	27	88.7	27	71.1	24	76.4	24
泰国	81.4	37	85.8	34	48.5	48	52.7	50
多哥	51.0	62	44.7	65	29.4	63	29.0	64
特立尼达和多巴哥	81.4	37	85.6	37	76.7	17	79.6	21
突尼斯	67.7	55	70.0	52	43.3	52	48.4	52
土耳其	72.9	49	78.7	47	50.8	45	52.8	49
乌干达	52.2	61	63.4	58	33.4	60	40.3	60
乌克兰	91.1	15	97.0	7	80.2	13	80.2	20
乌拉圭	92.4	11	94.8	14	58.0	41	59.9	44
委内瑞拉	80.2	41	85.2	38	60.0	40	75.0	27
越南	81.4	37	77.5	49	42.1	53	58.3	45
也门	37.7	65	43.1	66	10.7	71	16.6	70
津巴布韦	77.8	43	74.1	50	48.1	49	57.5	46
上述国家平均值	74.8		78.0		57.6		63.2	
世界平均值	77.6		81.3		60.9		66.8	

表7-8　"一带一路"参与国教育指数排名与分区（72国）

	排名	2000年	2006年	2013年	2019年
第一区间	1	葡萄牙	新西兰	立陶宛	立陶宛
	2	新西兰	斯洛文尼亚	新西兰	以色列
	3	爱沙尼亚	希腊	以色列	爱沙尼亚
	4	奥地利	爱沙尼亚	爱沙尼亚	拉脱维亚
	5	巴巴多斯	立陶宛	斯洛文尼亚	奥地利
	6	波兰	巴巴多斯	斯洛伐克	新西兰
	7	拉脱维亚	乌克兰	俄罗斯	斯洛伐克
	8	斯洛文尼亚	奥地利	波兰	波兰
	9	亚美尼亚	意大利	塞浦路斯	卢森堡
	10	匈牙利	葡萄牙	拉脱维亚	斯洛文尼亚
	11	以色列	拉脱维亚	卢森堡	塞浦路斯
	12	乌拉圭	卢森堡	匈牙利	亚美尼亚
	13	立陶宛	哈萨克斯坦	乌克兰	摩尔多瓦
	14	希腊	以色列	阿塞拜疆	保加利亚
	15	俄罗斯	波兰	克罗地亚	俄罗斯
	16	乌克兰	亚美尼亚	哈萨克斯坦	哈萨克斯坦
	17	意大利	匈牙利	亚美尼亚	匈牙利
	18	哈萨克斯坦	乌拉圭	特立尼达和多巴哥	克罗地亚
第二区间	19	菲律宾	俄罗斯	奥地利	马耳他
	20	摩尔多瓦	保加利亚	罗马尼亚	乌克兰
	21	斯洛伐克	吉尔吉斯斯坦	保加利亚	特立尼达和多巴哥
	22	塞浦路斯	斯洛伐克	摩尔多瓦	吉尔吉斯斯坦
	23	卢森堡	塞浦路斯	希腊	罗马尼亚
	24	保加利亚	蒙古	塔吉克斯坦	塔吉克斯坦
	25	克罗地亚	智利	马耳他	巴巴多斯
	26	智利	罗马尼亚	意大利	约旦
	27	阿塞拜疆	克罗地亚	巴巴多斯	委内瑞拉
	28	罗马尼亚	塔吉克斯坦	吉尔吉斯斯坦	希腊
	29	塔吉克斯坦	摩尔多瓦	约旦	智利
	30	马耳他	菲律宾	南非	蒙古
	31	吉尔吉斯斯坦	阿塞拜疆	智利	阿塞拜疆
	32	秘鲁	巴拿马	马来西亚	南非
	33	巴拿马	秘鲁	牙买加	巴拿马
	34	哥斯达黎加	阿尔巴尼亚	巴林	马来西亚
	35	巴林	泰国	巴拿马	伊朗
	36	蒙古	马耳他	蒙古	意大利

	排名	2000年	2006年	2013年	2019年
第三区间	37	泰国	特立尼达和多巴哥	阿尔巴尼亚	阿尔巴尼亚
	38	特立尼达和多巴哥	委内瑞拉	秘鲁	牙买加
	39	越南	科威特	菲律宾	菲律宾
	40	南非	哥斯达黎加	委内瑞拉	巴林
	41	委内瑞拉	约旦	乌拉圭	葡萄牙
	42	纳米比亚	巴林	哥斯达黎加	秘鲁
	43	津巴布韦	马来西亚	葡萄牙	哥斯达黎加
	44	马来西亚	中国	伊朗	乌拉圭
	45	阿尔巴尼亚	印度尼西亚	土耳其	越南
	46	牙买加	南非	印度尼西亚	津巴布韦
	47	印度尼西亚	土耳其	中国	印度尼西亚
	48	约旦	牙买加	泰国	中国
	49	土耳其	越南	津巴布韦	土耳其
	50	萨尔瓦多	津巴布韦	科威特	泰国
	51	莱索托	纳米比亚	加纳	科威特
	52	中国	莱索托	突尼斯	突尼斯
	53	刚果（布）	突尼斯	越南	加纳
	54	伊朗	刚果（布）	萨尔瓦多	纳米比亚
第四区间	55	突尼斯	伊朗	肯尼亚	萨尔瓦多
	56	肯尼亚	萨尔瓦多	纳米比亚	刚果（布）
	57	科威特	柬埔寨	刚果（布）	肯尼亚
	58	柬埔寨	乌干达	喀麦隆	莱索托
	59	喀麦隆	肯尼亚	莱索托	喀麦隆
	60	加纳	喀麦隆	乌干达	乌干达
	61	乌干达	卢旺达	柬埔寨	孟加拉国
	62	多哥	摩洛哥	孟加拉国	摩洛哥
	63	卢旺达	加纳	多哥	尼泊尔
	64	尼泊尔	布隆迪	摩洛哥	多哥
	65	也门	多哥	卢旺达	柬埔寨
	66	摩洛哥	也门	尼泊尔	卢旺达
	67	莫桑比克	尼泊尔	贝宁	贝宁
	68	孟加拉国	孟加拉国	莫桑比克	莫桑比克
	69	贝宁	塞拉利昂	塞拉利昂	塞拉利昂
	70	布隆迪	莫桑比克	布隆迪	也门
	71	塞拉利昂	贝宁	也门	布隆迪
	72	尼日尔	尼日尔	尼日尔	尼日尔

表7-9　教育指数第一区间的"一带一路"参与国的变化情况

年份 \ 国家	立陶宛	以色列	爱沙尼亚	拉脱维亚	奥地利	新西兰	斯洛伐克	波兰	卢森堡	塞浦路斯	斯洛文尼亚	亚美尼亚	摩尔多瓦	保加利亚	俄罗斯	哈萨克斯坦	匈牙利	克罗地亚
2000	92.3	92.4	96.9	94.4	96.7	99.5	88.3	95.6	88.0	88.0	93.6	93.0	88.7	87.0	91.1	89.9	92.7	86.8
2001	93.6	92.3	96.0	94.8	97.2	99.6	88.7	94.8	88.7	88.7	93.6	93.6	83.8	89.9	92.3	91.1	92.3	86.3
2002	96.0	93.6	98.4	94.8	96.0	99.6	89.9	96.0	89.9	87.5	96.0	96.0	85.1	89.9	94.8	92.3	94.8	88.7
2003	97.2	94.8	97.2	96.0	96.0	99.6	89.9	96.0	94.8	89.9	98.4	96.0	82.6	89.9	96.0	93.6	96.0	88.7
2004	97.2	94.8	97.2	96.0	96.0	99.6	91.1	94.8	93.6	89.9	98.4	94.8	87.5	91.1	94.8	96.0	94.8	88.7
2005	96.6	94.3	97.0	96.1	96.7	99.4	91.3	94.9	93.8	89.2	97.7	94.4	87.7	91.9	95.5	97.6	95.7	88.6
2006	97.2	94.8	97.2	96.0	96.5	99.5	91.1	94.8	95.6	90.3	98.1	94.8	87.9	91.4	93.4	95.5	94.8	88.7
2007	96.6	94.4	97.0	96.1	96.2	99.0	91.3	94.9	97.8	89.9	97.1	94.4	88.6	92.3	92.7	96.6	95.7	88.6
2008	97.1	94.8	97.1	96.3	96.1	98.9	91.7	94.9	99.3	90.1	97.7	94.6	89.4	92.8	92.8	97.5	96.3	89.0
2009	97.6	95.1	97.3	96.6	95.9	98.8	92.1	94.9	100.9	90.3	98.3	94.7	90.2	93.2	92.8	98.4	96.9	89.3
2010	77.1	85.0	85.8	73.1	68.3	89.8	82.6	69.9	70.7	69.1	83.4	64.3	50.0	69.1	83.4	72.3	83.4	62.0
2011	77.1	85.0	85.8	81.8	76.3	89.8	82.6	69.9	70.7	68.3	82.6	64.3	60.4	74.7	83.4	73.1	78.6	68.3
2012	91.4	89.8	85.8	81.8	76.3	89.8	82.6	84.2	80.2	82.6	85.0	76.3	68.3	74.7	83.4	73.1	80.2	77.9
2013	90.2	89.8	87.8	81.8	76.3	89.8	85.0	84.2	81.8	82.6	85.0	76.7	73.9	74.7	84.6	77.1	81.4	77.9
2014	89.0	89.8	89.8	81.8	76.3	89.8	87.4	84.2	83.4	82.6	85.0	77.1	79.4	74.7	85.8	81.0	82.6	77.9
2015	91.4	92.2	89.8	83.4	80.2	89.8	87.4	85.0	85.8	83.4	86.6	80.2	84.2	76.3	85.8	83.4	85.8	79.4
2016	92.6	92.9	90.6	87.8	83.4	89.8	88.6	86.6	86.2	85.0	87.0	81.8	83.4	80.2	85.8	83.8	85.4	79.8
2017	93.7	93.7	91.4	92.2	86.6	89.8	89.8	88.2	86.6	86.6	87.4	83.4	82.6	84.2	85.8	84.2	85.0	80.2
2018	93.7	93.7	93.7	92.2	90.6	91.4	90.6	88.2	87.4	86.6	88.2	84.2	82.6	84.2	85.8	84.2	85.0	81.0
2019	95.8	94.8	94.7	94.5	93.3	91.6	91.6	90.5	89.5	88.8	88.8	86.7	86.7	86.1	86.1	85.7	85.2	83.4
平均值	92.7	92.4	93.3	90.4	88.5	94.7	88.7	89.1	88.2	85.5	91.4	86.1	81.2	84.4	89.3	87.3	89.1	82.6

表7-10　教育指数第二区间的"一带一路"参与国的变化情况

年份 \ 国家	马耳他	乌克兰	特立尼达和多巴哥	吉尔吉斯斯坦	罗马尼亚	塔吉克斯坦	巴巴多斯	约旦	委内瑞拉	希腊	智利	蒙古	阿塞拜疆	南非	巴拿马	马来西亚	伊朗	意大利
2000	85.4	91.1	81.4	85.1	86.3	86.3	95.6	74.1	80.2	92.1	86.4	82.6	86.3	81.4	83.8	76.5	69.3	91.0
2001	85.1	92.3	86.3	89.9	86.3	88.7	96.0	83.8	81.4	92.3	87.5	85.1	86.3	80.2	83.8	80.2	68.0	92.3
2002	85.1	93.6	85.1	91.1	86.3	88.7	94.8	83.8	83.8	94.8	88.7	87.5	86.3	80.2	83.8	80.2	69.3	92.3
2003	82.6	94.8	86.3	92.3	87.5	89.9	96.0	83.8	85.1	97.2	89.9	88.7	87.5	72.9	86.3	80.2	65.6	94.8
2004	83.8	93.6	86.3	91.1	88.7	88.7	96.0	83.8	85.1	97.2	89.9	89.9	87.5	75.3	86.3	81.4	66.8	96.0
2005	83.4	89.1	85.3	90.8	89.3	88.2	95.5	84.8	85.1	97.2	90.4	89.9	86.5	74.8	86.0	81.3	65.6	95.7
2006	85.7	97.0	85.6	91.2	89.3	88.7	97.1	84.0	85.2	97.9	89.9	90.1	87.4	78.8	86.9	82.1	66.8	96.4

续上表

国家\年份	马耳他	乌克兰	特立尼达和多巴哥	吉尔吉斯斯坦	罗马尼亚	塔吉克斯坦	巴巴多斯	约旦	委内瑞拉	希腊	智利	蒙古	阿塞拜疆	南非	巴拿马	马来西亚	伊朗	意大利
2007	87.1	96.0	84.0	90.9	90.5	88.2	97.8	85.1	85.3	98.5	90.4	90.3	86.4	81.8	87.2	82.7	65.6	96.6
2008	87.5	96.6	83.6	91.0	91.2	88.1	98.1	85.3	85.9	99.6	90.9	91.2	86.4	82.0	87.8	83.2	65.2	97.3
2009	87.8	97.2	83.2	91.2	91.9	88.1	98.4	85.5	86.6	100.6	91.4	92.0	86.4	82.3	88.4	83.6	64.8	98.0
2010	69.1	80.2	63.6	64.3	74.7	68.3	64.3	58.8	50.8	73.9	67.5	56.4	79.4	58.0	65.1	65.9	52.4	67.5
2011	69.1	80.2	63.6	64.3	73.1	68.3	64.3	58.8	54.8	70.7	67.5	56.4	79.4	58.0	65.1	65.9	52.4	70.7
2012	69.1	80.2	76.3	64.3	75.5	69.1	65.9	69.1	58.8	71.5	68.3	64.3	79.4	69.1	65.1	65.9	52.4	70.7
2013	70.7	80.2	76.7	69.5	75.9	71.1	69.9	69.1	60.0	71.9	68.3	64.3	79.4	69.1	64.7	67.9	54.0	70.7
2014	72.3	80.2	77.1	74.7	76.3	73.1	73.9	69.1	61.2	72.3	68.3	64.3	79.4	69.1	64.3	69.9	55.6	70.7
2015	80.2	80.2	77.1	76.3	76.3	73.1	73.9	70.7	72.3	73.9	69.1	68.3	79.4	72.3	69.1	70.7	60.4	77.1
2016	80.2	80.2	77.1	76.7	77.1	73.1	74.3	71.9	68.7	75.1	70.7	69.5	77.5	71.5	70.3	71.1	64.3	74.3
2017	80.2	80.2	77.1	77.1	77.9	73.1	74.7	73.1	65.1	76.3	72.3	70.7	75.5	70.7	71.5	71.5	68.3	71.5
2018	80.2	80.2	77.9	77.1	77.9	75.5	74.7	73.9	72.3	73.9	73.1	71.5	73.9	71.5	71.5	71.5	69.9	71.5
2019	81.6	80.2	79.6	78.6	78.3	76.4	76.0	75.8	75.0	73.9	73.8	73.4	73.2	73.2	72.3	72.2	72.1	72.0
平均值	80.3	87.2	79.6	81.4	82.5	80.2	83.9	76.2	74.1	85.0	79.7	77.3	82.2	73.6	77.0	75.2	63.5	83.4

表7-11 教育指数第三区间的"一带一路"参与国的变化情况

国家\年份	阿尔巴尼亚	牙买加	菲律宾	巴林	葡萄牙	秘鲁	哥斯达黎加	乌拉圭	越南	津巴布韦	印度尼西亚	中国	土耳其	泰国	科威特	突尼斯	加纳	纳米比亚
2000	76.5	75.3	89.9	82.6	99.5	85.1	83.8	92.4	81.4	77.8	75.3	71.7	72.9	81.4	66.1	67.7	54.7	78.0
2001	76.5	80.2	88.7	83.8	97.2	86.3	83.8	92.3	80.2	75.3	76.5	75.3	72.9	86.3	68.0	68.0	57.1	76.5
2002	87.5	80.2	87.5	82.6	97.2	83.8	85.1	93.6	79.0	75.3	76.5	80.2	76.5	83.8	77.8	69.3	57.1	75.3
2003	87.5	80.2	87.5	83.8	97.2	86.3	85.1	93.6	79.0	74.1	77.8	81.4	79.0	83.8	76.5	65.6	41.3	63.2
2004	86.3	75.3	87.5	83.8	96.0	85.1	85.1	94.8	77.8	72.9	80.2	81.4	77.8	83.8	85.1	68.0	45.0	66.8
2005	87.1	75.6	87.2	84.3	91.7	84.8	85.8	93.8	78.4	72.9	80.2	81.0	78.0	83.2	85.2	69.1	46.8	67.2
2006	86.2	77.9	87.5	83.8	96.2	86.5	85.1	94.8	77.5	74.1	80.8	81.9	78.7	85.8	85.1	70.0	49.0	72.2
2007	87.0	80.7	87.2	84.3	92.2	87.6	85.8	93.8	77.8	75.2	81.4	82.7	80.0	87.2	85.3	73.1	54.9	77.9
2008	88.7	80.8	87.0	84.4	91.4	87.8	86.1	94.0	77.4	75.2	82.2	84.0	81.1	87.4	88.2	74.0	54.6	78.1
2009	90.5	80.8	86.8	84.5	90.6	88.1	86.4	94.3	77.0	75.2	83.0	85.2	82.3	87.6	91.0	74.8	54.2	78.3
2010	73.1	66.7	59.6	65.1	54.0	66.7	56.4	57.2	34.2	47.7	35.7	50.0	42.1	42.9	38.9	42.1	46.9	49.3
2011	73.1	66.7	61.2	65.1	51.6	59.6	56.4	58.0	34.2	47.7	36.5	50.0	42.1	42.9	38.9	42.1	46.9	49.3
2012	64.3	66.7	61.2	65.1	55.6	62.0	57.2	58.0	34.2	47.7	50.0	50.0	50.8	48.5	47.7	42.1	46.1	39.7
2013	64.3	67.1	61.2	65.1	55.6	62.0	57.2	58.0	42.1	48.1	50.4	50.0	50.8	48.5	47.7	43.3	46.1	39.7
2014	64.3	67.5	61.2	65.1	55.6	62.0	57.2	58.0	50.0	48.5	50.8	50.0	50.8	48.5	47.7	44.5	46.1	39.7

续上表

年份＼国家	阿尔巴尼亚	牙买加	菲律宾	巴林	葡萄牙	秘鲁	哥斯达黎加	乌拉圭	越南	津巴布韦	印度尼西亚	中国	土耳其	泰国	科威特	突尼斯	加纳	纳米比亚
2015	66.7	66.7	64.3	65.1	61.2	62.0	59.6	58.8	54.0	51.6	53.2	50.8	53.2	53.2	48.5	46.9	45.3	43.7
2016	68.3	67.5	64.3	65.1	62.4	62.8	60.0	59.2	54.8	53.2	53.6	51.6	53.6	52.0	48.5	47.3	46.1	44.1
2017	69.9	68.3	64.3	65.1	63.6	63.6	60.4	59.6	55.6	54.8	54.0	52.4	54.0	50.8	48.5	47.7	46.9	44.5
2018	70.7	68.3	65.1	65.1	63.6	63.6	59.6	59.6	55.6	56.4	54.0	53.2	51.6	51.6	48.5	47.7	47.7	45.3
2019	70.4	68.5	65.8	65.1	64.7	63.2	60.0	59.9	58.3	57.5	56.3	53.6	52.8	52.7	49.7	48.4	47.8	44.8
平均值	77.0	73.1	75.3	74.5	76.9	74.4	71.8	76.2	62.9	63.1	64.4	65.8	64.1	67.1	63.6	57.6	49.0	58.7

表7-12 教育指数第四区间的“一带一路”参与国的变化情况

年份＼国家	萨尔瓦多	刚果(布)	肯尼亚	莱索托	喀麦隆	乌干达	孟加拉国	摩洛哥	尼泊尔	多哥	柬埔寨	卢旺达	贝宁	莫桑比克	塞拉利昂	也门	布隆迪	尼日尔
2000	72.6	70.5	66.8	71.7	58.3	52.2	31.6	36.6	41.3	51.0	59.5	49.8	27.9	32.6	19.4	37.7	25.5	0.0
2001	69.3	68.0	68.0	72.9	57.1	63.2	34.0	40.1	40.1	53.5	57.1	55.9	30.4	31.6	29.2	38.9	31.6	0.0
2002	70.5	65.6	69.3	71.7	57.1	64.4	34.0	43.7	40.1	54.7	59.5	57.1	32.8	34.0	26.7	40.1	34.0	1.2
2003	58.3	65.6	59.5	71.7	57.1	65.6	37.7	54.7	32.8	48.6	63.2	53.5	27.9	27.9	21.9	41.3	41.3	0.0
2004	58.3	66.8	63.2	72.9	59.5	60.8	38.9	55.9	34.0	45.0	63.2	53.5	27.9	30.4	34.0	41.3	42.5	10.9
2005	59.7	68.8	63.5	72.7	59.5	58.9	40.6	56.7	35.0	44.7	63.3	52.5	28.7	30.5	25.6	45.6	42.8	11.8
2006	66.4	66.8	63.0	72.0	57.5	63.4	40.5	52.1	41.4	44.7	64.0	53.8	30.3	33.8	35.4	43.1	44.8	11.8
2007	75.8	68.8	63.2	70.8	55.5	64.2	43.7	49.1	49.7	44.2	64.9	53.1	33.4	37.4	28.3	49.1	47.3	13.6
2008	76.9	68.9	62.4	70.5	55.3	64.3	45.4	50.6	51.3	42.7	66.2	52.6	33.9	38.4	28.2	50.8	49.9	15.9
2009	78.0	69.0	61.6	70.1	55.0	64.5	47.0	52.1	52.9	41.2	67.5	52.2	34.4	39.4	28.0	52.5	52.5	18.1
2010	51.6	37.3	46.1	36.5	37.3	27.8	28.6	25.4	15.9	32.6	36.5	16.7	18.3	0.0	13.5	10.3	11.9	1.6
2011	50.0	37.3	46.1	37.3	37.3	27.8	28.6	25.4	15.9	32.6	36.5	16.7	16.7	0.0	13.5	10.3	11.9	1.6
2012	42.1	38.9	40.5	37.3	37.3	33.4	31.0	25.4	15.9	32.6	36.5	16.7	15.9	15.9	13.5	10.3	11.9	1.6
2013	42.1	38.9	40.5	37.3	37.7	33.4	31.0	25.4	16.3	29.4	31.0	18.3	16.3	15.9	14.3	10.7	11.9	2.0
2014	42.1	38.9	40.5	37.3	38.1	33.4	31.0	25.4	16.7	26.2	25.4	19.9	16.7	15.9	15.1	11.1	11.9	2.4
2015	42.1	40.5	40.5	38.9	38.9	35.7	31.8	30.2	23.0	27.8	27.8	20.7	18.3	18.3	16.7	14.3	14.3	4.0
2016	43.7	40.5	41.3	39.7	39.7	37.3	34.2	32.2	26.2	28.2	28.2	21.8	18.7	18.3	17.5	14.3	14.3	5.2
2017	45.3	40.5	42.1	40.5	40.5	38.9	36.5	34.2	29.4	28.6	28.6	23.0	19.1	18.3	18.3	14.3	14.3	6.4
2018	45.3	42.1	42.9	40.5	40.5	38.9	38.9	34.2	29.4	29.4	28.6	25.4	20.7	18.3	19.1	15.9	15.1	6.4
2019	44.5	42.7	42.5	41.0	40.9	40.3	40.2	35.3	31.1	29.0	27.6	26.5	21.0	20.6	19.8	16.6	15.5	7.0
平均值	56.7	53.8	53.2	55.2	48.0	48.4	36.3	39.2	31.9	38.3	46.8	37.0	24.5	23.9	21.9	28.4	27.3	6.1

（三）"一带一路"参与国教育指数与世界平均水平的比较

如图7-2所示，忽略2010年统计方式变动造成的波动，"一带一路"参与国教育指数平均值与世界平均值走势体现了三个特点，第一，教育指数总体向上；第二，增长比较温和，变化并不明显；第三，"一带一路"参与国教育指数平均值低于世界同期平均值，但差距不大。

一个国家人口受教育年限平均值差距主要取决于高中以上教育，因为义务教育年限对世界大多数国家而言是法定的。全世界各国义务教育的平均时间为9.1年，泰国的义务教育年限达到了15年，美国为13年，英国、澳大利亚和瑞典也达到了12年，法国和丹麦为11年。各国义务教育的年限长短，也是随着国家综合国力的提高而不断调整的，如德国在19世纪末实行8年制义务教育，到了20世纪60年代延长至9年，进入70年代后期又延长至12年，其中9年为全日制普通义务教育，3年为半日制职业义务教育。中国至今为止还是实行9年义务制教育，低于世界平均年限9.1年。

除了义务教育段，受教育程度高低主要取决于年限并不法定的高中、大学教育等。当然，随着互联网以及移动互联网的发展，教育资源的获得十分便捷，个人的琐碎时间也得到充分利用，职业培训以及自学等非学历教育蓬勃发展，同样大大地促进了国民素质整体提升，但从人均受教育年限的指标上看却并不一定能真实地反映出来，这是需要特别注意的地方。

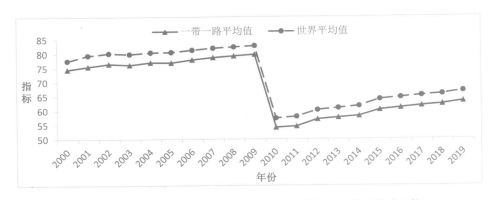

图7-2 "一带一路"参与国教育指数平均值与世界平均值的比较

四、性别平等指数

（一）性别平等指数的含义

性别有生理性别和社会性别之分，生理性别是从出生就会受到的不自觉的不同性别对待，而社会性别则泛指社会对男女两性以及两性关系的期待、要求和评价。通常我们所说的性别之间的差距指的是社会性别差距，即社会任何领域内，在参与程度、获得资源机会、权利、能力和影响力、工资报酬和福利等方面，存在于男性与女性之间的差距。

性别平等观念，不仅有助于妇女摆脱性别歧视，而且有助于妇女突破私人领域的束缚，介入到公共领域的政治生活和经济生活中来。本章中的性别平等指数以性别不平等指数（Gender Inequality Index，GII）来计算。性别不平等指数是联合国开发计划署发布的人类发展指数中的一项，反映的是女性与男性在生殖健康、政治赋权和劳动力市场三个维度的不平等状况的综合度量指标。GII值越高，则性别平等情况越差。本章中以X平等指数=1-X不平等指数来表示平等指数，性别平等指数越高，性别平等情况越好。

（二）"一带一路"参与国的性别平等指数（2007年后统计变更，之前为相关数据加权平均数代替）

基于数据比较完整的72个"一带一路"参与国的性别不平等数据，本节对4个年份（2000年、2006年、2013年、2019年）的各国性别平等指数进行计算，并作排名。排名范围仅限于有统计数据的"一带一路"参与国。这4个年份各国的性别平等指数及其排名见表7-13所示。同时统计了这些国家4个年份在4个区间的位置，见表7-14。

从性别指数排名来看，2019年性别最为平等的十个国家分别是意大利、爱沙尼亚、葡萄牙、奥地利、斯洛文尼亚、塞浦路斯、卢森堡、以色列、波兰、克罗地亚。

　　根据表7-13，2019年相比2013年，指数涨幅排名依次为莫桑比克增幅36.3%，喀麦隆增幅25.7%，巴巴多斯增幅24.3%，哈萨克斯坦增幅21.5%，智利增幅19.7%，乌拉圭增幅17.3%，尼日尔增幅16.2%，刚果（布）增幅15.6%，牙买加增幅15.0%。从增长幅度看，上述国家近6年来性别日益平等，制度变革效果明显。同期，也门平等指数降幅最大，为83.9%；其次是布隆迪下降19.5%，塔吉克斯坦下降11.6%，摩洛哥下降10.8%。

　　经济合作与发展组织（OECD）的关于性别平等与农业产出相关性研究表明，性别较平等的国家，谷物平均产量通常高于性别较不平等的国家。这是经合组织开发的"社会制度与性别指数"项目的发现之一。消除制度性的性别歧视，提高经济社会生活及私人领域中性别平等，世界上还有许多国家任重而道远。

表7-13　"一带一路"参与国性别平等指数排名（72国）

	2000年		2006年		2013年		2019年	
	指数	排名	指数	排名	指数	排名	指数	排名
阿尔巴尼亚	43.1	26	40.9	44	72.6	19	74.4	22
亚美尼亚	41.9	28	41.8	42	63.1	31	71.3	25
奥地利	44.9	21	54.3	11	95.2	2	93.0	4
阿塞拜疆	38.5	40	39.7	49	61.3	33	63.2	36
巴林	27.8	56	34.5	55	71.7	21	79.0	16
孟加拉国	26.7	59	24.4	65	38.7	59	38.6	58
巴巴多斯	66.7	1	64.5	2	60.1	36	74.7	21
贝宁	32.8	47	20.2	67	28.6	65	28.4	68
保加利亚	58.4	4	47.7	24	77.2	16	75.8	19
布隆迪	40.1	35	56.5	6	42.1	54	33.9	65
柬埔寨	40.4	34	41.9	40	41.6	55	45.2	52
喀麦隆	22.1	66	29.9	59	27.6	67	34.7	63
智利	24.4	61	28.4	62	59.5	37	71.2	27
中国	47.8	12	46.2	30	77.8	15	83.2	15
刚果（布）	26.9	58	21.7	66	28.2	66	32.6	66
哥斯达黎加	32.2	51	50.8	19	60.8	34	69.7	29
克罗地亚	43.0	27	47.7	24	81.4	13	87.6	10
塞浦路斯	36.6	42	40.7	47	85.7	7	91.5	6
萨尔瓦多	29.9	55	40.4	48	49.2	45	53.9	43
爱沙尼亚	53.8	7	56.9	5	83.5	10	94.7	2
加纳	40.5	33	40.9	44	36.3	62	36.9	61
希腊	30.2	54	39.3	50	84.5	9	87.1	11
匈牙利	38.6	39	43.9	36	72.4	20	71.2	26

续上表

	2000年		2006年		2013年		2019年	
	指数	排名	指数	排名	指数	排名	指数	排名
印度尼西亚	31.0	53	28.5	61	42.2	52	48.3	48
伊朗	15.4	70	25.0	64	41.0	57	39.4	57
以色列	41.1	30	52.0	16	89.8	4	89.7	7
意大利	33.3	46	41.9	40	93.9	3	95.8	1
牙买加	62.7	2	56.1	7	47.3	46	54.4	42
约旦	14.0	71	19.4	68	43.6	52	44.8	54
哈萨克斯坦	44.6	22	50.3	20	63.3	30	76.9	18
肯尼亚	32.5	50	33.1	56	36.4	61	37.3	60
科威特	38.8	37	47.5	27	67.5	23	75.6	20
吉尔吉斯斯坦	41.9	28	42.2	39	60.3	34	57.7	40
拉脱维亚	53.5	8	54.9	10	75.4	18	85.0	14
莱索托	32.8	47	48.7	22	35.4	63	36.4	62
立陶宛	47.6	13	56.1	7	88.1	5	87.0	12
卢森堡	35.4	43	46.8	29	83.5	11	91.2	7
马来西亚	35.3	44	37.4	51	76.8	17	70.7	27
马耳他	22.4	65	29.9	59	25.1	68	27.5	69
摩尔多瓦	48.6	11	54.1	12	65.8	24	74.4	22
蒙古	54.1	6	36.8	52	63.7	26	60.9	38
摩洛哥	18.0	68	13.6	70	47.0	48	41.9	55
莫桑比克	55.7	5	60.0	4	23.4	70	31.9	67
纳米比亚	38.8	37	51.7	17	48.2	46	48.4	46
尼泊尔	22.9	64	35.1	54	44.7	51	45.5	52
新西兰	60.2	3	62.5	3	79.8	14	86.4	13
尼日尔	23.7	63	31.9	58	21.4	71	24.9	71
巴拿马	36.9	41	45.5	32	41.5	56	47.1	50
秘鲁	27.6	57	51.7	17	55.7	42	54.8	41
菲律宾	39.6	36	44.2	35	53.4	43	51.4	44
波兰	52.9	10	50.2	21	85.3	7	89.0	9
葡萄牙	46.5	17	53.9	13	88.1	6	93.1	3
罗马尼亚	40.6	32	44.5	34	63.7	26	63.6	34
俄罗斯	43.2	25	44.6	33	64.4	25	71.7	24
卢旺达	47.2	15	68.6	1	52.9	44	49.0	46
塞拉利昂	19.3	67	25.8	63	25.1	68	25.1	70
斯洛伐克	46.6	16	47.7	24	82.3	12	78.0	17
斯洛文尼亚	46.3	18	46.1	31	99.4	1	91.9	5
南非	45.0	20	47.9	23	46.8	49	47.6	49
塔吉克斯坦	32.8	47	35.4	53	56.2	41	49.7	45
泰国	43.7	24	42.9	37	58.4	39	58.8	39
多哥	18.0	68	17.9	69	32.7	64	34.4	64
特立尼达和多巴哥	44.2	23	47.3	28	63.6	27	63.4	34

续上表

	2000年		2006年		2013年		2019年	
	指数	排名	指数	排名	指数	排名	指数	排名
突尼斯	25.0	60	32.7	57	70.3	22	65.8	33
土耳其	23.9	62	12.3	71	58.9	38	66.9	32
乌干达	47.6	13	55.0	9	38.7	59	37.5	59
乌克兰	41.1	30	41.4	43	63.0	32	68.1	31
乌拉圭	45.2	19	52.1	15	58.4	39	68.5	30
委内瑞拉	31.9	52	40.8	46	46.5	50	46.7	51
越南	53.0	9	53.4	14	63.4	29	63.2	36
也门	4.2	72	6.8	72	14.3	72	2.3	72
津巴布韦	34.0	45	42.6	38	40.3	58	40.3	56
上述国家平均值	37.9		41.9		58.1		60.4	
世界平均值	38.3		43.1		62.1		64.8	

表7-14 "一带一路"参与国性别平等指数排名与分区（72国）

	排名	2000年	2006年	2013年	2019年
第一区间	1	巴巴多斯	卢旺达	斯洛文尼亚	意大利
	2	牙买加	巴巴多斯	奥地利	爱沙尼亚
	3	新西兰	新西兰	意大利	葡萄牙
	4	保加利亚	莫桑比克	以色列	奥地利
	5	莫桑比克	爱沙尼亚	立陶宛	斯洛文尼亚
	6	蒙古	布隆迪	葡萄牙	塞浦路斯
	7	爱沙尼亚	立陶宛	塞浦路斯	卢森堡
	8	拉脱维亚	牙买加	波兰	以色列
	9	越南	乌干达	希腊	波兰
	10	波兰	拉脱维亚	爱沙尼亚	克罗地亚
	11	摩尔多瓦	奥地利	卢森堡	希腊
	12	中国	摩尔多瓦	斯洛伐克	立陶宛
	13	乌干达	葡萄牙	克罗地亚	新西兰
	14	立陶宛	越南	新西兰	拉脱维亚
	15	卢旺达	乌拉圭	中国	中国
	16	斯洛伐克	以色列	保加利亚	巴林
	17	葡萄牙	纳米比亚	马来西亚	斯洛伐克
	18	斯洛文尼亚	秘鲁	拉脱维亚	哈萨克斯坦

续上表

	排名	2000年	2006年	2013年	2019年
第二区间	19	乌拉圭	哥斯达黎加	阿尔巴尼亚	保加利亚
	20	南非	哈萨克斯坦	匈牙利	科威特
	21	奥地利	波兰	巴林	巴巴多斯
	22	哈萨克斯坦	莱索托	突尼斯	阿尔巴尼亚
	23	特立尼达和多巴哥	南非	科威特	摩尔多瓦
	24	泰国	克罗地亚	摩尔多瓦	俄罗斯
	25	俄罗斯	保加利亚	俄罗斯	亚美尼亚
	26	阿尔巴尼亚	斯洛伐克	蒙古	匈牙利
	27	克罗地亚	科威特	罗马尼亚	智利
	28	吉尔吉斯斯坦	特立尼达和多巴哥	特立尼达和多巴哥	马来西亚
	29	亚美尼亚	卢森堡	越南	哥斯达黎加
	30	以色列	中国	哈萨克斯坦	乌拉圭
	31	乌克兰	斯洛文尼亚	亚美尼亚	乌克兰
	32	罗马尼亚	巴拿马	乌克兰	土耳其
	33	加纳	俄罗斯	阿塞拜疆	突尼斯
	34	柬埔寨	罗马尼亚	哥斯达黎加	罗马尼亚
	35	布隆迪	菲律宾	吉尔吉斯斯坦	特立尼达和多巴哥
	36	菲律宾	匈牙利	巴巴多斯	越南
第三区间	37	纳米比亚	泰国	智利	阿塞拜疆
	38	科威特	津巴布韦	土耳其	蒙古
	39	匈牙利	吉尔吉斯斯坦	泰国	泰国
	40	阿塞拜疆	意大利	乌拉圭	吉尔吉斯斯坦
	41	巴拿马	柬埔寨	塔吉克斯坦	秘鲁
	42	塞浦路斯	亚美尼亚	秘鲁	牙买加
	43	卢森堡	乌克兰	菲律宾	萨尔瓦多
	44	马来西亚	加纳	卢旺达	菲律宾
	45	津巴布韦	阿尔巴尼亚	萨尔瓦多	塔吉克斯坦
	46	意大利	委内瑞拉	纳米比亚	卢旺达
	47	莱索托	塞浦路斯	牙买加	纳米比亚
	48	塔吉克斯坦	萨尔瓦多	摩洛哥	印度尼西亚
	49	贝宁	阿塞拜疆	南非	南非
	50	肯尼亚	希腊	委内瑞拉	巴拿马
	51	哥斯达黎加	马来西亚	尼泊尔	委内瑞拉
	52	委内瑞拉	蒙古	约旦	尼泊尔
	53	印度尼西亚	塔吉克斯坦	印度尼西亚	柬埔寨
	54	希腊	尼泊尔	布隆迪	约旦

续上表

	排名	2000年	2006年	2013年	2019年
	55	萨尔瓦多	巴林	柬埔寨	摩洛哥
	56	巴林	肯尼亚	巴拿马	津巴布韦
	57	秘鲁	突尼斯	伊朗	伊朗
	58	刚果（布）	尼日尔	津巴布韦	孟加拉国
	59	孟加拉国	马耳他	孟加拉国	乌干达
	60	突尼斯	喀麦隆	乌干达	肯尼亚
	61	智利	印度尼西亚	肯尼亚	加纳
第四区间	62	土耳其	智利	加纳	莱索托
	63	尼日尔	塞拉利昂	莱索托	喀麦隆
	64	尼泊尔	伊朗	多哥	多哥
	65	马耳他	孟加拉国	贝宁	布隆迪
	66	喀麦隆	刚果（布）	刚果	刚果
	67	塞拉利昂	贝宁	喀麦隆	莫桑比克
	68	摩洛哥	约旦	马耳他	贝宁
	69	多哥	多哥	塞拉利昂	马耳他
	70	伊朗	摩洛哥	莫桑比克	塞拉利昂
	71	约旦	土耳其	尼日尔	尼日尔
	72	也门	也门	也门	也门

表7-15　性别平等指数第一区间的"一带一路"参与国的变化情况

国家 年份	意大利	爱沙尼亚	葡萄牙	奥地利	斯洛文尼亚	塞浦路斯	卢森堡	以色列	波兰	克罗地亚	希腊	立陶宛	新西兰	拉脱维亚	中国	巴林	斯洛伐克	哈萨克斯坦
2000	32.8	53.4	46.1	44.4	45.9	36.2	34.9	40.7	52.5	42.5	29.7	47.6	59.8	53.1	47.8	27.5	46.1	44.1
2001	34.1	53.4	46.8	48.0	46.4	36.2	35.4	42.3	52.5	42.5	30.2	47.6	59.3	55.7	47.8	29.0	49.6	42.9
2002	34.4	55.3	46.5	49.2	46.4	32.0	35.8	42.1	52.4	43.9	30.2	48.0	58.8	55.7	46.7	30.6	50.1	44.0
2003	34.9	55.3	47.1	50.2	46.4	36.0	40.1	42.1	52.9	47.0	34.1	55.4	59.3	55.7	46.7	30.6	48.4	44.6
2004	39.1	54.6	51.0	54.4	45.4	39.5	45.1	48.9	50.2	47.1	37.3	55.8	60.2	55.1	45.8	26.6	45.2	47.3
2005	39.9	56.3	50.7	54.3	46.0	42.4	45.6	49.5	50.2	47.1	37.4	58.4	61.9	54.7	46.7	35.9	47.8	47.8
2006	41.4	56.6	53.4	53.8	45.7	40.2	46.3	51.6	49.8	47.3	38.8	56.1	62.1	54.6	46.2	34.3	47.2	49.9
2007	43.2	56.4	56.2	53.9	45.6	40.7	47.6	54.6	49.2	47.3	40.6	54.2	62.8	54.9	45.5	35.1	46.6	52.1
2008	71.9	53.0	64.9	66.1	66.9	68.0	63.9	62.2	63.1	60.7	64.0	59.0	63.7	64.2	53.5	40.7	59.9	33.2
2009	77.0	61.6	71.6	72.8	71.6	73.7	69.9	69.7	69.5	67.7	70.2	65.7	68.7	68.1	61.4	49.7	66.1	42.8
2010	82.0	70.2	78.4	79.5	76.3	79.4	75.8	77.1	75.9	74.6	76.4	72.3	73.6	72.1	69.2	58.6	72.4	52.4
2011	87.1	78.7	85.2	86.3	81.0	85.1	81.7	84.6	82.3	81.6	82.6	79.0	78.6	76.1	76.9	67.5	78.7	62.0
2012	90.7	83.0	88.3	89.7	92.4	85.9	84.1	84.7	85.2	80.5	85.7	83.2	82.3	76.1	76.5	71.1	81.5	64.6
2013	93.9	83.5	88.1	95.2	99.4	85.7	83.5	89.8	85.3	81.4	84.5	88.1	79.8	75.4	77.8	71.7	82.3	63.3
2014	93.8	82.3	88.6	95.6	100.0	87.1	90.0	89.8	85.4	84.1	84.5	87.0	83.2	82.0	79.1	70.3	82.3	70.0
2015	91.8	86.3	91.0	92.6	95.6	88.1	93.0	89.6	85.5	85.1	87.7	87.5	83.0	79.1	82.3	74.1	80.5	77.8

续上表

年份＼国家	意大利	爱沙尼亚	葡萄牙	奥地利	斯洛文尼亚	塞浦路斯	卢森堡	以色列	波兰	克罗地亚	希腊	立陶宛	新西兰	拉脱维亚	中国	巴林	斯洛伐克	哈萨克斯坦
2016	91.6	86.8	91.2	93.0	95.5	89.9	93.5	89.9	85.8	86.1	87.6	87.3	84.3	78.8	83.0	74.7	80.5	78.1
2017	91.5	87.3	91.4	93.4	95.5	91.8	94.0	90.2	86.1	87.1	87.6	87.2	85.7	78.5	83.8	75.4	80.4	78.4
2018	93.7	91.0	92.2	93.2	93.7	91.6	92.6	90.0	87.6	87.3	87.3	87.1	86.0	81.7	82.4	77.2	79.2	77.7
2019	95.8	94.7	93.1	93.0	91.9	91.5	91.2	89.7	89.0	87.6	87.1	87.0	86.4	84.9	83.2	79.0	78.0	76.9
平均值	68.0	70.0	71.1	72.9	71.4	66.1	67.2	69.0	69.5	66.4	63.2	69.7	72.0	67.8	64.1	53.0	65.1	57.5

表7-16　性别平等指数第二区间的“一带一路”参与国的变化情况

年份＼国家	保加利亚	科威特	巴巴多斯	阿尔巴尼亚	摩尔多瓦	俄罗斯	亚美尼亚	智利	匈牙利	马来西亚	哥斯达黎加	乌拉圭	乌克兰	土耳其	突尼斯	罗马尼亚	特立尼达和多巴哥	阿塞拜疆
2000	57.9	38.7	66.6	42.8	48.1	42.8	41.4	23.9	38.2	34.8	31.7	44.9	40.6	23.3	24.5	40.1	43.8	38.0
2001	58.0	38.7	66.6	42.8	48.1	42.8	41.4	23.9	39.2	34.8	42.1	45.4	39.0	23.9	24.9	40.5	46.8	38.0
2002	55.8	38.7	63.8	44.4	47.9	43.6	43.6	24.6	40.7	38.9	42.4	47.1	39.3	24.3	29.0	40.6	48.0	35.3
2003	55.3	39.2	64.2	44.9	49.8	44.1	44.5	24.6	40.3	36.9	42.4	47.1	39.3	24.8	36.4	41.7	48.0	35.3
2004	49.4	45.4	65.7	40.2	52.8	43.3	39.0	26.9	42.0	35.7	49.4	49.8	40.0	11.3	29.9	43.7	44.3	40.1
2005	48.6	46.6	65.7	40.6	54.4	43.3	41.7	27.5	42.8	34.8	50.4	50.1	41.1	11.5	30.9	43.7	44.3	40.3
2006	47.2	47.4	64.4	40.5	53.7	44.2	41.3	27.9	43.6	37.0	50.3	51.9	40.9	11.7	32.3	44.0	46.9	39.1
2007	45.7	48.7	43.4	39.8	53.7	45.1	40.1	28.4	44.4	37.9	51.1	53.5	40.7	13.1	32.7	44.4	48.8	39.4
2008	54.2	48.0	48.4	36.8	50.7	49.1	33.8	41.6	56.3	43.0	42.1	41.2	46.6	27.7	40.4	44.8	45.4	35.8
2009	60.4	56.9	51.7	47.7	55.9	53.2	42.9	46.8	62.0	51.3	47.6	47.4	51.7	34.8	49.2	50.6	51.1	45.4
2010	66.5	65.7	55.1	58.6	61.1	57.4	51.9	52.0	67.8	59.5	53.2	53.6	56.8	41.9	58.1	56.4	56.7	54.9
2011	72.6	74.6	58.4	69.5	66.3	61.5	60.9	57.2	73.6	67.7	58.8	59.9	61.9	49.0	66.9	62.1	62.4	64.4
2012	75.7	69.2	60.9	71.9	65.7	64.6	61.3	58.9	71.3	71.3	60.6	58.1	61.5	58.2	70.7	62.8	64.8	63.3
2013	77.2	67.5	60.1	72.6	65.8	64.4	63.1	59.5	72.4	76.8	60.8	58.4	63.0	58.9	70.3	63.7	63.6	61.3
2014	76.6	55.7	59.3	76.0	72.3	68.9	63.9	61.5	76.9	76.9	60.2	64.5	67.7	59.0	73.2	62.1	57.6	65.7
2015	75.3	61.9	67.1	70.0	74.2	69.5	66.9	63.4	71.8	67.1	65.1	68.0	68.0	62.7	67.4	61.4	63.2	63.0
2016	75.6	65.8	67.6	71.7	74.6	70.4	68.8	63.6	71.4	67.4	65.6	68.8	67.9	63.4	66.8	63.1	63.2	63.4
2017	76.0	69.7	68.0	73.5	74.9	71.2	70.6	63.8	71.0	67.6	66.1	69.7	67.9	64.0	66.3	64.8	63.2	63.9
2018	75.9	72.6	71.3	74.0	74.7	71.4	71.0	67.5	71.1	69.2	67.9	69.1	68.0	65.5	66.1	64.2	63.3	63.6
2019	75.7	75.6	74.7	74.4	74.4	71.7	71.3	71.2	71.2	70.7	69.7	68.5	68.1	66.9	65.8	63.6	63.4	63.2
平均值	64.0	56.3	62.2	56.6	61.0	56.1	53.0	45.7	58.4	54.0	53.9	55.9	53.5	39.8	50.1	52.9	54.4	50.7

表7-17 性别平等指数第三区间的“一带一路”参与国的变化情况

年份\国家	越南	蒙古	泰国	吉尔吉斯斯坦	秘鲁	牙买加	萨尔瓦多	菲律宾	塔吉克斯坦	卢旺达	纳米比亚	印度尼西亚	南非	巴拿马	委内瑞拉	尼泊尔	柬埔寨	约旦
2000	52.4	53.8	43.2	41.5	27.1	62.6	29.4	39.2	32.0	46.5	38.2	30.4	44.5	36.5	31.9	22.2	39.6	13.5
2001	53.3	53.8	43.2	41.5	27.6	61.5	29.9	39.2	32.5	46.0	38.9	30.9	44.6	36.5	32.4	22.2	39.6	14.0
2002	53.3	53.1	44.2	42.6	28.8	63.1	41.5	39.1	33.1	59.4	39.5	30.1	43.4	37.3	28.6	23.1	40.7	18.5
2003	53.3	50.7	43.2	40.4	29.3	63.1	31.5	38.4	35.5	59.6	42.7	32.7	46.6	41.7	29.1	22.5	40.7	18.5
2004	54.4	39.3	43.0	32.9	48.3	55.9	37.9	40.1	34.3	65.1	49.8	28.2	46.8	43.8	40.2	21.6	39.7	18.0
2005	52.1	39.0	40.3	33.7	48.9	55.9	38.5	44.0	34.6	65.1	50.0	28.2	47.0	44.8	41.7	28.9	39.9	18.0
2006	52.7	36.5	42.4	41.8	51.2	55.9	39.9	43.7	34.6	67.9	51.3	27.8	47.4	45.2	40.8	34.4	41.2	18.9
2007	52.9	32.8	43.4	49.4	54.4	54.8	41.6	43.4	34.2	71.2	53.0	27.1	47.9	46.1	41.7	39.6	42.4	19.2
2008	38.6	39.4	31.9	35.0	28.6	25.7	23.9	27.5	34.1	25.7	28.4	20.7	26.0	26.2	34.9	16.4	21.6	28.3
2009	47.6	43.9	40.0	42.6	36.5	33.2	30.5	35.3	42.9	33.1	34.4	27.6	31.8	31.8	39.4	22.7	28.5	34.7
2010	56.5	48.4	48.1	50.1	44.4	40.7	37.1	43.1	51.7	40.4	40.3	34.6	37.6	37.5	44.0	29.0	35.3	41.1
2011	65.5	52.9	56.3	57.7	52.3	48.1	43.7	50.9	60.5	47.8	46.2	41.6	43.4	43.1	48.5	35.2	42.2	47.4
2012	66.2	62.7	58.9	59.3	55.7	47.2	49.2	52.0	61.5	52.4	47.6	42.9	46.7	41.8	46.2	44.0	45.4	44.3
2013	63.4	63.7	58.4	60.3	55.7	47.3	49.2	53.4	56.2	52.9	48.1	42.2	46.8	41.5	46.5	44.7	41.6	43.6
2014	65.1	63.1	56.5	59.7	53.4	50.5	50.9	51.7	59.3	54.1	54.0	42.9	53.3	47.7	45.0	43.5	44.9	45.4
2015	61.6	68.7	58.2	54.8	55.9	51.5	56.0	49.8	63.4	56.2	45.3	46.1	54.8	47.3	46.8	42.5	44.7	44.8
2016	63.6	67.3	56.6	55.0	56.9	52.1	55.6	50.4	63.7	56.3	45.4	47.0	55.1	47.1	47.3	43.5	45.0	45.9
2017	65.6	65.9	55.0	55.1	57.9	52.7	55.1	50.9	64.0	56.4	45.5	47.8	55.4	46.8	47.7	44.6	45.4	47.0
2018	64.4	63.4	56.9	56.4	56.4	53.5	54.5	51.1	56.9	52.7	47.0	48.0	51.5	47.0	47.2	45.0	45.3	45.9
2019	63.2	60.9	58.8	57.7	54.8	54.4	53.9	51.4	49.7	49.0	48.4	48.3	47.6	47.1	46.7	45.5	45.2	44.8
平均值	57.3	53.0	48.9	48.4	46.2	51.5	42.5	44.7	46.7	52.9	44.7	36.3	45.9	41.8	41.3	33.6	40.4	32.6

表7-18 性别平等指数第四区间的“一带一路”参与国的变化情况

年份\国家	摩洛哥	津巴布韦	伊朗	孟加拉国	乌干达	肯尼亚	加纳	莱索托	喀麦隆	多哥	布隆迪	刚果（布）	莫桑比克	贝宁	马耳他	塞拉利昂	尼日尔	也门
2000	17.4	33.3	14.9	26.0	46.9	31.8	39.8	32.4	21.4	17.2	39.4	26.8	55.1	32.7	22.4	18.5	22.9	3.4
2001	21.1	33.3	15.8	26.0	46.9	34.1	39.8	36.5	23.6	18.8	42.1	26.3	55.1	32.7	22.4	22.3	22.9	3.4
2002	22.2	34.0	22.4	26.0	46.9	34.1	40.7	39.2	24.1	18.8	42.5	25.3	55.1	33.5	24.3	22.3	22.9	3.2
2003	22.3	34.0	17.1	26.0	46.4	34.1	42.0	39.2	24.1	18.1	42.5	25.3	58.3	33.5	24.3	22.8	30.2	3.2
2004	13.0	40.4	22.8	27.2	52.9	31.9	40.3	43.3	26.5	16.7	55.0	22.6	59.3	20.6	27.7	25.0	30.5	5.7
2005	12.8	41.0	23.6	27.8	53.5	31.8	41.4	45.0	27.4	16.7	55.0	22.7	59.9	20.9	29.1	25.2	31.7	5.6
2006	13.0	42.0	24.5	23.7	54.4	32.4	40.3	48.3	29.3	17.1	55.8	21.7	59.2	20.2	29.9	25.1	31.2	6.1
2007	13.1	43.7	25.9	19.1	55.5	32.8	39.3	49.6	31.7	17.3	56.6	20.7	58.5	18.0	31.3	25.3	31.3	6.7
2008	19.1	17.7	21.4	14.2	16.5	13.7	14.8	30.1	10.8	14.6	27.0	13.0	16.1	11.2	13.7	11.6	5.5	0.0
2009	26.4	22.5	28.9	21.5	22.0	18.2	20.0	26.2	15.7	19.7	32.9	17.6	20.7	16.2	19.0	15.3	8.8	3.3

续上表

国家\年份	摩洛哥	津巴布韦	伊朗	孟加拉国	乌干达	肯尼亚	加纳	莱索托	喀麦隆	多哥	布隆迪	刚果(布)	莫桑比克	贝宁	马耳他	塞拉利昂	尼日尔	也门
2010	33.7	27.4	36.4	28.9	27.5	22.6	25.2	32.3	20.6	24.9	38.9	22.3	25.4	21.2	24.3	19.1	12.1	6.7
2011	41.0	32.3	44.0	36.2	33.0	27.0	30.5	38.4	25.6	30.0	44.8	26.9	30.0	26.2	29.6	22.8	15.4	10.0
2012	48.9	36.9	42.7	40.0	40.1	29.3	34.4	38.1	26.9	34.3	45.0	29.0	32.4	28.1	25.1	25.1	17.4	12.7
2013	47.0	40.3	41.0	38.7	38.7	36.4	36.3	35.4	27.6	32.7	42.1	28.2	23.4	28.6	25.0	25.1	21.4	14.3
2014	39.2	41.7	40.4	41.8	37.6	36.0	35.7	37.3	31.8	31.7	43.1	31.1	31.3	28.6	29.0	24.3	16.7	13.0
2015	42.9	37.4	41.1	39.8	39.5	34.4	36.6	36.3	34.1	35.5	45.3	31.2	33.3	28.7	27.1	24.3	18.9	10.3
2016	43.6	37.8	44.0	38.5	39.5	35.4	37.1	36.6	34.0	34.8	45.5	32.0	34.6	28.8	27.7	24.6	21.6	6.3
2017	44.3	38.1	46.8	37.2	39.4	36.3	37.6	36.9	33.9	34.2	45.6	32.9	36.0	28.9	28.2	24.9	24.4	2.3
2018	43.1	39.2	43.1	37.9	38.5	36.8	37.3	36.7	34.3	34.3	39.8	32.7	33.9	28.7	27.8	25.0	24.6	2.3
2019	41.9	40.3	39.4	38.6	37.5	37.3	36.9	36.4	34.6	34.4	33.9	32.6	31.9	28.4	27.5	25.1	24.9	2.3
平均值	30.3	35.7	31.8	30.8	40.7	31.3	35.3	37.7	26.9	25.1	43.6	26.0	40.5	25.8	25.8	22.7	21.8	6.0

（三）"一带一路"参与国性别平等指数与世界平均水平的比较

如图7-3所示，忽略2007年前后统计方式不同，"一带一路"参与国性别平等指数平均值与世界平均值走势基本一致，"一带一路"参与国性别平等指数平均值低于世界平均值。2000~2006年与2012~2019年两段时间内，"一带一路"参与国指数平均值和世界指数平均值均温和上升，表明期间性别平等状况相对稳定；2008~2011年，"一带一路"参与国指数平均值和世界指数平均值都陡然上升，说明这几年世界范围内性别平等运动成效显著。"一带一路"参与国在消除歧视，增加女性社会经济及公共事务的参与度，让女性获得更多可支配资源等方面还可以做得更好。

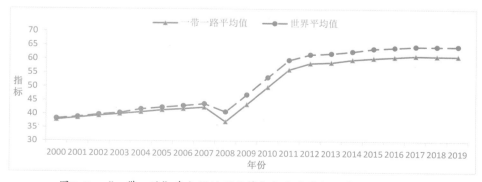

图7-3 "一带一路"参与国性别平等指数平均值与世界平均值的比较

五、世界文化遗产指数

（一）世界文化遗产指数的含义

对世界文化而言，文化遗产是人类历史发展的足迹，是人类文明的结晶。历史给我们留下的文化遗产是有限的，而且文化遗产不可再生，也无法替代。保护世界文化遗产，能进一步认识人类社会发展的统一性和多样性，理解和尊重世界各国、各地区和各民族的文化传统，汲取人类创造的优秀文明成果，能促进世界的共同发展、进步。对于当今社会而言，人类赖以生存的环境，不仅仅是自然环境，也包括文化环境。

世界遗产（World Heritage），是一项由联合国发起、联合国教科文组织负责执行的国际公约建制，以保存对全人类都具有重要价值的自然或文化处所为目的。世界文化遗产专指"有形"的文化遗产，主要包括：（1）文物，即从历史、艺术或科学角度看，具有突出的普遍价值的建筑物、碑雕和碑画以及具有考古性质成分或结构的铭文、洞穴以及其综合体；（2）建筑群，即从历史、艺术或科学角度看，在建筑式样、分布均匀或与环境景色结合方面具有突出的普遍价值的单立或连接的建筑群；（3）遗址，即从历史、美学、人种学或人类学角度看，具有突出的普遍价值的人造工程或人与自然的共同杰作以及考古遗址。本章中以某国拥有的世界文化遗产数目作为基础参数，该项数目越多，则世界文化遗产指数越高。

（二） "一带一路"参与国的世界文化遗产指数(表中统计为2000年开始的增量，不含有2000年前的基数)

基于数据比较完整的72个"一带一路"参与国的世界文化遗产数据，本章对4个年份（2000年、2006年、2013年、2019年）的各国世界文化遗产指数进行计算，并作排名。排名范围仅限于有统计数据的"一带一路"参与国。这4个年份各国的世界文化遗产指数及其排名见表7-19所示。区间分布见表7-20。

　　世界文化遗产指数以各国的世界文化遗产数量作为依据。因此，此指数的高低与各国原有的世界文化遗产数量有很大的关系，原有基数大，则世界文化遗产指数通常较高。联合国教科文组织世界遗产委员会成立于1972年，成为《保护世界文化和自然遗产公约》缔约国可申报国内的文化和自然遗产，由世界遗产中心组织权威专家考察、评估，并经公约缔约国投票选出世界文化遗产。

　　2000年时，在数据相对完整的72个"一带一路"当前参与国中，仅有65个国家已经拥有世界文化遗产，而在已有世界文化遗产的国家中，中国拥有24项世界文化遗产，高居榜首。

　　2001年，基于世界遗产公约的170多个国家中有50多个国家尚未评上一处世界遗产，因此，世界遗产委员会的《凯恩斯决议》以平衡原则做出了决定，将全世界每年入选项目提名限制为30个，而每个国家每年最多只可以有一处地方入选世界遗产。

　　2006年同2000年比，本节统计的72个国家中，世界文化遗产指数排名前5的国家变化不大。《凯恩斯决议》经再次修订，从2006年起，《保护世界文化和自然遗产公约》的缔约国每年可申报两项世界遗产，其中至少要有一项是自然遗产。世界遗产委员会每年受理的世界遗产申报数将增加到45个。2013年时，"一带一路"参与国中，拥有世界文化遗产的达到了90个。中国、意大利一直稳居前2名，伊朗位居第三。2007~2013年间，伊朗每年都有世界文化遗产入选。

　　2019年世界遗产指数排名前列的"一带一路"参与国，中国以100.0排名第一；其次是意大利、伊朗90.5，俄罗斯、以色列47.6，土耳其42.9，波兰33.3，葡萄牙28.6，智利23.8等。

　　保护历史文化遗产，是对人类文明生态的保护，有助于人类文明生态的平衡。保护人类精神文化的多样性，才能使人类发展得更迅速更健康。"一带一路"参与国大多有悠久的历史文化，有风景如画的自然风光，重视对文化遗产的保护与传承，就是保护自己民族自己国家的记忆，保护民族文化认同的基石。

表7-19　"一带一路"参与国世界文化遗产指数排名（72国）

	2000年		2006年		2013年		2019年	
	指数	排名	指数	排名	指数	排名	指数	排名
阿尔巴尼亚	0	17	4.8	15	4.8	28	4.8	33
亚美尼亚	9.5	3	9.5	12	9.5	15	9.5	25
奥地利	4.8	5	14.3	8	19.1	8	19.1	10
阿塞拜疆	4.8	5	4.8	15	9.5	15	14.3	14
巴林	0	17	4.8	15	9.5	15	14.3	14
孟加拉国	0	17	0	34	0	47	0	49
巴巴多斯	0	17	0	34	4.8	28	4.8	33
贝宁	0	17	0	34	0	47	0	49
保加利亚	0	17	0	34	0	47	0	49
布隆迪	0	17	0	34	0	47	0	49
柬埔寨	0	17	0	34	4.8	28	9.5	25
喀麦隆	0	17	0	34	0	47	0	49
智利	4.8	5	19.1	6	19.1	9	23.8	9
中国	19.1	1	38.1	2	71.4	1	100	1
刚果（布）	0	17	0	34	0	47	0	49
哥斯达黎加	0	17	0	34	0	47	4.8	33
克罗地亚	4.8	5	4.8	15	9.5	19	19.1	10
塞浦路斯	0	17	0	34	0	47	0	49
萨尔瓦多	0	17	0	34	0	47	0	49
爱沙尼亚	0	17	4.8	15	4.8	28	4.8	33
加纳	0	17	0	34	0	47	0	49
希腊	0	17	0	34	4.8	28	9.5	25
匈牙利	4.8	5	14.3	9	14.3	10	14.3	14
印度尼西亚	0	17	0	34	4.8	28	9.5	25
伊朗	0	17	23.8	4	61.9	3	90.5	2
以色列	0	17	23.8	4	33.3	4	47.6	4
意大利	9.5	3	42.9	1	66.7	2	90.5	2
牙买加	0	17	0	34	0	47	4.8	33
约旦	0	17	4.8	15	9.5	15	14.3	14
哈萨克斯坦	0	17	9.5	12	9.5	15	14.3	14
肯尼亚	0	17	4.8	15	14.3	10	19.1	10
科威特	0	17	0	34	0	47	0	49
吉尔吉斯斯坦	0	17	0	34	4.8	28	9.5	25
拉脱维亚	0	17	4.8	15	4.8	28	4.8	33
莱索托	4.8	5	4.8	15	4.8	28	4.8	33
立陶宛	4.8	5	14.3	8	14.3	10	14.3	14
卢森堡	0	17	0	34	0	47	0	49
马来西亚	0	17	0	34	9.5	15	9.5	25
马耳他	0	17	0	34	0	47	0	49
摩尔多瓦	0	17	4.8	15	4.8	28	4.8	33

续上表

	2000年		2006年		2013年		2019年	
	指数	排名	指数	排名	指数	排名	指数	排名
蒙古	0	17	4.8	15	9.5	15	14.3	14
摩洛哥	0	17	4.8	15	9.5	15	9.5	25
莫桑比克	0	17	0	34	0	47	0	49
纳米比亚	0	17	0	34	4.8	28	4.8	33
尼泊尔	0	17	0	34	0	47	0	49
新西兰	0	17	0	34	0	47	0	49
尼日尔	0	17	0	34	4.8	28	4.8	33
巴拿马	0	17	0	34	0	47	0	49
秘鲁	4.8	5	4.8	15	9.5	15	14.3	14
菲律宾	0	17	0	34	0	47	0	49
波兰	0	17	19.1	6	23.8	6	33.3	7
葡萄牙	0	17	14.3	8	23.8	6	28.6	8
罗马尼亚	0	17	0	34	0	47	0	49
俄罗斯	14.3	2	33.3	3	33.3	4	47.6	4
卢旺达	0	17	0	34	0	47	0	49
塞拉利昂	0	17	0	34	0	47	0	49
斯洛伐克	0	17	0	34	4.8	28	4.8	33
斯洛文尼亚	4.8	5	4.8	15	14.3	10	14.3	14
南非	4.8	5	9.5	12	14.3	10	19.1	10
塔吉克斯坦	0	17	0	34	4.8	28	4.8	33
泰国	0	17	0	34	0	47	0	49
多哥	0	17	4.8	15	4.8	28	4.8	33
特立尼达和多巴哥	0	17	0	34	0	47	0	49
突尼斯	0	17	0	34	0	47	0	49
土耳其	0	17	0	34	9.5	15	42.9	6
乌干达	0	17	4.8	15	4.8	28	4.8	33
乌克兰	0	17	0	34	14.3	15	14.3	14
乌拉圭	4.8	5	4.8	15	4.8	28	9.5	25
委内瑞拉	4.8	5	4.8	15	4.8	28	4.8	33
越南	0	17	0	34	9.5	15	14.3	14
也门	0	17	0	34	0	47	0	49
津巴布韦	0	17	4.8	15	4.8	28	4.8	33
上述国家平均值	1.5		5.2		8.9		12.4	
世界平均值	1.9		6.2		10.8		15.7	

说明：没有2000年开始的增量世界文化遗产不得分（0分），所以表7-19、表7-21、表7-22、表7-23、表7-24中0分不计有效数字。

表7-20 "一带一路"参与国世界文化遗产指数排名与分区

	2000年	2006年	2013年	2019年
第一区间	中国	意大利	中国	中国
	俄罗斯	中国	意大利	伊朗
	亚美尼亚	俄罗斯	伊朗	意大利
	意大利	伊朗	以色列	以色列
	奥地利	以色列	俄罗斯	俄罗斯
	阿塞拜疆	智利	波兰	土耳其
	智利	波兰	葡萄牙	波兰
	克罗地亚	奥地利	奥地利	葡萄牙
	匈牙利	匈牙利	智利	智利
	莱索托	立陶宛	匈牙利	奥地利
	立陶宛	葡萄牙	肯尼亚	克罗地亚
	秘鲁	亚美尼亚	立陶宛	肯尼亚
	斯洛文尼亚	哈萨克斯坦	斯洛文尼亚	南非
	南非	南非	南非	阿塞拜疆
	乌拉圭	阿尔巴尼亚	乌克兰	巴林
	委内瑞拉	阿塞拜疆	亚美尼亚	匈牙利
	阿尔巴尼亚	巴林	阿塞拜疆	约旦
	巴林	克罗地亚	巴林	哈萨克斯坦
第二区间	孟加拉国	爱沙尼亚	克罗地亚	立陶宛
	巴巴多斯	约旦	约旦	蒙古
	贝宁	肯尼亚	哈萨克斯坦	秘鲁
	保加利亚	拉脱维亚	马来西亚	斯洛文尼亚
	布隆迪	莱索托	蒙古	乌克兰
	柬埔寨	摩尔多瓦	摩洛哥	越南
	喀麦隆	蒙古	秘鲁	亚美尼亚
	刚果（布）	摩洛哥	土耳其	柬埔寨
	哥斯达黎加	秘鲁	越南	希腊
	塞浦路斯	斯洛文尼亚	阿尔巴尼亚	印度尼西亚
	萨尔瓦多	多哥	巴巴多斯	吉尔吉斯斯坦
	爱沙尼亚	乌干达	柬埔寨	马来西亚
	加纳	乌拉圭	爱沙尼亚	摩洛哥
	希腊	委内瑞拉	希腊	乌拉圭
	印度尼西亚	津巴布韦	印度尼西亚	阿尔巴尼亚
	伊朗	孟加拉国	吉尔吉斯斯坦	巴巴多斯
	以色列	巴巴多斯	拉脱维亚	哥斯达黎加
	牙买加	贝宁	莱索托	爱沙尼亚

续上表

	2000年	2006年	2013年	2019年
第三区间	约旦	保加利亚	摩尔多瓦	牙买加
	哈萨克斯坦	布隆迪	纳米比亚	拉脱维亚
	肯尼亚	柬埔寨	尼日尔	莱索托
	科威特	喀麦隆	斯洛伐克	摩尔多瓦
	吉尔吉斯斯坦	刚果（布）	塔吉克斯坦	纳米比亚
	拉脱维亚	哥斯达黎加	多哥	尼日尔
	卢森堡	塞浦路斯	乌干达	斯洛伐克
	马来西亚	萨尔瓦多	乌拉圭	塔吉克斯坦
	马耳他	加纳	委内瑞拉	多哥
	摩尔多瓦	希腊	津巴布韦	乌干达
	蒙古	印度尼西亚	孟加拉国	委内瑞拉
	摩洛哥	牙买加	贝宁	津巴布韦
	莫桑比克	科威特	保加利亚	孟加拉国
	纳米比亚	吉尔吉斯斯坦	布隆迪	贝宁
	尼泊尔	卢森堡	喀麦隆	保加利亚
	新西兰	马来西亚	刚果（布）	布隆迪
	尼日尔	马耳他	哥斯达黎加	喀麦隆
	巴拿马	莫桑比克	塞浦路斯	刚果（布）
第四区间	菲律宾	纳米比亚	萨尔瓦多	塞浦路斯
	波兰	尼泊尔	加纳	萨尔瓦多
	葡萄牙	新西兰	牙买加	加纳
	罗马尼亚	尼日尔	科威特	科威特
	卢旺达	巴拿马	卢森堡	卢森堡
	塞拉利昂	菲律宾	马耳他	马耳他
	斯洛伐克	罗马尼亚	莫桑比克	莫桑比克
	塔吉克斯坦	卢旺达	尼泊尔	尼泊尔
	泰国	塞拉利昂	新西兰	新西兰
	多哥	斯洛伐克	巴拿马	巴拿马
	特立尼达和多巴哥	塔吉克斯坦	菲律宾	菲律宾
	突尼斯	泰国	罗马尼亚	罗马尼亚
	土耳其	特立尼达和多巴哥	卢旺达	卢旺达
	乌干达	突尼斯	塞拉利昂	塞拉利昂
	乌克兰	土耳其	泰国	泰国
	越南	乌克兰	特立尼达和多巴哥	特立尼达和多巴哥
	也门	越南	突尼斯	突尼斯
	津巴布韦	也门	也门	也门

表7-21 世界文化遗产指数第一区间的“一带一路”的变化情况

年份＼国家	中国	伊朗	意大利	以色列	俄罗斯	土耳其	波兰	葡萄牙	智利	奥地利	克罗地亚	肯尼亚	南非	阿塞拜疆	巴林	匈牙利	约旦	哈萨克斯坦
2000	19.0	0	9.5	0	14.3	0	0	0	4.8	4.8	4.8	0	4.8	4.8	0	4.8	0	0
2001	23.8	0	14.3	9.5	14.3	0	4.8	9.5	4.8	14.3	4.8	4.8	4.8	4.8	0	9.5	0	0
2002	23.8	0	19.0	9.5	14.3	0	4.8	9.5	4.8	14.3	4.8	4.8	4.8	4.8	0	14.3	0	0
2003	23.8	4.8	23.8	14.3	19.0	0	9.5	9.5	9.5	14.3	4.8	4.8	9.5	4.8	0	14.3	0	4.8
2004	28.6	14.3	33.3	14.3	23.8	0	14.3	14.3	9.5	14.3	4.8	4.8	9.5	4.8	0	14.3	4.8	9.5
2005	33.3	19.0	38.1	23.8	33.3	0	14.3	14.3	14.3	14.3	4.8	4.8	9.5	4.8	4.8	14.3	4.8	9.5
2006	38.1	23.8	42.9	23.8	33.3	0	19.0	14.3	19.0	14.3	4.8	4.8	9.5	4.8	4.8	14.3	4.8	9.5
2007	42.9	23.8	42.9	23.8	33.3	0	19.0	14.3	19.0	14.3	4.8	4.8	14.3	9.5	4.8	14.3	4.8	9.5
2008	47.6	28.6	52.4	28.6	33.3	0	19.0	14.3	19.0	14.3	9.5	9.5	14.3	9.5	4.8	14.3	4.8	9.5
2009	52.4	33.3	52.4	28.6	33.3	0	19.0	14.3	19.0	14.3	9.5	9.5	14.3	9.5	4.8	14.3	4.8	9.5
2010	57.1	42.9	52.4	28.6	33.3	0	19.0	14.3	19.0	14.3	9.5	9.5	14.3	9.5	4.8	14.3	4.8	9.5
2011	61.9	47.6	61.9	28.6	33.3	4.8	19.0	14.3	19.0	19.0	9.5	14.3	14.3	9.5	4.8	14.3	9.5	9.5
2012	66.7	57.1	61.9	33.3	33.3	9.5	19.0	19.0	19.0	19.0	9.5	14.3	14.3	9.5	9.5	14.3	9.5	9.5
2013	71.4	61.9	66.7	33.3	33.3	9.5	23.8	23.8	19.0	19.0	9.5	14.3	14.3	9.5	9.5	14.3	9.5	9.5
2014	81.0	66.7	71.4	38.1	38.1	19.0	23.8	23.8	23.8	19.0	9.5	14.3	14.3	9.5	9.5	14.3	9.5	14.3
2015	85.7	76.2	76.2	42.9	38.1	28.6	23.8	23.8	23.8	19.0	9.5	14.3	14.3	9.5	9.5	14.3	14.3	14.3
2016	90.5	81.0	76.2	42.9	38.1	33.3	23.8	23.8	23.8	19.0	14.3	14.3	14.3	9.5	9.5	14.3	14.3	14.3
2017	95.2	85.7	81.0	42.9	42.9	38.1	28.6	23.8	23.8	19.0	19.0	14.3	19.0	9.5	9.5	14.3	14.3	14.3
2018	95.2	90.5	85.7	42.9	42.9	42.9	28.6	23.8	23.8	19.0	19.0	19.0	19.0	9.5	9.5	14.3	14.3	14.3
2019	100	90.5	90.5	47.6	47.6	42.9	33.3	28.6	23.8	19.0	19.0	19.0	19.0	14.3	14.3	14.3	14.3	14.3
平均值	56.9	42.4	52.6	27.9	31.7	11.4	18.3	16.7	17.1	15.9	9.3	10	12.6	8.1	5.7	13.6	7.2	9.3

表7-22 世界文化遗产指数第二区间的“一带一路”的变化情况

年份＼国家	立陶宛	蒙古	秘鲁	斯洛文尼亚	乌克兰	越南	亚美尼亚	柬埔寨	希腊	印度尼西亚	吉尔吉斯斯坦	马来西亚	摩洛哥	乌拉圭	阿尔巴尼亚	巴巴多斯	哥斯达黎加	爱沙尼亚
2000	4.8	0	4.8	4.8	0	0	9.5	0	0	0	0	0	0	4.8	0	0	0	0
2001	4.8	0	4.8	4.8	0	0	9.5	0	0	0	0	0	0	4.8	0	0	0	0
2002	4.8	0	4.8	4.8	0	0	9.5	0	0	0	0	0	0	4.8	0	0	0	0
2003	4.8	0	4.8	4.8	0	0	9.5	0	0	0	0	0	0	4.8	0	0	0	0
2004	9.5	4.8	4.8	4.8	0	0	9.5	0	0	0	0	0	4.8	4.8	0	0	0	0
2005	14.3	4.8	4.8	4.8	0	0	9.5	0	0	0	0	0	4.8	4.8	4.8	0	0	4.8
2006	14.3	4.8	4.8	4.8	0	0	9.5	0	0	0	0	0	4.8	4.8	4.8	0	0	4.8
2007	14.3	4.8	4.8	4.8	0	0	9.5	0	4.8	0	0	0	4.8	4.8	4.8	0	0	4.8
2008	14.3	4.8	4.8	4.8	0	0	9.5	4.8	4.8	0	0	4.8	4.8	4.8	4.8	0	0	4.8
2009	14.3	4.8	9.5	4.8	0	0	9.5	4.8	4.8	0	4.8	4.8	4.8	4.8	4.8	0	0	4.8

续上表

年份＼国家	立陶宛	蒙古	秘鲁	斯洛文尼亚	乌克兰	越南	亚美尼亚	柬埔寨	希腊	印度尼西亚	吉尔吉斯斯坦	马来西亚	摩洛哥	乌拉圭	阿尔巴尼亚	巴巴多斯	哥斯达黎加	爱沙尼亚
2010	14.3	4.8	9.5	4.8	0	4.8	9.5	4.8	4.8	0	4.8	4.8	4.8	4.8	4.8	0	0	4.8
2011	14.3	9.5	9.5	9.5	4.8	9.5	9.5	4.8	4.8	0	4.8	4.8	4.8	4.8	4.8	4.8	0	4.8
2012	14.3	9.5	9.5	14.3	4.8	9.5	9.5	4.8	4.8	4.8	4.8	9.5	9.5	4.8	4.8	4.8	0	4.8
2013	14.3	9.5	9.5	14.3	14.3	9.5	9.5	4.8	4.8	4.8	4.8	9.5	9.5	4.8	4.8	4.8	0	4.8
2014	14.3	9.5	14.3	14.3	14.3	14.3	9.5	4.8	4.8	4.8	9.5	9.5	9.5	4.8	4.8	4.8	4.8	4.8
2015	14.3	14.3	14.3	14.3	14.3	14.3	9.5	4.8	4.8	4.8	9.5	9.5	9.5	9.5	4.8	4.8	4.8	4.8
2016	14.3	14.3	14.3	14.3	14.3	14.3	9.5	4.8	4.8	4.8	9.5	9.5	9.5	9.5	4.8	4.8	4.8	4.8
2017	14.3	14.3	14.3	14.3	14.3	14.3	9.5	9.5	9.5	4.8	9.5	9.5	9.5	9.5	4.8	4.8	4.8	4.8
2018	14.3	14.3	14.3	14.3	14.3	14.3	9.5	9.5	9.5	4.8	9.5	9.5	9.5	9.5	4.8	4.8	4.8	4.8
2019	14.3	14.3	14.3	14.3	14.3	14.3	9.5	9.5	9.5	9.5	9.5	9.5	9.5	9.5	4.8	4.8	4.8	4.8
平均值	12.2	7.2	8.8	8.8	5.5	6.0	9.5	3.6	3.8	2.2	4.1	4.8	5.7	6.0	3.6	2.2	1.4	3.6

表7-23　世界文化遗产指数第三区间的“一带一路”的变化情况

年份＼国家	牙买加	拉脱维亚	莱索托	摩尔多瓦	纳米比亚	尼日尔	斯洛伐克	塔吉克斯坦	多哥	乌干达	委内瑞拉	津巴布韦	孟加拉国	贝宁	保加利亚	布隆迪	喀麦隆	刚果（布）
2000	0	0	4.8	0	0	0	0	0	0	0	4.8	0	0	0	0	0	0	0
2001	0	0	4.8	0	0	0	0	0	0	4.8	4.8	0	0	0	0	0	0	0
2002	0	0	4.8	0	0	0	0	0	0	4.8	4.8	0	0	0	0	0	0	0
2003	0	0	4.8	0	0	0	0	0	4.8	4.8	4.8	4.8	0	0	0	0	0	0
2004	0	0	4.8	0	0	0	0	0	4.8	4.8	4.8	4.8	0	0	0	0	0	0
2005	0	4.8	4.8	4.8	0	0	0	0	4.8	4.8	4.8	4.8	0	0	0	0	0	0
2006	0	4.8	4.8	4.8	0	0	0	0	4.8	4.8	4.8	4.8	0	0	0	0	0	0
2007	0	4.8	4.8	4.8	4.8	0	0	0	4.8	4.8	4.8	4.8	0	0	0	0	0	0
2008	0	4.8	4.8	4.8	4.8	0	4.8	0	4.8	4.8	4.8	4.8	0	0	0	0	0	0
2009	0	4.8	4.8	4.8	4.8	0	4.8	0	4.8	4.8	4.8	4.8	0	0	0	0	0	0
2010	0	4.8	4.8	4.8	4.8	0	4.8	4.8	4.8	4.8	4.8	4.8	0	0	0	0	0	0
2011	0	4.8	4.8	4.8	4.8	0	4.8	4.8	4.8	4.8	4.8	4.8	0	0	0	0	0	0
2012	0	4.8	4.8	4.8	4.8	0	4.8	4.8	4.8	4.8	4.8	4.8	0	0	0	0	0	0
2013	0	4.8	4.8	4.8	4.8	4.8	4.8	4.8	4.8	4.8	4.8	4.8	0	0	0	0	0	0
2014	0	4.8	4.8	4.8	4.8	4.8	4.8	4.8	4.8	4.8	4.8	4.8	0	0	0	0	0	0
2015	4.8	4.8	4.8	4.8	4.8	4.8	4.8	4.8	4.8	4.8	4.8	4.8	0	0	0	0	0	0
2016	4.8	4.8	4.8	4.8	4.8	4.8	4.8	4.8	4.8	4.8	4.8	4.8	0	0	0	0	0	0
2017	4.8	4.8	4.8	4.8	4.8	4.8	4.8	4.8	4.8	4.8	4.8	4.8	0	0	0	0	0	0

续上表

年份＼国家	牙买加	拉脱维亚	莱索托	摩尔多瓦	纳米比亚	尼日尔	斯洛伐克	塔吉克斯坦	多哥	乌干达	委内瑞拉	津巴布韦	孟加拉国	贝宁	保加利亚	布隆迪	喀麦隆	刚果（布）
2018	4.8	4.8	4.8	4.8	4.8	4.8	4.8	4.8	4.8	4.8	4.8	4.8	0	0	0	0	0	0
2019	4.8	4.8	4.8	4.8	4.8	4.8	4.8	4.8	4.8	4.8	4.8	4.8	0	0	0	0	0	0
平均值	1.2	3.6	4.8	3.6	3.1	1.7	2.9	2.4	4.1	4.6	4.8	4.1	0	0	0	0	0	0

表7-24 世界文化遗产指数第四区间的“一带一路”的变化情况

年份＼国家	塞浦路斯	萨尔瓦多	加纳	科威特	卢森堡	马耳他	莫桑比克	尼泊尔	新西兰	巴拿马	菲律宾	罗马尼亚	卢旺达	塞拉利昂	泰国	特立尼达和多巴哥	突尼斯	也门
2000	0	0	0	0	0	0	0	0	0	0	0	0	0	0	0	0	0	0
2001	0	0	0	0	0	0	0	0	0	0	0	0	0	0	0	0	0	0
2002	0	0	0	0	0	0	0	0	0	0	0	0	0	0	0	0	0	0
2003	0	0	0	0	0	0	0	0	0	0	0	0	0	0	0	0	0	0
2004	0	0	0	0	0	0	0	0	0	0	0	0	0	0	0	0	0	0
2005	0	0	0	0	0	0	0	0	0	0	0	0	0	0	0	0	0	0
2006	0	0	0	0	0	0	0	0	0	0	0	0	0	0	0	0	0	0
2007	0	0	0	0	0	0	0	0	0	0	0	0	0	0	0	0	0	0
2008	0	0	0	0	0	0	0	0	0	0	0	0	0	0	0	0	0	0
2009	0	0	0	0	0	0	0	0	0	0	0	0	0	0	0	0	0	0
2010	0	0	0	0	0	0	0	0	0	0	0	0	0	0	0	0	0	0
2011	0	0	0	0	0	0	0	0	0	0	0	0	0	0	0	0	0	0
2012	0	0	0	0	0	0	0	0	0	0	0	0	0	0	0	0	0	0
2013	0	0	0	0	0	0	0	0	0	0	0	0	0	0	0	0	0	0
2014	0	0	0	0	0	0	0	0	0	0	0	0	0	0	0	0	0	0
2015	0	0	0	0	0	0	0	0	0	0	0	0	0	0	0	0	0	0
2016	0	0	0	0	0	0	0	0	0	0	0	0	0	0	0	0	0	0
2017	0	0	0	0	0	0	0	0	0	0	0	0	0	0	0	0	0	0
2018	0	0	0	0	0	0	0	0	0	0	0	0	0	0	0	0	0	0
2019	0	0	0	0	0	0	0	0	0	0	0	0	0	0	0	0	0	0
平均值	0	0	0	0	0	0	0	0	0	0	0	0	0	0	0	0	0	0

（三）"一带一路"参与国的世界文化遗产指数与世界平均水平的比较

如图7-4所示，"一带一路"参与国和世界的世界文化遗产指数逐年递增，但世界指数平均值高于"一带一路"参与国平均值。世界文化遗产指数的统计有其特殊性，"一带一路"早期参与国中拥有世界文化遗产的国家数较少，且各个国家拥有的世界文化遗产数量也较少。因此整体趋势远远低于世界平均值。不管怎么说，世界文化遗产是人类文明的瑰宝，无论是发展中国家还是发达国家，都应该予以重视和保护。

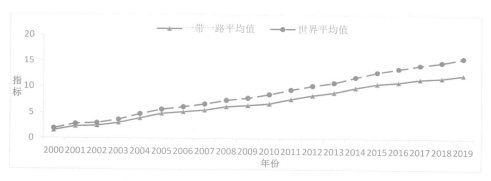

图7-4　"一带一路"参与国世界文化遗产指数平均值与世界平均值的比较

六、文明指数

（一）文明指数的含义

文明，是沉淀下来的，有益于增强人类对客观世界的适应和认知、符合人类精神追求、能被绝大多数人认可和接受的人文精神、发明创造以及公序良俗的总和。文明是多彩、平等、包容的，通过文明指数可以反映出一个国家的人民素质水平，可以间接反映出一个国家经济发展水平，同时可以为未来的发展方向提供参考。

文明指数是将一国的健康卫生指数、教育指数、性别平等指数和世界文化遗产指数进行加和求得的平均值。由于本章所统计的"一带一路"参与国的健康卫生指数、教育指数、性别平等指数和世界文化遗产指数4项指标未必完整，舍弃2个以上指标缺失的国家的数据。基于各"一带一路"参与国健康卫生指数、教育指数、性别平等指数和世界文化遗产指数的完整情况，文明指数的统计国家共计72国。

（二）"一带一路"参与国的文明指数

将"一带一路"参与国的健康卫生指数、教育指数、性别平等指数及世界文化遗产指数进行同权重加权处理，即得到各国文明指数。各国的文明指数在2000年、2006年、2013年、2019年的排名也体现在表7-25中。同时，我们将这72个国家4个年份的指数划分为4个区间进行分类排序，结果如表7-26所示。

从图7-5可以看到，综合4个二级指标计算得到的文明指数体现了各个国家在健康卫生、教育、性别平等以及世界文化遗产方面的综合实力和变化。其中，2000～2019年间，4个年份中均高于世界平均值的有28个国家，2019年，排名前十的分别是意大利、以色列、中国、波兰、奥地利、俄罗斯、斯洛文尼亚、伊朗、葡萄牙、立陶宛。

从指数涨幅看，根据表7-25，2019年和2000年相比，涨幅大的前十个国家是尼日尔增幅90.4%，伊朗增幅86.2%，塞拉利昂增幅84.3%，意大利增幅60.5%，中国增幅52.8%，土耳其增幅49.9%，以色列增幅48.3%，摩洛哥增幅41.6%，孟加拉国增幅41.2%，布隆迪增幅39.6%。尼日尔教育指数、世界文化遗产指数起点很低，故而得分上升后增幅较大。伊朗主要因为其世界文化遗产指数增长幅度大，整体文明指数涨幅较大。尼泊尔等则因为性别平等指数提升较快拉快了整体增速。塞拉利昂则主要源自其突飞猛进的健康卫生指数。

表7-25 "一带一路"参与国文明指数排名（72国）

	2000年		2006年		2013年		2019年	
	指数	排名	指数	排名	指数	排名	指数	排名
阿尔巴尼亚	49.3	33	53.9	27	56.9	26	59.4	29
亚美尼亚	55.4	10	55.7	20	57.4	25	62.2	25
奥地利	59.1	3	63.6	3	71.0	4	72.6	5
阿塞拜疆	51.0	25	50.1	40	55.8	28	57.3	32
巴林	47.1	40	50.8	38	57.7	23	61.1	26
孟加拉国	27.2	65	31.3	65	35.6	58	38.4	56
巴巴多斯	61.8	1	61.3	6	54.2	30	62.7	24
贝宁	25.0	67	24.6	70	23.8	67	26.1	69
保加利亚	54.6	14	54.0	26	57.5	24	60.7	27
布隆迪	19.7	70	32.9	63	23.5	68	27.5	67
柬埔寨	36.1	52	39.0	55	38.1	55	38.4	56
喀麦隆	28.1	63	30.0	66	26.8	66	31.4	64
智利	49.3	33	56.2	17	59.5	17	65.1	20
中国	52.7	19	60.5	9	70.3	5	80.5	3
刚果（布）	32.9	58	31.9	64	29.1	63	33.5	63
哥斯达黎加	50.0	28	56.0	18	52.2	34	56.5	34
克罗地亚	53.4	15	56.0	18	63.5	12	69.7	11
塞浦路斯	53.0	18	55.1	21	64.8	9	68.3	14
萨尔瓦多	43.3	46	45.2	49	42.0	52	43.6	52
爱沙尼亚	46.6	43	51.6	33	58.3	22	64.6	21
加纳	35.1	54	34.3	60	34.0	59	36.3	62
希腊	52.5	20	56.4	16	63.5	12	66.8	15
匈牙利	52.5	20	57.7	14	62.1	16	64.1	22
印度尼西亚	42.5	47	45.2	49	42.6	51	48.1	51
伊朗	38.5	51	47.6	45	59.1	20	71.7	8
以色列	55.5	8	65.6	2	76.9	2	82.3	2
意大利	55.5	8	68.4	1	81.8	1	89.1	1
牙买加	55.0	12	52.3	32	48.2	45	51.1	44
约旦	39.9	50	45.5	47	50.3	39	53.7	41
哈萨克斯坦	50.4	27	54.4	25	53.6	32	65.2	19
肯尼亚	33.2	56	34.6	59	36.6	56	40.2	54
科威特	47.1	40	54.7	23	48.8	44	52.1	42
吉尔吉斯斯坦	48.4	39	50.1	40	51.5	37	55.1	37
拉脱维亚	55.0	13	57.7	14	59.4	18	66.7	16
莱索托	33.2	56	36.2	57	27.0	65	29.9	66
立陶宛	55.1	11	61.0	8	67.0	7	70.4	10
卢森堡	52.3	22	57.9	13	64.4	11	69.0	12
马来西亚	47.0	42	49.6	42	58.9	21	59.2	31

续上表

	2000年		2006年		2013年		2019年	
	指数	排名	指数	排名	指数	排名	指数	排名
马耳他	48.8	36	51.4	35	59.3	19	65.3	17
摩尔多瓦	51.1	24	53.7	28	53.7	31	60.2	28
蒙古	48.5	37	48.8	44	51.0	38	54.9	38
摩洛哥	30.3	60	35.8	58	38.8	53	42.9	53
莫桑比克	24.8	68	29.1	68	17.9	71	26.8	68
纳米比亚	34.5	55	41.9	51	38.3	54	38.3	58
尼泊尔	28.3	62	34.2	61	32.3	61	37.2	59
新西兰	61.5	2	63.1	4	65.7	8	68.4	13
尼日尔	11.5	72	20.5	72	19.1	70	21.9	71
巴拿马	50.0	28	53.6	29	48.1	46	51.8	43
秘鲁	46.6	43	54.5	24	52.0	35	54.8	39
菲律宾	49.9	31	51.4	35	45.8	49	48.6	50
波兰	56.6	6	61.1	7	69.3	6	75.6	4
葡萄牙	57.2	4	62.9	5	64.6	10	70.6	9
罗马尼亚	49.4	32	52.4	31	54.6	29	56.4	35
俄罗斯	53.1	17	58.5	11	62.4	15	72.6	5
卢旺达	27.4	64	37.3	56	32.7	60	36.7	60
塞拉利昂	12.1	71	20.6	71	15.6	72	22.3	70
斯洛伐克	53.2	16	54.9	22	63.5	12	65.3	17
斯洛文尼亚	56.7	5	58.8	10	72.3	3	72.2	7
南非	36.9	52	41.4	52	43.9	50	50.1	46
塔吉克斯坦	46.4	45	47.1	46	49.5	41	50.8	45
泰国	49.2	35	49.6	42	46.7	48	49.8	48
多哥	26.1	66	29.7	67	27.9	64	30.5	65
特立尼达和多巴哥	51.4	23	50.7	39	52.8	33	56.6	33
突尼斯	41.1	49	45.3	48	49.1	43	49.9	47
土耳其	41.9	48	41.4	52	49.6	40	62.8	23
乌干达	30.0	61	39.1	54	31.7	62	36.4	61
乌克兰	50.0	28	51.4	35	56.5	27	59.4	29
乌拉圭	55.6	7	58.5	11	51.7	36	56.3	36
委内瑞拉	48.5	37	51.6	33	47.7	47	49.8	48
越南	50.6	26	52.5	30	49.5	41	53.8	40
也门	23.7	69	26.3	69	20.7	69	21.1	72
津巴布韦	32.4	59	33.8	62	36.1	57	38.9	55
上述国家平均值	44.2		48.0		49.4		53.7	
世界平均值	46.1		49.9		52.412		57.1	

表7-26　"一带一路"参与国文明指数排名与分区（72国）

	排名	2000年	2006年	2013年	2019年
第一区间	1	巴巴多斯	意大利	意大利	意大利
	2	新西兰	以色列	以色列	以色列
	3	奥地利	奥地利	斯洛文尼亚	中国
	4	葡萄牙	新西兰	奥地利	波兰
	5	斯洛文尼亚	葡萄牙	中国	奥地利
	6	波兰	巴巴多斯	波兰	俄罗斯
	7	乌拉圭	波兰	立陶宛	斯洛文尼亚
	8	以色列	立陶宛	新西兰	伊朗
	9	意大利	中国	塞浦路斯	葡萄牙
	10	亚美尼亚	斯洛文尼亚	葡萄牙	立陶宛
	11	立陶宛	乌拉圭	卢森堡	克罗地亚
	12	拉脱维亚	俄罗斯	斯洛伐克	卢森堡
	13	牙买加	卢森堡	克罗地亚	新西兰
	14	保加利亚	匈牙利	希腊	塞浦路斯
	15	克罗地亚	拉脱维亚	俄罗斯	希腊
	16	斯洛伐克	希腊	匈牙利	拉脱维亚
	17	俄罗斯	智利	智利	马耳他
	18	塞浦路斯	哥斯达黎加	拉脱维亚	斯洛伐克
第二区间	19	中国	克罗地亚	马耳他	哈萨克斯坦
	20	匈牙利	亚美尼亚	伊朗	智利
	21	希腊	塞浦路斯	马来西亚	爱沙尼亚
	22	卢森堡	斯洛伐克	爱沙尼亚	匈牙利
	23	特立尼达和多巴哥	科威特	巴林	土耳其
	24	摩尔多瓦	秘鲁	保加利亚	巴巴多斯
	25	阿塞拜疆	哈萨克斯坦	亚美尼亚	亚美尼亚
	26	越南	保加利亚	阿尔巴尼亚	巴林
	27	哈萨克斯坦	阿尔巴尼亚	乌克兰	保加利亚
	28	哥斯达黎加	摩尔多瓦	阿塞拜疆	摩尔多瓦
	29	巴拿马	巴拿马	罗马尼亚	阿尔巴尼亚
	30	乌克兰	越南	巴巴多斯	乌克兰
	31	菲律宾	罗马尼亚	摩尔多瓦	马来西亚
	32	罗马尼亚	牙买加	哈萨克斯坦	阿塞拜疆
	33	智利	委内瑞拉	特立尼达和多巴哥	特立尼达和多巴哥
	34	阿尔巴尼亚	爱沙尼亚	哥斯达黎加	罗马尼亚
	35	泰国	乌克兰	秘鲁	哥斯达黎加
	36	马耳他	菲律宾	乌拉圭	乌拉圭

	排名	2000年	2006年	2013年	2019年
第三区间	37	蒙古	马耳他	吉尔吉斯斯坦	吉尔吉斯斯坦
	38	委内瑞拉	巴林	蒙古	蒙古
	39	吉尔吉斯斯坦	特立尼达和多巴哥	约旦	秘鲁
	40	科威特	阿塞拜疆	土耳其	越南
	41	巴林	吉尔吉斯斯坦	越南	约旦
	42	马来西亚	泰国	塔吉克斯坦	科威特
	43	爱沙尼亚	马来西亚	突尼斯	巴拿马
	44	秘鲁	蒙古	科威特	牙买加
	45	塔吉克斯坦	伊朗	牙买加	塔吉克斯坦
	46	萨尔瓦多	塔吉克斯坦	巴拿马	南非
	47	印度尼西亚	约旦	委内瑞拉	突尼斯
	48	土耳其	突尼斯	泰国	泰国
	49	突尼斯	印度尼西亚	菲律宾	委内瑞拉
	50	约旦	萨尔瓦多	南非	菲律宾
	51	伊朗	纳米比亚	印度尼西亚	印度尼西亚
	52	南非	南非	萨尔瓦多	萨尔瓦多
	53	柬埔寨	土耳其	摩洛哥	摩洛哥
	54	加纳	乌干达	纳米比亚	肯尼亚
第四区间	55	纳米比亚	柬埔寨	柬埔寨	津巴布韦
	56	肯尼亚	卢旺达	肯尼亚	孟加拉国
	57	莱索托	莱索托	津巴布韦	柬埔寨
	58	刚果（布）	摩洛哥	孟加拉国	纳米比亚
	59	津巴布韦	肯尼亚	加纳	尼泊尔
	60	摩洛哥	加纳	卢旺达	卢旺达
	61	乌干达	尼泊尔	尼泊尔	乌干达
	62	尼泊尔	津巴布韦	乌干达	加纳
	63	喀麦隆	布隆迪	刚果（布）	刚果（布）
	64	卢旺达	刚果（布）	多哥	喀麦隆
	65	孟加拉国	孟加拉国	莱索托	多哥
	66	多哥	喀麦隆	喀麦隆	莱索托
	67	贝宁	多哥	贝宁	布隆迪
	68	莫桑比克	莫桑比克	布隆迪	莫桑比克
	69	也门	也门	也门	贝宁
	70	布隆迪	贝宁	尼日尔	塞拉利昂
	71	塞拉利昂	塞拉利昂	莫桑比克	尼日尔
	72	尼日尔	尼日尔	塞拉利昂	也门

表7-27　文明指数第一区间的“一带一路”国家的变化情况

年份＼国家	意大利	以色列	中国	波兰	奥地利	俄罗斯	斯洛文尼亚	伊朗	葡萄牙	立陶宛	克罗地亚	卢森堡	新西兰	塞浦路斯	希腊	拉脱维亚	斯洛伐克
2000	55.4	55.4	52.7	56.5	58.3	53.0	56.6	38.3	57.0	55.0	53.2	52.2	61.4	52.8	52.3	54.9	53.1
2001	57.3	58.3	54.9	57.6	61.8	53.5	56.9	38.7	59.1	55.5	53.2	52.9	61.6	53.1	52.5	55.7	54.0
2002	58.6	58.6	56.0	58.0	61.9	54.4	57.7	41.0	59.2	56.3	54.2	53.4	61.5	51.8	53.1	55.9	54.6
2003	61.2	60.4	56.6	59.6	62.4	55.3	58.4	39.9	59.9	58.3	55.4	55.8	62.1	53.6	54.8	56.6	54.4
2004	65.0	62.3	57.7	59.9	63.6	55.9	58.2	44.2	61.9	59.7	55.5	56.8	62.4	54.5	55.6	56.5	54.0
2005	66.3	64.7	59.3	60.0	63.7	58.4	58.4	45.7	60.7	61.4	55.2	56.9	62.9	55.0	55.6	57.6	55.0
2006	67.8	65.0	60.5	61.0	63.4	57.8	57.9	47.0	61.2	61.0	55.0	57.4	62.8	54.3	55.9	57.6	54.8
2007	69.0	66.3	62.0	60.9	63.8	58.7	58.7	47.6	62.8	60.3	55.7	58.8	63.5	55.2	58.3	57.7	54.7
2008	78.8	69.6	65.6	64.6	66.9	59.9	64.3	47.6	64.8	61.6	60.5	63.4	63.8	62.2	64.5	60.2	59.4
2009	80.3	71.6	69.2	66.4	68.6	61.1	65.7	50.7	66.4	63.3	62.6	65.1	65.2	63.7	66.4	61.5	61.1
2010	74.0	71.0	63.7	62.0	63.5	60.0	63.3	51.9	59.0	59.8	57.7	59.4	63.9	59.9	61.4	56.8	60.3
2011	78.6	73.1	66.8	63.7	68.6	61.0	65.7	55.6	60.3	61.5	61.0	60.9	65.2	60.9	62.2	60.1	62.0
2012	79.7	75.6	68.0	68.0	69.5	62.0	70.4	57.8	63.4	66.1	63.2	64.0	66.2	64.8	63.4	59.9	62.7
2013	81.8	76.9	70.3	69.3	71.0	62.4	72.3	59.1	64.6	67.0	63.5	64.4	65.7	64.7	63.5	59.4	63.5
2014	83.3	78.4	73.2	69.9	71.2	65.1	72.8	60.7	65.2	67.0	64.3	67.0	66.9	65.3	63.6	62.0	64.6
2015	85.7	80.2	75.5	70.2	71.5	65.2	72.2	65.0	67.4	67.8	65.0	68.4	67.0	65.8	64.9	61.8	64.2
2016	84.9	80.5	77.2	70.7	72.5	65.4	72.4	68.0	67.8	68.4	66.7	68.7	67.3	66.8	66.5	62.9	64.6
2017	85.4	80.8	78.9	72.4	73.4	66.8	72.6	71.1	68.2	69.0	68.3	68.9	67.6	67.7	66.8	64.0	65.0
2018	87.2	80.8	78.9	73.1	74.2	69.0	72.4	71.9	68.6	69.4	68.8	68.8	68.2	67.7	66.5	65.1	65.1
2019	89.1	82.3	80.5	75.6	74.6	72.5	72.2	71.7	70.6	70.4	69.7	69.0	68.3	68.3	66.8	66.7	65.3
平均值	74.5	70.6	66.4	65.0	67.2	60.9	65.0	53.7	63.4	62.9	60.4	61.6	64.7	60.4	60.7	59.6	59.6

表7-28　文明指数第二区间的“一带一路”国家的变化情况

年份＼国家	哈萨克斯坦	智利	匈牙利	土耳其	巴巴多斯	亚美尼亚	巴林	保加利亚	摩尔多瓦	阿尔巴尼亚	乌克兰	马来西亚	阿塞拜疆	特立尼达和多巴哥	哥斯达黎加	罗马尼亚	乌拉圭
2000	50.3	49.2	52.4	41.8	61.7	55.3	26.3	54.5	51.0	49.2	49.8	46.9	50.9	51.3	49.9	49.3	55.5
2001	49.3	49.7	53.8	42.1	61.9	55.0	47.9	55.3	50.1	49.3	50.3	48.0	51.0	51.8	53.2	49.8	55.9
2002	50.0	50.3	56.1	43.2	61.0	56.3	48.1	54.7	50.5	52.6	50.8	49.1	50.5	51.8	53.7	49.8	56.8
2003	50.2	52.7	56.8	43.1	60.4	56.1	48.6	55.2	49.8	52.8	49.4	48.7	48.2	51.4	53.8	50.8	56.9
2004	52.8	53.4	57.1	39.6	60.9	54.5	47.7	54.1	52.0	51.4	49.3	48.8	49.4	50.4	55.5	51.7	57.9
2005	54.5	54.9	57.5	40.9	60.8	55.1	51.3	54.1	53.7	54.0	49.2	48.7	49.3	49.8	56.1	52.0	57.8
2006	54.8	56.1	57.6	41.1	60.3	55.5	50.8	53.5	53.5	53.7	51.1	49.3	48.5	50.6	56.2	52.0	58.2
2007	54.9	56.4	58.2	41.9	61.6	55.6	51.1	53.9	53.8	53.9	51.1	50.0	51.7	50.6	56.2	52.8	58.6
2008	50.5	59.9	61.4	46.0	58.0	54.2	52.8	56.2	53.3	53.7	52.8	52.7	50.9	49.8	54.1	53.2	55.8

续上表

国家 年份	哈萨克斯坦	智利	匈牙利	土耳其	巴巴多斯	亚美尼亚	巴林	保加利亚	摩尔多瓦	阿尔巴尼亚	乌克兰	马来西亚	阿塞拜疆	特立尼达和多巴哥	哥斯达黎加	罗马尼亚	乌拉圭
2009	53.2	61.4	63.0	48.1	59.1	56.6	55.3	57.9	54.8	56.9	54.3	55.0	53.4	51.2	55.7	54.9	57.6
2010	49.1	56.8	61.1	39.9	51.5	51.4	52.9	53.6	46.1	55.4	51.4	52.7	54.2	47.9	49.7	52.2	50.0
2011	52.5	58.3	61.6	43.8	53.1	53.6	54.7	56.3	50.4	58.1	53.8	54.5	56.5	49.4	51.2	53.6	51.9
2012	53.0	59.1	61.5	49.5	53.8	56.8	57.2	57.1	52.2	56.6	53.7	56.8	56.3	53.1	52.0	54.3	51.5
2013	53.6	59.5	62.1	49.6	54.2	57.4	57.7	57.5	53.7	56.9	56.5	58.9	55.8	52.8	52.2	54.6	51.7
2014	58.9	62.0	63.9	52.7	55.1	57.8	57.3	57.7	56.9	58.0	58.9	59.3	56.9	51.7	53.0	54.8	53.2
2015	61.5	62.9	63.4	56.7	57.1	59.4	58.3	57.8	59.5	57.2	59.0	57.1	56.3	53.1	54.9	54.6	55.6
2016	61.8	62.7	63.4	58.3	57.4	60.3	58.6	59.1	59.4	58.1	59.2	57.4	56.2	53.2	55.3	55.4	55.9
2017	62.1	62.6	63.4	59.8	57.7	61.1	58.8	60.3	59.3	59.1	59.5	57.7	56.1	53.3	55.6	56.3	56.3
2018	63.5	63.9	63.7	61.5	60.0	61.4	59.4	60.3	59.2	59.4	59.5	58.4	56.0	54.8	55.9	56.3	56.2
2019	65.2	65.1	64.1	62.8	62.7	62.2	61.1	60.7	60.2	59.4	59.4	59.2	57.3	56.6	56.5	56.4	56.3
平均值	55.1	57.8	60.1	48.1	58.4	56.8	52.8	56.5	54.0	55.3	54.0	53.5	53.3	51.7	54.0	53.2	55.5

表7-29　文明指数第三区间的"一带一路"国家的变化情况

国家 年份	吉尔吉斯斯坦	蒙古	秘鲁	越南	约旦	科威特	巴拿马	牙买加	塔吉克斯坦	南非	突尼斯	泰国	委内瑞拉	菲律宾	印度尼西亚	萨尔瓦多	摩洛哥	肯尼亚
2000	48.6	48.4	46.5	50.4	39.9	47.1	49.9	54.9	46.2	41.6	41.0	49.1	48.5	49.8	42.4	43.2	30.2	33.0
2001	49.7	49.2	47.2	50.5	42.6	47.6	50.1	56.0	47.3	40.8	42.3	49.7	49.2	49.6	42.8	44.8	32.2	32.9
2002	49.9	49.9	47.0	50.4	43.9	50.2	50.4	56.4	47.6	39.4	43.7	49.4	48.9	49.4	42.8	45.5	33.6	32.6
2003	49.6	49.7	47.9	51.1	44.1	50.2	52.2	54.0	46.0	39.4	45.0	49.6	49.0	49.5	43.9	46.1	36.9	31.2
2004	47.4	48.6	52.5	51.3	45.3	54.0	52.8	51.0	45.5	39.4	44.0	49.7	51.8	50.1	43.6	50.0	36.3	31.7
2005	47.7	49.2	52.8	52.3	45.7	54.5	53.1	51.8	46.7	41.2	44.6	48.5	51.8	51.1	44.8	49.9	36.6	34.0
2006	49.7	48.6	53.2	52.1	45.5	54.7	53.3	52.5	46.8	42.0	45.4	49.9	51.6	51.0	44.7	51.0	35.6	33.7
2007	52.0	47.9	56.0	52.6	46.3	55.0	53.9	52.6	46.7	44.7	46.2	49.8	51.9	51.3	45.2	52.8	35.1	34.9
2008	48.4	50.0	49.7	49.0	48.7	55.7	49.1	45.4	46.8	39.4	48.4	47.1	50.5	47.4	44.0	46.5	37.1	31.5
2009	51.6	51.5	53.1	51.3	50.5	58.7	50.8	47.4	49.1	41.0	50.9	49.3	52.0	49.4	46.1	48.4	39.4	32.7
2010	46.8	43.9	49.8	44.1	45.5	47.9	46.5	45.8	47.7	36.4	45.0	40.3	44.5	44.6	36.2	41.7	34.7	30.3
2011	49.0	46.8	50.2	47.7	48.5	48.5	47.9	48.1	50.0	38.3	47.3	44.7	46.6	45.2	37.1	43.2	36.7	33.3
2012	49.7	51.0	51.8	48.0	50.4	49.2	48.0	47.9	50.4	42.9	48.6	46.8	47.2	45.5	42.3	43.3	39.6	33.6
2013	51.5	51.0	52.0	49.5	50.3	48.8	48.1	48.2	49.5	43.9	49.1	46.7	47.7	45.8	42.6	43.7	38.8	36.5
2014	54.0	51.8	52.5	53.1	50.8	45.8	49.6	50.2	51.8	45.8	49.6	46.3	47.7	45.2	41.9	43.6	38.3	36.4
2015	53.4	55.6	53.2	53.2	52.4	47.6	50.8	51.4	53.0	47.1	48.9	48.0	51.0	45.5	43.4	44.6	40.6	36.3
2016	53.6	55.4	53.8	54.1	53.0	48.7	51.1	51.9	53.4	48.4	49.1	47.5	50.0	45.9	43.8	44.9	41.7	38.0
2017	53.8	55.3	54.4	54.9	53.6	49.7	51.5	52.3	53.9	50.9	49.2	47.0	49.0	46.3	44.2	45.2	42.9	39.7

续上表

国家\年份	吉尔吉斯斯坦	蒙古	秘鲁	越南	约旦	科威特	巴拿马	牙买加	塔吉克斯坦	南非	突尼斯	泰国	委内瑞拉	菲律宾	印度尼西亚	萨尔瓦多	摩洛哥	肯尼亚
2018	54.2	55.0	54.6	54.0	53.5	50.8	51.5	51.7	52.6	50.3	49.5	48.4	49.9	47.4	45.3	45.4	42.8	40.7
2019	55.0	54.9	54.8	53.8	53.7	52.1	51.8	51.1	50.8	50.0	49.9	49.8	49.8	48.6	48.1	45.6	42.9	40.2
平均值	50.8	50.7	51.7	51.2	48.2	50.8	50.6	51.0	49.1	43.1	46.9	47.9	49.4	47.9	43.3	46.0	37.6	34.7

表7-30 文明指数第四区间的"一带一路"国家的变化情况

国家\年份	津巴布韦	孟加拉国	柬埔寨	纳米比亚	尼泊尔	卢旺达	乌干达	加纳	刚果（布）	喀麦隆	多哥	莱索托	布隆迪	莫桑比克	贝宁	塞拉利昂	尼日尔	也门
2000	32.2	27.0	35.9	34.4	28.1	27.2	29.8	34.9	32.9	27.9	25.9	33.0	19.5	24.6	25.0	12.0	11.3	23.5
2001	27.9	28.2	35.8	35.5	28.0	27.6	34.1	36.0	30.8	27.1	26.2	30.9	21.6	24.3	24.2	13.2	11.5	23.2
2002	27.3	28.5	36.7	34.4	28.5	31.6	34.9	36.3	29.8	26.7	26.3	30.1	22.5	24.6	24.9	12.4	12.0	23.6
2003	29.7	30.2	37.0	33.6	27.5	33.2	35.8	32.1	31.7	26.2	26.7	30.1	25.7	25.5	25.3	14.6	12.7	24.3
2004	30.9	31.0	36.9	35.7	27.9	34.7	36.8	32.7	31.4	27.3	26.8	30.9	29.4	26.2	22.2	18.3	15.6	25.2
2005	33.1	31.5	37.7	38.0	30.2	35.0	37.1	34.5	32.8	29.6	28.4	34.9	31.7	27.0	23.0	16.6	21.7	26.4
2006	33.7	30.2	37.5	37.5	32.5	34.9	37.9	35.4	31.9	29.3	27.4	35.0	32.0	26.5	24.6	17.7	22.8	25.7
2007	34.4	31.4	40.0	47.0	38.3	38.9	40.0	34.7	32.0	30.2	30.5	36.7	34.0	30.9	26.3	20.0	19.6	28.1
2008	28.9	30.8	36.6	41.2	33.1	37.6	30.6	28.6	30.2	25.0	29.7	29.4	27.4	20.6	24.9	16.7	14.0	27.1
2009	31.1	33.2	38.9	43.0	35.3	39.6	32.4	29.9	31.5	26.3	30.8	31.0	29.8	22.1	26.5	17.8	15.6	28.6
2010	26.4	30.7	33.1	37.5	27.8	22.8	25.0	29.5	24.8	23.3	30.1	24.3	21.3	13.5	23.9	15.2	12.6	19.1
2011	29.8	33.5	35.3	39.2	30.0	26.7	26.4	34.3	27.7	24.5	28.3	27.2	22.3	15.6	21.7	15.9	14.5	20.7
2012	33.1	35.5	38.3	37.6	32.1	30.1	30.8	34.3	28.9	25.7	29.2	27.4	23.3	20.1	22.8	16.0	15.9	20.8
2013	36.1	35.6	38.1	38.3	32.3	32.7	31.7	34.0	29.1	26.8	27.9	27.0	23.5	17.9	23.8	15.6	19.1	20.7
2014	35.4	36.8	35.8	39.9	32.7	33.5	31.1	34.0	31.5	28.2	28.4	27.7	25.0	22.3	24.0	18.2	19.6	20.8
2015	35.9	36.7	36.6	38.8	34.2	34.4	32.5	34.1	32.3	29.2	30.0	28.0	26.4	23.6	24.5	18.8	20.7	21.1
2016	37.1	37.2	36.9	38.9	35.4	35.4	33.1	34.8	33.0	30.0	30.0	29.4	26.6	24.7	25.0	19.3	21.4	20.3
2017	38.2	37.6	38.4	39.0	36.6	36.5	33.8	35.5	33.8	30.8	30.0	30.8	26.8	25.9	25.5	19.8	22.0	19.6
2018	38.6	38.2	38.5	38.8	36.7	36.7	34.9	36.0	33.7	31.1	30.4	30.3	27.2	26.0	26.0	21.1	21.9	20.4
2019	38.9	38.4	38.4	38.3	36.7	36.7	36.4	36.3	33.5	31.4	30.5	29.9	27.5	26.8	26.1	22.3	22.0	21.1
平均值	32.9	33.1	37.1	38.3	32.2	33.3	33.3	33.9	31.2	27.8	28.7	30.2	26.2	23.4	24.5	17.1	17.3	23.0

（三）“一带一路”参与国的文明指数与世界平均水平的比较

如图7–5所示，“一带一路”参与国的文明指数一直略低于世界平均值，且差距没有太大变化。整体来看，“一带一路”参与国与世界文明指数平均值指数都在不断增长，且增长的趋势并没有出现拐点。相信随着“一带一路”倡议的广泛认同和执行，在文明之路上一定会走得更加稳健，从而带动方方面面释放更大的发展潜力。

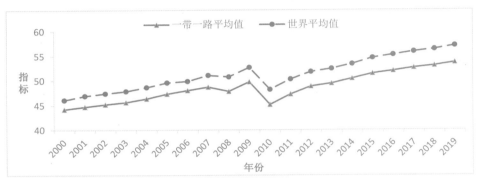

图7–5　“一带一路”参与国文明指数平均值与世界平均值的比较

七、本章小结

将“一带一路”建成文明之路，要以文明交流超越文明隔阂、文明互鉴超越文明冲突、文明共存超越文明优越，推动各国相互理解、相互尊重、相互信任。本章通过对“一带一路”参与国的健康卫生、教育、性别平等和世界文化遗产4个方面的指数数据整理和比较，分析了各个国家在4个方面的变化和某些国家的突出特征，另一方面也全面比较了“一带一路”参与国与世界平均水平之间的差异。

结果显示，“一带一路”参与国的健康卫生指数、教育指数、性别平等指数以及世界文化遗产指数等二级指标都有较大增幅和较快的增长，但离世界平均值还存在一定的差距。赶超世界平均值应当成为当前"一带一路"参与国的第一目标和行动计划。数据显示，通过参与"一带一路"倡议的相关合作，"一带一路"参与国的社会民生、文明发展得到了进一步的提升，精神文明风貌越来越好。

基于以上分析，提出"一带一路"文明之路建设的若干建议：希望"一带一路"参与国能够更加重视保护世界文化遗产，以促进人类文明进一步发展；培养国民的性别平等观念，以期消除世界上许多国家都普遍存在的性别歧视；加强对各国传统文化的挖掘，努力实现创造性转化和创新性发展。

我们相信，在未来，随着"一带一路"倡议的广泛认同与逐步推进，通过建立更多层次的人文合作机制，搭建更多合作平台，开辟更多合作渠道，创新更多合作模式，推动文化、体育、卫生、教育、旅游等领域更多的务实合作项目，各个国家将以崭新的人文风貌一同实现美好的梦想。

第八章　"六路"共建的全局性思考与建议

"一带一路"倡议自2015年开始实施以来，参与国积极踊跃。截至2021年2月，中国政府已与147个国家、30多个国际组织签署200多份共建"一带一路"合作文件，按233个国家和地区、193个联合国成员国计算，签署合作文件国家占比分别超过63%、76%，而此成绩的取得仅用时6年。从目前看，那些行动迟缓或观望之中的国家，参与到"一带一路"大家庭的意愿和行动远未完结。

表8-1　147个"一带一路"参与国及其地区的分布（截至2021年2月底）

洲别	国家数（个）	区域	国家数（个）	国名
亚洲	44	东亚	3	中国、蒙古、韩国
		东南亚	11	新加坡、马来西亚、印度尼西亚、缅甸、泰国、老挝、柬埔寨、越南、文莱、菲律宾、东帝汶
		南亚	7	巴基斯坦、孟加拉国、阿富汗、斯里兰卡、马尔代夫、尼泊尔、不丹
		中亚	5	哈萨克斯坦、乌兹别克斯坦、土库曼斯坦、塔吉克斯坦、吉尔吉斯斯坦
		西亚	18	伊朗、伊拉克、土耳其、叙利亚、约旦、黎巴嫩、以色列、巴勒斯坦、沙特阿拉伯、也门、阿曼、阿拉伯联合酋长国、卡塔尔、科威特、巴林、格鲁吉亚、阿塞拜疆、亚美尼亚
欧洲	27	原独联体	4	俄罗斯、乌克兰、白俄罗斯、摩尔多瓦
		中东欧国家	17	立陶宛、爱沙尼亚、拉脱维亚、波兰、捷克、斯洛伐克、匈牙利、卢森堡、斯洛文尼亚、克罗地亚、黑山、波黑、塞尔维亚、阿尔巴尼亚、罗马尼亚、保加利亚、北马其顿
		其他欧洲国家	6	葡萄牙、意大利、马耳他、奥地利、希腊、塞浦路斯

续上表

洲别	国家数（个）	区域	国家数（个）	国名
非洲	46	北非	6	埃及、利比亚、突尼斯、阿尔及利亚、摩洛哥、苏丹
		东非	10	埃塞俄比亚、吉布提、索马里、南苏丹、肯尼亚、乌干达、坦桑尼亚、卢旺达、布隆迪、塞舌尔
		西非	14	毛里塔尼亚、塞内加尔、冈比亚、马里、几内亚、佛得角、塞拉利昂、利比里亚、科特迪瓦、加纳、多哥、贝宁、尼日尔、尼日利亚
		中非	6	乍得、喀麦隆、赤道几内亚、加蓬、刚果（布）、刚果（金）
		南非	10	津巴布韦、安哥拉、纳米比亚、莫桑比克、赞比亚、马达加斯加、科摩罗、南非、博茨瓦纳、莱索托
拉丁美洲	19	中美	11	萨尔瓦多、多米尼加共和国、格林纳达、哥斯达黎加、多米尼克、安提瓜和巴布达、特立尼和多巴哥、巴拿马、古巴、牙买加、巴巴多斯
		南美	8	智利、苏里南、委内瑞拉、玻利维亚、乌拉圭、圭亚那、秘鲁、厄瓜多尔
大洋洲	11		11	斐济、萨摩亚、纽埃、巴布亚新几内亚、新西兰、基里巴斯、瓦努阿图、库克群岛、密克罗尼西亚联邦、所罗门群岛、汤加

众多国家积极参与的背后，是中国政府秉承了"和平合作、开放包容、互学互鉴、互利共赢"的丝绸之路精神，是中国政府秉持了"共商、共建、共享"的原则，积极推进中国国家发展思路的相互对接。亚投行的成立，给中国国家项目投资建设提供了一定程度上的资金支持，更是坚定了参与国的信心。

然而，传统的陆上丝绸之路和海上丝绸之路，空间上看，覆盖辐射范围不足，18个亚投行成员国还没有与中国签署"一带一路"合作协议，大量欧美国家也还没有与中国签署"一带一路"合作协议，这导致部分国家失去了共商共建共享的机会；方向上看，以中国为出发点的陆海单向为主，不能充分体现和激发节点上参与国的主体性、主动性、积极性。根据拓扑结构原理，"多体系交叉融合型""一带一路"则可弥补传统丝路之不足，让共建成果惠及更加广泛的区域。

另外，从上述几章对"六路"建设的指数评价看，"一带一路"参与国尚有诸多改善空间，需切实加以改进，以增加各参与国的福祉。

根据前部分的研究内容，本报告就加强"一带一路"参与国空间重构、加强"六路"建设，促进共同发展，提出如下思考。

一、多体系交叉融合型"一带一路"的全局性思考

如果说"政策沟通、设施联通、贸易畅通、资金融通、民心相通"是"一带一路"建设的基础工程，那么"和平、繁荣、开放、绿色、创新、文明"则是"一带一路"国家协作奋斗的目标。人类追求的是复杂巨系统中的多目标优化。如何将"一带一路"上的国家和人民在真实空间和虚拟空间上串起来，形成体系内和体系间有机联结高效可持续运转，实现"点"聚变、"线"联动、"面"丰收、"体"发展，还有必要进一步探索研究和努力实践。

在前期实地调研、专家访谈、文献研究的基础上，课题组认为，从未来发展角度看，在建设人类发展命运共同体的进程中，可同步考量不断完善顶层设计，适时提出多体系交叉融合型"一带一路"构想，在"形成共同理念、编制共同蓝图、采取协同行动、实现合作共赢"的基础上，综合"陆海空天信心"六个维度和社会、经济、安全、民生四大领域，将"带"拓展成各国共商共建共享、打造命运共同体的连通纽带，将"路"缔造成人类和平和谐合作、实现可持续发展的幸福路。

基于上述考虑，本报告在总结"一带一路"倡议取得成绩的基础上，分析了多体系交叉融合型"一带一路"构想及其必要性和可行性，提出了多体系交叉融合型"一带一路"构想总体布局和新三步走实施方案，并提出了相关建议。

（一）多体系交叉融合型"一带一路"构想及其必要性和可行性

多体系交叉融合型"一带一路"构想简称"多体系交叉融合构想"，其主要拓展一是从以中国倡议为主的"一带一路"向整合包含各民族先进发展理念的多边融合和主客观一体的"人类命运共同体"发展；二是从历史上延续千年的经贸之路向人类互利共赢的纽带和参与国经济社会共同富裕的集成之路发展；三是从带动部分国家，特别是发展中国家，向带动全球所有有意愿参加的国家和地区共同发展；四是从"政策沟通、设施联通、贸易畅通、资金融通、民心相通"的"五通"向包含了"科技连通"的"六通"发展，向最终共同走上"和平之路、

繁荣之路、开放之路、绿色之路、创新之路、文明之路"的"六路"等多发展指标发展;五是从以中国为核心节点的树状结构向更具抗冲击性更灵活的网状回路发展。

1.实施多体系交叉融合型"一带一路"构想的必要性和意义

多体系交叉融合型"一带一路"构想将极大促进中国与世界国家的合作与交流,对实现全世界国家共同繁荣,打造人类命运共同体,具有至关重要的作用。

实施多体系交叉融合型"一带一路"构想是加强中国与世界各国合作的必然要求。"一带一路"倡议实施4年多,中国与参与国在传统领域的合作日趋成熟,实施多体系交叉融合型"一带一路"构想,加强与世界大多数国家的合作交流显得极为必要和迫切。

实施多体系交叉融合型"一带一路"构想是世界众多国家的迫切要求。"一带一路"合作发展理念已经得到广泛认同,截至2021年2月,中国已与147个国家和地区签署了共建"一带一路"合作文件。共建"一带一路"国家与地区已涵盖全世界,涉及大中华、伊斯兰、斯拉夫等多种文化区,大多数为发展中国家。各参与国普遍与各自的发展计划积极对接,涉及基础设施、产业园区、科技、文化、信息建设的方方面面。截至2021年2月,亚投行的成员数量从最初的57个创始成员增至103个,亚投行成员分布于六大洲,成为仅次于世界银行的全球第二大多边开发机构。

实施多体系交叉融合型"一带一路"构想是实现全人类共同繁荣发展的重要保障。实施多体系交叉融合型"一带一路"构想,是落实联合国《2030年可持续发展议程》的重要举措,有助于全世界国家实现可持续发展,早日消除饥饿、贫困、失业、经济危机、社会动荡和冲突,共同走向繁荣。

2.实施多体系交叉融合型"一带一路"构想可行性分析

多体系交叉融合型"一带一路"构想布局具有可行性。

从总体实力看,中国、俄罗斯是联合国安理会常任理事国,中国、德国、意大利是世界前十大经济体，具有重要的国际影响力。

从文化上看，大中华、伊斯兰、斯拉夫等地区参与国文化历史悠久、灿烂辉煌，具有巨大的文化辐射梯度，彼此间拥有互信、认同的基础，为文化的进一步交流、融合提供了可能，也为越来越多的国家参与"一带一路"合作提供了机会。

从经济发展看，"一带一路"参与国之间、参与国与其他重要国家之间具有良好的合作基础，经贸、投资合作往来频繁，亚投行等国际性金融机构积极助力发展中国家基础设施建设，从而为构建未来发展的支点提供了可行性。

从机遇看，新一轮科技革命和产业变革正在重塑世界经济结构和竞争格局。广大发展中国家发展阶段类似，发展需求和条件有共同之处，在发展路径的选择上容易达成共识。科技创新在支撑"一带一路"建设中已发挥了积极作用，并取得良好成效。参与国积累的大量先进适用技术和科技人才，能够为越来越多的国家提供更具借鉴意义的发展经验。从另一个层面，世界政治经济不稳定性增加，全球金融危机影响仍未消退，主要经济体增长乏力，大型跨国公司业务收缩。2019年末开始的新冠肺炎疫情，从反面证明，"隔离"与"闭关"，断绝经贸往来的同时，也断绝了国际互动互援的机会，更加不利于战胜"人类共同的敌人"，反倒应该加强多向互动，多边互通。这些都为我们适时提出多体系交叉融合型"一带一路"构想带来了新的可能。

（二）"一带一路"共建发展成果斐然

"一带一路"倡议提出之后，在合作共赢的理念引导下，各国共建发展成果斐然。参与国间贸易量不断增长，合作方式持续创新、深化，权益最大公约数呈递增趋势。各国间政策、经验交流频繁，国际组织、商协会及企业多样化伙伴关系日益密切，"一带一路"作为基础建设与贸易发展平台的重大作用不断显现。

2020年新冠肺炎疫情暴发以后，"一带一路"受到一定影响，不少建设项目有所放缓。但放眼全球，多数"一带一路"参与国家经济总体发展维持了正增长，各参与国与中国间的经贸关系平均增长超过5%，成为全球重要的经济增长点。

下面我们选取中欧班列、蒙内铁路、中老铁路、瓜达尔港、数字经济、航天技术作为"一带一路"共建发展的具体案例。

1.中欧班列（英文名称China Railway Express，缩写CR express）

系由中国国家铁路集团组织，按照固定车次、线路、班期和全程运行时刻开行，运行于中国与欧洲以及"一带一路"沿线国家间的集装箱等铁路国际联运列车。它贯通中欧、中亚供应链，给予众多内陆城市直接输出的能力，是深化我国与"一带一路"沿线国家经贸合作的重要载体和推进"一带一路"建设的重要抓手。2013年，中欧班列主要由重庆、武汉发车，全年共开行80列（无回程）。截至2022年7月底，中欧班列累计开行超过5.7万列，运送货物530万标箱，货值累计近3000亿美元，铺画82条运输线路，通达欧洲24个国家196个城市。中欧班列的速度优势使中国到欧洲主要城市的运输时间比海运节省一半以上。其班次频度高的优点，有助于降低流通环节总库存，提高市场响应速度。中欧班列的开行，有力地促进了沿途各国物流领域的成熟和各国间铁路、口岸、海关等部门的合作，推动铁路这一传统交通纽带升级为产业、人口集聚的"经济带"主轴。

2.蒙内铁路（Mombasa－Nairobi Standard Gauge Railway，SGR）

由蒙巴萨西站至内罗毕南站，全长471.65千米，线路共设33个车站，线路设计速度120千米/小时。由中国按照国铁Ⅰ级标准帮助肯尼亚建设，是东非铁路网的组成部分，是肯尼亚独立以来的最大基础设施建设项目，也是肯尼亚实现2030年国家发展愿景的"旗舰工程"。2017年通车运营后，平均上座率超90%，截至2022年6月30日，累计发送旅客794.5万人次、集装箱181.7万标箱、货物2029.3万吨；蒙巴萨至内罗毕通行时间缩短4.5小时，物流成本降低40%。蒙内铁路中国承建方本着"授人以鱼不如授人以渔"的原则，通过多种方式对当地进行技术转移，铁路建设期间累计培养掌握职业技能的员工37959人，创造就业岗位46000个，33个车站中的25个运输管理部门全部由当地员工负责。蒙内铁路建设充分遵循共享开放原则，与378家当地分包商合作，直接带动1234家当地物资、设备、材料供应商。蒙内铁路还创造历史，在肯尼亚历史上第一次聘请女火车司机，极大地推动了当地的性别平等事业。铁路建设充分考虑肯尼亚生态保护，全线设置

14处大型野生动物穿越通道，相关环保培训总量超1万人次。

3.中老铁路

连接中国昆明与老挝首都万象，是老挝政府高度关注的"一号工程"。铁路全长1000多千米，其中中国段全长508.53千米、老挝段全长414千米，为电气化客货混用铁路，设计时速160千米。中国主投建设，全线采用中国技术标准，2021年12月3日建成通车。铁路建成通车后，形成沿线大能力铁路客货运输通道，极大改善老挝交通运输效率和水平。开通运营以来，累计发送旅客850万人次，其中中国段720万人次、老挝段130万人次；发送货物1120万吨，其中跨境货物超190万吨。中老铁路跨境货物已覆盖老挝、泰国、缅甸、马来西亚、新加坡等"一带一路"参与国，货物品类由开通初期的化肥、百货等10多种扩展至电子、光伏、冷链水果等1200多种，对带动区域产业经济发展具有重要作用。中老铁路未来还将连接泰国乃至马来西亚等国家的铁路，承载着老挝从内陆"陆锁国"到"陆联国"的转变之梦。

4.瓜达尔港（Gwadar）

瓜达尔港位于巴基斯坦俾路支省西南沿岸，位于波斯湾的咽喉附近，具有重要战略意义。2015年，习近平主席访问巴基斯坦，中巴双方同意，以中巴经济走廊为引领，以瓜达尔港、能源、交通基础设施和产业合作为重点，形成"1+4"经济合作布局。2016年11月，瓜达尔港正式开航，中巴两国共同见证首批中国商船从瓜达尔港出海。中巴经济走廊全线畅通后，沙特阿拉伯石油由瓜达尔港转运抵达上海的时间将从海运的25至30天缩短至12天，到达新疆喀什的时间更是缩短至5天。瓜达尔港也是阿富汗、中亚等内陆国家和地区的理想出海口，大批输往阿富汗及中亚地区的转运货物可以通过瓜达尔港出入。因此，瓜达尔港的建设，不仅为中国商品的进出口节约了时间，还将有力地促进巴基斯坦和周边国家因贸易繁荣而受益。瓜达尔港的建设发展红利不仅滋润着当地的经济进步，更切实惠及巴基斯坦的普通百姓。港口建设开工后，中国公司安装好日处理能力达550万加仑的海水淡化设施，在满足港口内生产和生活的需要的同时，也解决了当地百姓吃水难的问题。中方在瓜达尔港当地积极履行社会责任，捐资助学，扶危救困，改善医疗条件，获得了当地民众的广泛肯定和赞誉。

5.数字经济

2017年12月，中国、老挝、沙特、塞尔维亚、泰国、土耳其、阿拉伯联合酋长国7国相关部门在第四届世界互联网大会上，共同发起《"一带一路"数字经济国际合作倡议》，宣布将致力于实现互联互通的"数字丝绸之路"。中国电子商务的巨大成功，尤其是其对产业链数字化重构的成功经验，已成为"一带一路"参与国和亚投行成员经济发展路径的重要参考。新冠肺炎疫情暴发以来，以电子商务为代表的数字经济变得空前重要。很多国家现已将数字经济作为未来经济增长的重要引擎。2020年，塞尔维亚全年线上销售额同比增长近一倍；波兰非现金支付次数首超现金支付；阿根廷电子支付涨幅达29%，手机扫码支付比重增至54.3%。中国在数字经济领域的引领作用得到广泛认同，截至2022年年中，中国已与17个国家签署"数字丝绸之路"合作谅解备忘录，与23个国家建立"丝路电商"双边合作机制。未来，基础建设、能源领域内数字经济与绿色经济的结合，将成为"一带一路"共建发展的新动力。

6.航天技术

"一带一路"倡议提出以来，中国加大航天技术出口力度，以优质的服务、优惠的价格大力满足沿线各国对卫星资源的需求。北斗系统已为巴基斯坦、沙特、缅甸、印尼等多个"一带一路"参与国家和地区提供服务，以较为精确的位置定位，为当地交通旅游、土地规划、河流监管、病虫害防治等提供了有力支撑。中国风云气象卫星不断升级提高，覆盖众多"一带一路"参与国家，开放共享气象数据用于天气预报、防灾减灾、科学研究等。2018年7月，应世界气象组织及亚太空间合作组织请求，"风云二号"H星完成定点位置"漂移"，为众多"一带一路"参与国家及印度洋、大多数非洲国家提供服务，成就了中国气象卫星服务"一带一路"建设的一段佳话。中国空间站秉持多边主义，对国际合作持开放包容态度，设计之初便充分考虑到与其他国家设计模块的对接。中国空间站国际合作计划是广大"一带一路"参与国家实现太空梦想的一个重大机遇。2019年6月，17个国家的9个项目成为中国空间站科学实验首批入选项目，合作方中便包含中国、波兰、意大利、俄罗斯、肯尼亚、沙特阿拉伯、秘鲁7个"一带一路"参与国。

二、多体系交叉融合型"一带一路"构想总体布局

（一）理念主导，纵横交替统筹，构建多体系交叉融合型"一带一路"

"一带一路"是中国为全球治理提供的最有影响力、最具普惠性、最受关注和最受欢迎的"中国智慧"和"中国行动"，是中国提出的实现联合国可持续发展目标的实践方案，是中国向世界贡献的最具中国特色的"全球化"公共产品，很可能为建设人类命运共同体提供一种最佳实践。

目前，"一带一路"的地理范围东起活跃的东亚经济圈，西达发达的欧洲经济圈，贯穿亚洲大部分地区、中东欧，邻接北非和非洲东部。其中丝绸之路经济带重点线路主要有3条，分别是：中国经中亚、俄罗斯至欧洲，中国经中亚、西亚至波斯湾、地中海，中国至东南亚、南亚、印度洋。21世纪海上丝绸之路重点方向有两个：从中国沿海港口过南海到印度洋，延伸至欧洲；从中国沿海港口过南海到南太平洋。

未来，要更好拓展"一带一路"，必须从"陆、海、空、天、信、心"六个维度同时入手，坚持理念优先、物理跟进的原则，同步推进、形成合力。在多体系交叉融合型结构框架下，任何一个国家在网中都可以将自己视为中心，向外辐射。由于参与国经济发展、文化水平、文明程度、建设水平、运营能力等方面的差异，实际上的多体系交叉融合型"一带一路"形成的点、线、面具有较大差异。不断完善的"一带一路"互通互助机制将对差异中的不足部分加以弥合，并致力于发挥各点、线、面特有的要素优势，实现互利共赢。

（二）统筹顶层设计，以参与方共同需求为导向，从经济、社会、文化三个领域谋划实施三步走计划

实施多体系交叉融合型"一带一路"构想，一要在整体上强化顶层设计。以

各"一带一路"参与国实际需求为导向，充分发挥亚投行等促进区域互联互通化平台，动态调整能够纳入到一带一路框架的各种政治经济文化外交手段，机动灵活、审时度势，搭好框架。二要在拓扑结构上做到平等高效连通。将"一带一路"拓展为多体系交叉融合型结构，使每个参与方都感觉自身是网络中的平等节点。三要在体制机制上实现包容共建共享。让"一带一路"从传统经济文化线路的延伸，转变成为现代国家关系法制的典范，让各方都能够有足够的空间来贡献智慧，为完善"一带一路"、提高各国福祉做出贡献。

1. 铆实"一带一路"关键支点、线路，拓展亚投行成员和"一带一路"参与国

应对后疫情时代新格局，夯实现有互通基础，重点通过南亚、大洋洲、拉丁美洲、非洲等处关键支点和亚欧、亚非等关键线路，打造多体系交叉融合型"一带一路"的雏形。到2025年，进一步扩大亚投行成员，推动更多国家参与"一带一路"共建事业，争取将目前暂未加入"一带一路"倡议的亚投行成员国发展为"一带一路"参与国（见图8-1）。

（1）进一步拓展"一带一路"在欧洲西部节点，深化发展亚欧线路

争取发展德国、法国、荷兰、西班牙、丹麦等欧洲亚投行成员国加入"一带一路"倡议。提升欧亚大陆两端交流成效，强化亚欧铁路货物联运，开展亚欧铁路旅客联运，积极拓展高速公路、管道、航空、海运等多种运输网络，拓展通信网络。在物资、人员等高度流动的基础上，发展多层次、多门类的亚欧通道产业带。

（2）强化南亚重要支点，加快经济走廊路线建设

进一步提升斯里兰卡、巴基斯坦等南亚国家的海港等重大基础设施水平。加快东亚、中亚至巴基斯坦经济走廊建设，提升陆上交通的通行效率，加强通信网络建设，发展走廊产业带和增强支点港口经济辐射能力。争取发展亚投行成员国印度加入"一带一路"倡议。

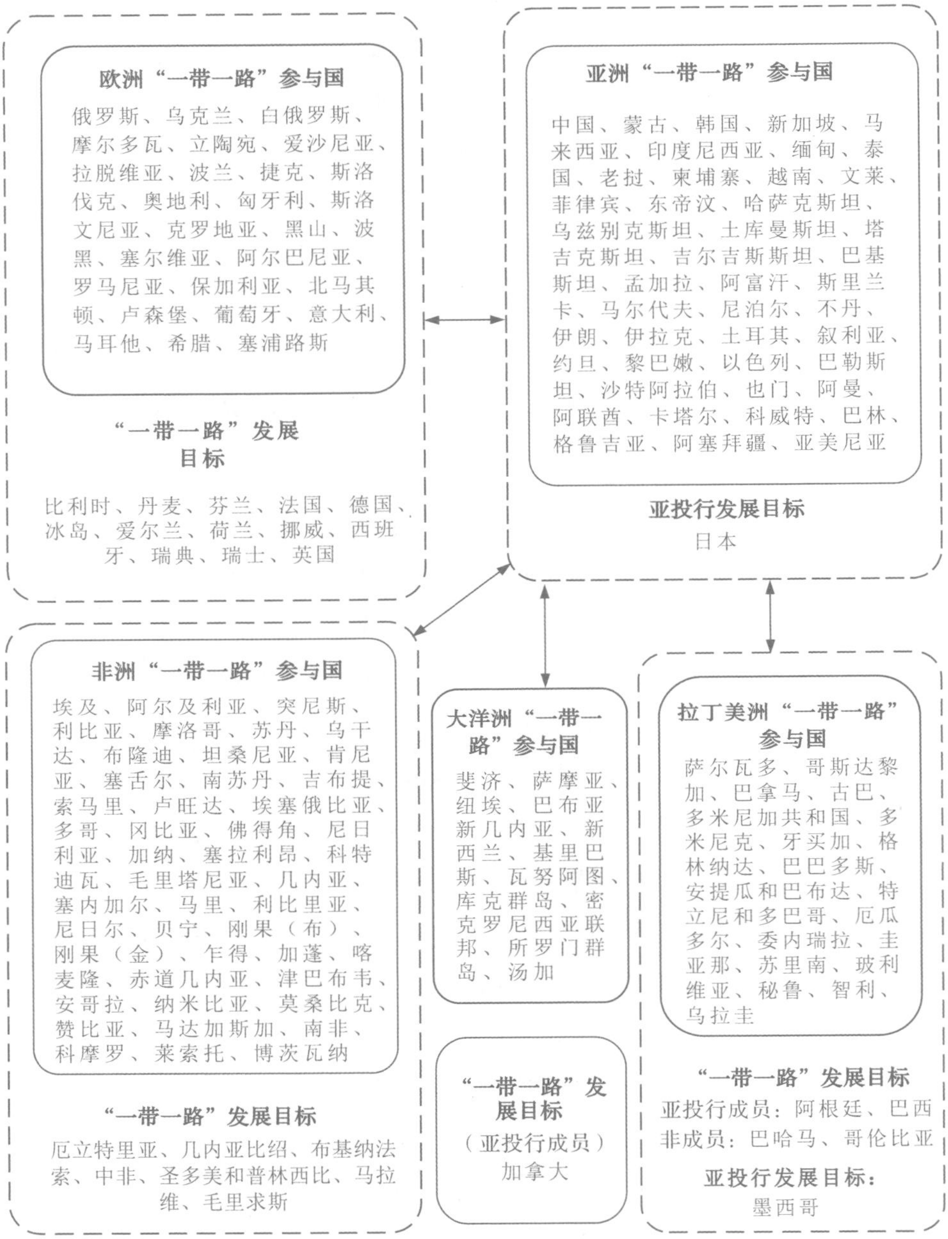

欧洲"一带一路"参与国

俄罗斯、乌克兰、白俄罗斯、摩尔多瓦、立陶宛、爱沙尼亚、拉脱维亚、波兰、捷克、斯洛伐克、奥地利、匈牙利、斯洛文尼亚、克罗地亚、黑山、波黑、塞尔维亚、阿尔巴尼亚、罗马尼亚、保加利亚、北马其顿、卢森堡、葡萄牙、意大利、马耳他、希腊、塞浦路斯

"一带一路"发展目标

比利时、丹麦、芬兰、法国、德国、冰岛、爱尔兰、荷兰、挪威、西班牙、瑞典、瑞士、英国

亚洲"一带一路"参与国

中国、蒙古、韩国、新加坡、马来西亚、印度尼西亚、缅甸、泰国、老挝、柬埔寨、越南、文莱、菲律宾、东帝汶、哈萨克斯坦、乌兹别克斯坦、土库曼斯坦、塔吉克斯坦、吉尔吉斯斯坦、巴基斯坦、孟加拉、阿富汗、斯里兰卡、马尔代夫、尼泊尔、不丹、伊朗、伊拉克、土耳其、叙利亚、约旦、黎巴嫩、以色列、巴勒斯坦、沙特阿拉伯、也门、阿曼、阿联酋、卡塔尔、科威特、巴林、格鲁吉亚、阿塞拜疆、亚美尼亚

亚投行发展目标

日本

非洲"一带一路"参与国

埃及、阿尔及利亚、突尼斯、利比亚、摩洛哥、苏丹、乌干达、布隆迪、坦桑尼亚、肯尼亚、塞舌尔、南苏丹、吉布提、索马里、卢旺达、埃塞俄比亚、多哥、冈比亚、佛得角、尼日利亚、加纳、塞拉利昂、科特迪瓦、毛里塔尼亚、几内亚、塞内加尔、马里、利比里亚、尼日尔、贝宁、刚果（布）、刚果（金）、乍得、加蓬、喀麦隆、赤道几内亚、津巴布韦、安哥拉、纳米比亚、莫桑比克、赞比亚、马达加斯加、南非、科摩罗、莱索托、博茨瓦纳

"一带一路"发展目标

厄立特里亚、几内亚比绍、布基纳法索、中非、圣多美和普林西比、马拉维、毛里求斯

大洋洲"一带一路"参与国

斐济、萨摩亚、纽埃、巴布亚新几内亚、新西兰、基里巴斯、瓦努阿图、库克群岛、密克罗尼西亚联邦、所罗门群岛、汤加

"一带一路"发展目标

（亚投行成员）

加拿大

拉丁美洲"一带一路"参与国

萨尔瓦多、哥斯达黎加、巴拿马、古巴、多米尼加共和国、多米尼克、牙买加、格林纳达、巴巴多斯、安提瓜和巴布达、特立尼达和多巴哥、厄瓜多尔、委内瑞拉、圭亚那、苏里南、玻利维亚、秘鲁、智利、乌拉圭

"一带一路"发展目标

亚投行成员：阿根廷、巴西
非成员：巴哈马、哥伦比亚

亚投行发展目标：

墨西哥

图8-1 "一带一路"第一步拓展拓扑示意图

（3）强化亚非通道，提升非洲北部、东部、南部支点

强化东亚、东南亚至非洲北部、东部、南部的海上丝绸之路通道，东亚、中亚经西亚至非洲北部的丝绸之路通道，大力拓展南亚到非洲的综合航运，加强印度洋海底主干通信网和卫星通信建设。通过提高经济要素的流动效率，降低要素流动成本，提升埃及、肯尼亚、坦桑尼亚、南非等国交通支点的基础建设、产业聚合和产业辐射能力。

（4）拓展大洋洲、拉丁美洲支点，提升跨太平洋线路

争取发展澳大利亚、巴西、阿根廷等亚投行成员国加入"一带一路"倡议。强化东亚、东南亚至大洋洲的海上丝绸之路通道，拓展亚洲至拉丁美洲的跨太平洋综合航运，加强跨太平洋海底主干通信网和卫星通信建设。发展太平洋东西岸合理分工、由跨太平洋线路联通的耦合型产业链条。

（5）拓展亚投行成员和"一带一路"参与国

争取发展G20成员国日本和墨西哥加入亚投行，推动更多亚洲、大洋洲、非洲、拉丁美洲国家加入亚投行。争取发展加拿大等经济发达的亚投行成员国加入"一带一路"倡议。推动厄立特里亚、几内亚比绍、布基纳法索、中非、圣多美和普林西比、马拉维、毛里求斯等非洲国家，巴哈马、哥伦比亚等拉丁美洲国家加入"一带一路"倡议。

2. 构建多体系交叉融合型"一带一路"，促进联合国可持续发展目标实现

加强非洲、拉丁美洲区域内互联互通，促进各洲域间互联互通，重点推动非洲与拉丁美洲之间的互联互通（见图8-2）。积极推进和解，实现和平。借鉴中国脱贫攻坚经验，因地制宜地推进"一带一路"参与国经济稳步增长、社会和谐发展。到2035年，通过"一带一路"共建共赢的协同行动，各参与国共同实现联合国可持续发展目标（具体目标参见第5页注①）。

（1）加快非洲国家和拉丁美洲国家互联互通基础建设

落实建设纵贯非洲大陆的埃及—肯尼亚—坦桑尼亚—南非主轴铁路，加快非洲内部公路网、能源网和信息网络建设，推进沿线辐射带经济社会全面发展。推

动建设贯穿拉丁美洲的太平洋东岸主轴铁路和连接安第斯山脉东西两侧的两洋铁路，推动拉丁美洲内部公路网、能源网和信息网建设，形成线路辐射带，促进当地经济社会发展。

（2）拓展各洲域之间的互联互通路线

在亚洲与各洲域相对成熟的互联互通路线基础上，拓展欧洲、非洲、拉丁美洲和大洋洲四大洲域彼此之间的互联互通，重点推进非洲和拉丁美洲之间的互联互通。在扩展综合性交通运输的同时，加强通信支持和政策沟通、建构，各国协力，致力于通过科技、经济活动消除制度差异及非传统领域安全形成的障碍，通过共建实现互利共赢。

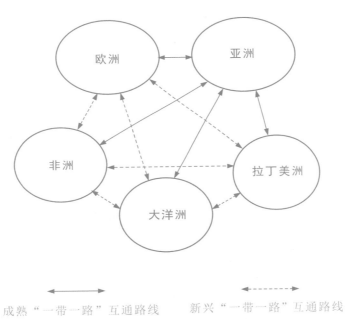

图8-2　"一带一路"第二步拓展拓扑示意图

（3）借鉴中国经验，推动"一带一路"各国消除贫困

中国方面通过政策沟通、项目合作、市场交往、科技交流等途径，更详尽地与其他"一带一路"参与国共享本国精准扶贫的经验。坚持政府主导下的多元主

体参与格局，因地制宜地制定并持续贯彻扶贫政策措施。政府与社会力量协同推进，充分调动市场活力，充分发挥产业，尤其是第一产业的扶贫作用。深化"一带一路"共建合作，积极改善贫困地区基础设施和贫困人群生产生活条件，降低资源要素开发难度，提高商业流通效率，提升劳动力技术水准，将资源禀赋转化为内生增长的要素优势。

（4）紧抓全球科技创新、产业整合契机，实现联合国可持续发展目标

新冠肺炎疫情再次凸显出科技创新和产业整合的重大作用，催动全球科技加大创新力度，推动全球产业重构、整合。工业化程度相对较浅、产业路径锁定度较轻的众多"一带一路"发展中国家，由此获得平等合理融入全球产业链和价值链的新契机。通过"一带一路"协同共建，完全可能形成普惠发展、共享发展的产业链、供应链、服务链、价值链，进而协助相关国家实现联合国可持续发展目标。

3.建成多体系交叉融合型结构，积极推动参与国现代化进程，实现文明互利

继续深化"一带一路"各洲域内部和洲域之间的互联互通，有效降低各种发展不平衡。强化经济分工和社会分工，增进彼此之间的团结纽带。深化参与国之间的全面交流，尤其是不同文化间的交流，致力于推动不同文明互利共赢。到2050年，建成全球性高密度多体系交叉融合型"一带一路"结构。

（1）持续深化各洲域内部和洲域间互联互通，形成多体系交叉融合型"一带一路"结构

继续全面推进各洲域内部互联互通，重点在非洲、拉丁美洲，打造本洲域国家主导的基础建设平台；深化各洲域在基建、工商等领域的互联互通，重点加强在人员交往和科学、文化等领域的互联互通。在有效整合资源、促进产业合理布局的同时，致力于推动区域均衡发展，打破地理隔阂，有效弥合城市与乡村、沿海与内陆、北半球与南半球之间发展不均衡造成的裂痕。"一带一路"由此发展为多体系交叉融合型结构，同级区域单元之间（如非洲与拉丁美洲之间、东南亚与中亚之间、塞尔维亚与斐济之间）相互交织，每个单元都是所在区域的中心节点，如图8-3所示。

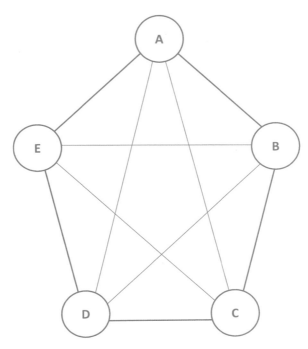

图8-3　"一带一路"第三步拓展拓扑示意图

（2）整合经验教训，助力"一带一路"参与国现代转型

现代化是人类历史发展的重大转折，现代社会的内涵与解释权属于全人类。意大利、法国、英国、德国等原生西方现代国家，率先转型为现代社会，继承了其传统多元社会内生的多种张力；俄罗斯、巴西、日本、土耳其、中国、印度等后发现代国家，其现代社会包含着本土传统要素与西方现代要素之间的张力；还有一些国家，受限于本土传统社会的内生张力、本土传统要素与原生现代及后发现代要素之间的张力，尚处于现代转型之中。"一带一路"共建机制是一个开放包容的平台，供原生现代社会、后发现代社会与转型社会充分展开深度文化交流，协同总结现代转型经验，助力转型国家成功转型。

（3）深化"一带一路"科技交流，促进文明互利

对于后发现代社会和转型社会，科学技术属于外来元素。相对其他外生元素，科技固有的客观性、中立性和实用性使其具有突破文化差异、制度差别，形

成跨文明的文化共识。这种共识有利于增进文明间沟通交流，促进文明开放互利，构建认同，化解冲突，由此打造更加开放、均衡、包容和普惠的全球化架构，最终实现和平、和谐与繁荣。

三、共建"六路"持续发展的建议

（一）加强"六路"建设，促进共同发展

1.携手推动和平大发展

"一带一路"参与国应推动建设相互尊重、公平正义、合作共赢的新型国际关系，为构建人类命运共同体打下坚实基础。应加强反恐、安全等方面的信息共享，联合打击恐怖主义；应积极参与国际和地区热点问题的解决进程，积极应对各类全球性挑战，维护国际和地区和平稳定。建立参与国传统和非传统安全信息沟通和协调机制，充分发挥地区大国作用，有效管控冲突。加强各参与国国内安全治理，加强其国内各民族文化交流包容和融合，减少国内冲突。

2.探索共同繁荣新机制

加强"一带一路"参与国交通、产业园区、金融资源整合，打造繁荣合作共同体，及时让参与国分享"一带一路"建设成果。加强铁路、民航、高速公路、海运合作，打造"一带一路"国家交通合作网。鼓励"一带一路"国家有实力企业积极联合参与国际竞争，增强"一带一路"国家经济国际竞争力；加强参与国的货币互换和标准互认，鼓励跨境支付、跨境物流发展；加强"一带一路"参与国经济、贸易、金融政策规划制定的协调，加强参与国的货币互换和生产、生活、流通等各方面标准互认，加强参与国经济、贸易、金融政策规划制定的互帮互助互学互鉴协调统筹；加强对经济实力较弱国家的金融救助，有效防范金融风险；更加有效发挥亚洲基础设施投资银行投融资作用，助力参与国基础设施建设。预计到2030年，亚投行成员会进一步增加，投融资能力进一步加强，除了基

建项目投融资，更需扩展至产业供应链投融资，在风险可控的前提下，逐渐加大市场化项目投资力度。

3.加强开放共享

推动构建公平、透明、合理的国际经贸投资体系，促进与参与国经贸发展计划的有效对接，着力打造以参与国为重点的自由贸易区，打通"一带一路"经贸合作网络，实现贸易与投资的便利化。促进商务、科技人员的自由流动，实施"一带一路"合作旅行卡计划，为参与国从事合作的商务、科技等人员提供多边长期签证和快速通关礼遇。持续扩大市场开放，提升贸易便利化水平，积极扩大进出口，提高进出口环节检验检疫和通关速度，降低进口环节制度性成本，为"一带一路"参与各国产品贸易发展提供便利。深化推动与参与国投资合作，优化国内市场环境，进一步放宽外商准入门槛，积极吸引外商来华投资，实现投资合作带动"一带一路"参与国经济发展，推动"一带一路"区域价值链构建。

4.坚持可持续的绿色发展

"一带一路"建设必须要走可持续发展的绿色之路。建设"绿色之路"是实现联合国2030年可持续发展议程的重要途径。要以"绿色之路"建设贯通"一带一路"，让"绿色之路"建设成为所有参与国建设的共识。传播分享生态文明和绿色发展理念，利用现有合作机制，深化在生态文明和绿色发展理念、法律法规、技术标准、政策等方面的对话与交流，让绿色发展成为"一带一路"建设的永恒主题。要搭建"一带一路"绿色发展国际联盟，为参与国开展环保、新能源、清洁技术等领域合作搭建重要的国际合作平台。要建立参与国环境重大问题协调机制，加强应对气候变化、应用清洁能源、防控荒漠化和水土流失等生态领域交流合作。加强生态环保领域合作机制与平台建设，如搭建"一带一路"绿色供应链合作平台，推动"一带一路"绿色供应链合作与交流，促进参与国互联互通，助力"绿色之路"建设；强化与参与国在生态环保领域的交流，建设政府、企业、科研院所、社会组织等主体共同参与的多元化合作平台。

5.加强创新能力开放合作

做好"一带一路"参与国科技创新优势及特征的有关研究，把握参与国科技创新特点，明确合作重点领域，加强联合研究，切实提升项目合作绩效水平。深化"一带一路"参与国人文交流高层磋商机制，充分发挥科技创新在"一带一路"人文交流中的重要作用。深化科技人文交流，扩大科技援外规模，加强适用技术和科技管理培训力度，解决参与国科技发展上的主要问题，筑牢科技合作桥梁。聚焦共同发展需要，积极牵头组织实施"一带一路"国家广泛参与的多边科技计划和大科学计划，提升"一带一路"参与国在国际创新治理的水平。加强"一带一路"科技智库合作与交流，打造"一带一路"科技创新政策合作网络，促进各国科技政策的交流，增进理解与互信。

6.加强文明交流与互鉴

要着力打造高校、企业、科研机构多主体，国家、地区、民间多维度的人文合作与交流机制，加强与参与国开展丰富多元的文化交流活动，在活动中加强沟通与交流，增进与参与各国对双方历史文化的理解与认同，化解分歧，增进文化互信。要加强文化宣传，依托参与国丰富的文化底蕴，推陈出新，互鉴互融，挖掘并讲好适合当代文化传播模式的历史文化故事。设立参与国"文明使者"，在农业、医学、环保、健康、教育等领域促进科学普及和教育工作相结合。积极推动与参与国文化产品与服务贸易往来，通过影视、图书等核心文化产品，展示各国核心历史与文化，促进理解与认同。要积极推动孔子学院在"一带一路"参与国发展，完善孔子学院海外办学模式，丰富孔子学院教学内容，吸引更多参与国民众积极主动到孔子学院学习汉语和中国历史文化，使孔子学院成为"文明之路"建设的重要载体，实现文明交流互鉴，推动与参与各国的相互理解、相互尊重和相互信任。

（二）完善"一带一路"理论体系，加强"六路"理念的对外宣传

整合"一带一路"相关理论研究，将"六路"与"五通"更加紧密结合起来，发挥"六路"理念对"五通"建设的引领指导作用。同时也要考虑参与各国在空间上的有机联结，推进"多体系交叉融合型""一带一路"构想。各级社科、科技管理部门可设立跨学科研究项目，推动"一带一路"相关研究的整合完善。在联合国等多边场合推广"六路"评价体系，争取联合国等国际组织将"六路"理念列入相关决议，促进"六路"评价方法成为国际标准，应用于更多国家可持续发展的评价评估。充分发挥"六路"理念对"一带一路"重大活动及"一带一路"建设支撑作用。建议"一带一路"国际合作高峰论坛就"六路"设立分论坛，由中央党政机关支持或主办，国内外机构特别是智库联合主办或者承办，地方参与；相关任务落实到党政部门，并引导团结各方，齐心协力提高"六路"发展水平，如建立相关协会或者联盟。

（三）加强智库合作与交流，实现数据、政策、规划等成果的共享和共商

提高"六路"研究的国际化水平，加大宣传力度特别是外宣力度。支持国内多家智库抱团联络国际智库一起研究发布《"六路"发展报告》，并以多种语言和方式发布；加强参与各国科学数据的统计、管理和共享；充分发挥各类型智库的重要作用，建立"一带一路"智库联盟和合作网络，打造智库合作圆桌会，建立智库信息交流与合作机制，促进创新模式、政策、实践和经验的共享，实现政策沟通、知识共享，为"一带一路"发展开辟新路径提供智力支持；加强参与国在"六路"评价指标体系的学术交流和研讨，完善"一带一路"建设评价体系，全面跟踪和评价"一带一路"建设综合发展及具体发展水平。

（四）注重创新引领，着眼未来发展需要，从"天信心"三个维度丰富"一带一路"内涵

1. 构建全新信息通信网

在以"多体系交叉融合型"思路拓展"一带一路"的同时，必须注重发挥中国在信息通信领域的比较优势，做到信息网络建设与陆海空交通建设同步，完善新的接入网框架，在"一带一路"核心节点上建设一批数据中心。铺设联通"一带一路"核心节点的新型通信骨干网络，依托空天卫星通信优势打造新型应急通信网络。逐步改变工业化进程中形成的现有通信网络架构和信息通信标准体系，发展网络信息安全新技术、新标准，最大限度保障网络通信安全。新冠肺炎全球公共卫生事件暴露了卫生和电信领域基础设施薄弱的问题，对此，"一带一路"需着力打造"数字丝绸之路"，这将在全球的疫后重建工作中发挥重要作用。

2. 加速发展空天新技术

当前空间技术不断拓展人类的活动疆域和发展空间，成为大国必争的外拓前沿和技术高地。在布局多体系交叉融合型"一带一路"构想中，必须充分考虑未来深空深海发展布局，抢占先机，为维护各国人民利益，应对星外未知风险做好储备。

3. 加快文化和人文交流

充分发挥人文交流的独特作用，促进"一带一路"参与国文化交流、融合与发展。以科技人文交流为引领，带动文化、体育、教育、医疗卫生多个层面的有机互动，增强文化互信和文化认同，更加有效支持参与国的文化交流。

（五）加强评估，动态调整

在"六路"建设的过程中，在多体系交叉融合型"一带一路"构想实施过程中，应加强对进展与成效的绩效评估。构建科学合理的指标体系，应用大数据技术，定期开展评估。根据评估结果，指导下一步行动方案的实施，并对实施过程进行动态调整。

四、本章小结

目前"一带一路"的地理范围，从陆上丝绸之路经济带看，重点线路主要有3条，分别是：中国经中亚、俄罗斯至欧洲；中国经中亚、西亚至波斯湾、地中海；中国至东南亚、南亚、印度洋。

21世纪海上丝绸之路重点方向有两个：从中国沿海港口过南海到印度洋，延伸至欧洲；从中国沿海港口过南海到南太平洋。

多体系交叉融合型"一带一路"构想，第一步，发展南亚、非洲、拉丁美洲等处的关键支点和亚欧、亚非等关键路线，进一步拓展亚投行和"一带一路"倡议成员；第二步，深化"一带一路"洲域内与洲域间互联互通，借鉴中国脱贫攻坚经验，推动实现联合国可持续发展目标；第三步，建成多体系交叉融合型"一带一路"结构，推动区域均衡发展，促进文明交流互利，完善全球化架构。

"和平之路、繁荣之路、开放之路、绿色之路、创新之路、文明之路"的"六路"倡议，使"一带一路"参与国的建设目标、奋斗目标更加清晰而具体。"六路"建设，非一己之力，一国之功，需参与国通力协作。每个国家都是中心节点，每个国家都是"六路"建设的主人。在空间结构上，促成参与国形成"点、线"拓扑结构，更利于参与国之间的互动互通、互补互助、互惠互利。本章提出多体系交叉融合型"一带一路"构想，综合"陆海空天信心"六个维度和经济、社会、文化三大领域，将"带"拓展成各国共商共建共享、打造命运共同体的连通纽带，将"路"缔造成人类和平和谐合作、实现可持续发展的幸福之路。

"和平之路"的建设，需加强"反恐、安全"信息共享，维护国际与地区和平稳定。同时，需加强传统及非传统安全信息沟通，化解或减少国内冲突。"繁荣之路"的建设，需加强设施联通，产业合作，贸易畅通，金融便利化等。"开放之路"则需致力于自贸区建设、贸易便利化的深化等，促进更大程度上的开放合作。"绿色之路"则要搭建"一带一路"绿色发展国际联盟，为参与国开展环保、新能源、清洁技术等领域合作搭建重要的国际合作平台等。"创新之路"建议深化科技人文交流，扩大科技援外规模，加强适用技术和科技管理培训力度，解决参与国科技发展上的主要问题。"文明之路"则建议设立参与国"文明使者"，在农业、医学、环保、健康、教育等领域促进科学普及和教育工作相结合，推动文化领域合作交流，文明互鉴，相互理解，相互尊重，共荣共生。

除了"六路"具体建设内容建议之外，空间联通上，提出了多体系交叉融合型"一带一路"的全局性思考，突破了传统的陆上丝绸之路和海上丝绸之路的局限，覆盖全球，辐射全员，同时变"单向"联结为拓扑结构的有机联结，真正实现多中心多边更抗冲击力的联通回路机制，有利于推进社会可持续发展、文化交流共进、文明和谐合作。

附录1："一带一路"参与国和地区名单

截至2021年2月，"一带一路"参与国涉及147个国家和地区[①]，如下：

1. 亚洲44国

东亚3国：中国、蒙古、韩国。

东南亚11国：新加坡、马来西亚、印度尼西亚、缅甸、泰国、老挝、柬埔寨、越南、文莱、菲律宾、东帝汶。

西亚18国：伊朗、伊拉克、土耳其、叙利亚、约旦、黎巴嫩、以色列、巴勒斯坦、沙特阿拉伯、也门、阿曼、阿拉伯联合酋长国、卡塔尔、科威特、巴林、格鲁吉亚、阿塞拜疆、亚美尼亚；

南亚7国：巴基斯坦、孟加拉国、阿富汗、斯里兰卡、马尔代夫、尼泊尔、不丹。

中亚5国：哈萨克斯坦、乌兹别克斯坦、土库曼斯坦、塔吉克斯坦、吉尔吉斯斯坦。

2. 欧洲27国

原独联体4国：俄罗斯、乌克兰、白俄罗斯、摩尔多瓦。

中东欧17国：波兰、立陶宛、爱沙尼亚、拉脱维亚、捷克、斯洛伐克、匈牙利、斯洛文尼亚、克罗地亚、黑山、波黑、塞尔维亚、阿尔巴尼亚、罗马尼亚、保加利亚、北马其顿、卢森堡。

[①] 参见"中国一带一路网"，https://www.yidaiyilu.gov.cn/info/iList.jsp? cat_id=10037

欧洲其他6国：葡萄牙、希腊、奥地利、意大利、马耳他、塞浦路斯。

3. 非洲46国

北非6国：埃及、阿尔及利亚、突尼斯、利比亚、摩洛哥、苏丹。

东非10国：乌干达、布隆迪、坦桑尼亚、肯尼亚、塞舌尔、南苏丹、吉布提、索马里、卢旺达、埃塞俄比亚。

西非14国：多哥、冈比亚、佛得角、尼日利亚、加纳、塞拉利昂、科特迪瓦、毛里塔尼亚、几内亚、塞内加尔、马里、利比里亚、尼日尔、贝宁。

中非6国：刚果（布）、刚果（金）、乍得、加蓬、喀麦隆、赤道几内亚。

南非10国：津巴布韦、安哥拉、纳米比亚、莫桑比克、赞比亚、马达加斯加、南非、科摩罗、莱索托、博茨瓦纳。

4. 拉丁美洲19国

萨尔瓦多、多米尼加共和国、格林纳达、哥斯达黎加、多米尼克、安提瓜和巴布达、特立尼和多巴哥、巴拿马、古巴、智利、苏里南、委内瑞拉、玻利维亚、乌拉圭、圭亚那、秘鲁、牙买加、巴巴多斯、厄瓜多尔。

5. 大洋洲11国

斐济、萨摩亚、纽埃、巴布亚新几内亚、新西兰、基里巴斯、瓦努阿图、库克群岛、密克罗尼西亚联邦、所罗门群岛、汤加。

附录2：亚投行成员名单

截至2021年1月29日，亚投行成员（含准成员）由成立之初的57个已经扩容至103个。[①]

亚洲和大洋洲区域成员46个：阿富汗、澳大利亚、阿塞拜疆、巴林、孟加拉国、文莱达鲁萨兰国、柬埔寨、中国、库克群岛、塞浦路斯、斐济、格鲁吉亚、中国香港、印度、印度尼西亚、伊朗、以色列、约旦、哈萨克斯坦、韩国、吉尔吉斯斯坦、老挝、马来西亚、马尔代夫、蒙古、缅甸、尼泊尔、新西兰、阿曼、巴基斯坦、菲律宾、卡塔尔、俄罗斯、萨摩亚、沙特阿拉伯、新加坡、斯里兰卡、塔吉克斯坦、泰国、东帝汶、汤加、土耳其、阿拉伯联合酋长国、乌兹别克斯坦、瓦努阿图、越南。

亚洲和大洋洲区域之外成员39个：阿尔及利亚、奥地利、白俄罗斯、比利时、贝宁、巴西、加拿大、科特迪瓦、丹麦、厄瓜多尔、埃及、埃塞俄比亚、芬兰、法国、德国、加纳、希腊、几内亚、匈牙利、冰岛、爱尔兰、意大利、利比里亚、卢森堡、马达加斯加、马耳他、荷兰、挪威、波兰、葡萄牙、罗马尼亚、卢旺达、塞尔维亚、西班牙、苏丹、瑞典、瑞士、英国、乌拉圭。

亚洲和大洋洲准成员4个：亚美尼亚、科威特、黎巴嫩、巴布亚新几内亚。

亚洲和大洋洲之外准成员14个：阿根廷、玻利维亚、智利、克罗地亚、吉布提、肯尼亚、利比亚、摩洛哥、秘鲁、塞内加尔、南非、多哥、突尼斯、委内瑞拉。

[①] 数据来自：https://www.aiib.org/en/index.html。

参考文献

[1] 联合国开发计划署．"2030年可持续发展议程"[Z/OL].https：//www.cn.undp.org/content/china/zh/home/sustainable-development-goals.html.

[2] 薛澜，翁凌飞．关于中国"一带一路"倡议推动联合国《2030年可持续发展议程》的思考[J]．中国科学院院刊，2018，33(1)：40-47.

[3] 推进"一带一路"建设工作领导小组办公室．共建"一带一路"倡议：进展、贡献与展望[R]北京：推进"一带一路"建设工作领导小组办公室，2019.

[4] 朱磊，陈迎．"一带一路"倡议对接2030年可持续发展议程——内涵、目标与路径[J]．世界经济与政治，2019(4)：79-100.

[5] 曹嘉涵．"一带一路"倡议与2030年可持续发展议程的对接[J]．国际展望，2016，8(3)：37-53.

[6] UN DESA's Development Policyand Analysis Division, Jointly building the "Belt and Road" towards the Sustainable Development Goals, https：//www.un.org/development/desa/en/news/policy/building-belt-road-towards-sdgs.html.(访问日期，2021年3月11日)

[7] 刘卫东．"一带一路"战略的科学内涵与科学问题[J]．地理科学进展，2015(5)：538-544.

[8] 孙楚仁，张楠，刘雅莹．"一带一路"倡议与中国对参与国的贸易增长[J]．国际贸易问题，2017(2)：83-96.

[9] 王维伟．国际组织对"一带一路"建设的参与[J]．现代国际关系，2017(5)：57-64.

[10] 吴建南，杨若愚．中国与"一带一路"国家的科技合作态势研究[J]．科学学与科学技术管理，2016(1)：14-20.

[11] 隋广军，黄亮雄，黄兴．中国对外直接投资、基础设施建设与“一带一路”参与国经济增长[J]．广东财经大学学报，2017(1)：32—43．

[12] 左品．关于“一带一路”建设与中拉合作深化的若干思考[J]．国际观察，2015(5)：145—157．

[13] 郑士鹏．“一带一路”建设中文化交流机制的构建[J]．学术交流，2015(12)：112—117．

[14] 厉伟，蒋飞．“一带一路”沿线省市区域创新效率的比较研究[J]．中国科技资源导刊，2016，48(5)：1—5．

[15] 杨道玲，王璟璇，李祥丽．“一带一路”参与国信息基础设施发展水平评估报告[J]．电子政务，2016(9)：2—15．

[16] 胡键．“一带一路”框架中的合作基础——基于沿线核心国家创新力现状的分析[J]．湖南师范大学社会科学学报，2017，46(2)：92—102．

[17] 董洁，李红粉．“一带一路”参与国R&D效率测度及对策研究[J]．科技管理研究，2017，37(10)：59—64．

[18] 李文辉，易路洋，赵贺典，等．“一带一路”沿线省份高校科技创新效率研究[J/OL]．科技与经济，2018(01)：16—20.http：//kjyjj.cn/ch/reader/view_abstract.aspx?file_no=2018104&flag=1．

[19] 夏彩云，罗圳．“一带一路”沿线省域高技术产业R&D效率提升研究[J]．工业技术经济，2017，36(10)．

[20] 赵新力，李闽榕，刘建飞．产业合作推动“六路”建设快速发展[J]．丝路瞭望（月刊）（The New Silk Road Review ISSN2096—2568），2019（06）：18—21．

[21] 贠涛，赵新力（通讯作者）．“创新之路”建设的评估与展望[J]．丝路瞭望（月刊）(The New Silk Road Review ISSN2096—2568)，2019（05）：19—22．

[22] 董全超，肖轶，贠涛，等．“一带一路”之和平发展：基于国家内部安全与外部和平视角的分析评价[J]．东北亚经济研究（双月刊）（ISSN2096—5583），2019，3（2）：14—31．

[23] 林茜妍，马宗文，李闽榕，等．"一带一路"之繁荣发展：基于产业、金融与设施联通的分析[J]．东北亚经济研究（双月刊）（ISSN2096-5583），2019，3（2）：32-45．

[24] 辛秉清，于莎，向远博，等．"一带一路"参与国"开放"指数研究[J]．东北亚经济研究（双月刊）（ISSN2096-5583），2019，3（2）：46-58．

[25] 封晓茹，刘润达，许洪彬，等．"一带一路"之"文明之路"发展：基于卫生健康与教育状况基本数据的分析[J]．全球科技经济瞭望（月刊）（ISSN 1009-8623），2019年1月30日，2019年第34卷第1期（总第397期）：48-57．

[26] 杨烨，杨修，马云飞，等．"一带一路"之"创新之路"发展——基于专利和新注册企业视角的分析[J]．全球科技经济瞭望（月刊）（ISSN1009-8623），2019，34（1）：58-66．

[27] 于莎，贠涛，朱晓萱，等．"一带一路"参与国绿色指数评价[J]．全球科技经济瞭望（月刊）（ISSN1009-8623），2019，34（1）：67-75．

[28] 周茂荣，张子杰．对外开放度测度研究述评[J]．国际贸易问题，2009(08)：121-128．

[29] 孙丽冬，陈耀辉．经济对外开放度指数的测算模型[J]．统计与决策，2008(14)：35-36．

[30] 陈雨露，罗煜．金融开放与经济增长：一个述评[J]．管理世界，2007(04)：138-147．

[31] 黄玖立，李坤望．出口开放、地区市场规模和经济增长[J]．经济研究，2006(06)：27-38．

[32] 赖明勇，张新，彭水军；等．经济增长的源泉：人力资本、研究开发与技术外溢[J]．中国社会科学，2005(02)：32-46+204-205．

[33] 包群，许和连，赖明勇．贸易开放度与经济增长：理论及中国的经验研究[J]．世界经济，2003(02)：10-18．

[34] 兰宜生．对外开放度与地区经济增长的实证分析[J]．统计研究，2002(02)：19-22．

[35] 李心丹，路林，傅浩．中国经济的对外开放度研究[J]．财贸经济，1999(08)：14−20+49．

[36] 王继民．五通指数：科学评估"一带一路"进展的标尺[N]．北京：中国经济时报，2016−7−11：（004）．

[37] 刘勇，陈文玲．"一带一路"贸易投资指数报告[J]．北京：开发性金融研究，2017(6)：81−96．

[38] 顾春光，翟崑．"一带一路"贸易投资指数：进展、挑战与展望[J]．北京：当代亚太，2017(6)：4−23．

[39] 朱明侠，左思明．"一带一路"参与国投资便利化的评价体系研究[J]．广东：广东社会科学，2019(1)：46−53．

[40] 杨道玲，王璟璇，李祥丽．"一带一路"参与国信息基础设施发展水平评估报告[J]．北京：电子政务，2016(9)：2−15．

[41] 刊讯．"一带一路"国家基础设施发展指数发布[N]．北京：墙材革新与建筑节能，2017(6)：8．

[42] 中国一带一路网．国际合作−各国概况[R/OL]．北京：中国一带一路网，https：//www．yidaiyilu．gov．cn/info/iList．jsp?cat_id=10037．

[43] Dawson, Graham. Economics and Economic Change[N]. Finance Times/PrenticeHall. 2006：205．

[44] 张宏莉．绿色发展综合述评[J]．法制与社会，2018(36)：121−122．

[45] 许勤华．中国国际能源合作战略重点之——能源技术、能源网络共享与绿色发展[J]．石油科技论坛，2018，37(04)：8−12．

[46] 邬娜，傅泽强，王艳华，等．"一带一路"参与国碳排放EKC检验及脱钩关系分析[J]．环境工程技术学报，2018，8(06)：671−678．

[47] 李富佳，董锁成，原琳娜，等．"一带一路"农业战略格局及对策[J]．中国科学院院刊，2016，31(06)：678−688．

[48] 王彦志．"一带一路"倡议下的国际经济秩序：发展导向抑或规则导向[J]．东北亚论坛，2019(01)：78−91．

[49] 郭凯明，余靖雯等．投资、结构转型与劳动生产率增长[J]．金融研

究，2018(08)：1−16.

[50] 冯剑锋，陈卫民，晋利珍．中国人口老龄化对劳动生产率的影响分析——基于非线性方法的实证研究[J]．人口学刊，2019(02)：77−86.

[51] 杨文，杨婧．资本账户开放对就业的门槛效应研究[J]．世界经济研究，2017(11)：17−31.

[52] 王建事．"一带一路"参与国绿色发展水平研究[J]．中国环境管理干部学院学报，2018，28（04）：23−26.

[53] Renewables 2018 Global Status Report (http://www.ren21.net/status−of−renewables/global−status−report/）

[54] 世界银行公开数据网[EB/OL].https://data.worldbank.org.cn/

后记

  "一带一路"倡议自2013年提出这十年来，得到了国际社会的广泛关注和积极响应。共建"一带一路"，积极致力于推动参与国发展、改善参与国民生、促进科技创新成果向参与各国转移、推动绿色发展，尤其是"新冠肺炎"世界公共卫生事件暴发以来的中国"抗疫"经验共享、"抗疫"物资上的倾囊相助，"一带一路"已经不仅是经济合作，而是成为推动构建人类命运共同体的重要实践平台。"一带一路"倡议源自中国，却属于世界。

  2018年9月，习近平总书记在中非合作论坛北京峰会开幕式上指出，把"一带一路"建设成为"和平之路、繁荣之路、开放之路、绿色之路、创新之路、文明之路"。值此疫情常态化之后的恢复重建之际，对"一带一路"及广大参与国在和平、繁荣、开放、绿色、创新、文明"六路"发展进行测度分析和展望意义重大。

  本报告编写团队成员来自中国科学技术交流中心、国际欧亚科学院中国科学中心、中智科学技术评价研究中心和中共中央党校（国家行政学院）国际战略研究院等国内知名智库单位。撰写历时三年多，从最初的"五路"到"六路"，从最初的60多个国家到现在的140多个国家，从如火如荼的互联互通到因疫情暴发而突然按下"暂停键"，形势一直在变，不变的是我们的坚持。通过召开专家研讨会、报告编写小组内部研讨、线上视频会议等多种形式，确定了"一带一路"之"六路"建设发展的评价指标，深入跟踪"一带一路"参与国发展动态，力求从"和平、繁荣、开放、绿色、创新、文明"六个视角全方位多层次对"一带一路"建设发展进行客观和全面的评价。本报告力求对"一带一路"研究提供有益的补充，并为正在启动的疫情常态化之后的重建提供智库支持，并谨以此书纪念"一带一路"提出10周年。

  本报告研究是一项复杂艰巨的工程，涉及大量的数据统计、录入、分析、处理等基础性工作，编写组成员付出了大量的心血，在此谨向全力支持并参与本报告研究的所有课题组成员表达深深的感谢。同时，要感谢中国科学技术交流中心、国际欧亚科学院中国科学中心、中智科学技术评价研究中心和中共中央党校（国家行政学院）国际战略研究院对本报告的大力支持，特别感谢中国科学技术交流中心高翔主任对本报告给予的帮助。

最后，要感谢广东旅游出版社、广东人民出版社，感谢广东旅游出版社总编助理彭超先生和广东人民出版社综合分社社长王庆芳女士，没有他们认真负责的工作态度及高效的劳动，本书将难以以目前的质量按时付梓面世。感谢国家出版基金对本报告的认可和支持。

为避免疫情造成的数据跳动使中长期评价产生系统性偏差，本报告将评价时间截止于疫情爆发之前。希望疫情结束后，能统合数据全面评价"六路"发展及疫情的影响。此外，本报告还难免存在其他疏漏和不足。敬请读者批评指正。

作者

2021年11月6日初稿

2022年11月定稿